[2026년]

실무에 바로 적용하는

인사노무관리

| 김태철 저 |

창 민 사

실무에 바로 적용하는 **인사노무관리**를 내면서

이 책은 저자가 출강하는 대학에서 학생들에게 '어떻게 하면 인사노무관리의 핵심인 노동법 분야의 이론을 쉽게 이해시키고 실무능력을 키워서 즉시 활용토록 할 수 있을까?'라는 고민에서 시작되었습니다. 그러한 고민에 작은 욕심이 보태져 결국에는 학생들뿐만 아니라 기업체에서 인사업무를 담당하는 실무자들도 활용할 수 있도록 정리가 되었습니다.

이 책은 저자가 지난 20여 년간 공인노무사로 일하면서 기업자문과 상담, 컨설팅, 사건처리, 강의 등을 통해서 고민하고 해결한 내용을 정리한 것입니다. 입사부터 퇴사까지의 전체적인 흐름에 따라 주제를 정하고, 주제에 해당하는 근거 법조문을 제시한 후 이론적인 내용을 정리하고, 관련 이론 내용에 해당하는 실무상 판례 및 행정해석을 통하여 이론적 근거를 명확히 제시하고, 마지막으로 본문 내용을 표로 요약하여 실무에서 유용하게 활용토록 하였습니다.

이 책의 특징은 다음과 같이 요약할 수 있습니다.

첫째로, 해당 법률을 바로 확인할 수 있습니다. 내용과 관련한 부분의 법률을 본문 또는 각주에 표시하여 별도의 수고로움 없이 이 책만으로 충분합니다.

둘째로, 법원의 판례와 고용노동부의 지침 · 고시 · 행정해석을 제시하였습니다. 이론과 관련한 판례 및 행정해석 등을 통해 실무에 바로 적용할 수 있습니다.

셋째로, 도표로 정리하였습니다. 문장으로 기술한 내용을 표로 정리하여 쉽고 간편하게 한눈에 확인할 수 있습니다.

이 책이 나올 수 있도록 출판의 기회를 주신 도서출판 창민사 윤동구 대표님, 디자인과 편집을 위해 고생하신 관계자분에게 감사드립니다. 그리고 노무법인 송민 구성원들에게 진심으로 감사의 마음을 전하고 싶습니다.

마지막으로 언제나 사랑하는 저자의 가족들에게 고마운 마음을 전합니다.

이 책을 잘 활용하여 사전에 갈등과 분쟁을 예방하고 실무에 도움이 될 수 있기를 소망합니다.

2025. 1.

공인노무사 김 태 철

차 례

제3장 근로계약관리

제7장 임금관리

제8장 인사권관리

제9장 퇴직관리

■ 법률 약어 ■

이 책자에 언급된 법률의 약어는 다음과 같이 표기한다(법제처 국가법령정보센터의 약어 표현에 따름).

- 「가사근로자의 고용개선 등에 관한 법률」 → 가사근로자법
- 「건설근로자의 고용개선 등에 관한 법률」 → 건설근로자법
- 「기간제 및 단시간근로자 보호 등에 관한 법률」 → 기간제법
- 「근로기준법」 → 근기법
- 「근로자퇴직급여 보장법」 → 퇴직급여법
- 「고용보험법」 → 고보법
- 「고용보험 및 산업재해보상보험법의 보험료징수 등에 관한 법률」 → 고용산재보험료징수법
- 「고용상 연령차별금지 및 고령자고용촉진에 관한 법률」 → 고령자고용법
- 「남녀고용평등과 일·가정 양립 지원에 관한 법률」 → 남녀고용평등법
- 「산업재해보상보험법」 → 산재보험법
- 「산업안전보건법」 → 산안법
- 「외국인근로자의 고용 등에 관한 법률」 → 외국인고용법
- 「임금채권보장법」 → 임채법
- 「장애인고용촉진 및 직업재활법」 → 장애인고용법
- 「장애인차별금지 및 권리구제에 관한 법률」 → 장애인권리구제법
- 「중대재해 처벌 등에 관한 법률」 → 중대재해처벌법
- 「최저임금법」 → 최임법
- 「채용절차의 공정화에 관한 법률」 → 채용절차법
- 「파견근로자 보호 등에 관한 법률」 → 파견법

■ 법률, 판례 및 행정해석 검색 ■

법률, 판례 및 행정해석은 다음에서 확인할 수 있다.

■ 법률검색

- 법제처(www.moleg.go.kr): 무료

■ 판례검색

- 국가법령 정보센터(www.law.go.kr): 무료
- 케이스 노트(www.casenote.kr): 부분 유료
- 빅케이스(bigcase.ai): 판례 요청 외 무료
- 엘박스(lbox.kr): 유료

■ 행정해석 검색

- 노동ok(www.nodong.kr) → 자료실: 무료
- 고용노동부(www.moel.go.kr) → 정보공개 → 행정해석: 무료
- 이레이버(www.elabor.co.kr): 유료

제1장

인사노무관리 및 채용관리

제1절 인사노무관리의 개념과 중요성

제2절 인사노무관리의 내용

제3절 채용관리

제1절 인사노무관리의 개념과 중요성

1. 인사노무관리의 개념

인사노무관리[1]란 기업경영에 필요한 인력의 모집에서 퇴직까지의 과정을 관리하는 것으로 인력의 유입과 개발, 성과평가와 보상, 인력유지와 퇴직 등을 계획·실행·통제하는 경영활동이다. 더불어 인사노무관리는 조직의 구성원들이 자발적으로 조직의 목표달성에 적극적으로 참여하게 함으로써 조직의 발전과 개인의 발전을 동시에 달성하게 하는 활동이며, 관리자들이 조직의 전략적 목표를 달성하는 데 적합한 사원을 선발하고 육성하여 그들이 조직을 위해서 열심히 일하도록 만드는 것이다.

2. 인사노무관리의 중요성

1) 인적자원에 대한 인식변화

외국에서는 사람을 기업의 자산 중에서 가장 중요한 요소로 평가하여 인적자원(Human Resource)으로 인식하고, 인사노무관리를 인적자원관리(Human Resource Management)로 표현하면서 경영에 있어서 인적자원관리를 최우선으로 고려하는 것이 일반적인 경향이다. 즉 외국의 기업들은 효율적인 경영을 통하여 이윤을 창출하려고 하며, 영업과 생산이 사람을 통하여 이루어지므로 사람은 기업의 가장 중요한 구성요소이며, 인사노무관리는 효율적인 경영에 가장 중요한 요소로 인식하고 있다. 반면에 우리나라의 기업들은 인사관리보다는 생산관리·영업관리·재무관리 등을 더 중요시하는 경향이 있으며, 이러한 경향은 기업의 규모가 작을수록 두드러지게 나타나는데 소규모기업 중에는 재무·회계담당자가 인사관리 업무도 겸하는 경우도 많다. 근로

---

1) 국가직무능력표준(산업현장에서 직무를 수행하는데 필요한 지식, 기술, 태도 등 능력을 국가가 표준화한 것, NCS(National Competency Standards)에서는 '인사관리'를 조직의 목표달성을 위해 인적자원을 효율적으로 활용하고 육성하기 위하여 직무조사 및 직무분석을 통해 채용 · 배치 · 육성 · 평가 · 보상 · 승진 · 퇴직 등의 제반 사항을 담당하며 조직의 인사제도를 개선 및 운영하는 업무를 수행하는 일로 정의하고, '노무관리'는 노사관계 관리를 의미하며 사용자와 근로자(노동조합) 간의 협력적 노사관계 구축을 위하여 노사갈등을 예방하고 관계를 유지 · 개선하는 일로 정의하고 있다(https://www.ncs.go.kr).

자들 사이에서는 평생직장 개념이 사라지고 더 나은 근로조건, 더 많은 발전 가능성을 찾아 직장을 옮기는 풍토가 자리를 잡고 있으며, 권리의식도 높아져서 기업으로부터 위법하거나 부당한 처우를 받았다고 생각하면 고용노동부에 위법행위를 신고하거나 노동위원회에 부당해고 등의 구제를 신청하는 사례도 꾸준히 증가하고 있다.

2) 기업과 근로자 및 사회전반에 영향

기업은 자본을 조달하여 생산요소를 준비하고 이들을 결합하여 재화와 서비스를 창조하고 기업이 원하는 성과를 이루어 내는 것은 근로자들의 정신적·육체적 능력과 노력에 의한 것이므로 기업의 인사노무관리는 조직의 목표달성 여부에 영향을 미칠 뿐만 아니라 조직의 구성원인 근로자 개개인과 사회 전체에도 커다란 영향을 미친다.

3) 기업의 목표달성과 근로자의 행복 보장

근로자들은 하루 중 대부분의 시간을 회사에서 보내고 있으며, 회사는 단지 삶을 영위하기 위한 경제적 수입을 얻는 곳이 아니라 친교의 욕구, 자기실현의 욕구를 실현시킬 수 있는 무대이므로 인사노무관리는 기업의 목표달성뿐만 아니라 근로자 개인의 행복도 보장해줄 수 있는 중요한 기능이다.

제2절 인사노무관리의 내용

1. 인사노무관리의 구분

기업의 인사노무관리는 크게 인사계획관리, 모집관리 및 채용관리, 고용관리, 개발관리, 보상관리, 유지관리, 이직관리로 구분할 수 있다.

〈인사노무관리 흐름도〉[2]

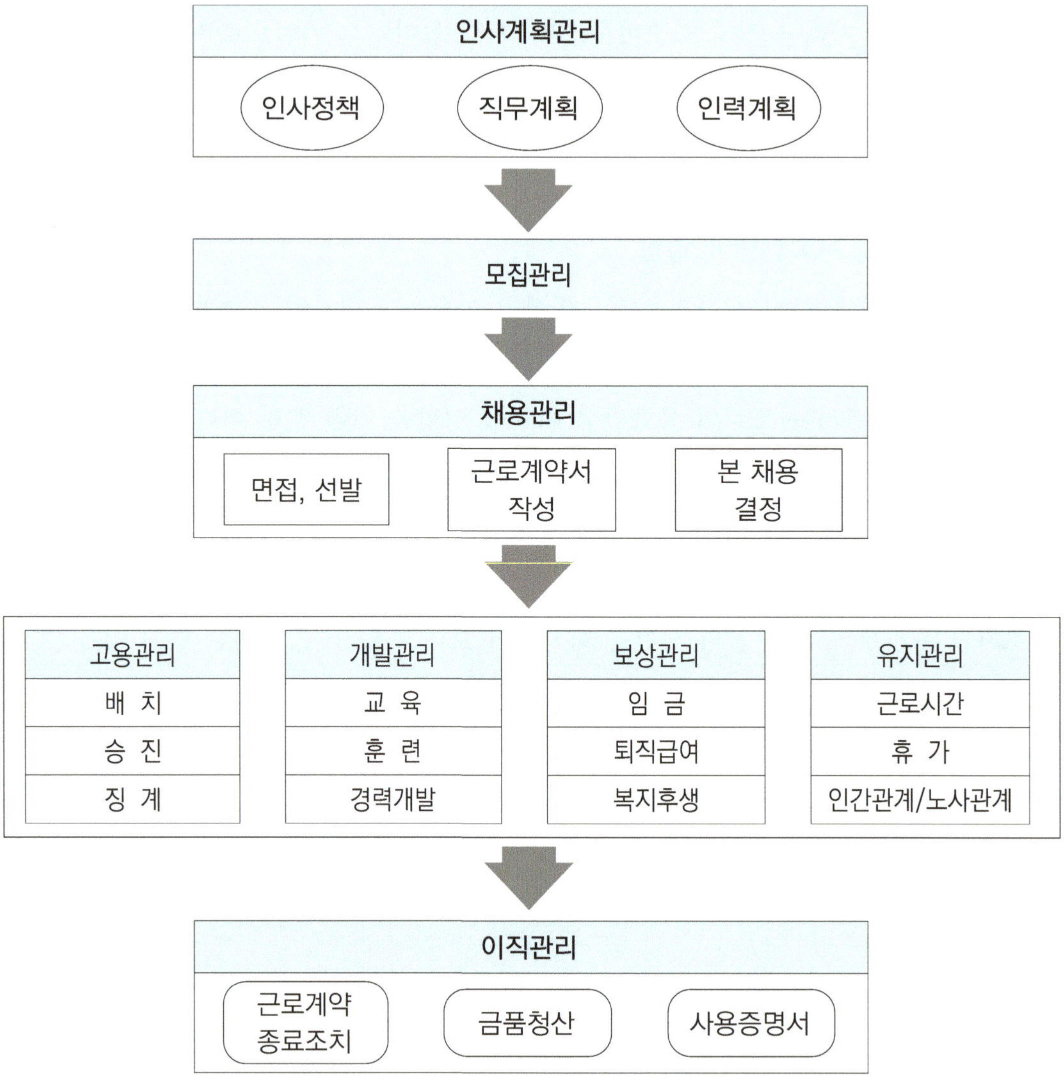

2. 인사노무관리와 노동법

「근로기준법」(이하 '근기법'이라 함)을 비롯한 노동법[3]은 근로자의 모집에서 채용, 교육·훈련, 퇴직, 재취업에 이르기까지 인사관리의 모든 영역에 대하여 각종 규정을 두고 있다. 노동법

2) 고용노동부, 『소규모사업장 담당자를 위한 12가지 인사관리 실무기법』, 2010, 22쪽.

3) 노동법은 「근로기준법」, 「최저임금법」 등과 같이 하나의 법률명이 아니라, 근로계약 · 근로시간 · 임금 · 휴식 · 해고 · 취업규칙 · 노사관계 등을 규정한 다양한 규범들을 통틀어 학문적으로 지칭하는 용어이다.

의 규정들은 사용자의 권리를 제한하는 내용을 담고 있기도 하고 기업을 지원하는 내용을 담기도 하는데, 이는 근로자의 보호와 사용자에 대한 지원 등을 통하여 국민경제의 발전을 도모하려는 취지이다.

〈노동법의 구분〉[4)]

구 분		관련 법률
개별적 근로 관계법	고용보장	고용상 연령차별금지 및 고령자고용촉진에 관한 법률, 고용정책기본법, 남녀고용평등과 일·가정 양립 지원에 관한 법률, 외국인근로자 보호 등에 관한 법률, 직업안정법 등
	근로조건 보호	근로기준법, 근로자직업능력개발법, 기간제 및 단시간근로자 보호 등에 관한 법률, 산업안전보건법, 최저임금법, 파견근로자보호 등에 관한 법률 등
	사회보장	고용보험법, 국민연금법, 국민건강보험법, 산업재해보상보험법, 사회보장기본법 등
집단적 노사관계법		근로자 참여 및 협력증진에 관한 법률, 노동위원회법, 노동조합 및 노동관계조정법, 등

3. 효율적 인사노무관리의 전제 조건

1) 노동법 준수

(1) 권리의식 함양과 정보통신 발달

노동법을 준수하지 아니하는 경우 과거에는 근로자들이 노동법의 규정을 자세히 알지 못하거나 알고 있더라도 인간관계 등을 고려하여 문제를 제기하지 않고 그냥 넘어가는 사례가 많았다. 그러나 근로자들의 권리의식이 높아지고 있고, 정보통신망의 발달로 노동법과 판례 및 행정해석 등을 쉽게 접할 수 있게 되면서 위법한 인사노무관리 활동에 대하여 문제를 제기하는 사례가 점점 증가하고 있다.

(2) 적법한 인사노무관리

근로자가 기업의 위법한 인사노무관리에 대하여 고용노동부에 신고하거나 노동위원회에 구제신청을 하는 경우 기업이 이에 대응하려면 많은 시간과 비용이 소요된다. 더구나 노동법은 강행법규로서 벌칙(징역, 벌금, 과태료)을 규정하고 있어서 인사노무관리가 노동법에 위반되면

4) 노동법을 구분할 때 개별적 근로관계법과 집단적 노사관계법의 이원적 구조로 나누는 방식이 일반적이다. 다만, 노동법이 발전하면서 협동적 노동관계법, 노동분쟁처리관계법, 노동시장관계법으로 구분하여 이원적 구조로 설명할 수 없는 영역을 보완하고 있다(하갑래, 『노동법 총서』 개정판, ㈜중앙경제, 2017, 6쪽).

경제적 불이익(지연이자, 임금상당액, 이행강제금 등) 이외에 신분상 불이익이 발생하므로 적법한 인사노무관리가 전제되어야 효율적인 인사노무관리를 기대할 수 있다.

2) 인사관리 패러다임 변화를 적극적으로 수용

(1) 정보화 시대

정보화 시대의 도래로 지식근로자들이 출현하면서 경영프로세서를 사람 중심으로 재검토하여 설계하고, 생산기술의 급격한 변화 및 고객의 니즈 변화에 따라 제품 사이클이 짧아지면서 이에 효과적으로 대처할 수 있도록 조직구조의 유연성이 요구되는 등 인사관리의 근본적인 변화가 요구되고 있다.

〈인사노무관리의 변화와 흐름〉[5)]

구 분	아날로그 시대	디지털 시대
조직구조	정형화·경계 분명, 위계적·내부 지향적	네트워크화(무정형·무경제화), 수평적·내외 개방적
인력관리	전체 인력의 확보·유지, 장기고용방식	핵심 인재의 확보·유지, 다양한 고용방식
보상체계	내부가치 중심, 평등원리 기초, 연봉 + 복리후생	시장가치 중심·실력주의, 공평원리 기초, 연봉 + 성과배분 + 스톡옵션
노사관계	집단적 이해 중시, 임금인상·근로조건 개선	개별적 니즈 중시, 성과배분·고용가치 증진
기업문화	폐쇄적·위계적, 순차적 의사소통	개방적·민주적, 실시간 쌍방향 의사소통

(2) 일과 삶의 균형

근로자들은 과거에는 조직에 헌신하며 조직을 통하여 직업에 대한 만족을 얻어왔으나, 현재는 직업을 통하여 자아실현에 비중을 두고서 자아실현에 도움이 되는 직장을 선호하며, 직업생활과 가정생활의 조화(일과 삶의 균형, Work and Life Balance)를 이루려고 한다.

5) 박계홍 외 2인, 『글로벌시대의 인적자원관리론』, 형설출판사, 2014, 22쪽.

(3) 경영환경의 변화

기업은 세계화·개방화·정보화 등 다양한 환경과의 상호작용을 피할 수 없게 되었고, 그러한 환경변화에 적응하고 조직경쟁력을 유지 또는 강화하기 위해서는 지속적인 변화와 혁신이 필요하다. 변화와 혁신은 창의적 문제해결능력, 지식축적과 활용능력, 네트워트 관리능력 등에서 바람직한 방향으로 이루어져야 하며, 이러한 변화 및 혁신은 인적자원에 대한 가치관과 태도의 변화 없이는 불가능하다. 즉 기업의 경영환경은 산업구조의 변화와 정보기술의 발전, 근로에 대한 가치관의 변화, 노동력부족과 외국인근로자 문제, 직업관과 생활방식의 변화 등으로 다양한 변화를 겪고 있다. 이러한 경영환경의 변화들은 새로운 형태의 인사노무관리를 요구하므로 새로운 인사관리 패러다임을 통하여 조직구성원과 조직, 그리고 사회 전반에 걸쳐 경제적 효율성을 창출할 수 있는 인사노무관리를 지향하여야 한다.

3) 지원제도 활용

「고용보험법」은 고용창출, 고용환경 개선, 채용장려 등을 위하여 기업을 지원하는 각종 제도를 시행하고 있으므로 지원제도를 적극적으로 활용하여야 한다.

〈고용보험법상 고용장려금 지원제도〉[6)]

구 분	세부 내용
고용창출 장려금	고용촉진장려금
고용안정 장려금	워라밸일자리 장려금(실근로시간 단축 및 소정근로시간 단축) / 일·가정 양립 환경개선 지원 / 출산육아기 고용안정장려금
고용유지 지원금	유급 고용유지지원금 / 무급 고용유지지원금
청년 고용 장려금	청년일자리 도약장려금
고령자 고용안정 장려금	고령자 계속고용장려금 / 고령자 고용지원금
고용환경개선 장려금	직장어린이집 인건비 및 운영비 지원 / 직장어린이집 설치비 지원 / 일·생활 균형 인프라 구축비 지원
지역고용촉진 지원금	지역고용촉진지원금 지원

6) 고용노동부, 『사업주와 근로자의 든든한 동반자 고용장려금 지원제도』, 2025.1. 2쪽.

제3절 채용관리

1. 채용의 개념

채용은 기업이 필요로 하는 인적자원을 인력운영계획에 따라 모집·선발하는 것으로 인사관리의 출발점이자 기업의 지속적인 성장과 경쟁력 확보를 위한 핵심기능을 수행한다. 다양한 요인으로 불확실성이 높은 현재의 비즈니스 환경에서는 인재를 채용한 후 역량을 개발시키는 것보다 처음부터 회사에 필요한 우수한 인재를 확보하는 것이 더욱 중요해지고 있다. 특히 글로벌 경기침체 장기화, MZ세대의 등장 등 다양한 경영환경의 변화로 직무에서 요구되는 명확한 자격요건에 기반한 '직무능력 중심의 채용'으로 변화하고 있다.

〈채용의 변화 방향〉[7)]

현재(As-Is)	변화 방향(To-Be)
- 일반 능력 중심의 채용 - 불확실한 정보로 인한 과도한 스펙 경쟁 - 정확도가 낮은 선발도구를 사용한 긴 채용 프로세스	- 직무능력 중심의 채용 - 정확한 선발 기준에 근거한 채용 - 직무분석에 의해 도출된 직무수행 요건에 근거한 명확한 기준 제시 - 신뢰성과 타당성이 검증된 선발도구 사용과 간결한 채용 프로세스

2. 인사계획

1) 인사계획의 개념

인사계획이란 인사관리가 경영목적에 부합될 수 있도록 인사관리 활동의 지침이 되는 인사

7) 고용노동부 · 한국산업인력공단, 『공감채용 가이드 핸드북』, 2024. 2., 10쪽. 기업들은 다양한 형태의 채용기준 및 프로세스를 통해 적합한 인재 선발을 위해 노력하고 있다. 그러한 예는 컬처핏 중시(회사의 가치에 부합하는 인재 채용을 위해 직무능력뿐 아니라 회사의 핵심 가치, 미션 부합도 및 조직문화의 적응력을 판단), 면접관 교육 철저(면접관 인력풀을 사전에 양성 및 관리, 면접관이 되기 전 사전교육을 통해 면접에 필요한 면접도구를 제공하고 유의사항 등을 사전에 학습), 다양한 채널을 통한 인력풀 확보, 조기적응 프로그램 운영(업무 연관성이 높은 실질적인 입사자 적응 지원 프로그램), NCS 기반 능력중심 채용, 블라인드 채용(채용 과정에서 편견이 개입되어 불합리한 차별들이 초래될 수 있는 출신지, 가족관계, 학력, 외모 등의 요인들을 배제하고 직무능력에 따른 평가) 등이 있다(고용노동부 · 한국산업인력공단, 『공감채용 가이드 핸드북』, 2024. 2., 10~12쪽).

정책을 정립하고, 이에 따라서 인사관리의 제반활동을 합리적으로 수행할 인사정책을 수립하고 직무계획과 인력계획을 수립하는 관리활동이다. 인사노무관리를 통하여 기업의 경영목표를 달성하려면 워크샵·선포식 등에서 기업의 경영목표에 대하여 직원들과 충분히 공유하고, 인사계획 및 인사관리제도의 설계와 운영에도 일관성 있게 반영하여야 한다.

2) 인사정책

인사정책은 경영목적 달성을 위한 인사관리 활동의 방향을 말하며, 실무에서는 주로 인사방침 또는 인사전략이라고 표현한다. 인사정책에는 직원들의 욕구가 충실히 반영되어야 하고, 노동시장의 변화, 동종업계의 동향, 노동법의 제정이나 개정 등 기업의 외부환경과 균형을 이루어야 하며, 경영목표와 생산 및 영업활동 등 다른 분야의 경영전략과 조화를 이루어야 한다. 인사정책의 사례로는 보상제도의 공정성 확립, 근로생활의 질 향상, 쾌적한 작업환경, 능력주의 인사제도, 고용보장 등을 들 수 있다.

3) 직무계획

(1) 개 념

직무계획은 직원 개개인의 직무를 분석하여 그 업무수행을 위하여 어떠한 노동력이 요구되는지에 대하여 확정하고 직무간의 관계구조를 설정하여 조직의 목표달성에 부합되도록 개인별 업무를 구조화하는 것이다. 직무계획에는 직무분석, 직무분류, 직무평가, 직무설계가 포함된다.

〈직무계획의 구분〉

구 분	내 용
직무분석	해당 직무의 내용과 직무담당자가 갖추어야 할 지식, 기능, 능력 등 인적 요건을 분석해내는 활동
직무분류	인사관리의 효율성을 위하여 유사한 직무를 집단화하여 직종, 직군, 직렬 등으로 분류하는 것
직무평가	직무분석을 통하여 작성된 직무기술서를 기초로 직무의 중요도, 위험도, 난이도 등을 평가하여 직무의 서열(직급)을 정하는 것
직무설계	조직이 목표를 달성하는 동시에, 직무를 수행하는 개인에게 의미와 만족감을 부여하기 위하여, 필요한 직무의 내용·기능·관계를 적극적으로 설계하는 활동

(2) 기 능

직무계획은 조직에서 필요한 일과 인적자원의 역량을 구체적으로 확인하고 양자간의 효과적인 결합을 설계하는 과정이므로, 일과 사람의 합리적 결합이라는 인사관리의 이상 실현을 위한 첫걸음이다. 직무계획은 다양한 인사관리활동에 기준을 제공하거나 많은 인사관리 영역에서 활용되고 있다.

〈직무계획의 활용〉

구 분	내 용
조직구조 합리화	직무분석을 통하여 직무요건과 직무 간의 관계 및 책임과 권한이 명확해지므로 이를 토대로 인력의 중첩과 낭비를 제거하여 조직구조의 합리화 기능(자율작업팀 구성은 직무분석 결과를 토대로 직무재설계를 한 대표적 사례임)
근무평가 기준제공	근무평정은 직무계획에서 도출된 직무의 표준에 근로자의 실제 행위를 대비하여 이루어지는 것이므로 직무계획의 결과물은 근무평가의 기초자료가 됨
인력계획 지침제공	직무계획을 통하여 확인된 직무담당자의 질적 요건에 관한 정보를 바탕으로 양과 질을 동시에 충족시키는 인력계획을 수립할 수 있으며, 핵심 직군과 임시 직군으로 분류가 가능
고용관리 기준제공	직무분석에서 확인된 직무담당자의 요건은 근로자의 모집, 선발, 배치, 이동의 기준
개발관리에 활용	직무분석에서 확인된 담당 직무의 자격 요건은 훈련 대상 근로자의 선정 및 훈련 내용의 구성 등에도 활용
보상관리에 활용	직무평가를 통하여 직무의 중요도, 난이도, 위험성 등 직무의 가치는 임금수준을 결정할 때 합리적인 기준이 됨

4) 인력계획

(1) 개 념

인력계획은 현재 및 장래의 각 시점에서 기업이 필요로 하는 인력의 수요를 예측하고 이에 대하여 사내·사외, 상용·임시 등 인력공급을 계획하여 인력의 수급을 조정하는 활동이다. 인력계획은 직무계획에서 기업에 필요한 자격요건을 갖춘 인력을 확정하면 이에 따라 기업이 필요로 하는 인력의 질을 충족하면서 인력의 양을 확정하는 활동이며, 이는 인력의 모집과 선발에 관한 계획뿐만 아니라 입사에서 퇴직까지의 전반적인 인력의 흐름에 관한 계획이다.

(2) 수립기법

인력계획에는 인력의 수요예측과 인력의 공급계획 및 인력의 과부족 현상에 대처하는 계획 등이 포함되며, 특히 인력의 수요예측을 위한 다양한 기법들이 있다. 소규모기업에서는 각 부서의 의견을 취합한 후 사업계획과 기타 요인을 종합적으로 고려하여 경영자의 경험과 직관에 따라 인력의 수요예측을 결정하고 있지만, 급변하는 경영환경 속에서 경영자의 경험과 직관에 의존하여 의사결정을 하는 것은 정확성에 한계가 있고 심지어 인력공급에 차질이 초래될 수 있다. 매출액 기준 또는 인건비 기준에 따른 정원산정 방법을 활용하여 인력의 수요를 예측하고 그 결과를 토대로 인력충원 계획표를 작성할 수 있다.

〈근로자 정원산정 방법〉[8)]

구 분	정원산정 방법
매출액 기준	X년 후의 적정 근로자 수 = $\dfrac{\text{X년 후의 예상 총매출액}}{\text{X년 후의 1인당 예상 매출액}}$
인건비 기준	Y년 후의 적정 근로자 수 = $\dfrac{\text{Y년 후의 예상 인건비 총액}}{\text{Y년 후의 1인당 예상 인건비}}$

※ 공석이 된 인력을 내부에서 충원할 때 적임자 선정을 위하여 '근로자별 기능목록(Skills inventory : 근로자별로 경력, 학력, 핵심직무활동, 교육 등에 관한 정보를 기록한 것)'을 작성하여 관리할 수 있음.

3. 모집관리

1) 모집관리의 개념

모집은 기업이 필요로 하는 인재를 찾기 위한 다양한 활동으로 채용의 시작점이자 회사와 지원자 간의 정보를 공유하는 단계이고, 모집관리는 기업이 필요로 하는 사람을 선발하기 위하여 잠재적 지원자들에게 정보를 제공하여 지원을 유인하는 활동이다. 지원자를 모집하는 것은 채용이 전제된 활동이므로, 모집관리의 목적은 적합한 능력이 있는 사람이 지원하도록 하고, 지원자 수도 적절히 확보하여 기업이 필요로 하는 인재를 선발토록 하는 것이다.

8) 고용노동부, 『소규모사업장 담당자를 위한 12가지 인사관리 실무기법』, 2010, 29쪽.

2) 모집계획

모집계획은 인사정책 및 인력계획과 함께 일관성 있게 수립되어야 하며, 인력운용 방침에 따라 최종적인 채용규모, 고용형태, 근로조건 등이 결정되어야 한다. 모집의 시기는 정시모집 및 수시모집이 있는데, 기업들이 과거에는 정시모집을 선호하였으나 세계화와 기업 간 경쟁이 치열해지고 경영환경이 급변하면서 최근에는 일부 대기업을 제외하고는 수시모집을 선호하는 경향이 강하다.

3) 모집방법

(1) 모집공고 게시 경로

모집공고는 회사 홈페이지, 채용포털(워크넷, 사람인, 잡코리아, 인트루트 등), SNS(인스타그램, 페이스북, 링크드인 등), 산학협력(대학교 내 취업지원센터, 기업연계형 장기현장실습 등), 카페(네이버, 다음 등), 직종전문 포털(병원잡, 학원강사모여라, 복지넷, 건설 일드림넷, 하이브레인넷 등), 채용박람회, 채용정보 알리미 서비스(기업 자체 기획, 카카오톡 채널 운영) 등의 방법을 활용할 수 있다.[9] 모집방법에 따라 장단점이 있으므로 기업의 충원시기, 규모 및 충원인력의 자격요건 등에 따라서 적절한 방법을 선택할 수 있다.

※ 목표 지원자 수를 확보하려고 과장광고를 하는 사례가 종종 있는데 과장광고는 신규 채용된 인력의 불만과 조기퇴직의 원인이 되며, 진정 등 민원을 제기하는 경우 불이익을 받을 수도 있음.

(2) 성차별, 연령차별 등의 금지

「근로기준법」

제6조【균등한 처우】 사용자는 근로자에 대하여 남녀의 성(性)을 이유로 차별적 대우를 하지 못하고, 국적·신앙 또는 사회적 신분을 이유로 근로조건에 대한 차별적 처우를 하지 못한다.

제114조【벌칙】 다음 각호의 어느 하나에 해당하는 자는 500만원 이하의 벌금에 처한다.

1. 제6조, ...를 위반한 자

「남녀고용평등과 일·가정 양립 지원에 관한 법률」(약칭: 남녀고용평등법)

제7조【모집과 채용】 ① 사업주는 근로자를 모집하거나 채용할 때 남녀를 차별하여서는 아니 된다.
② 사업주는 여성 근로자를 모집·채용할 때 그 직무의 수행에 필요하지 아니한 용모·키·체중 등의

9) 고용노동부 · 한국산업인력공단, 『인사담당자를 위한 공감채용 가이드북』(개정증보판), 2023.11, 41쪽.

신체적 조건, 미혼 조건, 그 밖에 고용노동부령으로 정하는 조건을 제시하거나 요구하여서는 아니 된다.

제37조【벌칙】 ④ 사업주가 다음 각호의 어느 하나에 해당하는 위반행위를 한 경우에는 500만원 이하의 벌금에 처한다.

1. 제7조를 위반하여 근로자의 모집 및 채용에서 남녀를 차별하거나, 여성 근로자를 모집·채용할 때 그 직무의 수행에 필요하지 아니한 용모·키·체중 등의 신체적 조건, 미혼 조건 등을 제시하거나 요구한 경우

「고용상 연령차별금지 및 고령자고용촉진에 관한 법률」(약칭: 고령자고용법)

제4조의4【모집·채용 등에서의 연령차별 금지】 ① 사업주는 다음 각호의 분야에서 합리적인 이유 없이 연령을 이유로 근로자 또는 근로자가 되려는 자를 차별하여서는 아니 된다.

1. 모집·채용

② 제1항을 적용할 때 합리적인 이유 없이 연령 외의 기준을 적용하여 특정 연령집단에 특히 불리한 결과를 초래하는 경우에는 연령차별로 본다.

제4조의5【차별금지의 예외】 다음 각호의 어느 하나에 해당하는 경우에는 제4조의4에 따른 연령차별로 보지 아니한다.

1. 직무의 성격에 비추어 특정 연령기준이 불가피하게 요구되는 경우
2. 근속기간의 차이를 고려하여 임금이나 임금 외의 금품과 복리후생에서 합리적인 차등을 두는 경우
3. 이 법이나 다른 법률에 따라 근로계약, 취업규칙, 단체협약 등에서 정년을 설정하는 경우
4. 이 법이나 다른 법률에 따라 특정 연령집단의 고용유지 · 촉진을 위한 지원조치를 하는 경우

제23조의3【벌칙】 ② 제4조의4 제1항 제1호를 위반하여 모집·채용에서 합리적인 이유 없이 연령을 이유로 차별한 사업주는 500만원 이하의 벌금에 처한다.

「채용절차의 공정화에 관한 법률」(약칭: 채용절차법)

제17조【과태료】 ② 다음 각호의 어느 하나에 해당하는 자에게는 500만원 이하의 과태료를 부과한다.

1. 제4조 제2항 또는 제3항을 위반하여 채용광고의 내용 또는 근로조건을 변경한 구인자
2. 제4조 제4항을 위반하여 지식재산권을 자신에게 귀속하도록 강요한 구인자
3. 제4조의3을 위반하여 그 직무의 수행에 필요하지 아니한 개인정보를 기초심사자료에 기재하도록 요구하거나 입증자료로 수집한 구인자

구인 광고문에 '남 0명', '50세 이하' 등과 같이 합리적인 이유 없이 남녀를 구별하거나 연령을 차별하는 것은 금지되며, 채용공고에 기재한 내용을 정당한 이유 없이 구직자에게 불리하게 변경할 수 없다.

4. 선발관리

1) 선발관리의 개념

선발은 지원자들이 기업의 조직특성 및 직무에 적합한지를 파악하는 것이고, 선발관리는 지원자 중에서 기업이 가장 필요로 하는 자질을 갖춘 인재를 선별하는 활동이다. 지원자의 적합성 여부 판단은 매우 어려운 일이며, 잘못 판단하면 기업이 입게 되는 경제적 및 비경제적 손실이 크므로 선발은 대단히 중요한 인사관리 활동이다.

2) 서류전형

서류전형은 지원자가 제출한 이력서,[10] 자기소개서, 지원서 등에 기재된 과거에 대한 정보를 분석하여 응모자의 입사 이후 성과를 예측하여 1차적으로 선발대상자를 결정하는 과정이다. 서류전형의 합격자 수는 최종 선발인원 수 및 면접시험 결시자 수를 고려하여 결정하되, 너무나 많은 응모자가 몰린 경우가 아니라면 서류전형에서는 기업에서 요구하는 자격에 미달하거나 이력서 기재내용이 사실과 다른 응모자를 골라내는 정도로 진행하는 것이 기업이 꼭 필요로 하는 인재의 선발 가능성을 높이는 방법이다.

3) 각종 검사

이력서 등 지원자의 과거에 대한 정보만을 가지고 면접을 실시하여 채용 여부를 결정한다면 선발의 정확성을 기대하기 어려우므로 면접실시 전에 지원자의 현재 상황에 대한 정보를 수집하는 것이 바람직하다. 지원자의 현재 상황에 대한 정보를 수집하는 방법으로는 필기시험, 적성검사, 인성검사, 지능검사, 신체검사 등이 있다.

〈검사방법〉

종 류	내 용
필기시험(Paper and Pencil test)	지식을 측정 ex) 영어시험, 전공시험, 상식시험 등
적성검사(Aptitude test)	미래에 대한 잠재능력과 성격적인 기질을 측정

10) 이력서 기재사항이 사실과 다를 경우 채용 후 업무수행에 차질이 초래될 수 있고, 채용 후 밝혀질 경우 신뢰가 무너져 근로관계를 지속시키기 어려운 상황이 도래할 수 있으므로, 지원자는 경력 및 학력에 관계되는 사실을 이전 근무지와 학교를 통하여 확인하여 정확한 정보를 토대로 이력서에 기재할 필요가 있다.

종 류	내 용
인성검사(Personality test)	내·외향성, 사회성, 정서적 안정성, 충동성 등 개인의 성격을 측정 ex) MBTI, CPI, 16PE, MMPI 등
지능검사(Intelligence test)	현재의 인지능력 측정 ex) 언어능력, 기억력, 계산능력, 어휘구사력, 지각력 등
흥미검사(Interest test)	관심, 기호, 취미 등을 측정
신체검사(Health test)	신체의 일반적인 건강상태와 체력 파악

4) 면 접

면접은 피면접자와 면접자가 특정한 목적을 가지고 행하는 대화, 몸짓, 태도, 인성, 적성, 전공지식 등의 정보를 얻는 상호작용이다. 지원자에 대한 면접이 지극히 주관적인 판단에 의존한다는 단점에도 불구하고 많은 회사에서 잠재적 인재를 선발하기 위한 도구로 활용되고 있다. 면접시험도 적성검사, 인성검사 등과 같이 지원자의 현재 상황에 대한 정보를 수집하는 수단 중의 하나이고, 아래와 같은 다양한 기법들이 면접에서 활용되고 있다.

〈면접기법의 종류〉

면접기법	내 용
지시적 면접	미리 계획된 질문을 모든 응모자에게 동일하게 질문하는 것으로 가장 일반화된 기법임. 타당도가 떨어지는 단점이 있어, 비지시적 면접기법은 혼용하여 응모자에게 자유로운 의사표현의 기회를 주기도 함.
스트레스면접	대인적인 압박감이 많은 환경에서 스트레스가 있는 직무를 수행할 수 있는 능력이 있는지의 여부를 평가하기 위한 기법.
패널면접	다수의 면접자가 한 명의 응모자를 평가하는 기법으로 위원회면접이라고도 함. 주로 관리직이나 전문직의 선발면접에 활용됨.
집단토의면접	응모자를 여러 그룹으로 나누어 토의주제를 부여하고 토론을 하도록 하여 토론과정에서의 각 응모자들의 발언내용, 설득력 등을 관찰하는 기법.
집단역할연기법	그룹별로 과제를 부여하고 그 과제를 수행하는 과정에서의 각 응모자의 역할 등을 관찰하여 평가하는 기법임.

※ 집단토의면접이나 집단역할연기법은 응모자끼리 상대 비교가 가능하여 타당도가 높고 한꺼번에 다수의 응모자를 평가할 수 있어서 시간이 절약될 수 있는 반면에 충분한 공간, 치밀한 사전 준비 및 면접

자의 전문성이 요구됨.

5) 채용 결정 및 통보

(1) 합격자 결정

면접시험이 끝나면 지원자의 서류전형 점수, 각종 검사 점수, 면접점수 등 각 절차에서 획득한 점수를 종합하여 최종적으로 합격자를 결정한다. 기업에 따라 모든 점수를 합산하여 결정하기도 하고, 서류전형이나 각종 검사는 일정한 기준점수를 정해놓고 그 기준에 미달하면 탈락시키는 방법을 사용하기도 한다.[11]

(2) 채용내정의 통보

최종적으로 채용이 결정되면 합격사실을 통보하면서 향후 일정과 준비사항, 제출서류 등을 합격자에게 통보한다.[12] 그러나 인사부서 등에서 이메일 또는 휴대폰 문자메시지로 합격사실을 통보하였다가 나중에 합격사실을 취소하면, 해고와 관련한 분쟁이 발생할 수 있다. 따라서 최종적인 채용결정이 이루어졌더라도 합격자에 대한 합격사실 통보는 반드시 최고경영자의 결재를 거쳐 서면으로 하는 것이 바람직하다.

- *피고 회사가 1997.11월 말경 원고들에 대하여 최종 합격통지를 하고 같은 해 12월경 서약서 등 입사관계서류 제출을 요구하여 교부받음으로써 원고들과 피고 회사 사이에는 원고들이 1998.2월까지 대학을 졸업하지 못할 것 등을 해약사유로 유보하고, 취업할 시기를 1998.3.1로 하는 내용의 근로계약이 성립되었다고 할 것이고, 따라서 피고 회사가 1998.8.18 원고들에 대하여 한 채용내정 취소통지는 그 실질내용에 비추어, 해고에 해당한다고 할 것이므로, 위 채용내정 취소에 정당한 이유가 없는 한 피고 회사가 원고들에 대하여 한 위 채용내정 취소는 무효라고 할 것이다. 따라서, 피고 회사는 원고들에게 원고들이 피고 회사에 채용이 내정되어 근무하기로 한 1998.3.1부터 원고들을 취업시킬 때까지 월 금 156만 5,074원의 비율에 의한 금원을 지급할 의무가 있다 할 것임(서울지방법원 남부지원 1999.4.30. 선고 98가합20043 판결).*
- *원고들이 한 부제소 합의는 원고들이 채용을 기다리기로 한 1999.6.30까지 자신의 순번까지 채용되지 않고 그 채용내정이 확정적으로 취소된다고 하더라도 채용내정의 취소, 즉 해고에 관하여 이*

11) 각각의 방법마다 장단점이 있으나, 단계별로 최저기준을 정해놓고 그 기준에 미달하면 탈락시키는 방법은 유능한 인재를 놓칠 가능성이 크다. 따라서 기업이 미리 이상적인 인재상을 설정하고 그에 따라 점수 반영기준을 미리 정하여 그 기준에 따라 산정된 점수로 합격 여부를 결정하는 것이 각 시험의 문제점을 보완하여 선택의 오류를 최소화할 수 있다.

12) 정식채용 전에 일정요건(졸업, 학위 또는 자격취득 등)을 충족할 경우에 채용할 대상자를 미리 결정해 두는 것을 채용내정이라고 한다. 채용내정의 법적성격과 관련하여 채용내정의 통지에 따라 근로계약은 성립하고, 채용내정 취소는 실질적으로 해고에 해당한다는 것이 판례(대법원 2002.12.10. 선고 2000다25910 판결) 및 통설적인 견해이다.

의를 제기하지 아니하고 해고의 적법 여부와 효력, 해고와 관련된 채무불이행이나 불법행위책임 등에 관해 민사소송 등을 제기하지 않는다는 취지로 엄격하게 해석함이 상당하다. 따라서 원고들이 피고 회사의 종업원의 지위를 취득한 사이에 피고 회사에 대해 가지는 임금청구권은 채용내정의 취소, 즉 해고와 관계없이 당연히 발생하는 권리이므로 사전에 이에 관해 부제소 합의를 하였거나 또는 그 기간 동안의 임금청구권을 포기한 것으로 볼 수 없음(대법원 2002.12.10. 선고 2000다25910 판결).

6) 채용의 자유

(1) 개 요

채용은 근로자가 사용자에게 근로를 제공하고 사용자는 근로자에게 임금을 지급하는 것을 내용으로 하는 근로계약으로 성립한다. 근기법 등 노동법은 채용 이후의 근로관계(근로조건의 설정, 변경, 종료 등)에 대해서는 제한을 두고 있지만, 채용 과정에 대한 조건(기준, 방식, 인원수의 결정 등)은 사용자의 자유를 인정하고 있다. 다만, 일부 사항은 법률로 제한하고 있다.

〈채용의 자유 제한과 관련한 법률〉

관련 법령	내 용
근로기준법	- 15세 미만자(「초·중등교육법」에 따른 중학교에 재학 중인 18세 미만자 포함) 채용 금지 - 여성 및 연소자(15세 이상 18세 미만자)의 유해위험사업에 채용 금지
고용상 연령차별금지 및 고령자 고용촉진에 관한 법률	- 합리적인 이유 없이 연령을 이유로 근로자 또는 근로자가 되려는 자 차별금지 - 상시근로자 300인 이상을 사용하는 사업주는 기준고용률 이상의 고령자 고용 노력 - 국가 및 지방자치단체, 「공공기관의 운용에 관한 법률」에 따른 공공기관은 고령자 적합 직종에 대하여 사유발생 시 고령자와 준고령자 우선 고용 - 사업주는 근로자의 정년을 60세 이상으로 정하여야 하며, 60세 미만으로 정한 경우에는 정년을 60세로 정한 것으로 봄
고용정책기본법	취업기회의 균등한 보장(합리적인 이유 없이 성별, 신앙, 연령, 신체조건, 사회적 신분, 출신지역, 학력, 출신기관, 혼인·임신 또는 병력 등을 이유로 한 차별금지)
남녀고용평등과 일·가정 양립 지원에 관한 법률	- 근로자를 모집하거나 채용할 때 남녀 차별금지 - 여성근로자를 모집·채용할 때 그 직무 수행에 필요하지 않은 용모·키·체중 등의 신체적 조건, 미혼조건, 그 밖의 조건을 제시 또는 요구 금지

관련 법령	내 용
장애인고용촉진 및 직업재활법	- 장애인이라는 이유로 채용·승진·전보 및 교육훈련 등 인사관리상의 차별 대우 금지 - 상시근로자 50인 이상 사업장은 장애인을 의무적으로 고용해야 함
직업안정법	- 균등처우 - 모집 관련 금품 등의 수령 금지 - 비밀보장 의무

(2) 채용절차의 공정성

「채용절차의 공정화에 관한 법률」(약칭: 채용절차법)

제4조【거짓 채용광고 등의 금지】 ① 구인자는 채용을 가장하여 아이디어를 수집하거나 사업장을 홍보하기 위한 목적 등으로 거짓의 채용광고를 내서는 아니 된다.

제4조의2【채용강요 등의 금지】 누구든지 채용의 공정성을 침해하는 다음 각호의 어느 하나에 해당하는 행위를 할 수 없다.

1. 법령을 위반하여 채용에 관한 부당한 청탁, 압력, 강요 등을 하는 행위
2. 채용과 관련하여 금전, 물품, 향응 또는 재산상의 이익을 제공하거나 수수하는 행위

「채용절차의 공정화에 관한 법률」(이하 '채용절차법'이라 함)[13]에서는 사용자의 거짓 채용광고를 금지하고, 구인자가 구직자에게 채용심사 비용을 부담시키는 것을 원칙적으로 금지하며, 채용서류를 반환하도록 하고, 전자 접수를 장려하며, 채용 일정, 지원서 접수 사실 및 합격·불합격 여부 등을 명확히 고지하도록 하는 등의 내용을 규정하여 채용절차에서 공정성 확보하도록 규정하고 있다.

13) 채용절차법은 2014년 1월 21일 제정 및 시행되었고, 상시 30인 이상의 근로자를 사용하는 사업 또는 사업장에 적용된다(다만, 국가 및 지방자치단체가 공무원을 채용하는 경우에는 적용하지 않음).

〈채용절차법의 주요 내용〉[14)]

구 분	내 용
총 직	- 제1조(목적) - 제2조(정의) - 제3조(적용범위)
채용광고 전(前) 단계	- 제4조의2(채용강요 등의 금지) - 제5조(기초 심사자료 표준양식의 사용 권장) - 제9조(채용심사비용의 부담 금지)
채용광고 단계	- 제4조 제1항(거짓 채용광고 등의 금지) - 제8조(채용일정 및 채용과정의 고지)
응시 · 접수 단계	- 제4조의3(출신지역 등 개인정보 요구 금지) - 제6조(채용서류의 거짓 작성 금지) - 제7조(전자우편 등을 통한 채용서류의 접수) - 제13조(입증자료·심층심사 자료의 제출 제한)
채용과정 단계	- 제4조 제2항(채용광고 내용의 불리한 변경 금지) - 제8조(채용일정 및 채용과정의 고지) - 제9조(채용심사비용의 부담금지)
채용확정 단계	- 제10조(채용 여부의 고지)
채용확정 후(後) 단계	- 제4조 제3항(채용광고에서 제시한 근로조건의 불리한 변경 금지) - 제4조 제4항(채용서류 등의 귀속 강요 금지) - 제11조(채용서류의 반환 등) - 제12조(채용심사비용 등에 관한 시정명령)
벌 칙	- 제14조(보고 및 조사) - 제16조(벌칙) - 제17조(과태료)

※ 제4조의2, 제8조, 제9조: 채용광고 (전)단계 및 채용과정 단계에 공통적으로 해당

14) 『채용절차의 공정화에 관한 법률 업무 매뉴얼』(고용노동부, 2025.05.)에서 규정별 개요, 예시, 서식자료 등의 구체적인 내용을 확인할 수 있다.

제2장

근로기준법 적용관리

제1절 근로기준법의 적용

제2절 상시근로자 수

제3절 사업 또는 사업장

제 1 절 근로기준법의 적용

1. 근로기준법의 적용 범위

「근로기준법」

제11조【적용범위】 ① 이 법은 상시 5명 이상의 근로자를 사용하는 모든 사업 또는 사업장에 적용한다. 다만, 동거하는 친족만을 사용하는 사업 또는 사업장과 가사(家事)사용인에 대하여는 적용하지 아니한다.
② 상시 4명 이하의 근로자를 사용하는 사업 또는 사업장에 대하여는 대통령령으로 정하는 바에 따라 이 법의 일부 규정을 적용할 수 있다.
제12조【적용범위】 이 법과 이 법에 따른 대통령령은 국가, 특별시 · 광역시 · 도, 시 · 군 · 구, 읍 · 면 · 동, 그 밖에 이에 준하는 것에 대하여도 적용된다.

근기법은 상시 5명 이상의 근로자를 사용하는 민간기업뿐만 아니라 국가 및 지방자치단체의 사업 또는 사업장에는 모두 적용된다. 다만, 동거하는 친족만을 사용하는 사업 또는 사업장 및 가사사용인에게는 근기법이 적용되지 않고, 상시 4명 이하[1]의 근로자를 사용하는 사업 또는 사업장에는 근기법의 일부 규정만 적용된다.

'상시 사용 근로자 수 5인'이라는 기준을 분수령으로 하여 근로기준법의 전면 적용 여부를 달리한 것은, 근로기준법의 확대 적용을 위한 지속적인 노력을 기울이는 과정에서, 한편으로 영세사업장의 열악한 현실을 고려하고, 다른 한편으로 국가의 근로감독능력의 한계를 아울러 고려하면서 근로기준법의 법규범성[2]을 실질적으로 관철하기 위한 입법정책적 결정으로서 거기에는 나름대로의 합리적 이유가 있다고 할 것이므로 평등원칙에 위배된다고 할 수 없음(헌법재판소 1999.9.16. 선고 98헌마310 결정).

1) 근기법에는 '4인 이하'로 표현되어 있지만, 일정 기간 동안의 평균적인 근로자 수가 4명은 넘지만 5명 이상은 아닌 경우가 있을 수 있으므로, '5명 미만'이라는 표현이 더 정확한 표현이다. 참고로 「산업안전보건법」(시행령 제2조 별표 1), 「산업재해보상보험법」(시행령 제2조)는 '5명 미만'으로 표현하고 있다(하갑래, 『근로기준법』 제36판, ㈜중앙경제, 2024, 22쪽).

2) '규범'은 인간이 사회생활을 함에 있어 사회질서의 유지를 위하여 사회 구성원들이 지켜야 할 행동 규칙을 말하고, '법규범'은 이러한 사회규범들 중에서 법이라는 규범으로 당위적이고 강제적인 성질을 가지고 있다.

2. 근로기준법의 적용 제외

1) 동거하는 친족만을 사용하는 사업 또는 사업장

> 「근로기준법」
>
> **제11조【적용범위】** ① 이 법은 상시 5명 이상의 근로자를 사용하는 모든 사업 또는 사업장에 적용한다. 다만, 동거하는 친족만을 사용하는 사업 또는 사업장과 가사(家事)사용인에 대하여는 적용하지 아니한다.

근기법은 동거하는 친족만을 사용하는 사업 또는 사업장에는 적용되지 않는다. 여기서 동거란 세대를 같이 하면서 생계를 같이한다는 의미이므로, 동일한 주거지에 거주하더라도 생계를 달리하는 경우에는 동거에 해당하지 않는다. 다만, 동거하는 친족 이외의 근로자가 1명이라도 있으면 동거하는 친족만을 사용하는 사업 또는 사업장이 아니므로 근기법이 적용되고, 이 경우 상시근로자 수 산정에는 동거하는 친족을 포함하여 5명 이상인지를 판단해야 한다.

※ 친족은 민법 제767조 및 제777조[3] 규정에 따른 8촌 이내의 혈족[4], 4촌 이내의 인척[5] 및 배우자를 말함.

> *전자제품 대리점을 경영하는 사업장으로 피용인 5명을 고용하고 임금을 지급한 사실이 있으며, 그 중 2명은 대리점주와 동거하는 친족(친제 1명, 4촌제 1명)이며, 1명은 처남으로 동거하고 있으나 주민등록부상에는 등재되어 있지 아니하고, 기타 2명은 친족이 아닌 고용근로자인 경우, 근로기준법 적용사업장인지의 여부와 관련하여, 사업에 고용되어 근로하는 근로자 중 친족 이외의 근로자가 단 1인이라도 있거나 또는 그 친족인 근로자가 세대를 같이하고 상시 동거하면서 생활을 공동으로 한다고 인정되지 않는다면 근로기준법의 적용제외사업(동거의 친족만을 사용하는 사업)이라고 볼 수 없는 것(고용노동부 1978.9.7, 법무 811-19400).*

---

3) 민법 제767조【친족의 정의】 배우자, 혈족 및 인척을 친족으로 한다.
민법 제777조【친족의 범위】 친족관계로 인한 법률상 효력은 이 법 또는 다른 법률에 특별한 규정이 없는 한 다음 각 호에 해당하는 자에 미친다.
1. 8촌 이내의 혈족
2. 4촌 이내의 인척
3. 배우자

4) 혈족은 '직계혈족(자기의 직계존속과 직계비속)'과 '방계혈족(자기의 형제자매와 형제자매의 직계비속, 직계존속의 형제자매 및 그 형제자매의 직계비속)'으로 구분된다(민법 제768조).

5) '인척'은 혼인에 의하여 맺어진 관계로 혈족의 배우자, 배우자의 혈족, 배우자의 혈족의 배우자가 있다(민법 제769조).

2) 가사사용인

가사사용인은 요리사, 가정부, 세탁부, 보모, 유모, 찬모, 개인비서, 집사, 운전사, 정원관리사, 가정교사 등 개인의 집안일에 사용되는 사람이다. 가사사용인은 그 업무가 개인의 가사 및 사생활과 관련되어 있어 법의 규제와 감독이 미치기 어려워 근기법의 적용을 받지 않고, 민법상 고용 관련 규정의 적용을 받는다. 다만, 가사사용인에 해당되는지는 작업의 종류 및 성질 등을 고려한 근로실태에 따라 판단해야 한다.

가사사용인도 근로자에 해당하지만, 제공하는 근로가 가정이라는 사적 공간에서 이루어지는 특수성이 있음. 그런데 퇴직급여법은 사용자에게 여러 의무를 강제하고 국가가 사용자를 감독하고 위반 시 처벌하도록 규정하고 있음. 가구 내 고용활동에 대하여 다른 사업장과 동일하게 퇴직급여법을 적용할 경우 이용자 및 이용자 가족의 사생활을 침해할 우려가 있음은 물론 국가의 관리 감독이 제대로 이루어지기도 어려움. 퇴직급여법을 적용할 경우 이용자에게는 퇴직금 또는 퇴직연금 지급을 위한 직접적인 비용 부담 외에도 퇴직급여제도 설정 및 운영과 관련한 노무관리 비용과 인력의 부담도 발생함. 그런데 가사사용인 이용 가정의 경우 일반적인 사업 또는 사업장과 달리 퇴직급여법이 요구하는 사항들을 준수할 만한 여건과 능력을 갖추지 못한 경우가 대부분인 것이 현실임. 이러한 현실을 무시하고 퇴직급여법을 가사사용인의 경우에도 전면 적용한다면 가사사용인 이용자가 감당하기 어려운 경제적 · 행정적 부담을 가중시키는 부작용을 초래할 우려가 있음. 최근 가사사용인에 대한 보호 필요성이 높아짐에 따라 이용 가정의 사생활 침해를 최소화하면서도 가사사용인의 보호를 도모하기 위하여 '가사근로자의 고용개선 등에 관한 법률'(이하 '가사근로자법'이라 한다)이 제정되었음. 이 법에 의하면 인증받은 가사서비스 제공기관과 근로계약을 체결하고 이용자에게 가사서비스를 제공하는 사람은 가사근로자로서 퇴직급여법의 적용을 받게 된다(제6조제1항). 이에 따라 가사사용인은 가사서비스 제공기관을 통하여 가사근로자법과 근로관계 법령을 적용받을 것인지, 직접 이용자와 고용계약을 맺는 대신 가사근로자법과 근로 관계 법령의 적용을 받지 않을 것인지 선택할 수 있음. 이를 종합하면 심판 대상 조항이 가사사용인을 일반 근로자와 달리 퇴직급여법의 적용범위에서 배제하고 있다 하더라도 합리적 이유가 있는 차별로서 평등원칙에 위배되지 아니함(헌법재판소 2022.10.27. 선고 2019헌바454 결정).

3. 근로기준법의 일부 적용

1) 상시근로자 4명 이하의 사업장

「근로기준법」

제11조【적용범위】 ② 상시 4명 이하의 근로자를 사용하는 사업 또는 사업장에 대하여는 대통령령으로 정하는 바에 따라 이 법의 일부 규정을 적용할 수 있다.

「근로기준법 시행령」

제7조【적용범위】 법 제11조 제2항에 따라 상시 4명 이하의 근로자를 사용하는 사업 또는 사업장에 적용하는 법 규정은 별표 1과 같다.

■ 근로기준법 시행령 [별표 1]

상시 4명 이하의 근로자를 사용하는 사업 또는 사업장에 적용하는 법 규정(제7조 관련)

구 분	적용 법 규정
제1장 총칙	제1조부터 제13조까지의 규정
제2장 근로계약	제15조, 제17조, 제18조, 제19조 제1항, 제20조부터 제22조까지의 규정, 제23조 제2항, 제26조, 제35조부터 제42조까지의 규정
제3장 임금	제43조부터 제45조까지의 규정, 제47조부터 제49조까지의 규정
제4장 근로시간과 휴식	제54조, 제55조 제1항, 제63조
제5장 여성과 소년	제64조, 제65조 제1항·제3항(임산부와 18세 미만인 자로 한정한다), 제66조부터 제69조까지의 규정, 제70조 제2항·제3항, 제71조, 제72조, 제74조
제6장 안전과 보건	제76조
제8장 재해보상	제78조부터 제92조까지의 규정
제11장 근로감독관 등	제101조부터 제106조까지의 규정
제12장 벌칙	제107조부터 제116조까지의 규정(제1장부터 제6장까지, 제8장, 제11장의 규정 중 상시 4명 이하 근로자를 사용하는 사업 또는 사업장에 적용되는 규정을 위반한 경우로 한정한다)

상시근로자 4인 이하 사업 또는 사업장에는 근로조건의 명시, 해고예고, 금품청산, 지연이자, 임금채권의 우선변제, 임금 지급, 휴게 및 주휴일, 임산부의 보호, 안전과 보건, 재해보상 등 근기법의 일부 규정만 적용된다.

※ 상시근로자 4인 이하 사업 또는 사업장에 적용되지 않는 주요 규정으로는 정당한 이유 없는 해고제한(제23조 제1항), 경영상 이유로 인한 해고제한(제24조), 휴업수당(제46조), 근로시간의 제한(제50조, 제51조, 제52조, 제53조), 연장·야간 및 휴일근로에 대한 가산임금(제56조), 연차유급휴가(제60조), 생리휴가(제73조), 직장 내 괴롭힘 금지(제76조의2, 제76조의3), 취업규칙(제93조) 등이 있음.

심판 대상 조항(근기법 제11조 제2항)은 4인 이하 사업장에 대하여 근로기준법 중 어느 조항이 적용될지는 법률 아닌 대통령령으로 정하도록 하고 있음. 그러나 근로기준법 제11조 제1항에서 근로기준법을 전부 적용하는 범위를 5인 이상 사업장으로 한정하였고, 4인 이하 사업장에 근로기준법을 일부만 적용할 수 있도록 한 것이 심판 대상 조항에 의하여 법률로 명시적으로 규정되어 있는 이상, 구체적인 개별 근로기준법 조항의 적용 여부까지 입법자가 반드시 법률로써 규율하여야 하는 사항이라고 볼 수 없음(헌법재판소 2019.4.11. 선고 2013헌바112 결정).

2) 가사근로자

「가사근로자의 고용개선 등에 관한 법률」(약칭: 가사근로자법)

제2조【정의】 이 법에서 사용하는 용어의 뜻은 다음과 같다.

1. "가사서비스"란 가정 내에서 이루어지는 청소, 세탁, 주방일과 가구 구성원의 보호 · 양육 등 가정생활의 유지 및 관리에 필요한 업무를 수행하는 것을 말한다.
2. "가사서비스 제공기관"이란 제7조에 따른 인증을 받고 이 법에 따라 가사서비스를 제공하는 기관을 말한다.
3. "가사서비스 이용자"(이하 "이용자"라 한다)란 가사서비스 제공기관과의 이용계약에 따라 가사서비스를 제공받는 사람을 말한다.
4. "가사근로자"란 가사서비스 제공기관의 사용자(「근로기준법」 제2조 제1항 제2호에 따른 사용자를 말한다. 이하 같다)와 근로계약을 체결하고, 이용자에게 가사서비스를 제공하는 사람을 말한다.
5. "입주가사근로자"란 가사근로자 중 이용자의 가구에 입주하여 가사서비스를 제공하는 사람을 말한다.

가사근로자는 「가사근로자의 고용개선 등에 관한 법률」(이하 '가사근로자법'이라 함, 2022.06.16. 시행)에 따라 가사서비스 제공기관의 사용자와 근로계약을 체결하고, 이용자에게 가사서비스를 제공하는 사람이다. 가사근로자법에 따른 가사근로자는 근기법, 최저임금법 등 근로관계 법령의 적용이 제외되는 가사사용인이나 가구 내 고용활동으로 보지 않는다. 따라서 가사근로자는 근로관계에 대하여 근기법, 최저임금법, 근로자퇴직급여 보장법 등이 적용된다. 다만, 가사근로자는 근기법 제17조(근로조건의 명시), 제50조(근로시간), 제53조(연장근로의 제한), 제54조(휴게), 제55조(휴일), 제60조(연차유급휴가) 제1항·제2항·제4항·제5항은 적용되지 않는다.

〈가사근로자에게 적용되는 근기법 및 가사근로자법 규정〉[6)]

근기법 규정		근기법 적용 여부	가사근로자법 적용
제17조	근로조건의 명시	×	제14조(근로조건의 명시)
제50조	근로시간	입주 가사근로자 × 그외 가사근로자 ○	-
제53조	연장근로의 제한	입주 가사근로자 × 그외 가사근로자 ○	-
제54조	휴게	입주 가사근로자 ○ 그외 가사근로자 ×	-
제55조	휴일	×	제16조(유급휴일 및 연차유급휴가)
제60조(1·2·4·5항)	연차유급휴가	×	

3) 특별법 적용

(1) 공무원

공무원은 「국가공무원법」, 「지방공무원법」, 「교육공무원법」, 「공무원연금법」, 「국가공무원 복무규정」 및 「공무원보수규정」 등 공무원관계법령이 우선으로 적용되므로, 근기법이 적용되지 않는다.[7)] 다만, 국가 또는 지방자치단체가 일용직 등 공무원관계법령의 적용을 받지 않는 근로자를 고용하고 있다면 해당 근로자와의 관계에서는 근기법이 적용된다.[8)]

- *고용직 공무원은 국가공무원 제2조의 규정에 의한 특수경력직 공무원으로서 같은 법 제3조의 규정에 의하여 그 직무와 보수에 대하여는 국가공무원법의 적용을 받도록 규정되어 있는바, 고용직 공무원을 포함한 국가공무원은 공법상 특별권력관계 아래서 공무를 담당하는 기관 구성자로서 국가공무원법, 공무원보수규정, 공무원수당규정, 공무원연금법 등의 제 법령이 제정되어 적용되고 있으므로 사법상 근로관계를 전제로 하는 근로기준법과 최저임금법은 적용되지 않는 것임(고용노동부 1990.8.22, 임금 32240-11740).*
- *근로기준법 제11조(현행 제12조)는 제10조(현행 제11조)와 별도로 이 법과 이 법에 기하여 발하는 대통령은 국가, 서울특별시, 직할시, 도 · 시 · 군 · 읍 · 면 · 기타 이에 준하는 것에 대하여도 적용된다고 규정하고 있는바, 국가 및 지방자치단체에 대하여는 상시근로자 수에 관계없이 근로기준법이 적용됨(고용노동부 1993.10.12, 근기 68207-2157).*

6) 고용노동부, 「가사근로자법 매뉴얼」, 2022.06, 3쪽.
7) 대법원 1987.6.29. 선고 86다카1355 판결.
8) 고용노동부 2010.12.22, 근로기준과-2857; 대법원 1987.6.29. 선고 85다카2473 판결.

- 공무원에게 「근로기준법」상 직장 내 괴롭힘 금지 규정이 적용되는지 여부와 관련하여, 「근로기준법」은 근로자 모두에게 적용되는 일반법임. 다만, 개별 조항에 따라서는 「근로기준법」의 특별법적 지위에 있는 법령이 있는 경우 해당 법령이 우선 적용됨. 대법원도 공무원은 원칙적으로 「근로기준법」상 근로자에 해당하지만, 구체적인 근로조건 등에 대해서는 「국가공무원법」 및 「공무원 행동강령」 등이 특별법으로서 적용된다는 입장임(대법원 86다카1355, 94다446 판결 등 참조). 공무원 관련 법령을 종합적으로 고려할 때, 「근로기준법」에 따른 직장 내 괴롭힘 금지제도는 공무원에게 직접 적용되지 않고, 「국가공무원법」 및 「공무원 행동강령」, 「공무원고충처리규정」, 「공무원 징계령」 등이 우선 적용. 따라서 공무원이 괴롭힘 피해를 받았거나, 혹은 그 사실을 알게 된 경우에는 「국가공무원법」 제76조의2에 따라 인사혁신처 및 각 기관에 설치된 고충처리심사위원회 등을 통해 괴롭힘, 갑질 등에 대한 구제를 받을 수 있음(고용노동부 2020.1.6, 근로기준정책과-122).

(2) 선 원

선원[9]의 근로조건 등에 대해서는 「선원법」이 적용된다. 다만, 선박회사 근로자라고 하더라도 선박에 승무하지 않은 육상근로자에게는 선원법이 아닌 근기법이 적용된다.

선원에 대하여는 선원의 직무, 복무, 근로조건의 기준 등을 정한 선원법이 적용되며, 육상근로자에 대해서는 선원이 아니므로 근로기준법에 의한 보호를 받아야 한다고 사료됨. 또한 선원에 대한 집단적 노사관계에 관한 사항도 선원 관계법 등에 이에 관해 별도의 절차를 정한 바가 있다면 노동쟁의조정법 등 집단적 노동관계법에 우선하여 적용되어야 할 것임(고용노동부 1995.10.23., 근기 68207-1742).

(3) 사립학교 교직원

사립학교 교원은 근기법상 근로자이지만 사립학교 교원의 자격·임면·복무·신분보장 및 징계 등에 관하여는 「사립학교법」에서 규정하고 있어 「사립학교법」이 근기법에 우선하여 적용되며, 「사립학교법」에서 규정하고 있지 아니한 부분에 대해서만 근기법이 적용된다.[10]

사립학교 교원의 복무관계 내지 근로조건 중 사립학교법에 특칙이 규정되어 있는 사항에 대해서는 특별법 우선의 원칙에 따라 근로기준법의 적용이 배제되는 것인바, 감봉에 대하여는 사립학교법 제

9) '선원'은 선원법이 적용되는 선박에서 근로를 제공하기 위하여 고용된 사람을 말한다. 다만, 선박 검사원, 선박의 수리를 위하여 선박에 승선하는 기술자 및 작업원, 도선사, 항만운송사업 또는 항만운송 관련 사업을 위하여 고용하는 근로자, 실습선원, 선박에서의 공연 등을 위하여 일시적으로 승선하는 연예인 등은 제외한다(「선원법」 제2조 제1호).

10) 대법원 1979.9.25. 선고 78다2312 판결; 노동부 1991.6.27, 근기 01254-9246.

61조 제4항에 특별히 정하고 있으므로 사립학교 교직원에게는 근로기준법 제96조의 적용이 배제된다고 할 것임(고용노동부 1991.6.27., 근기 01254-9246).

(4) 청원경찰

청원경찰[11]에 대해서는 「청원경찰법」이 우선으로 적용되고, 「청원경찰법」에 규정되지 않은 사항에 대해서는 근기법이 적용된다.[12]

근로자가 사용자와의 사용종속하에서 임금을 목적으로 근로를 제공하는 경우 근로기준법상 근로자로서 원칙적으로 근로기준법이 적용되나, 다른 법률에서 특별히 규정하고 있다면 당해 규정이 적용되어야 하는바, 청원경찰과 관련된 규정을 살펴보면, 청원경찰법 제5조 제3항에서 청원경찰의 임용자격·임용방법·교육·보수 및 징계에 관하여는 대통령령으로 정하고, 같은법 제5조 제4항에서 청원경찰의 복무에 대하여는 국가공무원법 제57조(복종의무), 제58조 제1항(직장이탈금지), 제60조(비밀업무 의무), 제66조 제1항(집단행위 금지) 및 경찰공무원법 제18조(허위 보고금지 및 직무태만·유기금지)의 규정을 준용하도록 하고 있으며, 청원경찰법 제6조 제2항에 따라 경찰청장이 매년 고시하는 '청원경찰 경비기준액'에서는 봉급 및 감독자 직책수당 이외에도 국가기관 및 지방자치단체에 근무하는 청원경찰에 대하여는 초과근무수당, 연가보상비 등을 순경에 준하여 지급하도록 규정하고 있고, 같은 법 시행령 제10조에서는 같은법 제5조 제4항 외에 청원경찰의 복무에 관하여는 당해 사업장의 취업규칙에 의한다고 규정되어 있을 뿐 그 외 근로시간과 휴게 및 휴일, 연차유급휴가 부여기준 등에 관하여 청원경찰법령에서 아무런 규정을 두고 있지 않고 있으므로 이에 대하여는 근로기준법이 적용된다고 할 것임(고용노동부 2006.9.11., 임금근로시간정책팀-2689).

제2절 상시근로자 수

1. 상시근로자

11) '청원경찰'은 청원주(請願主, 국가기관 또는 공공단체와 그 관리하에 있는 중요 시설 또는 사업장, 국내 주재 외국기관, 그 밖에 행정안전부령으로 정하는 중요시설 · 사업장 또는 장소에 해당하는 기관의 장 또는 시설 · 사업장 등의 경영자)가 경비를 부담할 것을 조건으로 경찰의 배치를 신청하는 경우 그 기관 · 시설 또는 사업장 등의 경비를 담당하게 하기 위하여 배치하는 경찰을 말하고(「청원경찰법」 제2조), 관할하는 경찰서장의 감독을 받아, 그 경비구역만의 경비를 목적으로 필요한 범위에서 「경찰관 직무집행법」에 따른 경찰관의 직무를 행한다(「청원경찰법」 제3조).

12) 대법원 1996.6.28. 선고 95다24074 판결; 고용노동부 2003.11.7., 근기 68207-1450.

'상시'라 함은 사회통념에 의해 객관적으로 판단되어야 할 것이므로 근로자 수가 때때로 5명 미만이라고 하더라도 상태적, 즉 평균적으로 5명 이상이면 근기법 규정이 모두 적용된다.[13)]

'상시 5인 이상의 근로자를 사용하는 사업 또는 사업장'이라 함은 '상시 근무하는 근로자의 수가 5인 이상인 사업 또는 사업장'이 아니라 '사용하는 근로자의 수가 상시 5인 이상인 사업 또는 사업장'을 뜻하는 것이고, 이 경우 상시라 함은 상태(常態)라고 하는 의미로서 근로자의 수가 때때로 5인 미만이 되는 경우가 있어도 사회통념에 의하여 객관적으로 판단하여 상태적으로 5인 이상이 되는 경우에는 이에 해당한다 할 것이고, 여기의 근로자에는 당해 사업장에 계속 근무하는 근로자뿐만 아니라 그때그때의 필요에 의하여 사용하는 일용근로자를 포함한다고 해석하여야 할 것임(대법원 2008.3.27. 선고 2008도364 판결).

2. 상시근로자 수 산정

1) 상시근로자 수 산정에 포함되는 근로자

「근로기준법 시행령」

제7조의2 【상시 사용하는 근로자 수의 산정 방법】

④ 제1항의 연인원에는 「파견근로자보호 등에 관한 법률」 제2조 제5호에 따른 파견근로자를 제외한 다음 각호의 근로자 모두를 포함한다.

1. 해당 사업 또는 사업장에서 사용하는 통상 근로자, 「기간제 및 단시간근로자 보호 등에 관한 법률」 제2조 제1호에 따른 기간제근로자, 단시간근로자 등 고용형태를 불문하고 하나의 사업 또는 사업장에서 근로하는 모든 근로자
2. 해당 사업 또는 사업장에 동거하는 친족과 함께 제1호에 해당하는 근로자가 1명이라도 있으면 동거하는 친족인 근로자

상시근로자 수 산정에는 하나의 사업 또는 사업장에서 사용자가 직접 고용하고 있는 통상근로자, 기간제근로자, 단시간근로자, 일용근로자, 동거하는 친족인 근로자, 외국인근로자(미등록자 포함) 등 고용형태나 국적을 불문하고 모든 근로자를 포함한다. 다만, 「파견근로자 보호 등에 관한 법률」(이하 '파견법'이라 함)에 따른 파견근로자 또는 「민법」에 따른 수급업체의 근로자는 사용사업주나 도급업체의 근로자와 같은 사업장에서 근로하더라도 상시근로자 수에 포함되지 않는다.

13) 대법원 2000.3.14. 선고 99도1243 판결; 대법원 1997.11.28. 선고 97다28971 판결 등.

- 근로기준법 적용을 위한 상시근로자 수 산정 시에는 사용자가 직접 고용한 근로자만을 대상으로 하며, 파견근로자보호 등에 관한 법률에 의한 파견근로자나 민사상 도급계약의 당사자인 수급인이나 그 수급인의 근로자는 이에 포함되지 않음(고용노동부 2003.11.28., 근기 68207-1549).
- 「근로기준법 시행령」 제7조의2에 따른 상시근로자 수 판단은 고용관계를 기준으로 판단하여야 하며, 근로자의 고용형태를 불문하고 사업(장)에 근로하는 모든 근로자를 포함하여 상시근로자 수를 산정하여야 하므로, 고용관계를 갖고 있는 이상 외국인 근로자라 하여 달리 볼 것은 아니라 할 것임(고용노동부 2022.12.28., 근로기준정책과-4214).
- 주휴일은 근로기준법 제55조 제1항에 의하여 주 1회 이상 휴일로 보장되는 근로의무가 없는 날이므로, 주휴일에 실제 근무하지 않은 근로자는 근로기준법 제11조 제3항의 '상시 사용하는 근로자 수'를 산정하는 기준이 되는 같은 법 시행령 제7조의2 제1항의 '산정기간 동안 사용한 근로자의 연인원' 및 같은 조 제2항 각 호의 '일(日)별 근로자 수'에 포함하여서는 아니 됨. 주휴일은 매주 일정하게 발생하는 휴일로서, 주휴일에 실제 출근하지 않은 근로자를 상시 사용 근로자 수에서 제외하여야 해당 사업장의 보통 때의 통상적인 사용 상태를 제대로 반영할 수 있고, 이를 제외하여도 사용자나 근로자가 근로기준법의 적용 여부를 사전에 파악하는 데에 어려움이 없어 법적안정성과 예측 가능성을 해하지 않기 때문임(대법원 2023.6.15. 선고 2020도16228 판결).

〈근로기준법 적용에 따른 상시 사용 근로자 수의 판단지침〉[14]

76.1.1부터 근로기준법의 적용 확대로 상시 5인 이상 근로자를 사용하는 사업 또는 사업장에 동법을 적용함에 있어 법 적용기준이 되는 상시 사용근로자 수의 판단에 정확을 기하기 위하여 아래와 같이 그 지침을 시달하니 업무에 착오 없도록 할 것.

1. 근로기준법상 근로자라 함은 직업의 종류와 급료의 형태를 불문하고 사업 또는 사업장에 임금을 목적으로 근로를 제공하는 자를 말하며 업무집행권 또는 대표권을 가지고 있는 법인의 임원이나 개인업체의 대표 등은 제외되는 것임.
2. 따라서 상시 5인 이상이라 함은 임시 및 정규직, 일용 및 상용직 · 도급직 등을 총망라하여 "상태적으로" 근로자 수가 5인 이상에 달하는 것을 말하는 것임.
3. 근로자 수가 수시 변동하는 사업 또는 계절사업, 건설공사 등에 있어서는 그 사업기간 내에 사용한 총연인원수를 총가동일수로 나누어진 평균 상시근로자 수로 보아야 할 것임.
4. 또한 상당 기간 동안 적용인원을 유지하다가 인원이 감소되어 일정 기간 보충되지 않고 평균 인원이 계속 적용 미달될 수도 있는바, 이러한 경우에는 적용 인원을 유지하는 기간에만 적용 대상으로 보아야 할 것임.
5. 동일 사용자가 2개 이상의 사업 또는 사업장을 경영하는 경우 장소적으로 분리되어 있을지라도 지점, 영업소 또는 분공장 등이 동일한 조직과 경영체계하에 사업의 독립성이 없을 경우에는 하나의 사업 또는

14) 고용노동부 1975.10.30. 근기 1455-15721.

사업장으로 취급하여 이에 근무하는 총근로자 수를 적용 대상으로 보아야 할 것이며 근로형태가 각기 다르고 사업장소, 회계 · 인사 등이 독립되어 별도로 운영되고 있을 경우에는 이를 각각 독립된 별개의 사업 또는 사업장 단위로 취급하여야 할 것임.

2) 산정 원칙

「근로기준법」

제11조 【적용범위】 ③ 이 법을 적용하는 경우에 상시 사용하는 근로자 수를 산정하는 방법은 대통령령으로 정한다.

「근로기준법 시행령」

제7조의2 【상시 사용하는 근로자 수의 산정 방법】 ① 법 제11조 제3항에 따른 "상시 사용하는 근로자 수"는 해당 사업 또는 사업장에서 법 적용 사유(휴업수당 지급, 근로시간 적용 등 법 또는 이 영의 적용 여부를 판단하여야 하는 사유를 말한다. 이하 이 조에서 같다) 발생일 전 1개월(사업이 성립한 날부터 1개월 미만인 경우에는 그 사업이 성립한 날 이후의 기간을 말한다. 이하 "산정기간"이라 한다) 동안 사용한 근로자의 연인원을 같은 기간 중의 가동 일수로 나누어 산정한다.

상시 사용하는 근로자 수는 해당 사업 또는 사업장에서 법적용 사유 발생일 전 1개월(이하 '산정기간'이라 함) 동안 사용한 근로자의 연인원을 같은 기간 중의 가동일수로 나누어 산정한다. 이때 산정기간이 사업 성립한 날부터 1개월 미만인 경우에는 그 사업이 성립한 날 이후의 기간을 말하며, 법적용 사유는 연차유급휴가 또는 근로시간 등 근기법 또는 근기법 시행령의 적용 여부를 판단하여야 하는 사유를 말한다.

〈상시근로자 수 산정방법〉

$$\text{상시근로자 수} = \frac{\text{산정기간 동안 사용한 근로자 연인원}}{\text{산정기간 중 사업 가동일수}}$$

※ '연인원'은 어떠한 일에 동원된 인원수와 일수(日數)를 계산하여, 그 일이 하루에 완성되었다고 가정하고 일수를 인수(人數)로 환산한 총인원수를 말함. 예를 들어 다섯 사람이 열흘 걸려서 완성한 일의 연인원은 50명임(5명×10일).

※ '가동일수'는 사람이나 기계 따위가 움직여 일한 날의 수(數)를 말함.

3) 산정 예외

「근로기준법 시행령」

제7조의2【상시 사용하는 근로자 수의 산정 방법】

② 제1항에도 불구하고 다음 각호의 구분에 따라 그 사업 또는 사업장에 대하여 5명(법 제93조의 적용 여부를 판단하는 경우에는 10명을 말한다. 이하 이 조에서 "법 적용 기준"이라 한다) 이상의 근로자를 사용하는 사업 또는 사업장(이하 이 조에서 "법 적용 사업 또는 사업장"이라 한다)으로 보거나 법 적용 사업 또는 사업장으로 보지 않는다.

1. 법 적용 사업 또는 사업장으로 보는 경우: 제1항에 따라 해당 사업 또는 사업장의 근로자 수를 산정한 결과 법 적용 사업 또는 사업장에 해당하지 않는 경우에도 산정기간에 속하는 일(日)별로 근로자 수를 파악하였을 때 법 적용 기준에 미달한 일수(日數)가 2분의 1 미만인 경우
2. 법 적용 사업 또는 사업장으로 보지 않는 경우: 제1항에 따라 해당 사업 또는 사업장의 근로자 수를 산정한 결과 법 적용 사업 또는 사업장에 해당하는 경우에도 산정기간에 속하는 일별로 근로자 수를 파악하였을 때 법 적용 기준에 미달한 일수가 2분의 1 이상인 경우

(1) 법 적용 사업장으로 보는 경우

해당 사업 또는 사업장에서 산정기간 동안에 산정한 상시근로자 수가 법 적용기준에 해당하지 않더라도 산정기간에 속하는 일별로 근로자 수를 파악하였을 때, 법 적용기준에 미달한 일수가 2분의 1 미만인 경우에는 법 적용 사업 또는 사업장으로 본다.

〈예시〉 4월 1일 법 적용 사유가 발생하고, 산정기간(3월 1일~3월 31일) 동안 사용 연인원이 106명, 사업 가동일수가 22일, 5명 이상을 사용한 날이 15일, 5명 미만을 사용한 날이 7일인 경우? ⇒ 상시근로자 수는 4.8명(106명÷22일)이 되지만, 5명 이상을 사용한 날이 15일, 5명 미만을 사용한 날이 7일이므로, 법 적용 사업(장)으로 봄.

(2) 법 적용 사업장으로 보지 않는 경우

해당 사업 또는 사업장에서 산정기간 동안에 산정한 상시근로자 수가 법 적용기준에 해당하는 경우에도, 산정기간에 속하는 일별로 근로자 수를 파악하였을 때, 법 적용기준에 미달한 일수가 2분의 1 이상인 경우에는 법 적용 사업 또는 사업장으로 보지 않는다.

〈예시〉 4월 1일 법 적용 사유가 발생하고, 산정기간(3월 1일~3월 31일) 동안 사용 연인원이 119명, 사업 가동일수가 22일, 5명 이상을 사용한 날이 10일, 5명 미만을 사용한 날이 12일인 경우? ⇒ 상시근로자 수는 5.4명(119명÷22일)이 되지만, 5명 이상을 사용한 날이 10일, 5명 미만을 사용한 날이 12일이므로, 법 적용 사업(장)으로 보지 아니함.

〈산정기간 동안 근로자 5인 미만을 사용한 일수에 따른 근기법 적용 여부〉

상시근로자 수 (산정기간 동안 연인원 ÷ 가동일수)	산정기간 동안 5인 미만을 사용한 일수	근기법 적용 여부
5인 미만	2분의 1 미만	전부 적용(5인 이상으로 봄)
5인 이상	2분의 1 이상	일부 적용(4인 이하로 봄)

3. 상시근로자 수에 따른 연차유급휴가 발생 여부

「근로기준법 시행령」

제7조의2【상시 사용하는 근로자 수의 산정 방법】 ③ 법 제60조부터 제62조까지의 규정(제60조 제2항에 따른 연차유급휴가에 관한 부분은 제외한다)의 적용 여부를 판단하는 경우에 해당 사업 또는 사업장에 대하여 제1항 및 제2항에 따라 월 단위로 근로자 수를 산정한 결과 법 적용 사유 발생일 전 1년 동안 계속하여 5명 이상의 근로자를 사용하는 사업 또는 사업장은 법 적용 사업 또는 사업장으로 본다.

해당 사업 또는 사업장에 대하여 월 단위로 근로자 수를 산정한 결과, 법 적용 사유발생일 전 1년 동안 계속하여 법적용 기준에 해당되는 것으로 보는 사업 또는 사업장에 대하여 근기법 제60부터 제62조 연차유급휴가 등의 규정이 적용된다. 다만, 계속 근로기간이 1년 미만인 근로자에게 1개월마다 주어지는 근기법 제60조 제2항에 의한 연차유급휴가 부분은 매월 산정하여 근기법 적용 여부를 판단하여야 한다.

〈연차유급휴가 발생 여부에 대한 판단기준〉[15)]

◎ 해당 사업(장)에서 1년 동안 계속하여 매월 법 적용요건에 해당되는 경우에만 연차유급휴가(제60조 제1항)가 발생되고, 1년 동안 법 적용요건에 해당되는 월과 해당되지 않는 월이 함께 있을 경우에는 연차유급휴가가 발생되지 않음.

ex) 회계연도(입사일)에 따라 연차유급휴가 산정 시, 1월~12월(입사일~1년)까지 각각의 월에 대하여 법 적용요건 충족 시 연차유급휴가 발생. 따라서 1년간 법 적용 월 11월, 법 적용 제외 월이 1개월인 경우에는 연차유급휴가 미발생

◎ 다만, 최초 입사일로부터 계속 근속기간이 1년 미만인 경우에는 월 단위 연차유급휴가(제60조 제2항)의 발생 여부를 법 적용요건에 따라 판단해야 함.

※ 법 적용요건: 근기법 시행령 제7조의2 제1항 및 제2항의 규정에 따른 법 적용요건임.

15) 고용노동부, 「근로기준법 적용범위 관련 상시근로자 수 판단기준」, 2008.6.30. 근로기준과-877.

제3절 사업 또는 사업장

1. 개 념

사업은 하나의 활동 주체가 유기적인 관련 아래 업(業)으로서 계속해서 행하는 것(△△하이닉스, 00전자, ◇◇은행 등)으로 반드시 영리를 목적으로 하여야 하는 것은 아니다. 사업장은 본사·공장·지점 등 작업이 수행되는 장소 또는 장소로 구획된 사업체의 일부분(△△하이닉스 △△공장, 00전자 00공장, ◇◇은행 ◇◇지점 등)을 말한다.

- *일반적으로 '사업'이란 일정한 장소에서 유기적인 조직하에 계속적으로 행하여지는 경우를 말하는 바, 교육서비스업을 행하는 직업훈련학교가 근로자를 고용하여 일정 기간 동안 강의실 내부 인테리어 공사를 행한 경우라면 교육서비스업을 계속 행하기 위한 사업의 일부로 볼 수 있을 것이므로 근로기준법이 적용되어야 할 것으로 사료됨(2008.7.4, 근로조건지도과-2401).*
- *근로기준법의 적용범위를 규정한 구 근로기준법 제10조(현행 제11조)는 상시 5인 이상의 근로자를 사용하는 모든 사업 또는 사업장에 적용한다고 규정하고 있는바, 여기서 말하는 '사업장인지 여부'는 하나의 활동 주체가 유기적 관련 아래 사회적 활동으로서 계속해서 행하는 모든 작업이 이루어지는 단위 장소 또는 장소로 구획된 사업체의 일부분에 해당되는지에 달려있으므로, 그 사업의 종류를 한정하지 아니하고 영리사업인지 여부도 불문하며, 일회적이거나 그 사업기간이 일시적이라 하여 근로기준법의 적용대상이 아니라 할 수 없고, 근로자를 정의한 같은 법 제14조(현행 제2조 제1항 제1호 참조)에서도 직업의 종류를 한정하고 있지 아니하므로, 정치단체도 위 각 조문의 사업이나 사업장 또는 직업에 해당된다 할 것임(대법원 2007.10.26. 선고 2005도9218 판결).*

2. 해당 요건

근기법의 적용을 받는 사업 또는 사업장이 되려면 사회 통념상 유기적인 관계를 가지고 업으로서 계속해서 행하여야 한다. 따라서 농업이나 어업 등을 생업으로 하는 사람이 그 사업과 관련하여 일시적으로 일용근로자를 고용하여 작업을 시키면 그 작업도 사업의 일부로 보고 근기법이 적용된다. 다만, 집주인이 자신이 소유하고 있는 주택의 특정 부분에 대한 수선이나 수리를 위해 일용근로자를 고용하는 등 일회적이고 일시적인 작업은 근기법의 적용대상이 아니다.

- 근로기준법 제10조(현행 제11조)에서 규정한 사업 또는 사업장이라 함은 일정한 장소에서 유기적인 조직하에 업으로서 계속해서 행하고 있음을 요건으로 함. 따라서 일시적으로 행하여지는 주택수리와 같은 사생활의 범주는 근로기준법 제10조(현행 제11조)의 규정에 의한 사업으로 볼 수 없으며, 이 경우 사용인은 가사사용인으로서 근로기준법 적용대상이 아님(고용노동부 2000.11.6, 근기 68207-3601).
- 근로기준법의 적용대상 사업인지의 여부는 상시 5인 이상의 근로자를 사용하는지에 달려있으므로 상시 5인 이상의 근로자를 사용하는 사업이라면 그 사업이 일회적이거나, 그 사업기간이 일시적이라 하여 근로기준법의 적용대상이 아니라 할 수 없음(대법원 1994.10.25. 선고 94다21979 판결).

3. 유형별 판단

1) 본사와 지사

본사와 지사 또는 같은 법인에 속하는 여러 개의 사업이 '각각 근기법의 적용단위인지' 아니면 '일부 또는 전부를 묶어 하나의 사업으로 보아 근기법이 적용되는지'는 장소 및 사업의 독립성 여부에 따라 판단된다. 즉 아래의 수 개의 사업장에 대한 판단기준에 따라 1개의 사업 또는 별개의 사업으로 판단하여야 한다.

- 근로기준법은 사업 또는 사업장 단위로 적용되는 바, 하나의 법인으로 등록되어 있는 여러 개의 사업 또는 사업장이라 하더라도 장소가 서로 분리되어 있고, 조직 · 인사 · 재정 및 회계 등이 완전히 분리되어 독자적으로 사업경영이 이루어지는 경우라면 이를 별개의 사업 또는 사업장으로 보아야 할 것임(2004.1.3, 근로기준과-52).
- 법인이 직접 시설운영을 위한 사업권한을 정부로부터 위탁받고 시설장의 채용을 법인이 담당하며 시설운영비 일부를 지원한다면 시설에 정부예산이 직접 지급되어 운영되더라도 이는 위탁사업의 특성일 뿐 각 시설을 독립된 사업(장)으로 보기 어렵고, 법인과 시설을 통틀어서 하나의 사업(장)으로 판단함(고용노동부 2016.10.6, 근로기준정책과-6224).

〈수 개의 사업장에 대한 사업 판단기준〉[16)]

사업장 구분	내 용
동일한 장소에 소재	본사, 지점, 출장소, 공장 등이 동일한 장소에 있는 경우에는 원칙적으로 분할하지 않고 1개의 사업으로 봄. 다만, 동일 장소에 있더라도 현저하게 근로의 형태가 다른 부문이 있고 그러한 부문이 주된 부문과 분리하여 취급하는 것이 보다 더 적절한 법 적용을 가능케 한다면 그러한 부문을 독립된 사업으로 봄.

16) 고용노동부 1990.9.26. 근기 01254-13555.

사업장 구분	내 용
분산된 장소에 소재	본사, 지점, 출장소, 공장 등이 장소적으로 분산되어 있을 경우에는 원칙적으로 각각 별개의 사업으로 봄. 다만, 장소적으로 분산되어 있다 할지라도 지점, 출장소, 공장 등의 업무처리능력 등을 감안할 때 하나의 사업이라고 말할 정도의 독립성이 없으면 직근상위조직과 일괄하여 하나의 사업으로 봄.
기 타	위 기준에 따라 판단하기 어려울 경우 본사와 장소적으로 분산되어 있는 지점, 출장소, 공장 등이 다음 각호 모두에 해당하는 경우에는 독립성이 있는 것으로 보고 별개의 사업 또는 사업장으로 봄. 1. 한국표준산업분류(통계청 고시)상 산업(대분류)이 다른 경우 2. 서로 다른 단체협약 또는 취업규칙을 적용받는 경우 3. 노무관리, 회계 등이 명확하게 독립적으로 운영되는 경우

2) 비영리사업

사업이 업으로서 행하여지는 한 영리사업 여부와 무관하게 정부투자 출연기관·공기업체·공공단체, 아파트자치회, 정당 등 정치단체, 사회단체 등 비영리사업도 근기법이 적용된다.

- *정당에 종사하고 있는 직원이 정당과 고용관계에 있는 근로자라면 다른 사유가 없는 한 당연히 근로기준법의 보호대상으로 됨(1964.12.18., 노정근 1455-5004).*
- *근로기준법 제10조 소정의 사업 또는 사업장이라 함은 그것이 영리의 목적으로 행하여지는 것은 물론 영리의 목적이 없는 사회사업이나 종교단체의 계속적 활동 등 즉, 사회 통념상 업으로 행하여진다고 인정되는 것은 모두 포함된다 해석함이 상당하다 할 것이므로, 피고 갱생보호회와 같은 비영리적 공익목적을 추구하는 공법인의 사업 또는 사업장도 위 법조 소정의 사업 또는 사업장에 포함된다고 보아야 할 것임(대법원 1978.7.11. 선고 78다591 판결).*
- *근로기준법의 적용범위를 규정한 구 근로기준법 제10조(현행 제11조)는 상시 5인 이상의 근로자를 사용하는 모든 사업 또는 사업장에 적용한다고 규정하고 있는바, 여기서 말하는 사업장인지 여부는 하나의 활동 주체가 유기적 관련 아래 사회적 활동으로서 계속적으로 행하는 모든 작업이 이루어지는 단위 장소 또는 장소적으로 구획된 사업체의 일부분에 해당되는지에 달려있으므로, 그 사업의 종류를 한정하지 아니하고 영리사업인지 여부도 불문하며, 일회적이거나 그 사업기간이 일시적이라 하여 근로기준법의 적용대상이 아니라 할 수 없고, 근로자를 정의한 같은 법 제14조(현행 제2조 제1항 제1호)에서도 직업의 종류를 한정하고 있지 아니하므로, 정치단체도 위 각 조문의 사업이나 사업장 또는 직업에 해당된다 할 것임. 따라서 국회의원 입후보자가 선거활동을 하기 위하여 일정한 장소에서 선거사무소를 두고, 사람을 일급제로 고용하여 자신의 지휘·감독하에 선거홍보를 하게 하면서 일정 기간(13일) 동안 계속해서 운영하여 온 경우, 위 선거사무소는 적어도*

그 범위 내에서는 근로기준법 제10조(현행 제11조)에서 정한 사업장에 해당한다고 봄이 상당하고, 선거사무소에서 선임되어 관할 선거관리위원회에 신고를 마친 선거사무원이라고 하더라도 선거후보자와 사이에 일급제로 금원을 지급받기로 약정하고 선거후보자의 지시·감독을 받아 소정의 근로를 제공하였을 경우 근로기준법상의 근로자에 해당함(대법원 2007.10.26. 선고 2005도9218 판결).

3) 종교사업

종교단체가 순수한 종교상의 의식이나 포교를 목적으로 하는 경우에는 원칙적으로 근기법이 적용되지 않는다. 즉 목사, 전도사, 신부, 승려 등이 행하는 종교업무는 근로관계에서 행해진 업무가 아니므로 근기법이 적용되지 않는다. 그러나 종교인의 행위이더라도 종교활동이나 신앙생활이 아니면 그 부분에 대해서는 종교단체가 행하는 사업으로 근기법이 적용된다(교회가 운전기사나 유치원 교사를 채용하는 경우 등).

- *목사, 전도사, 수녀 등 종교단체와 그에 부속된 사업장에서 종교적인 목적 달성을 위하여 종교활동을 하고 있는 자라 하더라도 종교활동의 영역을 벗어나 근로계약을 체결하고 임금 등 근로의 대가로 보수를 지급받으며, 사업주의 지휘·감독하에서 근로를 제공하는 자라면 근로기준법상의 근로자로 볼 수도 있을 것임. 다만, 수녀의 신분으로서 수도회의 파견명령에 따라 병원에 파견되어 수도회칙에 따라 주어진 일을 수행할 뿐, 근로계약을 체결하지 않고 임의로 결정된 임금은 수도회에 전액 기부되며, 당해 사업장의 취업규칙, 복무규정 등을 적용받지 않는 경우라면, 사업운영상 원가계산의 필요 등에 따라 법인세, 근로소득세 등 조세를 납부하고, 출퇴근 시간 준수 등 조직운영상 필요한 규율을 준수하고 있다는 사정만으로 임금을 목적으로 근로를 제공하는 근로기준법상 근로자로 보기는 어렵다고 사료됨(고용노동부 2003.4.17, 근기 68207-459).*
- *시설장, 보육교사, 취사부가 교회에서 인가받아 운영하는 어린이집에서 임금을 목적으로 사용자(교회)와 근로계약(서면 또는 구두)을 체결하고 종속적인 관계에서 근로를 제공하는 것이 명백한 경우에는 근로기준법 제14조(현행 제2조 제1항 제1호)의 근로자로 볼 수 있을 것이나, 교회 봉사활동의 차원에서 행해지는 등 근로관계로 보기 어려운 경우에는 근로자로 볼 수 없을 것임(고용노동부 2002.9.5, 근기 68207-2876).*

4) 위법사업

무허가사업, 법률상 금지된 사업 등과 같이 정책적·행정적 목적으로 규제를 받는 사업도 관련 법에 의한 제재와 별개로 근기법이 적용된다. 즉 근기법의 적용대상인지는 해당 사업 또는 사업장에서 근로를 제공하는 근로자를 보호할 필요성이 있는지로 판단하여야 한다. 그러나 마약 제조 및 판매, 매춘 등과 같이 형사상 범죄를 구성하는 범죄사업의 근로자가 사용자의 범죄행위를 알았거나 알 수 있는 상황에서 협력하면 근기법이 적용되지 않는다.

5) 외국 관련 사업

(1) 「국제사법」의 적용

「국제사법」

제1조【목적】 이 법은 외국과 관련된 요소가 있는 법률관계에 관하여 국제재판관할과 준거법(準據法)을 정함을 목적으로 한다.

제45조【당사자 자치】 ① 계약은 당사자가 명시적 또는 묵시적으로 선택한 법에 따른다. 다만, 묵시적인 선택은 계약내용이나 그 밖의 모든 사정으로부터 합리적으로 인정할 수 있는 경우로 한정한다.

② 당사자는 계약의 일부에 관하여도 준거법을 선택할 수 있다.

③ 당사자는 합의에 의하여 이 조 또는 제46조에 따른 준거법을 변경할 수 있다. 다만, 계약체결 후 이루어진 준거법의 변경은 계약 방식의 유효 여부와 제삼자의 권리에 영향을 미치지 아니한다.

④ 모든 요소가 오로지 한 국가와 관련이 있음에도 불구하고 당사자가 그 외의 다른 국가의 법을 선택한 경우에 관련된 국가의 강행규정은 적용이 배제되지 아니한다.

⑤ 준거법 선택에 관한 당사자 간 합의의 성립 및 유효성에 관하여는 제49조를 준용한다.

제46조【준거법 결정 시의 객관적 연결】 ① 당사자가 준거법을 선택하지 아니한 경우에 계약은 그 계약과 가장 밀접한 관련이 있는 국가의 법에 따른다.

제48조【근로계약】 ① 근로계약의 당사자가 준거법을 선택하더라도 제2항에 따라 지정되는 준거법 소속 국가의 강행규정에 따라 근로자에게 부여되는 보호를 박탈할 수 없다.

② 근로계약의 당사자가 준거법을 선택하지 아니한 경우 근로계약은 제46조에도 불구하고 근로자가 일상적으로 노무를 제공하는 국가의 법에 따르며, 근로자가 일상적으로 어느 한 국가 안에서 노무를 제공하지 아니하는 경우에는 사용자가 근로자를 고용한 영업소가 있는 국가의 법에 따른다.

외국적 요소가 있는 법률관계는 「국제사법」이 적용되며, 계약은 기본적으로 당사자가 명시적·묵시적으로 선택한 법이 적용된다. 다만, 근로계약은 별도 규정을 두어 당사자가 준거법[17]을 선택하더라도, 근로자가 일상적으로 노무를 제공하는 국가의 강행규정에 따른 근로자 보호를 박탈하지 못하도록 규정하고 있다. 또한 근로계약의 당사자가 준거법을 선택하지 않은 경우에는 근로자가 일상적으로 노무를 제공하는 국가의 법이 적용된다.

17) 준거법은 「국제사법」에 따라 어떤 법률관계에 적용될 법률을 말한다.

(2) 「국제사법」이 적용되는 근로계약 관계에서의 적용법 판단기준

외국적 요소가 있는 근로관계에서 근로계약 당사자가 어느 나라의 법을 적용받는지의 판단은 「국제사법」에 따라 '명시적·묵시적으로 선택한 준거법'이 있는지와 근로자가 '일상적으로 노무를 제공하는 국가'에 대한 판단이 필요하다. 이를 위해서 전체 근로계약 기간 중 해외 근무기간, 근무장소 및 국내 복귀예정 여부(한시적으로 해외에 파견한 경우인지 등), 근로계약 체결 장소, 근로시간 등 노무지휘 및 임금 지급의 주체, 노무제공의 실질적인 수령자, 법 적용에 대한 근로자의 기대·인식 정도 등을 종합적으로 고려하여 판단해야 할 수 있다.[18)]

(3) 사 례

우리나라 기업이 소속 근로자를 한시적으로 해외사무소 등에 파견한 경우에는 묵시적으로 근기법을 선택하였거나 일상적 노무제공 국가를 우리나라로 볼 소지가 크므로 근기법이 적용된다. 반면에 우리나라 기업이 해외사무소 등에서 현지 근로자를 채용한 경우에는 명시적으로 근기법을 준거법으로 선택하지 않은 이상 해외 현지 국가의 법이 적용된다.

- *국외법인과 계약하고 국내 법인(국외법인의 100% 투자법인)에서 근무하는 근로자가 퇴직금 지급 대상인지 여부에 대해, 「국제사법」제28조(현행 제48조) 제2항은 근로계약에 있어서 당사자가 준거법을 선택하지 아니한 경우, 근로자가 일상적으로 노무를 제공하는 국가의 법에 의한다고 정하고 있음. 외국회사에서 직접 근로계약을 체결하고 국내 현지 법인체에 근로자를 파견해, 근로자의 인사 및 노무관리 등을 외국회사에서 직접 관장하는 경우에는 「근로기준법」이 적용되지 않을 것이나, 이 경우에도 근로자가 일상적으로 국내에서 노무를 제공하고 있다면 「국제사법」 제28조(현행 제48조)에 따라 국내법의 강행규정에 의해 근로자에게 부여되는 보호를 박탈할 수 없다고 사료됨(관련 행정해석: 근로개선정책과-438, 2014.1.28.). 해당 근로자가 준거법을 선택하지 않았고, 전체 계속근로기간 동안 국내에서 노무를 제공하였으며, 국내 법인의 다른 근로자와 동일한 근로조건을 부여받고, 인사 및 노무관리에 있어서도 국내 법인의 구체적인 지휘·감독을 받은 경우라면, 해당 근로자는 「국제사법」 제28조(현행 제48조) 제2항에 따라 국내법이 적용될 것으로 판단되며, 퇴직금 지급 여부에 대하여는 「근로자퇴직급여 보장법」에서 정하는 바에 따르면 될 것으로 사료됨(고용노동부 2020.2.7., 퇴직연금복지과-553).*
- *외국에 본사가 있는 외국 법인이 국내에 영업소나 지점을 두고 근로자를 고용할 경우 「근로기준법」의 적용 및 상시근로자 판단에 있어, 「근로기준법」 제11조에서는 상시 5명 이상의 근로자를 사용하는 모든 사업 또는 사업장에 적용하도록 규정하고 있고, 상시근로자 수에 대해서는 「근로기준법 시행령」 제7조의2에 그 산정방법을 명시하고 있음. 외국에 본사가 있는 법인이 국내에 사업 또*

18) 고용노동부, "국제근로관계에서 준거법 관련 행정해석 보완 및 변경", 2022.12.29., 근로기준정책과-4248

는 사업장으로 볼 수 있는 형태의 지점(영업소) 등을 운영하는 경우라면 달리 볼 사정이 없는 한 「근로기준법」이 적용되며 상시근로자 수 판단도 「근로기준법 시행령」 제7조의2에 따르면 될 것임. 한편 외국회사에서 직접 근로계약을 체결하고 국내 현지 법인체에 근로자를 파견해, 근로자의 인사 및 노무관리 등을 외국회사에서 직접 관장하는 경우에는 「근로기준법」이 적용되지 않을 것임. 다만, 이 경우에도 근로자가 일상적으로 국내에서 노무를 제공하고 있다면 「국제사법」 제28조 규정에 따라 국내법의 강행규정에 의해 근로자에게 부여되는 보호를 박탈할 수는 없을 것임(고용노동부 2014.1.28, 근로개선정책과-438).

- 국내에 거주하는 외국인도 원칙적으로 우리나라의 통치권의 대상이 되며, 법령 또는 조약상으로 외국인의 공 · 사법상의 권리가 특별히 제한받지 않는 이상 내국인과 동일한 보호를 받게 되는 것(고용노동부 1978.12.4, 법무 811-26735).
- 해외 현지법인은 소재국에서 법인격을 부여받은 권리주체로서 속지주의원칙에 따라 국내법이 적용되지 아니하므로 국내 회사가 현지에 독립한 법인을 설립하고 동 사업장에서 한국인을 고용하였을 경우에는 근로기준법이 적용되지 않는다고 보아야 할 것이나, 국내 회사에서 해외 현지 법인체에 근로자를 파견하여 근로자의 인사 및 노무관리 등을 국내 회사에서 관장하고 근로자의 임금 및 주요 근로조건 등을 국내 회사에서 결정하고 있는 경우에는 국내 회사와 함께 근로기준법이 적용된다고 보아야 할 것임(고용노동부 2006.2.6, 근로기준팀-622 참조). 근로계약 체결 시 인사 · 노무관리 등을 국내 건설회사에서 관장하며, 임금 등 주요 근로조건을 국내 건설회사에서 결정하는 경우라면 국내 건설회사를 사용자로 보아 근로기준법이 적용된다고 사료됨(고용노동부 2011.9.9, 근로개선정책과-3002).

제3장

근로계약관리

제 1 절 근로계약

1. 근로계약의 개념

「근로기준법」

제2조【정의】 ① 이 법에서 사용하는 용어의 뜻은 다음과 같다.

3. "근로"란 정신노동과 육체노동을 말한다.

4. "근로계약"이란 근로자가 사용자에게 근로를 제공하고 사용자는 이에 대하여 임금을 지급하는 것을 목적으로 체결된 계약을 말한다.

근로계약은 근로자와 사용자 사이에서 근로관계를 설정하고 근로관계 속에서 당사자가 가지는 권리와 의무의 내용을 정하는 계약으로, 근로자가 사용자에게 근로를 제공하고 사용자는 이에 대하여 임금을 지급하는 것을 목적으로 체결된 계약이다.

※ 근로계약과 관련하여 근기법은 근로조건의 기준(제3조), 근로조건의 결정(제4조), 근로조건의 준수(제5조), 균등한 처우(제6조), 강제근로의 금지(제7조), 폭행의 금지(제8조), 근기법을 위반한 근로계약의 효력(제15조), 근로계약을 체결할 때 명시하여야 하는 근로조건(제17조) 및 위반 시 효력(제19조), 단시간근로자의 근로조건(제18조), 위약예정의 금지(제20조), 전차금 상계의 금지(제21조), 강제저금의 금지(제22조) 등을 규정하고 있음.

2, 근로계약의 특징

근기법상 근로계약은 사용자에 대한 근로자의 권리 및 이익을 보호하기 위하여 마련된 것이므로 법률의 특별한 보호를 받는 근로자와 사용자 사이의 법률관계를 규정한 것이다. 근로계약은 민법상 고용계약의 범주에 속하는 것이지만, 사용종속관계[1]에서 근로를 제공하는 근로자가 노동법의 보호대상이 된다는 점에서 특색이 있다.

3. 근로계약과 고용계약의 관계

민법은 노무제공(근로자의 채무)과 보수지급(사용자의 채무)이라는 쌍무계약을 중심으로 하

1) 사용종속관계는 근로계약에 따라 근로자가 사용자의 지휘나 감독에 따라 사용자가 원하는 내용의 근로를 제공하는 것으로, 근로자성 여부를 판단하는 중요한 지표이다.

면서, 근로자를 고용계약의 채무자로서 규정하고 있다.[2] 이에 반해 근기법은 사용자에 대한 근로자의 권리 및 이익을 보호하기 위하여 마련된 것이므로 법률의 특별 보호를 받는 근로자와 사용자 사이의 법률관계를 규정한 것이다. 따라서 근기법은 민법의 고용계약 관련 규정에 대하여 특별법[3]의 지위에 있고, 근로계약과 관련하여 근기법이 먼저 적용되고, 근기법에 없는 규정은 민법이 적용된다.

〈근로계약과 고용계약의 비교〉

구 분	의 미	특 징
근로계약 (근기법 제2조)	근로자가 사용자에게 근로를 제공하고 사용자는 이에 대해서 임금을 지급하는 것을 목적으로 체결된 계약	사용종속관계에서 근로 제공
고용계약 (민법 제655조)	당사자 일방이 상대방에 대하여 노무를 제공할 것을 약정하고 상대방이 이에 대하여 보수를 지급할 것을 약정한 계약	평등한 관계에서 노무 제공

※ 근로계약 및 고용계약과 구별되는 개념으로, '도급계약(당사자 일방이 어느 일의 완성을 약정하고 상대방이 그 일의 결과에 대하여 보수를 지급할 것을 약정한 계약, 민법 제664조)', '위임계약(당사자 일방이 상대방에 대하여 사무처리를 위탁하고 상대방이 이를 승낙함으로써 체결된 계약, 민법 제680조)' 등이 있음.

제2절 근로계약의 당사자

1. 근로자

1) 개 념

2) 민법상 고용계약은 당사자 쌍방에 실질적으로 평등한 권리와 의무를 부여하려는 것이다. 그러나 현실적으로는 사용자의 위력 아래서 지배 · 종속의 노동관계로 인하여 형식적인 평등관계가 형성될 가능성이 크므로 근로자를 사용자로부터 특별히 보호할 필요성이 있다. 이를 위하여 근기법은 다양한 계약상의 원칙 및 기준을 설정하고 이들에게 적용되는 노동관계를 표현하기 위하여 근로계약이라는 개념을 도입하였다.

3) '특별법'은 특정의 사람 · 사물 · 행위 또는 지역에 국한하여 적용되는 법이고, 일반법(특별한 제한 없이 일반적으로 적용되는 법) 중에서 특수한 사항을 골라내어 그것을 특별히 취급하려고 하는 것이다. 특별법은 일반법에 우선하는 것이 원칙이며, 일반법은 특별법에 규정이 없는 경우에만 보충적으로 적용된다. 특별법과 일반법은 구별하는 실익은 법의 효력 및 적용의 순서를 명확히 하는 데에 있다.

「근로기준법」

제2조【정의】 ① 이 법에서 사용하는 용어의 뜻은 다음과 같다.

1. "근로자"란 직업의 종류와 관계없이 임금을 목적으로 사업이나 사업장에 근로를 제공하는 사람을 말한다.

근기법은 근로자의 개념을 직업의 종류와 관계없이 임금을 목적으로 사업이나 사업장에서 근로를 제공하는 사람으로 정의하고 있다.[4] 다만, 근기법은 근로자에 대한 정의는 규정하고 있으나, 직종이나 고용형태 등에 따라 어떤 사람이 근로자에 해당하는지를 판단하는 구체적인 기준과 관련한 규정은 없어서 실무상 근로자에 해당하는지를 판단하는 것이 쉽지 않아 사안별로 근로자에 해당하는지를 판단하여야 한다.

※ 근로자는 근로조건의 보호를 받을 대상이 누구인가를 확정하는 중요한 요소임. 따라서 근로자로 인정되면 근기법의 적용대상이지만, 근로자로 인정되지 않으면 근로관계가 존재하지 않아 근기법이 적용되지 않음.

2) 근로자성 판단기준

근기법은 근로자를 직업의 종류와 관계없이 임금을 목적으로 사업이나 사업장에 근로를 제공하는 사람으로 규정하고 있는데, 이 규정에서 근로를 제공하는 사람은 사용종속관계 아래서 근로를 제공하는 사람을 전제로 한다. 즉 근로자가 사용자에게 고용되어 근로를 제공한다는 것은 사용자의 지휘나 감독에 따라 사용자가 원하는 내용의 근로를 하는 것이고 이것을 사용종속관계라고 한다. 따라서 근기법상 근로자성 판단에서 가장 본질적이고 중요한 요소는 직종이나 직위가 아닌 사용종속관계이므로, 근기법상 근로자에 해당하는지는 고용계약, 도급계약 등 계약의 형식과 관계없이 실질적으로 임금을 목적으로 종속적 관계에서 사용자에게 근로를 제공했는지에 따라 판단하여야 한다.[5]

---

4) 「노동조합 및 노동관계조정법」 상 근로자의 개념은 "직업의 종류를 불문하고 임금 · 급료 기타 이에 준하는 수입에 의하여 생활하는 자"(제2조 제1호)로 정의하고 있다. 이는 「노동조합 및 노동관계조정법」의 입법목적(헌법에 의한 근로자의 단결권 · 단체교섭권 및 단체행동권을 보장하여 근로조건의 유지·개선과 근로자의 경제적 · 사회적 지위의 향상을 도모)이 근기법의 입법목적(헌법에 따라 근로조건의 기준을 정함으로써 근로자의 기본적 생활을 보장 및 향상시키는 것)과 상이한 결과로, 취업 중인 자 이외에 실업상태에 있는 자, 구직 중인 자, 취업 자체가 확실한 자도 근로 3권 보장이 필요한 경우 근로자로 인정하고 있다(대법원 1993.5.25. 선고 90누1731 판결; 대법원 2004.2.27. 선고 2001두8568 판결; 대법원 2011.3.24. 선고 2007두4483 판결).

5) 근로자 개념과 관련한 구체적인 사례와 판례는 「주제별 판례 분석집-개별적 근로관계」(중앙노동위원회, 2016.10.)에서 확인할 수 있다.

「근로기준법」상 근로자 해당 여부에 대한 기본적 판단기준은 "민법상의 고용계약인지 또는 도급계약인지 보다 그 계약의 형식에 관계없이 실질에 있어서 근로자가 사업 또는 사업장에 임금을 목적으로 종속적인 관계에서 사용자에게 근로를 제공하였는지 여부에 따라 판단하여야 하고, 위에서 말하는 종속적인 관계가 있는지 여부는 업무 내용을 사용자가 정하고 취업규칙 또는 복무(인사)규정 등의 적용을 받으며 업무수행과정에서 사용자가 상당한 지휘 · 감독을 하는지, 사용자가 근무시간과 근무장소를 지정하고 근로자가 이에 구속을 받는지, 노무제공자가 스스로 비품 · 원자재나 작업도구 등을 소유하거나 제삼자를 고용하여 업무를 대행케 하는 등 독립하여 자신의 계산으로 사업을 영위할 수 있는지, 노무제공을 통한 이윤의 창출과 손실의 초래 등 위험을 스스로 안고 있는지, 보수의 성격이 근로 자체의 대상적 성격인지, 기본급이나 고정급이 정하여졌는지 및 근로소득세의 원천징수 여부 등 보수에 관한 사항, 근로제공 관계의 계속성과 사용자에 대한 전속성의 유무와 그 정도, 사회보장제도에 관한 법령에서 근로자로서 지위를 인정받는지 등의 경제적 · 사회적 여러 조건을 종합하여 판단하여야 한다(대법원 1994.12.9. 선고 94다22859 판결 등 참조). 다만, 기본급이나 고정급이 정하여졌는지, 근로소득세를 원천징수하였는지, 사회보장제도에 관하여 근로자로 인정받는지 등의 사정은 사용자가 경제적으로 우월한 지위를 이용하여 임의로 정할 여지가 크기 때문에 그러한 점들이 인정되지 않는다는 것만으로 근로자성을 쉽게 부인하여서는 안 된다."(대법원 2006.12.7. 선고 2004다29736 판결).

〈판례의 사용종속관계 판단 요소〉[6)]

대분류	세부 분류
업무수행 내용과 방법	① 업무내용이 사용자에 의해 정하여지는지 ② 사용자에 의해 근무의 시간·장소가 지정되고 구속받는지 ③ 취업규칙 또는 인사규정 등의 적용을 받는지 ④ 업무수행과정에서 사용자로부터 상당한 지휘·감독을 받는지
독자적인 사업자성	⑤ 근로제공관계의 계속성 ⑥ 사용자에 대한 전속성의 유무와 그 정도 ⑦ 노무제공자가 스스로 비품·원자재나 작업도구 등을 소유하거나, 제삼자를 고용하여 업무를 대행케 하는 등 독립하여 자신의 계산으로 사업을 영위할 수 있는지 ⑧ 노무제공을 통한 이윤창출과 손실초래 등 위험을 스스로 안고 있는지
보수의 성격과 내용	⑨ 보수의 성격이 근로 자체의 대상적 성격인지 ⑩ 기본급이나 고정급이 정하여져 있는지 ⑪ 근로소득세 원천징수 등 보수에 관한 사항
다른 사정	⑫ 사회보장제도에 관한 법령 등 다른 법령에서 근로자 지위를 인정받는지 ⑬ 당사자의 경제·사회적 조건 등

6) 대법원 2006.12.7. 선고 2004다29736 판결; 대법원 2012.1.12. 선고 2010다50601 판결 등 다수.

2. 사용자

1) 개 념

「근로기준법」

제2조【정의】 ① 이 법에서 사용하는 용어의 뜻은 다음과 같다.

2. "사용자"란 사업주 또는 사업경영 담당자, 그 밖에 근로자에 관한 사항에 대하여 사업주를 위하여 행위하는 자를 말한다.

근기법은 사용자의 개념을 사업주 또는 사업경영담당자, 그 밖에 근로자에 관한 사항에 대하여 사업주를 위하여 행위하는 자로 정의하고 있다. 즉, 사용자는 근로자에 대하여 지휘나 감독 권한을 가지며 노동법상의 여러 가지 의무를 준수해야 할 지위에 있는 자를 말한다.

〈근기법에 따른 사용자의 분류〉

구 분	내 용	
사업주	사업을 책임지고 경영하는 주체	법인: 법인 그 자체
		개인 기업: 사업주 개인
사업경영담당자[7]	사업경영 일반에 관한 책임을 지는 자로서 사업경영의 전부 또는 일부에 대하여 포괄적인 위임을 받고 대외적으로 사업을 대표하거나 대리하는 자(주식회사의 대표이사, 업무대표권·업무집행권이 있는 임원 등)	
근로자에 관한 사항에 대하여 사업주를 위하여 행위하는 자	근로자의 인사, 급여, 복리, 노무관리 등 근로조건의 결정 또는 업무상의 명령이나 지휘·감독을 하는 등 사업주로부터 일정한 권한과 책임을 부여받은 자(부장, 과장 등)	

2) 이중적 지위

부장, 팀장 등 중간관리자는 어떤 때는 근로자로서 노동법의 각종 권리를 주장할 수 있으면서 다른 한편으로는 부하직원 등에게는 사용자로서 노동법을 지켜야 하는 이중적인 위치에 있

7) '사업경영담당자'란 사업경영 일반에 관하여 책임을 지는 자로서 사업주로부터 사업경영의 전부 또는 일부에 대하여 포괄적인 위임을 받고 대외적으로 사업을 대표하거나 대리하는 자를 말하고, 근기법이 같은 법 각 조항에 대한 준수의 무자로서의 사용자를 사업주에 한정하지 아니하고 사업경영담당자 등으로 확대한 이유가 노동 현장에 있어서 근로기준법의 각 조항에 대한 실효성을 확보하기 위한 정책적 배려에 있는 만큼, 사업경영담당자는 원칙적으로 사업경영 일반에 관하여 권한을 가지고 책임을 부담하는 자로서 관계 법규에 의하여 제도적으로 근기법의 각 조항을 이행할 권한과 책임이 부여되었다면 이에 해당한다(대법원 2008.4.1. 선고 2007도1199 판결).

다. 따라서 부장, 팀장 등 중간관리자가 부하직원이 업무지시를 따르지 않았다는 이유로 폭행을 하였다면 폭행을 한 중간관리자는 근기법 제8조(폭행의 금지) 위반에 대해 근기법상 사용자 책임을 부담해야 한다.[8]

- *근로기준법상 근로자란 직업의 종류를 불문하고 사업 또는 사업에서 임금을 목적으로 근로를 제공하는 자이며, 사용자란 사업주 또는 사업경영담당자 기타 근로자에 관한 사항에 대하여 사업주를 위하여 행위하는 자를 말하는 것으로서 법인에 있어서 업무집행권이나 대표권을 가지고 있는 대표이사 등 임원은 근로기준법상 사용자라 할 것이나, 임원이 아닌 간부 직원의 경우는 구체적 법률관계에 따라 근로자로서의 지위와 사용자로서의 지위를 함께 가지고 있다 할 것임. 간부 직원인 전무가 법인의 상업등기부에 이사로 등기되어 있지 아니하고, 업무수행에 있어 일반 직원과 똑같은 복무규정을 적용받고, 근로제공에 대한 대가로 일반 직원과 똑같은 보수규정을 적용받는 등 사용종속관계하에서 임금을 목적으로 근로를 제공하고 있다면 근로기준법상 근로자로 보아야 할 것임(고용노동부 1992.9.29., 근기 01254-1626).*
- *근로자 대표를 선출하는 근로자의 범위 즉, 노동조합이 근로자의 과반수를 조직하고 있는지 여부를 판단함에 있어 근로자의 범위와 근로자 대표를 선출함에 있어 투표에 참여하는 근로자 범위는 다음과 같이 산정함.*

근로자 대표를 선출하는 근로자의 범위 = 근기법상 근로자 - 근기법상 사용자

- *따라서 근로자와 사용자의 이중적 지위를 갖는 자는 제외되는 바, 이는 설사 이들이 근로자로서 향후 합의 내용의 적용을 받더라도 노사서면 합의과정에서는 사용자를 위하여 행위하는 자로 볼 수 있기 때문임(고용노동부, 근로기준법상 근로자대표의 개념과 서면합의의 효력 등에 관한 해석기준, 1997.6.5., 근기 68207-735).*

3. 임 원

1) 개 념

임원의 사전적 의미는 어떤 기관이나 단체의 운영과 감독 등의 일을 맡아서 처리하는 사람으로 상법에는 임원을 이사와 감사로 구분하여 등기사항으로 규정하고 있다.[9] 통상적으로 기업

8) 사업주의 대리인, 사용인, 그 밖의 종업원이 해당 사업의 근로자에 관한 사항에 대하여 근기법 제107조, 제109조부터 111조까지, 113조 또는 114조의 위반행위를 하면 그 행위자를 벌한다(근기법 제115조).

9) 이사(대표이사, 사내이사 및 사외이사로 구분)는 주주총회에서 선임되며 법인의 업무집행 결정기관으로 주요 현안에 대한 결정권을 가진 이사회의 구성원이 되고, 감사는 이사의 업무집행 및 법인의 회계에 대한 감사를 수행한다.

에서의 임원은 사업주로부터 업무집행권이나 대표권을 부여받은 사장·부사장·전무·상무·이사·감사 등으로 표현하며, 기업은 정관에서 임원의 선임 및 해임에 관한 규정을 두고 이에 따라 임원의 처우에 대한 별도 규정을 두고 있다. 임원의 형태는 등기임원과 미등기임원, 상근임원과 비상근임원 등이 있으며, 세법이나 상법 등에 임원의 법적용 여부를 구체적으로 규정하고 있다.

2) 임원의 근로자성 판단

업무집행권이나 업무대표권을 가진 이사 등 임원은 회사로부터 일정한 사무처리의 위임을 받고 있는 것이므로, 특별한 사정이 없는 한 근기법상 근로자가 아니다. 그러나 법인의 임원이라 하더라도 업무집행권이나 대표권이 없이 임금을 목적으로 근로를 제공하는 경우에는 근기법상 근로자에 해당한다.

- *회사의 업무집행권을 가진 이사 등 임원은 그가 회사의 주주가 아니라 하더라도 회사로부터 일정한 사무처리의 위임을 받고 있는 것이므로 특별한 사정이 없는 한 사용자의 지휘·감독 아래 일정한 근로를 제공하고 소정의 임금을 받는 고용관계에 있는 것이 아니어서 근로기준법상의 근로자라고 할 수 없음(대법원 1992.12.22. 선고 92다28228 판결).*
- *근로기준법의 적용을 받는 근로자에 해당하는지 여부는 계약의 형식에 관계없이 그 실질에 있어서 임금을 목적으로 종속적인 관계에서 사용자에게 근로를 제공하였는지 여부에 따라 판단하여야 할 것이므로, 회사의 이사라 하더라도 회사로부터 위임받은 사무를 처리하는 외에 사장 등의 지휘·감독하에 일정한 노무를 담당하고 그 대가로 일정한 보수를 지급받는 관계에 있었다면 근로기준법상 근로자에 해당함. 회사의 공장장으로 근무하던 중 이사대우로 승진하였는데 승진 후에도 매일 그 공장에 출근하여 종전부터 하여 온 공장장으로서의 업무를 처리하면서 그 대가로 일정한 보수를 받은 경우, 근로기준법상의 근로자에 해당함(대법원 2000.9.8. 선고 2000다22591 판결).*
- *법인의 비등기 이사인 집행임원이 정관에서 정하는 바에 따라 분장된 업무를 자기의 권한으로 집행하고, 주요 경영계획의 수립과 제 규정의 개폐 및 업무집행 등 사업경영에 대하여 등기이사와 동등한 수준의 업무집행권과 의결권을 보유·행사하였다면 사업경영담당자로서 사용자로 볼 수 있으며, 특별한 사정이 없는 한 사용자의 지휘·감독 아래서 임금을 목적으로 근로를 제공하는 근로자로 보기는 어려울 것으로 사료됨(고용노동부 2006.2.22., 근로기준팀-861).*
- *근로기준법상 '사용자'라 함은 '사업주, 사업경영담당자 기타 근로자에 관한 사항에 대하여 사업주의 이익을 위하여 행위하는 자'라고 규정되어 있으며, 구체적으로는 근로자를 고용하여 근로를 제공받고 그에 대하여 임금을 지급하는 자를 말하는 바, 법인의 대표이사나 이사, 감사 등 임원은 사업경영담당자로서 원칙적으로 사용자로 볼 수 있는 것임. 다만, 법인의 임원이라 하더라도 업무집행권이나 대표권이 전혀 없이 단순히 임금을 목적으로 근로를 제공하는 자일 경우에는 동법상의 근로자로 볼 수도 있을 것이나, 그에 관하여는 개별적, 구체적으로 가려져야 할 것임(고용노동부*

2005.8.19, 근로기준과-4331).

〈등기 또는 미등기 임원의 근로자성 여부 〉[10)]

구 분	등기임원	미등기임원
계약 형식	위임계약	형식은 위임계약이지만, 실질은 근로계약
권한 및 사규 등 적용 여부	주총에서 임명·해임, 이사회 참석·의결권 행사, 업무대표권·업무집행권 보유 등	업무대표권·업무집행권 미비, 취업규칙 적용
근로자성 여부	원칙적으로 근로자성 부정. But 임원으로서의 실질적인 권한이 없는 경우에는 근로자성 인정	원칙적으로 근로자성 인정. But 임원으로서의 실질적인 권한을 행사하고 있는 경우에는 근로자성 부정

※ 이사 등 임원이 업무집행권 또는 업무대표권이 있는지는 명칭만으로는 판단할 수 없음. 즉 형식상 등기이사로 등재되어 있으면서 사용종속관계 아래에서 임금을 목적으로 사실상 근로를 제공하는 경우에는 근로자로 해석될 수 있음.

4. 근로자와 사용자의 의무

1) 근로자의 의무

근로계약을 체결하면 근로자는 사용자의 사업장에 소속되어 사용자의 지휘나 감독을 받아 근로를 제공하게 되는데, 근로를 제공한다는 것은 단순히 물리적 노동력을 제공한다는 데 그치지 아니하고, 사업장의 조직에 편입되어 구성원으로서 사업목적에 따른 지휘명령을 수행한다는 것을 의미한다. 따라서 근로자는 근로계약에 따른 노동력의 제공 이외에 사용자의 업무명령에 따를 의무, 직무전념의무, 비밀준수의무, 경업금지의무 등 근로계약에 의해 다양한 의무를 부담한다.

- *직업선택의 자유와 근로의 권리는 국민의 기본권에 속하므로, 근로자가 사용자와 사이의 근로관계 종료 후 사용자의 영업부류에 속한 거래를 하거나 동종의 업무에 종사하지 아니하기로 하는 등 경업금지약정을 한 경우에, 그 약정은 사용자의 영업비밀이나 노하우, 고객관계 등 경업금지에 의하여 보호할 가치 있는 사용자의 이익이 존재하고, 경업 제한의 기간과 지역 및 대상 직종, 근로자에 대한 대가의 제공 여부, 근로자의 퇴직 전 지위 및 퇴직 경위, 그 밖에 공공의 이익 등 관련 사정을 종합하여 근로자의 자유와 권리에 대한 합리적인 제한으로 인정되는 범위 내에서만 유효한 것으로*

10) 최영우, 『83개 실무테마 개별 노동법 실무』 제9판, (주)중앙경제, 2020, 65~66쪽.

인정됨. 그리고 경업금지약정의 유효성을 인정할 수 있는 위와 같은 제반 사정은 사용자가 주장·증명할 책임이 있음(대법원 2016.10.27. 선고 2015다221903·221910 판결).

- 영업비밀 침해행위를 금지시키는 것은 침해행위자가 침해행위에 의하여 공정한 경쟁자보다 유리한 출발 내지 시간절약이라는 우월한 위치에서 부당하게 이익을 취하지 못하도록 하고, 영업비밀 보유자로 하여금 그러한 침해가 없었더라면 원래 있었을 위치로 되돌아갈 수 있게 하는 데에 그 목적이 있으므로 영업비밀 침해행위의 금지는 공정하고 자유로운 경쟁의 보장 및 인적 신뢰관계의 보호 등의 목적을 달성함에 필요한 시간적 범위 내로 제한되어야 하고, 그 범위를 정함에 있어서는 영업비밀인 기술정보의 내용과 난이도, 영업비밀 보유자의 기술정보 취득에 소요된 기간과 비용, 영업비밀의 유지에 기울인 노력과 방법, 침해자들이나 다른 공정한 경쟁자가 독자적인 개발이나 역설계와 같은 합법적인 방법에 의하여 그 기술정보를 취득하는 데 필요한 시간, 침해자가 종업원(퇴직한 경우 포함)인 경우에는 사용자와의 관계에서 그에 종속하여 근무하였던 기간, 담당업무나 직책, 영업비밀에의 접근 정도, 영업비밀보호에 관한 내규나 약정, 종업원이었던 자의 생계 활동 및 직업선택의 자유와 영업활동의 자유, 지적재산권의 일종으로서 존속기간이 정해져 있는 특허권 등의 보호기간과의 비교, 그 밖에 심문에 나타난 당사자의 인적·물적 시설 등을 고려하여 합리적으로 결정하여야 함(대법원 2017.4.13. 선고 2016마1630 판결).

2) 사용자의 의무

사용자는 근로자의 근로제공에 대한 대가인 임금 지급의무, 근로자가 노동력을 제공하는 과정에서 건강을 해치는 일이 없도록 필요한 조치를 강구하고 보호할 안전배려의무, 특별한 사정이 없는 이상 근로계약에 따라 제공되는 근로를 수령하여야 하는 근로수령의무 등 노동법에서 근로자 보호 등에 관하여 일정한 의무를 부담하게 된다.

- 사용자는 근로계약에 수반되는 신의칙상의 부수적 의무로서 근로자가 노무를 제공하는 과정에서 생명, 신체, 건강을 해치는 일이 없도록 인적·물적 환경을 정비하는 등 필요한 조치를 강구하여야 하는 보호의무를 부담하고, 이러한 보호의무를 위반하여 근로자가 손해를 입었다면 이를 배상할 책임을 짐(대법원 2021.8.19. 선고 2018다270876 판결).
- 법인 등기부상 대표이사직에서 사임했으나 실제로는 회장으로서 회사를 사실상 경영하여 온 경우, 근로기준법상의 사용자에 해당함. 따라서 사용자가 기업이 불황이라는 사유만을 이유로 하여 임금을 지급하지 않거나 체불하는 것은 근로기준법이 허용하지 않는 바이지만, 한편 그러한 경우에 사용자가 모든 성의와 노력을 다했어도 임금의 체불이나 미불을 방지할 수 없었다는 것이 사회 통념상 긍정할 정도가 되어 사용자에게 더 이상의 적법행위를 기대할 수 없는 불가피한 사정이 있는 때에는 그러한 사유는 같은 법 제36조 제2항 위반 범죄의 책임조각사유로 됨(대법원 1997.11.11. 선고 97도813 판결).

제3절 근로조건의 보장과 준수

1. 법정근로조건의 효력

「근로기준법」

제15조【이 법을 위반한 근로계약】 ① 이 법에서 정하는 기준에 미치지 못하는 근로조건을 정한 근로계약은 그 부분에 한정하여 무효로 한다.
② 제1항에 따라 무효로 된 부분은 이 법에서 정한 기준에 따른다.
제96조【단체협약의 준수】 ① 취업규칙은 법령이나 해당 사업 또는 사업장에 대하여 적용되는 단체협약과 어긋나서는 아니 된다.
② 고용노동부 장관은 법령이나 단체협약에 어긋나는 취업규칙의 변경을 명할 수 있다.
제97조【위반의 효력】 취업규칙에서 정한 기준에 미달하는 근로조건을 정한 근로계약은 그 부분에 관하여는 무효로 한다. 이 경우 무효로 된 부분은 취업규칙에 정한 기준에 따른다.

법정(法定)근로조건은 강행적 효력을 가진다. 따라서 사용자는 근기법에 규정된 수준 이상으로 근로조건을 보장해야 하며, 근로자도 근기법상 권리를 포기할 수 없다. 근기법에 규정된 기준에 미달하는 근로조건을 정한 근로계약, 취업규칙 및 단체협약은 그 부분에 한하여 무효가 되고, 무효로 된 부분은 근기법에서 정한 기준에 따른다.

근로자가 자유롭고 합리적으로 대등한 입장에서 사용자와 체결한 근로계약의 내용이 근로기준법 각 규정내용보다 불리한 것이 아니라면 무효라고 할 수 없는 것이고, 또한 당해 근로계약의 특수성과 근로형태의 특이성 등 제반 사정에 비추어 정당한 것으로 인정되는 한 그 계약내용대로의 이행을 위법시할 수는 없는 것임(대법원 1987.8.18. 선고 87도202 판결).

〈노동법의 법원(法源)〉

1. 의 미

① 노동법의 법원은 근로자와 사용자 사이를 규율하고 이들 사이에 권리의무를 발생시키는 규범으로, 근로자와 사용자 사이에 분쟁이 발생하였을 때 당사자가 주장의 근거로 삼을 수 있거나 법관이나 노동위원회 위원, 근로감독관 등 분쟁에 관하여 공적 판단을 할 수 있는 사람들이 판단의 근거로 삼아야 하는 규범들임.

② 노동법의 체계에 포함되는 법령(국내법 및 국제법), 자치규범(단체협약,[11] 취업규칙 및 근로계약)은 노동법의 법원에 해당함. But 법원의 판례와 노동위원회 및 헌법재판소의 결정례, 고용노동부의 유권해석(예규·질의회시·행정지침·행정해석 등)은 노동법의 법원에 해당하지 않음.

2. 법원 사이의 관계

(1) 질서의 원칙: 다른 순위의 규범 사이의 효력 관계.
① 규범적 효력: 노동법의 법원은 헌법을 정점으로 하여 '법령 ⇒ 단체협약 ⇒ 취업규칙 ⇒ 근로계약'의 순서대로 계층적 구조를 가짐,
② 유리한 조건 우선 적용의 원칙: 여러 규범 중에서 가장 유리한 근로조건이 근로자에게 적용되는 것.
- 근기법은 취업규칙과 근로계약의 관계에 있어서 유리한 조건 우선 적용의 원칙을 직접 규정(제15조, 제97조)하고 있음(대법원 2017.2.13. 선고 2017다261387 판결).
- But 근기법은 단체협약과 취업규칙이나 근로계약의 관계에서는 달리 규정(근기법 제96조, 노조법 제33조)[12]하고 있어, 유리한 조건 우선 적용의 원칙이 단체협약에 적용되는지는 긍정설(김형배 교수)과 부정설(대법원 2002.12.27. 선고 2002두9063 판결; 고용노동부 2006.10.10., 근로기준팀-5542)이 있음.

(2) 해소의 원칙: 같은 순위를 갖는 규범 사이의 효력 관계.
① 특별법 우선 적용의 원칙 – 특별법 vs. 일반법
② 신법 우선 적용의 원칙 – 신법(新法) vs. 구법(舊法)

2. 근로조건의 최저 보장과 준수

1) 근로조건의 최저 보장

「근로기준법」

제3조【근로조건의 기준】 이 법에서 정하는 근로조건은 최저 기준이므로 근로관계 당사자는 이 기준을 이유로 근로조건을 낮출 수 없다.

---

11) '단체협약'은 노동조합과 사용자 또는 사용자단체가 임금, 근로시간, 기타의 사항에 대하여 단체교섭 과정을 거쳐 합의한 사항을 서면으로 작성하여 체결한 협정을 말하고, 「노동조합 및 노동관계 조정법」 제33조(기준의 효력)에 의하여 사용자와 개별근로자 사이의 근로계약을 규율하는 규범적 효력을 가진다.

12) **제33조【기준의 효력】** ① 단체협약에 정한 근로조건 기타 근로자의 대우에 관한 '기준에 위반하는' 취업규칙 또는 근로계약의 부분은 무효로 한다. ② 근로계약에 규정되지 아니한 사항 또는 제1항의 규정에 의하여 무효로 된 부분은 단체협약에 정한 기준에 의한다.

근기법에서 정하는 근로조건은 최저 기준이므로 사용자와 근로자는 근기법상 기준을 이유로 근로조건을 낮출 수 없다. 따라서 사용자가 근로자의 동의를 얻어 근기법에서 정한 기준 미만의 근로계약을 체결한 경우 무효이고, 종래 주어진 근로조건을 근기법의 기준으로 낮추는 것 또한 무효이다.

2) 근로조건의 준수

> 「근로기준법」
> **제5조【근로조건의 준수】** 근로자와 사용자는 각자가 단체협약, 취업규칙과 근로계약을 지키고 성실하게 이행할 의무가 있다.

사용자와 근로자 모두는 단체협약, 취업규칙 및 근로계약을 지키고 성실하게 이행해야 한다. 특히 사용자는 항상 근기법에서 정한 최저 기준 이상의 근로조건을 유지해야 하며, 이를 위반하면 벌금 등의 제재를 받게 된다.

※ 근기법의 준수 및 이행을 위한 실효성 확보 방안으로 ① 민사적 실효성(근기법은 강행적 효력이 있고, 이를 위반한 경우 「민사소송법」 등에 따라 민사청구권을 가짐), ② 형사적 실효성(근기법 위반에 대하여 징역, 벌금 등 벌칙을 통해 법정근로조건 준수를 강제함), ③ 행정상 실효성(근로감독관[13]을 통한 사업장 근로감독, 시정지시 등 행정지도[14])이 있음.

3. 근로조건의 결정과 보장

1) 근로조건의 동등결정 및 자율결정

> 「근로기준법」
> **제4조【근로조건의 결정】** 근로조건은 근로자와 사용자가 동등한 지위에서 자유의사에 따라 결정하여야 한다.

13) 근로감독관은 「사법경찰관리의 직무를 수행할 자와 그 직무범위에 관한 법률」 제6조의2(근로감독관 등), 「근로기준법」 제11장(근로감독관 등) 및 「근로감독관 집무규정」(고용노동부 훈령)에 따라 지방고용노동청 · 지청 · 출장소에 근무하면서 근로기준법 등 노동법에 대한 근로감독, 노사협력, 산업안전 등의 업무에 종사하는 국가공무원이다.

14) 행정지도는 행정기관이 그 소관사무의 범위에서 일정한 행정목적을 실현하기 위하여 특정인에게 일정한 행위를 하거나 하지 않도록 지도, 권고, 조언 등을 하는 행정작용이다(행정절차법 제2조 제3호).

근로조건은 근로자와 사용자가 형식적으로나 실질적으로 동등한 지위에서 자유의사에 따라 결정하여야 한다. 사용자가 근기법 제4조를 위반하여 일방적으로 근로조건을 낮추면 그 부분은 무효가 되고 낮추기 전의 근로조건이 해당 근로자의 근로조건이 된다.

> *근기법 제4조는 사용자가 일방적으로 근로조건을 결정하여서는 아니 되고, 근로조건은 근로관계 당사자 사이에서 자유로운 합의에 따라 정해져야 하는 사항임을 분명히 함으로써 근로자를 보호하고자 하는 것이 주된 취지임(대법원 2019.11.14. 선고 2018다200709 판결).*

〈근기법상 개별 근로자가 근로조건 결정에 참여하는 방법〉[15)]

참여방법	참여 근로조건
동 의	18세 이상 여성·연소자·산후 1년 미만 여성의 휴일 및 야간근로(제70조 제1항, 제2항) 등
합 의	연장근로의 제한(제53조), 연소자 연장근로(제69조) 등
청 구	사용증명서 발급(제39조 제1항), 연차유급휴가 사용(제60조 제5항), 생리휴가 사용(제73조), 출산전후휴가 분할사용(제74조 제2항), 유사산휴가 사용(제74조 제3항) 등
명시적 청구	임신 중인 여성의 야간 및 휴일근로(제70조 제2항)
요 구	임신 중인 여성의 쉬운 업무 전환(제74조 제5항)

※ 근기법상 탄력적 근로시간제(제51조 및 제51조의2, 3개월 이내 또는 3개월 초과 6개월 이내), 선택적 근로시간제(제52조), 보상휴가제(제57조), 사업장 밖 간주근로시간제(제58조), 근로시간 및 휴게시간의 특례(제59조), 연차유급휴가의 대체(제62조) 등은 근로자 대표[16)]와 서면합의로 근로조건 결정에 참여할 수 있음.

2) 균등한 처우

「대한민국 헌법」

제11조 ① 모든 국민은 법 앞에 평등하다. 누구든지 성별·종교 또는 사회적 신분에 의하여 정치

15) '동의'는 일방의 의사표시에 대해 상대방이 행한 긍정의 의사표시이고, '합의'는 쌍방이 의사표시를 그 자체로 또는 조율을 거쳐 같은 내용으로 합치시키는 과정이고, '청구 또는 요구'는 상대방에 대하여 일정한 행위를 요구하는 것이며, '명시적청구'는 적극적으로 명확하게 제시된 청구를 말한다(하갑래, 『근로기준법』 제36판, (주)중앙경제, 2024, 55쪽).

16) 근로자 대표는 '당해 사업 또는 사업장에 근로자의 과반수로 조직된 노동조합이 있는 경우에는 그 노동조합, 근로자의 과반수로 조직된 노동조합이 없는 경우에는 근로자의 과반수를 대표하는 자'를 의미한다(근기법 제24조 제3항). 근로자 대표를 선출하는 근로자의 범위, 근로자 대표의 선정단위, 근로자 대표의 선정방법, 근로자 대표의 대표권 행사방법, 서면합의 효력 등에 대해서는, "근로기준법상 근로자 대표의 개념과 서면합의의 효력 등에 관한 해석 기준"(고용노동부, 2007.11.29., 근로기준팀-8048) 및 "근로기준법상 근로자 대표 및 해고예고 관련 주요 사항 알림"(고용노동부, 2021.5.27., 근로기준정책과-1554)에서 구체적으로 확인할 수 있다.

적 · 경제적 · 사회적 · 문화적 생활의 모든 영역에 있어서 차별을 받지 아니한다.
② 사회적 특수계급의 제도는 인정되지 아니하며, 어떠한 형태로도 이를 창설할 수 없다.
③ 훈장 등의 영전은 이를 받은 자에게만 효력이 있고, 어떠한 특권도 이에 따르지 아니한다.

「근로기준법」

제6조 【균등한 처우】 사용자는 근로자에 대하여 남녀의 성(性)을 이유로 차별적 대우를 하지 못하고, 국적 · 신앙 또는 사회적 신분을 이유로 근로조건에 대한 차별적 처우를 하지 못한다.

근기법은 헌법 제11조 평등규정을 구체화하여 균등처우 규정을 두고 있다. 즉 사용자는 근로자의 성별·국적·신앙 또는 사회적 신분을 이유로 근로조건에 대한 차별적 처우를 하지 못한다(위반 시 500만원 이하의 벌금). 다만, 근로형태·직급·업무성적·능력 등을 이유로 하는 차별은 위법으로 볼 수 없다.[17]

- *상여금, 근속수당, 학자금 지급에 대하여는 근로기준법상 별도의 정함이 없으므로 당해 사업장의 취업규칙이나 단체협약에 정하는 바에 따라야 하는 바, 임금교섭에서 노사가 합의하여 상여금, 근속수당 및 학자금의 지급을 근무부서 난이도 등에 따라 차등 지급하기로 하였다면 근로기준법 제5조(현행 제6조) 규정에 의한 남녀 차별이나 국적, 신앙 또는 사회적 신분을 이유로 근로조건에 대한 차별적 처우를 하였다고 볼 수 없음(고용노동부 1989.6.12., 근기 01254-8593).*
- *사용자가 근로자 중 일부 성실한 근로자를 선정, 시간외 근로를 시키는 것은 근로기준법 제5조(현행 제6조)에서 규정한 균등처우에 위반되지 않음(고용노동부 1987.5.11., 근기 01254-7526).*
- *원심은, 원고가 경영하는 ○○산업사의 단체협약서 제21조는 "조합원의 정년은 남자 55세, 여자 53세로 하되 일반직 부서에 해당되는 조합원은 제외된다. 일반직 부서는 3검, 최종 검사, 기계부서를 제외한 부서를 말한다"라고 정하고 있고, 취업규칙 제12조 제1항은 "종업원의 정년퇴직 연령은 남자 만 55세, 여자 만 53세가 되는 다음날로 한다"라고 정하고 있는 사실을 인정하고, 위 각 규정의 해석상 위 ○○산업사는 그 소속 근로자의 정년에 대하여 원칙적으로 남녀를 달리 취급하여 남자는 55세, 여자는 53세로 하되, 3차 검사부, 최종검사부, 기계부를 제외한 7개 일반부서의 근로자의 경우에는 그 적용을 배제하여 남녀 모두 55세로 정하고 있는 것으로 보고, 위 3개 부서에 관하여 성별 작업구분이나 근로조건의 구분을 명확히 하지 아니한 채 남녀를 차별하여 정년*

17) 「남녀고용평등과 일 · 가정 양립 지원에 관한 법률」 제2조 제1호에서는 '차별'을 사업주가 근로자에게 성별, 혼인, 가족 안에서의 지위, 임신 또는 출산 등의 사유로 합리적인 이유 없이 채용 또는 근로의 조건을 다르게 하거나 그 밖의 불리한 조치를 하는 경우로 정의하고 있다(직무의 성격에 비추어 특정 성이 불가피하게 요구되는 경우, 여성 근로자의 임신 · 출산 · 수유 등 모성보호를 위한 조치를 하는 경우, 현존하는 남녀 간의 고용차별을 없애거나 고용평등을 촉진하기 위하여 잠정적으로 특정 성을 우대하는 조치를 하는 경우는 차별이 아님).

을 규정한 것은 합리적인 이유 없이 남녀의 차별적 대우를 하지 못하도록 한 근로기준법 제5조(현행 제6조)와 근로자의 정년에 관하여 여성인 것을 이유로 남성과 차별해서는 아니 된다고 한 남녀고용평등법 제8조(현행 제11조) 등 강행법규에 위배되어 무효라고 판단(대법원 1993.4.9. 선고 92누15765 판결).

3) 중간 착취의 배제

「근로기준법」

제9조【중간착취의 배제】 누구든지 법률에 따르지 아니하고는 영리로 다른 사람의 취업에 개입하거나 중간인으로서 이익을 취득하지 못한다.

누구든지 타인의 취업을 소개 또는 알선하여 주는 조건으로 소개료·수수료 등의 이익을 취하거나, 취업 후에 중개인 등이 그 지위를 이용하여 임금의 일부를 착취할 수 없다(위반 시 5년 이하 징역 또는 5천만원 이하 벌금). 다만, 「직업안정법」에 따른 직업소개사업 또는 근로자공급사업은 가능하다.[18)]

- 「근로기준법」 제9조에서(누구든지 법률에 의하지 아니하고는 영리로 타인의 취업에 개입하거나 중간인으로서 이익을 취득하지 못한다) 금지하는 행위는 '영리로 타인의 취업에 개입'하는 행위와 '중간인으로서 이익을 취득'하는 행위인데, '영리로 타인의 취업에 개입'하는 행위는 제삼자가 영리로 타인의 취업을 소개·알선하는 등 노동관계의 성립 또는 갱신에 영향을 주는 행위를 말하고, '중간인으로서 이익을 취득'하는 행위는 근로계약관계 존속 중에 사용자와 근로자 사이에 중간에서 근로자의 노무제공과 관련해 사용자 또는 근로자로부터 법률에 의하지 아니하는 이익을 취득하는 것을 말함(고용노동부 2013.12.16., 근로개선정책과-7866).
- 구 근로기준법(2007.4.11. 법률 제8372호로 전문개정되기 전의 것) 제8조는 "누구든지 법률에 의하지 아니하고는 영리로 타인의 취업에 개입하거나 중간인으로서 이익을 취득하지 못한다"라고 규정하고 있는바, '영리로 타인의 취업에 개입'하는 행위는 제삼자가 영리로 타인의 취업을 소개·알선하는 등 노동관계의 성립 또는 갱신에 영향을 주는 행위를 말하고, '중간인으로서 이익을 취득'하는 행위는 근로계약관계 존속 중에 사용자와 근로자 사이의 중간에서 근로자의 노무제공과 관련하여

18) '직업소개'는 구인 또는 구직의 신청을 받아 구직자 또는 구인자(求人者)를 탐색하거나 구직자를 모집하여 구인자와 구직자 간에 고용계약이 성립되도록 알선하는 것으로, 직업소개사업에는 무료직업소개사업(수수료, 회비 또는 그 밖의 어떠한 금품도 받지 아니하고 하는 직업소개사업) 및 유료직업소개사업(무료직업소개사업이 아닌 직업소개사업)이 있다. '근로자공급사업'은 「파견근로자 보호 등에 관한 법률」 제2조 제2호에 따른 근로자파견사업을 제외하고, 공급계약에 따라 근로자를 타인에게 사용하게 하는 사업을 말한다(직업안정법 제2조).

사용자 또는 근로자로부터 법률에 의하지 아니하는 이익을 취득하는 것을 말함(대법원 2007.8.23. 선고 2007도3192 판결).

4) 공민권 행사 및 공의 직무보장

「근로기준법」

제10조【공민권 행사의 보장】 사용자는 근로자가 근로시간 중에 선거권, 그 밖의 공민권(公民權) 행사 또는 공(公)의 직무를 집행하기 위하여 필요한 시간을 청구하면 거부하지 못한다. 다만, 그 권리 행사나 공(公)의 직무를 수행하는 데에 지장이 없으면 청구한 시간을 변경할 수 있다.

사용자는 근로자가 근로시간 중에 선거권 등 공민권 행사 또는 공의 직무에 필요한 시간을 청구하면 거부할 수 없다(위반 시 2년 이하 징역 또는 2천만원 이하 벌금). 다만, 그 권리행사나 공의 직무를 수행하는 데에 지장이 없으면 청구한 시간을 변경할 수 있다.

- *근로기준법 제10조에 따라 사용자는 근로자가 근로시간 중에 선거권, 그 밖의 공민권 행사 또는 공의 직무를 집행하기 위하여 필요한 시간을 청구하면 거부하지 못하며, 사용자는 그 권리행사나 공의 직무를 수행하는 데에 지장이 없으면 청구한 시간을 변경할 수 있음. 여기서 '필요한 시간'이란 당해 공민권 행사에 필요한 최소한의 시간뿐만 아니라 '왕복시간 등 부수적 시간', 사전 준비시간, 사후 정리 시간 등을 포함한 충분한 시간을 의미(서울지법 1993.1.19, 91가합19495 참조)함. 다만, 공민권 행사 방법 및 청구시기에 관련하여 「근로기준법」에서 특별히 정한 사항은 없는 바, 만약 해당사업 또는 사업장의 단체협약·취업규칙에 공민권 행사 방법 및 청구시기에 관하여 특별히 정하였다면 그에 따라야 할 것이나, 그렇지 않은 경우라면 노사 간 자유롭게 정할 수 있음. 따라서 이 경우 공민권 행사 방법은 구두·서면 등 근로자의 공민권 행사 의사표시가 사용자에게 도달할 수 있는 방법이면 충분하고, 그 청구시점도 특별한 사정이 없는 한 사회 통념상 허용되는 합리적인 범위 내에서 자유롭게 선택할 수 있을 것으로 사료됨(고용노동부 2012.12.13., 근로개선정책과-6817).*
- *부당징계 등 구제신청을 한 당사자가 사건조사를 위하여 관할 지방노동위원회 등의 요구에 따라 출석하는 시간은 공권이 아닌 사권의 성격이 강하므로, 이를 근기법상의 공의 직무로 보기는 어려움(고용노동부 2002.10.7., 근기 68207-3016).*

〈공민권 및 공의 직무〉

구 분	의 미	예 시
공민권	국가 공무에 참여할 수 있는 자격을 갖춘 국민이 헌법이나 다른 법령에 근거한 공직의 선거권, 피선거권, 국민투표권 등과 같이 국민으로서 국가 또는 지방자치의 공무에 참가할 수 있는 국민의 기본적인 권리	헌법개정의 국민투표, 공직의 선거권 및 피선거권 행사(입후보등록을 위한 행위 및 본인의 선거운동, 선거 또는 당선에 관한 소송 등)
공의 직무	법령에 근거를 두고 직무 자체가 공적인 성격을 갖는 업무	향토예비군 및 민방위 훈련, 을지연습 등의 비상대비훈련, 주민등록 갱신업무, 법령에 의해 설치된 각종 심의회·위원회의 업무, 법원 등에 증인으로 출석, 공직선거에 선거참관인으로 참여, 공직선거에 당선되어 의원으로 활동 등

제4절 근로계약의 체결

1. 근로계약의 형식

1) 개 요

근로계약은 특별한 형식을 요구하지 않으며, 사용종속관계에서 근로제공과 이에 따른 임금지급약정만 있으면 된다. 따라서 사용종속관계에서 근로가 개시되면 서면계약이 체결되어 있지 않더라도 구두계약, 관행·관습에 의하여 근로계약은 성립한다. 다만, 근기법 등의 노동법에서는 당사자 사이의 분쟁을 예방하기 위하여 근로계약을 서면으로 체결하여 근로조건 내용을 명확히 하여 교부하도록 규정하고 있다. 근로계약의 체결은 서명, 기명날인, 「전자서명법」상 공인전자서명의 방법[19] 등 당사자가 진의에 의해 체결한 방식이면 모두 가능하다.[20]

19) '서명'은 본인 고유의 필체로 자신의 성명을 제3자가 알아볼 수 있도록 기재하는 것(명의자 본인이 자신의 이름을 쓰는 것)이고, '기명'은 성명을 기재하는 것(타인이 기재하든 미리 인쇄가 되어 있든 무방함)이고, '날인'은 도장을 찍는 것이고, '기명날인'은 성명을 기재하고 도장을 찍는 것이다. '전자서명'은 서명자의 신원이나 서명자가 해당 전자문서(정보처리시스템에 의하여 전자적 형태로 작성되어 송신 또는 수신되거나 저장된 정보)에 서명하였다는 사실을 이용하기 위하여 전자문서에 첨부되거나 논리적으로 결합된 전자적 형태의 정보를 말한다(전자서명법 제2조).

20) 고용노동부 2014.8.28., 근로개선정책과-4823.

고소인들은 위 조합과의 사이에 명시적인 근로계약을 체결한 사실이 없다고 할지라도 실질적으로 위 조합에 고용되어 그 지휘, 감독을 받는 근로자에 해당하고, 위 ○○의 대표자인 피고인이 고소인들에 대하여 근로기준법 제32조, 제36조 소정의 의무를 부담하는 사용자에 해당한다고 할 것(대법원 2006.12.7. 선고 2006도300 판결).

2) 서면 근로계약

(1) 통상근로자

「근로기준법」

제17조【근로조건의 명시】 ① 사용자는 근로계약을 체결할 때에 근로자에게 다음 각호의 사항을 명시하여야 한다. 근로계약 체결 후 다음 각호의 사항을 변경하는 경우에도 또한 같다.

1. 임금
2. 소정근로시간
3. 제55조에 따른 휴일
4. 제60조에 따른 연차 유급휴가
5. 그 밖에 대통령령으로 정하는 근로조건

> **「근로기준법 시행령」**
>
> **제8조【명시하여야 할 근로조건】** 법 제17조 제1항 제5호에서 "대통령령으로 정하는 근로조건"이란 다음 각호의 사항을 말한다.
>
> 1. 취업의 장소와 종사하여야 할 업무에 관한 사항
> 2. 법 제93조 제1호부터 제12호까지의 규정에서 정한 사항
> 3. 사업장의 부속 기숙사에 근로자를 기숙하게 하는 경우에는 기숙사 규칙에서 정한 사항

② 사용자는 제1항 제1호와 관련한 임금의 구성항목 · 계산방법 · 지급방법 및 제2호부터 제4호까지의 사항이 명시된 서면(「전자문서 및 전자거래 기본법」 제2조 제1호에 따른 전자문서를 포함한다)을 근로자에게 교부하여야 한다. 다만, 본문에 따른 사항이 단체협약 또는 취업규칙의 변경 등 대통령령으로 정하는 사유로 인하여 변경되는 경우에는 근로자의 요구가 있으면 그 근로자에게 교부하여야 한다.

통상근로자[21)]는 근기법에 따라 근로계약을 체결할 때 임금의 구성항목·계산방법·지급방법, 소정근로시간, 주휴일 및 공휴일, 연차유급휴가, 취업장소 및 종사업무, 취업규칙의 필요적 기재사항, 기숙사규칙 등 일정한 근로조건을 서면으로 명시하고 근로계약서를 교부받아야 한다

21) 통상근로자는 일반적으로 법정근로시간(1일 8시간 및 1주 40시간)과 동일하게 소정근로시간을 정하고, 법정정년(만 60세)까지 고용이 보장되는 근로자를 말한다.

(위반 시 500만원 이하의 벌금).

(2) 기간제근로자 및 단시간근로자

「기간제 및 단시간근로자 보호 등에 관한 법률」(약칭: 기간제법)

제17조【근로조건의 서면명시】 사용자는 기간제근로자 또는 단시간근로자와 근로계약을 체결하는 때에는 다음 각호의 모든 사항을 서면으로 명시하여야 한다. 다만, 제6호는 단시간근로자에 한한다.

1. 근로계약기간에 관한 사항
2. 근로시간 · 휴게에 관한 사항
3. 임금의 구성항목 · 계산방법 및 지불방법에 관한 사항
4. 휴일 · 휴가에 관한 사항
5. 취업의 장소와 종사하여야 할 업무에 관한 사항
6. 근로일 및 근로일별 근로시간

기간제근로자 및 단시간근로자[22]는 「기간제 및 단시간근로자 보호 등에 관한 법률」(이하 '기간제법'이라 함)에 따라 근로계약기간, 근로시간 및 휴게, 임금의 구성항목·계산방법·지불방법, 휴일 및 휴가, 취업장소 및 종사업무, 근로일 및 근로일별 근로시간(단시간근로자만 해당) 등 일정한 근로조건을 서면으로 명시하고 교부받아야 한다(위반 시 500만원 이하의 과태료).[23]

(3) 건설근로자

「건설근로자의 고용개선 등에 관한 법률」(약칭: 건설근로자법)

제6조【고용에 관한 서류의 발급】 사업주는 건설근로자를 고용한 때에는 고용노동부령으로 정하는 바에 따라 다음 각호의 사항을 적은 서류를 해당 건설근로자에게 내주어야 한다.

1. 사업주(법인인 경우에는 대표자를 말한다)의 성명
2. 사업장의 명칭 및 소재지(사업주가 법인인 경우에는 법인의 명칭 및 소재지를 포함한다)
3. 근로시간, 임금 및 고용기간

22) '기간제근로자'는 기간의 정함이 있는 근로계약을 체결한 근로자를 말하고, '단시간근로자'는 1주 동안의 소정근로시간이 그 사업장에서 같은 종류의 업무에 종하사는 통상근로자의 1주 동안의 소정근로시간에 비하여 짧은 근로자를 말한다(기간제법 제2조).

23) 근기법은 근로관계에 대한 일반법이므로, 기간제법에서 규율되지 않은 근로관계에 대해서는 근기법이 적용된다. 따라서 기간제근로계약(또는 단시간근로계약) 체결 시 근로조건을 일부 누락하여 기간제법 제17조 위반으로 과태료가 부과된 경우라 하더라도, 근로계약서 등 근로기준이 명시된 서면을 근로자에게 교부하지 않았다면 근기법 제17조에 따른 서면교부의무 위반으로 벌금(500만원 이하)이 부과될 수 있다(고용노동부 2016.12.27., 고용차별개선과-2871).

4. 업무의 내용
5. 그 밖에 고용노동부령으로 정하는 사항

「건설근로자의 고용개선 등에 관한 법률 시행규칙」

제3조【고용에 관한 서류의 교부】 ① 사업주는 건설근로자를 고용하면 법 제6조에 따라 고용에 관한 서류를 즉시 그 건설근로자에게 내주어야 한다.

② 법 제6조 제5호에서 "고용노동부령으로 정하는 사항"이란 건설근로자의 배치 장소, 그 사업의 퇴직공제 가입 대상 여부와 가입 여부를 말한다.

건설근로자[24]는 「건설근로자의 고용개선 등에 관한 법률」(이하 '건설근로자법'이라 함)에 따라 사업주 성명(법인인 경우에는 대표자), 사업장 명칭(법인인 경우에는 법인 명칭) 및 소재지, 근로시간, 임금, 고용기간, 업무내용, 배치장소, 퇴직공제 가입 여부 등 일정한 사항을 서면으로 명시하고 즉시 교부받아야 한다(위반 시 벌칙 없음).

〈근로자 유형별 근로조건 서면명시 사항〉

구 분	관련 규정	서면명시 사항	적용범위	벌 칙
통상 근로자	근로기준법	① 임금(구성항목·계산방법·지급방법) ② 주휴일 및 공휴일 ③ 소정근로시간 ④ 연차유급휴가 ⑤ 취업장소 및 종사업무 ⑥ 취업규칙 필요적 기재사항 ⑦ 기숙사규칙에서 정한 사항	1인 이상 모든 사업(장) ※①~④는 교부의무 있음 ※②의 공휴일, ③ 및 ④는 상시 5인 이상만 적용 ※⑥은 10인 이상만 적용 ※⑦은 기숙사가 있는 경우만 적용	벌금 (500만원 이하)
기간제 근로자	기간제 및 단시간근로자 보호 등에 관한 법률	① 근로계약기간 ② 근로시간 및 휴게 ③ 임금(구성항목·계산방법·지급방법) ④ 휴일 및 휴가 ⑤ 취업장소 및 종사업무	1인 이상 모든 사업(장) ※근로시간 및 휴가(법정휴가만 해당)는 5인 이상만 적용	과태료 (500만원 이하) ※교부의무 위반 시 근기법 적용하여 500만원 이하 벌금 병과 가능.
단시간 근로자		①~⑤ 기간제근로자와 동일 ⑥ 근로일 및 근로일별 근로시간		

24) 건설근로자는 근기법 제2조에 따른 근로자(직업의 종류와 관계없이 임금을 목적으로 사업이나 사업장에 근로를 제공하는 사람)로서 건설업에 종하사는 사람을 말한다(건설근로자법 제2조 제2호).

구 분	관련 규정	서면명시 사항	적용범위	벌 칙
건설 근로자	건설근로자의 고용 개선 등에 관한 법률	① 사업주의 성명 ② 사업장의 명칭 및 소재지 ③ 근로시간, 임금 및 고용기간 ④ 업무의 내용 ⑤ 배치장소, 퇴직공제 가입 대상 및 가입 여부	1인 이상 모든 사업(장)	없음 ※근기법 및 기간제법에 따라 벌금 또는 과태료 부과 가능.

※ 통상근로자는 법정(法定) 휴일 · 휴가만 서면으로 명시할 의무가 있고, 기간제근로자 및 단시간근로자는 법정 휴일 · 휴가 및 약정(約定) 휴일 · 휴가도 서면으로 명시해야 함.

3) 전자 근로계약

「전자서명법」

제2조【정의】 이 법에서 사용하는 용어의 뜻은 다음과 같다.

1. "전자문서"란 정보처리시스템에 의하여 전자적 형태로 작성되어 송신 또는 수신되거나 저장된 정보를 말한다.

2. "전자서명"이란 다음 각 목의 사항을 나타내는 데 이용하기 위하여 전자문서에 첨부되거나 논리적으로 결합된 전자적 형태의 정보를 말한다.

가. 서명자의 신원

나. 서명자가 해당 전자문서에 서명하였다는 사실

「전자문서 및 전자거래 기본법」(약칭: 전자문서법)

제2조【정의】 이 법에서 사용하는 용어의 뜻은 다음과 같다.

1. "전자문서"란 정보처리시스템에 의하여 전자적 형태로 작성 · 변환되거나 송신 · 수신 또는 저장된 정보를 말한다.

제3조【적용범위】 이 법은 다른 법률에 특별한 규정이 있는 경우를 제외하고 모든 전자문서 및 전자거래에 적용한다.

제4조【전자문서의 효력】 ① 전자문서는 전자적 형태로 되어 있다는 이유만으로 법적 효력이 부인되지 아니한다.

② 보증인이 자기의 영업 또는 사업으로 작성한 보증의 의사가 표시된 전자문서는 「민법」 제428조의2 제1항 단서에도 불구하고 같은 항 본문에 따른 서면으로 본다.

제4조의2【전자문서의 서면요건】 전자문서가 다음 각호의 요건을 모두 갖춘 경우에는 그 전자문서를 서면으로 본다. 다만, 다른 법령에 특별한 규정이 있거나 성질상 전자적 형태가 허용되지 아니하는 경우에는 서면으로 보지 아니한다.

1. 전자문서의 내용을 열람할 수 있을 것

2. 전자문서가 작성 · 변환되거나 송신 · 수신 또는 저장된 때의 형태 또는 그와 같이 재현될 수 있는 형태로 보존되어 있을 것

전자근로계약서의 작성도 일정한 요건이 충족된다면 근로계약서 작성으로 인정된다.[25] 즉 전자근로계약은 계약당사자의 서명을 포함한 문서를 전자화하거나, 「전자서명법」에 의한 공인 전자서명을 하는 등의 방법으로써 해당 계약당사자 쌍방의 의사가 합치하여 명시된 내용대로 근로계약을 체결하였음을 명확히 하고, 최종 작성 또는 서명 이후에 어느 일방이 임의로 수정할 수 없도록 위·변조 방지를 위한 장치가 마련되어 있다면 근로계약서의 효과를 인정할 수 있다.

사용자와 근로자는 전자근로계약서를 작성하는 방법으로 근로계약을 체결할 수 있고, 이 경우 근로계약에 관한 분쟁을 사전에 예방할 수 있도록 가급적 당사자의 서명을 포함한 문서를 전자화하거나 「전자서명법」에 의한 전자서명을 하는 등의 방법으로써 해당 계약당사자 쌍방의 의사가 합치하여 전자근로계약서에 명시된 내용대로 근로계약을 체결하였음을 명확히 하여야 함. 또한 최종 작성 또는 서명 이후에 어느 일방이 임의로 수정할 수 없도록 위변조 방지를 위한 장치를 마련하여야 함(근로기준정책과-5455, 2016.9.1, 전자근로계약서 활성화를 위한 가이드라인). 따라서 회사가 「근로기준법」 제17조에 맞게 근로계약의 내용이 입력된 전자장치를 마련하여 근로자는 사원 인증 후 스마트 폰으로 전자서명을 하게 한다면 유효한 근로계약 체결로는 볼 수 있으나, 이러한 전자근로계약서가 비록 근로자가 스스로 출력할 수 있는 상황이라 하더라도 회사 서버에만 저장되어 있다면 사용자의 교부의무를 다하였다고 볼 수는 없을 것이며, 근로자가 전자근로계약서를 수신할 정보처리시스템을(e메일 등) 지정하게 하고 사용자가 해당 정보처리시스템에 전자근로계약서를 입력(발송)한 때 사용자가 근로계약서를 교부한 것으로 볼 수 있을 것임. 만약 근로자가 정보처리시스템으로의 수신에 동의하지 않을 경우 사용자는 근로계약서를 직접 교부하여야 할 것(고용노동부 2016.10.12., 근로기준정책과-6384).

2. 근로계약 기간

1) 개 요

근로계약 기간은 사용자와 근로자 간에 근로하기로 정한 기간으로 원칙적으로 당사자 간의

25) 전자근로계약서와 관련하여 「전자근로계약서 활성화를 위한 가이드라인」(고용노동부, 2016.9.1., 근로기준정책과-5455)에서 구체적인 내용을 확인할 수 있다.

약정으로 정할 수 있지만, 기간을 정한 근로계약에 대해서는 기간제법에 따라야 한다.[26] 근로계약 기간은 기간을 정하지 않은 근로계약과 기간을 정한 근로계약으로 나뉘고, 특히 기간을 정한 근로계약은 2년 이내의 기간을 정한 근로계약과 2년을 초과한 기간으로 정한 근로계약으로 구분할 수 있다.[27]

〈수습과 시용의 구분〉[28]

구 분	수습(修習)	시용(試用)
의 미	본채용 후에 실무에 필요한 기술과 지식을 가르치는 기간	본채용 전에 일정 기간 적격성을 시험하는 기간
대 상	해당 실무 무경력자	유경력자도 가능
기간의 단축	가능	원칙적 불가
기간 중 본채용 거절	불가(해고법리에 따라 가능)	불가(해고법리에 따라 가능)
기간만료 후 본채용 거절	불가(해고법리에 따라 가능)	가능(사회적 상당성 필요)
기간만료 효과	정식사원 발령	정식사원 또는 계약해지

※ 노동법상 수습과 시용에 대한 정의규정은 없지만, 근기법 시행령 제2조 제1항 제1호는 '근로계약을 체결하고 3개월 이내의 수습기간에 대해서는 평균임금 산정기준이 되는 기간과 임금의 총액에서 각각 제외' 하고, 최저임금법 제5조 제2항은 '근로계약기간이 1년 이상인 근로자로서 3개월 이내의 수습근로기간에 대해서는 최저임금을 감액(10%)' 할 수 있는 규정을 두고 있음.

- 이 사건 근로자가 작성한 면접표와 근로계약서 및 서약서에 수습기간 3월이 명시되어 있으므로 이 사건 근로자는 시용(수습)기간을 두고 채용된 근로자로 판단되며, 시용종결의 정당성 여부에 있어 시용기간 중에 있는 근로자를 해고할 경우 보통의 해고보다는 그 사유가 넓게 인정되고 있음에 비추어 볼 때, 이 사건 근로자의 근태불량 행위는 수습 근로자로서 그 정도가 지나치고, 이 사건 사용자가 근면성과 협동심 등에 낮은 평가를 받은 점을 시용종결의 구체 사유로 삼은 것이 객관적으로 공정성이 없다고만 볼 수도 없으며, 시용평가 평균점수 71.5점은 시용종결 기준점수를 80점으로 정한 점에 비추어 높은 점수라고 볼 수 없어, 이러한 사유로 시용종결을 통보한 것이 현저하게 타당성을 잃어 재량권

26) 근로계약기간은 기존에는 근기법 규정(제16조)에 따라 기간을 정하지 아니한 것과 일정한 사업완료에 필요한 기간을 정한 것 외에는 1년을 초과하지 못하였다. 그러나 기간제법이 2007년 7월 1일부터 시행되어 근기법상 근로계약기간에 대한 규정은 효력을 상실하였다.

27) 근로계약기간을 정하는 방법과 관련하여 「근로계약기간 관련 업무처리지침」(고용노동부, 1998.12.5, 근기 68201-3311), 「1년 미만 단기계약근로자에 대한 근로기준법 등 적용방법」(고용노동부, 2007.12.10., 비정규직대책팀-4349) 등을 참고할 수 있다.

28) 고용노동부, 『소규모사업장 담당자를 위한 12가지 인사관리 실무기법』, 2010, 57쪽.

을 남용한 것으로 인정된다고 할 수 없을 것임(중앙노동위원회 2006.11.24., 2006부해313 판정).

- 시용(試用)기간 중에 있는 근로자를 해고하거나 시용기간 만료 시 본계약(本契約)의 체결을 거부하는 것은 사용자에게 유보된 해약권의 행사로서, 당해 근로자의 업무능력, 자질, 인품, 성실성 등 업무 적격성을 관찰 · 판단하려는 시용제도의 취지 · 목적에 비추어 볼 때 보통의 해고보다는 넓게 인정되나, 이 경우에도 객관적으로 합리적인 이유가 존재하여 사회 통념상 상당하다고 인정되어야 할 것임(대법원 2003.7.22. 선고 2003다5955 판결).
- 정식직원으로 채용된 근로자가 익숙하지 못한 새 직장에서 안정을 찾아 정착하기까지 다소 마찰을 빚어 언쟁을 벌인다거나 1회 조퇴한 정도, 날씨가 춥고 냉장고에 자주 드나드는 관계로 보온을 위하여 몇 차례 위생복 위에 사복을 덧입었다는 등의 사유만 가지고는 회사의 취업규칙상 해고사유에 해당한다고 볼 수 없거나, 또는 취업규칙의 해고사유에 해당한다고 하더라도 그것 때문에 회사가 근로자와의 고용계약관계를 계속 유지하는 것이 객관적으로 보아 심히 부당하거나 현저히 불공평하다고 보여질 정도에는 이르지 못하므로 위와 같은 사유만으로 근로자를 징계해고하는 것은 현저히 징계권을 남용한 것으로 인정됨(대법원 1991.11.26. 선고 90다4914 판결).
- 취업규칙에 신규 채용하는 근로자에 대한 시용기간의 적용을 선택적 사항으로 규정하고 있는 경우에는 그 근로자에 대하여 시용기간을 적용할 것인가의 여부를 근로계약에 명시하여야 하고, 만약 근로계약에 시용기간이 적용된다고 명시하지 아니한 경우에는 시용 근로자가 아닌 정식사원으로 채용되었다고 보아야 함(대법원 1999.11.12. 선고 99다30473 판결).

2) 기간을 정하지 않은 근로계약

사용자와 근로자는 약정으로 기간을 정하지 않은 근로계약을 체결할 수 있다. 다만, 근로계약 기간을 정하지 않았다고 하더라도 실제로는 종기가 없는 근로계약을 체결한 것이 아니라 법정 정년(만 60세)까지 근로계약 기간을 정하는 것이 일반적이다.

3) 기간을 정한 근로계약

「기간제 및 단시간근로자 보호 등에 관한 법률」(약칭: 기간제법)

제4조【기간제근로자의 사용】 ① 사용자는 2년을 초과하지 아니하는 범위 안에서(기간제 근로계약의 반복갱신 등의 경우에는 그 계속 근로한 총기간이 2년을 초과하지 아니하는 범위 안에서) 기간제근로자를 사용할 수 있다. 다만, 다음 각호의 어느 하나에 해당하는 경우에는 2년을 초과하여 기간제근로자로 사용할 수 있다.

② 사용자가 제1항 단서의 사유가 없거나 소멸되었음에도 불구하고 2년을 초과하여 기간제근로자로 사용하는 경우에는 그 기간제근로자는 기간의 정함이 없는 근로계약을 체결한 근로자로 본다.

(1) 2년 이내의 근로계약

원칙적으로 사용자는 2년을 초과하지 아니하는 범위(기간제 근로계약의 반복갱신 등의 경우에는 그 계속근로한 총기간이 2년을 초과하지 아니하는 범위) 안에서 기간제 근로계약을 체결할 수 있다. 사용자가 기간제법 제4조 제1항 단서의 사유가 없거나 소멸되었음에도 불구하고 2년을 초과하여 기간제 근로계약을 체결하면 그 기간제 근로계약은 기간을 정하지 않은 근로계약을 체결한 것으로 본다.

(2) 2년을 초과하는 근로계약

특정한 사유에 해당하는 경우에는 2년을 초과하는 기간제 근로계약을 예외적으로 체결할 수 있다(기간제법 제4조 제1항 단서 및 시행령 제3조).

〈근로계약 기간을 2년을 초과하여 체결할 수 있는 사유〉

1. 사업의 완료 또는 특정한 업무의 완성에 필요한 기간을 정한 경우
2. 휴직 · 파견 등으로 결원이 발생하여 해당 근로자가 복귀할 때까지 그 업무를 대신할 필요가 있는 경우
3. 근로자가 학업, 직업훈련 등을 이수함에 따라 그 이수에 필요한 기간을 정한 경우
4. 「고령자고용촉진법」 제2조 제1호의 고령자(만 55세 이상)와 근로계약을 체결하는 경우
5. 전문적 지식 · 기술의 활용이 필요한 경우
   - 박사 학위(외국 박사 학위 포함)를 소지하고 해당 분야에 종사하는 경우
   - 「국가기술자격법」에 따른 기술사 등급의 국가기술자격을 소지하고 해당 분야에 종사하는 경우
   - 전문자격(공인노무사 등 25종)을 소지하고 해당 분야에 종사하는 경우
6. 정부의 복지정책 · 실업대책 등에 따라 일자리를 제공하는 아래의 경우
   - 다른 법령에 따라 국민의 직업능력 개발, 취업 촉진 및 사회적으로 필요한 서비스 제공 등을 위하여 일자리를 제공하는 경우
   - 제대군인의 고용증진 및 생활안정을 위하여 일자리를 제공하는 경우
   - 국가보훈대상자에 대한 복지증진 및 생활안정을 위하여 보훈도우미 등 복지지원 인력을 운영하는 경우
7. 기타 합리적인 사유가 있는 아래의 경우
   - 다른 법령에서 기간제근로자의 사용기간을 달리 정하거나 별도의 기간을 정하여 근로계약을 체결할 수 있도록 한 경우
   - 국방부 장관이 인정하는 군사적 전문적 지식 · 기술을 가지고 관련 직업에 종사하거나, 대학에서 안보 및 군사학 과목을 강의하는 경우
   - 특수한 경력을 갖추고 국가안전보장, 국방 · 외교 또는 통일과 관련된 업무에 종사하는 경우

- 「고등교육법」 제2조에 따른 학교(대학원대학 포함)에서 강사, 조교의 업무, 명예교수, 겸임교원, 초빙 교원 등의 업무에 종사하는 경우
- 「통계법」에 따른 한국표준직업분류의 대분류 1과 대분류 2 직업에 종사하는 자의 「소득세법」 따른 근로소득(최근 2년간의 연평균 근로소득)이 고용노동부 장관이 최근 조사한 고용형태별 근로실태조사의 한국표준직업분류 대분류 2 직업에 종사하는 자의 근로소득 상위 100분의 25에 해당하는 경우
- 「근로기준법」에 따라 1주 동안의 소정근로시간이 15시간 미만인 단시간근로자를 사용하는 경우
- 「국민체육진흥법」에 따른 선수와 체육지도자 업무에 종사하는 경우
- 국공립연구기관, 정부출연연구기관, 특정 연구기관, 연구기관, 공공기관의 부설 연구기관, 기업 또는 대학의 부설 연구기관, 법인인 연구기관에서 연구업무에 직접 종사하는 경우 또는 실험 · 조사 등을 수행하는 등 연구업무에 직접 관여하여 지원하는 업무에 종사하는 경우

3. 근로계약 관련 서류

1) 근로자 명부

「근로기준법」

제41조 【근로자의 명부】 ① 사용자는 각 사업장별로 근로자 명부를 작성하고 근로자의 성명, 생년월일, 이력, 그 밖에 대통령령으로 정하는 사항을 적어야 한다. 다만, 대통령령으로 정하는 일용근로자에 대해서는 근로자 명부를 작성하지 아니할 수 있다.
② 제1항에 따라 근로자 명부에 적을 사항이 변경된 경우에는 지체없이 정정하여야 한다.

「근로기준법 시행령」

제21조 【근로자 명부 작성의 예외】 사용기간이 30일 미만인 일용근로자에 대하여는 근로자 명부를 작성하지 아니할 수 있다.

사용자는 각 사업장별로 근로자 명부를 작성하여 비치하고, 기재사항이 변경된 경우에는 정정하여야 한다(위반 시 500만원 이하 과태료). 다만, 사용기간이 30일 미만인 일용근로자는 작성의무가 없다.

※ 근로자 명부에는 성명, 성별, 생년월일, 주소, 이력, 종사하는 업무의 종류, 고용 또는 고용갱신 연월일, 계약기간을 정한 경우에는 그 기간, 그 밖의 고용에 관한 사항, 해고·퇴직 또는 사망의 경우 그 연월일과 사유, 기타 필요 사항 등을 기재하여야 함(근기법 시행령 제20조).

2) 계약서류의 보존

> 「근로기준법」
> **제42조【계약서류의 보존】** 사용자는 근로자 명부와 대통령령으로 정하는 근로계약에 관한 중요한 서류를 3년간 보존하여야 한다.

사용자는 근로자 명부, 근로계약서, 임금대장 등 근로계약에 관한 중요한 다음의 서류(근기법 시행령 제22조)를 3년간 보존하여야 한다(위반 시 500만원 이하 과태료).

〈근로계약상 중요 서류와 보존기간의 기산일〉

근로계약상 중요 서류	보존기간의 기산일
근로자 명부	해고되거나 퇴직 또는 사망한 날
근로계약서	근로관계가 끝난 날
임금대장	마지막으로 임금내역을 기재한 날
임금의 결정·지급방법과 임금계산의 기초에 관한 서류	완결한 날
고용·해고·퇴직에 관한 서류	해고되거나 퇴직한 날
승급·감급에 관한 서류	완결한 날
휴가에 관한 서류	승인 또는 인가를 받은 날
3개월 이내 및 3개월을 초과하는 탄력적 근로시간제, 선택적 근로시간제, 연장근로의 제한, 휴일, 보상휴가제, 근로시간 계산의 특례, 근로시간 및 휴게시간의 특례, 유급휴가의 대체에 따른 서면합의 서류	서면 합의한 날
연소자 증명에 관한 서류	18세가 되는 날(18세 도달 전에 해고되거나 퇴직 또는 사망한 경우는 그에 해당하는 날)
그 밖의 서류	완결한 날

4. 근로계약 위반의 효력

> 「근로기준법」
> **제19조【근로조건의 위반】** ① 제17조에 따라 명시된 근로조건이 사실과 다를 경우에 근로자는 근로조건 위반을 이유로 손해의 배상을 청구할 수 있으며 즉시 근로계약을 해제할 수 있다.
> ② 제1항에 따라 근로자가 손해배상을 청구할 경우에는 노동위원회에 신청할 수 있으며, 근로계약

이 해제되었을 경우에는 사용자는 취업을 목적으로 거주를 변경하는 근로자에게 귀향여비를 지급하여야 한다.

「근로기준법 시행규칙」

제2조【손해배상 청구의 신청】 근로자는 「근로기준법」(이하 "법"이라 한다) 제19조 제2항에 따라 사용자의 근로조건 위반을 이유로 손해배상을 청구하려면 별지 제1호서식의 근로조건 위반 손해배상 청구 신청서에 다음 각호의 서류를 첨부하여 「노동위원회법」에 따른 지방노동위원회(이하 "관할 지방노동위원회"라 한다)에 제출하여야 한다.

1. 근로계약서 사본
2. 사용자가 근로조건을 위반하였다는 사실을 증명하는 자료

1) 근로계약의 해제

근로자는 명시된 임금, 근로시간, 휴가, 안전, 복지 등의 근로조건이 사실과 다를 경우에 근로조건 위반을 이유로 즉시 근로계약을 해제[29]할 수 있다.

근로기준법 제19조에 의하면, 근로계약 체결 시 명시된 근로조건이 사실과 다를 경우에 근로자는 근로조건 위반을 이유로 손해의 배상을 청구할 수 있으며 즉시 근로계약을 해제할 수 있다고 규정하고 있음. 따라서 노사합의에 따라 명시된 근로 조건을 사용자가 준수하지 않는 경우라면 근로조건 위반에 해당할 것임(고용노동부 2008.2.12., 근로기준팀-667).

2) 손해배상 청구

근로자는 근로계약 체결 시에 명시된 근로조건이 사실과 다를 경우에는 근로조건 위반 손해배상 청구 신청서(근기법 시행규칙 별지 제1호서식)에 따라 근로계약서 사본 및 사용자가 근로조건을 위반하였다는 사실을 증명하는 자료를 첨부하여 지방노동위원회에 손해배상을 청구할 수 있다.

※ 손해배상 청구에 대한 소멸시효는 3년이고, 입증책임은 근로자에게 있음.

– 노동위원회에 대한 손해배상 청구의 신청은 근로조건 위반에 대한 모든 손해배상 청구에 대하여 허용되는 것은 아니며, '근로계약 체결 시'에 명시된 근로조건이 사실과 다른 경우에만 가능함, 법

29) '해제'는 계약당사자의 일방적인 의사표시에 의하여 유효하게 성립된 계약의 효력을 소급적으로 소멸시켜 계약이 처음부터 없었던 것과 같은 법률효과를 발생시키는 것이다. 반면에 '해지'는 계속적인 계약을 장래를 향하여 소멸시키는 것이다.

제23조(현행 제19조)에 정한 계약의 즉시해제권은 취업 후 상당한 기간이 지나면 행사할 수 없다고 해석되며, 같은 손해배상청구권의 소멸시효 기간은 위와 같은 법 규정의 취지와 규정 내용 등에 비추어 근로조건의 내용 여부를 묻지 않고 같은 법 제41조(현행 제49조)에 정한 임금채권에 준하여 3년이라고 보아야 함(대법원 1997.10.10.선고, 97누5732 판결).

- 근로조건 위반을 이유로 한 손해배상청구권은 채무불이행으로 인한 손해배상 청구권이므로 채권의 존부에 대한 입증책임은 이를 주장하는 근로자에게 있다고 할 것임(중앙노동위원회 2009.6.29., 2009손해2 판정).

3) 귀향여비 청구

근로계약이 해제된 경우에 사용자는 취업을 목적으로 거주[30)]를 변경하는 근로자에게 귀향여비를 지급하여야 한다. 귀향여비에는 교통비·식비, 숙박비, 가재도구운송비 등 귀향에 필요한 일체의 경비는 물론 동거의 가족이 거주를 옮기게 되면 그 비용까지 포함된다.[31)]

※ 귀향여비 미지급에 대해서는 벌칙규정이 없지만, 귀향여비도 근기법 제36조 따라 청산되어야 할 금품에 해당하므로, 사용자가 귀향여비를 지급하지 않으면 근기법 제36조 위반에 해당되어 벌칙(3년 이하 징역 또는 3천만원 이하 벌금)이 적용됨.

제5절 금지되는 근로조건

1. 강제근로의 금지

「근로기준법」

제7조【강제 근로의 금지】 사용자는 폭행, 협박, 감금, 그 밖에 정신상 또는 신체상의 자유를 부당하게 구속하는 수단으로써 근로자의 자유의사에 어긋나는 근로를 강요하지 못한다.

사용자는 폭행, 협박, 감금, 그 밖에 정신상 또는 신체상의 자유를 부당하게 구속하는 수단

30) 거주는 '주소(생활의 근거가 되는 곳, 즉 생활관계의 중심이 되는 곳으로 동시에 두 곳 이상 있을 수 있음. 민법 제18조)'와 '거소(다소의 기간 계속하여 거주하는 장소로서 생활의 근거에는 이르지 아니한 장소로, 주소를 알 수 없거나 국내에 주소가 없는 경우에는 각각 거소를 주소로 봄. 민법 제19조 및 제20조)'가 포함되는 개념이다.

31) 하갑래, 『근로기준법』(제36판), ㈜중앙경제, 2024, 1032쪽.

으로써 근로자의 자유의사에 어긋나는 근로를 강요하지 못한다(위반 시 5년 이하 징역 또는 5천만원 이하 벌금). 이는 헌법의 강제노역 금지를 구체적으로 실현하고, 사용자가 경제적 우위를 이용하여 근로자의 자유의사에 반하는 근로를 강요하지 못하도록 하는 것이다.

> *기업체에서 비용을 부담 지출하여 직원을 해외에 파견하여 위탁교육을 시키고 이를 이수한 직원이 교육 수료일자로부터 일정한 의무재직기간 이상 근무하지 아니할 때에는 기업체가 부담한 해당 교육비용의 전부 또는 일부를 상환하도록 하되 위 의무재직기간 동안 근무하는 경우에는 이를 면제하기로 한 기업체의 교육훈련규정 및 위탁교육 관리세칙의 규정은 근로기준법 제24조(현행 제20조)에서 금지된 위약금 또는 손해배상 예정의 약정은 아니라 할 것이고, 또한 위 의무재직기간은 근로기준법 제21조(현행 제16조)에서 말하는 근로계약기간이 아니라 교육비용 반환채무의 면제기간을 정한 것으로 봄이 상당하므로 위 규정 등이 같은 법 제21조(현행 제16조), 제24조(현행 제20조)에 위배된다고 할 수 없는 것으로서, 이는 기업체의 규정 등이 근로기준법 제6조(현행 제7조)가 금지하는 사용자가 정신 또는 신체상의 자유를 부당하게 구속하는 수단으로써 근로자의 자유의사에 반하는 근로를 강요하는 것이거나 같은 법 제25조(현행 제21조)가 금지하는 전차금 기타 근로할 것을 조건으로 하는 전대채권과 임금을 상계하기로 하는 내용의 것이 아님*(대법원 1992.2.25. 선고 91다26232 판결).

2. 폭행의 금지

> **「근로기준법」**
>
> **제8조 【폭행의 금지】** 사용자는 사고의 발생이나 그 밖의 어떠한 이유로도 근로자에게 폭행을 하지 못한다.

사용자는 사고의 발생이나 그 밖의 어떠한 이유로도 근로자에게 폭행을 하지 못한다(위반 시 5년 이하 징역 또는 5천만원 이하 벌금). 이는 근로자가 업무와 관련하여 보복적이거나 징계적인 가혹행위를 당하는 것을 방지하여 노동인격을 존중하려는 취지이다.

> *근로기준법 제6조(현행 제7조) 및 제7조(현행 제8조)에 의해 사용자는 정신상 또는 신체상의 자유를 부당하게 구속하는 수단으로써 근로자의 자유의사에 반하는 근로를 강요하지 못하며, 근로자에게 어떠한 이유로도 폭행, 구타행위를 할 수 없음. 근로기준법 제6조(현행 제7조) 및 제7조(현행 제8조) 위반 여부는 구체적인 사실조사 후 판단해야 하나, 업무명령에 따르지 않는다는 이유로 경비반장이 근로자를 폭행하였다면 근로기준법 제7조(현행 제8조) 위반에 해당됨(고용노동부 1994.8.24., 근기 68207-1329).*

3. 위약 예정의 금지

「근로기준법」

제20조【위약 예정의 금지】 사용자는 근로계약 불이행에 대한 위약금 또는 손해배상액을 예정하는 계약을 체결하지 못한다.

1) 개 념

사용자는 근로자와 근로계약 불이행에 대한 위약금 또는 손해배상액을 예정하는 계약[32]을 체결하지 못한다(위반 시 500만원 이하 벌금). 이는 근로자의 근로계약 불이행에 대하여 사용자가 손해발생 여부 및 실손해액과 관계없이 일정한 손해액이나 위약금을 청구할 수 있도록 미리 정하여 두는 것은 근로자의 의사에 반하는 강제근로의 가능성이 있으므로 이를 방지하려는 취지이다.

※ 근로자의 불법행위 등으로 인해 사용자에게 손해가 발생하여 민사절차에 따라 손해배상을 청구하거나, 근로자의 불법행위로 사용자가 제3자에게 부담한 손해배상에 대해 구상권을 행사하거나, 이러한 취지의 내용을 근로계약으로 정하는 것은 가능함.

- *회사에 입사해 사측과 영업비밀 보호계약을 체결하면서 10년간 일하고 그 이전에 퇴사하면 10억원을 배상하기로 하는 약정을 한 경우 이는 피고가 약정근무기간 이전에 퇴직하는 등 위 약속을 위반하기만 하면 그로 인하여 사용자에게 어떤 손해가 어느 정도 발생하였는지 묻지 않고 바로 미리 정한 10억원을 사용자에게 손해배상액으로 지급하기로 하는 것으로, 구 근로기준법 제27조(현행 제20조)가 금지하는 전형적인 위약금 또는 손해배상액의 예정에 해당하여 그 효력을 인정할 수 없음(대법원 2008.10.23. 선고 2006다37274 판결).*
- *근로기준법 제27조(현행 제20조) "사용자는 근로계약 불이행에 대한 위약금 또는 손해배상액을 예정하는 계약을 체결하지 못한다."고 규정하고 있는 취지는, 근로자가 근로계약을 불이행한 경우 반대급부인 임금을 지급받지 못한 것에 더 나아가서 위약금이나 손해배상을 지급하여야 한다면 근로자로서는 비록 불리한 근로계약을 체결하였다 하더라도 그 근로계약의 구속에서 쉽사리 벗어날 수 없을 것이므로 위와 같은 위약금이나 손해배상액 예정의 약정을 금지함으로써 근로자가 퇴직의 자유를 제한받아 부당하게 근로의 계속을 강요당하는 것을 방지하고, 근로계약 체결 시의 근로자의 직장선택의 자유를 보장하며 불리한 근로계약의 해지를 보호하려는 데 있음(대법원 2004.4.28. 선고 2001다53875 판결).*
- *사용자는 근로자에 대하여 근로계약 불이행에 대한 손해배상액을 예정하는 계약을 체결하여서는*

32) '위약금'은 근로자(친권자 · 신원보증인 또는 제3자 포함)가 근로계약 불이행에 대하여 사용자에게 일정액을 지불하는 금액이고, '손해배상액을 예정하는 계약'은 근로자가 근로계약 불이행(불법행위 포함)에 대하여 사용자에게 실제 손해의 발생 여부 및 손해액과 상관없이 일정액을 지불할 것을 미리 약정하는 계약이다.

아니 되나, 근무 중 사고로 사용자가 피해를 입은 경우 사용자는 근로자에 대하여 민법에 의한 손해배상 청구를 할 수 있다고 사료됨(고용노동부 1987.5.1., 근기 01254-7071).
- 사용자가 피용자의 업무수행과 관련하여 행해진 불법행위로 인하여 직접 손해를 입었거나 그 피해자에게 사용자로서의 손해배상책임을 부담한 결과로 손해를 입게 된 경우에 있어서 사용자는 그 사업의 성격과 규모, 시설의 현황, 피용자의 업무 내용, 근로조건이나 근무태도, 가해행위의 상황, 가해행위의 예방이나 손실의 분산에 관한 사용자의 배려 정도, 기타 제반 사정에 비추어 손해의 공평한 분산이라는 견지에서 신의칙상 상당하다고 인정되는 한도 내에서만 피용자에 대하여 그 구상권을 행사할 수 있다고 보아야 할 것(대법원 1994.12.13. 선고 94다17246 판결).
- 근로자의 불법행위 등으로 사용자에게 손해를 발생시킨 경우 실손해액의 일부를 청구할 수 있도록 노 · 사가 합의하여 단체협약에 정한 것은 근기법 제24조(위약예정의 금지/현행 제20조)에 위반된다고는 볼 수 없을 것임(고용노동부 1993.6.4., 근기 01254-1160).

2) 해외 파견연수

(1) 교육·훈련 목적으로 이루어진 경우

회사에서 소속 근로자에 대한 교육·훈련 비용을 부담 및 지출하여 위탁교육을 시키고, 이를 이수한 근로자가 교육·훈련을 수료한 날부터 일정한 의무재직기간 동안 근무하지 않을 경우에는 회사가 부담한 해당 교육 관련 비용의 전부 또는 일부를 상환하도록 하되, 의무기간 동안 근무하는 경우에는 이를 면제하기로 하는 약정은 근기법 제20조에서 금지하는 위약금 또는 손해배상액을 예정하는 계약이 아니다.

- 해외 파견연수 후의 일정 기간 근무약정에 대해서는 아래와 같이 나누어 볼 수 있음. ① 해외 파견연수가 교육·훈련 목적으로 이루어진 경우, 회사에서 소속 직원에 대한 교육·훈련 비용을 부담, 지출하여 위탁교육을 시키고, 이를 이수한 직원이 교육 · 훈련을 수료한 날부터 일정한 의무재직기간 동안 근무하지 않을 경우에는 기업체가 부담한 해당 교육 관련 비용의 전부 또는 일부를 상환하도록 하되, 의무기간 동안 근무하는 경우에는 이를 면제하기로 하는 약정은 근로기준법 제27조에서 금지하고 있는 위약금 또는 손해배상액을 예정하는 계약이라고는 보이지 않음(대판 '96.12.20, 95다 52222, 52239 학위연수비 반환 · 부당이득금 반환). 이 경우 해외 파견연수 후 의무복무토록 한 기간은 근로기준법 제21조의 규정에 의한 근로계약기간이 아니라 경비반환 의무의 면제기간을 정한 것으로서, 동 약정은 금전소비대차에 관한 계약으로 볼 수 있으므로 민법에 의하여 판단하여야 할 것임. 다만, 이 경우에도 동 파견연수기간 중 지급된 경비 중에 소위 기준임금이 포함되어 있는 경우에는 동 기준임금은 파견연수 비용에는 포함되지 않는 것으로 판단되며, 따라서 이를 상환하여야 할 경비에 포함시키는 것은 효력이 없는 것으로 보임. ② 해외 파견연수가 실제 근무를 통한 지

식, 정보습득 등의 목적을 갖는 경우, 회사의 연수규정, 근로계약 및 관련 약정 등을 종합적으로 검토하여 판단하여야 할 사항이나, 해외 파견연수에 관한 계약의 형식에 불문하고, 동 파견연수가 실제로는 해외에 파견되어 현지에서 근로를 제공하는 것이라면, 파견연수기간 중 지급된 임금, 기타 집세 등은 원래 근로자가 부담하여야 할 비용을 회사가 우선 부담함으로써 근로자에 대하여 반환청구권을 갖는 금품이라고는 보기 어려우며, 이 경우 근로자가 의무복무기간 이전에 퇴직할 경우 회사에서 지급한 임금 등 일체의 경비를 반환하여야 한다고 약정하는 것은 근로기준법 제27조에 의한 위약금 또는 손해배상의 예정에 해당될 수 있다고 판단됨(고용노동부 2000.10.18., 근기 68207-3229).

- *기업체에서 비용을 부담 지출하여 직원에 대하여 위탁 교육·훈련을 시키면서 일정 임금을 지급하고 이를 이수한 직원이 교육수료일자부터 일정한 의무재직기간 이상 근무하지 아니할 때에는 기업체가 지급한 임금이나 해당 교육비용의 전부 또는 일부를 상환하도록 하되 의무재직기간 동안 근무하는 경우에는 이를 면제하기로 약정한 경우, 교육비용의 전부 또는 일부를 근로자로 하여금 상환하도록 한 부분은 근로기준법 제27조(현행 제20조)에서 금지된 위약금 또는 손해배상을 예정하는 계약이 아니므로 유효함(대법원 2004.4.28. 선고 2001다53875 판결).*

(2) 실제 근무를 통한 지식 및 정보습득 등의 목적으로 이루어진 경우

해외 파견연수가 계약형식과 상관없이 실제로는 해외에 파견되어 현지에서 근로를 제공하는 것이라면, 파견연수기간 중 지급된 임금, 기타 집세 등은 원래 근로자가 부담하여야 할 비용을 회사가 우선 부담함으로써 근로자에 대하여 반환청구권을 갖는 금품이라고는 보기 어렵다. 따라서 근로자가 의무복무기간 이전에 퇴직할 경우 회사에서 지급한 임금 등 일체의 경비를 반환하여야 한다고 약정하는 것은 근기법 제20조에 따른 위약금 또는 손해배상을 예정하는 계약이므로 무효이다.

기업체에서 비용을 부담 지출하여 직원에 대하여 위탁 교육·훈련을 시키면서 일정 임금을 지급하고 이를 이수한 직원이 교육 수료일자부터 일정한 의무재직기간 이상 근무하지 아니할 때에는 기업체가 지급한 임금이나 해당 교육비용의 전부 또는 일부를 상환하도록 하되 의무재직기간 동안 근무하는 경우에는 이를 면제하기로 약정한 경우, 교육비용의 전부 또는 일부를 근로자로 하여금 상환하도록 한 부분은 근로기준법 제24조(현행 제20조)에서 금지된 위약금 또는 손해배상을 예정하는 계약이 아니므로 유효하지만, 임금반환을 약정한 부분은 기업체가 근로자에게 근로의 대상으로 지급한 임금을 채무불이행을 이유로 반환하기로 하는 약정으로서 실질적으로는 위약금 또는 손해배상을 예정하는 계약이므로 근로기준법 제24조(현행 제20조)에 위반되어 무효임(대법원 1996.12.6. 선고 95다24944, 24951 판결).

4. 전차금 상계 금지

「근로기준법」

제21조【전차금 상계의 금지】 사용자는 전차금(前借金)이나 그 밖에 근로할 것을 조건으로 하는 전대(前貸)채권과 임금을 상계하지 못한다.

사용자는 전차금이나 그 밖의 근로할 것을 조건으로 하는 전대채권[33]과 임금을 상계[34]하지 못한다(위반 시 500만원 이하 벌금). 이는 근로자의 신분이 부당하게 구속되고, 근로자로 하여금 불리한 근로조건을 감수하게 하는 것을 방지하기 위한 규정이다.

특정 사업의 필요에 따라 실시하는 해외연수에 있어서 연수 후 의무(일정 기간 근무) 불이행에 대한 배상 등은 당해 사업자와 근로자 간에 약정할 문제이며, 이는 근기법으로 처리할 사항이 아님. 그러나 이 경우에 있어서 사용자가 해외연수비 대여금 반환채권을 임금채권과 퇴직금 반환채권과 상계한다고 약정한 경우에는 근기법 제21조에 위반된다고 해야 할 것임(고용노동부 2000.5.23., 임금 68207-104).

5. 강제저금의 금지

「근로기준법」

제22조【강제저금의 금지】 ① 사용자는 근로계약에 덧붙여 강제저축 또는 저축금의 관리를 규정하는 계약을 체결하지 못한다.

② 사용자가 근로자의 위탁으로 저축을 관리하는 경우에는 다음 각호의 사항을 지켜야 한다.

1. 저축의 종류 · 기간 및 금융기관을 근로자가 결정하고, 근로자 본인의 이름으로 저축할 것
2. 근로자가 저축증서 등 관련 자료의 열람 또는 반환을 요구할 때에는 즉시 이에 따를 것

사용자는 근로계약에 덧붙여 강제저축 또는 저축금의 관리를 규정하는 계약을 하지 못하고(위반 시 2년 이하 징역 또는 2천만원 이하 벌금), 사용자가 근로자의 위탁으로 저축을 관리하는 경

33) '전차금'이란 취업 후에 임금에서 변제할 것을 예정하고 사용자가 근로자 또는 그의 친권자 등에게 미리 빌려주는 금전이고, '전대채권'은 전차금 이외에 근로할 것을 조건으로 사용자가 근로자 또는 그의 친권자 등에게 지급하는 금전을 말한다.

34) '상계'는 쌍방이 서로 같은 종류의 채권을 가지고 있는 경우에 서로의 채권을 대등액만큼 소멸시키는 것이다(민법 제492조).

우에는 근로자 본인의 이름으로 저축하는 등 일정한 사항을 지켜야 한다(위반 시 500만원 이하 벌금). 이는 사용자가 근로자에게 임금의 일정액을 강제로 저축하게 하고 그 반환을 어렵게 하면 근로자를 회사에 구속시킬 수 있고, 저축금이 회사의 경영자금으로 이용되어 임금체불 등이 발생하는 것을 방지하기 위한 규정이다.

국민저축조합법에 의한 한도 내에서의 저축금은 근로기준법 제26조(현행 제22조)에 위배되지 않는 것이나, 국민저축조합법을 빙자하여 동법 소정의 금액 이외의 저축금 관리를 할 때는 근로기준법 제26조(현행 제22조)에 저촉될 것임(고용노동부 1966.3.4., 노정근 1455-992).

제4장

취업규칙관리

제1절 개 요

제2절 취업규칙의 작성 및 신고

제3절 취업규칙의 작성 및 변경 절차

제4절 취업규칙과 법령, 단체협약, 근로계약의 관계

제1절 개 요

1. 취업규칙의 개념

취업규칙은 명칭과 무관하게 사용자가 사업 또는 사업장의 질서유지 및 효율적 업무수행을 위하여 필요한 복무규율과 근로자 전체에 적용될 근로조건을 정한 기준을 말한다. 실무에서는 취업규칙이라는 용어 이외에 사규, 인사규정, 보수규정, 징계규정, 상여금규정, 퇴직급여규정 등으로 불리고 있다.

※ 취업규칙은 사용자에게 작성의무가 있다는 점에서 사용자와 근로자가 합의하여 체결하는 근로계약이나, 사용자와 노동조합이 합의하여 체결하는 단체협약과 구별됨.

근로기준법 제96조(현행 제93조) 소정의 취업규칙은 사용자가 근로자의 복무규율과 임금 등 당해 사업의 근로자 전체에 적용될 근로조건에 관한 준칙을 규정한 것을 말하는 것으로서, 그 명칭에 구애받을 것은 아님(대법원 2004.2.12. 선고 2001다63599 판결).

2. 취업규칙의 법 규범성

「근로기준법」

제97조【위반의 효력】 취업규칙에서 정한 기준에 미달하는 근로조건을 정한 근로계약은 그 부분에 관하여는 무효로 한다. 이 경우 무효로 된 부분은 취업규칙에 정한 기준에 따른다.

근기법은 근로조건을 보장·향상시키고 근로자의 지위를 보호·강화하기 위해 사용자에게 취업규칙 작성을 강제하여 법 규범성을 부여하고 있다. 이러한 법 규범성에 근거하여 취업규칙에 정한 기준에 미달하는 근로조건을 정한 근로계약은 그 부분에 관하여 무효이며, 무효로 된 부분은 취업규칙에 정한 기준에 따른다.

※ 취업규칙과 관련하여 근기법은 취업규칙의 게시 및 비치(제14조), 취업규칙의 작성 및 신고(제93조), 취업규칙의 작성 및 변경에 근로자의 참여(제94조), 취업규칙의 효력(제96조, 제97조)를 규정하고 있음.

취업규칙은 사용자가 기업경영권에 기하여 사업장에 있어서의 근로자의 복무규율이나 근로조건의 기준을 획일적·통일적으로 정립하기 위하여 작성하는 것으로서 이는 근로기준법이 종속적 노동관계의 현실에 입각하여 실질적으로 불평등한 근로자의 입장을 보호·강화하여 그들의 기본적 생활을 보호·향상시키려는 목적의 일환으로 그 작성을 강제하고 이에 법 규범성을 부여한 것이라고 볼 것임(대법원 1977.7.26. 선고 77다355 판결).

3. 취업규칙의 형식과 내용

1) 명칭 불문

사규, 인사규정, 보수규정, 퇴직급여규정 등 그 명칭과 무관하게 규율하고 있는 내용이 근로조건이나 복무규율에 관한 것이라면 취업규칙에 해당한다. 따라서 기업의 자구계획서, 학교법인의 정관, 이사회 결의서, 지역의료보험조합 운영규정, 유휴인력 활용지침 등도 근로자의 근로조건 또는 복무규율에 관한 사항을 규정하고 있는 경우에는 취업규칙에 해당한다.

근로기준법 소정의 취업규칙은 사용자가 근로자의 복무규율과 임금 등 근로조건에 관한 준칙을 규정한 것으로서, 그 명칭에 구애받을 것은 아님(대법원 2007.11.30. 선고 2005두13247 판결).

2) 근로조건과 복무규율에 관한 내용 포함

근로조건이란 사용자와 근로자 사이의 근로관계에서 임금, 근로시간, 해고 그 밖에 근로자의 대우에 관하여 정한 조건이고, 복무규율이란 근로자가 근로를 제공하는 과정에서 지켜야 할 기업 질서에 관한 규칙과 이를 위반한 경우에 대한 제재를 포함하는 개념이다. 따라서 취업규칙에는 사용자와 근로자집단 사이의 근로조건과 복무규율에 관한 내용이 포함되어 있다.

3) 근로자 전체에게 적용

취업규칙은 사용자가 근로자 집단에게 근로조건을 통일적으로 적용하기 위하여 작성하는 것이 원칙이다. 다만, 반드시 모든 근로자에 대하여 한 개의 취업규칙이 적용되어야 하는 것은 아니며, 사업장 또는 업무 특성에 따라 근로조건을 구분하여 운영할 필요가 있는 경우에 근로조건, 근로형태 또는 직종 등의 특수성에 따라 근로자 일부에 적용되는 별도의 취업규칙을 작성할 수 있다.

※ 단시간근로자에게 적용되는 취업규칙을 통상근로자에게 적용되는 취업규칙과 별도로 작성할 수 있음 (근기법 시행령 제9조 제1항 및 별표2).

- *근로기준법 제94조(현행 제93조)는 사용자가 취업규칙을 작성, 신고토록 규정하고 있으나 하나의 사업장에 하나의 취업규칙만을 작성·운용하여야 한다고 특별히 규정치 않고 있으므로 근로형태나 직종이 현저히 다른 근로자에 대해 별도의 규정(취업규칙)을 작성·운용한다고 하더라도 이를 동법 위반으로 볼 수는 없을 것임(고용노동부 1991.6.21., 근기 01254-8855).*
- *구 근로기준법 제94조(현행 제93조) 소정의 취업규칙이라 함은 복무규율과 임금 등 근로조건에 관한 준칙의 내용을 담고 있으면 그 명칭을 불문하는 것으로서, 사용자는 같은 사업장에 소속된 모든 근로자에 대하여 일률적으로 적용되는 하나의 취업규칙만을 작성하여야 하는 것은 아니고, 근로자의 근로조건, 근로형태, 직종 등의 특수성에 따라 근로자 일부에 적용되는 별도의 취업규칙을 작성할 수 있음(대법원 2007.9.6. 선고 2006다83246 판결).*

4. 취업규칙의 주지의무

「근로기준법」

제14조【법령 주요 내용 등의 게시】 ① 사용자는 이 법과 이 법에 따른 대통령령의 주요 내용과 취업규칙을 근로자가 자유롭게 열람할 수 있는 장소에 항상 게시하거나 갖추어 두어 근로자에게 널리 알려야 한다.

사용자는 취업규칙을 근로자가 자유롭게 열람할 수 있는 장소에 항상 게시하거나 갖추어 두어 근로자에게 널리 알려야 한다(위반 시 500만원 이하 과태료). 근로자가 언제든지 쉽게 열람할 수 있도록 자유로운 접근권이 보장된다면 사내 전산망에 게시한 경우 등도 주지의무를 이행한 것이다.

취업규칙은 사용자가 정하는 기업 내의 규범이기 때문에 사용자가 취업규칙을 신설 또는 변경하기 위한 조항을 정하였다고 하여도 그로 인하여 바로 효력이 생기는 것이라고 할 수 없고, 신설 또는 변경된 취업규칙의 효력이 생기기 위해서는 적어도 법령의 공포에 준하는 절차로서 그것이 새로운 기업 내 규범인 것을 널리 종업원 일반으로 하여금 알게 하는 절차, 즉 어떠한 방법이든지 적당한 방법에 의한 주지가 필요함(대법원 2004.2.12. 선고 2001다63599 판결).

제2절 취업규칙의 작성 및 신고

1. 작성 또는 변경과 신고

「근로기준법」

제93조【취업규칙의 작성·신고】 상시 10명 이상의 근로자를 사용하는 사용자는 다음 각호의 사항에 관한 취업규칙을 작성하여 고용노동부 장관에게 신고하여야 한다. 이를 변경하는 경우에도 또한 같다.

「근로기준법 시행규칙」

제15조【취업규칙의 신고 등】 사용자는 법 제93조에 따라 취업규칙을 신고하거나 변경 신고하려면 별지 제15호서식의 취업규칙 신고 또는 변경신고서에 다음 각호의 서류를 첨부하여 관할 지방고용노동관서의 장에게 제출하여야 한다.

1. 취업규칙(변경 신고하는 경우에는 변경 전과 변경 후의 내용을 비교한 서류를 포함한다)
2. 근로자의 과반수를 대표하는 노동조합 또는 근로자 과반수의 의견을 들었음을 증명하는 자료
3. 근로자의 과반수를 대표하는 노동조합 또는 근로자 과반수의 동의를 받았음을 증명하는 자료(근로자에게 불리하게 변경하는 경우에만 첨부한다)

제94조【규칙의 작성, 변경 절차】 ② 사용자는 제93조에 따라 취업규칙을 신고할 때에는 제1항의 의견을 적은 서면을 첨부하여야 한다.

1) 상시근로자 10명 이상

상시 10명 이상의 근로자를 사용하는 사용자는 반드시 취업규칙을 작성하여 고용노동부 장관에게 신고하여야 한다(변경하는 경우에도 동일).[1] 작성 또는 변경된 취업규칙을 신고할 때에는 취업규칙 신고서에 취업규칙 및 의견서를 첨부하여 제출하여야 한다. 다만, 변경 신고를 할 경우에는 취업규칙 전부를 제출할 필요는 없고 변경 전·후의 규정과 의견서 또는 동의서(불리한 변경일 경우)를 첨부하여 제출하면 된다.

※ 취업규칙의 '작성'은 기존에 정하고 있지 아니한 근로조건이나 복무규율에 관한 사항을 처음으로 정하

1) 상시 10명 미만 근로자를 사용하는 사용자는 취업규칙의 작성 및 신고 의무가 없지만 실제로 취업규칙을 통하여 근로조건의 전부 또는 일부를 규율하고 있다면, 근로조건의 저하를 초래하는 취업규칙의 불이익변경 시 근기법 제94조 규정에 따른 근로자의 동의를 얻어야 효력이 있다. 다만, 상시 4인 이하의 근로자를 사용하는 사용자는 근기법 제9장의 취업규칙에 관한 규정이 적용되지 않으므로 사용자가 임으로 취업규칙을 작성하여 운영하더라도 효력을 인정하기 어렵다(고용노동부, 「10인 미만 사업장 취업규칙의 효력 등 관련 행정해석 변경」, 2005.12.28., 근로기준팀-2046).

는 것이고, '변경'은 기존의 근로조건이나 복무규율에 관한 기존사항을 개정하는 것임.

〈취업규칙 신고 방법〉

「근로감독관 집무규정」(고용노동부 훈령 제517호, 2024.06.26.)

제74조【취업규칙의 신고】 ③ 취업규칙은 각 사업장에서 관할 지방관서에 각각 신고하는 것을 원칙으로 하되, 다음 각호의 어느 하나에 해당하는 경우에는 해당 취업규칙 신고로 사업장 전체의 취업규칙이 신고된 것으로 본다. 〈개정 2024.6.26.〉

1. 하나의 지방관서 관할지역 내에 본사와 지점, 영업소 등 동일기업의 사업장이 모두 소재하고 다음 각 목의 어느 하나에 해당하는 경우

가. 모든 사업장이 하나의 취업규칙을 적용받는 경우로서 본사에서 관할 지방관서에 취업규칙을 신고한 경우.

나. 사업장별 또는 직종별 등에 따라 2개 이상의 취업규칙이 존재하는 경우로서 본사에서 관할 지방관서에 모든 취업규칙을 일괄 신고한 경우.

2. 동일기업에 소속되어 있는 수 개의 사업장(본사, 지점, 출장소 등)이 둘 이상의 지방관서 관할 내에 소재하고 다음 각 목의 어느 하나에 해당하는 경우

가. 모든 사업장이 하나의 취업규칙을 적용받는 경우로서 본사에서 본사 관할 지방관서에 취업규칙을 신고한 경우.

나. 사업장별 또는 직종별 등에 따라 2개 이상의 취업규칙이 존재하는 경우로서 본사에서 본사 관할 지방관서에 모든 취업규칙을 일괄 신고한 경우.

2) 신고하지 않은 취업규칙의 효력

신고하지 않은 취업규칙은 벌칙(500만원 이하 과태료)이 적용되는 것은 별론으로 하고, 법령이나 단체협약에 위반되지 않는 근로조건에 대해서는 그 효력이 유지된다.

동법의 신고의무 규정은 일반적으로 취업규칙에 대한 감독 행정상 필요에 의한 것이며 효력요건이 아닌 것으로 해석하고 있으므로 동 징수업무처리 규정의 내용이 법령 또는 단체협약에 위반되지 않는 경우에는 비록 신고절차를 이행치 아니하였더라도 형사상의 책임은 별론으로 하고 취업규칙으로서의 효력을 부인하여서는 아니 될 것임(고용노동부 1991.6.21., 근기 01254-8855).

2. 취업규칙의 심사

취업규칙이 고용노동부에 신고되면 근로감독관은 20일 이내에 「취업규칙 심사요령」에 따라 요건심사 및 내용심사를 하고, 심사결과 법령 또는 단체협약에 저촉되면 심사종료 후 3일 이

내에 변경명령을 하게 된다. 다만, 개업 공인노무사의 확인을 받아 심사를 생략할 수 있다(근로감독관 집무규정 제75조).[2]

〈취업규칙의 심사 내용〉[3]

구분	심사 내용
요건 심사	① 취업규칙의 신고 또는 변경신고가 「근로기준법 시행규칙」 제15조에 따른 별지 제15호서식에 따라 작성되어 있는지 여부 ② 법 제93조 각호에 열거된 취업규칙의 필요적 기재사항이 빠짐없이 기재되어 있는지 여부 ③ 근로자의 과반수를 대표하는 노동조합 또는 근로자 과반수의 의견을 들었거나 동의(근로자에게 불이익하게 변경되는 경우에 한함)를 받았음을 입증하는 자료가 첨부되어 있는지 여부 ④ 취업규칙에 인사·승급·급여·징계규정이나 호봉표 등을 별도로 정하도록 규정한 경우에는 그 규정 등이 첨부되어 있는지 여부
내용 심사	① 취업규칙의 내용이 관련 법령에 저촉되는지 여부 ② 취업규칙의 내용이 해당 사업 또는 사업장의 단체협약 규정에 저촉되는지 여부 ③ 취업규칙의 내용이 행정지도 사항에 배치되거나 사회 통념상 극히 부당하다고 판단되는지 여부 ④ 법 제93조 각호에 열거된 취업규칙의 필요적 기재사항의 내용 또는 기준이 불명확하여 노사 간 다툼의 소지가 있는지 여부 ⑤ 변경된 취업규칙이 전반적으로 근로자에게 불리한지 여부

3. 취업규칙의 기재사항

1) 내 용

취업규칙에는 사업 또는 사업장에 통일적으로 적용할 근로조건과 복무규율에 관한 내용이 포함되어야 하며, 근기법 제93조에 구체적으로 규정되어 있다. 다만, 근기법 제93조 규정에서 임의적 근로조건(교대근로, 승급, 가족수당, 상여금, 식비·작업용품, 교육시설, 근로자의 성별·연령 또는 신체적 조건 등의 특성에 따른 사업장 환경개선, 업무 외의 재해부조, 표창)에 해당하는 것은 노동법에 규정된 내용이 없고 그 시행이 강제되는 것이 아니므로 해당 사업 또는 사업장에서 이를 도입하여 시행하는 경우에만 취업규칙에 기재하여야 할 의무가 있다.[4]

2)고용노동부, 「공인노무사 심사확인시 사업장 취업규칙 심사 면제에 관한 지침」, 2007.11.29., 근기기준팀-8048.
3) 고용노동부 예규 제48호, 「취업규칙 심사 요령」, 2012.9.25.
4) 고용노동부, 「취업규칙 해석 및 운영지침」, 2009.4.24., 근로기준과-1118.

〈취업규칙의 필요적 기재사항〉

① 업무의 시작과 종료 시각, 휴게시간, 휴일, 휴가 및 교대근로에 관한 사항
② 임금의 결정 · 계산 · 지급 방법, 임금의 산정기간 · 지급시기 및 승급(昇給)에 관한 사항
③ 가족수당의 계산 · 지급 방법에 관한 사항
④ 퇴직에 관한 사항
⑤「근로자퇴직급여 보장법」 제4조에 따라 설정된 퇴직급여, 상여 및 최저임금에 관한 사항
⑥ 근로자의 식비, 작업 용품 등의 부담에 관한 사항
⑦ 근로자를 위한 교육시설에 관한 사항
⑧ 출산전후휴가 · 육아휴직 등 근로자의 모성 보호 및 일 · 가정 양립 지원에 관한 사항
⑨ 안전과 보건에 관한 사항
⑩ 근로자의 성별 · 연령 또는 신체적 조건 등의 특성에 따른 사업장 환경의 개선에 관한 사항
⑪ 업무상과 업무 외의 재해부조(災害扶助)에 관한 사항
⑫ 직장 내 괴롭힘의 예방 및 발생 시 조치 등에 관한 사항
⑬ 표창과 제재에 관한 사항
⑭ 그 밖에 해당 사업 또는 사업장의 근로자 전체에 적용될 사항

※ 밑줄 부분은 임의적 기재사항으로 해당 사업 또는 사업장에 도입되는 경우에만 기재하면 됨.

2) 기재사항 미비의 효력

취업규칙에 반드시 기재되어야 할 사항 중 일부가 기재되어 있지 않거나 흠결이 있는 경우 사용자에 대한 벌칙(500만원 이하 과태료)은 별론으로 하고 당해 취업규칙의 효력은 인정된다. 다만, 기재되지 않은 부분에 대해서는 근기법, 단체협약, 근로계약 등에 정한 조건에 따라야 한다.

외근노동조합원의 징수업무처리에 관하여 필요한 사항을 규정한 징수업무처리규정이 근로조건에 관한 사항을 규정하고 있다면 근로기준법 제94조(현행 제93조)에 정한 기재사항 중 일부가 기재되어 있지 아니하더라도 취업규칙으로서의 효력이 있다고 보아야 할 것이며, 기재되지 않은 부분에 대해서는 근로기준법, 단체협약, 근로계약 등의 정함에 따라야 할 것임. 동법 제94조(현행 제93조)에 정한 기재사항에 대하여는 취업규칙에 적용 여부를 기재하면 되고, 반드시 이를 근로조건으로 정하여 보장하여야 하는 것은 아님(예컨대 "가족수당: 지급치 않음"으로 기재 가능)(고용노동부 1991.6.21., 근기 01254-8835).

제3절 취업규칙의 작성 및 변경 절차

1. 개 요

> **「근로기준법」**
> **제94조【규칙의 작성, 변경 절차】** ① 사용자는 취업규칙의 작성 또는 변경에 관하여 해당 사업 또는 사업장에 근로자의 과반수로 조직된 노동조합이 있는 경우에는 그 노동조합, 근로자의 과반수로 조직된 노동조합이 없는 경우에는 근로자의 과반수의 의견을 들어야 한다. 다만, 취업규칙을 근로자에게 불리하게 변경하는 경우에는 그 동의를 받아야 한다.

1) 의견청취 또는 동의

취업규칙을 작성 및 변경하려면 원칙적으로 근로자의 과반수로 조직된 노동조합(과반수 노동조합)이 있는 경우에는 그 노동조합, 과반수 노동조합이 없는 경우에는 근로자 과반수의 의견을 들어야 하고, 변경되는 내용이 근로자에게 불리한 경우에는 과반수 노동조합 또는 근로자 과반수의 동의를 받아야 한다. 따라서 노동조합이 있는 경우라도 해당 노동조합이 과반수 노동조합인지를 확인하여야 하며, 과반수 노동조합이 조직되지 않았다면 근로자 과반수의 의견청취 또는 동의를 얻어야 한다.

〈취업규칙 작성 및 변경 절차〉

구 분		절 차
작 성		과반수 노동조합 또는 근로자 과반수의 의견청취
변 경	불리하지 않은 변경	과반수 노동조합 또는 근로자 과반수의 의견청취
	불리한 변경	과반수 노동조합 또는 근로자 과반수의 동의

※ 과반수 노동조합은 기존 취업규칙의 적용을 받고 있던 근로자 중 조합원 자격 유무를 불문한 전체 근로자의 과반수로 조직된 노동조합을 의미함.

2) 의견청취 또는 동의 주체

(1) 취업규칙이 통일적으로 적용되는 경우

여러 근로자집단이 하나의 근로조건 체계 내에 있어 비록 취업규칙의 불이익변경 시점에는 특정 근로자집단만이 직접적인 불이익을 받더라도 다른 근로자집단에도 변경된 취업규칙의 적용이 예상되는 경우에는 일부 근로자집단은 물론 장래 변경된 취업규칙 규정의 적용이 예상되는 근로자집단을 포함한 근로자집단이 동의주체이다.

> *이 사건 정년규정의 개정으로 일반직 직원인 4급 이하 직원의 정년은 55세에서 58세로 연장되었고, 관리직 직원인 3급 이상 직원의 정년은 60세에서 58세로 단축되었으며, 이 사건 정년규정의 개정 당시 원고의 전체 직원 38명 중 관리직 직원은 12명이고, 노동조합은 관리직 3급 4명과 일반직 23명 등 총 27명으로 구성되어 있었던 점, 위와 같이 원고의 전체 직원 중 과반수가 4급 이하의 일반직 직원이기는 하였으나, 3급 이상의 관리직 직원들과 4급 이하의 일반직 직원들은 그 직급에 따른 차이만이 있을 뿐 4급 이하의 일반직 직원들은 누구나 3급 이상으로 승진할 가능성이 있으며, 이러한 경우 승진한 직원들은 이 사건 정년규정에 따라 58세에 정년퇴직하여야 하므로 위 개정은 3급 이상에만 관련되는 것이 아니라 직원 전부에게 직접적 또는 간접적, 잠재적으로 관련되는 점 등에 비추어 볼 때 이 사건 정년규정의 개정은 당시 3급 이상이었던 관리직 직원뿐만이 아니라 일반직 직원들을 포함한 전체 직원에게 불이익하여 그 개정 당시의 관리직 직원들뿐만 아니라 일반직 직원들을 포함한 전체 직원들이 동의주체가 됨*(대법원 2009.5.28. 선고 2009두2238 판결).

(2) 근로자집단 간 근로조건이 다르고 각각 별개의 취업규칙을 적용받는 경우

근로조건이 이원화되어 있어 변경된 취업규칙이 적용되어 직접적으로 불이익을 받게 되는 근로자집단 이외에 변경된 취업규칙의 적용이 예상되는 근로자집단이 없는 경우에는 변경된 취업규칙이 적용되어 불이익을 받는 근로자집단만이 동의주체가 된다.

> *여러 근로자집단이 하나의 근로조건 체계 내에 있어 비록 취업규칙의 불이익변경 시점에는 일부 근로자집단만이 직접적인 불이익을 받더라도 그 나머지 다른 근로자 집단에게도 장차 직급의 승급 등으로 변경된 취업규칙의 적용이 예상되는 경우에는 일부 근로자집단은 물론 장래 변경된 취업규칙 규정의 적용이 예상되는 근로자 집단을 포함한 전체 근로자 집단이 동의주체가 되고, 그렇지 않고 근로조건이 이원화되어 있어 변경된 취업규칙이 적용되어 직접적으로 불이익을 받게 되는 근로자 집단 이외에 변경된 취업규칙의 적용이 예상되는 근로자 집단이 없는 경우에는 변경된 취업규칙이 적용되어 불이익을 받는 근로자 집단만이 동의주체가 됨*(대법원 2009.11.12. 선고 2009다49377 판결).

2. 작성 및 불리하지 않은 변경

1) 개 요

근기법 제94조에 따르면 취업규칙을 불리하게 변경하는 경우에만 과반수 노동조합 또는 근로자 과반수의 동의가 필요하므로, 취업규칙을 작성하거나 불리하지 않은 변경을 할 경우에는 과반수 노동조합 또는 근로자 과반수의 의견청취절차만 거치면 된다.

2) 의견청취방법

의견청취는 근로자들과 사용자 간에 협의와 의견교환을 하는 것으로 그 형태가 반드시 합의에까지 도달해야 하는 것은 아니며, 사용자는 근로자들의 의견을 청취하는 것으로 충분하고, 근로자들이 반대하더라도 그 의견에 반드시 구속되어야 하는 것은 아니다.

※ 사용자에게 의견청취에 대한 입증책임이 있으므로, 사용자는 근로자들에게 취업규칙의 내용과 변경이유 등을 설명(설명회, 사내 전산망 등 사업장 실정에 맞는 적절한 방법 활용)하고 검토시간을 부여한 후 의견을 제시할 기회를 보장하는 것이 좋음.

- *취업규칙의 작성 또는 변경에 관하여 당해 사업장 근로자의 과반수로 조직된 노동조합이 있는 경우에는 그 노동조합, 그렇지 않은 경우에는 근로자 과반수의 의견을 들어야 하는 바, 이때 의견을 듣는 것은 동의를 의미하는 것이 아니며 의견에 구속을 받는 것도 아님. 따라서 노동조합 또는 근로자가 의견서의 작성 또는 서명을 거부할 경우에는 그러한 사유를 취업규칙 신고 시 같이 제출하면 의견청취 의무 위반의 책임을 물을 수 없을 것임. 다만 취업규칙을 근로자에게 불이익하게 변경하는 경우에는 그 동의를 얻어야 함(고용노동부 1991.6.27., 근기 01254-9222).*
- *근로기준법에 따라 취업규칙을 작성 또는 변경 시 근로자 과반수의 의견을 청취하거나 동의를 얻음에 있어 그 구체적인 방법은 '집단적 의사결정방식'에 따라야 함이 원칙임. 다만, 그와 같은 의견청취방식이 사업장의 실정에 맞지 아니하는 경우 그에 맞는 적절한 방법을 활용할 수 있을 것이나 이 경우에도 근로자 과반수의 의견을 들었음을 객관적으로 입증할 수 있어야 할 것임. 따라서 사내 전산망을 통하여 취업규칙의 내용을 게시하고 의견을 들을 경우에도 근로자 과반수 이상의 의견을 청취하였다는 것을 입증할 수 있도록 서면으로 작성(또는 출력)하여 취업규칙을 신고할 때 첨부하여야 할 것(고용노동부 2003.9.25., 근기 68207-1213).*

3) 의견청취 절차 위반의 효력

사용자가 취업규칙의 작성 또는 변경에 대하여 근로자들의 의견청취 또는 동의 절차를 위반하면 500만원 이하의 벌금에 처한다(근기법 제114조 제1호). 다만, 취업규칙의 작성 또는 변경 권한이 원칙적으로 사용자에게 있으므로, 사용자가 의견청취 절차를 거치지 아니하고 취업규칙을 작성 및 변경하더라도 그 취업규칙의 효력이 부정되는 것은 아니다.

- 근로기준법은 취업규칙의 작성 및 변경에 관하여 행정관청에의 신고의무, 노동조합 또는 근로자 대표자의 의견청취의무, 취업규칙의 게시 또는 비치에 의한 주지의무를 정하고 있지만 이러한 규정들은 단속법규에 불과할 뿐 효력규정이라고는 볼 수 없으므로 사용자가 이러한 규정들을 준수하지 않았다고 하더라도 그로 인하여 바로 취업규칙의 작성 또는 변경이 무효로 되는 것은 아님(대법원 2004.2.12. 선고 2001다63599 판결).
- 근로기준법에 의하면 사용자가 취업규칙을 작성하거나 변경함에 있어 당해 사업장 근로자의 과반수의 의견을 들어야 하며, 취업규칙을 근로자에게 불이익하게 변경하는 경우에는 그 동의를 얻어야 하고 그 동의를 얻지 못한 경우에는 근로자에게 불이익하게 변경되는 부분은 무효라고 할 것이지만, 애초에 취업규칙을 작성함에 있어 근로자 과반수의 의견을 듣지 아니하거나 그 동의를 얻지 아니하였다 하더라도 그 취업규칙의 내용이 근로기준법에 위반되지 않는 한 그 취업규칙이 전부 무효가 되는 것은 아님(대법원 1991.4.9. 선고 90다16245 판결).
- 취업규칙의 작성 · 변경에 관한 권한은 원칙적으로 사용자에게 있으므로 사용자는 그 의사에 따라 취업규칙을 작성 · 변경할 수 있다 할 것이고, 단체협약에서 취업규칙의 작성 · 변경에 관하여 노동조합의 동의를 얻거나 노동조합과의 협의를 거치거나 그 의견을 듣도록 규정하고 있다 하더라도 원칙적으로 취업규칙상의 근로조건을 종전보다 근로자에게 불이익하게 변경하는 경우가 아닌 한 그러한 동의나 협의 또는 의견청취절차를 거치지 아니하고 취업규칙을 작성 · 변경하였다고 하여 그 취업규칙의 효력이 부정된다고 할 수 없음(대법원 1994.12.23. 선고 94누3001 판결).

3. 불리한 변경

1) 의 미

취업규칙의 불리한 변경은 기존의 취업규칙을 개정하거나 새로운 취업규칙을 신설하는 등 근로조건을 낮추거나 복무규율을 강화하여 근로자의 기득권이나 이익을 박탈하는 것을 의미한다. 취업규칙의 불리한 변경 여부는 '변경이 이루어진 시점'을 기준으로 판단하여야 한다.

※ 취업규칙의 불리한 변경은 기존의 근로조건을 낮추는 경우(상여금 400%→상여금 200%), 기존 근로조건을 삭제하는 경우(상여금 400%→상여금 없음), 일정 기간 그 적용을 배제하는 경우(상여금 400%→상여금은 육아휴직기간 동안은 지급하지 않음), 기존 근로조건보다 불리한 규정을 신설(징계사유를 추가)하는 경우 등이 있음.

- 근로기준법 제94조 단서에서 정한 취업규칙의 불이익 변경이란 사용자가 종전 취업규칙 규정을 개정하거나 새로운 규정을 신설하여 근로조건이나 복무규율에 관한 근로자의 기득권 · 기득이익을 박탈하고 근로자에게 저하된 근로조건이나 강화된 복무규율을 일방적으로 부과하는 것을 말함(대법원 1993.8.24. 선고 93다17898 판결 등 참조)(대법원 2022.3.11. 선고 2018다255488 판결).

> - 취업규칙의 일부인 퇴직금 규정의 개정이 근로자들에게 유리한지 불리한지 여부를 판단하기 위하여는 퇴직금 지급률의 변화와 함께 그와 대가관계나 연계성이 있는 기초임금의 변화도 고려하여 종합적으로 판단하여야 하지만, 그 판단의 기준시점은 퇴직금 규정의 개정이 이루어진 시점임(대법원 1997.8.26. 선고 96다1726 판결).

2) 판 단

(1) 종합적이고 객관적 판단

취업규칙의 불리한 변경 여부는 사회 통념상 합리성이 있는지 여부, 그 변경의 취지와 경위, 해당 사업체의 업무성질, 취업규칙 각 규정의 전체적인 체재 등 제반 사정을 종합하여 객관적으로 판단하여야 한다. 또한 근로자가 주관적으로 불리한 변경이라고 느끼더라도 사회 통념상 그 변경이 합리적인 것이라면 불리한 변경으로 취급할 수 없다.

> - 취업규칙의 변경이 근로자에게 불이익한지 여부를 판단할 때 근로조건을 결정짓는 여러 요소 중 한 요소가 불이익하게 변경되더라도 그와 대가관계나 연계성이 있는 다른 요소가 유리하게 변경되는 경우라면 그와 같은 사정을 종합적으로 고려하여야 함(대법원 2004.1.27. 선고 2001다42301 판결 등 참조)(대법원 2022.3.11. 선고 2018다255488 판결).
> - 취업규칙의 작성 또는 변경이 그 필요성 및 내용의 양면에서 보아 그에 의하여 근로자가 입게 될 불이익의 정도를 고려하더라도 여전히 당해 조항의 법적 규범성을 시인할 수 있을 정도로 사회 통념상 합리성이 있다고 인정되는 경우에는 종전 근로조건 또는 취업규칙의 적용을 받고 있던 근로자의 집단적 의사결정방법에 의한 동의가 없다는 이유만으로 그 적용을 부정할 수는 없다고 할 것이고, 한편 여기에서 말하는 사회 통념상 합리성의 유무는 취업규칙의 변경에 의하여 근로자가 입게 되는 불이익의 정도, 사용자 측의 변경 필요성의 내용과 정도, 변경 후의 취업규칙 내용의 상당성, 대상조치 등을 포함한 다른 근로조건의 개선상황, 노동조합 등과의 교섭 경위 및 노동조합이나 다른 근로자의 대응, 동종 사항에 관한 국내의 일반적인 상황 등을 종합적으로 고려하여 판단하여야 함(대법원 2001.1.5. 선고 99다70846 판결).
> - 취업규칙을 불이익하게 변경하면서 근로자의 과반수(근로자 과반수로 조직된 노동조합이 있는 경우에는 그 노동조합)의 동의를 받지 않은 경우에는 그 효력이 발생하지 않을 것이며, 여기서 「불이익변경 여부의 판단」은 사회 통념상 합리성이 있는지 여부, 그 변경의 취지와 경위, 해당 사업체의 업무성질, 취업규칙 각 규정의 전체적인 체제 등 제반 사정을 종합하여 판단하여야 할 것(고용노동부 2006.9.5., 근로기준팀-4711).

(2) 변경내용이 다수인 경우

2개 이상의 근로조건(임금, 근로시간, 퇴직금 등)을 동시에 변경하는 경우에는 개별 근로조건별로 판단하되, 변경되는 하나의 근로조건을 결정짓는 여러 요소 사이에 서로 대가관계나 연계성이 있는 경우에는 전체적으로 종합하여 판단하여야 한다.

- *불이익 변경인지 여부를 판단함에 있어서는, 근로조건을 결정짓는 여러 요소가 있는 경우 그중 한 요소가 불이익하게 변경되더라도 그와 대가관계나 연계성이 있는 다른 요소가 유리하게 변경되는 경우 이를 종합적으로 고려하여야 하는 것이므로, 명예퇴직수당의 지급률이 낮아져 그 자체로는 불리해졌다고 하더라도 기초임금이 인상된 경우 반드시 불이익한 변경이라고 단정할 수는 없음(대법원 2004.1.27. 선고 2001다42301 판결).*
- *취업규칙의 일부인 퇴직금 규정 중 어느 회사의 것이 근로자들에게 유리한지 불리한지 여부를 판단하기 위하여는 퇴직금지급률과 함께 그와 대가관계나 연계성이 있는 기초임금도 고려하여 종합적으로 판단하여야 함(대법원 2001.4.24. 선고 99다9370 판결).*

(3) 일부 근로자에 유리하고 일부 근로자에게는 불리한 경우

동일한 취업규칙의 변경에 따라 근로자 상호 간에 유·불리에 따른 이익이 충돌되는 경우에는, 그러한 변경은 근로자에게 불리한 것으로 취급하여 근로자들 전체의 의사에 따라 결정하는 것이 타당하다.

- *종합판단의 결과, 일부 근로자에게는 유리하고 일부 근로자에게는 불리하여 근로자 상호 간에 유·불리에 따른 이익이 충돌되는 경우에는 전체적으로 보아 근로자에게 불리한 것으로 취급하여 종전의 급여규정의 적용을 받고 있던 근로자들의 집단적 의사결정방법에 의한 동의를 필요로 함(대법원 1997.8.26. 선고 96다1726 판결).*
- *근로자에게 불리한 변경에 해당하는지 여부는 근로자 전체에 대하여 획일적으로 결정되어야 할 것이고, 그 변경이 일부 근로자에게는 유리하지만 다른 일부 근로자에게는 불리할 수 있어서 근로자에게 전체적으로 유리한지 불리한지를 단정적으로 평가하기가 어려운 경우에는 근로자에게 불이익한 것으로 취급하여 근로자들 전체의 의사에 따라 결정하게 하는 것이 타당함[호봉제에서 연봉제로 보수체계가 변경되면서 일부 교원들의 경우에는 업적 평가에 의해 보수가 삭감될 가능성이 생겼고, 실제로 보수가 삭감되는 상황이 발생한 이상, 급여규정이 연봉제로 변경된 것은 근로자에게 불리한 취업규칙 변경임](대법원 2012.6.28. 선고 2010다17468 판결).*

(4) 기존 규정을 세분화·구체화하는 변경의 경우

기존 취업규칙이 불명확하거나 추상적이어서 그 내용을 세분화·구체화하기 위하여 취업규칙을 변경하는 경우에는 해석상의 논란을 해소하기 위하여 명확하고 상세히 규정한 것이므로 취업규칙의 불리한 변경으로 볼 수 없다.

- *취업규칙의 하나인 인사규정의 작성 · 변경에 관한 권한은 원칙적으로 사용자에게 있으므로 사용자는 그 의사에 따라 인사규정을 작성 · 변경할 수 있고, 원칙적으로 인사규정을 종전보다 근로자에게 불이익하게 변경하는 경우가 아닌 한 근로자의 동의나 협의 또는 의견청취절차를 거치지 아니하고 인사규정을 변경하였다고 하여 그 인사규정의 효력이 부정될 수는 없음. 개정 인사규정이 포괄적 · 추상적으로 규정되어 있던 개정 전 인사규정의 징계사유와 징계종류를 세목화하여 상세히 규정한 것에 불과하다는 이유로 근로자에게 불이익하게 변경된 것이 아님(대법원 1999.6.22. 선고 98두6647 판결).*
- *신규칙이 구규정상의 재심위원 중 '대학에서 법학을 담당한 조교수 이상의 직에 2년 이상 근무하고 있는 자'를 제외하고 '교수 및 직원'을 추가함으로써 근로자의 입장을 대변할 수 있는 직원도 재심위원으로 선임하도록 규정하고 있어 신규칙이 구규정에 비하여 근로자에게 불리한 변경이라고 단정할 수는 없으므로 신규칙의 효력을 부정할 수는 없음(대법원 2005.11.25. 선고 2003두8210 판결).*
- *업무추진역으로의 전직 발령 등 근로자들에 대한 후선보임의 근거가 된 합병 은행의 인사규정 및 인사운영지침이, 합병 전 은행들의 규정들보다 더 세분화되고 구체적인 내용에서 다소 상이하지만 합병 전 은행들이 각자 시행하던 제도를 통합하는 과정에서 예상할 수 있는 범위 내의 것이어서, 불이익한 취업규칙의 변경이라고 할 수는 없음(대법원 2009.3.26. 선고 2007다54498 판결).*

3) 동의의 방법

(1) 과반수 노동조합의 경우

근로자의 과반수로 조직된 노동조합은 사용자의 취업규칙 변경에 대해 직접 동의하거나 단체협약 체결을 통하여 동의할 수 있다. 이 경우 법령이나 단체협약 또는 노동조합 규약 등에 의하여 대표권이 제한되어 있지 않다면 노동조합 대표자의 동의 의사표시(서명날인)가 있으면 해당 노동조합이 동의한 것으로 본다.

※ 노사협의회[5] 근로자위원들이 취업규칙의 불리한 변경에 동의한 경우 근기법 제94조에 따른 근로자집단의 동의절차를 거친 것으로 볼 수 없음. 다만, 취업규칙의 작성과 변경에 대한 별도의 위임 또는 대표권을 확보한 경우에는 가능함(고용노동부 2004.4.22., 근로기준과-2015).

---

5) 노사협의회는 「근로자참여 및 협력증진에 관한 법률」에 따라 상시근로자 30인 이상인 사업장에 설치가 의무이며, 근로자와 사용자 쌍방이 참여와 협력을 통하여 노사 공동의 이익을 증진시키는 제도이다. 노사협의회는 근로자와 사용자를 대표하는 같은 수의 위원(각 3인 이상 10명 이하)으로 구성하며, 3개월마다 정기적으로 회의를 개최하여야 한다.

- *근로자 과반수로 조직된 노동조합이 있는 회사에서 취업규칙을 근로자에게 불리하게 개정하는 경우에는 그에 대한 노동조합의 동의를 얻어야 하고, 이 경우 노동조합의 동의는 법령이나 단체협약 또는 노동조합의 규약 등에 의하여 조합장의 대표권이 제한되었다고 볼 특별한 사정이 없는 한 조합장이 노동조합을 대표하여 하면 되는 것이지 노동조합 소속 근로자의 과반수의 동의를 얻어서 해야 하는 것은 아님(대법원 2003.6.13. 선고 2002다65097 판결).*
- *취업규칙의 작성 · 변경 시에는 당해 사업 또는 사업장 근로자 과반수(또는 근로자의 과반수로 조직된 노동조합)의 의견을 듣거나 동의(불이익변경 시)를 얻어야 하는 것이며, 원칙적으로 「근로자참여 및 협력증진에 관한 법률」에 따라 선출된 노사협의회의 근로자위원의 의견청취(또는 동의)를 근로자 과반수(또는 근로자의 과반수로 조직된 노동조합)의 의견청취(또는 동의)로 볼 수는 없음(고용노동부 2003.9.25., 근기 68207-1213).*
- *회사가 근로조건에 관한 사항을 그 협의사항으로 규정하고 있다 하더라도, 근로자들이 노사협의회를 구성하는 근로자위원들을 선출함에 있어 그들에게 근로조건을 불이익하게 변경함에 있어서 근로자들을 대신하여 동의를 할 권한까지 포괄적으로 위임한 것이라고 볼 수 없으므로, 노사협의회 근로자위원들의 동의를 얻은 것을 근로자들 과반수의 동의를 얻은 것과 동일시할 수 없음(대법원 1994.6.24. 선고 92다28556 판결).*

(2) 근로자 과반수의 경우

근기법에 근로자 과반수의 동의방식에 대한 구체적인 규정은 없지만, 일반적으로 사용자의 개입이나 간섭이 배제된 상태에서 근로자집단의 자주적·민주적인 회의방식 등을 통한 집단적 의사결정 과정이 필요하다.

- *취업규칙의 작성, 변경에 관한 권한이 원칙적으로 사용자에게 있으므로 사용자는 그 의사에 따라 취업규칙을 작성, 변경할 수 있지만 그것이 근로조건을 근로자에게 불이익하게 변경하는 것일 때에는 종전 근로조건 또는 취업규칙의 적용을 받고 있던 근로자의 집단적 의사결정방법에 의한 동의를 요하고, 이러한 동의를 얻지 못한 취업규칙의 변경은 효력이 없으며, 그 동의의 방법은 근로자 과반수로 조직된 노동조합이 있는 경우에는 그 노동조합의 동의를 얻으면 되고, 그러한 노동조합이 없는 경우에는 근로자들의 회의방식에 의한 과반수의 동의를 얻어야 하는 것인데, 이때 회의방식에 의한 동의라 함은 한 사업 또는 한 사업장의 기구별 또는 단위 부서별로 사용자 측의 개입이나 간섭이 배제된 상태에서 근로자 간에 의견을 교환하여 찬반의견을 집약한 후 이를 전체적으로 취합하는 방식도 허용됨(대법원 1994.4.12. 선고 92다20309 판결).*
- *사용자의 개입이나 간섭이 배제된 상태에서 개정내용에 대한 설명과 근로자 상호 간 충분한 의견교환 등의 과정을 생략하고, 개정 내용만을 회람하거나 개별적 통지 후 동의서 등에 단순히 서명하는 방식은 회의방식에 의한 적법한 동의절차를 거친 것으로 볼 수 없음(대법원 2003.11.14. 선고 2001다18322 판결).*

- 취업규칙 불이익 변경에 대하여 적법한 동의가 있으려면 불이익 변경 내용에 대하여 근로자들이 주지할 수 있도록 적당한 방법에 의한 공고 및 설명 절차가 존재해야 하고, 근로자들이 회의를 개최하여 불이익 변경 내용에 대하여 찬반 의견을 교환해야 하며, 불이익 변경에 대한 집단적 의견이 찬성일 것이 요구됨. 근로자들의 회의를 개최하여 불이익 변경 내용에 대하여 찬반 의견 교환해야 함과 관련하여서는 업무의 특성, 사업의 규모, 사업장의 산재(散在) 등의 사정으로 전체 근로자들이 회합하기 어려운 경우에는 단위 부서별로 회합하는 방식도 허용될 수 있겠으나, 근로기준법이 '회의 방식'에 의한 근로자 과반수의 동의를 요구하는 이유는 '집단 의사의 주체로서 근로자'의 의사를 형성하기 위함이므로, 사용자의 특수한 사정으로 인하여 전체 근로자들의 회합이 어려워 단위 부서별로 회합하는 방식을 택할 수밖에 없는 경우에, 사용자는 부분적 회합을 통한 의견취합을 하더라도 전체 근로자들의 회합이 있었던 것과 마찬가지로 근로자들이 집단 의사를 확인, 형성할 수 있도록 상당한 조치를 취할 의무를 부담함(대법원 2017.5.31. 선고 2017다209129 판결).
- 전 직원들을 한 장소에 모이게 하거나 사업장별 또는 기구별 단위부서별로 모이게 한 후 개정내용을 충분히 설명하고 근로자 상호 간에 의견교환 과정이 있거나 충분한 시간이 있었다면, 회람하는 문서에 서명하는 방식도 회의방식에 의한 동의로 볼 수 있음(대법원 2003.11.14. 선고 2001다18322 판결).

4) 동의의 시기

취업규칙의 불리한 변경에 대한 근로자 또는 노동조합의 동의는 그 변경된 취업규칙을 시행하기 전에 이루어져야 한다. 그러나 노동조합 또는 근로자의 사전 동의 없이 취업규칙이 변경되어 시행되다가 이후에 과거의 불리한 변경에 소급적으로 동의한 경우에는 그 효력이 소급하여 인정될 수 있지만, 소급적 동의가 있기 전에 이미 퇴직한 근로자에게는 동의의 효력이 미치지 아니한다.

사용자가 취업규칙의 변경에 의하여 기존 근로조건의 내용을 근로자에게 불이익하게 변경하려면 종전 취업규칙의 적용을 받고 있던 근로자집단의 집단적 의사결정방법에 의한 동의를 받을 것을 요하고, 동의의 방법은 근로자 과반수로 조직된 노동조합이 있는 경우에는 그 조합의, 그와 같은 조합이 없는 경우에는 근로자들의 회의방식에 의한 과반수의 동의가 있어야 하며, 위와 같은 방법에 의한 동의가 없는 한 취업규칙의 변경은 효력을 가질 수 없으나, 그러한 동의나 합의가 있는 한 근로자 개개인의 동의를 얻을 필요 없이 취업규칙의 변경은 유효하고, 이는 취업규칙의 변경에 의하여 기존의 근로조건이나 근로자의 권리를 소급하여 불이익하게 변경하는 경우에도 마찬가지임(대법원 1992.11.2. 선고 91다31753 판결).

5) 동의의 효력

(1) 원 칙

사용자가 취업규칙에서 정한 근로조건 또는 복무규율을 근로자에게 불리하게 변경하면서 동의를 얻지 못한 경우에는 그러한 변경은 효력은 없다. 따라서 종전 취업규칙의 적용을 받던 기존 근로자의 동의 없이 불리하게 변경된 부분은 효력이 없게 되어 변경 전 취업규칙을 적용받게 된다.

사용자가 취업규칙에 규정된 근로조건의 내용을 근로자에게 불이익하게 변경하는 경우에는 그 변경이 사회 통념상 합리성이 있다고 인정되지 않는 한 취업규칙의 적용을 받고 있던 근로자들의 집단적 의사결정방법에 의한 동의를 얻어야 하고 그 동의는 근로자 과반수로 조직된 노동조합이 있는 경우에는 노동조합의, 노동조합이 없는 경우에는 근로자들의 자주적인 의견의 집약에 의한 과반수의 동의를 의미하는 것으로서 위와 같은 방법에 의한 동의가 없는 한 취업규칙 변경은 효력이 없음(대법원 1992.12.8.선고, 91다38174 판결).

(2) 개인적으로 찬성 또는 반대한 경우

취업규칙의 불리한 변경에 근로자들의 동의를 얻지 못한 경우에는 개인적으로 찬성한 근로자에게도 효력이 없고, 반대로 집단의 동의를 얻었다면 이에 찬성하지 않은 근로자에게도 효력이 미친다.

취업규칙의 변경에 의하여 기존 근로조건의 내용을 일방적으로 근로자에게 불이익하게 변경하려면 종전 취업규칙의 적용을 받고 있던 근로자집단의 집단적 의사결정방법에 의한 동의를 요한다 할 것이고 그 동의방법은 근로자 과반수로 조직된 노동조합이 있는 경우에는 그 노동조합의, 그와 같은 노동조합이 없는 경우에는 근로자들의 회의방식에 의한 과반수의 동의가 있어야 하고 위와 같은 방법에 의한 동의가 없는 한 취업규칙의 변경으로서의 효력을 가질 수 없으며 이는 그러한 취업규칙의 변경에 대하여 개인적으로 동의한 근로자에 대하여도 마찬가지로 보아야 할 것임(대법원 1991.9.24.선고, 91다17542 판결).

(3) 변경 전에 퇴직한 근로자

취업규칙의 불리한 변경에 대하여 집단적 동의가 있더라도 변경 전에 이미 퇴직한 근로자에게는 그 변경의 효력이 미치지 않는다.

동의나 합의의 효력은 동의나 합의 당시 사업체에 종사하며 적용을 받게 될 근로자들에 대하여만 적용할 수 있고, 그 이전에 이미 퇴직한 근로자에게는 미치지 아니함(대법원 1992.11.2. 선고 91다31753 판결).

(4) 신규입사자

취업규칙의 불리한 변경 후에 변경된 취업규칙에 따른 근로조건을 수용하고 근로관계를 갖게 된 신규입사자(또는 재입사자)에게는 변경된 취업규칙이 적용된다.

- *적법한 동의 절차 없이 불이익하게 변경된 취업규칙은 원칙적으로 효력이 없으나(불이익하게 변경된 부분에 한함) 신규입사자에 대해서는 효력이 있음. 따라서 사용자가 취업규칙에서 정한 근로조건을 근로자에게 불이익하게 변경함에 있어서 근로자의 동의를 얻지 않은 경우에 그 변경으로 기득 이익이 침해되는 기존의 근로자에 대하여는 변경의 효력이 미치지 않으나, 변경된 취업규칙에 따른 근로조건을 수용하고 새롭게 근로계약을 체결하여 근로관계를 갖게 된 근로자에 대하여는 변경된 취업규칙이 적용되는 것으로 보아야 할 것임(고용노동부 1993.5.25., 근기 01254-1099).*
- *사용자가 취업규칙에서 정한 근로조건을 근로자에게 불리하게 변경함에 있어서 근로자의 동의를 얻지 않은 경우에 그 변경으로 기득이익이 침해되는 기존의 근로자에 대한 관계에서는 변경의 효력이 미치지 않게 되어 종전 취업규칙의 효력이 그대로 유지되지만, 변경 후에 변경된 취업규칙에 따른 근로조건을 수용하고 근로관계를 갖게 된 근로자에 대한 관계에서는 당연히 변경된 취업규칙이 적용되어야 하고, 기득이익의 침해라는 효력배제 사유가 없는 변경 후의 취업근로자에 대해서까지 변경의 효력을 부인하여 종전 취업규칙이 적용되어야 한다고 볼 근거가 없음(대법원 1992.12.22. 선고 91다45165 전원합의체 판결).[6)]*
- *보수규정이 근로자집단의 동의 없이 불이익하게 변경될 당시 청원경찰로 근무하던 근로자가 다른 직종으로의 전직을 위하여 자유로운 의사에 따라 청원경찰을 사직하고 그다음 날 신규채용 형식으로 고용원으로 재입사함으로써 근로관계가 단절된 경우, 그 재입사 당시 시행 중인 법규적 효력을 가진 취업규칙은 개정된 보수규정이므로 재입사 후의 근속기간에 적용되는 보수규정은 개정된 보수규정이며, 그 근로자의 최초 입사일이 근로자집단의 동의없이 불이익하게 변경된 보수규정의 개정 이전이라고 하여 이와 달리 볼 것은 아님(대법원 1996.10.15. 선고 95다53188 판결).*

---

6) 대법원은 14인의 대법관(대법원장 포함)으로 구성되며(「법원조직법」 제4조), 대법원의 심판권은 대법관 전원(14인)으로 구성된 '전원합의체'와 대법관 3인 이상으로 구성된 '부(部)'에서 행사한다. 전원합의체의 의결(대법원장이 재판장이 됨)은 대법관 전원의 3분의 2 이상의 출석과 출석인원 과반수의 찬성으로 이루어진다. 대법원에 상고(上告) 되는 사건은 주로 부에서 심판하지만, ①부에서 의견이 일치되지 못한 경우, ②명령 또는 규칙이 헌법 또는 법률에 위반된다고 인정하는 경우, ③종전에 대법원에서 판시한 헌법·법률·명령 또는 규칙의 해석내용에 관한 의견을 변경할 필요가 있다고 인정하는 경우, ④부에서 재판함이 적당하지 않다고 인정하는 경우에는 전원합의체에서 재판이 이루어진다(「법원조직법」 제7조 제1항).

제4절 취업규칙과 법령, 단체협약, 근로계약의 관계

1. 취업규칙과 법령의 관계

「근로기준법」

제96조【단체협약의 준수】 ① 취업규칙은 법령이나 해당 사업 또는 사업장에 대하여 적용되는 단체협약과 어긋나서는 아니 된다.

② 고용노동부 장관은 법령 또는 단체협약에 어긋나는 취업규칙에 대해서는 변경명령을 할 수 있다.

취업규칙은 법령에 어긋나서는 아니 된다.[7] 따라서 법령에 어긋난 취업규칙의 부분은 무효이고, 무효로 된 취업규칙의 부분은 법령에 따른다. 고용노동부 장관은 법령에 어긋나는 취업규칙에 대해서는 변경명령을 할 수 있다(위반 시 500만원 이하 벌금).

※ 취업규칙이 법령보다 유리한 경우에는 '유리한 조건 우선적용의 원칙'에 따라 취업규칙의 효력이 우선으로 인정됨.

근로기준법 제28조 제1항(현행 「근로자퇴직급여보장법」제8조 제1항)은 사용자가 퇴직하는 근로자에게 지급할 퇴직금액의 최하한을 정한 것이므로, 그 규정보다 근로자에게 더 유리하게 정한 취업규칙이나 단체협약상의 퇴직금규정이 있을 경우에는 그에 의하여 퇴직금을 산출하여야 함(대법원 1996.9.10. 선고 96다3241 판결).

2. 취업규칙과 단체협약의 관계

「근로기준법」

제96조【단체협약의 준수】 ① 취업규칙은 법령이나 해당 사업 또는 사업장에 대하여 적용되는 단체협약과 어긋나서는 아니 된다.

② 고용노동부 장관은 법령 또는 단체협약에 어긋나는 취업규칙에 대해서는 변경명령을 할 수 있다.

「노동조합 및 노동관계 조정법」(약칭: 노동조합법)

제33조【기준의 효력】 ① 단체협약에 정한 근로조건 기타 근로자의 대우에 관한 기준에 위반하는

7) '법령'은 근로기준법 및 근로조건과 관련이 있는 다른 법률 및 법률의 시행에 따른 시행령, 시행규칙 등을 말한다. 근로조건을 규율하는 규범의 효력은 헌법을 정점으로 근로기준법 ⇒ 단체협약 ⇒ 취업규칙 ⇒ 근로계약의 순서대로 적용되며, 이러한 규범 중에서 근로자에게 가장 유리한 근로조건이 우선적으로 적용된다(유리조건 우선 적용의 원칙).

취업규칙 또는 근로계약의 부분은 무효로 한다.
② 근로계약에 규정되지 아니한 사항 또는 제1항의 규정에 의하여 무효로 된 부분은 단체협약에 정한 기준에 의한다.
제35조【일반적 구속력】 하나의 사업 또는 사업장에 상시 사용되는 동종의 근로자 반수 이상이 하나의 단체협약의 적용을 받게 된 때에는 당해 사업 또는 사업장에 사용되는 다른 동종의 근로자에 대하여도 당해 단체협약이 적용된다.

1) 의 미

취업규칙은 해당 사업 또는 사업장에 적용되는 단체협약에 어긋나서는 아니 된다. 따라서 단체협약에서 정한 근로조건, 기타 근로자의 대우에 관한 사항에 어긋나는 취업규칙의 부분은 무효로 되고, 그 무효로 된 부분은 단체협약에 정한 기준에 따른다. 고용노동부 장관은 단체협약에 어긋나는 취업규칙에 대해서는 변경명령을 할 수 있고, 이를 위반하면 벌칙(500만원 이하의 벌금)이 적용된다.

※ 원칙적으로 노동조합의 조합원이 아닌 근로자에 대하여는 취업규칙만 적용되지만, 동종의 근로자 반수 이상이 하나의 단체협약을 적용받을 때에는 비조합원인 경우에도 취업규칙이 아닌 단체협약이 적용됨(단체협약의 일반적 구속력).

2) 단체협약보다 취업규칙이 불리하게 변경된 경우

(1) 과반수 노동조합이 있는 경우

근로자의 과반수로 조직된 노동조합은 불리한 취업규칙 변경의 동의 주체이고, 불리한 변경에 동의하였다는 것은 곧 변경된 근로조건을 적용받는 데 동의한다는 것으로 볼 수 있으므로, 비조합원뿐만 아니라 해당 노동조합의 조합원에게도 단체협약이 아닌 불리하게 변경된 취업규칙이 적용된다.[8)]

(2) 과반수 노동조합이 없는 경우

근로자의 과반수로 조직된 노동조합이 없는 경우에는 근로자 과반수의 동의를 받으면 취업규칙의 불리한 변경이 가능하다. 이 경우 근로자의 과반수로 조직되지 않은 노동조합은 취업규칙의 불리한 변경의 동의 주체가 아니며, 노동조합법 제33조에 따라 단체협약에 정한 근로조건에 위반하는 취업규칙은 무효이므로, 단체협약이 유효한 기간에는 취업규칙 변경에도 불구하고

8) 고용노동부, 『공공부문 비정규직 대책 업무매뉴얼-노동관계법령 해설집』, 2017.4, 33~34쪽.

해당 조합원에게는 단체협약에 정한 근로조건이 적용된다.

3) 단체협약이 취업규칙보다 불리하게 변경된 경우

협약자치의 원칙상 노동조합이 근로조건을 변경하는 내용의 단체협약을 체결하였다는 것은 유·불리를 불문하고 단체협약에 정한 근로조건을 적용받겠다는 의사를 표현한 것이므로 단체협약이 적용된다. 따라서 단체협약이 취업규칙보다 불리하게 변경되었으나 취업규칙은 변경되지 않은 경우, 단체협약과 취업규칙 간에는 유리한 조건 우선 적용의 원칙을 배제하고 개정된 단체협약이 적용된다.[9]

- *근로자의 근로조건은 근로계약 · 취업규칙 · 단체협약 · 법령 등으로 정하여지며, 근로기준법 제2조, 제22조, 제99조 및 제100조의 취지에 비추어 볼 때 이들 규정된 근로조건 중 근로자에게 가장 유리한 근로조건이 우선적으로 적용됨. 그러나 일정 근로조건이 단체협약과 취업규칙에 같은 수준으로 정해져 있다가 노사합의로 단체협약을 개정하여 단체협약상의 일정 근로조건이 취업규칙상의 근로조건보다 불리한 수준으로 변경된 후 취업규칙에는 당해 부분이 정리되지 아니한 채로 있을 경우에는 단체협약의 개정 경위와 그 취지에 비추어 볼 때, 단체협약의 개정에도 불구하고 종전의 단체협약과 동일한 내용의 취업규칙이 그대로 적용된다면 단체협약의 개정은 그 목적을 달성할 수 없으므로 개정된 단체협약에는 당연히 취업규칙상의 유리한 조건의 적용을 배제하고 개정된 단체협약이 우선적으로 적용된다는 내용의 합의가 포함된 것이라고 봄이 당사자의 의사에 합치한다고 할 것이고 따라서 개정된 후의 단체협약에 의하여 취업규칙상의 일정 근로조건에 관한 규정의 적용은 배제된다고 보아야 할 것임(2002.12.27, 대판 2002두9063 참고). 귀 질의 내용만으로 구체적인 사실관계를 알 수 없어 명확한 답변을 드리기 어려우나, 귀사의 단체협약 및 취업규칙에 규정된 근로조건(경조휴가)에 대하여 노사 간의 합의로 단체협약의 내용을 변경(부모의 회갑 혹은 칠순 중 택일하여 2일 휴가 부여→부모의 회갑과 칠순 각각 1일)하였다면 비록 취업규칙상에는 동 내용이 변경되지 않은 채 종전대로 되어 있다 하더라도 그 변경된 단체협약의 내용이 우선적으로 적용되어야 할 것으로 사료됨(고용노동부 2006.10.10., 근로기준팀-5542).*
- *협약자치의 원칙상 노동조합은 사용자와 사이에 근로조건을 유리하게 변경하는 내용의 단체협약뿐만 아니라 근로조건을 불리하게 변경하는 내용의 단체협약도 체결할 수 있으므로, 근로조건을 불리하게 변경하는 내용의 단체협약이 현저히 합리성을 결하여 노동조합의 목적을 벗어난 것으로 볼 수 있는 것과 같은 특별한 사정이 없는 한 그러한 노사 간의 합의를 무효라고 볼 수는 없음(대법원 1999.11.23. 선고 99다7572 판결, 2000.9.29. 선고 99다67536 판결 등). 따라서 단체협약이 취업규칙보다 불리하게 변경된 경우(단체협약 중 무단결근자의 면직기준일수를 월 7일에서 월 5일로 단축하기로 합의하여 개정하였으나, 취업규칙의 규정은 변경하지 아니한 채*

9) 대법원 2002.12.27. 선고 2002두9063 판결.

종전 그대로 월 5일로 둔 경우) 그 효력관계에 있어서, 단체협약의 개정 경위와 그 취지에 비추어 볼 때, 단체협약의 개정에도 불구하고 종전의 단체협약과 동일한 내용의 취업규칙이 그대로 적용된다면 단체협약의 개정은 그 목적을 달성할 수 없으므로 개정된 단체협약에는 당연히 취업규칙상의 유리한 조건의 적용을 배제하고 개정된 단체협약이 우선적으로 적용된다는 내용의 합의가 포함된 것이라고 봄이 당사자의 의사에 합치한다고 할 것이고, 따라서 개정된 후의 단체협약에 의하여 취업규칙상의 면직기준에 관한 규정의 적용은 배제된다고 보아야 할 것임(대법원 2002.12.27. 선고 2002두9063 판결).

4) 단체협약이 실효된 상황에서 취업규칙이 변경된 경우

단체협약의 효력이 상실된 경우[10]에 단체협약에서 정한 임금·퇴직금·근로시간 등 근로조건에 관한 부분은 단체협약을 적용받던 근로자의 근로계약의 내용이 되었으므로, 해당 근로조건을 변경하는 새로운 단체협약의 체결, 취업규칙의 작성 또는 변경, 개별적인 근로자의 동의를 얻지 않는 한 근로계약에서 정한 근로조건의 하나로서 계속 적용된다. 따라서 단체협약의 효력이 상실되었으나 근로계약으로서의 근로조건이 적용되고 있는 상태에서 취업규칙이 적법하게 변경된 경우에는 변경된 취업규칙의 시행 시점부터 취업규칙에서 정한 근로조건이 적용된다.

- 단체협약이 실효되었다고 하더라도 임금, 퇴직금이나 노동시간, 그 밖에 개별적인 노동조건에 관한 부분은 그 단체협약의 적용을 받고 있던 근로자의 근로계약의 내용이 되어 그것을 변경하는 새로운 단체협약, 취업규칙이 체결 · 작성되거나 또는 개별적인 근로자의 동의를 얻지 아니하는 한 개별적인 근로자의 근로계약의 내용으로서 여전히 남아 있어 사용자와 근로자를 규율하게 되는데, 단체협약 중 해고사유 및 해고의 절차에 관한 부분에 대하여도 이와 같은 법리가 그대로 적용됨(대법원 2007.12.27. 선고 2007다51758 판결).
- 단체협약이 실효되었다고 하더라도 임금, 퇴직금이나 노동시간, 그밖에 개별적인 노동조건에 관한 부분은 그 단체협약의 적용을 받고 있던 근로자의 근로계약의 내용이 되어 그것을 변경하는 새로운 단체협약, 취업규칙이 체결, 작성되거나 또는 개별적인 근로자의 동의를 얻지 아니하는 한 개별적인 근로자의 근로계약의 내용으로서 여전히 남아 있어 사용자와 근로자를 규율한다고 할 것(대법원 2000.6.9. 선고 98다13747 판결).

10) 단체협약은 유효기간(3년을 초과할 수 없음, 노조법 제32조 제1항)이 만료된 후, 자동갱신협정이나 자동연장협정이 없는 상태에서 3개월의 법정자동연장기간(노조법 제32조 제3항 본문)이 지나면 단체협약 자체의 효력은 상실한다.

〈단체협약 및 취업규칙의 변경에 따른 효력〉

구 분		효 력
단체협약보다 취업규칙이 불리하게 변경	과반수 노동조합 있는 경우	비조합원뿐만 아니라 해당 노동조합의 조합원에게도 단체협약이 아닌 불리하게 변경된 취업규칙이 적용
	과반수 노동조합 없는 경우	단체협약이 유효한 기간에는 취업규칙 변경에도 불구하고 해당 조합원에게는 단체협약에 정한 근로조건이 적용
단체협약이 취업규칙보다 불리하게 변경		단체협약이 취업규칙보다 불리하게 개정되었으나 취업규칙은 변경되지 않은 경우 단체협약과 취업규칙 간 유리조건 우선의 원칙 적용을 배제하고 개정된 단체협약이 적용
단체협약이 실효된 상황에서 취업규칙 변경		단체협약이 실효되었으나 근로계약으로서의 근로조건이 적용되고 있는 상태에서 취업규칙이 적법하게 변경된 경우에는 변경된 취업규칙의 시행 시점부터 취업규칙에서 정한 근로조건이 적용

3. 취업규칙과 근로계약의 관계

「근로기준법」

제97조【위반의 효력】 취업규칙에서 정한 기준에 미달하는 근로조건을 정한 근로계약은 그 부분에 관하여는 무효로 한다. 이 경우 무효로 된 부분은 취업규칙에 정한 기준에 따른다.

취업규칙에 미달하는 근로조건을 정한 근로계약은 그 부분에 관해서 무효이고, 무효로 된 부분은 취업규칙에서 정한 기준에 따른다.

※ 근로계약상 근로조건이 취업규칙보다 유리한 경우에는 '유리조건 우선 적용의 원칙'에 따라 근로계약상 내용이 우선으로 적용됨.

취업규칙은 근로자의 근로조건과 복무규율에 관한 기준을 집단적 · 통일적으로 설정하기 위하여 사용자가 일방적으로 작성한 것인데 반해, 근로계약은 사용자와 근로자의 합의에 기초한 것이므로, 어떠한 근로조건에 관해 취업규칙과 근로계약이 각기 다르게 정하고 있다면, 취업규칙이 근로자에게 보다 유리하다는 등의 특별한 사정이 없는 이상, 근로계약이 우선 적용됨(대법원 2017.12.13. 선고 2017다261387 판결).

제5장

근로시간관리

제1절 근로시간의 개요

제2절 연장근로 · 휴일근로 · 야간근로

제3절 유연근로제도

제1절 근로시간의 개요

1. 근로시간의 개념

근로시간은 근로자가 사용자의 명시적 또는 묵시적인 지휘·감독 아래에서 근로계약상의 근로를 제공하는 시간으로, 실제의 작업시간은 물론 사용자가 근로자의 노동력을 경제적 목적에 사용하느냐와 관계없이 사용자의 처분에 맡겨진 시간을 의미한다. 근로시간 해당 여부는 사용자의 지시·명령 여부, 업무수행 및 참여의무 정도, 수행이나 참여를 거부할 경우 불이익 수반 여부, 시간·장소 제한의 정도 등 구체적인 사실관계에 따라 사례별로 판단하여야 한다.

근로시간 = 사업장에 머무르는 시간 - 자유로운 이용이 보장된 휴식시간

※ 근기법 등 노동법상 근로시간에 대한 정의규정은 없음. 다만, '소정근로시간'은 근로계약의 서면명시 사항이고(근기법 제17조 제1항 제2호), '업무의 시작과 종료 시각'은 취업규칙의 필요적 기재사항임(제93조 제1호).

- *근로기준법상의 근로시간이란 근로자가 사용자의 지휘 · 감독 아래 근로계약상의 근로를 제공하는 시간을 말함. 근로자가 작업시간 도중에 현실로 작업에 종사하지 않은 대기시간이나 휴식 · 수면시간 등이라 하더라도 그것이 휴게시간으로서 근로자에게 자유로운 이용이 보장된 것이 아니고, 실질적으로 사용자의 지휘 · 감독 아래 놓여 있는 시간이라면 근로시간에 해당함(대법원 2017.12.13. 선고 2016다243078 판결).*
- *근로기준법 제50조 제1항은 1주간의 근로시간은 휴게시간을 제외하고 40시간을 초과할 수 없고, 제53조 제2항은 당사자 간에 합의하면 1주간에 12시간을 초과하지 않는 범위에서 근로시간을 연장할 수 있다고 규정하고 있음. 근로시간이란 근로자가 사용자의 지휘 · 감독을 받으면서 근로계약에 따른 근로를 제공하는 시간을 말하는데, 위 규정은 근로자들의 과중한 근무시간을 제한하고자 하는 규정이므로 위 규정이 말하는 근로시간은 실근로시간을 의미함(대법원 2019.7.25. 선고 2018도16228 판결).*
- *근로시간에서 정한 휴식시간이나 수면시간이 근로시간에 속하는지 휴게시간에 속하는지는 특정 업종이나 업무의 종류에 따라 일률적으로 판단할 것이 아님. 이는 근로계약의 내용이나 취업규칙과 단체협약의 규정, 근로자가 제공하는 업무의 내용과 구체적 업무방식, 휴게 중인 근로자에 대한 사용자의 간섭이나 감독 여부, 자유롭게 이용할 수 있는 휴게 장소의 구비 여부, 그 밖에 근로자의 실질적 휴식을 방해하거나 사용자의 지휘·감독을 인정할 만한 사정이 있는지와 그 정도 등 여러 사정을 종합하여 개별 사안에 따라 구체적으로 판단하여야 함(대법원 2017.12.5. 선고 2014다74254 판결).*

2. 근로시간의 구분

1) 법정근로시간

(1) 의 미

법정근로시간은 근기법 등에 따라 1일과 1주를 단위로 하여 근로시간의 기본 상한선을 정한 것이고, 당사자의 합의에 따라 그 상한선을 넘는 연장근로의 기준을 정한 것이다. 따라서 법정근로시간 규정은 법이 정한 시간을 초과하여 근로시킬 수 없다는 절대적 금지조항은 아니며, 법정근로시간을 초과하여 근로하는 경우에 연장근로 가산수당을 지급하는 기준이 되는 시간이다.

(2) 근로자별 법정근로시간

「근로기준법」

제50조【근로시간】 ① 1주간의 근로시간은 휴게시간을 제외하고 40시간을 초과할 수 없다.
② 1일의 근로시간은 휴게시간을 제외하고 8시간을 초과할 수 없다.
제69조【근로시간】 15세 이상 18세 미만인 자의 근로시간은 1일에 7시간, 1주에 35시간을 초과하지 못한다. 다만, 당사자 사이의 합의에 따라 1일에 1시간, 1주에 5시간을 한도로 연장할 수 있다.

「산업안전보건법」(약칭: 산안법)

제139조【유해 · 위험작업에 대한 근로시간 제한 등】 ① 사업주는 유해하거나 위험한 작업으로서 높은 기압에서 하는 작업 등 대통령령으로 정하는 작업에 종사하는 근로자에게는 1일 6시간, 1주 34시간을 초과하여 근로하게 해서는 아니 된다.

통상근로자[1]의 법정근로시간은 1일 8시간 및 1주에 40시간을, 연소근로자[2]의 법정근로시간은 1일 7시간 및 1주에 35시간을 각각 초과하지 못한다. 「산업안전보건법」(이하 '산안법'이라 함)에 따른 유해위험작업(잠함 또는 잠수작업 등 높은 기압에서 하는 작업) 근로자의 법정근로시간은 1일 6시간 및 1주 34시간을 초과할 수 없다.

1) '통상근로자'는 노동법에 정의규정은 없지만, 단시간근로자에 비교되는 개념으로 1일 8시간 및 1주 40시간을 소정근로시간으로 정한 가장 일반적인 형태의 근로자를 말한다.
2) '연소근로자'는 만 15세 이상 만 18세 미만인 근로자이다(근기법 제64조, 제66조). 참고로 '미성년자'는 행위능력이 없는 만 19세 미만인 사람을 말한다(민법 제4조).

〈근로자별 법정근로시간〉

근로자 유형	법정근로시간	
	1일	1주
통상근로자	8시간	40시간
연소근로자	7시간	35시간
유해위험작업 근로자	6시간	34시간

2) 소정근로시간

「근로기준법」

제2조【정의】 ① 이 법에서 사용하는 용어의 뜻은 다음과 같다.
8. "소정(所定)근로시간"이란 제50조, 제69조 본문 또는 「산업안전보건법」 제139조 제1항에 따른 근로시간의 범위에서 근로자와 사용자 사이에 정한 근로시간을 말한다.

소정근로시간은 근기법 제50조 및 제69조 본문, 산안법 제139조 제1항의 법정근로시간 범위 내에서 근로자와 사용자 간에 근로하기로 약정한 근로시간을 말한다. 따라서 소정근로시간은 법정근로시간을 초과할 수 없고(소정근로시간 ≦ 법정근로시간), 일반적으로 통상근로자의 소정근로시간은 법정근로시간으로 정해지며, 주휴일이나 연차유급휴가 등의 계산 기준으로 활용된다.

3) 연장 · 휴일 · 야간 근로시간

근기법상 연장근로시간은 법정근로시간을 초과한 근로시간이고, 휴일근로시간은 근로제공 의무가 없는 날에 근로하는 시간이며, 야간근로시간은 오후 10시부터 다음 날 오전 6시 사이에 근로하는 시간이다.

〈근로시간의 구분〉

구 분	근 거	내 용
법정 근로시간	근기법 제50조 및 제69조, 산업안전보건법 제139조 제1항	법률(근기법, 산업안전보건법)에 의해 1주 또는 1일을 단위로 설정된 근로시간
소정 근로시간	근기법 제2조 제1항 제8호	법정근로시간의 범위에서 근로자와 사용자 사이에 정한 근로시간

구 분	근 거	내 용
연장 근로시간	근기법 제56조 제1항, 제53조,	법정근로시간을 초과하는 근로시간 (1주간 12시간을 초과하지 않는 범위 내 가능)
휴일 근로시간	근기법 제56조 제2항	주휴일, 공휴일, 근로자의 날 등 출근의무가 없는 날의 근로시간
야간 근로시간	근기법 제56조 제3항	오후 10시부터 오전 6시 사이의 근로시간

3. 근로시간의 구체적인 판단

1) 실제 근로에 부수된 시간

소정근로시간 외에 근로자의 활동이 실제 근로에 부수되는 경우에는 실제 업무와 관련성, 강제되는 정도 등에 따라 근로시간 해당 여부를 판단하여야 한다. 따라서 작업개시 전후의 시간이라도 업무의 인수·인계, 작업도구의 준비·점검·정비·교체, 안전교육·보호장비착용·작업지시·회의시간, 작업 후 목욕, 작업종료 후 정리정돈 등은 근로시간에 포함될 수 있다.

근로기준법상 근로시간이라 함은 근로자가 사용자의 지휘·감독하에 근로계약상의 근로를 제공하는 시간을 말하는 것인 바, 실제 근로에 부수되는 작업시간(버스운전 근로자가 차량운행 이외 버스요금통의 반납과 재설치에 소요되는 시간)이 근로시간에 해당하는지 여부는 사실관계에 따라 판단되어지는 것이 원칙임. 다만, 버스요금통의 반납과 재설치에 관한 사항이 사용자의 지휘·명령하에 행해지고 있다면 이에 소요되는 시간은 근로시간으로 보는 것이 타당함(고용노동부 1996.7.1., 근기 68207-875).

2) 휴식시간

「근로기준법」

제54조【휴게】 ① 사용자는 근로시간이 4시간인 경우에는 30분 이상, 8시간인 경우에는 1시간 이상의 휴게시간을 근로시간 도중에 주어야 한다.
② 휴게시간은 근로자가 자유롭게 이용할 수 있다.

휴식시간[3]은 근로시간 도중에 사용자의 지휘·감독으로부터 벗어나 자유로운 이용이 보장

3) 근기법에서는 '휴게'라고 표현하고 있으나, 실무에서는 '휴식'으로 불리우고 있다.

된 시간을 말한다. 따라서 휴식시간은 근로시간에 포함되지 않지만, 휴식시간이더라도 실제 휴게를 할 수 없는 상태에서 대기하거나 근로를 제공한다면 근로시간에 포함된다.

> *근로시간이란 근로자가 사용자의 지휘 · 감독을 받으면서 근로계약에 따른 근로를 제공하는 시간을 말하고, 휴게시간이란 근로시간 도중에 사용자의 지휘 · 감독으로부터 해방되어 근로자가 자유로이 이용할 수 있는 시간을 말함. 따라서 근로자가 작업시간 도중에 실제로 작업에 종사하지 않은 대기시간이나 휴식 · 수면시간이라 하더라도 근로자에게 자유로운 이용이 보장된 것이 아니라 실질적으로 사용자의 지휘 · 감독을 받고 있는 시간이라면 근로시간에 포함된다고 보아야 함(대법원 2017.12.5. 선고, 2014다74254 판결).*

3) 대기시간

> **「근로기준법」**
>
> **제50조【근로시간】** ③ 제1항 및 제2항에 따라 근로시간을 산정하는 경우 작업을 위하여 근로자가 사용자의 지휘 · 감독 아래에 있는 대기시간 등은 근로시간으로 본다.

대기시간은 현실적으로 근로를 하고 있지 않지만, 신속한 시간 내에 근로에 임할 것이 예상되거나 사용자로부터 언제 근로의 요구가 있을지 불문명한 상태에서 근로의 요구를 기다리는 시간이다. 따라서 대기시간은 근로자가 근로시간 중에 실제 근로에 종사하지는 않지만, 사용자의 지휘·감독 아래 있는 시간이라는 점에서 근로시간에 포함된다.

> *근로기준법상의 근로시간이란 근로자가 사용자의 지휘 · 감독 아래 근로계약상의 근로를 제공하는 시간을 말함. 근로자가 작업시간 도중에 현실로 작업에 종사하지 않은 대기시간이나 휴식 · 수면시간 등이라 하더라도 그것이 휴게시간으로서 근로자에게 자유로운 이용이 보장된 것이 아니고, 실질적으로 사용자의 지휘 · 감독 아래 놓여 있는 시간이라면 근로시간에 해당함(대법원 2017.12.13. 선고 2016다243078 판결).*

4) 교육시간

교육이 사용자의 지시·명령에 따라 이루어지고, 그러한 지시·명령에 대하여 근로자에게 불이익이 발생하는 등 근로자가 거부할 수 없다면 근로시간에 해당한다. 다만, 근로자가 취미활동이나 자기개발 등을 위한 목적으로 교육을 받는 시간은 근로시간에 해당하지 않는다.

- 교육 · 훈련시간이 근로시간에 포함되기 위해서는 사용자가 근로시간 중에 '작업안전', '생산성향상' 등 직무와 관련한 교육 · 훈련을 실시하거나, 근무시간 종료 후 또는 휴일에 근로자를 소집하여 의무적으로 교육 · 훈련을 실시하여야 함. 이에 비추어 보건대 '전기시설운전교육'이 정유 생산공장의 전기안전사고를 미연에 방지하고 기타 작업 수행상의 응급대처능력을 향상시키기 위한 것이라면 동 교육은 직무 관련 교육임이 분명하고, 비록 근로자들이 동 교육에 자율적으로 참여하고는 있으나 소정 근무시간 중에 교육이 행해질 경우에는 이를 근로시간으로 인정함이 타당함(고용노동부 1998.7.13., 근기 68207-1482).
- 교육이 사용자의 지시에 의해서 이루어지고, 그러한 지시에 근로자가 거부할 수 없으면 그 시간을 근로시간으로 볼 수 있을 것이나, 근로자가 교육 참가를 거부할 수 있으며 이에 대하여 어떠한 불이익이 없다면 근로시간으로 보기 어려울 것임. 아울러, 사용자가 동 교육에 근로자의 참석을 독려하는 차원에서 교육수당을 지급하였다고 하여 근로시간으로 인정되는 것은 아님(고용노동부 2013.1.25., 근로개선정책과-798).
- 보건소에서 시행하고 있는 방문건강관리사업에 종사하는 기간제근로자(전문인력)의 경우 보건복지부에서 기간제근로자 교육비가 교부되는 사업으로 업무수행상 필요한 다양한 교육을 의무적으로 이수하여야 함. 따라서 해당 교육의 경우 방문건강관리사업에 종사하는 전문인력은 반드시 이수토록 되어 있는 점, 교육참석이 사용자의 지시 · 명령에 의해 이루어진 점 등을 고려할 때, 동 교육시간은 근로시간에 포함됨(고용노동부 2012.5.9., 근로개선정책과-2570).

5) 일 · 숙직시간

일·숙직 근로는 본래 담당업무와 별개의 것으로 사업장 시설의 정기적 감시, 긴급문서 또는 전화의 수수, 기타 돌발사태 발생에 대비한 준비 등 경미한 내용의 근로를 단속적으로 수행하는 것을 말한다. 따라서 사업장의 취업규칙(복무규정, 일·숙직 규정) 등이나 사용자의 일반적 지휘·감독권에 근거한 지시 또는 관행으로 이루어지고 있는 일·숙직은 본래의 업무와는 별도의 근로계약이 이루어진 것으로, 본래의 업무와 다른 일·숙직 근로는 근로시간에 해당하지 않는다.[4]

일반적으로 숙 · 일직이라 함은 정기적 순찰, 전화와 문서의 수수, 기타 비상사태 발생 등에 대비하여 시설 내에서 대기하고 있는 것으로서 그 자체의 노동의 밀도가 낮고 감시 · 단속적 노동인 경우가 대부분이어서 이러한 업무는 관행적으로 정상적인 업무로 취급되지 아니하여 별도의 근로계약을 필요로 하지 아니하며 원래의 계약에 부수되는 의무로 이행되어야 하는 것으로서 정상근무에 준하는 임금을 지급할 필요가 없고, 야간 · 연장 · 휴일근로수당 등이 지급되어야 하는 것도 아니며, 관례적으로 실비변상적 금품이 지급되고 있다는 등의 특징이 있으나, 이러한 감시 · 단속적인 숙 · 일

4) 고용노동부, 「일 · 숙직 근로자에 대한 노무관리 지도지침」, 2007.10.25., 임금근로시간정책팀-3230.

직이 아니고 숙 · 일직 시 그 업무의 내용이 본래의 업무가 연장된 경우는 물론이고 그 내용과 질이 통상의 근로와 마찬가지로 평가되는 경우에는 그러한 초과근무에 대하여는 야간 · 연장 · 휴일근로 수당 등을 지급하여야 함(대법원 1995.1.20. 선고 93다46254 판결).

6) 기타시간

세미나 및 워크숍, 고객응대, 출장, 회식, 체육행사 등의 근로시간 해당 여부는 다음과 같다.

〈유형별 근로시간의 판단〉[5)]

구 분	근로시간 해당 여부
세미나 및 워크숍	- 사용자의 지휘·감독 아래 추진되는 세미나, 워크숍 등 (○) - 친목도모 및 직원 간 단합을 위한 세미나, 워크숍 등 (×)
고객응대 (접대)	업무수행과 관련이 있는 제3자를 소정근로시간 외에 접대하는 경우(사용자의 지시 또는 최소한 승인 있는 경우에 한함) (○)
출 장	- 장거리 출장지 이동: 지정된 숙소로 이동방법과 시간 등이 사용자의 구속을 받으며, 이동 중 사용자의 지휘·명령이 있는 경우 (○) - 동일지역 내 출장지 이동: 출퇴근에 갈음하여 출장지로 직접 출퇴근하는 경우 (×)
회 식	- 사업장 내 구성원의 사지 진작 등을 위한 회식시간 (×) (다만, 사용자가 참석을 강제하는 언행을 하였더라도 그러한 요소만으로 근로시간으로 인정하기 어려움)
체육행사	- 불참 시에 결근처리하여 임금에서 공제·징계하는 등의 불이익을 수반하는 경우 (○) - 어느 정도 강제하는 언행이 있다하더라도 불참 그 자체를 이유로 불이익을 수반하지 않는 경우 (×)

제2절 연장근로 · 휴일근로 · 야간근로

1. 연장근로

5) 고용노동부, 「근로시간 해당 여부 판단기준 및 사례」(2018.6.11.)에서 유형별 근로시간 여부에 대한 구체적인 판례와 행정해석을 확인할 수 있다.

1) 의 의

연장근로란 법정근로시간을 초과한 근로를 말하므로, 1주 40시간(연소근로자는 1주 35시간) 또는 1일 8시간(연소근로자는 1일 7시간)을 초과하는 경우 연장근로가 된다.[6] 따라서 1주 40시간을 초과하지 않더라도 1일 8시간을 초과하는 경우 또는 1일 8시간을 초과하지 않더라도 1주 40시간을 초과하는 경우 각각 연장근로에 해당한다.

> *근로기준법상 '연장근로'라 함은 같은 법 제50조의 규정에 의한 법정근로시간(1일 8시간, 1주 40시간)을 초과하는 시간을 말하며 '근로시간'은 휴게시간을 제외한 실근로시간을 의미하므로, 취업규칙 등에 단순히 휴게시간을 근로시간으로 인정한다고 규정한 것만으로 같은 법 제56조에 의한 연장근로수당 산정기초가 되는 기준근로시간에 휴게시간이 포함된다고 할 수는 없을 것임(고용노동부 2013.4.09., 근로개선정책과-2215).*

2) 제 한

(1) 통상근로자

> **「근로기준법」**
>
> **제53조【연장근로의 제한】** ① 당사자 간에 합의하면 1주간에 12시간을 한도로 제50조의 근로시간을 연장할 수 있다.
>
> ② 당사자 간에 합의하면 1주간에 12시간을 한도로 제51조 및 제51조의2의 근로시간을 연장할 수 있고, 제52조 제1항 제2호의 정산기간을 평균하여 1주간에 12시간을 초과하지 아니하는 범위에서 제52조 제1항의 근로시간을 연장할 수 있다.

통상근로자는 사용자와 합의에 따라 1주간에 12시간 한도에서 법정근로시간을 초과한 연장근로를 할 수 있고, 1주간의 최대 근로시간은 52시간이다.[7] 한편 근기법상 연장근로시간은 1주 단위로 12시간의 제한만 규정되어 있고, 1일에 대한 연장근로시간의 한도는 없으므로, 이론상으로 1일 20시간(1일 소정근로시간 8시간+연장근로시간 12시간)까지의 연장근로가 가능하다.

---

6) 근기법에서는 법정근로시간 이외의 근로에 대하여 '연장근로(제56조)', '시간외근로(제71조)', '초과근로(제69조 등)'라고 표현하고 있으나, 실무상으로는 모두 같은 의미로 사용되고 있다. 다만, 연장근로와 시간외근로는 같은 의미로, 초과근로는 연장근로(시간외근로)와 휴일근로를 포함하는 의미로 구분하여 사용하기도 한다.

7) 근기법 개정으로 상시근로자(300인 이상은 2018월 7월 1일, 50인 이상은 2020년 1월 1일, 5인 이상은 2021년 7월 1일)에 따라 기존에 1주 최대 68시간(40+12+8+8)까지 가능했던 연장근로가 1주 52시간(40+12) 한도로 단축되었다.

근로기준법 제42조(현행 제53조) 제1항 당사자 간의 합의에 의하여 1주일에 12시간 한도로 연장할 수 있다는 것은 1주일간의 연장근로만을 제한한 것으로, 본법 규정상 1일 2시간 이내에서 연장근로를 할 수 있다는 조항이 명문화되어 있지 않으므로 노사 간의 합의하에 1일 2시간 이상의 연장근로를 하더라도 1주 12시간을 초과하지 않으면 적법함(고용노동부 1988.1.25., 근기 01254-1135).

(2) 임산부[8)]

「근로기준법」

제71조【시간외근로】 사용자는 산후 1년이 지나지 아니한 여성에 대하여는 단체협약이 있는 경우라도 1일에 2시간, 1주에 6시간, 1년에 150시간을 초과하는 시간외근로를 시키지 못한다.
제74조【임산부의 보호】 ⑤ 사용자는 임신 중의 여성 근로자에게 시간외근로를 하게 하여서는 아니 되며, 그 근로자의 요구가 있는 경우에는 쉬운 종류의 근로로 전환하여야 한다.

임신 중인 근로자(임부)는 어떠한 경우라도 연장근로를 시키지 못한다. 출산 후 1년이 경과되지 아니한 근로자(산부)는 단체협약이 있는 경우라도 1일 2시간, 1주 6시간, 1년 150시간 한도에서 연장근로를 할 수 있다.

(3) 연소근로자

「근로기준법」

제69조【근로시간】 15세 이상 18세 미만인 사람의 근로시간은 1일에 7시간, 1주에 35시간을 초과하지 못한다. 다만, 당사자 사이의 합의에 따라 1일에 1시간, 1주에 5시간을 한도로 연장할 수 있다.

연소근로자는 사용자와 합의에 따라 1일 1시간 또는 1주 5시간 한도에서 연장근로가 가능하다.

(4) 유해위험작업 근로자

「산업안전보건법」

제139조【유해 · 위험작업에 대한 근로시간 제한 등】 ① 사업주는 유해하거나 위험한 작업으로서 높은 기압에서 하는 작업 등 대통령령으로 정하는 작업에 종사하는 근로자에게는 1일 6시간, 1주 34시간을 초과하여 근로하게 해서는 아니 된다.

8) '임산부'는 임신 중이거나(임부), 출산 후 1년이 지나지 않은 여성(산부)을 포함하는 개념이다(근기법 제65조 제1항 괄호).

유해위험작업에 종사하는 근로자는 어떠한 경우라도 법정근로시간(1주 34시간, 1일 6시간)을 초과하는 연장근로가 금지된다.

(5) 단시간근로자

「기간제 및 단시간근로자 보호 등에 관한 법률」(약칭: 기간제법)

제6조【단시간근로자의 초과근로 제한】 ① 사용자는 단시간근로자에 대하여 「근로기준법」 제2조의 소정근로시간을 초과하여 근로하게 하는 경우에는 해당 근로자의 동의를 얻어야 한다. 이 경우 1주간에 12시간을 초과하여 근로하게 할 수 없다.
② 단시간근로자는 사용자가 제1항의 규정에 따른 동의를 얻지 아니하고 초과근로를 하게 하는 경우에는 이를 거부할 수 있다.

사용자는 단시간근로자[9]의 동의를 얻어 1주간에 12시간 한도에서 소정근로시간을 초과하여 근로하게 할 수 있다.

〈근로자 유형별 연장근로의 제한〉

근로자 유형	연장근로 가능 시간			연장근로 요건
	1일	1주	1년	
통상근로자	-	12H	-	당사자 합의
임신 중인 근로자(임부)	불가			불가
출산 후 1년 미만 근로자(산부)	2H	6H	150H	당사자 합의
연소근로자	1H	5H	-	당사자 합의
유해위험작업 근로자	불가			불가
단시간 근로자	-	12H	-	근로자 동의

3) 산 정

(1) 1일 및 1주의 연장근로가 경합하는 경우

1일 8시간을 초과하지 않더라도 1주 40시간을 초과하는 경우 또는 1주 40시간을 초과하지 않더라도 1일 8시간을 초과하는 경우는 연장근로에 해당한다. 따라서 1일 단위와 1주 단위가

9) 단시간근로자는 1주 동안의 소정근로시간이 그 사업장에서 같은 종류의 업무에 종사하는 통상근로자의 1주 동안의 소정근로시간에 비하여 짧은 근로자(근기법 제2조 제1항 제9호)를 말한다. 따라서 단시간근로자에 해당하려면 동일 사업장 내에 동종업무에 종사하는 비교 대상인 통상근로자가 존재하여야 한다.

경합하면, 연장근로시간은 중복되지 않게 어느 쪽이든 근로자에게 유리한 것(연장근로시간이 많은 쪽)을 기준으로 산정하면 된다.

> *연장근로에 대한 가산임금 지급방법은 근무시간이 1일 8시간을 초과하는 경우에는 그 초과시간에 대해 가산임금을 지급해야 하고, 1주 44시간(현행 40시간)을 초과하는 경우에는 그 초과시간에 대해서 가산임금을 지급하면 됨. 다만 1일 8시간 초과 및 1주 44시간(현행 40시간) 초과한 부분이 상호 경합하는 경우에는 연장근로가 보다 많이 발생하는 쪽에 대해 가산임금을 지급하면 됨. 귀 질의의 주 단위 근무시간표에 의하면, 귀사의 근로자는 근무조 편성에 따라 1주에 3일 또는 4일, 하루에 12시간씩 실근로를 행하게 되는 바, 1주 3일 근무조의 경우에는 주당 연장근로시간의 법정한도를 초과하지 않으나, 1일 8시간을 초과한 연장근로(4시간)에 대해서는 가산임금을 지급해야 하며 1주 4일 근무조는 1주에 16시간의 연장근로(1일 4시간×4일=16시간)를 행하게 되므로, 노사 간에 연장근로에 합의한다 해도 근로기준법 제52조(현행 제53조)에 위반될 수 있음(고용노동부 1999.11.27., 근기 68207-735).*

(2) 소정근로일 또는 소정근로시간 중에 근로하지 못한 경우

소정근로일 또는 소정근로시간 중에 휴가 또는 휴일의 사용, 결근, 지각, 조퇴 등으로 근로하지 못한 시간은 근로시간 수 산정에서 제외한다. 따라서 실제 근로한 시간이 1일 8시간 또는 1주 40시간을 초과해야 연장근로에 해당한다.

ex. 소정근로일이 월~금(주 5일 근무)이고, 일요일이 주휴일(토요일 무급휴일)인 사업장에서 추석명절기간 3일(월~수)을 매일 8시간씩 휴일근로 하였다면, 3일의 휴일근로가 1일 8시간 및 1주 40시간을 초과하지 않았다면 연장근로시간은 없음. 다만, 근기법 제56조 제2항에 따른 휴일근로에는 해당하므로 휴일근로 가산임금을 지급해야 함.

> *- 월요일부터 금요일까지 8시간을 근로하고 토요일에 4시간을 근로하는 주 44시간 근무체제하에서 토요일에 8시간을 근로하여 당해 1주간에 총 48시간을 근로하였다면, 1주 44시간을 초과하여 연장 근로한 4시간분에 대하여는 연장근로수당을 지급해야 함. 다만, 주중에 휴일 또는 휴가가 있어 근로를 제공하지 아니한 경우 그러한 휴일 또는 휴가기간은 실근로시간에 포함되지 아니함(고용노동부 2000.9.28., 근기 68207-2990).*
> *- 연장근로 1시간을 포함하여 시업·종업시각을 정한 경우에도 근로시간 도중에 부분파업으로 인하여 실근로시간이 법정근로시간을 초과하지 않는다면 17:00~18:00 사이의 근로 또는 18:00 이후의 근로에 대하여 동법 제55조(현행 제56조)에 의한 연장근로가산임금을 지급할 의무는 없다고 사료됨. 다만, 당사자가 실근로시간이 법정근로시간을 초과했는지 여부를 불문하고 17:00 이후의 근로에 대해서는 연장근로수당을 지급하다는 특약이 있는 경우에는 그에 따르면 될 것임(고용노동*

부 2002.8.21., 근기 68207-2776).

- 특정 주의 토요일에 8시간을 근로하였다고 하더라도 주중에 휴일 또는 휴가기간이 있어 당해 1주간의 총근로시간이 44시간(현행 40시간)을 초과하지 않은 경우에는, 당해 토요일에 행해진 8시간 근로에 대하여는 연장근로수당을 지급하지 않더라도 근로기준법 위반문제는 발생하지 아니함. 다만, 노사 당사자 간 특약으로 특정 요일(예: 토요일)의 소정근로시간(예: 4시간)을 정해놓고 이를 초과할 경우 연장근로수당을 지급한다고 규정하고 있다면 노사 당사자는 그에 따라야 함(고용노동부 2000.9.28., 근기 68207-2990).

(3) 날짜를 달리하여 근로한 경우

날짜를 바꾸어 연장근로를 다음날 소정근로시간대까지 계속한 경우에는 다음날 시업시간까지만 연장근로로 보고, 시업시간 이후의 근로는 근로계약·취업규칙 등에 의하여 당초 근로제공의무가 있는 소정근로시간이므로 전일 근로의 연장근로로 볼 수 없다.

ex. 소정근로일이 월~금(주 5일 근무)이고, 소정근로시간대가 9시~18시(12~13시 휴식시간)인 사업장에서 근로자가 월요일 18시부터 다음 날(화요일) 오전 12시까지 근무한 경우에 연장근로시간은? (편의상 월요일 18시~화요일 오전 12시까지 근로 중 휴식시간은 없다고 가정함)

- 18시~22시 : 연장근로(4시간)
- 22시~06시 : 연장근로(8시간) + 야간근로(8시간)
- 06시~09시 : 연장근로(3시간)
- 09시~12시 : 화요일의 소정근로시간대(09시~18시)에 해당되어 연장근로 아님.

역일(曆日)을 달리하여 계속적으로 근로가 이어지는 경우에는 이를 전일의 근로의 연장으로 보아 근로기준법 제55조(현행 제56조)에 의한 가산수당을 지급하여야 할 것이나, 익일의 소정근로시간대까지 계속 이어지는 경우에는 익일 시업시각 이후의 근로는 근로계약·취업규칙 등에 의하여 당초 근로제공 의무가 있는 소정근로이므로 이를 전일의 근로의 연장으로는 볼 수 없음(고용노동부 2003.3.31., 근기 68207-402).

(4) 명시적으로 지시하지 않은 연장근로

사용자가 명시적으로 연장근로를 지시하지 않았더라도, 사용자가 근로자의 노무를 수령함으로써 연장근로에 대하여 묵시적 동의 또는 추인[10]이 있었던 것으로 볼 수 있는 경우에는 연장근로에 해당한다.

10) '추인'은 어떤 행위가 있은 뒤에 그 행위에 대하여 동의하는 것으로, 일단 행하여진 불완전한 법률행위를 뒤에 보충하여 완전하게 하는 의사표시이다.

> *근로기준법의 근로시간에 관한 규정은 사용자에 대한 의무규정인 바, 근로자가 스스로 근로시간을 연장하여 근무하더라도 그 자체만으로 근로자에 대해서는 근로기준법의 위반 여부를 따질 수 없음(자체 징계는 별론으로 함). 한편, 근로기준법상의 근로시간 준수에 관한 사용자 책임을 따짐에 있어 사용자가 명시적으로 연장근로를 지시하지 않았다 하더라도 사용자가 근로자의 노무를 수령함으로써 경우에 따라서는 연장근로에 대한 묵시적 동의 또는 추인이 있었던 것으로 보게 될 경우도 있을 수 있는 바, 이 경우에 만일 사용자가 연장근로에 관한 절차나 한계를 지키지 않았다면 사용자에 대하여 근로기준법 위반의 문제가 발생할 수도 있을 것임. 특히, 근로자(택시운전기사)가 법정근로시간을 초과 근로하여 얻은 수입금(사납금)을 사업주가 그 정을 알면서도 이를 납부받았다면 대부분의 경우 사업주는 당해 근로자의 연장근로를 추인하였거나 묵시적으로 동의(관행적으로 이루어진 경우)한 것으로 인정될 개연성이 큼(고용노동부 1997.10.1., 근기 68207-1314).*

4) 유 형

(1) 합의 연장근로

> **「근로기준법」**
>
> **제53조【연장 근로의 제한】** ① 당사자 간에 합의하면 1주간에 12시간을 한도로 제50조의 근로시간을 연장할 수 있다.
>
> ② 당사자 간에 합의하면 1주간에 12시간을 한도로 제51조 및 제51조의2의 근로시간을 연장할 수 있고, 제52조 제1항 제2호의 정산기간을 평균하여 1주간에 12시간을 초과하지 아니하는 범위에서 제52조 제1항의 근로시간을 연장할 수 있다.

근로자와 사용자가 합의하면 1주간에 12시간을 한도로 법정근로시간을 초과하는 연장근로가 가능하다.

> *구 근로기준법(2017.11.28. 법률 제15108호로 개정되기 전의 것, 이하 같다) 제50조는 1주간의 근로시간은 휴게시간을 제외하고 40시간을 초과할 수 없고(제1항), 1일의 근로시간은 휴게시간을 제외하고 8시간을 초과할 수 없다(제2항)고 규정하고, 제53조 제1항은 당사자 간에 합의하면 1주간 12시간을 한도로 제50조의 근로시간을 연장할 수 있다고 규정하고 있다. 구 근로기준법 제53조 제1항은 연장근로시간의 한도를 1주간을 기준으로 설정하고 있을 뿐이고 1일을 기준으로 삼고 있지 아니하므로, 1주간의 연장근로가 12시간을 초과하였는지는 근로시간이 1일 8시간을 초과하였는지를 고려하지 않고 1주간의 근로시간 중 40시간을 초과하는 근로시간을 기준으로 판단하여야 함. 그 이유는 다음과 같음.*
>
> *가) 구 근로기준법 제53조 제1항은 1주 단위로 12시간의 연장근로 한도를 설정하고 있으므로 여기*

서 말하는 연장근로란 같은 법 제50조 제1항의 '1주간'의 기준근로시간을 초과하는 근로를 의미한다고 해석하는 것이 자연스러움. 구 근로기준법 제53조 제1항이 '제50조의 근로시간'을 연장할 수 있다고 규정하여 제50조제2항의 근로시간을 규율 대상에 포함한 것은 당사자 간에 합의하면 1일 8시간을 초과하는 연장근로가 가능하다는 의미이지, 1일 연장근로의 한도까지 별도로 규제한다는 의미가 아님.

나) 구 근로기준법은 '1주간 12시간'을 1주간의 연장근로시간을 제한하는 기준으로 삼는 규정을 탄력적 근로시간제나 선택적 근로시간제 등에서 두고 있으나(제53조 제2항, 제51조, 제52조), 1일 8시간을 초과하는 연장근로시간의 1주간 합계에 관하여 정하고 있는 규정은 없음.

다) 1일 8시간을 초과하거나 1주간 40시간을 초과하는 연장근로에 대해서는 통상임금의 50% 이상을 가산한 임금을 지급하도록 정하고 있는데(구 근로기준법 제56조), 연장근로에 대하여 가산임금을 지급하도록 한 규정은 사용자에게 금전적 부담을 가함으로써 연장근로를 억제하는 한편, 연장근로는 근로자에게 더 큰 피로와 긴장을 주고 근로자가 누릴 수 있는 생활상의 자유시간을 제한하므로 이에 상응하는 금전적 보상을 해 주려는 데에 그 취지가 있는 것으로서(대법원 2013.12.18. 선고 2012다89399 전원합의체 판결 참조), 연장근로 그 자체를 금지하기 위한 목적의 규정은 아님. 이와 달리 구 근로기준법 제53조 제1항은 당사자가 합의하더라도 원칙적으로 1주간 12시간을 초과하는 연장근로를 하게 할 수 없고, 이를 위반한 자를 형사처벌(제110조 제1호)하는 등 1주간 12시간을 초과하는 연장근로 그 자체를 금지하기 위한 것임. 따라서 가산임금 지급 대상이 되는 연장근로와 1주간 12시간을 초과하는 연장근로의 판단기준이 동일해야 하는 것은 아님(대법원 2023.12.7. 선고 2020도15393 판결).

(2) 특별 연장근로

「근로기준법」

제53조【연장 근로의 제한】 ④ 사용자는 특별한 사정이 있으면 고용노동부 장관의 인가와 근로자의 동의를 받아 제1항과 제2항의 근로시간을 연장할 수 있다. 다만, 사태가 급박하여 고용노동부 장관의 인가를 받을 시간이 없는 경우에는 사후에 지체없이 승인을 받아야 한다.

⑤ 고용노동부 장관은 제4항에 따른 근로시간의 연장이 부적당하다고 인정하면 그 후 연장시간에 상당하는 휴게시간이나 휴일을 줄 것을 명할 수 있다.

사용자는 특별한 사정이 있는 경우에 고용노동부 장관의 인가와 근로자의 동의를 얻어 1주간에 12시간을 초과한 연장근로(시간제한 없음)가 가능하다. 다만, 사태가 급박하여 고용노동부 장관의 인가를 받을 시간이 없을 때에는 사후에 지체없이 승인을 받아야 하며, 고용노동부 장관은 연장근로가 부적당하다고 판단하면 그 연장시간에 상당하는 휴게시간이나 휴일부여를 명령

할 수 있다.

〈특별 연장근로가 가능한 특별한 사정 및 고용노동부 인가 기간〉[11)]

<table>
<tr><th>특별한 사정(근기법 시행규칙 제9조)</th><th>1회 최대 기간</th><th>1년간 가능한 기간</th></tr>
<tr><td>〈재난 등〉 재난 또는 이에 준하는 사고가 발생하여 이를 수습하거나 재난 등의 발생이 예상되어 이를 예방하기 위해 긴급한 조치가 필요한 경우</td><td rowspan="4">4주 이내</td><td rowspan="2">사유 해소에 필요한 기간</td></tr>
<tr><td>〈인명보호 등〉 사람의 생명을 보호하거나 안전을 확보하기 위해 긴급한 조치가 필요한 경우</td></tr>
<tr><td>〈돌발적 상황〉 갑작스런 시설 · 설비의 장애 · 고장 등 돌발적인 상황이 발생하여 이를 수습하기 위해 긴급한 조치가 필요한 경우</td><td rowspan="2">90일</td></tr>
<tr><td>〈업무량 급증〉 통상적인 경우에 비해 업무량이 대폭적으로 증가한 경우로서 이를 단기간 내에 처리하지 않으면 사업에 중대한 지장을 초래하거나 손해가 발생하는 경우</td></tr>
<tr><td>〈연구개발〉 소재 · 부품 및 장비의 연구개발 등 연구개발을 하는 경우로서 고용노동부 장관이 국가경쟁력 강화 및 국민경제 발전을 위해 필요하다고 인정하는 경우</td><td>3개월 이내</td><td>3개월 초과 시 심사를 거쳐 기간 연장</td></tr>
</table>

(3) 특례 연장근로

「근로기준법」

제59조【근로시간 및 휴게시간의 특례】 ①「통계법」 제22조 제1항에 따라 통계청장이 고시하는 산업에 관한 표준의 중분류 또는 소분류 중 다음 각호의 어느 하나에 해당하는 사업에 대하여 사용자가 근로자 대표와 서면으로 합의한 경우에는 제53조 제1항에 따른 주(週) 12시간을 초과하여 연장근로를 하게 하거나 제54조에 따른 휴게시간을 변경할 수 있다.

1. 육상운송 및 파이프라인 운송업. 다만,「여객자동차 운수사업법」제3조 제1항 제1호에 따른 노선(路線) 여객자동차운송사업은 제외한다.
2. 수상운송업
3. 항공운송업
4. 기타 운송 관련 서비스업
5. 보건업

11) '특별 연장근로'와 관련하여「특별 연장근로 인가제도 업무처리 지침」(고용노동부, 2022.10.31.),「반도체 연구개발 특별 연장근로 인가제도 업무처리 지침」(고용노동부, 2025.3.14.) 및「특별 연장근로 건강보호조치」(고용노동부 고시 제2025-22호, 2025.4.4.)에서 인가 사유별 판단기준, 업무처리 절차 등의 구체적인 내용을 확인할 수 있다.

② 제1항의 경우 사용자는 근로일 종료 후 다음 근로일 개시 전까지 근로자에게 연속하여 11시간 이상의 휴식시간을 주어야 한다.

통계청장이 고시하는 특례산업에 해당하고, 사용자가 근로자 대표와 서면합의를 하면 1주 12시간을 초과하여 연장근로(시간제한 없음)가 가능하다. 특례 연장근로는 연장근로시간의 제한이 없지만, 근로일 종료 후 다음 근로일 개시 전까지 연속하여 11시간 이상의 휴식시간을 주어야 한다.

〈근기법상 연장근로의 유형〉

구 분	근 거	요 건	한 도
합의 연장근로	제53조 제1항 및 제2항	당사자 간 합의	1주 12시간
특별 연장근로	제53조 제4항	특별한 사정 + 고용노동부 인가 + 근로자 동의	제한 없음
특례 연장근로	제59조	특례산업 + 근로자 대표 서면합의	제한 없음 (연속 11시간 휴식 필요)

5) 연장근로와 가산임금

(1) 가산임금의 기준

「근로기준법」

제56조【연장 · 야간 및 휴일 근로】 ① 사용자는 연장근로(제53조 · 제59조 및 제69조 단서에 따라 연장된 시간의 근로를 말한다)에 대하여는 통상임금의 100분의 50 이상을 가산하여 근로자에게 지급하여야 한다.

「기간제 및 단시간근로자 보호 등에 관한 법률」(약칭: 기간제법)

제6조【단시간근로자의 초과근로 제한】 ① 사용자는 단시간근로자에 대하여 「근로기준법」 제2조의 소정근로시간을 초과하여 근로하게 하는 경우에는 해당 근로자의 동의를 얻어야 한다. 이 경우 1주간에 12시간을 초과하여 근로하게 할 수 없다.

③ 사용자는 제1항에 따른 초과근로에 대하여 통상임금의 100분의 50 이상을 가산하여 지급하여야 한다.

사용자는 통상근로자의 연장근로에 대하여 통상임금의 50% 이상의 가산임금[12]을 지급해야 하며, 단시간근로자가 소정근로시간을 초과하여 근로하면 통상임금의 100분의 50 이상의 가산임금을 지급해야 한다.

(2) 연장근로 · 야간근로 · 휴일근로가 중복된 경우

연장근로 · 야간근로 · 휴일근로가 중복되면 각각 가산하여 지급하여야 한다. 다만, 8시간 이내의 휴일근로에 대하여는 비록 1주 40시간을 초과하는 연장근로에 해당하더라도 휴일근로 가산임금만 지급하면 되고, 연장근로 가산임금을 지급할 필요가 없다(근기법 제56조 제2항, 8시간을 초과하는 휴일근로는 통상임금의 100분의 100 이상을 가산).

- *휴일근로와 시간외근로가 중복되는 경우에는 휴일근로에 대한 가산임금과 시간외근로에 대한 가산임금을 각각 가산하여 산정하여야 함(대법원 1991.3.22. 선고 90다6545 판결).*
- *구 근로기준법 제55조와 제56조는 유급의 주휴일을 보장하고, 휴일근로에 대해 연장근로 및 야간근로와 동일한 가산율에 따른 가산임금을 규정하고 있음. 근로제공의무가 없는 휴일에 근무하는 것은 연장근로와 유사한 점이 있는데도 휴일근로를 연장근로와 별도로 규율하고 있는 것임. 이와 같은 관련 규정의 내용과 규율방식에 비추어 볼 때, 구 근로기준법 제50조 제1항과 제53조 제1항에서 정한 1주간 기준근로시간과 1주간 연장근로시간은 휴일이 아닌 소정근로일을 대상으로 근로시간의 규제를 의도한 것으로 이해됨. 구 근로기준법상 '1주'에 휴일을 포함할 것인지 여부는 근본적으로 입법정책의 영역에 속하는 문제임. 따라서 이에 관한 법 해석을 할 때에는 입법자의 의사를 최대한 존중하여 법질서의 통일성과 체계적 정당성을 유지하는 방향으로 하여야 함. 그런데 근로기준법의 제정 및 개정 경위를 통해 알 수 있는 입법자의 의사는 휴일근로와 연장근로를 명확히 구분하여 휴일근로시간을 연장근로시간에 포함하지 않겠다는 것임이 분명해 보임. 휴일근로시간이 1주간 기준근로시간 및 1주간 연장근로시간에 포함되지 않는다는 것은 근로관계 당사자들 사이에서 일종의 사회생활규범으로 자리 잡았다고 평가할 수 있고, 이는 구 근로기준법상 관련 규정을 해석함에 있어서 중요하게 고려하여야 함. 구 근로기준법과 근로기준법 시행령 규정의 내용과 체계 및 취지, 법률 규정의 제 · 개정 연혁과 이를 통해 알 수 있는 입법 취지 및 목적, 근로관계 당사자들의 인식과 기존 노동관행 등을 종합적으로 고려하면, 휴일근로시간은 구 근로기준법 제50조 제1항의 '1주간 기준근로시간 40시간' 및 제53조 제1항의 '1주간 연장근로시간 12시간'에 포함되지 않는다고 봄이 타당함(대법원 2018.6.21. 선고 2011다112391 전원합의체 판결).*

12) 가산임금은 연장근로 · 야간근로 · 휴일근로에 대하여 통상임금의 최소 100분의 50 이상을 가산(추가)하여 지급하는 임금을 말한다.

2. 휴일근로

1) 의 의

휴일근로란 소정근로일(근로계약에 따라 근로제공 의무가 있는 날)이 아닌 날, 즉 휴일에 근로하는 것을 의미한다. 휴일근로에는 근기법 제55조에 따른 주휴일 및 공휴일(대체공휴일 포함), 「노동절 제정에 관한 법률」에 따른 노동절(5월 1일) 뿐만 아니라 단체협약이나 취업규칙 등에 의하여 정하여진 약정휴일의 근로도 포함되며, 해당 휴일의 임금 지급(유급 또는 무급) 여부와 상관없이 모두 적용된다.

※ 일반적으로 법정휴일은 유급휴일이고, 약정휴일은 유급 또는 무급을 선택할 수 있음.

구 근로기준법(2018.3.20. 법률 제15513호로 개정되기 전의 것, 이하 '구 근로기준법'이라 한다) 제56조에 따라 휴일근로수당으로 통상임금의 100분의 50 이상을 가산하여 지급하여야 하는 휴일근로에는 같은 법 제55조 소정의 주휴일 근로뿐만 아니라 단체협약이나 취업규칙 등에 의하여 휴일로 정하여진 날의 근로도 포함됨(대법원 1991.5.14. 선고 90다14089 판결 참조). 그리고 휴일로 정하였는지 여부는 단체협약이나 취업규칙 등에 있는 휴일 관련 규정의 문언과 그러한 규정을 두게 된 경위, 해당 사업장과 동종 업계의 근로시간에 관한 규율 체계와 관행, 근로제공이 이루어진 경우 실제로 지급된 임금의 명목과 지급금액, 지급액의 산정방식 등을 종합적으로 고려하여 판단하여야 함(대법원 2020.1.16. 선고, 2014다41520 판결).

〈법정휴일 종류별 적용대상〉[13)]

구 분	주휴일	공휴일 및 대체공휴일	노동절
적용 사업장	모든 사업장	5인 이상 사업장	모든 사업장
적용 근로자	소정근로시간이 1주 15시간 이상	모든 근로자	모든 근로자
적용 제외	근기법 제63조의 근로자	근기법 제63조의 근로자	없음
유 · 무급 여부	1주 소정근로일을 개근한 경우만 유급	유급	유급

※ 평상적인 근로관계를 전제로 근로계약 기간 내에 있어야 유급휴일이 적용되므로, 1일 단위로 근로계약이 체결되고 그 날의 근로를 마치면 근로관계가 종료되는 일용근로자는 원칙적으로 공휴일 및 대체공휴일, 노동절은 유급휴일로 적용되지 않음(대법원 2009.12.24. 선고 2007다73227 판결 등). 다만, 일용근로계약이 형식적이거나, 일용근로계약을 반복 갱신해 특정 휴일을 전후해 계속 근로한 경우라면 유급휴일을 적용해야 함(고용노동부 2014.11.12., 근로개선정책과-6257).

13) 고용노동부, 『핵심만 담은 노무관리 가이드 북』, 2020.3.

2) 제 한

(1) 18세 이상 여성근로자

> 「근로기준법」
> **제70조【야간근로와 휴일근로의 제한】** ① 사용자는 18세 이상의 여성을 오후 10시부터 오전 6시까지의 시간 및 휴일에 근로시키려면 그 근로자의 동의를 받아야 한다.

사용자는 18세 이상의 여성근로자를 휴일에 근로시키고자 하는 경우에는 해당 근로자의 동의를 얻어야 한다.

(2) 임산부와 18세 미만 근로자

> 「근로기준법」
> **제70조【야간근로와 휴일근로의 제한】** ② 사용자는 임산부와 18세 미만자를 오후 10시부터 오전 6시까지의 시간 및 휴일에 근로시키지 못한다. 다만, 다음 각호의 어느 하나에 해당하는 경우로서 고용노동부 장관의 인가를 받으면 그러하지 아니하다.
> 1. 18세 미만자의 동의가 있는 경우
> 2. 산후 1년이 지나지 아니한 여성의 동의가 있는 경우
> 3. 임신 중의 여성이 명시적으로 청구하는 경우
>
> ③ 사용자는 제2항의 경우 고용노동부 장관의 인가를 받기 전에 근로자의 건강 및 모성 보호를 위하여 그 시행 여부와 방법 등에 관하여 그 사업 또는 사업장의 근로자 대표와 성실하게 협의하여야 한다.

사용자는 임산부와 18세 미만 근로자에게 휴일근로를 시키지 못한다. 다만, 18세 미만자 및 임부의 동의와 산부의 명시적 청구가 있고 고용노동부 장관의 인가를 받으면 휴일근로가 가능하다.

※ 고용노동부 장관의 인가를 받아야 하는 휴일은 법정휴일(주휴일, 공휴일, 노동절)을 의미하며, 약정휴일(회사 창립기념일 등)의 근로에 관해서는 근로자의 동의만으로 가능함.

> *근로기준법 제56조(현행 제70조)는 여자와 연소근로자를 특별히 보호하기 위해 원칙적으로 휴일근로를 법으로 금지함으로써 최소한 주 1회의 휴일을 확보하게 하는데 그 취지가 있다 할 것이므로, 동 조항의 휴일의 범위에는 근로기준법 제45조(현행 제55조 제1항)의 주휴일과 근로자의 날 등 법정휴일이 포함되는 것이며, 노사자치의 원리상 노사 당사자가 취업규칙이나 단체협약으로 쉬도록 정하는*

약정휴일까지를 의미하는 것은 아니므로 동 약정휴일에 근로할 필요가 있는 경우 당해 근로자의 동의 외에 고용노동부 장관의 인가까지 필요한 것은 아니라고 할 것임(고용노동부1993.5.1., 근기 01254-795).

(3) 유해위험작업 근로자 및 단시간근로자

유해위험작업에 종사하는 근로자 및 단시간근로자는 휴일근로에 대한 제한 규정이 없으므로, 사용자가 해당 근로자의 동의를 얻으면 휴일근로가 가능하다.

〈근로자 유형별 휴일근로의 제한〉

구 분	휴일근로 가능 여부	휴일근로 가능 요건
통상근로자	제한 없음	동 의
임신 중인 근로자(임부)	원칙적 금지	명시적 청구 + 고용노동부 장관 인가
출산 후 1년 미만 근로자(산부)		동의 + 고용노동부 장관 인가
18세 미만 근로자		동의 + 고용노동부 장관 인가
유해위험작업 근로자	제한 없음	동 의
단시간근로자		동 의

3) 휴일근로와 가산임금

「근로기준법」

제56조【연장 · 야간 및 휴일 근로】 ② 제1항에도 불구하고 사용자는 휴일근로에 대하여는 다음 각 호의 기준에 따른 금액 이상을 가산하여 근로자에게 지급하여야 한다.

1. 8시간 이내의 휴일근로: 통상임금의 100분의 50
2. 8시간을 초과한 휴일근로: 통상임금의 100분의 100

사용자는 8시간 이내의 휴일근로에 대해서는 통상임금의 100분의 50 이상, 8시간을 초과하는 휴일근로에 대하여는 통상임금의 100분의 100 이상을 가산하여 지급하여야 한다.

- *격일제 근로자가 주휴일 전일에 근로를 개시하여 역일상 휴일까지 근로를 하였더라도 이를 전일의 근로로 보아 휴일근로수당을 지급치 않아도 무방할 것임*. 따라서, 격일제 근로자가 '근로자의 날'

전일에 근로를 개시하여 익일까지 근로를 하였더라도 그 익일의 사업시작 이전까지는 전일 근로의 연장으로 보아 휴일근로수당을 지급하지 않아도 무방할 것임. 다만, '근로자의 날'에 근로를 시작하여 익일까지 근로가 계속된 경우에는 그 익일의 사업시작 이전까지는 전일 근로의 연장으로 보아 휴일근로수당(연장 및 야간근로에 해당되는 경우 연장 · 야간근로수당은 각각 별도 산정)을 지급하여야 함(고용노동부 2012.8.25., 근로개선정책과-4304).

- *주휴일에 시작된 근로가 역일을 달리하여 계속되어 익일의 소정근로시간 종료 후 퇴근한 경우 그 익일의 소정근로시업시각 전까지에 대하여는 전일(휴일)의 근로의 연장으로 보아 근로기준법 제55조에 의한 휴일근로수당(연장 및 야간근로에 해당되는 경우 동조에 의한 연장 · 야간근로수당은 각각 별도 산정)을 지급하여야 하며, 월요일 시업시각 이후의 근로는 이를 휴일근로와 연장근로로 볼 수 없다고 사료됨(고용노동부 2003.3.31., 근기 68207-402).*

3. 야간근로

1) 의 의

야간근로란 오후 10시부터 다음 날 오전 6시 사이의 근로를 말한다. 즉 야간근로는 소정근로시간, 근무형태 등과 상관없는 절대적 기준이므로 비록 소정근로시간 이내의 근로라고 하더라도 오후 10시부터 다음 날 오전 6시 사이의 근로는 야간근로에 해당한다.

2) 제 한

(1) 18세 이상의 여성근로자

「근로기준법」

제70조【야간근로와 휴일근로의 제한】 ① 사용자는 18세 이상의 여성을 오후 10시부터 오전 6시까지의 시간 및 휴일에 근로시키려면 그 근로자의 동의를 받아야 한다.

사용자는 18세 이상의 여성을 오후 10시부터 오전 6시까지의 사이에 근로시키려면 해당 근로자의 동의를 얻어야 한다.

※ 근기법 제70조는 '18세 이상의 여성'에 대해서만 야간근로를 제한하는 규정을 두고 있으므로, 18세 이상인 남성의 야간근로에 대하여는 별도의 제한규정이 없음.

(2) 임산부와 18세 미만 근로자

「근로기준법」

제70조【야간근로와 휴일근로의 제한】 ② 사용자는 임산부와 18세 미만자를 오후 10시부터 오전 6시까지의 시간 및 휴일에 근로시키지 못한다. 다만, 다음 각호의 어느 하나에 해당하는 경우로서 고용노동부 장관의 인가를 받으면 그러하지 아니하다.
1. 18세 미만자의 동의가 있는 경우
2. 산후 1년이 지나지 아니한 여성의 동의가 있는 경우
3. 임신 중의 여성이 명시적으로 청구하는 경우

③ 사용자는 제2항의 경우 고용노동부 장관의 인가를 받기 전에 근로자의 건강 및 모성 보호를 위하여 그 시행 여부와 방법 등에 관하여 그 사업 또는 사업장의 근로자 대표와 성실하게 협의하여야 한다.

사용자는 임산부와 18세 미만 근로자에게 야간근로를 시키지 못한다. 다만, 18세 미만자 및 임부의 동의와 산부의 명시적 청구가 있고 고용노동부 장관의 인가를 받으면 야간근로가 가능하다.[14)]

근로기준법상 산(産)은 정상분만과 유산·사산도 포함함. 근로기준법 시행령 제43조에 따르면 유산·사산 휴가는 임신기간이 11주 이내의 경우에는 유산 또는 사산한 날부터 5일까지, 임신기간 12주 이상 15주 이내인 경우에는 유산 또는 사산한 날부터 10일까지 부여토록 하고 있으므로 임신 16주 미만에 유산·사산을 한 경우에도 근로기준법상 산(産)에 포함함. 따라서, 임신기간 16주 미만에 유산·사산한 여성 근로자가 유산·사산일로부터 1년이 지나지 아니한 경우에는 근로기준법 제70조(야간 및 휴일근로의 제한) 제2항 및 제71조(시간외근로)의 적용 대상임(고용노동부 2020.4.06., 여성고용정책과-1449).

(3) 유해위험작업 근로자 및 단시간근로자

유해위험작업에 종사하는 근로자 및 단시간근로자는 야간근로에 대한 제한 규정이 없으므로, 사용자가 해당 근로자의 동의를 얻으면 야간근로가 가능하다.

〈근로자 유형별 야간근로의 제한〉

구 분	야간근로 가능 여부	야간근로 가능 요건
통상근로자	제한 없음	동의

14) 임산부 및 18세 미만 근로자의 야간근로 인가요건은 『근로감독관 집무규정』(고용노동부 훈령 제517호, 2024.06.26.) 제71조(임산부 및 18세 미만자의 야간·휴일근로 인가요건) 및 「연소근로자 야간 및 휴일근로 인가처리 지침」(고용노동부 2007.11.4., 근로기준팀-7384)에서 구체적으로 확인할 수 있다.

구 분	야간근로 가능 여부	야간근로 가능 요건
임신 중인 근로자(임부)	원칙적 금지	명시적 청구 + 고용노동부 장관 인가
출산 후 1년 미만 근로자(산부)		동의 + 고용노동부 장관 인가
18세 미만 근로자		동의 + 고용노동부 장관 인가
유해위험작업 근로자	제한 없음	동의
단시간근로자		동의

3) 야간근로와 가산임금

「근로기준법」

제56조【연장 · 야간 및 휴일 근로】 ③ 사용자는 야간근로(오후 10시부터 다음 날 오전 6시 사이의 근로를 말한다)에 대하여는 통상임금의 100분의 50 이상을 가산하여 근로자에게 지급하여야 한다.

야간근로시간은 절대적 기준이므로 소정근로시간 이내의 근로일지라도 야간근로에 해당하면 통상임금의 100분의 50 이상을 가산하여 지급해야 한다.

※ 근기법 제63조(근로시간 · 휴게 · 휴일규정 적용제외)에 열거한 사업에 대해서는 근기법상 근로시간 규정이 적용되지 않아 연장근로 · 휴일근로에 대한 가산임금의 지급문제는 발생하지 않으나, 야간근로에 대해서는 가산임금을 지급해야 함.

- *근로기준법 제46조(현행 제56조)의 규정에 의한 야간근로는 하오 10시부터 상오 6시까지 사이의 근로를 의미하는 바, 근로시간의 일부 또는 전부가 이 시간대에 걸치는 경우, 그 부분은 야간근로로서 법에 정한 가산임금을 지급하여야 함(고용노동부 1992.1.25., 근기 01254-128).*
- *근로기준법 제63조 제3호에 해당하는 감시 · 단속적 근로자로서 고용노동부 장관의 적용 제외 승인을 얻은 경우에는 동법 제4장과 제5장에서 정한 근로시간, 휴게와 휴일에 관한 규정을 적용하지 않음. 따라서, 법정근로시간을 초과한 연장근로 및 휴일근로에 대해서는 동법 제56조에 의한 가산수당을 지급할 필요가 없으나, 연장근로와 야간근로 제한은 그 보호범위에 차이가 있다고 할 것이고, 감시 · 단속적인 근로자라고 하더라도 야간근로로 인한 피로에서는 일반근로자와 같은 보호가 필요할 것으로 야간근로(오후 10시부터 다음 날 오전 6시 사이)에 대해서는 동조에 의한 가산수당이 지급되어야 할 것임(고용노동부 2019.11.27., 근로기준정책과-5975).*

〈법정근로시간과 연장 · 야간 · 휴일근로의 제한〉

구 분	법정근로시간		연장근로	야간근로	휴일근로
	1일	1주			
남성 근로자	8H	40H	당사자 합의+ 1주 12H	-	-
여성 근로자			당사자 합의+ 1주 12H	본인 동의	본의 동의
임신 중인 근로자 (임부)			불가	명시적 청구+ 고용 장관 인가	명시적 청구+ 고용 장관 인가
산후 1년 미만 근로자 (산부)			당사자 합의+ 1일 2H, 1주 6H, 1년 150H	본인 동의+ 고용 장관 인가	본인 동의+ 고용 장관 인가
연소근로자 (18세 미만)	7H	35H	당사자 합의+ 1일 1H, 1주 5H	본인 동의+ 고용 장관 인가	본인 동의+ 고용 장관 인가
유해위험작업 근로자	6H	34H	불가	-	-
단시간 근로자	8H 이내	40H 이내	근로자 동의+1주 12H	근로자 동의	근로자 동의

제3절 유연근로제도

1. 개 요

1) 의 의

유연근로제도(Flexible time)는 근로시간의 결정 및 배치 등을 탄력적으로 운영할 수 있도록 하는 제도이다.[15] 유연근로제도는 업무량이 많고 적음에 따라 근로시간을 적절하게 배분하거나 근로자의 선택에 맡김으로써 근로시간을 유연하고 효율적으로 운영할 수 있고, 근로시간의 산

15) 고용노동부, 『유연근로시간제 가이드』(2019.8.)에서 유연근로시간제도에 대한 구체적인 내용을 확인할 수 있다.

정이 어려운 경우에 별도로 정한 근로시간을 근로시간으로 인정하는 것이 가능하다.

2) 유 형

근기법상 유연근로제도는 탄력적 근로시간제(제51조, 제51조의2, 제51조의3), 선택적 근로시간제(제52조), 사업장 밖 간주근로시간제(제58조 제1항·제2항), 재량근로시간제(제58조 제3항) 등이 있다.

〈유연근로제도의 유형 및 내용〉

유 형	내 용	적합 직무
탄력적 근로시간제	일이 많은 주 또는 일의 근로시간을 늘리는 대신 다른 주 또는 일의 근로시간을 줄여 평균적으로 법정근로시간(주 40시간) 범위 내로 근로시간을 맞추는 제도	계절적 영향을 받거나 시기별(성수기·비수기) 업무량 편차가 많은 업종
선택적 근로시간제	일정 기간의 단위로 정해진 총근로시간 범위 내에서 업무의 시작 및 종료시각, 1일의 근로시간을 근로자가 자율적으로 결정할 수 있는 제도	근로시간(근로일)에 따라 업무량의 편차가 발생하여 업무조율이 가능한 소프트웨어 개발, 사무관리(금융거래·행정처리 등), 연구, 디자인, 설계 등
사업장 밖 간주 근로시간제	출장 등 사유로 근로시간의 전부 또는 일부를 사업장 밖에서 근로하여 근로시간을 산정하기 어려운 경우에 소정근로시간 또는 업무수행에 통상 필요한 시간을 근로한 것으로 인정하는 제도	근로시간 대부분을 사업장 밖에서 근로하는 영업직, A/S 업무, 출장업무 등
재량 근로시간제	업무의 성질에 비추어 업무수행 방법을 근로자의 재량에 위임할 필요가 있는 업무로서, 사용자가 근로자 대표와 서면합의로 정한 근로시간을 근로한 것으로 인정하는 제도	근기법 시행령 제31조(재량근로의 대상업무) 및 관련 고시에서 정하는 업무에 한함

2. 탄력적 근로시간제

1) 개 념

탄력적 근로시간제는 특정일 또는 특정 주의 근로시간을 연장시키는 대신에 다른 근로일이나 다른 주의 근로시간을 단축시켜서, 일정한 단위기간의 평균 근로시간을 법정근로시간(1주 40

시간) 이내로 설정하는 제도이다. 이 제도의 특징은 특정일 또는 특정 주의 근로시간이 법정근로시간을 초과하더라도 연장근로에 해당하지 않아 그에 따르는 가산임금을 지급하지 않을 수 있다는 것이다. 탄력적 근로시간제는 단위기간에 따라 2주 이내, 3개월 이내 및 3개월 초과 6개월 이내의 3가지 유형이 있다.

2) 2주 이내 탄력적 근로시간제

(1) 의 미

「근로기준법」

제51조【3개월 이내의 탄력적 근로시간제】 ① 사용자는 취업규칙(취업규칙에 준하는 것을 포함한다)에서 정하는 바에 따라 2주 이내의 일정한 단위기간을 평균하여 1주간의 근로시간이 제50조 제1항의 근로시간을 초과하지 아니하는 범위에서 특정한 주에 제50조 제1항의 근로시간을, 특정한 날에 제50조 제2항의 근로시간을 초과하여 근로하게 할 수 있다. 다만, 특정한 주의 근로시간은 48시간을 초과할 수 없다.

③ 제1항과 제2항은 15세 이상 18세 미만의 근로자와 임신 중인 여성 근로자에 대하여는 적용하지 아니한다.

2주 이내의 탄력적 근로시간제는 2주간 이내의 일정한 단위기간을 정한 후, 1주 평균 근로시간이 40시간을 초과하지 않으면서 특정일에 8시간을, 특정 주에 40시간을 초과하여 근로할 수 있는 제도이다. 다만, 연소근로자 및 임신 중인 근로자에게는 적용할 수 없다.

(2) 실시 요건

2주 이내 탄력적 근로시간제는 상시근로자 10인 이상인 사업장은 취업규칙에 정하여 실시할 수 있고, 취업규칙 작성의무가 없는 상시근로자 9인 이하의 사업장은 취업규칙에 준하는 것(탄력적 근로시간제 합의서 등)으로 정하여 실시할 수 있다.

※ 2주 이내 탄력적 근로제는 연소근로자와 임부를 제외한다는 규정만 있지만, 당사자 간의 분쟁 예방을 위하여 대상 근로자의 범위, 유효기간, 단위기간의 근로일 및 근로일별 근로시간 등을 명확히 할 필요가 있음.

- 근로기준법 제50조(현행 제51조) 제1항은 사용자가 취업규칙으로 '2주(이내) 단위의 탄력적 근로시간제'를 도입할 수 있도록 규정하고 있고, 동법 동조 제2항은 사용자가 근로자 대표와의 서면합의

에 의하여 '1월 이내(현행 3개월 이내) 탄력적 근로시간제'는 단위기간의 상한을 1월(현행 3개월)로 제한할 뿐 반드시 2주를 초과하는 단위기간을 정하도록 하고 있지는 않으므로 사용자는 근로자대표와의 서면합의가 있을 경우 취업규칙의 규정이 없더라도 2주를 단위기간으로 하여 탄력적 근로시간제를 실시할 수 있다고 사료됨(고용노동부 2003.12.9., 근기 68207-1584).

- *탄력적 근로시간제 도입 시 근로일과 근로일별 근로시간에 대한 합의를 요구하는 취지는 사용자가 그날그날의 작업량에 따라 근로시간을 변경하여 근로자가 미리 예상하지 못하는 근로를 방지함으로써 근로자를 보호하고자 하는 것임. 근무형태의 변경으로 근로일과 근로시간이 변경되면서 근로자가 미리 예상하지 못하는 근로를 제공하였을 경우에는 '근로일 및 당해 근로일별 근로시간'에 대한 서면합의 내용을 위반하였다고 볼 수 있으나, 이와 달리 근무형태가 변경되었더라도 근로자가 자신의 근로일과 근로시간을 미리 예상할 수 있도록 조치가 이루어진 경우라면 근로일 및 당해 근로일별 근로시간에 대한 서면합의 내용을 위반하였다고 볼 수 없음(고용노동부 2010.7.20., 근로기준과-199).*

(3) 실시 효과

2주 이내의 단위기간을 평균하여 1주 40시간을 초과하지 않는다면, 특정 주에 40시간 또는 특정일에 8시간을 초과하여 근로하더라도 연장근로에 해당하지 않고, 근기법 제56조의 가산임금은 발생하지 않는다.

ex. 2주 단위 탄력적 근로기간제에서 첫째 주에 45시간(9시간×5일), 둘째 주에 35시간(7시간×5일) 근무 시 주당 평균 근로시간이 40시간{(45+35)÷2주}이므로, 첫째 주에 법정근로시간을 초과한 5시간에 대하여 근기법 제56조에 의한 가산임금이 발생하지 않음.

취업규칙 또는 이에 준하는 것에서 2주 단위 탄력적 근로시간제를 명시적으로 도입하지 않은 상태에서 토요격주 휴무제(1주는 40시간, 1주는 48시간)를 시행하고 있다면 이는 근로기준법상 탄력적 근로시간제를 도입하였다고 볼 수 없음. 따라서 근로기준법상의 탄력적 근로시간제를 도입하지 않은 상태에서 근로자가 특정 주에 48시간을 근로하였다면 주 44시간을 초과한 4시간분에 대한 연장근로수당을 지급함이 타당하다고 사료됨(고용노동부 2000.9.29., 근기 68207-2997).

(4) 제 한

① 특정 주 근로시간 제한

2주간의 평균 근로시간이 1주 40시간 이내라도 특정 주의 근로시간은 48시간을 초과할 수 없다. 다만, 특정 주의 시간제한(48시간)에도 불구하고 근로자와 사용자가 합의하면 1주에 12시까지 연장근로가 가능하다.

※ 2주 이내 탄력적 근로시간제에서 1주 최대 근로시간은 60시간(특정 주 48시간+연장근로 12시간)이고, 특정일에 대한 근로시간 제한이 없으므로 1일 최대 근로시간은 20시간(소정근로 8시간+연장근로 12시간)이고, 이 경우 특정 주 또는 특정일의 연장근로 12시간은 근기법 제56조에 따라 가산임금을 지급하여야 함.

근로기준법 제50조(현행 제51조) 제2항에 의하면 {1개월(현행 3개월 이내) 단위 탄력적 근로시간제}를 도입하는 경우 1월간(현행 3개월 이내)의 단위기간을 평균하여 1주간의 근로시간이 44시간(현행 40시간)을 초과하지 아니하는 범위 내에서 특정 주의 근로시간은 56시간(현행 52시간)을, 특정일의 근로시간은 12시간을 초과할 수 없다고 규정하고 있음. 또한 근로기준법 제52조 제2항(현행 제53조 제1항)에 의하면 "당사자 간의 합의가 있는 경우에는 1주간에 12시간을 한도로 제50조의 근로시간을 연장할 수 있다"고 규정하고 있으나 1일의 연장근로에 대하여는 별도로 규정하고 있지 아니함. 따라서 {1개월 단위 탄력적 근로시간제}하에서 1주간의 최장 근로시간은 68시간(56시간+12시간)이 될 수 있음. 다만, 동 제도하에서 1일의 연장근로시간은 제한하고 있지 아니하므로 1주간의 근로시간을 특정 1일에 연장근로할 수 있다고 사료됨. 즉, 1개월 단위(현행 3개월 이내) 탄력적 근로시간제도를 도입한 사업장에서 소정근로시간을 8시간으로 정한 특정 1일에 연장근로(1주 12시간)를 실시한다면 특정 1일은 연장근로시간을 포함하여 20시간까지 근로가 가능하다고 사료됨. 이 경우 근로기준법 위반의 문제는 발생하지 아니하나 근로자의 건강보호를 감안하여 지나치게 긴 근로시간은 교대제 근로 등을 활용하는 것이 바람직하다고 사료됨(고용노동부 2000.5.29., 근기 68207-1039).

② 임금보전방안 강구

「근로기준법」

제51조【3개월 이내의 탄력적 근로시간제】 ④ 사용자는 제1항 및 제2항에 따라 근로자를 근로시킬 경우에는 기존의 임금수준이 낮아지지 아니하도록 임금보전방안(賃金補塡方案)을 강구하여야 한다.

「근로기준법 시행령」

제28조【3개월 이내의 탄력적 근로시간제에 관한 합의사항 등】 ② 고용노동부 장관은 법 제51조 제4항에 따른 임금보전방안(賃金補塡方案)을 강구하게 하기 위해 필요한 경우에는 사용자에게 그 임금보전방안의 내용을 제출하도록 명하거나 직접 확인할 수 있다.

사용자는 2주 이내의 탄력적 근로시간제 실시로 인하여 기존 임금수준이 저하되지 않도록 임금보전방안을 강구하여야 하며(위반 시 벌칙 없음), 고용노동부 장관은 임금보전방안을 강구하기 위하여 필요한 경우 사용자에게 그 임금보전방안의 내용을 제출하도록 명하거나 직접 확인할 수 있다.

(5) 단위기간 보다 짧은 근로기간에 대한 임금 정산

> 「근로기준법」
>
> **제51조의3【근로한 기간이 단위기간보다 짧은 경우의 임금 정산】** 사용자는 제51조 및 제51조의2에 따른 단위기간 중 근로자가 근로한 기간이 그 단위기간보다 짧은 경우에는 그 단위기간 중 해당 근로자가 근로한 기간을 평균하여 1주간에 40시간을 초과하여 근로한 시간 전부에 대하여 제56조 제1항에 따른 가산임금을 지급하여야 한다.

사용자는 2주 이내의 기간 중 근로자가 근로한 기간이 2주 이내의 기간보다 짧은 경우(단위기간 도중 채용, 퇴직, 배치전환, 휴직 등으로 탄력적 근로시간제를 신규로 적용받거나 적용이 중지되는 경우), 2주 이내의 기간 중 해당 근로자가 실제로 근로한 기간을 평균하여 1주간에 40시간을 초과하여 근로한 시간 전부에 대하여 근기법 제56조 제1항에 따라 연장근로에 대한 가산임금을 지급해야 한다(위반 시 3년 이하의 징역 또는 3천만원 이하의 벌금).

〈실 근로기간을 평균하여 1주 40시간을 초과한 시간의 산정방법〉

$$\text{실 근로기간을 평균하여 1주 40시간을 초과한 시간} = \text{실 근로기간의 총 실근로시간} - \left(40\text{시간} \times \frac{\text{실 근로기간의 달력상 일수}}{7\text{일}}\right)$$

※ 1일 및 1주의 연장근로 중에서 이미 가산임금이 지급된 시간에 대해서는 평균 주 40시간을 초과한 시간 산정에서 제외함.

〈단위기간보다 짧은 근로기간에 대한 가산임금 예시〉[16)]

다음과 같이 근로하는 도중 퇴직하여 탄력적 근로시간제를 적용받지 않게 된 경우(6주까지의 근로에 대해서는 이미 임금 지급)

구 분	1주	2주	3주	4주	5주	6주	7주	8주	9주	10주
소정근로시간	46	48	52	52	52	48	50	52	46	퇴직
연장근로시간	10	8	12	12	12	10	10	8	8	
계	56	56	64	64	64	58	60	60	54	

16) 고용노동부, 「근로기준법상 근로시간 규정의 주요 내용」, 2021.3, 34-35쪽.

① 실제 근로한 기간의 총근로시간: **536H** = 소정근로시간(446H) + 연장근로시간(90H)
② 40H×(실제 근로한 기간의 달력상 일수÷7): **360H**=40H×(7일×9주÷7)
③ 이미 가산임금이 지급된 시간: **64H** = 1~6주 연장근로시간(10+8+12+12+12+10)
⇒ **퇴직 시에 추가적으로 가산임금이 지급되어야 할 시간**: ①-②-③ = **536H - 360H - 64H = 112H**

3) 3개월 이내 탄력적 근로시간제

(1) 의 미

「근로기준법」

제51조【3개월 이내의 탄력적 근로시간제】 ② 사용자는 근로자 대표와의 서면합의에 따라 다음 각 호의 사항을 정하면 3개월 이내의 단위기간을 평균하여 1주 간의 근로시간이 제50조 제1항의 근로시간을 초과하지 아니하는 범위에서 특정한 주에 제50조 제1항의 근로시간을, 특정한 날에 제50조 제2항의 근로시간을 초과하여 근로하게 할 수 있다. 다만, 특정한 주의 근로시간은 52시간을, 특정한 날의 근로시간은 12시간을 초과할 수 없다.

1. 대상 근로자의 범위
2. 단위기간(3개월 이내의 일정한 기간으로 정하여야 한다)
3. 단위기간의 근로일과 그 근로일별 근로시간
4. 그 밖에 대통령령으로 정하는 사항

「근로기준법 시행령」

제28조【3개월 이내의 탄력적 근로시간제에 관한 합의사항 등】 ① 법 제51조 제2항 제4호에서 "그 밖에 대통령령으로 정하는 사항"이란 서면합의의 유효기간을 말한다.

③ 제1항과 제2항은 15세 이상 18세 미만의 근로자와 임신 중인 여성 근로자에 대하여는 적용하지 아니한다.

3개월 이내의 탄력적 근로시간제는 3개월 이내의 일정한 단위기간을 정한 후, 1주 평균 근로시간이 40시간을 초과하지 않으면서 특정일에 8시간을, 특정 주에 40시간을 초과하여 근로할 수 있는 제도이다. 다만, 연소근로자 및 임신 중인 근로자에게는 적용할 수 없다.

(2) 실시 요건

3개월 이내의 탄력적 근로시간제는 사용자와 근로자 대표가 특정한 사항을 서면으로 합의한 경우 실시가 가능하다.

〈3개월 이내 탄력적 근로시간제 서면합의 내용〉

1. 대상 근로자의 범위 → 전체 근로자 또는 일정 사업부문·업종·직종별로도 적용이 가능
2. 단위기간 → 3개월 이내의 일정한 기간으로 정함
3. 단위기간의 근로일과 그 근로일별 근로시간
4. 서면합의 유효기간 → 유효기간의 제한 없음

※ 근기법 제42조【계약서류의 보존】및 근기법시행령 제22조【보존 대상 서류 등】에 따라 탄력적 근로시간제의 서면합의 관련 서류는 서면합의한 날로부터 3년간 보존하여야 함.

(3) 실시 효과

3개월 이내의 단위기간을 평균하여 1주 40시간을 초과하지 않는다면, 특정 주에 40시간 또는 특정일 8시간을 초과하여 근로하더라도 연장근로에 해당하지 않고, 근기법 제56조의 가산임금은 발생하지 않는다.

(4) 제 한

① 특정 주 및 특정일 근로시간 제한

3개월 이내 기간의 평균 근로시간이 1주 40시간 이내라도 특정 주의 근로시간이 52시간을, 특정일의 근로시간이 12시간을 초과할 수 없다. 다만, 특정 주(52시간) 및 특정일(12시간)의 근로시간 제한 이외에 근로자와 사용자가 합의하면 1주 12시간의 연장근로는 가능하다.

※ 3개월 이내 탄력적 근로시간제에서 1주 최대 근로시간은 64시간(특정 주 52시간 + 연장근로 12시간)이고, 이 경우 특정 주의 연장근로 12시간은 근기법 제56조에 따라 가산임금을 지급하여야 함.

② 임금보전방안 강구

「근로기준법」

제51조【3개월 이내의 탄력적 근로시간제】 ④ 사용자는 제1항 및 제2항에 따라 근로자를 근로시킬 경우에는 기존의 임금수준이 낮아지지 아니하도록 임금보전방안(賃金補塡方案)을 강구하여야 한다.

「근로기준법 시행령」

제28조【3개월 이내의 탄력적 근로시간제에 관한 합의사항 등】 ② 고용노동부 장관은 법 제51조 제4항에 따른 임금보전방안(賃金補塡方案)을 강구하게 하기 위해 필요한 경우에는 사용자에게 그 임금보전방안의 내용을 제출하도록 명하거나 직접 확인할 수 있다.

사용자는 3개월 이내의 탄력적 근로시간제 실시로 인하여 기존 임금수준이 저하되지 않도록 임금보전방안을 강구하여야 하고(위반 시 벌칙 없음), 고용노동부 장관은 임금보전방안을 강구하기 위하여 필요한 경우 사용자에게 그 임금보전방안의 내용을 제출하도록 명하거나 직접 확인할 수 있다.

(5) 단위기간 보다 짧은 근로기간에 대한 임금 정산

2주 이내 탄력적 근로시간제와 동일하게 적용된다.

4) 3개월 초과 6개월 이내 탄력적 근로시간제

(1) 의 미

「근로기준법」

제51조의2【3개월을 초과하는 탄력적 근로시간제】 ① 사용자는 근로자 대표와의 서면합의에 따라 다음 각호의 사항을 정하면 3개월을 초과하고 6개월 이내의 단위기간을 평균하여 1주간의 근로시간이제50조 제1항의 근로시간을 초과하지 아니하는 범위에서 특정한 주에 제50조 제1항의 근로시간을, 특정한 날에 제50조 제2항의 근로시간을 초과하여 근로하게 할 수 있다. 다만, 특정한 주의 근로시간은 52시간을, 특정한 날의 근로시간은 12시간을 초과할 수 없다.

1. 대상 근로자의 범위
2. 단위기간(3개월을 초과하고 6개월 이내의 일정한 기간으로 정하여야 한다)
3. 단위기간의 주별 근로시간
4. 그 밖에 대통령령으로 정하는 사항

「근로기준법 시행령」

제28조의2【3개월을 초과하는 탄력적 근로시간제에 관한 합의사항 등】 ① 법 제51조의2 제1항 제4호에서 "그 밖에 대통령령으로 정하는 사항"이란 서면합의의 유효기간을 말한다.

③ 사용자는 제1항 제3호에 따른 각 주의 근로일이 시작되기 2주 전까지 근로자에게 해당 주의 근로일별 근로시간을 통보하여야 한다.

④ 사용자는 제1항에 따른 근로자 대표와의 서면합의 당시에는 예측하지 못한 천재지변, 기계 고장, 업무량 급증 등 불가피한 사유가 발생한 때에는 제1항 제2호에 따른 단위기간 내에서 평균하여 1주간의 근로시간이 유지되는 범위에서 근로자 대표와의 협의를 거쳐 제1항 제3호의 사항을 변경할 수 있다. 이 경우 해당 근로자에게 변경된 근로일이 개시되기 전에 변경된 근로일별 근로시간을 통보하여야 한다.

⑥ 제1항부터 제5항까지의 규정은 15세 이상 18세 미만의 근로자와 임신 중인 여성 근로자에 대해서는 적용하지 아니한다.

3개월 초과 6개월 이내의 탄력적 근로시간제는 3개월을 초과하고 6개월 이내의 일정한 단위기간을 정한 후, 1주 평균 근로시간이 40시간을 초과하지 않으면서 특정일에 8시간을, 특정 주에 40시간을 초과하여 근로할 수 있는 제도이다. 다만, 연소근로자 및 임신 중인 근로자에게는 적용할 수 없다.

(2) 실시 요건

3개월 초과 6개월 이내의 탄력적 근로시간제는 사용자와 근로자 대표가 특정한 사항을 서면으로 합의한 경우 실시가 가능하다.

〈3개월 초과 6개월 이내 탄력적 근로시간제 서면합의 내용〉

1. 대상 근로자의 범위 → 전체 근로자 또는 일정 사업부문·업종·직종별로도 적용이 가능
2. 단위기간 → 3개월을 초과하고 6개월 이내의 일정한 기간
3. 단위기간의 주별 근로시간 → 각 주의 근로일이 시작되기 2주 전까지 근로자에게 해당 주의 근로일별 근로시간을 통보해야 함
4. 서면합의 유효기간 → 유효기간의 제한 없음

※ 근기법 제42조【계약서류의 보존】및 근기법시행령 제22조【보존 대상 서류 등】에 따라 탄력적 근로시간제의 서면합의 관련 서류는 서면 합의한 날로부터 3년간 보존하여야 함.

(3) 실시 효과

3개월 초과 6개월 이내의 단위기간을 평균하여 1주 40시간을 초과하지 않는다면, 특정 주에 40시간 또는 특정일 8시간을 초과하여 근로하더라도 연장근로에 해당하지 않고, 근기법 제56조의 가산임금은 발생하지 않는다.

(4) 제 한

① 특정 주 및 특정일 근로시간의 제한

3개월 초과 6개월 이내 기간의 평균 근로시간이 1주 40시간 이내라도 특정 주의 근로시간이 52시간을, 특정일의 근로시간이 12시간을 초과할 수 없다. 다만, 특정 주(52시간) 및 특정일(12시간)의 근로시간 제한 이외에 근로자와 사용자가 합의하면 1주 12시간의 연장근로는 가능하다.

※ 3개월 초과 6개월 이내 탄력적 근로시간제에서 1주 최대 근로시간은 64시간(특정 주 52시간 + 연장근로 12시간)이고, 이 경우 특정 주의 연장근로 12시간은 근기법 제56조에 따라 가산임금을 지급하여야 함.

② 임금보전방안 강구

「근로기준법」

제51조의2 【3개월을 초과하는 탄력적 근로시간제】 ⑤ 사용자는 제1항에 따라 근로자를 근로시킬 경우에는 기존의 임금수준이 낮아지지 아니하도록 임금항목을 조정 또는 신설하거나 가산임금 지급 등의 임금보전방안(賃金補塡方案)을 마련하여 고용노동부 장관에게 신고하여야 한다. 다만, 근로자대표와의 서면합의로 임금보전방안을 마련한 경우에는 그러하지 아니하다.

3개월 초과 6개월 이내의 탄력적 근로시간제 실시로 인하여 기존 임금수준이 저하되지 않도록 임금항목을 조정 또는 신설하거나 가산임금 지급 등의 임금보전방안을 마련하여 고용노동부 장관에게 신고하여야 한다(위반 시 500만원 이하 과태료). 다만, 근로자 대표와 서면합의로 임금보전방안을 마련한 경우에는 고용노동부 장관에게 신고하지 않아도 된다.

(5) 단위기간 보다 짧은 근로기간에 대한 임금 정산

2주 이내 탄력적 근로시간제와 동일하게 적용된다.

(6) 근로일 사이에 11시간 이상의 연속휴식 부여

「근로기준법」

제51조의2 【3개월을 초과하는 탄력적 근로시간제】 ② 사용자는 제1항에 따라 근로자를 근로시킬 경우에는 근로일 종료 후 다음 근로일 개시 전까지 근로자에게 연속하여 11시간 이상의 휴식시간을 주어야 한다. 다만, 천재지변 등 대통령령으로 정하는 불가피한 경우에는 근로자 대표와의 서면합의가 있으면 이에 따른다.

3개월 초과 6개월 이내의 탄력적 근로시간제를 실시할 경우에는, 근로일 사이(특정 근로일의 근로가 종료된 때부터 다음 근로일의 소정근로 의무를 이행하기 위해 근로를 시작할 때까지)에 11시간 이상의 연속휴식을 부여해야 한다. 다만, 사업운영에 있어 예측이 불가한 예외적인 사유의 발생으로 근로일 간 11시간 이상의 연속휴식을 부여할 수 없는 불가피한 경우(근기법 시행령 제28조의2)에는 근로자 대표와 서면합의로 정한 시간만큼 연속휴식을 부여하면 된다.

〈11시간 이상의 연속휴식을 부여할 수 없는 불가피한 경우〉

1. 「재난 및 안전관리 기본법」에 따른 재난 또는 이에 준하는 사고가 발생하여 이를 수습하거나 재난

등의 발생이 예상되어 이를 예방하기 위해 긴급한 조치가 필요한 경우
2. 사람의 생명을 보호하거나 안전을 확보하기 위해 긴급한 조치가 필요한 경우
3. 그 밖에 제1호 및 제2호에 준하는 사유로 연속하여 11시간 이상의 휴식시간을 주는 것이 어렵다고 인정되는 경우

〈탄력적 근로시간제의 유형별 정리〉

구 분	2주 이내	3개월 이내	3개월 초과 6개월 이내
의 의	단위기간(2주 이내, 3개월 이내 또는 3개월을 초과하고 6개월 이내)을 평균하여, 1주간의 근로시간이 40시간을 초과하지 아니하는 범위에서 특정 주에 40시간, 특정일에 8시간을 초과하여 근로할 수 있는 제도 ⇒ 특정 주 또는 특정일의 근로시간이 법정근로시간을 초과하더라도 연장근로가 아님		
실시요건	취업규칙(10인 이상) 또는 취업규칙에 준하는 것(10인 미만)으로 규정하여야 함.	근로자 대표와 서면합의(대상 근로자 범위, 단위기간, 근로일 및 근로일별 근로시간, 서면합의 유효기간)	근로자 대표와 서면합의(대상 근로자 범위, 단위기간, 단위기간의 주별 근로시간, 서면합의 유효기간)
근로시간 제한	특정 주 48시간 초과하지 못함	특정 주 52시간, 특정일 12시간 초과하지 못함	
1주간 최대 근로시간	60시간(=48시간+12시간) *12시간: 합의 연장근로	64시간(=52시간+12시간) *12시간: 합의 연장근로	
연장근로가 되는 경우 (가산임금 지급)	① 단위기간을 평균한 1주간의 근로시간이 40시간 초과. ② 특정 주의 근로시간이 48시간 초과.	① 단위기간을 평균한 1주간의 근로시간이 40시간 초과. ② 특정 주의 근로시간이 52시간 초과 또는 특정일의 근로시간이 12시간 초과 ③ 서면합의로 정한 단위기간의 근로일 및 근로일별 근로시간 초과	
적용 제외	연소근로자(15세 이상 18세 미만) 및 임신 중인 여성근로자		
임금보전 방안 강구	① 사용자는 기존의 임금수준이 저하되지 않도록 임금보전 방안을 강구하여야 함 ⇒ 위반 시 벌칙 규정 없음 ② 고용노동부 장관은 필요한 경우 임금보전방안을 제출하게 하거나 이를 직접 확인할 수 있음.		사용자는 기존의 임금수준이 저하되지 않도록 임금보전 방안을 강구하여 지방노동관서에 신고하여야 함(위반 시 500만원 이하 과태료). 다만, 근로자 대표와 서면합의로 정한 경우는 신고의무 없음.

구 분	2주 이내	3개월 이내	3개월 초과 6개월 이내
근로기간이 단위기간보다 짧은 경우	중도 입·퇴사, 전환배치 등으로 탄력적 근로시간제의 단위기간이 중단되거나, 단위기간 중도에 탄력적 근로시간제를 적용받게 된 경우에는 탄력적 근로시간제를 적용받는 실근로시간에 대하여 그 기간 평균 1주 40시간을 초과한 시간에 대해서는 통상임금의 50% 이상을 가산하여야 지급해야 함.		

3. 선택적 근로시간제

1) 개 념

선택적 근로시간제는 정산기간(1개월 이내, 신상품 또는 신기술의 연구개발 업무는 3개월 이내)에서 정한 총근로시간 범위 내에서 업무의 시작 및 종료시각, 1일 및 1주의 근로시간을 근로자가 자율적으로 결정할 수 있는 제도이다. 따라서 근로자는 1주 40시간 및 1일 8시간의 제한 없이 본인의 선택에 따라 자유롭게 근로시간대를 정할 수 있다. 다만, 선택적 근로시간제는 연소근로자에게는 적용할 수 없다.

※ 근기법상 선택적 근로시간제의 대상 업무를 제한하는 규정은 없음. 다만, 근로일 및 근로시간대에 따라 업무량 편차가 발생하여 업무조율이 가능한 소프트웨어 개발, 사무관리(금융거래, 행정처리 등), 연구 및 디자인 업무 등과 출·퇴근 등에 엄격한 제한을 받지 않는 관리감독업무 종사자, 근로의 양보다 질을 중시하는 전문직 종사자에게 적용하기 용이함.

〈선택적 근로시간제와 자유출퇴근제 및 시차출퇴근제 비교〉

제 도	내 용	근 거
선택적 근로시간제	① 근로시간의 배분, 업무의 시작 및 종료시각을 근로자의 재량에 맡김. ② 1일 8시간 및 1주 40시간의 근로시간이 적용되지 않아, 이 시간을 초과하더라도 연장근로에 대한 가산수당이 발생하지 않음.	근기법 제52조
자유 출퇴근제	① 출근시간이 일단 설정되면 그날의 근로시간에 따라 퇴근시간이 자동적으로 결정되므로, 출근시간만 근로자의 재량에 맡기는 제도. ② 1일 8시간 및 1주 40시간의 근로시간이 적용되어, 이 시간을 초과하는 경우 연장근로에 대한 가산수당이 발생.	노동법상 규정 없음 (실무상 활용)
시차 출퇴근제	① 회사에서 정한 시간에 근무해야 하는 제도. ex. 기존 09시부터 18시까지 근무했던 사업장이 1일 8시간을 유지하되, 출퇴근시간을 조정하는 경우(08시 30분~17시 30분, 09시 30분~18시30분 등). ② 1일 8시간 및 1주 40시간의 근로시간이 적용되어, 이 시간을 초과하는 경우 연장근로에 대한 가산수당이 발생.	

〈부분선택적 근로시간제의 예시〉[17)]

<table>
<tr><td>부분선택적 근로시간제</td><td>일정한 시간대를 정하여 그 시간(의무적 근로시간대)에는 근로자가 사용자로부터 시간적 구속과 구체적인 업무지시를 받고 나머지 시간(선택적 근로시간대)은 근로자가 자유롭게 결정하는 제도</td></tr>
<tr><td>예시</td><td>
<table>
<tr><td>07:00 09:00</td><td>10:00</td><td>12:00</td><td>13:00</td><td>15:00 17:00 19:00</td></tr>
<tr><td>선택적
근로시간대
(시작 시간대)</td><td>의무적
근로시간대
(core time)</td><td>휴게</td><td>의무적
근로시간대
(core time)</td><td>선택적
근로시간대
(종료 시간대)</td></tr>
</table>
├──── 근 로 시 간 대 ────┤
* 의무적 시간대 또는 선택적 시간대를 정한 경우에는 그에 따라야
</td></tr>
</table>

※ 완전선택적 근로시간제: 정산기간 중 업무의 시작 및 종료 시각이 근로자의 자유로운 결정에 맡겨져 있고 사용자가 일체 관여하지 않는 제도.

2) 실시 요건

(1) 원 칙

「근로기준법」

제52조【선택적 근로시간제】 ① 사용자는 취업규칙(취업규칙에 준하는 것을 포함한다)에 따라 업무의 시작 및 종료 시각을 근로자의 결정에 맡기기로 한 근로자에 대하여 근로자 대표와의 서면합의에 따라 다음 각호의 사항을 정하면 1개월(신상품 또는 신기술의 연구개발 업무의 경우에는 3개월로 한다) 이내의 정산기간을 평균하여 1주간의 근로시간이 제50조 제1항의 근로시간을 초과하지 아니하는 범위에서 1주간에 제50조 제1항의 근로시간을, 1일에 제50조 제2항의 근로시간을 초과하여 근로하게 할 수 있다.

1. 대상 근로자의 범위(15세 이상 18세 미만의 근로자는 제외한다)
2. 정산기간
3. 정산기간의 총근로시간
4. 반드시 근로하여야 할 시간대를 정하는 경우에는 그 시작 및 종료 시각
5. 근로자가 그의 결정에 따라 근로할 수 있는 시간대를 정하는 경우에는 그 시작 및 종료 시각
6. 그 밖에 대통령령으로 정하는 사항

제29조【선택적 근로시간제에 관한 합의사항 등】 ① 법 제52조 제1항 제6호에서 “그 밖에 대통령령으로 정하는 사항”이란 표준근로시간(유급휴가 등의 계산 기준으로 사용자와 근로자 대표가 합의하여 정한 1일의 근로시간을 말한다)을 말한다.

---

17) 고용노동부, 『유연근로시간제 가이드』, 2019.8, 44쪽.

사용자는 취업규칙이나 취업규칙에 준하는 것에 업무의 시작 및 종료시각을 근로자 결정에 맡긴다는 내용과 맡기기로 한 근로자를 규정하고, 근로자 대표와 특정한 사항을 서면으로 합의한 경우 실시가 가능하다.

〈선택적 근로시간제 서면합의 내용〉

1. 대상 근로자의 범위→연소근로자 제외
2. 정산기간→1개월 이내 또는 1개월 초과 3개월 이내
3. 정산기간의 총근로시간
4. 반드시 근로하여야 할 시간대(의무적 근로시간)를 정할 경우에는 그 시작 및 종료 시각
5. 근로자가 그의 결정에 따라 근로할 수 있는 시간대(선택적 근로시간)를 정한 경우에는 그 시작 및 종료 시각
6. 표준근로시간→유급휴가 등의 계산기준으로 사용자와 근로자 대표가 합의하여 정한 1일의 근로시간

※ 근기법 제42조【계약서류의 보존】 및 근기법시행령 제22조【보존 대상 서류 등】에 따라 서면합의 관련 서류는 서면합의한 날로부터 3년간 보존하여야 함.

〈정산기간별 선택적 근로시간제〉[18]

구 분	1개월 이내	1개월 초과 3개월 이내
대상 근로자	모든 근로자(다만, 연소근로자 제외)	
대상 업무	제한 없음	신상품 또는 신기술의 연구개발 업무
실시 요건	취업규칙(이에 준하는 것 포함) + 근로자 대표 서면합의	
시간제한	특정 주 및 특정일 근로시간 제한 없음. 다만, 연장근로는 정산기간 평균 1주 12시간	
건강권 보호	-	11시간 연속휴식 부여(다만, 불가피한 경우에는 근로자 대표와 서면합의에 따름)
임금보전	-	1개월마다 정산하여 평균 근로시간이 1주 40시간을 초과하면 가산임금 지급

(2) 1개월을 초과하는 정산기간에 대한 조치사항

「근로기준법」

제52조【선택적 근로시간제】 ② 사용자는 제1항에 따라 1개월을 초과하는 정산기간을 정하는 경우에는 다음 각호의 조치를 하여야 한다.

18) 고용노동부, "근로시간 제도의 이해", 2021.8.

1. 근로일 종료 후 다음 근로일 시작 전까지 근로자에게 연속하여 11시간 이상의 휴식시간을 줄 것. 다만, 천재지변 등 대통령령으로 정하는 불가피한 경우에는 근로자 대표와의 서면합의가 있으면 이에 따른다.
2. 매 1개월마다 평균하여 1주간의 근로시간이 제50조 제1항의 근로시간을 초과한 시간에 대해서는 통상임금의 100분의 50 이상을 가산하여 근로자에게 지급할 것. 이 경우 제56조 제1항은 적용하지 아니한다.

신상품 또는 신기술의 연구개발 업무에 대하여는 근로자 대표와 서면합의로 정산기간을 3개월 이내로 정할 수 있다. 이 경우에는 근로일 종료 후 다음 근로일 시작 전까지 11시간 이상의 연속휴식(천재지변 등 불가피한 경우[19]에는 근로자 대표와 서면합의로 정한 시간)을 주어야 하고, 매 1개월 단위로 평균하여 1주간에 40시간을 초과하는 시간에 대해서는 통상임금의 100분의 50 이상을 가산하여 지급해야 한다. 한다.

※ '신상품 또는 신기술의 연구개발 업무'는 재료, 제품, 생산·제조공정 등의 개발이나 기술적 개선 등을 의미함(제조업의 실물 제품 및 SW·게임·금융산품 등 무형의 제품에 대한 연구개발 등도 포함). 다만, 신상품 또는 신기술의 연구개발 업무가 아닌 '인문사회과학 또는 자연과학 분야의 연구 업무'는 포함되지 않음(대학 또는 공공·민간 연구소 등에서 인문사회과학 또는 자연과학 분야의 연구를 주된 업무로 수행하는 경우).[20]

3) 실시 효과

1개월 또는 3개월 이내의 정산기간을 평균하여 1주 40시간을 초과하지 않는다면, 특정 주에 40시간 또는 특정일에 8시간을 초과하여 근로하더라도 연장근로에 해당하지 않고, 근기법 제56조의 가산임금은 발생하지 않는다. 다만, 근로자와 사용자가 합의하면 1주간에 12시간의 연장근로는 가능하지만, 이 경우에는 연장근로에 대한 가산임금이 발생한다.

※ 선택적 근로시간제는 특정 주 및 특정일에 대한 시간제한이 없음.

---

19) 11시간 연속 휴식을 부여하지 않아도 되는 불가피한 사유는 ① 「재난 및 안전관리 기본법」에 따른 재난 또는 이에 준하는 사고가 발생하여 이를 수습하거나 재난 등의 발생이 예상되어 이를 예방하기 위해 긴급한 조치가 필요한 경우, ② 사람의 생명을 보호하거나 안전을 확보하기 위해 긴급한 조치가 필요한 경우, ③ 그 밖에 11시간 이상 연속 휴식시간을 주는 것이 어렵다고 인정되는 경우가 있다(근기법 시행령 제29조 제2항).

20) 고용노동부, 「근로기준법상 근로시간 규정의 주요 내용」, 2021.3.

〈탄력적 및 선택적 근로시간제의 법정근로시간 산정방법상 쟁점〉[21]

1. 의미

탄력적 및 선택적 근로시간제 모두 단위(정산) 기간을 평균하여 1주 40시간을 초과할 수 없도록 하여, 해당 단위(정산) 기간 동안의 총 법정근로시간을 산정하는 방법에 논란이 있음.

- 정산기간을 '주(週) 단위'로 정한 경우: 논란 없음.
- 정산기간을 '월(月) 단위'로 정한 경우: 해석상 논란 있음.

2. 법정근로시간 산정방법

방법 1 - 고용노동부 행정해석[22]	방법 2
주당 40H×몇 주(정산기간의 총일수÷7일)	(1일) 8H×정산기간의 소정근로일수(약정휴일 포함, 주 최대 5일)
ex) 2021년 6월 40H×4.3주(30일÷7일) = 171.4H	ex) 2021년 6월 8H×22일 = 176H

3. 고용노동부 행정해석에 대한 실무상 쟁점[23]

① 2021년 6월 선택적 근로시간제 시행 사업장에서 근로자가 소정근로일 전부를 8시간씩 근무한 경우, '방법 1'에 의하면 선택적 근로시간제라는 이유만으로 사용자는 근기법 위반으로 처벌될 가능성 있음

→ 6월에 평균해서 1주 40시간을 초과하지 않으려면 171.4시간만 근무해야 하는데 176시간(8H×22일)을 근무했기 때문.

→ 소정근로일마다 8시간씩 근무하여 근로시간과 관련한 법 위반이 없어 보이지만, '방법 1'에 의하면 월간 근무할 수 있는 시간이 4.6시간(176H-171.4H)이 사라지므로 소정근로일 중 하루는 3.4시간(8시간-4.6시간)만 근무해야 처벌을 면할 수 있음.

② 만약, '방법 1'에 의하면 소정근로일이 20일인 경우, 매일 8시간씩 근무하던 근로자는 160시간(=8H×20일)을 근무했음에도 추가로 11.4시간(171.4H-160H)을 근무하더라도 선택적 근로시간제를 위반하지 않아서 연장근무에 해당하지 않음.

4. 사업장 밖 간주근로시간제

「근로기준법」

제58조【근로시간 계산의 특례】 ① 근로자가 출장이나 그 밖의 사유로 근로시간의 전부 또는 일부를

21) 고용노동부는 '방법2'의 경우 정산기간 동안에 소정근로일의 배치에 따라 총 법정근로시간이 달라지며, 주 40시간제가 아닌 경우에는 일관성 있게 적용하기 어렵고, 소정근로일의 배치에 따라 월 소정근로일이 달라지는 것을 방지하려면 '방법1'이 보다 적합하다고 보고 있다(고용노동부, "선택, 탄력근로제下 법정근로시간 산정 방법 검토", 임금근로시간과, 2021.3.16.).

22) 정상태, "선택적 근로시간제하에서의 법정근로시간 산정방법 변경", 『월간 노동법률』(2021년 5월호), ㈜중앙경제.

사업장 밖에서 근로하여 근로시간을 산정하기 어려운 경우에는 소정근로시간을 근로한 것으로 본다. 다만, 그 업무를 수행하기 위하여 통상적으로 소정근로시간을 초과하여 근로할 필요가 있는 경우에는 그 업무의 수행에 통상 필요한 시간을 근로한 것으로 본다.
② 제1항 단서에도 불구하고 그 업무에 관하여 근로자 대표와의 서면합의를 한 경우에는 그 합의에서 정하는 시간을 그 업무의 수행에 통상 필요한 시간으로 본다.

1) 개 념

사업장 밖 간주근로시간제는 근로자가 출장 등으로 근로시간의 전부 또는 일부를 사업장 밖에서 근로하여 근로시간을 실제로 산정하기 어려운 경우에 일정한 시간을 근로시간으로 인정하는 제도이다. 따라서 이 제도는 근로자가 실제 근로한 시간과 관계없이 '소정근로시간, 업무수행에 통상적으로 필요한 시간, 노사가 서면으로 합의한 시간' 중 어느 하나를 근로시간으로 간주하는 제도이다.

※ 탄력적 및 선택적 근로시간제는 근로시간의 조정 및 배분 등을 통한 근로시간 형태의 변화가 있지만, 사업장 밖 간주근로시간제는 근로시간 형태의 변경 없이 근로시간을 계산하는 방법만 편리하게 결정하는 것임.

2) 실시 요건

(1) 사업장 밖의 근로일 것

사업장 밖의 근로 여부는 근로의 장소적 측면(소속 사업장에서 장소적으로 이탈하여 본래 소속 사업장의 근로시간 관리로부터 벗어나 있는 상황)과 근로수행의 형태적 측면(사용자의 근로시간 관리로부터 구체적인 지휘·감독을 받지 않고 근로를 수행)을 종합적으로 고려하여 판단해야 한다.

(2) 근로시간을 산정하기 어려울 것

사업장 밖 근로의 시업시각과 종업시각이 해당 근로자의 자유에 맡겨져 있고, 근로자의 조건이나 업무상태에 따라 근로시간의 장단이 결정되는 경우에만 가능하다. 따라서 사업장 밖 근로라 하더라도 사용자의 구체적인 지휘·감독이 미치는 경우에는 근로시간의 산정이 가능하므로 적용 대상에서 제외된다.

※ 사업장 밖에서 근로하더라도 실제로 근로시간 산정이 가능한 경우에는 적용할 수 없음.

(3) 근로한 것으로 인정하는 시간을 규정할 것

① 소정근로시간으로 보는 경우

소정근로시간은 법정근로시간의 범위 내에서 근로자와 사용자가 근로하기로 정한 시간이므로(근기법 제2조 제1항 제8호), 근로계약 등에 따라 정해진 시간이 소정근로시간이다.

※ 소정근로시간은 법정근로시간을 초과할 수 없으므로, 소정근로시간은 1일 8시간 및 1주 40시간이 최대 시간임.

② 통상 필요한 시간으로 보는 경우

해당 업무를 수행하기 위하여 통상적으로 소정근로시간을 초과하여 근로할 필요가 있는 경우에는 그 업무의 수행에 통상 필요한 시간(통상적 상태에서 그 업무를 수행하기 위해 객관적으로 필요한 시간)을 근로한 것으로 인정한다.

※ 통상 필요한 시간 중 법정근로시간을 초과하는 시간은 연장근로가 됨.

③ 노사가 서면합의한 시간으로 보는 경우

해당 업무를 수행하기 위하여 통상적으로 소정근로시간을 초과하여 근로할 필요가 있는 경우에 사용자와 근로자 대표가 서면합의한 시간을 그 업무수행에 통상 필요한 시간으로 인정한다.

※ 서면합의한 시간 중 법정근로시간을 초과하는 시간은 연장근로가 됨.

3) 연장근로 문제

사업장 밖 간주근로시간제는 근로시간 산정에 관한 부분을 정하는 것이므로, 실제 근로시간이 근로자 대표와 서면합의로 정한 시간을 초과하더라도 연장근로는 아니다. 다만, 근로자 대표와 서면합의로 정한 시간이 법정근로시간을 초과하는 경우에는 연장근로에 대한 가산임금을 지급하여야 한다.

※ 사업장 밖 간주근로시간제를 도입하더라도, 임산부와 연소자의 야간·휴일근로의 제한(근기법 제70조), 산후 1년 미만 여성근로자의 시간외근로 제한(근기법 제71조)을 준수하여야 함.

5. 재량근로시간제

「근로기준법」

제58조【근로시간 계산의 특례】 ③ 업무의 성질에 비추어 업무수행 방법을 근로자의 재량에 위임할

필요가 있는 업무로서 대통령령으로 정하는 업무는 사용자가 근로자 대표와 서면 합의로 정한 시간을 근로한 것으로 본다. 이 경우 그 서면합의에는 다음 각호의 사항을 명시하여야 한다.
1. 대상 업무
2. 사용자가 업무의 수행수단 및 시간 배분 등에 관하여 근로자에게 구체적인 지시를 하지 아니한다는 내용
3. 근로시간의 산정은 그 서면합의로 정하는 바에 따른다는 내용

1) 개 념

재량근로시간제는 업무의 성질에 비추어 업무 방법(업무수행 수단 및 근로시간 배분)을 근로자의 재량에 위임할 필요가 있는 근기법에 규정된 업무는 사용자가 근로자 대표와 서면합의로 정한 시간을 근로한 것으로 간주하는 제도이다. 즉 재량근로시간제는 실제 근로시간과 관계없이 사용자와 근로자 대표가 서면합의한 시간이 근로시간이 된다.

2) 실시 요건

근기법 시행령(제31조) 및 고용노동부 고시로 정한 재량근로제 대상 업무에 해당하면서, 업무의 수행방법 및 시간배분 등에 근로자의 재량성을 보장하고, 사용자가 근로자 대표와 서면합의(대상 업무, 사용자가 그 업무의 수행수단 및 시간배분 등에 관하여 근로자에게 구체적인 지시를 하지 않는다는 내용, 근로시간의 산정은 서면합의로 정하는 바에 따른다는 내용을 포함)를 하여야 재량근로시간제를 실시할 수 있다.

〈재량근로제 대상 업무〉

1. 신상품 또는 신기술의 연구개발이나 인문사회과학 또는 자연과학 분야의 연구 업무
2. 정보처리시스템의 설계 또는 분석 업무
3. 신문, 방송 또는 출판 사업에서의 기사의 취재, 편성 또는 편집 업무
4. 의복 · 실내장식 · 공업제품 · 광고 등의 디자인 또는 고안 업무
5. 방송 프로그램 · 영화 등의 제작 사업에서의 프로듀서나 감독 업무
6. 그 밖에 고용노동부 장관이 정하는 업무[23]: 회계 · 법률사건 · 납세 · 법무 · 노무관리 · 특허 · 감정평가 · 금융투자분석 · 투자자산운용 등의 사무에 있어 타인의 위임 · 위촉을 받아 상담 · 조언 · 감정 또는 대행을 하는 업무

23) 고용노동부 고시 제2019-36호, "재량근로의 대상 업무", 2019.7.31.

3) 연장근로 문제

서면합의로 정한 근로시간은 법정근로시간(1주 40시간, 1일 8시간) 및 연장근로시간의 한도(1주 12시간) 내에서 정해져야 하고, 이를 초과한 근로에 대해서는 가산임금이 발생한다.

※ 재량근로시간제를 도입하더라도, 임산부와 연소자의 야간·휴일근로의 제한(근기법 제70조), 산후 1년 미만 여성근로자의 시간외근로 제한(근기법 제71조)을 준수하여야 함.

〈유연근로시간제 비교〉

<table>
<tr><th>구 분</th><th colspan="2">탄력적 근로시간제</th><th colspan="2">선택적 근로시간제</th><th>사업장 밖
간주근로시간제</th><th>재량근로시간제</th></tr>
<tr><td>목 적</td><td colspan="4">근로시간 '배분' 관련</td><td colspan="2">근로시간 '결정' 관련</td></tr>
<tr><td>대 상</td><td colspan="2">제한 없음
(연소자 및 임부 제외)</td><td colspan="2">제한 없음
(연소자 제외)</td><td>제한 없음</td><td>시행령 및 고시에서 정한 업무만 가능</td></tr>
<tr><td rowspan="3">운 영</td><td colspan="2">단위기간을 평균하여 1주 40시간 이내</td><td colspan="2">정산기간을 평균하여 1주 40시간 이내</td><td rowspan="3">제한 없음</td><td rowspan="3">업무수행방법, 시간 배분에 대해 구체적 지시를 하지 않음</td></tr>
<tr><td>2주 이내</td><td>취업규칙 등</td><td rowspan="2">1월 이내,
1월 초과
3월 이내</td><td rowspan="2">취업규칙 등 + 서면합의</td></tr>
<tr><td>3월 이내,
3월 초과
6월 이내</td><td>서면합의</td></tr>
<tr><td>근로시간 제한 및 산정</td><td colspan="2">근로일 및 근로일별 근로시간, 주별 근로시간</td><td colspan="2">총근로시간</td><td>소정근로시간 → 업무수행에 통상 필요한 시간 → 서면합의에서 정한 시간</td><td>서면합의에서 정한 근로시간</td></tr>
<tr><td>서면합의의 주요 내용</td><td colspan="2">① 대상근로자 범위
② 단위기간
③ 근로일과 근로일별 근로시간, 주별 근로시간
④ 서면합의 유효기간</td><td colspan="2">① 대상근로자 범위
② 정산기간, 총근로시간
③ 의무 근로시간대
④ 선택적 근로시간대
⑤ 표준근로기간</td><td>해당 없음</td><td>① 대상업무
② 업무수행 수단 및 시간 배분 등을 근로자 재량에 맡김
③ 근로시간 산정은 서면합의로 정한 바에 따름</td></tr>
</table>

구 분	탄력적 근로시간제	선택적 근로시간제	사업장 밖 간주근로시간제	재량근로시간제
가산임금	단위기간(정산기간)을 평균하여 1주 40시간 이내라면, 특정 주가 40시간 또는 특정일이 8시간을 초과하더라도, 근기법 제56조에 따른 가산임금이 발생하지 않음		1주 40시간 및 1일 8시간의 적용을 받게되고, 이를 초과하면 근기법 제56조에 따른 가산임금이 발생	

제6장

휴식관리

제1절 휴식제도의 개요

제2절 휴게시간

제3절 휴 일

제4절 휴 가

제1절 휴식제도의 개요

1. 휴식제도

노동법은 근로에 따른 피로의 회복을 통해 휴양의 기회를 제공하고, 모성보호 및 일·가정 양립지원을 위한 다양한 휴식제도를 규정하고 있다. 근기법과 남녀고용평등법 등은 휴게시간, 주휴일, 공휴일 및 대체공휴일, 노동절, 연차유급휴가, 생리휴가, 출산전후휴가 및 유·사산휴가, 배우자출산휴가, 난임치료휴가, 가족돌봄휴가 등의 제도를 규정하고 있다.

〈휴식제도의 구분〉

구 분	법정(法定) 휴식	약정(約定) 휴식
근 거	법에 근거하여 의무적으로 부여하고, 법정기준 이상은 노사가 자율적으로 결정	부여 여부·조건·일수, 임금 지급 여부에 대해 단체협약·취업규칙 등을 통해 노사가 자율적으로 결정
휴게시간	근로시간이 4시간인 경우에는 30분 이상, 근로시간이 8시간인 경우에는 1시간 이상(근기법 제54조)	법정휴게시간 이외에 별도로 정한 시간
휴 일	① 주휴일(근기법 제55조 제1항) ② 공휴일 및 대체공휴일(근기법 제55조 제2항, 「관공서의 공휴일에 관한 규정」) ③ 노동절(5월 1일, 「노동절 제정에 관한 법률」)	노사가 휴일로 정한 날 (회사 창립기념일, 노조 창립기념일 등)
휴 가	① 연차유급휴가(근기법 제60조) ② 생리휴가(근기법 제73조) ③ 출산전후휴가 및 유·사산휴가(근기법 제74조) ④ 배우자 출산휴가(남녀고용평등법 제18조의2) ⑤ 난임치료휴가(남녀고용평등법 제18조의3) ⑥ 가족돌봄휴가(남녀고용평등법 제22조의2 제2항)	노사가 휴가로 정한 날 (경조휴가, 하계휴가, 포상휴가, 질병휴가 등)

2. 휴게시간

휴게시간은 근로계약상 근로자가 사용자의 지휘·감독으로부터 벗어나 근로의무를 부담하지 않는 시간을 말한다. 따라서 휴게시간은 근로시간이 아니므로 임금 지급의 대상 시간에 해당하지 않는다.

3. 휴 일

휴일은 근로자가 사용자의 지휘·감독으로부터 완전히 벗어난 근로계약상 근로제공의무가 없는 날이므로, 소정근로일(근로계약 등에 따른 근로제공의무가 있는 날)에 해당하지 않는다.

※ 휴일은 그 부여의 근거에 따라 법정휴일(법률에 근거)과 약정휴일(취업규칙이나 단체협약 등에 근거)로 나뉘고, 임금 지급 여부에 따라 유급휴일과 무급휴일로 나뉨.

- *근로기준법상 '휴일'이라 함은 근로자가 사용자에 대하여 근로제공의무가 없는 날을 말함 (1999.12.15., 근기 68207-883).*
- *근기법상 휴일은 법정휴일과 약정휴일로 구분되며 법정휴일은 같은 법 제55조의 주휴일과 '근로자의 날 제정에 관한 법률'의 근로자의 날이 해당되고, 약정유급휴일은 노사당사자 간 단체협약 및 취업규칙 등으로 정한 휴일을 의미하며, 공휴일은 '관공서의 공휴일에 관한 규정'에 규정된 날로서 관공서가 쉬는 날을 의미하며, 단체협약 등으로 휴일로 명시한 경우에 한하여 약정유급휴일에 해당함(2014.8.27., 근로개선정책과-4792).*

※ 「관공서의 공휴일에 관한 규정」상 공휴일(대체공휴일 포함)은 2022.1.1.부터 5인 이상 사업장에 법정휴일로 적용됨.

4. 휴 가

휴가는 근로계약 등에 따른 근로제공의무가 있는 날이지만, 근로자가 청구하거나 일정한 요건이 충족됨에 따라 근로제공의무가 면제되는 날이다.

※ 휴가는 그 부여의 근거에 따라 법정휴가와 약정휴가로 나뉘고, 임금 지급 여부에 따라 유급휴가와 무급휴가로 나뉨.

근로기준법상 '휴가'라 함은 사용자가 근로자의 노무수령을 할 수 있는 상태임에도 사용자가 그날의 근로제공의무를 면제시켜 주는 것을 말함. 노사 간 단체협약 또는 취업규칙에서 정한 이른바 약정휴일 또는 약정휴가의 경우는 근로제공의무가 없는 근로기준법상 휴일과는 달리 근로제공의무가 있는 날임에도 노사 간 특약에 의하여 사용자가 근로자의 근로제공의무를 면제시켜 준 것으로 보아야 할 것임(1999.12.15., 근기 68207-883).

제2절 휴게시간

1. 개 요

1) 개 념

휴게시간은 근로자가 작업시간 중에 실제로 작업에 종사하지 않은 대기시간이나 휴식·수면시간 등으로 명칭과 무관하게 실질적인 사용자의 지휘·감독 없이 근로자의 자유로운 이용이 보장된 시간을 의미한다(근기법 제54조 제2항). 따라서 휴게시간은 근로시간에 포함되지 않고 임금도 지급되지 않는 것이 원칙이다. 다만, 단체협약이나 취업규칙 등에서 휴게시간을 근로시간에 포함하기로 정한 경우에는 근로시간에 해당하여 임금도 지급하여야 한다.[1)]

'근로시간'이란 근로자가 사용자의 지휘 · 감독을 받으면서 근로계약에 따른 근로를 제공하는 시간을 말하고, '휴게시간'이란 근로시간 도중에 사용자의 지휘 · 감독으로부터 해방되어 근로자가 자유로이 이용할 수 있는 시간을 말함. 따라서 근로자가 작업시간 도중에 실제로 작업에 종사하지 않은 대기시간이나 휴식 · 수면시간이라 하더라도 근로자에게 자유로운 이용이 보장된 것이 아니라 실질적으로 사용자의 지휘 · 감독을 받고 있는 시간이라면 근로시간에 포함된다고 보아야 함(대법원 2017.12.05. 선고 2014다74254 판결).

2) 휴게시간 여부의 판단

휴게시간 여부는 일률적으로 판단할 수 없고, 단체협약·취업규칙·근로계약, 업무의 내용이나 방식, 근로자에 대한 간섭 및 감독, 휴게장소 구비 등 여러 사정을 종합하여 구체적으로 판단하여야 한다.

근로계약에서 정한 휴식시간이나 수면시간이 근로시간에 속하는지 휴게시간에 속하는지는 특정 업종이나 업무의 종류에 따라 일률적으로 판단할 것이 아님. 이는 근로계약의 내용이나 해당 사업장에 적용되는 취업규칙과 단체협약의 규정, 근로자가 제공하는 업무의 내용과 해당 사업장에서의 구체적 업무방식, 휴게 중인 근로자에 대한 사용자의 간섭이나 감독 여부, 자유롭게 이용할 수 있는 휴게 장소의 구비 여부, 그 밖에 근로자의 실질적 휴식을 방해하거나 사용자의 지휘 · 감독을 인정할 만한 사정이 있는지와 그 정도 등 여러 사정을 종합하여 개별 사안에 따라 구체적으로 판단해야

1) 고용노동부 1991.3.28., 근기 01254-4347.

함(대법원 2017.12.05., 2014다74254 판결).

2. 휴게시간의 길이

「근로기준법」

제54조【휴게】 ① 사용자는 근로시간이 4시간인 경우에는 30분 이상, 8시간인 경우에는 1시간 이상의 휴게시간을 근로시간 도중에 주어야 한다.

휴게시간은 4시간 근로에 30분 이상, 8시간 근로에 1시간 이상을 근로시간 도중에 주어야 한다(위반 시 2년 이하의 징역 또는 2천만원 이하의 벌금). 따라서 근로시간이 4시간 미만인 경우에는 휴게시간의 부여대상이 아니다.

※ 근기법은 휴게시간의 최저 기준만을 규정하고 있으므로, 취업규칙 등에서 휴게시간을 법정기준 이상(소위 Break Time 또는 Close Time)으로 길게 부여하도록 정하더라도 이를 법 위반으로 볼 수 없음. 따라서 근로시간 도중에 장시간의 휴게시간을 정하는 경우 이것이 업무 형편에 의하여 필요하다면 일정한 조건 아래 허용될 수 있음.

- *「근로기준법」 제54조 제1항은 사용자는 근로시간이 4시간인 경우에는 30분 이상, 8시간인 경우에는 1시간 이상의 휴게시간을 근로시간 도중에 주어야 한다고 규정하고 있으므로, 이는 문언상 일정 시간 동안 계속적으로 근로하는 근로자에게 사업주가 부여하여야 하는 휴게시간의 최저 기준을 정한 것이라고 할 것인바, 같은 항에 따르면 사용자는 근로시간이 4시간 이상 8시간 미만인 근로자에게 30분 이상의 휴게시간을 근로시간 도중에 주어야 하는 의무가 있을 뿐이고, 근로기준법령에서 노사 간의 합의로 이러한 최저 기준을 초과하여 휴게시간을 정하는 것에 관하여 달리 제한하고 있지 않다는 점이 분명하다고 할 것임. 따라서, 「근로기준법」 제54조 제1항은 근로시간이 4시간 이상 8시간 미만인 경우 노사 간의 합의로 1시간 이상의 휴게시간을 정하는 것을 제한하고 있지 않다고 할 것(법제처 2015.12.24., 15-0847).*
- *근로기준법 제44조(현행 제54조)에서는 휴게시간의 최저 기준만을 규정하고 있을 뿐 최장 시간에 대한 규제 규정이 없으므로, 법정시간 이상 상당히 긴 시간(2~4시간)을 휴게시간으로 부여하는 것은 무방하나 휴게제도의 본래 취지에 어긋난 무제한 인정은 부당함. 이러한 장시간의 휴식시간을 근로기준법상 휴게시간으로 보기 위해서는 작업의 성질 또는 사업장의 근로조건 등에 비추어 사회 통념상 필요하고도 타당성이 있다고 일반적으로 인정될 수 있는 객관적인 사유가 있어야 할 것이며, 이러한 휴게시간은 단체협약, 취업규칙, 근로계약 등에 의하여 미리 정하여져 있어 사용자가 임의변경하거나 연장할 수 없어야 하고 근로자는 근로의 제공으로부터 완전히 이탈하여 자유로*

이 이용할 수 있도록 보장되어 있어야 할 것임. 따라서 그 시간이 사용자의 구속하에서 다음 업무를 위한 준비상태에 있는 등의 대기시간이라면 이는 근로시간으로 보아야 하나, 사업장의 작업 성질상 휴식시간이 장시간 계속된다 하더라도 휴게시간으로 인정되는 경우에는 이를 실근로시간으로 볼 수는 없는 것임(고용노동부 1992.8.11., 근기 01254-1344).

- *근기법 제74조 제7항에서 '사용자는 임신 후 12주 이내 또는 36주 이후에 있는 여성 근로자가 1일 2시간의 근로시간 단축을 신청하는 경우 이를 허용하여야 한다'라고 규정하고 있으며, 같은 법 제74조 제8항은 '사용자는 제7항에 따른 근로시간 단축을 이유로 해당 근로자의 임금을 삭감하여서는 아니 된다'라고 규정하고 있음. 이와 같이 관련법은 임신기 근로시간 단축의 경우 임금의 삭감만을 금지하고 있으므로, 사용자가 임신기 근로자의 근로시간을 8시간 미만으로 단축하면서 휴게시간도 1시간에서 30분으로 단축하는 경우 법 위반으로 보기는 어려움(고용노동부 2015.7.8., 여성고용정책과-1998).*

3. 휴게시간의 부여방법

휴게시간은 근로시간 도중에 주어야 하고, 근로가 시작되기 전 또는 근로가 끝난 후에 부여하는 것은 법 위반이다. 휴게시간의 취지가 근로자의 피로회복을 통한 노동력 재생산에 있다는 점을 감안할 때, 동일한 시간 또는 규칙적으로 부여하지 못하더라도, 근로자가 미리 휴게시간을 알 수 있도록 하는 것이 바람직하다.

- *근로자가 휴게시간을 사용자의 지휘·감독으로부터 벗어나 자유롭게 이용할 수 없다면 근로기준법상 휴게시간으로 인정될 수 없을 것이며, 휴게시간을 근로시간 도중이 아닌 업무의 시작 전 또는 업무가 끝난 후에 부여하는 것은 근로기준법에 위반될 소지가 있다 할 것임(고용노동부 2013.3.19., 근로개선정책과-1773).*
- *업무의 성질상 일정 시간의 휴게시간을 미리 일률적으로 정할 수는 없으나 근무 당일의 비행기 스케줄이 미리 게시되어 근로자들이 사전에 이를 주지하고 있을 뿐 아니라 작업시간과 대기시간이 명백히 구분되고 비행기 이착륙 사이에 상당한 대기시간이 확보되어 근로자들이 사용자의 지휘·감독을 벗어나 자유롭게 이를 이용할 수 있다면, 이 경우의 대기시간은 휴게시간으로 인정될 수 있음(고용노동부 1988.4.24., 해지 01254-5965).*
- *원고들의 근무형태는 매일 정해진 경로를 수차례 반복적으로 운전하는 방식이 아니라 취재 등을 위해 탑승자의 목적지까지 차량을 운전하고 다시 복귀하는 것인데, 원고들의 근무형태 및 원고들과 피고의 근로계약에 따르면 휴게시간은 '식사시간 60분, 업무에 지장이 없도록 교대로 사용'이라고 약정한 점 등에 비추어 휴게시간이 매일 동일한 시간에 주어지지 않았거나 휴게시간 1시간이 연속적으로 주어지지 않았다고 하더라도 그러한 사정만으로 원고들에게 휴게시간이 보장되지 않*

았다고 볼 수는 없음(서울남부지방법원 2013.8.30. 선고 2011가합17312 판결).

4. 휴게시간의 분할

휴게시간은 일시에 부여하는 것이 제도의 취지에 부합된다. 다만, 업무의 성질 또는 사업장의 근로조건 등에 비추어 사회 통념상 필요하고 타당성이 있다고 일반적으로 인정되는 범위 내에서 휴게시간 본래의 취지에 어긋나지 않는 한 휴게시간을 분할하여 부여하여도 무방하다.

※ 휴게시간을 너무 짧게 나누어 부여한다면 대기시간처럼 근로시간과 구별이 어려워, 휴게시간의 취지에 부합하지 않아 근로시간으로 인정될 수 있음.

- *생산직 근로자가 약 2시간씩 제공하는 근로시간 중간중간에 부여받은 10분 또는 15분의 짧은 휴게시간은 피고 회사의 자동차 생산공장의 규모, 작업 특성, 한꺼번에 휴게시간을 부여받는 생산직 근로자의 인원수 등을 고려할 때, 이를 자유롭게 이용하는 데 근본적으로 한계가 있을 수밖에 없음. 위와 같은 휴게시간은 생산직 근로자가 기본적인 생리현상을 해결하는 데 필요한 최소한의 시간이거나, 피고의 사업장 내 안전보건 및 효율적 생산을 위하여 작업중단 및 생산장비의 운행 중지와 정비 등에 필요한 시간으로도 볼 수 있음. 생산 업무에 종사하는 근로자에 대해서는 일반직 · 영업직 · 기술직 근로자와 달리 근로시간 중간에 작업 중단시간을 구체적으로 설정한 것이고, 이는 다음 근로를 위한 대기시간 또는 준비시간으로 보는 것이 타당함(대법원 2020.8.20. 선고 2019다14110 판결).*
- *근로기준법 제53조(현행 제54조)에 사용자는 근로시간이 4시간인 경우에는 30분 이상, 8시간인 경우에는 1시간 이상의 휴게시간을 근로시간 도중에 주어야 한다고만 규정하고 있음. 따라서, 근무시간과 명백히 구분하여 휴게시간을 분할하여 부여하더라도 작업의 성질, 근로여건 등에 비추어 사회 통념상 합리성이 있고 휴게제도의 취지를 벗어나지 않는 한 이를 법 위반으로 보기 어렵다고 사료됨(고용노동부 2002.12.2., 근기 68207-3307).*
- *근로기준법 제44조(현행 제54조)의 휴게시간은 근로시간이 4시간인 경우에는 30분 이상 8시간인 경우에는 1시간 이상의 휴게시간을 근로시간 도중에 주도록 규정하고 있는 바, 동 제도는 적절한 휴게를 부여함으로써 근로자의 건강보호 · 작업능률의 증진 및 재해방지에 그 목적이 있는 것이므로 휴게시간을 일시적으로 부여함이 휴게제도의 취지에 부합되나, 작업의 성질 또는 사업장의 근로조건 등에 비추어 사회 통념상 필요하고도 타당성이 있다고 일반적으로 인정되는 범위 내에서 휴게제도 본래의 취지에 어긋나지 않는 한 휴게시간을 분할하여 주어도 무방할 것임(고용노동부 1992.6.25., 근기 01254-884).*

5. 휴게시간의 이용

근로자는 휴게시간을 자유롭게 이용할 수 있다. 다만, 근로자가 휴게시간을 자유롭게 이용할 수 있다는 것은 절대적인 자유가 아니며, 업무의 연속성을 유지하고 긴급상황에 신속하게 대응하는 등 최소한의 질서유지를 위하여 휴게시간의 이용에 관한 제한이 가능하다.

※ 휴게시간의 이용이 실질적으로 사용자의 지휘·감독 아래 놓이는 정도로 제한된다면 근로시간으로 인정될 수 있음.

「근로기준법」에서는 휴게시간에 대한 별도의 정의를 하고 있지는 않으나, 같은 법 제50조 제1항·제2항에서는 근로시간에서 휴게시간을 제외한다고 규정하고 있고, 같은 법 제54조 제2항에서는 휴게시간은 근로자가 자유롭게 이용할 수 있다고 정하고 있으며, 휴게시간은 근로자가 작업시간 중에 실제로 작업에 종사하지 않은 대기시간이나 휴식, 수면시간 등으로 실질적인 사용자의 지휘·감독 없이 근로자의 자유로운 이용이 보장된 시간(대법원 2006.11.23. 선고 2006다41990 판결 참조)이라는 점에 비추어 보면, 휴게시간은 근로시간과 분리되어 근로자의 자유에 맡겨지는 휴식과 재충전을 위한 시간이라 할 것임. 그런데, 휴게시간은 작업의 시작으로부터 종료 시까지로 제한된 시간 중의 일부이므로, 휴게시간 중이라고 하더라도 다음 작업의 계속을 위하여 사용자의 지휘·감독 등 일정 수준의 제약을 받는 것은 부득이하다고 할 것임. 즉, 근로자에게 그 종사하는 업무의 특성에 따라 자유로운 휴게시간을 부여하면서도 업무의 연속성을 유지하고 업무와 관련한 긴급상황에 효율적으로 대응할 수 있도록 하는 등 최소한의 질서유지를 위하여 휴게시간의 이용에 관한 제한이 이루어질 수 있다고 할 것인바, 이 경우 근로자로 하여금 사용자의 지휘·감독을 벗어나 휴게시간을 자유롭게 이용할 수 있도록 하되 그 장소를 사업장 안으로 제한하거나 휴게시간에 사업장 밖에 나갈 수 있도록 하되 이를 사전에 마련된 객관적 기준에 합치되는 경우에만 허가하는 등의 제한은 휴게시간의 이용 장소와 방법에 관한 합리적인 제한이라고 보아야 할 것임. 따라서 「근로기준법」 제54조 제2항에 따라 근로자에게 휴게시간의 자유로운 이용이 인정된다고 하더라도 그 이용 장소와 방법에 있어 일체의 제약이 없는 무제한의 자유가 인정되는 것은 아니라고 할 것임(법제처 2016.8.19., 16-0239).

6. 휴게시간의 특례

1) 휴게시간의 변경 및 연속휴식 보장

「근로기준법」

제59조【근로시간 및 휴게시간의 특례】 ①「통계법」 제22조 제1항에 따라 통계청장이 고시하는 산업에 관한 표준의 중분류 또는 소분류 중 다음 각호의 어느 하나에 해당하는 사업에 대하여 사용자가 근로자 대표와 서면으로 합의한 경우에는 제53조 제1항에 따른 주(週) 12시간을 초과하여 연장근로

> 를 하게 하거나 제54조에 따른 휴게시간을 변경할 수 있다.
> 1. 육상운송 및 파이프라인 운송업. 다만, 「여객자동차 운수사업법」 제3조 제1항 제1호에 따른 노선(路線) 여객자동차운송사업은 제외한다.
> 2. 수상운송업
> 3. 항공운송업
> 4. 기타 운송관련 서비스업
> 5. 보건업
> ② 제1항의 경우 사용자는 근로일 종료 후 다음 근로일 개시 전까지 근로자에게 연속하여 11시간 이상의 휴식시간을 주어야 한다.

근기법 제59조에 규정한 특례사업에 대해서는 사용자가 근로자 대표와 서면합의를 하면 근기법 제54조의 휴게시간을 변경할 수 있다(휴게시간 자체를 부여하지 않거나 단축할 수는 없음). 사용자와 근로자 대표가 서면합의를 하면 법정 휴게시간 부여와 별도로 사용자는 근로일 종료 후 다음 근로일 개시 전까지 연속하여 11시간 이상의 휴식시간을 부여해야 한다.

※ 근기법에 서면합의의 구체적인 내용은 규정되어 있지 않으므로, '근기법 제59조에 따라 휴게시간의 특례를 적용한다' 고 포괄적으로 합의해도 법 위반은 아님.

> *근기법 제59조에 해당하는 경우 휴게시간을 변경할 수 있도록 규정하고 있다고 하더라도, 그 변경은 휴게제도의 본래 취지에 맞게 이루어져야 할 것임. 따라서 이는 <u>법률에서 정한 휴게시간의 최저기준은 유지하되 공중의 편의 또는 업무의 특성 등을 고려하여 휴게시간의 간격이나 시간대를 변경할 수 있다는 제한적 의미로 이해되어야 할 것</u>이고, 이를 벗어나 <u>휴게시간의 변경을 통해 휴게시간을 전혀 주지 않거나 이를 단축할 수는 없음</u>(법제처 2015.3.27., 15-0068).*

2) 휴게시간의 적용 제외

> **「근로기준법」**
>
> **제63조【적용의 제외】** 이 장과 제5장에서 정한 근로시간, 휴게와 휴일에 관한 규정은 다음 각호의 어느 하나에 해당하는 근로자에 대하여는 적용하지 아니한다.
> 1. 토지의 경작 · 개간, 식물의 재식(栽植) · 재배 · 채취 사업, 그 밖의 농림 사업
> 2. 동물의 사육, 수산 동식물의 채포(採捕) · 양식 사업, 그 밖의 축산, 양잠, 수산 사업
> 3. 감시(監視) 또는 단속적(斷續的)으로 근로에 종사하는 자로서 사용자가 고용노동부 장관의 승인을 받은 자

4. 대통령령으로 정하는 업무에 종사하는 근로자

「근로기준법 시행령」

제34조 【근로시간 등의 적용제외 근로자】 법 제63조 제4호에서 "대통령령으로 정한 업무"란 사업의 종류에 관계없이 관리 · 감독 업무 또는 기밀을 취급하는 업무를 말한다.

근기법 제63조에 규정한 사업에 종사하는 근로자에게는 근로시간·휴게·휴일에 관한 규정이 적용되지 않으므로, 근기법 제54조의 휴게시간 규정은 적용되지 않는다.

근로기준법 제61조(현행 제63조) 제1호 및 제2호는 그 적용 대상을 '사업'으로 하고 있으며, 종전 우리 부 질의회시(근기 68207-2012, 2002.5.21)에서도 같은 취지로 해석한 바 있음. 즉, 상기 제1호 또는 제2호에 해당되는 사업 내에서 일부 근로자들이 주된 사업내용과 구분되는 다른 업종 또는 직종에 종사하고 있더라도 원칙적으로 그 일부만을 대상으로 동 규정을 적용하지 아니할 수는 없다고 봄. 다만, 그 일부 근로자에 대하여 근로기준법 제61조(현행 제63조) 본문의 규정을 적용하지 아니하고, 동법상의 근로시간 · 휴게 · 휴일에 관한 규정을 따르는 것이 오히려 그 근로자들에게 유리하고, 그에 대하여 전체 근로자 과반수 이상의 의견을 들어 취업규칙을 변경하는 등의 절차를 거쳤다면 이를 반드시 무효라고 보기는 어려울 것이나, 그 경우에도 동법상의 근로시간 · 휴게 · 휴일에 관한 규정이 직접 적용되는 것은 아니며 단지 취업규칙으로 약정된 근로조건이 되는 것으로 보아야 할 것임. 한편, 근로기준법 제61조(현행 제63조) 제1호 또는 제2호의 사업이 아닌 사업장에서 일부 업종 또는 직종 종사자에 대해서만 동 규정을 적용할 수는 없다고 사료됨(고용노동부 2004.9.23., 근로기준과-5186).

제3절 휴 일

1. 개 요

휴일의 개념에 대해서는 그 표현이 조금씩 다르기는 하지만, 취업규칙·근로계약 등에 따라 근로제공의무가 없는 날로 정한 날이라고 할 수 있다. 휴일은 근기법 등에 따른 법정휴일(주휴일, 공휴일 및 대체공휴일, 노동절) 및 노사가 정한 약정휴일(회사 창립기념일, 노조 창립기념일 등)이 있고, 해당 휴일의 임금 지급 여부에 따라 유급휴일 또는 무급휴일로 구분할 수 있다.

2. 주휴일

1) 개 념

> 「근로기준법」
> **제55조【휴일】** ① 사용자는 근로자에게 1주에 평균 1회 이상의 유급휴일을 보장하여야 한다.
>
> 「근로기준법 시행령」
> **제30조【휴일】** ① 법 제55조 제1항에 따른 유급휴일은 1주 동안의 소정근로일을 개근한 자에게 주어야 한다.

사용자는 1주 동안의 소정근로일을 개근한 근로자에게 1주일에 평균 1회 이상의 유급 주휴일[2]을 보장하여야 한다. 따라서 주휴일은 근로제공은 면제되지만, 임금은 유급으로 보장되는 날이다.

※ 근기법 제55조 제1항의 주휴일 규정은 상시근로자 4명 이하의 사업(장)에도 적용되지만, 주휴일에 근무하더라도 근기법 제56조 제2항에 따른 휴일근로에 대한 가산임금은 적용되지 않음(근기법 제11조 제2항).

> *근로기준법 주휴일제도는 근로자의 피로를 회복시킴으로서 노동의 재생산을 꾀하고 생산성을 유지하기 위하여 정신적·육체적 휴식을 취하는 데서 그치지 않고 나아가 근로자로 하여금 근로제공의무를 벗어나 사업장 이외의 장소에서 자유로운 시간을 갖도록 하려는 데에 그 취지가 있음(대법원 2004.6.25. 선고 2002두2857 판결).*

2) 발생요건

(1) 1주 동안의 소정근로일 개근

> 「근로기준법」
> **제2조【정의】** ① 이 법에서 사용하는 용어의 뜻은 다음과 같다.
> 7. "1주"란 휴일을 포함한 7일을 말한다.

1주는 휴일을 포함하여 특정일을 기준으로 연속된 7일의 기간이고, 소정근로일은 근로자와 사용자가 근로계약 등에 따라 근로를 제공하기로 정한 날이고, 개근[3]은 소정근로일에 결근하지

2) 근기법에서는 휴일로 표현하고 있지만, 실무에서는 1주 단위로 보장되는 휴일이라고 하여 '주휴일'로 사용하고 있다.

3) 개근(皆勤)과 만근(滿勤)은 사전적으로 일정 기간 동안 하루도 빠짐없이 출근하는 것으로 유사한 의미지만, 실무에서 만

않는 것이다. 결근은 근로를 제공하기로 정한 날인 소정근로일에 근로자가 임의로 근로를 제공하지 아니한 날을 의미하므로, 소정근로일에 모두 출근하여 근무했다면 설령 지각·조퇴·외출 등이 있더라도 개근으로 처리해야 한다.

- 근로기준법 제55조 규정에 따라 사용자는 근로자에게 1주일에 평균 1일 이상의 유급휴일을 주어야 하는바, 여기서 '1주일'이라 함은 특정일을 기준으로 하여 연속한 7일의 기간을 의미하는 것으로 반드시 월력에 의한 일요일부터 토요일까지로 해야 하는 것은 아님. 따라서 귀 질의와 같이 주중인 3.2(화)부터 근로를 제공한 경우 근로계약, 취업규칙 등에서 일정한 날을 주휴일로 특정하지 않았다면 근로제공일(3.2)로부터 연속한 7일(3.8)의 기간 중에 1일을 주휴일로 부여하여야 할 것으로 사료됨(고용노동부 2010.4.30., 근로기준과-918).
- '개근'이란 근로제공의 의무가 있는 소정근로일에 결근하지 않는 것을 의미하므로, 1주일간의 지각 또는 조퇴시간을 합산하여 8시간이 되더라도, 지각 또는 조퇴는 결근이 아니므로, 1일을 결근처리하여 개근일 수에 영향을 줄 수는 없다고 사료됨. 지각 · 조퇴시간을 제하고 근무한 시간이 32시간인 경우, 일일 소정근로시간 8시간에 대한 유급휴일 수당이 아니라 6.4시간(32시간/40시간×8시간)에 대한 유급휴일 수당을 지급할 수 있는지에 대하여는 근로기준법 제55조 및 동법 시행령 제30조에 따르면 사용자는 1주간의 소정근로일수를 개근한 근로자에 대하여 1주일에 평균 1회 이상의 유급휴일을 주어야 하며, 동 휴일에 대한 수당은 정상 근로일의 소정근로시간을 기준으로 산정하면 될 것임. 따라서 1일 소정근로시간이 8시간인 경우 그 주의 실근로시간에 관계없이 소정근로시간 8시간에 대한 유급휴일 수당이 지급되어야 할 것으로 사료됨(고용노동부 2009.12.23., 근로기준과-5560).
- 근로기준법상 '결근'의 개념에 관하여 규정한 바는 없으나, 일반적으로 결근일이란 법령의 범위 내에서 노사당사자가 근로를 제공하기로 정한 날인 '소정근로일'에 근로자가 임의로 근로를 제공하지 아니한 날을 의미한다고 볼 수 있을 것임(고용노동부 2004.8.18., 근로기준과-4336).

(2) 1주 15시간 이상 근무

「근로기준법」

제18조【단시간근로자의 근로조건】 ③ 4주 동안(4주 미만으로 근로하는 경우에는 그 기간)을 평균하여 1주 동안의 소정근로시간이 15시간 미만인 근로자에 대하여는 제55조와 제60조를 적용하지 아니한다.

1주 동안의 소정근로일을 개근하더라도, 4주 동안(4주 미만을 근로하는 경우에는 그 기간)을 평균한 1주간의 소정근로시간이 15시간 미만인 단시간근로자에게는 주휴일 규정이 적용되지

근은 결근하지 않는 것은 물론 출근하더라도 지각, 조퇴, 외출 등이 없이 소정근로시간을 모두 채운 것을 의미한다. 만근에 대한 판단기준은 자율적으로 정할 수 있으며, 만근 여부에 관한 구체적인 판단기준이 없는 경우에는 규정의 취지, 당사자의 의사, 그간의 관행 등을 종합적으로 고려하여 판단하여야 한다(고용노동부 2002.7.11., 근기 68207-2453).

않는다.

※ 근기법 제63조에 명시된 근로자에게는 근기법 제4장(근로시간과 휴식) 및 제5장(여성과 소년)에서 정한 근로시간, 휴게와 휴일에 관한 규정이 적용되지 않으므로, 1주일에 1회 이상의 주휴일을 부여하지 않아도 법 위반이 아님.

(3) 1주 동안의 근로관계 유지

근기법 제55조 제1항은 '사용자는 근로자에게 1주에 평균 1회 이상의 유급휴일을 보장'하도록 하고, 근기법 시행령 제30조 제1항은 '1주 동안의 소정근로일을 개근한 자'에게 주휴일을 보장하도록 하고 있다. 따라서 법령에서 그다음 주까지 근로관계가 유지되어야 한다는 내용은 없으며, 1주에 평균 1회 이상의 유급휴일을 보장한다는 규정은 최소한 1주 동안의 근로관계 유지를 전제로 하므로, 1주간 근로관계가 유지되고 그 기간의 소정근로일에 개근하였다면 1주를 초과한 날(8일째)의 근로가 예정되어 있지 않더라도 주휴일을 유급으로 보장하여야 한다.[4)]

〈근로관계 유지 기간과 주휴일 발생 여부〉

근로관계 유지 기간	퇴직일	주휴일 발생 여부
월~금요일까지 근로관계 유지	토요일 퇴직	미발생
월~일요일까지 근로관계 유지	그다음 월요일 퇴직	발생
월~그 다음 월요일까지 근로관계 유지	그다음 화요일 퇴직	발생

※ 기존의 고용노동부 행정해석(고용노동부 2015.12.7, 근로기준정책과-6551 등)과 판례(대법원 2013.11.28. 선고, 2011다399946 판결)는 "근기법상 휴일제도는 연속된 근로에서의 근로자의 피로회복과 건강회복 및 여가의 활용을 통한 인간으로서의 사회적 · 문화적 생활의 향유를 위하여 마련된 것이다. 나아가 '유급휴일'이란 휴일제도의 취지를 살려 근로자가 이를 충분히 활용할 수 있도록 하여 주기 위하여 임금의 지급이 보장되어 있는 휴일, 즉 휴식을 취하더라도 통상적인 근로를 한 것처럼 임금이 지급되는 날을 말하는 것이다. 이러한 휴일 및 유급휴일 제도를 근로기준법에 규정한 목적에 비추어 보면, 근로의 제공 없이도 근로자에게 임금을 지급하도록 한 유급휴일의 특별규정이 적용되기 위하여는 평상적인 근로관계, 즉 근로자가 근로를 제공하여 왔고, 또한 계속적인 근로제공이 예정되어 있는 상태가 당연히 전제되어 있다고 볼 것"이라고 하여, 주휴일은 평상적인 근로관계를 전제로 보장되는 휴일이라고 판단했었음.

3) 보장방법

(1) 1주일에 평균 1회 이상 보장

주휴일은 '1주일에 평균 1회 이상'이 보장되어야 한다. 따라서, 특정 주휴일과 다음 주휴일 사이의 간격이 반드시 7일이 되어야 하는 것은 아니지만, 주휴일을 월 단위로 일시에 4~5일을 부여하는 것은 불가능하다.

---

4) 고용노동부, "주휴수당 및 연차휴가 산정방법 관련 행정해석 변경 등 지침", 2021.8.4., 임금근로시간과-1736.

- *근로기준법 제45조(현행 제55조)에 1주일에 소정근로일수를 개근한 경우에 평균 1회 이상 유급 휴일을 주도록 규정된 바 있어 이를 이행하기 위하여 노사 간에 단체협약으로 연간 월평균 주휴일을 정할 수 있고, 이러한 단체협약은 근로자에게 불이익이 없는 한 준수되어야 할 것이나 노사 간에 이견이 있을 시는 실역일수에 의하여 주 단위의 주휴일을 계산하는 것이 타당함(고용노동부 1989.1.7. 근기 01254-265).*
- *근로기준법 제45조(현행 제55조)는 1주일에 평균 1회 이상의 유급휴일을 부여토록 규정하고 있는 바, 이는 강행규정으로 월 단위로 4~5일을 일괄 부여할 수 없음(고용노동부 1990.7.10., 근기 01254-9675).*

(2) 연속 24시간 보장

주휴일은 1주일에 평균 1회 이상을 유급휴일로 보장되어야 하는데, '1회의 유급휴일'이라 함은 원칙적으로 0시부터 24시까지의 역일을 의미한다. 다만, 격일제 근무 등의 경우 연속 24시간의 휴식을 보장하면 주휴일을 부여한 것이다.

24시간 격일제 근로자의 경우 특별한 사정이 없는 한, 1주간의 비번일 중 1일을 유급 처리하는 경우라면 주휴일을 부여한 것으로 볼 수 있을 것임(고용노동부 2002.8.8., 근기 68207-2663).

(3) 특정일로 지정

주휴일을 반드시 특정일(예: 일요일)로 정할 의무는 없지만, 근로자의 사생활 보호를 위하여 사전에 예측할 수 있도록 취업규칙이나 근로계약 등으로 특정일로 지정하고 규칙적으로 보장하는 것이 바람직하다.

- *주휴일은 산정 단위가 되는 1주일의 기간 중 평균 1일 이상 주면 되므로, 반드시 주휴일 간의 간격이 7일이 되어야 하는 것은 아니나 근로자가 주휴일을 사전에 예측할 수 있도록 해야 할 것임. 다만, 근로자의 건강 등을 고려하여 가급적 규칙적으로 부여하는 것이 바람직하다고 사료됨(고용노동부 2001.5.12., 근기 68207-1540).*
- *근로기준법 제45조(현행 제55조 제1항)에 의한 주휴일은 반드시 월력상 일요일만을 의미하는 것은 아니므로 1주일을 단위로 하여 회사의 취업규칙이나 단체협약 등으로 특정일을 정하여 시행할 사항임(고용노동부 1984.5.28., 근기 1451-12305).*

4) 적 용

(1) 적치사용 불가

주휴일은 1주 동안의 근로제공으로 인해 축적된 근로자의 피로를 회복시킨다는 데에 주된 취지가 있는 만큼 주휴일을 모아서 일시에 사용하는 것은 인정되지 않는다.

근로기준법 제45조(현행 제55조)에 의한 주휴일은 적치사용할 수 없음(고용노동부 1994.5.16., 근기 68207-806).

(2) 다른 휴일과 중복되는 경우

주휴일과 다른 휴일이 중복되는 경우 취업규칙이나 근로계약 등으로 별도로 정하지 않는 이상 근로자에게 유리한 하나의 휴일만이 인정된다.

- *근로기준법에 의한 유급휴일과 기타 유급휴일 등이 중복되었을 경우 단체협약이나 취업규칙 등에 특단의 규정이 없는 한 하나의 휴일로 인정함(고용노동부 2006.5.12., 임금근로시간정책팀-1100)*
- *주휴일과 약정휴일이 중복된 날에 근로를 한 경우에는 주휴일근로와 약정휴일근로를 모두 실시한 것으로 볼 수 있으나, 그 대가는 각각 지급하여야 하는 것은 아니며 약정휴일근로에 대한 대가가 주휴일근로에 대한 대가보다 단체협약에 유리하게 규정되어 있다면 그에 따르면 될 것임(고용노동부 2003.11.1., 근기 68207-1423).*
- *근로기준법 제54조(현행 제55조 제1항)에서 사용자는 근로자에게 1주일에 평균 1회 이상의 유급휴일을 주도록 하고 있는 바, 여기서 '1주일'이라 함은 연속한 7일의 기간을 의미하는 것으로 반드시 월력에 의한 일요일부터 토요일까지로 해야 하는 것은 아님. 일주일에 휴무일이 2일 이상이 되는 경우 이 중 하나를 유급주휴일로 할 수 있음(고용노동부 2001.5.12., 근기 68207-1540).*

(3) 1주 동안의 소정근로일을 개근하지 못한 경우

주휴일 규정은 1주일에 평균 1회 이상의 유급휴일을 의무화하는 한편 성실근로를 유도 및 보상하기 위하여 소정근로일을 개근한 경우에만 유급으로 보장하는 것이다. 따라서 근로자가 소정근로일을 개근하지 않더라도 사용자에 대해 주휴일을 유급으로 청구할 수 없을 뿐, 주휴일 자체는 무급휴일로 보장되어야 한다.

- *근로기준법 제54조(현행 제55조 제1항) 및 같은 법 시행령 제25조(현행 제30조)에서 사용자로 하여금 1주간의 소정근로일수를 개근한 근로자에게 1주일에 평균 1회 이상의 유급휴일을 주도록 한 규정은 1주일에 1회 이상의 휴일을 의무화하는 한편 성실근로를 유도 · 보상하기 위하여 소정의 근로*

일수를 개근하는 경우에 유급으로 할 것을 정한 것으로 해석하여야 할 것이므로, 근로자가 소정의 근로일수를 모두 근무하지 아니하였다 하더라도 사용자에 대하여 유급휴일로 처리하여 줄 것을 청구할 수 없을 뿐 휴일 자체가 보장되지 않는다고 볼 수는 없다 할 것이어서 휴일 전후의 근로일을 결근하였다고 하여 휴일을 결근으로 처리할 수는 없음(대법원 2004.6.25.선고, 2002두2857 판결).

- 주휴일은 근로기준법 제45조(현행 제55조) 및 동법시행령 제29조(현행 제30조)에 따라 주간 소정근로일수를 개근한 자에 부여받을 수 있는 것인 바, 당해 주에 1일 이상 결근하였다면 동 주휴일에 대한 별도의 임금을 지급받을 수 없는 것임(고용노동부 1984.3.30., 근기 1451-8700).

(4) 지각, 조퇴, 외출 등의 경우

지각·조퇴·외출 등의 사유로 소정근로일의 근로시간 전부를 근로하지 못하였더라도 소정근로일을 단위로 그날에 출근하여 근로를 제공하였다면 이를 결근으로 처리할 수 없고 주휴일을 유급으로 보장해야 한다. 따라서 지각·조퇴·외출 등을 결근으로 처리하여 주휴일을 무급으로 부여하거나, 지각·조퇴·외출 등을 몇 회 이상 하면 1일의 결근으로 처리하면 법을 위반하는 것이다. 다만, 이 경우 지각·조퇴·외출 등을 한 시간만큼 임금에서 공제하는 것은 가능하다.

- 근로자가 지각 · 조퇴 · 외출 등의 사유로 소정근로일의 근로시간 전부를 근로하지 못하였다 하더라도 소정근로일을 단위로 그날에 출근하여 근로를 제공하였다면 이를 결근으로 취급할 수 없는 것이므로 지각 · 조퇴 · 외출 3회를 결근 1일로 취급하여 주휴, 월차유급휴가, 연차유급휴가 등에 영향을 미치게 함은 부당함(고용노동부 1984.10.20., 근기 1451-21279).
- 지각 또는 조퇴 등의 사유로 인하여 근로일의 소정근로시간 수의 전부를 근로하지 못하였다 하더라도 소정의 근로일을 단위로 하여 그날에 출근하여 근로를 제공하였다면 결근으로 처리할 수 없음. 그러나 지각 또는 조퇴 등을 제재하고자 하는 단체협약이나 취업규칙으로서 감급이나 승급, 상여금 지급 등에 영향을 주는 제도는 채택할 수 있을 것임(고용노동부 1981.2.27., 법무 811-6251).

〈근로 유형별 주휴일 부여 기준〉

근로 유형	주휴일 부여 여부	비 고
소정근로일 개근	1일 이상 유급주휴일 부여	통상 1일을 주휴일로 부여 (지각, 조퇴, 외출은 결근으로 처리할 수 없음)
소정근로일 결근	1일 이상 무급주휴일 부여	월급제는 2일(결근일+무급주휴일) 임금 공제 가능 (월급제는 주휴일에 대한 임금이 포함되어 있음)
1주 전부를 휴직	유급주휴일 부여의무 없음	특정 기간(1주) 전부를 근로제공 하지 않으므로 주휴일 발생하지 않음

5) 임금 산정

(1) 산정기준

주휴일은 1주 동안의 소정근로일을 개근하면 '유급'으로 보장되어야 하므로, 근로하지 않아도 근로일과 같은 임금을 지급하여야 한다. 이를 실무상 '주휴수당'이라고 하고, 주휴수당은 정상 근로일의 소정근로시간을 기준으로 산정한다. 따라서 1주 소정근로일을 개근한 경우 지급되는 주휴수당 또는 개근하지 못한 경우 공제하거나 지급되지 않는 주휴수당은 근로자의 1일 통상임금(1일 소정근로시간×통상시급)으로 산정하면 된다. 다만, 소정근로시간이 법정근로시간보다 짧은 경우에는 소정근로시간으로 산정하고, 소정근로시간이 법정근로시간을 초과하는 경우에는 법정근로시간까지만 산정한다.[5)]

〈주휴수당 산정 방법〉

통상근로자	1일 소정근로시간×통상시급
단시간근로자	(단시간근로자의 1주 소정근로시간÷40시간)×8시간×통상시급

※ 소정근로시간이 짧은 단시간근로자는 통상근로자의 소정근로시간에 비례하여 주휴수당을 산정하면 됨.

- *주휴수당은 정상 근로일의 소정근로시간을 기준으로 1일분을 지급해야 함(고용노동부 2009.12.23., 근로기준과-5560).*
- *주휴수당으로 지급되는 임금의 범위는 당해 사업장의 근로시간이 법정근로시간을 초과하는 경우에는 법정근로시간에 대한 임금을, 근로시간이 법정근로시간보다 적은 경우에는 소정근로시간에 대한 임금으로 함(고용노동부 1987.4.2., 근기 01254-5392).*
- *유급휴일, 연월차 휴가의 유급임금을 특정일 구분없이 정상 근로일의 소정근로시간을 기준으로 산정하여 지급하는 것이므로 1일 8시간을 기준으로 하여야 할 것임(고용노동부 1990.10.17., 근기 01254-14463).*
- *근무형태가 격일제 근무(만근 14일)이고, 노사 간 합의한 1일 소정근로시간이 7시간인 경우 유급주휴시간 적용 관련하여, 격일제 근로가 통상적인 격일제 근로(통상 2개 조로 나누어 1개 조가 24시간 연속근무를 2역일에 걸쳐 반복하여 근무하고 전일의 근무를 전제로 다음 날에 휴무일이 주어지는 형태)에 해당하는 경우라면 유급주휴시간은 1근무일의 소정근로시간(7시간) 절반에 해당하는 3.5시간으로 보아야 할 것임(고용노동부 2013.3.7., 근로개선정책과-1574).*

5) 고용노동부 "주 40시간제 시행에 따른 소정근로시간 및 주휴수당 산정기준", 2004.7.7., 임금정책과-2492.

(2) 월급제의 주휴수당

월급제의 경우에는 일반적으로 월급 금액에 주휴수당이 포함되어 있으므로, 월급 이외에 추가로 주휴수당을 지급하지 않아도 된다.

> *월급제(또는 연봉제)의 경우에는 일반적으로 월급금액(또는 연봉금액)에 주휴수당이 포함되어 있는 것으로 봄(대법원 1994.5.24. 선고 93다32514 판결).*

(3) 시급제 및 일급제의 주휴수당

시급제나 일급제의 경우에는 특별히 주휴수당을 구분하여 명시하지 않는다면 시급 또는 일급에 주휴수당이 포함되어 있다고 볼 수 없으므로, 별도의 주휴수당을 산정해서 지급해야 한다.

> *시급제 또는 일급제 근로자가 기본 시급 또는 기본 일급 외에 매월 또는 1개월을 초과하는 일정 기간마다 지급받는 고정수당 중에는 근로계약·단체협약 등에서 달리 정하지 않는 한 구 근로기준법 제55조에 따라 부여되는 유급휴일에 실제로 근무를 하지 않더라도 근무를 한 것으로 간주하여 지급되는 법정수당인 주휴수당이 포함되어 있지 않음(대법원 2018.12.27. 선고 2016다39538, 2016다39545 판결).*

※ 시급이나 일급에 주휴수당을 포함하여 지급하려면 근로계약서상 시급(또는 일급)과 주휴수당이 명시적으로 구분되어 있어야 하고, 근로자에게 사전에 동의를 받아야 함(ex. 시급 3만원에는 기본시급 25,000원과 주휴수당 5,000원을 포함한 것으로 함).

3. 공휴일 및 대체공휴일

1) 개 념

> 「근로기준법」
>
> **제55조【휴일】** ② 사용자는 근로자에게 대통령령으로 정하는 휴일을 유급으로 보장하여야 한다. 다만, 근로자 대표와 서면으로 합의한 경우 특정한 근로일로 대체할 수 있다.
>
> > 「근로기준법 시행령」
> >
> > **제30조【휴일】** ② 법 제55조 제2항 본문에서 "대통령령으로 정하는 휴일"이란 「관공서의 공휴일에 관한 규정」 제2조 각호(제1호는 제외한다)에 따른 공휴일 및 같은 영 제3조에 따른 대체공휴일을 말한다.

상시근로자 5인 이상이 근로하는 사업장의 사용자는 근로자에게 「관공서의 공휴일에 관한 규정」 제2조의 공휴일[6](일요일은 제외[7]) 및 제3조의 대체공휴일을 유급으로 보장해야 한다. 다만, 근로자 대표와 서면으로 합의하면 특정한 근로일과 공휴일 및 대체공휴일을 대체할 수 있다.

〈「관공서의 공휴일에 관한 규정」 상 공휴일의 종류〉

1. 일요일 ⇒ 근기법 제55조 제1항의 주휴일 규정에 따라 적용하지 않음.
2. 국경일[8] 중 3·1절(3월 1일), 광복절(8월 15일), 개천절(10월 3일) 및 한글날(10월 9일)
3. 1월 1일
4. 설날 전날, 설날, 설날 다음날 (음력 12월 말일, 1월 1일, 2일)
5. 부처님오신날 (음력 4월 8일)
6. 어린이날(5월 5일)
7. 현충일(6월 6일)
8. 추석 전날, 추석, 추석 다음 날 (음력 8월 14일, 15일, 16일)
9. 기독탄신일(12월 25일)
10. 「공직선거법」 제34조에 따른 임기 만료에 의한 선거의 선거일
11. 기타 정부에서 수시 지정하는 날(임시공휴일)

※ 일요일, 선거일 및 임시공휴일을 제외한 공휴일은 1년에 15일임.

2) 대체공휴일

일요일·선거일·임시공휴일을 제외한 공휴일이 토요일 및 일요일, 다른 공휴일과 겹치는 경

6) 공휴일은 관공서(국가 및 지방자치단체의 사무를 처리하는 기관으로 국가 및 지방자치단체의 의사결정과 그것을 외부에 표시하는 권한을 가짐)가 쉬는 날로, 관공서에 종사하는 근로자(일반적으로 공무원법에 따른 공무원)에게는 법정휴일이지만 민간기업의 근로자에게는 법정휴일은 아니었다. 그러나 2018년에 근기법이 개정되어 「관공서의 공휴일에 관한 규정」에 의한 공휴일 및 대체공휴일을 민간기업에 종사하는 근로자에게도 법정휴일(유급)로 기업규모에 따라 단계적으로 적용하고 있다.

민간기업의 상시근로자 수	적용 시기
300인 이상	2020년 1월 1일
30인 이상 ~ 300인 미만	2021년 1월 1일
5인 이상 ~ 30인 미만	2022년 1월 1일

7) 공휴일을 민간기업에 종사하는 근로자에게 법정휴일로 인정하면서 '일요일'을 제외한 이유는 근기법 제55조 제1항에서 1주에 평균 1일 이상을 주휴일로 부여하도록 규정하고 있기 때문이다.

8) 「국경일에 관한 법률」에 따른 국경일은 3·1절, 제헌절, 광복절, 개천절 및 한글날로 규정되어 있으나, 「관공서의 공휴일에 관한 규정」에 따른 공휴일에는 제정 당시에 포함되었던 제헌절(7월 17일)은 현재 제외되어 있다. 한편 「각종 기념일 등에 관한 규정」에 따른 기념일은 53종(식목일, 대한민국 임시정부 수립 기념일, 어버이날, 스승의 날 등)이 규정되어 있고, 「관공서의 공휴일에 관한 규정」에 따른 공휴일에는 기존에 포함되었던 식목일(4월 5일), 국군의 날(10월 1일) 등이 현재는 제외되어 있다.

우에는 아래의 유형에 따라 비공휴일(공휴일이 아닌 날)을 대체공휴일로 보장한다.

〈대체공휴일이 적용되는 유형〉

유 형		대체공휴일
1형	3 · 1절, 광복절, 개천절 및 한글날이 토요일이나 일요일과 겹치는 경우	해당 공휴일 다음의 첫 번째 비공휴일
2형	설날 연휴, 추석 연휴가 일요일과 겹치는 경우	
3형	3 · 1절, 광복절, 개천절, 한글날, 어린이날, 설날 연휴, 추석 연휴가 월~금요일 중의 다른 공휴일(선거일 및 임시공휴일 제외)과 겹치는 경우	
4형	1형에 따른 대체공휴일이 같은 날에 겹치는 경우	그 대체공휴일 다음의 첫 번째 비공휴일까지
5형	1형 및 2형에 따른 대체공휴일이 토요일인 경우	그다음의 첫 번째 비공휴일

※ 특정 공휴일이 다른 공휴일과 겹쳐 대체공휴일이 적용되는 경우 원래의 공휴일이 대체공휴일로 변경되는 것이 아니라 각각 공휴일로서 인정됨(고용노동부 2014.8.27., 근로개선정책과-4792).

관공서 공휴일규정 제3조 제1항에서는 일정한 공휴일이 토요일, 일요일 또는 다른 일정한 공휴일과 겹치는 경우에는 그 공휴일 다음의 첫 번째 비공휴일을 대체공휴일로 한다고 규정하고 있고,「근로기준법」제55조 제2항 본문에서는 사용자는 근로자에게 대통령령으로 정하는 휴일을 유급으로 보장하여야 한다고 규정하고 있으며, 같은 법 시행령 제30조 제2항에서는 같은 법 제55조 제2항 본문의 "대통령령으로 정하는 휴일"을 관공서 공휴일규정 제2조 각호(제1호는 제외함)에 따른 공휴일과 같은 영 제3조에 따른 대체공휴일로 구분하여 규정하고 있는바, 대체공휴일은 공휴일과는 별개의 휴일로서 보장된다고 보는 것이 관련 법령의 규정 체계에 부합함. 또한「근로기준법」제55조 제2항 본문 및 같은 법 시행령 제30조 제2항에 따르면 사용자는 근로자에게 공휴일 및 대체공휴일을 유급으로 보장해야 하고, 예외적으로 같은 법 제55조 제2항 단서에 따라 근로자 대표와 서면으로 합의한 경우 공휴일 및 대체공휴일을 특정한 근로일로 대체하여 보장할 수 있을 뿐인바, 어떠한 사업장에서 노사합의에 따라 특정한 공휴일이 유급휴무일과 겹치는데도 불구하고 그 공휴일에 대해 휴일대체를 실시하였다는 우연한 사정이 있다고 하더라도, 공휴일이 근로자의 유급휴무일과 겹치는 경우 휴일대체를 실시하지 않는 것으로 노사합의의 내용을 변경하는 것은 별론으로 하고, 공휴일과는 별개의 법정 휴일인 대체공휴일에 대해서는 그 우연한 사정과 관계없이「근로기준법」제55조 제2항 본문이 적용된다고 보는 것이 타당함. 따라서 이 사안의 경우 관공서 공휴일규정이 개정되어 새로 지정된 대체공휴일도「근로기준법」제55조 제2항 본문에 따라 유급휴일로 보장해야 함(법제처 2021.11.2., 법제처 21-0547).

4. 노동절

1) 개 념

「노동절 제정에 관한 법률」

5월 1일을 노동절로 하고, 이날을 「근로기준법」에 따른 유급휴일(有給休日)로 한다.

노동절은 「노동절 제정에 관한 법률」[9]에 따라 5월 1일이며, 근기법에 의한 유급휴일이다. 노동절은 상시근로자 수와 무관하게 모든 사업장에 적용되며, 출근율 등 일정한 조건과 관계없이 보장되는 휴일이다.

※ 노동절은 상시근로자 5인 미만인 사업(장)에도 적용되지만, 공무원법에 의한 공무원에게는 적용되지 않음.

2) 근로조건의 적용

(1) 유급휴일

노동절의 취지는 근로자들의 노고를 위로하고, 근무의욕을 높이기 위한 것으로 「국경일에 관한 법률」 또는 「관공서의 공휴일에 관한 규정」에서 정한 법정공휴일에 해당하지 않지만, 근기법의 적용을 받는 근로자에게 부여하는 주휴일처럼 법정휴일이므로 해당일에 근로제공이 없더라도 임금을 지급하여야 한다.[10]

※ 노동절이 주휴일 등 다른 유급휴일과 중복되면 근로자에게 유리한 하나의 휴일만 적용하면 됨.

- *「근로자의날제정에관한법률」은 "5월 1일을 근로자의 날로 하고 이 날을 근로기준법에 의한 유급휴일로 한다"라고 규정하고 있음. 여기서 '유급휴일'이라 함은 근로를 제공하였더라면 지급받을 수 있었던 금액을 지급받으면서 근로제공의 의무는 없는 것으로 정하여진 날임. 매월 고정적인 임금을 지급받는 월급제 근로자에게는 당해 월의 소정근로일수나 유급휴일 수 또는 근로자의 날이 월요일에서 일요일 사이의 어느 날에 속하는지에 관계없이 소정의 월급금액을 지급하면 될 것임. 1일 단위 또는 시간 단위로 임금을 계산·지급하는 일급제 또는 시급제 근로자에게는 당해 사업(장)의 통상의 1일 근로를 제공하였을 때 지급해야 할 임금을 지급하고 휴일을 부여해야 할 것임. 다만, 유급휴일이 겹칠 경우(예컨대, 근로자의 날과 주휴일로 정한 일요일이 중복될 경우)에는 1일분만 지급하면 될 것임(고용노동부 2004.4.29., 근로기준과-2116).*

---

9) 2025년 11월 11일 법 개정(법률 제21134호)으로 '근로자의 날'에서 '노동절'로 명칭이 변경되었다.

10) 고용노동부, 「근로자의 날 관련 근로기준법 적용지침」, 2007.11.13., 임금근로시간정책팀-3356.

- 근로자의 날이 주휴일 등 유급휴일과 겹칠 경우에는 1일분만 지급하면 될 것임. 따라서 사업장의 근무스케줄에 따라 주휴일이 정해졌고 일부 근로자의 해당 주휴일이 근로자의 날(5.1.)과 중복된 경우에는 근로자에게 유리한 하나의 휴일만 인정하면 되고 별도로 추가 휴일을 부여할 의무는 없을 것임(고용노동부 2016.11.1., 근로기준정책과-6852).

(2) 휴일근로

노동절은 법정휴일이므로, 노동절에 근로를 제공하면 근기법 제56조 제2항에 따른 가산임금을 지급하거나, 근기법 제57조[11]를 적용하여 임금을 지급하는 대신 휴가를 부여할 수 있다.

근로기준법 제46조(현행 제56조 제2항)에 따라 휴일근로수당으로 통상임금의 100분의 50 이상을 가산하여 지급하여야 하는 휴일근로는, 동조가 "제45조(현행 제55조)의 규정에 의한 휴일근로"라고 규정하지 아니하고 "휴일근로"라고만 규정하고 있는 점, 연장시간근로 및 야간근로와 함께 휴일근로를 규정하고 있는 점 등의 취지로 미루어 볼 때, 단순히 근로기준법 제45조(현행 제55조) 소정의 주휴일제도의 원칙을 유지하기 위한 것만이 아니라, 주휴일이 아닌 법정공휴일이라도 사용자의 필요에 따라 부득이 근로를 하게 된 경우에는 근로자가 근로할 의무가 있는 날에 근로를 한 경우보다는 더 큰 대가가 지급되어야 보상된다는 점을 고려한 것이라고 해석되므로, 동법 제45조(현행 제55조) 소정의 주휴일근로뿐만 아니라 단체협약이나 취업규칙에 의하여 휴일로 정하여진 법정공휴일 등의 근로도 가리키는 것이라고 보는 것이 상당함(대법원 1991.5.14. 선고, 90다14089 판결).

(3) 특정일 대체

노동절은 「노동절 제정에 관한 법률」에 의해 5월 1일로 특정하여 유급휴일로 규정하고 있으므로 다른 날로 대체할 수 없다.

근로기준법 제54조(현행 제55조)의 주휴일과 단체협약이나 취업규칙 등으로 정한 휴일(약정휴일)을 다른 날로 변경(대체)하고자 하는 경우, 단체협약이나 취업규칙 등에 그에 관한 요건과 절차 등을 정하고 있을 때에는 그에 따라야 할 것이나 그와 같은 정함이 없는 경우에는 노사 간의 합의가 있어야 할 것임. 따라서, 근로자의 동의를 휴일대체의 요건으로 단체협약에 규정하고 있음에도 근로자의 동의 없이 휴일을 다른 날로 대체하는 것은 휴일대체의 효력이 없으므로 당초의 휴일에 근로한 경우에는 근로기준법 제55조(현행 제56조) 소정의 휴일근로수당을 지급하여야 하나, 근로자의 동의가 있었거나 있었다고 볼 수 있는 경우에는 별도의 휴일근로수당을 지급할 필요가 없을 것임. 다만,

11) 57조【보상 휴가제】 사용자는 근로자 대표와의 서면합의에 따라 제51조의3, 제52조 제2항 제2호 및 제56조에 따른 연장근로 · 야간근로 및 휴일근로 등에 대하여 임금을 지급하는 것을 갈음하여 휴가를 줄 수 있다.

'근로자의 날'은 법률로서 특정한 날을 유급휴일로 정하고 있으므로 다른 날로 대체할 수 없으며, 다른 날로 대체하였더라도 근로자의 날에 근로한 경우에는 근로기준법 제55조(현행 제56조)에 의한 휴일근로수당을 지급하여야 한다고 사료됨(고용노동부 2004.2.19., 근로기준과-829).

3) 근로자 유형별 적용 여부

(1) 근기법 제63조의 적용제외 근로자

감시·단속적 근로자를 포함한 근기법 제63조의 적용제외 근로자에게는 근기법 제4장(근로시간과 휴식) 및 제5장(여성과 소년)에서 정한 휴일에 관한 규정은 적용되지 않지만, 적용되지 않는 휴일에는 노동절은 포함되지 않는다. 따라서 근기법 제63조의 적용제외 근로자가 노동절에 근로제공을 하지 않고 쉬더라도 통상 하루에 지급하는 임금을 보장하여야 한다.

※ 1일 2교대 10시간 근무자는 10시간분의 임금을 지급해야 함. 다만, 격일제 근무자는 근무일 다음의 휴무일(비번일)은 전일의 근무를 전제로 주어지는 것이므로, 격일제 근무자에게 지급해야 하는 통상 하루의 임금은 근무일의 절반에 해당하는 근로시간의 임금임(ex. 24시간 격일제 근무자는 근무일의 절반에 해당하는 12시간분의 임금).[12)]

일반적으로 아파트 관리원은 그 근무형태로 보아 감시 또는 단속적 근로자에 해당되는 바, 사용자가 근로기준법 제49조 제3호의 규정에 의거, 노동위원회로부터 감시 또는 단속적 근로에 종사하는 자에 대해 승인을 받은 경우 동법 제4장과 제5장의 근로시간, 휴게, 휴일에 관한 규정의 적용이 배제됨. 근로자의 날은 「근로자의날제정에관한법률」에 따라 유급휴일이 되는 날로서 근로기준법 제49조(현행 제63조)의 "이 장과 제5장에서 정한 휴일에 관한 규정"에 해당되지 않으므로, 근로자의 날에 근로한 경우 유급휴일에 대하여 당연히 지급되는 임금과 당해일의 근로에 대한 소정의 임금이 지급되며 근로기준법 제46조(현행 제56조 제2항)에 규정된 휴일근로에 대한 가산임금 조항은 동법 제49조(현행 제63조)의 "이 장과 제5장에서 정한 휴일에 관한 규정"에 해당되므로 적용이 배제되는 것임(고용노동부 1991.5.9., 근기 01254-6550).

(2) 단시간근로자

근기법 제18조 제3항에 따라 4주 동안을 평균하여 1주 동안의 소정근로시간이 15시간 미만인 단시간근로자에게는 주휴일 규정은 적용되지 않지만, 노동절은 유급휴일로 적용해야 한다. 따라서 노동절에 근로하면 휴일근로에 대한 임금을 지급해야 한다.

---

12) 고용노동부 2006.12.27., 임금근로시간정책팀-3961.

> *「근로기준법」 제18조 제3항은 1주 소정근로시간이 15시간 미만인 단시간근로자에 대하여 같은 법 제55조의 주휴일 적용을 제외하는 것으로서 근로자의 날 적용을 배제하는 것으로 보기는 어려움. 따라서 단시간근로자의 경우에도 근로자의 날이 근로계약 기간 내에 있는 경우 유급휴일이 보장되어야 할 것임(고용노동부 2015.9.10., 근로기준정책과-4361).*

(3) 일용근로자

노동절은 근로자가 근로를 제공하면서 계속적인 근로제공이 예정되어 있는 상태가 전제되어야 유급휴일로 인정될 수 있으므로, 근로계약이 일일 단위로 체결되는 일용근로자에게는 원칙적으로 노동절이 적용되지 않는다. 다만, 일용근로자라고 하더라도 근로계약의 체결이 형식에 불과하고, 반복적으로 갱신하여 일정 기간을 계속 근로해 온 경우라면 노동절을 부여하여야 한다.

> *근로자의 날은 평상적인 근로관계를 전제로 근로계약 기간 내에 있어야 유급휴일로 될 수 있는 바, 일일 단위로 근로계약이 체결되는 일용근로자의 경우 원칙적으로 유급휴일 부여문제가 발생하지 않는다 할 것임. 다만 근로계약을 반복 갱신해 근로자의 날을 전후해 계속 근로한 것으로 인정될 수 있는 경우라면 그 기간 내 포함된 근로자의 날에 대해서는 유급휴일을 부여해야 할 것임(고용노동부 2014.11.12., 근로개선정책과-6257).*

5. 약정휴일

약정휴일은 법정휴일과 달리 단체협약이나 취업규칙 등에서 회사의 휴일로 정한 날이고, 단체협약이나 취업규칙 등에서 정한 대로 유급·무급 여부가 결정된다.

> *임의로 부여하는 약정휴일의 경우 '유급으로 한다'는 명문의 규정이 없을 경우 무급이 원칙인지, 당연히 유급으로 인정되는지에 대하여, 근로기준법상 휴일은 법정휴일과 약정휴일로 구분되며, 법정휴일은 주휴일과 근로자의 날이 해당되고, 약정휴일은 사용자와 근로자(또는 노동조합) 당사자 간 합의에 의해 정한 휴일로서 유급휴일과 무급휴일로 구분됨. 따라서, 약정휴일로 정한 경우 그날에 대한 임금 지급 여부 또한 단체협약이나 취업규칙 등에 정한 바에 따라야 할 것으로, 달리 볼 사정이 없는 한 '유급으로 한다'라는 명문의 규정이 없는 한 당연히 유급으로 인정되는 것은 아니라고 사료됨(고용노동부 2011.1.31., 근로기준과-510).*

6. 대체휴일

「근로기준법」

제55조【휴일】 ② 사용자는 근로자에게 대통령령으로 정하는 휴일을 유급으로 보장하여야 한다. 다만, 근로자 대표와 서면으로 합의한 경우 특정한 근로일로 대체할 수 있다.

대체휴일은 근로자의 동의 등에 따라 원래 정해진 휴일에 근로를 제공하고 다른 소정근로일을 휴일로 대체하는 것을 사전에 약정하는 것으로, 노동법에 대체휴일에 대하여 별도의 규정은 없고 근기법은 공휴일 및 대체공휴일을 사용자와 근로자 대표가 서면으로 합의하면 특정한 근로일로 대체할 수 있다고 규정하고 있다. 휴일을 사전에 대체하면 원래 정해진 휴일에 근로하는 것은 휴일근로가 아니므로 근기법 제56조 제2항에 따른 휴일근로에 대한 가산임금을 지급할 의무가 없다. 다만, 대체된 휴일에 근로하는 경우에는 휴일근로에 해당하고 근기법 제56조 제2항에 따른 휴일근로에 대한 가산임금을 지급하여야 한다.

- *지정된 휴일을 변경하고자 할 때에는 적어도 24시간 전에 근로자에게 통지하여야 함. 지정된 휴일의 변경은 단체협약이나 취업규칙에 그 변경 요건·절차 등이 미리 정하여져 있거나 근로자의 동의를 얻은 경우에 다른 날로 대체할 수 있는 바, 이와 같이 휴일이 대체휴일로 변경된 경우에는 당초의 휴일은 평일이 되므로 휴일근로가산수당을 지급할 필요가 없음. 그러나 근로자의 날은 법률로서 특정한 날을 유급휴일로 정하고 있으므로 다른 날로 휴일을 대체할 수 없으며, 동 휴일을 다른 날로 대체하여 근로자의 날에 근로한 경우에는 근로기준법 제46조에 의한 휴일근로수당을 지급하여야 함. 변경된 대체휴일에 근로한 경우에는 휴일근로수당을 지급함이 타당함(고용노동부 1994.5.16., 근기 68207-806).*
- *근로기준법 제45조(현행 제55조)는 1주일에 평균 1회 이상의 유급휴일을 부여토록 규정하고 있는바 이는 강행규정으로 월 단위로 4~5일을 일괄 부여할 수 없음. 다만, 지정된 휴일을 단체협약, 취업규칙, 근로자의 동의에 따라 대체하고 동 지정휴일에 제공한 근로에 대해서는 별도의 휴일근로수당을 지급하지 않을 수 있으나, 이 경우에도 근로자가 대체된 휴일이 언제인지 미리 알 수 있도록 구체적으로 지정하여야 할 것임(고용노동부 1991.7.10., 근기 01254-9675).*
- *휴일을 대체하여 근로하는 것은 가능할 것이므로, 대체한 휴일을 이미 부여받은 자가 이후 위에 가름되는 근로일에 근로하지 않았다면 1일의 결근이 될 것임(고용노동부 1982.8.18., 근기 1455-22853).*

제4절 휴 가

1. 개 요

휴가는 근로계약에 따른 근로제공의무가 있는 날이지만 근로자가 청구하거나 특별한 사유가 충족됨에 따라 근로제공의무가 면제되는 날이다. 휴가는 연차유급휴가 등 출근율에 따라 부여되는 보상적 휴가와 생리휴가·출산전후휴가·배우자 출산휴가 등 특정한 사유가 발생하면 부여하는 보장적 휴가로 구분할 수 있다.

〈보장적 휴일 · 휴가 및 보상적 휴일 · 휴가〉

구 분	보상적 휴일 · 휴가	보장적 휴일 · 휴가
개 념	출근율에 따라 휴가부여 여부 및 그 수준이 결정되며, 성실근로에 대한 보상임.	출근율과 관계없이 특정 기념일이나 특정한 사유가 발생하면 부여됨.
예 시	주휴일, 연차유급휴가	노동절, 공휴일 및 대체공휴일, 출산전후휴가, 생리휴가, 배우자출산휴가, 난임치료휴가
비고	약정 휴일·휴가는 그 부여조건을 노사 자율로 정할 수 있으므로 보상적 성격을 지닐 수도 있고 보장적 성격을 지닐 수도 있음.	

2. 연차유급휴가

1) 개 념

연차유급휴가란 장기간 근로에 따른 피로의 회복을 통한 휴양의 기회를 제공하고 문화적 생활의 향상을 위하여 근로자에게 부여하는 제도이다. 연차유급휴가는 근기법에 발생요건·휴가일 수 등이 정해져 있는 법정휴가이고, 임금손실 없이 휴가를 사용할 수 있는 유급휴가이며, 일정한 출근율에 따라 부여하는 보상적 휴가이다.

※ 연차유급휴가와 관련하여 근기법은 제60조(연차유급휴가), 제61조(연차유급휴가의 사용촉진) 및 제62조(유급휴가의 대체)에 규정하고 있음.

근로기준법 제60조 제1항은 연차유급휴가에 관하여 "사용자는 1년간 8할 이상 출근한 근로자에게 15일의 유급휴가를 주어야 한다"라고 규정하고 있는데, 이는 근로자에게 일정 기간 근로의무를 면

제함으로써 정신적·육체적 휴양의 기회를 제공하고 문화적 생활의 향상을 기하려는 데 그 취지가 있음(대법원 2013.12.26. 선고 2011다4629 판결).

2) 기본휴가

(1) 1년간 소정근로일 중 80% 이상 출근인 경우

「근로기준법」

제60조【연차유급휴가】 ① 사용자는 1년간 80퍼센트 이상 출근한 근로자에게 15일의 유급휴가를 주어야 한다.

1년간의 소정근로일 중에서 80% 이상 출근하면 15일의 연차유급휴가가 발생한다.

※ '1년간의 소정근로일 중에서 80% 이상 출근'을 반대로 해석하면, '1년간의 소정근로일 중에서 20%를 초과해서 결근'하는 것을 의미함. 따라서 근로관계가 유지되는 기간 중에 20%를 초과해서 결근한다는 것은 개인적인 질병 등으로 인한 휴직기간, 징계로 인한 정직기간 등의 경우처럼 근로제공이 이루어지지 않으면서도 근로관계가 유지되는 특수한 경우임.

지각·조퇴·외출 등의 사유로 소정근로일의 근로시간 전부를 근로하지 못하였다 하더라도 소정근로일을 단위로 그날에 출근하여 근로를 제공하였다면 이를 결근으로 처리할 수 없는 것이므로, 단체협약·취업규칙 등에 '지각·조퇴·외출을 몇 회 이상 하면 결근 1일로 취급한다'라고 규정하고, 일정 횟수 이상의 지각·조퇴·외출 시 결근 1일로 취급하여 주휴일·연차유급휴가 등에 영향을 미치게 하는 것은 근기법 취지에 비추어 타당하지 않음. 다만, 단체협약 또는 취업규칙 등에서 '질병이나 부상 외의 사유로 인한 지각·조퇴·외출은 누계 8시간을 연가 1일로 계산한다'라는 규정을 두는 것은 당해 사업장 근로자의 인사·복무관리 차원에서의 노사 간 특약으로 볼 수 있으며, 해당자가 부여받을 수 있는 연차유급휴가일 수에서 공제하는 것이므로 근기법에 위반된다고 볼 수는 없음 (고용노동부 2000.1.22., 근기 68207-157).

(2) 계속근로기간이 1년 미만인 경우

「근로기준법」

제60조【연차유급휴가】 ② 사용자는 계속하여 근로한 기간이 1년 미만인 근로자 또는 1년간 80퍼센트 미만 출근한 근로자에게 1개월 개근 시 1일의 유급휴가를 주어야 한다.

계속근로기간이 1년 미만이면 1개월 단위로 개근을 판단하고, 개근 월마다 1일의 연차유급휴가가 발생한다. 따라서 입사 후 계속근로기간이 1년 미만인 기간에는 11개월을 개근할 수 있으므로, 최대 11일의 연차유급휴가가 발생할 수 있다.

※ 계속근로기간이 1년 이상일 경우에 1개월 단위의 연차유급휴가는 따로 산정하지 않고, 1년 단위로 80% 이상 출근한 경우만 연차유급휴가가 발생함.

> *근로자가 2010년 6월 15일 입사하여 2011년 9월 25일까지 약 1년 3개월 근무한 경우, 1년간 근로에 대한 연차유급휴가 이외 잔여 3개월에 대한 연차유급휴가 부여의무는 사업장의 단체협약, 취업규칙 등에 다른 특별한 규정이 없는 이상 발생하지 않음(고용노동부 2011.11.21., 근로개선정책과-4641).*

(3) 1년간 소정근로일 중에서 80% 미만 출근한 경우

> 「근로기준법」
>
> **제60조【연차 유급휴가】** ② 사용자는 계속하여 근로한 기간이 1년 미만인 근로자 또는 1년간 80퍼센트 미만 출근한 근로자에게 1개월 개근 시 1일의 유급휴가를 주어야 한다.

연차유급휴가는 1년간 80% 이상 출근한 경우에만 발생하는 것이 원칙이지만, 1년간 소정근로일 중에서 80% 미만 출근하더라도 1개월 단위의 출근율을 고려하여 개근 월수마다 1일의 연차유급휴가 발생한다.

3) 가산휴가

> 「근로기준법」
>
> **제60조【연차 유급휴가】** ④ 사용자는 3년 이상 계속하여 근로한 근로자에게는 제1항에 따른 휴가에 최초 1년을 초과하는 계속 근로연수 매 2년에 대하여 1일을 가산한 유급휴가를 주어야 한다. 이 경우 가산휴가를 포함한 총 휴가일수는 25일을 한도로 한다.

3년 이상 계속하여 근로하면 기본휴가에서 최초 1년을 초과하는 계속근로연수 매 2년에 대하여 1일의 가산휴가가 발생하고, 이 경우 가산휴가를 포함한 총 연차유급휴가의 일수는 25일을 한도로 한다.

※ 전년도의 출근율은 기본휴가 산정에는 기준이 되지만, 가산휴가 산정을 위한 계속근로연수 계산의 경우에는 출근율과 직접 관계가 없음. 다만, 기본휴가 자체가 발생하지 않는 경우(해당연도 전부를 출근하

지 않거나, 해당연도에 80% 미만 출근하였으나 월 개근이 하나도 없는 경우)에는 가산휴가도 발생하지 않음.

〈근속연수별 연차유급휴가 일수 산정 예시 : 1년간 80% 이상 출근한 경우 기준〉

근속연수	1년	3년	5년	7년	9년	11년	13년	15년	17년	19년	21년
휴가 일수	15일	16일	17일	18일	19일	20일	21일	22일	23일	24일	25일

※ 계속근로기간이 1년 이상이고 80% 이상 출근한 경우 연차유급휴가 일수 계산방법
→ 근속연수가 '홀수년(A)'인 경우 그다음 해 연차유급휴가 일수: 15 + 〔(A − 1) ÷ 2〕
→ 근속연수가 '짝수년(B)'인 경우 그다음 해 연차유급휴가 일수: 15 + 〔(B − 2) ÷ 2〕

※ 계속근로기간 1년 미만 기간에 1개월 단위로 발생하는 연차유급휴가는 별도 적용.

4) 출근율 산정

「근로기준법」

제60조【연차 유급휴가】 ⑥ 제1항 및 제2항을 적용하는 경우 다음 각호의 어느 하나에 해당하는 기간은 출근한 것으로 본다.

1. 근로자가 업무상의 부상 또는 질병으로 휴업한 기간
2. 임신 중의 여성이 제74조 제1항부터 제3항까지의 규정에 따른 휴가로 휴업한 기간
3. 「남녀고용평등과 일·가정 양립 지원에 관한 법률」 제19조 제1항에 따른 육아휴직으로 휴업한 기간

(1) 출근율 산정기준

연차유급휴가 산정을 위하여 '1년간 80% 이상 출근 또는 1개월간 개근'했는지는 원칙적으로 근로자 개인별 입사일을 기준으로 산정한다.[13] 따라서 연차유급휴가는 1년간 또는 1개월간의 소정근로일수(법령·단체협약·취업규칙 등에 따라 근로의무가 없는 날을 뺀 일수) 중에서 근로자가 실질적으로 근로를 제공한 출근일수의 비율(출근율)을 기준으로 산정한다.[14]

- 근로기준법 제60조 제1항이 규정한 유급 연차휴가는 1년간 80% 이상 출근한 근로자에게 부여됨. 이 경우 근로자가 1년간 80% 이상 출근하였는지 여부는, 1년간의 총 역일(曆日)에서 법령 · 단체협약 · 취업규칙 등에 의하여 근로의무가 없는 것으로 정해진 날을 뺀 일수(이하 '소정근로일수'라고

13) 연차유급휴가 계산의 편의와 인적관리의 효율화를 위하여 근로자에게 불리하지 않다면, 소위 '회계연도(월) 기준'으로 1년을 '매년 1월 1일부터 12월 31일까지'로 정하거나 1개월을 '매월 1일부터 말일까지'로 정할 수 있다.

14) '1년'은 1년의 총일수(365일 또는 366일)가 아니라 1년의 총일수에서 출근의무가 있는 날(소정근로일)을 의미하고, '1개월'은 1개월의 총일수(28일~31일)가 아니라 1개월의 총일수에서 출근의무가 있는 날을 의미한다. ex. 연간 소정근로일(245일, 246일)=1년 총일수(365일, 366일)-비소정근로일(120일)

한다) 중 근로자가 현실적으로 근로를 제공한 출근일수의 비율, 즉 출근율을 기준으로 판단하여야 함(대법원 2017.5.17. 선고 2014다232296, 2014다232305 판결).

- 근로기준법 제59조(현행 제60조)의 연차유급휴가를 부여하기 위한 출근율 산정대상기간의 기산일은 근로자 개인별로 정함이 원칙이며, 사업장에서 노무관리의 편의를 위하여 단체협약이나 취업규칙으로 회계연도(1.1.~12.31) 등을 기준으로 일률적으로 정할 수도 있을 것이나 그 경우에도 연도 중 입사한 근로자에게 불리하지 않도록 하여야 할 것임. 회계연도를 기준으로 휴가를 계산할 경우 연도 중 입사자에게 불리하지 않게 휴가를 부여하려면, 입사한 지 1년이 되지 못한 근로자에 대하여도 다음 연도에 입사 연도의 근속기간에 비례하여 유급휴가를 부여하고 이후 연도부터는 회계연도를 기준으로 연차유급휴가를 부여하면 될 것임. 다만, 퇴직시점에서 총휴가일수가 근로자의 입사일을 기준으로 산정한 휴가일수에 미달하는 경우에는 그 미달하는 일수에 대하여 연차휴가근로수당으로 정산해야 한다고 사료됨(고용노동부 2003.5.23., 근기 68207-620).

〈연차유급휴가의 출근율 산정〉

$$\text{연차유급휴가의 출근율} = \frac{\text{1년간(또는 1개월간) 실제 출근일수}}{\text{1년간(또는 1개월간) 소정근로일수}}$$

(2) 출근율 판단기준

고용노동부는 「연차유급휴가 등의 부여 시 소정근로일수 및 출근 여부 판단기준」을 제시하여 연차유급휴가 산정을 위한 소정근로일수 및 출근 여부를 판단하고 있다.

〈연차유급휴가 산정을 위한 출근율 판단기준〉[15]

구 분	예 시	적용(판단)
법령 또는 약정에 의한 휴일	- 주휴일(근기법 제55조 제1항) - (대체)공휴일(근기법 제55조 제2항, 「관공서의 공휴일에 관한 규정」) - 노동절(「노동절 제정에 관한 법률」) - 약정휴일 - 기타 이에 준하여 해석할 수 있는 날(기간)	소정근로일수 계산에서 제외

15) 고용노동부, 「연차유급휴가 등의 부여 시 소정근로일수 및 출근 여부 판단기준」, 임금근로시간정책팀-3228, 2007.10.25. 이후에 고용노동부는 대법원 판례(2008.10.19.선고, 2008다41666 판결)에 따라 기존 입장(정직기간은 소정근로일수에서 제외하고 나머지 소정근로일수에 대한 출근율에 따라 비례적으로 부여)을 「연차유급휴가 부여기준 '소정근로일수 및 출근 여부' 판단 시 정직기간 등 관련 행정해석 변경」(근로기준과-3296, 2009.9.1.)을 통해 '근로자의 귀책사유로 인한 징계기간은 소정근로일수에 포함하여 결근 처리하고, 이를 다투어 확정된 부당 징계기간에 한하여 소정근로일수에서 제외하고 나머지 기간에 비례하여 연차유급휴가를 부여하도록 변경하였다.

구 분	예 시	적용(판단)
특별한 사유로 근로제공의 무가 정지되는 날 또는 기간	- 사용자 귀책사유로 인한 휴업 기간(근기법 제46조) - 남녀고용평등법상 가족돌봄휴직 기간 - 적법한 쟁의행위기간 - 기타 이에 준하여 해석할 수 있는 날(기간)	소정근로일수 계산에서 제외하되, 그 제외된 기간만큼 비례하여 휴가일수를 축소하여 부여
법령상 또는 그 성질상 출근한 것으로 보아야 하는 날 또는 기간	- 업무상 부상 또는 질병으로 휴업한 기간(근기법 제60조 제6항 제1호) - 출산전후휴가 및 유사산휴가 기간(근기법 제60조 제6항 제2호) - 남녀고용평등법상 육아휴직 기간(근기법 제60조 제6항 제3호) - 남녀고용평등법상 육아기 근로시간 단축 시간(근기법 제60조 제6항 제4호) - 임신기 근로시간 단축 시간(근기법 제60조 제6항 제5호) - 연차유급휴가(근기법 제60조) 및 생리휴가(근기법 제73조) 기간 - 남녀고용평등법상 배우자출산휴가, 난임치료휴가, 가족돌봄휴가 기간 - 예비군 훈련기간(「예비군법」 제10조[16]) - 공민권행사를 위한 휴무일(「공직선거법」 제6조[17]) - 민방위 훈련 또는 동원기간(「민방위기본법」 제27조[18]) - 기타 이에 준하여 해석할 수 있는 날(기간)	소정근로일수 계산에는 포함하되 출근한 것으로 봄

5) 사 용

「근로기준법」

제60조【연차 유급휴가】 ⑤ 사용자는 제1항부터 제4항까지의 규정에 따른 휴가를 근로자가 청구한 시기에 주어야 하고, 그 기간에 대하여는 취업규칙 등에서 정하는 통상임금 또는 평균임금을 지급하여야 한다. 다만, 근로자가 청구한 시기에 휴가를 주는 것이 사업 운영에 막대한 지장이 있는 경우에는 그 시기를 변경할 수 있다.

---

16) 제10조【직장 보장】 다른 사람을 사용하는 자는 그가 고용한 사람이 예비군 대원으로 동원되거나 훈련을 받을 때에는 그 기간을 휴무로 처리하거나 그 동원이나 훈련을 이유로 불리한 처우를 하여서는 아니 된다.

17) 제6조【선거권행사의 보장】 ① 국가는 선거권자가 선거권을 행사할 수 있도록 필요한 조치를 취하여야 한다. ③ 공무원 · 학생 또는 다른 사람에게 고용된 자가 선거인명부를 열람하거나 투표하기 위하여 필요한 시간은 보장되어야 하며, 이를 휴무 또는 휴업으로 보지 아니한다.

18) 제27조【직장 보장】 타인을 고용하는 자는 고용하는 자가 민방위 대원으로 동원되거나 교육 또는 훈련을 받은 때에는 그 기간을 휴무로 하거나 이를 이유로 불이익이 되는 처우(處遇)를 하여서는 아니 된다.

(1) 근로자의 시기지정권

연차유급휴가는 근로자의 권리이므로, 사용자는 연차유급휴가를 근로자가 청구한 시기에 주어야 한다. 따라서 연차유급휴가권을 구체화하려면 근로자가 자신에게 주어진 시기지정권을 행사하여 휴가를 언제부터 언제까지 사용할 것인지에 관하여 특정해야 한다. 연차유급휴가는 원칙적으로 1일 단위로 사용해야 하지만, 노사합의로 1일의 일부를 시간단위(반차 등)로 사용할 수도 있다.

- 연 · 월차 휴가권이 근로기준법상의 성립요건을 충족하는 경우에 당연히 발생하는 것이라고 하여도 휴가권을 구체화하려면 근로자가 자신에게 맡겨진 시기지정권을 행사하여 어떤 휴가를 언제부터 언제까지 사용할 것인지에 관하여 특정하여야 할 것이고, 근로자가 특정을 하지 아니한 채 시기지정권을 행사하더라도 이는 적법한 시기지정이라고 할 수 없어 그 효력이 발생할 수 없으며, 이와 같은 경우에는 적법한 휴가시기 지정이 있음을 전제로 하는 사용자의 시기변경권의 행사도 필요하지 않음(대법원 1997.3.28. 선고 96누4220 판결).
- 연차유급휴가는 근로제공의 의무를 면제하는 것이며 원칙적으로 "일" 단위로 부여해야 하나 당사자 간 합의로 "일"의 일부를 분할하여 부여할 수도 있을 것임(근기 68207-934, 2003.7.23.). 하지만 연차휴가의 취지가 근로자의 피로회복과 건강확보 및 여가 이용을 통한 사회 · 문화적 생활 향상을 도모하기 위한 것이고, 사업운영에 막대한 지장이 없는 한 근로자가 청구한 시기에 부여해야 하는 점을 고려하면, 업무의 많고 적음에 따라 특정 시간대에만 사용토록 하는 것은 동 휴가제도의 취지와 맞지 않는다 할 것임(고용노동부 2017.4.7., 근로기준정책과-2431).
- 연차유급휴가는 근로자가 청구한 시기에 주어야 하므로, 근기법 제61조에 의한 휴가사용촉진 조치나 제62조에 따른 대체휴가 사용이 아닌 한 사용자가 특정 시기를 지정해서 연차유급휴가를 사용하게 할 수 없음(2014.7.18., 근로개선정책과-4027).
- 취업규칙에 근로자가 연차휴가를 청구하는 절차에 관한 정함이 없는 회사에서 근로자가 동료 운전사와의 상호 폭행으로 입은 상해 때문에 출근하지 아니하면서, 회사 차량계장 및 총무계장에게 전화상으로 치료기간 중 계속 연차휴가를 실시한 것으로 처리하여 달라고 하였다면 이는 적법하게 연차휴가를 청구한 것이고, 근로자가 출근하지 아니한 기간은 연차휴가권을 행사한 것이어서 결근한 것이라고 볼 수 없음(대법원 1992.4.10. 선고 92누404 판결).

(2) 사용자의 시기변경권

사용자는 근로자가 청구한 시기에 연차유급휴가를 주는 것이 사업운영에 막대한 지장이 있는 경우에는 그 시기를 변경할 수 있다. 사업운영에 막대한 지장이 있는 경우는 근로자가 지정한 시기에 연차유급휴가를 주는 것이 그 사업장의 업무능률이나 성과가 평상시보다 현저하게 저하되어 상당한 영업상의 불이익 등이 초래될 것으로 염려되거나 그러한 개연성이 인정되는 사정이 있는 경우를 의미한다.

※ 사업운영에 막대한 지장이 있다는 입증은 사용자가 하여야 함.

- *취업규칙에 휴가를 받고자 하는 자는 사전에 소속장에게 신청하여 대표이사의 승인을 득하여야 한다고 규정하고 있는 경우 이는 근로기준법 제48조 제3항(현행 제60조 제5항)이 규정하는 근로자의 휴가시기지정권을 박탈하기 위한 것이 아니라 단지 사용자에게 유보된 휴가시기 변경권의 적절한 행사를 위한 규정이라고 해석되므로 위 규정을 위 근로기준법 규정에 위반되는 무효의 규정이라고 할 수 없음(대법원 1992.6.23. 선고 92다7542 판결).*
- *근로기준법 제60조 제5항 단서는 근로자가 청구한 연차휴가 시기에 휴가를 주는 것이 사업 운영에 막대한 지장이 있는 경우, 사용자가 그 시기를 변경할 수 있다고 규정하고 있다. 이러한 사용자의 시기변경권 행사요건으로서 '사업운영에 막대한 지장'이 있는지 여부는, 일반적으로 기업의 규모, 연차휴가청구인의 직장에서의 배치, 그 담당하는 작업의 내용, 성질, 대행자 배치의 난이, 시기를 같이하여 연차휴가를 청구하는 근로자의 수 등 제반 사정을 고려하여 합리적으로 판단하여야 함(서울고등법원 2013.5.31. 선고 2012누28522 판결).*

(3) 연차유급휴가의 행사 기간

「근로기준법」

제60조【연차 유급휴가】 ⑦ 제1항 · 제2항 및 제4항에 따른 휴가는 1년간(계속하여 근로한 기간이 1년 미만인 근로자의 제2항에 따른 유급휴가는 최초 1년의 근로가 끝날 때까지의 기간을 말한다) 행사하지 아니하면 소멸된다. 다만, 사용자의 귀책사유로 사용하지 못한 경우에는 그러하지 아니하다.

연차유급휴가는 발생일부터 1년간(입사 후 계속근로기간이 1년 미만인 기간에 1개월 개근 시 1일씩 발생하는 연차유급휴가는 근로자의 입사일부터 1년 동안) 행사하지 아니하면 소멸된다. 다만, 사용자의 귀책사유로 사용하지 못한 경우에는 그러하지 아니하다. 사용자의 귀책사유는 사용자가 시기변경권을 행사한 것을 말하며, 이로 인해 근로자가 휴가를 사용하지 못한 경우에는 휴가청구권 발생일로부터 1년이 지나더라도 휴가청구권은 소멸되지 않고 이월되거나 수당으로 청구할 수 있다.

ex. 2025.1.1. 입사자가 2025년 1월~12월까지 80% 이상의 출근율에 따라 발생한 연차유급휴가(15일)는 2026.12.31.까지 모두 사용해야 하고, 2025년 1월~11월 사이에 매월 개근함에 따라 발생한 연차유급휴가(최대 11일)는 2025.12.31.까지 모두 사용해야 함.

근로기준법 제60조 제7항에 따라 사용자의 귀책사유로 근로자가 연차유급휴가를 사용하지 못한 경우에는 휴가청구권 발생일로부터 1년이 지나더라도 휴가청구권은 소멸되지 않고 이월됨(고용노동부 2009.2.20., 근로조건지도과-1046).

6) 연차유급휴가와 임금

(1) 연차유급휴가수당

「근로기준법」

제60조【연차 유급휴가】
⑤ 사용자는 제1항부터 제4항까지의 규정에 따른 휴가를 근로자가 청구한 시기에 주어야 하고, 그 기간에 대하여는 취업규칙 등에서 정하는 통상임금 또는 평균임금을 지급하여야 한다.

「근로기준법 시행령」

제33조【휴가수당의 지급일】 법 제60조 제5항에 따라 지급하여야 하는 임금은 유급휴가를 주기 전이나 준 직후의 임금 지급일에 지급하여야 한다.

연차유급휴가는 '유급'이므로 근로자가 휴가 사용으로 근로를 제공하지 못하더라도 임금이 보장되어야 하고, 이를 실무상 '연차유급휴가수당'이라고 한다. 연차유급휴가수당은 취업규칙 등에서 정하는 평균임금 또는 통상임금으로 지급하여야 하고, 연차유급휴가를 주기 전이나 준 직후의 정기 임금 지급일에 지급하면 된다.

근로기준법 제60조 제5항 본문은 "사용자는 제1항부터 제4항까지의 규정에 따른 휴가를 근로자가 청구한 시기에 주어야 하고, 그 기간에 대하여는 취업규칙 등에서 정하는 통상임금 또는 평균임금을 지급하여야 한다"라고 정하고 있다. 이와 같이 연차휴가 기간에 근로자가 근로를 제공하지 않더라도 근로를 제공한 것으로 보아 지급되어야 하는 연차휴가수당은 취업규칙 등에서 산정기준을 정하지 않았다면, 그 성질상 통상임금을 기초로 하여 산정하여야 함(대법원 2019.10.18., 2018다239110 판결).

(2) 연차유급휴가 미사용수당

근로자가 연차유급휴가를 사용하지 못하여 휴가청구권이 소멸하더라도 임금청구권은 소멸하지 않는데, 이러한 임금청구권을 실무상 '연차유급휴가 미사용수당'이라고 한다. 연차유급휴가 미사용수당은 연차유급휴가 청구권이 소멸한 날의 다음 날에 발생하고, 소멸시효는 휴가청구권이 소멸한 날의 다음 날부터 3년이다(근기법 제49조). 연차유급휴가 미사용수당은 사용하지 못한 연차유급휴가 일수에 대하여 취업규칙 등에서 정한 통상임금 또는 평균임금을 기준으로 연차유급휴가 청구권이 소멸된 날 이후 첫 임금 지급일에 지급하면 된다(노사 간 합의로 미사용 연차유급휴가를 이월하여 사용할 수도 있음). 다만, 퇴직근로자의 경우에는 퇴직 전년도 1년간에 80% 이상의 출근율을 충족하더라도(또는 전월을 개근하더라도) 곧바로 퇴직하여 그 전년도 1년간(또는 전월)의 근로를 마친 다음 날 근로관계가 존속하지 않는 경우에는 전년도 출근율(또는 전월의 개근)에 대한 연차유급휴가 미사용수당에 대한 청구권은 발생하지 않는다.[19)]

- *사용자는 근로자의 연차유급휴가 청구권이 발생한 때로부터 1년간 연차유급휴가를 모두 소진하지 아니했을 때는 연차유급휴가 청구권이 소멸된 날의 다음 날에 연차유급휴가 미사용수당을 지급해야 함(고용노동부 2014.6.13., 근로개선정책과-3360).*
- *연차휴가를 사용할 권리 또는 연차휴가수당 청구권은 근로자가 전년도에 출근율을 충족하면서 근로를 제공하면 당연히 발생하는 것으로서, 연차휴가를 사용할 해당 연도가 아니라 그 전년도 1년간의 근로에 대한 대가에 해당한다. 근로기준법 제60조 제1항이 규정한 유급 연차휴가는 1년간 80퍼센트 이상 출근한 근로자에게 부여되는 것으로, 근로자가 연차휴가에 관한 권리를 취득한 후 1년 이내에 연차휴가를 사용하지 아니하거나 1년이 지나기 전에 퇴직하는 등의 사유로 인하여 더 이상 연차휴가를 사용하지 못하게 될 경우에는 사용자에게 그 연차휴가 일수에 상응하는 임금인 연차휴가수당을 청구할 수 있음. 다만, 연차휴가를 사용할 권리는 다른 특별한 정함이 없는 한 그 전년도 1년간의 근로를 마친 다음 날 발생한다고 보아야 하므로, 그 전에 퇴직 등으로 근로관계가 종료한 경우에는 연차휴가를 사용할 권리에 대한 보상으로서의 연차휴가수당도 청구할 수 없음(대법원 2021.10.14. 선고 2021다227100 판결).*
- *연차유급휴가 청구권이 소멸되기 이전에 사용자가 미리 휴가수당을 지급하고 향후 그만큼 휴가를 부여치 않기로 하는 것은 실질적으로 근로자의 휴가청구권을 제한하는 효과를 가져올 수 있어 근로기준법상의 휴가제도의 취지에 위반될 수 있을 것이나, 근로자의 자유로운 휴가 사용을 보장하는 등 근로자의 휴가청구권을 제한하지 않는다면 법 위반으로 보기는 어려울 것임. 또한, 미사용 연차유급휴가에 대한 금전보상 대신 이월하여 사용토록 당사자 간 합의하는 것은 무방할 것으로 보이고, 이 경우, 퇴직금 산정을 위한 평균임금에는 퇴직 전전년도 출근율에 의하여 퇴직 전년도에 발생한 연차유급휴가 중 미사용하고 근로한 일수에 대한 연차유급휴가 미사용수당액의 3/12만 포함되어야 할 것임(고용노동부 2009.2.20., 근로조건지도과-1047).*

7) 사용촉진제도

(1) 개 념

19) 고용노동부, 「연차유급휴가청구권, 수당, 근로수당과 관련된 지침」, 2021.12.15., 임금근로시간과-2861.

연차유급휴가의 사용촉진제도는 사용자가 연차유급휴가의 사용을 촉진하기 위하여 근기법 제61조에 따른 조치를 하였음에도 불구하고 근로자가 연차유급휴가를 사용하지 않아 소멸된 경우, 사용자의 귀책사유에도 해당하지 않으며, 사용자는 그 사용하지 않은 연차유급휴가에 대하여 금전으로 보상할 의무가 없고, 근로자의 연차유급휴가 청구권이 바로 소멸되는 제도이다.

- *2003.9.15 개정된 근로기준법 제59조의2(현행 제61조)는 사용자가 연차유급휴가의 사용을 촉진하기 위하여 동 조항에 규정된 조치를 하였음에도 근로자가 휴가를 사용하지 아니하는 경우 미사용 휴가에 대한 보상의무를 면제하고 있는 바, 사용자가 동 조항을 반드시 실시해야 할 의무가 있는 것은 아님. 따라서 사용자가 동법에 의한 휴가사용 촉진조치를 하지 아니하고, 근로자도 휴가사용 시기를 지정하지 아니하여 휴가를 사용하지 않았을 경우 사용자는 미사용 휴가에 대하여 연차휴가 근로수당을 지급하여야 할 것임(고용노동부 2004.1.7., 근로기준과-161).*
- *휴가사용 촉진조치는 동일한 사업 또는 사업장 내의 모든 근로자를 대상으로 실시함이 바람직하나, 직종 또는 근로형태 등을 감안하여 특정 집단의 근로자에 대해서는 휴가사용 촉진조치의 적용을 제외할 수 있다고 사료됨(고용노동부 2004.1.26., 근로기준과-407).*
- *연차유급휴가 사용촉진조치를 취할 때 사용자로 하여금 '서면'으로 촉구 또는 통보하도록 규정한 것은 휴가사용 촉진조치가 명확하게 이행되도록 하여 근로자의 권리보호를 보다 충실하게 하고 불명확한 조치로 인한 당사자 간의 분쟁을 방지하려는 취지로 볼 수 있는 것임. 따라서 회사 내 E-mail을 활용하여 통보하거나 근로자별 미사용 휴가일수를 게재한 공문을 사내 게시판에 게재하는 것은 그러한 방법이 근로자 개인별로 '서면' 촉구 또는 통보하는 것에 비하여 명확하다고 볼 수 없는 한 인정되기 어려움(고용노동부 2004.7.27., 근로기준과-3836).*
- *'종이로 된 문서' 외에 전자문서로서 연차유급휴가 사용촉진이 가능하기 위해서는 회사가 전자결재체계를 완비하여 전자문서로 모든 업무의 기안, 결재, 시행과정이 이루어져 근로자 개인별로 명확하게 촉구 또는 통보되는 경우에 한하여 서면 촉구 또는 통보로 인정될 수 있음(고용노동부 2010.11.16., 근로기준과-1983).*
- *연차사용 촉진기간은 제60조 제7항 본문에 따른 기간이 끝나기 전 하도록 규정되어 있고, 연차사용 촉진에 따른 효과는 "보상의무가 소멸"되는 것이지, 연차휴가 자체가 소멸되는 것으로는 볼 수 없으며, 노사 간 연차수당을 지급하는 대신 이월하여 사용토록 하거나, 사용기간을 연장하는 합의도 유효하므로, 2020.3.31. 개정된 근로기준법에 따라 사용자가 계속 근로한 기간이 1년 미만인 근로자에 대하여 연차사용 촉진을 한 경우, 해당 연차휴가에 대한 보상의무는 "최초 1년의 근로기간이 끝"난 후에 소멸되나, 노사 합의에 따른 사용기간까지는 여전히 사용이 가능하다고 보는 것이 타당할 것(고용노동부 2020.6.16., 임금근로시간과-1276).*

(2) 사용촉진 절차

「근로기준법」

제61조【연차유급휴가의 사용촉진】 ① 사용자가 제60조 제1항 · 제2항 및 제4항에 따른 유급휴가(계속하여 근로한 기간이 1년 미만인 근로자의 제60조 제2항에 따른 유급휴가는 제외한다)의 사용을 촉진하기 위하여 다음 각호의 조치를 하였음에도 불구하고 근로자가 휴가를 사용하지 아니하여 제60조 제7항 본문에 따라 소멸된 경우에는 사용자는 그 사용하지 아니한 휴가에 대하여 보상할 의무가 없고, 제60조 제7항 단서에 따른 사용자의 귀책사유에 해당하지 아니하는 것으로 본다.

1. 제60조 제7항 본문에 따른 기간이 끝나기 6개월 전을 기준으로 10일 이내에 사용자가 근로자별로 사용하지 아니한 휴가일수를 알려주고, 근로자가 그 사용 시기를 정하여 사용자에게 통보하도록 서면으로 촉구할 것
2. 제1호에 따른 촉구에도 불구하고 근로자가 촉구를 받은 때부터 10일 이내에 사용하지 아니한 휴가의 전부 또는 일부의 사용 시기를 정하여 사용자에게 통보하지 아니하면 제60조 제7항 본문에 따른 기간이 끝나기 2개월 전까지 사용자가 사용하지 아니한 휴가의 사용 시기를 정하여 근로자에게 서면으로 통보할 것

② 사용자가 계속하여 근로한 기간이 1년 미만인 근로자의 제60조 제2항에 따른 유급휴가의 사용을 촉진하기 위하여 다음 각호의 조치를 하였음에도 불구하고 근로자가 휴가를 사용하지 아니하여 제60조 제7항 본문에 따라 소멸된 경우에는 사용자는 그 사용하지 아니한 휴가에 대하여 보상할 의무가 없고, 같은 항 단서에 따른 사용자의 귀책사유에 해당하지 아니하는 것으로 본다.

1. 최초 1년의 근로기간이 끝나기 3개월 전을 기준으로 10일 이내에 사용자가 근로자별로 사용하지 아니한 휴가일수를 알려주고, 근로자가 그 사용 시기를 정하여 사용자에게 통보하도록 서면으로 촉구할 것. 다만, 사용자가 서면 촉구한 후 발생한 휴가에 대해서는 최초 1년의 근로기간이 끝나기 1개월 전을 기준으로 5일 이내에 촉구하여야 한다.
2. 제1호에 따른 촉구에도 불구하고 근로자가 촉구를 받은 때부터 10일 이내에 사용하지 아니한 휴가의 전부 또는 일부의 사용 시기를 정하여 사용자에게 통보하지 아니하면 최초 1년의 근로기간이 끝나기 1개월 전까지 사용자가 사용하지 아니한 휴가의 사용 시기를 정하여 근로자에게 서면으로 통보할 것. 다만, 제1호 단서에 따라 촉구한 휴가에 대해서는 최초 1년의 근로기간이 끝나기 10일 전까지 서면으로 통보하여야 한다.

연차유급휴가의 사용촉진은 1년간 80% 이상(또는 미만) 출근한 근로자와 계속근로기간 1년 미만 근로자를 구분하여 아래와 같은 절차에 따라 실시한다.

〈연차유급휴가 사용촉진 절차(1.1. 입사자 기준)〉[20]

<table>
<tr><td rowspan="2" colspan="2">구 분</td><td>〈1차 사용촉진〉
(사용자 → 근로자)</td><td rowspan="2">(근로자 → 사용자)
사용시기 지정·통보</td><td>〈2차 사용촉진〉
(사용자 → 근로자)</td></tr>
<tr><td>미사용연차일수 고지 및
사용시기 지정·통보 요구</td><td>근로자의 사용시기 미통보 시
사용자가 사용시기 지정·통보</td></tr>
<tr><td colspan="2">1년 이상
근무자</td><td>7.1–7.10
(6개월 전, 10일간)</td><td>촉구받은 날로부터
10일 이내</td><td>10.31까지
(2개월 전)</td></tr>
<tr><td rowspan="2">1년
미만
근무자</td><td>연차휴가
9일</td><td>10.1–10.10
(3개월 전, 10일간)</td><td>10일 이내</td><td>11.31까지
(1개월 전)</td></tr>
<tr><td>연차휴가
2일</td><td>12.1–12.5
(1개월 전, 5일간)</td><td>10일 이내</td><td>12.21까지
(10일 전)</td></tr>
</table>

※1년 미만 근무자는 먼저 발생한 연차 9일과 이후 발생한 연차 2일의 사용촉진 시기가 다름에 유의.

(3) 근로자가 지정된 연차유급휴가일에 출근하는 경우

사용자는 지정된 연차유급휴가일에 근로자가 출근한 경우 노무수령 거부의사를 명확히 표시해야 하며, 명확한 노무수령 거부의사에도 불구하고 근로를 제공한 경우에는 연차유급휴가 미사용수당을 지급할 의무가 없다. 다만, 사용자가 노무수령 거부의사를 명확히 표시하지 않았거나 근로자에 대하여 업무지시 등을 하여 근로자가 근로를 제공한 경우에는 휴가일 근로를 승낙한 것을 보아야 하므로, 연차유급휴가 미사용수당을 지급해야 한다.

연차휴가 사용촉진조치에 의하여 근로자가 휴가 사용시기를 정하여 사용자에게 휴가 사용계획서를 제출하였다면 그 지정된 시기에 연차유급휴가의 사용하겠다는 의사표시로 볼 수 있을 것이므로 휴가를 청구한 것으로 볼 수 있음. 다만, 근로자가 휴가 사용시기를 지정하고도 출근한 경우 사용자가 노무수령 거부의 의사표시 없이 근로를 제공받았다면 휴가일 근로를 승낙한 것으로 보아야 하므로 연차유급휴가 근로수당을 지급하여야 할 것임(고용노동부 2005.10.21., 임금근로시간정책팀-285).

8) 연차유급휴가의 대체

「근로기준법」

제62조【유급휴가의 대체】 사용자는 근로자 대표와의 서면합의에 따라 제60조에 따른 연차유급휴가일을 갈음하여 특정한 근로일에 근로자를 휴무시킬 수 있다.

---

20) 고용노동부, 「근로기준법, 산업안전보건법, 한국고용노동교육원법 등 5개 제 · 개정 법률 공포안 국무회의 의결 보도자료」, 2020.3.24., 11쪽.

사용자는 근로자 대표와 서면합의에 따라 연차유급휴가일을 대신하여 특정한 소정근로일에 근로자를 집단적으로 휴무시킬 수 있다. 따라서 사용자가 근로자 대표와 서면합의를 통해서 연차유급휴가의 대체를 시행하면, 이를 반대하는 근로자에게도 적용된다.

※ 주휴일, 공휴일 및 대체공휴일, 노동절 등 소정근로일이 아닌 경우에는 연차유급휴가를 대체할 수 없음.

- 특정 근로일이란 소정근로일을 말하는데, 일요일이 근기법에 의한 주휴일이라면 소정근로일이 아니므로 연차유급휴가를 대체할 수 없으며, 토요일의 경우 취업규칙 · 단체협약 등에서 휴일로 정한 경우에는 소정근로일이 아니므로 연차유급휴가를 대체할 수 없으며, 취업규칙 · 단체협약 등에서 휴일로 정하지는 않았으나 업무량 감소 등에 따라 휴무를 실시하고 있는 경우라며 소정근로일에 해당되므로 연차유급휴가를 대체할 수 있음(고용노동부 2002.2.27., 근기 68207-812).
- 사용자가 근로자에게 연월차유급휴가일에 갈음하여 추석, 구정 등 특정일에 휴무시킬 수 있기 위해서는 먼저 그 휴무를 시키는 날들이 취업규칙 등에 휴일이나 휴가로 정하여진 날이 아닌 근로일이어야 하고, 근로자 대표(당해 사업 또는 사업장에 근로자의 과반수로 조직된 노동조합이 있는 경우에는 그 노동조합, 근로자의 과반수로 조직된 노동조합이 없는 경우에는 근로자의 과반수를 대표하는 자)와의 서면합의가 반드시 있어야 함. 다만, 취업규칙의 제·개정을 통해 유급휴가 대체를 하고자 할 때에는 사용자 측의 개입이나 간섭이 배제된 상태에서 전 직원의 자유로운 의사에 따라 서면동의를 거친 경우에 한하여 제60조(현행 제62조)에 규정된 사용자와 근로자와의 별도 서면합의가 없이도 유급휴가 대체가 가능하다고 보이나, 너무 많은 날들을 휴가일로 대체하는 것은 입법취지에 반한다고 사료됨(고용노동부 2006.8.25., 임금근로시간정책팀-2425).
- 근로자는 연·월차유급휴가를 청구하여 사용하고자 하는 특정 근로일에 휴가를 사용할 수 있는 바, 개별 근로자의 계약 체결 시 특정 근로일에 휴무를 원하는 근로자에 한하여 자율적으로 연·월차유급휴가를 사용토록 근로계약을 체결하는 것은 가능하다 할 것임. 다만, 법 제60조(현행 제62조)의 취지가 개별 근로자의 청구나 동의없이 근로자 대표와의 서면합의에 의해 사용자가 일방적으로 유급휴가를 대체하는 집단적 성질을 가진 제도이므로 개별 근로자의 청구에 의한 유급휴가 사용과는 달리 보아야 하고, 특히, 귀 질의와 같이 근로계약의 내용으로 국경일과 신정, 구정, 하계휴가, 추석, 그 외 서면합의한 날 등 너무 많은 일수를 유급휴가일로 사용토록 하는 것은 연·월차유급휴가제의 입법취지에 반할 뿐만 아니라 근로자의 의사와 상관없이 근로계약 체결이 강요되어 정작 근로자가 필요한 날에 유급휴가를 사용할 수 없게 되는 결과를 초래할 우려가 상당하므로 바람직하지 않다고 사료됨(고용노동부 2006.8.25., 임금근로시간정책팀-2425).
- 근로기준법상 유급휴가 대체 일수에 대한 한도는 규정되어 있지 않으므로 원칙적으로 노사 간의 합의를 따라야 할 것임. 다만, 너무 많은 일수를 유급휴가일로 대체토록 하는 것은 근로자가 필요한 날에 유급휴가를 사용할 수 없게 되는 결과를 초래할 우려가 상당하여 연차유급휴가제도의 취지에 반하므로 바람직하지 않다고 사료됨(2006.8.25, 임금근로시간정책팀-2425 참조). 사용자가 근로자 대표와의 서면합의에 의하여 연차유급휴가를 대체할 경우에는 원칙적으로 대체할 근로일을 특

정하여야 한다는 의미로 해석됨(2004.10.12, 근로기준과-5454 참조). 다만 동 합의서는 향후 노사 간에 합의가 있을 경우 연차유급휴가의 특정 근로일 대체가 가능하다는 근거를 규정한 것으로서 해석함이 타당하며, 추후 특정 근로일을 연차유급휴가로 대체하여 휴무케 할 경우에는 노사 간에 별도의 합의절차를 거쳐야 할 것임(고용노동부 2011.9.19., 근로개선정책과-3099).

3. 생리휴가

「근로기준법」

제73조【생리휴가】 사용자는 여성 근로자가 청구하면 월 1일의 생리휴가를 주어야 한다.

1) 개 념

생리휴가는 생리현상이 있는 여성근로자의 신체적·정신적 건강을 보호하기 위한 제도이다. 따라서 연령, 근로계약기간, 근로형태, 직종, 소정근로일의 개근 여부, 근로일수(월 중간 입·퇴사) 등에 관계없이 생리현상이 있는 모든 여성근로자가 청구하면 월 1일의 생리휴가를 주어야 한다.

- *근로기준법 제71조(현행 제73조) 규정에 의한 생리휴가는 연령 · 근로형태 · 직종 · 소정근로일의 개근 여부 · 근로일수(월 중간 입 · 퇴사) 등에 관계없이 생리사실이 있는 여성근로자에게 월 1일의 휴가를 부여하여야 하며, 생리현상이 없는 여성근로자에게는 생리휴가를 부여하지 않아도 됨(고용노동부 2004.5.15., 여성고용과-996).*
- *근로기준법 제71조(현행 제73조) 규정에 의한 생리휴가는 생리 중인 여성근로자의 신체적 · 정신적 건강을 보호하기 위하여 연령 · 근로형태 · 직종 · 소정근로일의 개근 여부 등에 관계없이 생리현상이 있는 여성근로자에게 월 1일의 생리휴가를 부여하는 것이므로 임신과 같이 생리가 없는 경우에는 생리휴가를 부여할 법적 의무는 없음(고용노동부 2004.5.28., 여성고용과-1081).*
- *생리휴가는 당해 근로자의 근로계약기간과 근무일수 등에 관계없이 생리사실이 있어 근로자가 청구하는 경우에는 부여해야 함(고용노동부 2001.9.8., 여원 68240-374).*
- *여성근로자로 하여금 생리휴가를 청구하면서 생리현상의 존재까지 소명하라고 요구하는 것은 해당 근로자의 사생활 등 인권에 대한 과도한 침해가 될 뿐만 아니라 생리휴가 청구를 기피하게 만들거나 청구 절차를 어렵게 함으로써 생리휴가 제도 자체를 무용하게 만들 수 있음. 따라서 사용자로서는 여성근로자가 생리휴가를 청구하는 경우, 해당 여성 근로자가 폐경, 자궁 제거, 임신 등으로 인하여 생리현상이 없다는 점에 관하여 비교적 명백한 정황이 없는 이상 여성 근로자의 청구에 따라 생리휴가를 부여하여야 한다고 봄이 타당함(대법원 2021.4.8. 선고 2021도1500 판결).*

2) 사 용

생리휴가는 생리 중인 여성근로자가 청구하면 부여하여야 한다. 생리휴가의 청구시기와 청구방법 등은 노동법에 규정이 없으므로, 서면 또는 구두로 근로자가 지정한 날에 부여하면 된다.

- *생리휴가의 청구는 생리기간 중 특정한 날에 근로제공의무를 면하는 청구이므로, 근로의무가 없는 휴일에 생리휴가를 신청할 경우 사업주는 이를 부여할 의무가 없음. 생리휴가의 청구시기에 대해서는 법률에 별도의 규정이 없으므로 생리휴가를 휴가일 이전에 신청하는 경우 부여하여야 할 것임(고용노동부 2015.12.6., 여성고용정책과-3716).*
- *생리휴가의 대체는 허용되지 않으며, 다른 휴가를 부여한다는 이유로 이를 부여치 않을 수 없음(고용노동부 1994.7.7., 근기 68207-1090).*
- *생리휴가는 사실상의 생리현상이 있는 여성근로자에게 월 1일의 휴가를 주도록 하는 제도이므로, 연차유급휴가처럼 적치하거나 분할하여 사용할 수 없음(고용노동부 2003.3.17., 평정 68240-99).*
- *휴직기간 중에는 근로의 의무가 없는 날이므로, 원칙적으로 생리휴가는 발생하지 않음(고용노동부 2001.12.15., 여원 68240-564).*
- *근로의무가 면제된 질병휴가 중 생리현상이 있는 경우, 취업규칙 · 단체협약 등에 별도의 규정이 없는 한 당해월의 생리휴가를 부여하지 않아도 무방함(고용노동부 2001.2.12., 여원 68240-42).*

3) 임 금

생리휴가는 취업규칙, 근로계약 등에서 유급으로 한다는 특별한 약정이 없는 한 임금 지급의무가 없는 무급휴가이다. 따라서 생리휴가를 사용하는 경우 해당일의 임금을 공제하거나 지급하지 않아도 된다.[21] 다만, 생리휴가는 법정휴가이므로 주휴일·연차유급휴가 등을 부여하기 위한 개근 또는 출근율 산정 시 소정근로일수에 포함하되 그날은 출근한 것으로 보아야 한다.

근로기준법 제73조에 의해 사용자는 여성근로자가 청구하면 월 1일의 생리휴가를 주어야 한다고 규정하고 있으므로, 동 휴가 사용일에 대하여 근로기준법상 임금 지급의무가 당연히 발생하는 것은 아니나 노사합의서, 단체협약, 취업규칙 등에 의하여 유급휴가로 명시하는 등 달리 약정한 사실이 있다면 그에 따라야 될 것임(고용노동부 2007.5.21., 여성고용팀-289).

4. 출산전후휴가

1) 개 념

21) 고용노동부, 「생리휴가관련 주요 쟁점사항 검토」(지침), 2004.7.13., 여성고용과-1485.

출산전후휴가는 임신 중인 여성근로자의 건강보호와 태아의 순조로운 발육을 위하여 출산 전후를 통하여 최소한의 보호휴가를 부여하는 것이다.

〈출산전후휴가의 주요 내용〉[22]

항목	주요 내용	비 고
대 상	출산을 앞둔 임신 중인 근로자	근속기간·근로형태·직종 등에 관계없이 부여
기 간	출산을 전후하여 90일(미숙아 100일, 다태아 120일)부여 (다만, 반드시 출산 후 45일(다태아 60일) 보장)	위반 시 2년 이하의 징역 또는 2천만원 이하의 벌금
분할사용	유산·사산 등 위험 존재하면 출산 전에도 분할사용 가능	분할 사용할 수 있는 기간은 최대 44일(다태아 59일)
임금보장	구분: 보장내용 대기업: -최초 60일(다태아 75일): 사업주가 지급 -최종 30일(다태아 45일): 고용보험에서 지급 우선지원 대상기업: 90일(미숙아 100일, 다태아 120일)분 모두 고용보험에서 지급(단, 최초 60일(다태아 75일)은 통상임금과 고용보험 지급분의 차액은 사업주가 지급해야 함)	통상임금 지급 (고용보험 지원 있음)
복귀 시 업무보장	-휴가 전과 동일 업무 또는 동등 수준의 임금을 지급하는 직무에 복귀시켜야 함	위반 시 500만원 이하 벌금
신분보장	-휴가기간과 그 후 30일간 해고 제한 -휴가기간은 출근율 산정 시 출근한 것으로 봄	위반 시 5년 이하의 징역 또는 5천만원 이하의 벌금

2) 대 상

「근로기준법」

제74조【임산부의 보호】 ① 사용자는 임신 중의 여성에게 출산 전과 출산 후를 통하여 90일(미숙아를 출산한 경우에는 100일, 한 번에 둘 이상 자녀를 임신한 경우에는 120일)의 출산전후휴가를 주어야 한다. 이 경우 휴가 기간의 배정은 출산 후에 45일(한 번에 둘 이상 자녀를 임신한 경우에는 60일) 이상이 되어야 하고, 미숙아의 범위, 휴가 부여 절차 등에 필요한 사항은 고용노동부령으로 정한다.

모든 사업 또는 사업장의 사용자는 임신 중인 여성근로자에게 근로계약의 형태, 직종, 근속

22) 고용노동부, 『모성보호와 일 · 가정 양립지원 업무편람』, 2023.2, 11쪽.

기간 등과 관계없이 출산전후휴가를 부여해야 한다. 출산전후휴가를 규정한 근기법 제74조 제1항은 근로자의 신청 등과 무관한 강행규정이므로, 근로자가 출산전후휴가를 포기했다고 주장하더라도 사업주가 출산전후휴가를 부여하지 않았다면 법 위반이다.

※ 출산전후휴가는 상시근로자 4인 이하 사업(장)에도 적용되지만, 동거하는 친족만으로 이루어진 사업(장) 및 가사사용인에게는 적용되지 않음.

- *채용 전 출산한 사람을 채용하더라도 사업주는 근로기준법 제74조의 규정에 따라 출산전후휴가를 부여하여야 함. 다만, 출산전후휴가는 출산일을 포함하여 90일이므로 해당 근로자가 출산 후 90일이 되는 기간이 채용 후 기간에 포함되는 기간 동안에 한해서 부여하면 될 것임(고용노동부 2017.2.26., 여성고용정책과-847).*
- *근로기준법 제72조(현행 제74조)의 규정에 의해 사업주는 여성근로자가 임신한 경우에는 산전후를 통하여 90일간의 보호휴가를 반드시 부여해야 하며, 산전후휴가 중 최초 60일 동안은 급여를 지급해야 함. 따라서 근로기준법의 적용을 받는 여성근로자가 임신한 경우 동법에 의한 산전후휴가를 사용할 수 있음. 다만, 근로계약을 1일 단위로 체결하고 그날의 근로가 끝남에 따라 사용종속관계가 종료되는 실질적인 의미의 일용직 근로자의 경우에는 산전후휴가가 성립하기 어려우나, 관공서 등에서 비정규직(일용직, 수당직, 임시직, 계약직 등)으로 고용되어 사실상 상시 근로하는 경우에는 근로계약 형태와 관계없이 동법에 의한 산전후휴가를 사용할 수 있음(고용노동부 2001.11.16., 여원 68240-508).*

3) 휴가기간

출산전후휴가는 90일(미숙아 100일, 다태아 120일)을 부여하되, 반드시 출산 후에 45일(다태아 60일) 이상이 보장되어야 한다. 따라서 출산전후휴가 중 근로계약 기간이 만료되어 다른 사업장으로 이직하더라도 출산 후 45일이 경과되지 않았을 경우 남은 일수만큼의 출산휴가를 부여해야 한다.

※ 출산전후휴가 기간에 법정휴일, 약정휴일 등 출근의무가 없는 날이 포함되어 있더라도 달력상 90일(미숙아 100일, 다태아 120일)만 부여하면 됨.

- *사용자는 임신 중의 여성에게 출산 전과 출산 후를 통하여 90일(다태아 120일)의 출산전후휴가를 주어야 함. 다태아(3명)를 임신 중 1명만 출산하고 2명은 계속 임신 중인 경우 출산전후휴가는 120일(다태아 기준)을 부여하되 반드시 출산 후에 60일 이상이 되어야 함. 이러한 경우 출산 후 60일의 산정은 마지막 자녀가 태어난 날(출산일)부터 60일을 부여함(고용노동부 2021.1.27., 여성고용정책과-346).*

- *근로기준법상 출산전후휴가는 강행규정이므로 휴가 기간 중 소속 사업장이 변경되더라도 변경된 사업장의 사업주는 출산을 전후하여 90일간(다태아인 경우 120일)의 잔여기간에 대해서는 휴가를 부여하여야 함*. 사업장 A, B가 고용보험 적용 사업장이고, 근로자 C가 피보험단위기간 180일 이상의 고용보험 가입 근로자라면, 소속 사업장이 우선지원 대상기업일 경우 90일 전체에 대해서, 대규모 기업일 경우 최종 30일간에 대하여 출산전후휴가 급여를 지급받을 수 있음(고용노동부 2018.1.15., 여성고용정책과-241).
- 출산전후휴가는 출산 전과 후를 통하여 90일(다태아 120일)을 부여하는 것이 원칙이고, 출산전후휴가 기간 90일(다태아 120일)은 역일상의 기간이므로 출산전후휴가는 출산일로부터 90일이 지나서는 사용할 수 없음. 따라서 *근로자가 출산전후휴가를 사용하지 않은 상태에서 근로제공의무가 없는 휴일 또는 휴무일에 출산한 경우라면 출산일 다음 날부터 출산전후휴가를 부여하면 될 것이나, 출산일 다음 날이 휴일 또는 휴무일이라고 하더라도 이는 출산전후휴가 기간에 포함되어야 할 것임*(고용노동부 2017.07.19., 여성고용정책과-2961).

4) 분할사용

「근로기준법」

제74조【임산부의 보호】 ② 사용자는 임신 중인 여성근로자가 유산의 경험 등 대통령령으로 정하는 사유로 제1항의 휴가를 청구하는 경우 출산 전 어느 때라도 휴가를 나누어 사용할 수 있도록 하여야 한다. 이 경우 출산 후의 휴가 기간은 연속하여 45일(한 번에 둘 이상 자녀를 임신한 경우에는 60일) 이상이 되어야 한다.

「근로기준법 시행령」

제43조【유산 · 사산휴가의 청구 등】 ① 법 제74조 제2항 전단에서 "대통령령으로 정하는 사유"란 다음 각호의 어느 하나에 해당하는 경우를 말한다.
1. 임신한 근로자에게 유산 · 사산의 경험이 있는 경우
2. 임신한 근로자가 출산전후휴가를 청구할 당시 연령이 만 40세 이상인 경우
3. 임신한 근로자가 유산 · 사산의 위험이 있다는 의료기관의 진단서를 제출한 경우

임신한 근로자의 연령이 만 40세 이상 등 특정한 사유에 해당하면 유산 또는 사산(조산의 위험이 있는 경우에도 가능)[23]을 예방하기 위해 출산전후휴가를 횟수나 기간제한 없이 나누어 사용할 수 있다. 출산전후휴가를 분할하여 사용하더라도 출산일(1일)과 출산 후 45일(다태아 60일)은 휴

23) '유산(abortion)'은 임신 20주 전에 태아가 생존능력을 가지기 전에 임신이 끝나는 것이고, '사산(stillbirth)'은 임신 20주 후에 태아가 사망하는 것이고, '조산(pretermbirth)'은 20주 이상 37주 미만에서 분만하는 것이다(고용노동부, 『모성보호와 일 · 가정 양립 지원 업무편람』, 2023.2, 23쪽.).

가 사용이 보장되어야 하므로 분할하여 사용할 수 있는 휴가기간은 최대 44일(다태아 59일)이다.

5) 임금 보장

「근로기준법」

제74조【임산부의 보호】 ④ 제1항부터 제3항까지의 규정에 따른 휴가 중 최초 60일(한 번에 둘 이상 자녀를 임신한 경우에는 75일)은 유급으로 한다. 다만, 「남녀고용평등과 일·가정 양립 지원에 관한 법률」 제18조에 따라 출산전후휴가 급여 등이 지급된 경우에는 그 금액의 한도에서 지급의 책임을 면한다.

근기법 제74조 제4항에 따라 출산전후휴가의 최초 60일(다태아 75일)은 유급이므로, 사용자는 그 기간에 대하여 근로자에게 임금을 지급하여야 한다. 다만, 우선지원 대상기업[24]은 최초 60일(다태아 75일)에 대하여 고용보험에서 출산전후휴가 급여를 지원하고, 사용자는 그 금액의 한도에서 지급의 책임을 면한다.

※ 최초 60일(다태아 75일)을 초과한 30일(다태아 45일)에 대해서는 고용보험에서 출산전후휴가 급여가 지원되므로 사용자는 그 기간만큼은 임금 지급의무가 없음.

'고용보험법 제76조에서 출산전후휴가 기간에 대하여 근로기준법의 통상임금에 해당하는 금액을 지급한다'라고 규정되어 있으며, 여기서 통상임금이란 해당 근로자에게 정기적이고 일률적으로 소정근로 또는 총 근로에 대하여 지급하기로 정한 금액을 의미함. 출산휴가 기간 중 소정근로시간 또는 근로기간에는 무급휴무일은 포함되지 않으므로 시간급 또는 일급에 따라 임금을 지급하는 근로자의 경우 무급휴무일을 제외한 소정근로시간에 대한 통상임금을 산정하여 임금을 지급하여야 할 것으로 판단됨. 이는 시간급 또는 일급을 지급하는 근로자에게 무급휴일을 포함한 90일분을 일급으

24) 우선지원 대상기업의 범위(고용보험법 시행령 제12조 제1항 별표1).

업종구분	분류기호	상시근로자 수
제조업	C	500명 이하
광업 건설업 운수업 출판, 영상, 방송통신 및 정보서비스업 사업시설관리 및 사업지원 서비스업 전문, 과학 및 기술 서비스업 보건업 및 사회복지 서비스업	B F H J N M Q	300명 이하
도매 및 소매업 숙박 및 음식점업 금융 및 보험업 예술, 스포츠 및 여가 관련 서비스업	G I K R	200명 이하
기타 업종		100명 이하

*비고: 업종구분 및 분류기호는 「통계법」 제22조에 따라 통계청장이 고시한 한국표준산업분류에 따름.

로 계산하여 지급한다고 본다면 근로 시 지급받는 임금보다 휴직 시 지급받는 급여가 더 많게 되는 불합리한 결과가 발생하기 때문임(고용노동부 2015.6.9., 여성고용정책과-1644).

6) 근로조건 보장

「근로기준법」

제23조【해고 등의 제한】 ② 사용자는 근로자가 업무상 부상 또는 질병의 요양을 위하여 휴업한 기간과 그 후 30일 동안 또는 산전(産前) · 산후(産後)의 여성이 이 법에 따라 휴업한 기간과 그 후 30일 동안은 해고하지 못한다. 다만, 사용자가 제84조에 따라 일시보상을 하였을 경우 또는 사업을 계속할 수 없게 된 경우에는 그러하지 아니하다.

제60조【연차유급휴가】 ⑥ 제1항 및 제2항을 적용하는 경우 다음 각호의 어느 하나에 해당하는 기간은 출근한 것으로 본다.

2. 임신 중의 여성이 제74조 제1항부터 제3항까지의 규정에 따른 휴가로 휴업한 기간

제70조【야간근로와 휴일근로의 제한】 ② 사용자는 임산부와 18세 미만자를 오후 10시부터 오전 6시까지의 시간 및 휴일에 근로시키지 못한다. 다만, 다음 각호의 어느 하나에 해당하는 경우로서 고용노동부 장관의 인가를 받으면 그러하지 아니하다.

1. 18세 미만자의 동의가 있는 경우
2. 산후 1년이 지나지 아니한 여성의 동의가 있는 경우
3. 임신 중의 여성이 명시적으로 청구하는 경우

제74조【임산부의 보호】 ⑤ 사용자는 임신 중의 여성 근로자에게 시간외근로를 하게 하여서는 아니 되며, 그 근로자의 요구가 있는 경우에는 쉬운 종류의 근로로 전환하여야 한다.

⑥ 사업주는 제1항에 따른 출산전후휴가 종료 후에는 휴가 전과 동일한 업무 또는 동등한 수준의 임금을 지급하는 직무에 복귀시켜야 한다.

출산전후휴가와 관련하여 출산전후휴가 기간 및 그 후 30일의 해고제한, 연차유급휴가의 출근율 산정 시 출근한 것으로 간주, 야간 및 휴일근로의 제한, 시간외근로 금지, 출산전후휴가 종료 후 동일 업무 또는 동등 수준의 임금을 지급하는 직무복귀 등 여러 가지 보호규정이 있다.

7) 임신기 근로시간 단축

「근로기준법」

제74조【임산부의 보호】 ⑦ 사용자는 임신 후 12주 이내 또는 32주 이후에 있는 여성 근로자(고용노동부령으로 정하는 유산, 조산 등 위험이 있는 여성 근로자의 경우 임신 전 기간)가 1일 2시간의 근로시간

단축을 신청하는 경우 이를 허용하여야 한다. 다만, 1일 근로시간이 8시간 미만인 근로자에 대하여는 1일 근로시간이 6시간이 되도록 근로시간 단축을 허용할 수 있다.
⑧ 사용자는 제7항에 따른 근로시간 단축을 이유로 해당 근로자의 임금을 삭감하여서는 아니 된다.
⑩ 제7항에 따른 근로시간 단축의 신청 방법 및 절차, 제9항에 따른 업무의 시작 및 종료 시각 변경의 변경의 신청 방법 및 절차 등에 관하여 필요한 사항은 대통령령으로 정한다.

「근로기준법 시행령」

제43조의2 【임신기간 근로시간 단축의 신청】 법 제74조 제7항에 따라 근로시간 단축을 신청하려는 여성 근로자는 근로시간 단축 개시 예정일의 3일 전까지 임신기간, 근로시간 단축 개시 예정일 및 종료 예정일, 근무 개시 시각 및 종료 시각 등을 적은 문서(전자문서를 포함한다)에 의사의 진단서(같은 임신에 대하여 근로시간 단축을 다시 신청하는 경우는 제외한다)를 첨부하여 사용자에게 제출하여야 한다.

임신기 근로시간 단축은 여성근로자의 만혼 등으로 인하여 유산·사산 및 조산 등을 예방하고 임신근로자의 모체건강을 보호하기 위하여 임신 전기와 후기에 근로시간을 단축하여 임신·출산 친화적인 근로환경을 조성하려는 제도이다.

〈임신기 근로시간 단축의 주요 내용〉

구 분	내 용
대 상	출산을 앞둔 임신 중인 근로자가 신청하는 경우에만 부여 (근속기간, 근로형태, 직종 등에 관계없이 부여)
대상기간	임신 12주(임신 후 84일까지) 이내 또는 32주(임신 후 224일 이후) 이후
단축시간	1일 최대 2시간 단축 (다만, 1일 근로시간이 8시간 미만인 근로자는 1일 6시간이 되도록 근로시간 단축)
임금보장	단축시간에 대한 임금 삭감 금지 → 전일제(8시간) 근로와 동일한 임금 보장
분할사용	해당사항 없음 → 그 기간 내에 사용하지 못하면 자동 소멸
지원제도	워라밸일자리 장려금

※ 임신 12주 이내에 사용했더라도 32주 이후가 되면 다시 사용 가능(전 임신 기간에 걸쳐 1회만 사용할 수 있는 것은 아니며, 임신 12주 이내 및 32주 이후라면 횟수에 상관없이 사용 가능).

8) 임신기 업무의 시작 및 종료 시각 변경

「근로기준법」

제74조【임산부의 보호】 ⑨ 사용자는 임신 중인 여성 근로자가 1일 소정근로시간을 유지하면서 업무의 시작 및 종료 시각의 변경을 신청하는 경우 이를 허용하여야 한다. 다만, 정상적인 사업 운영에 중대한 지장을 초래하는 경우 등 대통령령으로 정하는 경우에는 그러하지 아니하다.

「근로기준법 시행령」

제43조의3【임신기간 업무의 시작 및 종료 시각의 변경】 ① 법 제74조제9항 본문에 따라 업무의 시작 및 종료 시각의 변경을 신청하려는 여성 근로자는 그 변경 예정일의 3일 전까지 임신기간, 업무의 시작 및 종료 시각의 변경 예정 기간, 업무의 시작 및 종료 시각 등을 적은 문서(전자문서를 포함한다)에 임신 사실을 증명하는 의사의 진단서(같은 임신에 대해 업무의 시작 및 종료 시각 변경을 다시 신청하는 경우는 제외한다)를 첨부하여 사용자에게 제출해야 한다.

② 법 제74조제9항 단서에서 "정상적인 사업 운영에 중대한 지장을 초래하는 경우 등 대통령령으로 정하는 경우"란 다음 각호의 어느 하나에 해당하는 경우를 말한다.

1. 정상적인 사업 운영에 중대한 지장을 초래하는 경우
2. 업무의 시작 및 종료 시각을 변경하게 되면 임신 중인 여성 근로자의 안전과 건강에 관한 관계 법령을 위반하게 되는 경우

임신 중인 근로자가 출퇴근하는 중 건강상 피해가 발생할 우려를 예방하기 위하여 1일 소정근로시간을 유지하면서 업무의 시작 및 종료 시각의 변경을 허용하여 임신근로자와 태아의 건강을 보호하기 위한 제도이다.

〈임신근로자 출 · 퇴근시간 변경의 주요 내용〉

구 분	내 용
대 상	임신 중인 근로자(근속기간, 근로형태, 직종 등에 관계없이 부여)
대상기간	임신 기간 중
변경시간	1일 소정근로시간을 유지하면서 업무의 시작 및 종료 시각을 변경
임금보장	1일 소정근로시간을 유지하므로 임금 변화 없음
분할사용	사용기한 및 분할사용에 대한 별도 제한 규정 없음

※ 상시근로자 1인 이상의 모든 사업장에 적용됨.

5. 유산·사산 휴가

1) 개 념

유산·사산휴가는 임신 중인 여성근로자가 유산 또는 사산한 경우 정신적·신체적 건강을 보호하여 정상적으로 업무에 복귀할 수 있도록 지원하는 것으로, 해당 근로자가 청구하면 일정한 요건에 따른 휴가를 부여하여야 한다.

〈유산·사산휴가의 주요 내용〉[25)]

<table>
<tr><th>항 목</th><th colspan="2">주요 내용</th><th>비 고</th></tr>
<tr><td>대 상</td><td colspan="2">유산·사산한 여성근로자
(인공임신중절 수술은 「모자보건법」에서 규정하고 있는 사유를 제외하고는 불인정)</td><td>근속기간·근로형태·직종 등에 관계없이 부여</td></tr>
<tr><td>기 간</td><td colspan="2">임신기간에 따라 유산·사산일로부터 차등 부여</td><td>위반 시 2년 이하의 징역 또는 2천만원 이하의 벌금</td></tr>
<tr><td rowspan="3">임금보장</td><td>구 분</td><td>보장내용</td><td rowspan="3">통상임금 지급
(고용보험 지원)</td></tr>
<tr><td>대기업</td><td>-최초 60일: 사업주가 지급
-최종 30일: 고용보험에서 지급</td></tr>
<tr><td>우선지원 대상기업</td><td>전 기간 고용보험에서 지급(단, 최초 60일은 통상임금과 고용보험 지급분의 차액은 사업주가 지급)</td></tr>
<tr><td>신분보장</td><td colspan="2">- 휴가기간과 그 후 30일간 해고제한
- 연차유급휴가 출근율 산정에서 출근한 것으로 봄</td><td>위반 시 5년 이하의 징역 또는 5천만원 이하의 벌금</td></tr>
</table>

2) 대 상

「근로기준법」

제74조【임산부의 보호】 ③ 사용자는 임신 중인 여성이 유산 또는 사산한 경우로서 그 근로자가 청구하면 대통령령으로 정하는 바에 따라 유산·사산 휴가를 주어야 한다. 다만, 인공 임신중절 수술(「모자보건법」 제14조 제1항에 따른 경우는 제외한다)에 따른 유산의 경우는 그러하지 아니하다.

25) 고용노동부, 『모성보호와 일·가정 양립지원 업무편람』, 2023.2, 20쪽.

「근로기준법 시행령」

제43조【유산·사산휴가의 청구 등】 ② 법 제74조 제3항에 따라 유산 또는 사산한 근로자가 유산·사산휴가를 청구하는 경우에는 휴가 청구사유, 유산·사산 발생일 및 임신기간 등을 적은 유산·사산휴가 신청서에 의료기관의 진단서를 첨부하여 사업주에게 제출하여야 한다.

사용자는 근로자가 유산이나 사산으로 인하여 휴가를 청구하면 근로계약의 형태, 직종, 근속기간 등과 관계없이 유산·사산휴가를 부여해야 한다. 다만, 인공임신중절 수술에 따른 유산의 경우는 유산·사산휴가 부여대상에서 제외되지만, 일정한 요건(모자보건법 제14조 제1항)에 해당하면 유·사산휴가를 부여해야 한다.

※ 유·사산휴가는 출산전후휴가와 달리 근로자의 청구로 부여하는 휴가이므로, 근로자가 청구하지 않으면 부여하지 않더라도 법 위반이 아님.

- *유산·사산휴가는 근로자의 신청에 의해 부여되는 휴가이므로 근로자가 청구하지 않으면 사용자는 이를 부여하지 않아도 법 위반이라고 할 수 없음. 임신 근로자가 유·사산 위험으로 인해 출산전후휴가를 분할 사용하던 중 유산·사산의 경우에는 해당 임신 주차에 해당하는 유산·사산휴가를 부여해야 함. 따라서, 임신 28주 차에 유산 또는 사산을 했다면 출산전후휴가는 종료되고, 90일의 유산·사산휴가를 부여해야 함. 유산·사산 전에 사용한 출산전후휴가와 90일의 유산·사산휴가에 대하여 고용센터에서 출산전후휴가 급여 등을 지급받을 수 있음(고용노동부 2019.11.25., 여성고용정책과-3048).*
- *관계 법령상 요건을 갖춘 근로자가 유산·사산휴가 또는 육아휴직을 신청하면, 허용 제외 사유에 해당하는 등 특별한 사정이 없는 한 사업주는 승낙할 의무가 있으며, 별도의 시기 변경권도 인정되지 아니함. 따라서, 사업주가 근로자의 유산·사산휴가 또는 육아휴직 청구 사실을 알았음에도 특별한 사정없이 별도의 의사표시를 하지 않았다면 묵시적으로 승인한 것으로 봄이 타당하다고 할 것임. 한편 유산·사산휴가 또는 육아휴직의 요건을 갖춘 근로자의 청구에 대하여 사업주가 정당한 이유 없이 그 청구를 거부하였다면 해당 휴가 및 휴직이 바로 개시된다고 볼 수 없음. 그러나 이 경우 사업주는 정당한 이유 없이 유산·사산휴가 또는 육아휴직을 미부여 한 것에 대하여 관련 법률에 따라 처벌을 받을 수 있음(고용노동부 2017.10.30., 여성고용정책과-4044).*
- *사용자는 임신 중인 여성이 유산 또는 사산한 경우로서 그 근로자가 청구하면 유산 또는 사산한 날부터 휴가를 부여하는 것이 원칙임. 다만, 근로자가 유산일 또는 사산일에 근무를 마쳐서 사용자가 해당일에 유산·사산휴가를 부여하기 어려운 경우라면, 근로자의 청구에 따라 그다음 날부터 휴가를 부여하는 것이 타당하다고 판단됨(고용노동부 2021.4.15., 여성고용정책과-1368).*

〈예외적으로 유산·사산 휴가가 부여되는 인공임신중절 수술〉

㉠ 본인이나 배우자가 대통령령이 정하는 우생학적 또는 유전학적 정신장애나 신체질환이 있는 경우(연골무형성증, 낭성섬유증 및 그 밖의 유전성 질환으로서 그 질환이 태아에 미치는 위험성이 높은 질환) ㉡ 본인이나 배우자가 대통령령이 정하는 전염성 질환이 있는 경우(풍진, 톡소플라즈마증 및 그 밖에 의학적으로 태아에 미치는 위험성이 높은 전염성 질환) ㉢ 강간 또는 준강간에 의하여 임신된 경우 ㉣ 법률상 혼인할 수 없는 혈족 또는 인척간에 임신한 경우 ㉤ 임신의 지속이 보건의학적 이유로 모체의 건강을 심각하게 해치고 있거나 해칠 우려가 있는 경우

3) 휴가기간

유산·사산휴가는 유산·사산일부터 시작하는 것이 원칙이며, 임신기간에 따라 휴가기간은 차등하여 부여한다(근기법 시행령 제43조 제3항).

〈임신기간별 유산·사산휴가 일수〉

임신기간(7일을 1주일로 계산함)	휴가 일수
15주 이내(~105일)	유산 또는 사산한 날부터 10일
16주 이상 21주 이내(106일~147일)	유산 또는 사산한 날부터 30일
22주 이상 27주 이내(148일~189일)	유산 또는 사산한 날부터 60일
28주 이상(190일~)	유산 또는 사산한 날부터 90일

※ 임신 중인 근로자가 출산전후휴가 기간에 유산·사산한 경우, 사용자는 출산전후휴가 및 유산·사산휴가를 각각 부여해야 하고, 각각의 휴가 중 최초 60일에 대하여는 통상임금을 지급해야 함.

〈다태아 임신 후 유산·사산이 발생한 경우 휴가부여 기준〉[26)]

구 분	휴가부여 기준
1명 사산 + 1명 출산	사산 시점부터 새로이 유·사산휴가를 부여해야 하며, 따라서 분만 시점을 기준으로 해당 임신 주차의 유·사산휴가와 남은 출산전후휴가 중 긴 기간을 부여
1명 유산·사산 + 1명 출산	해당 임신 주차의 유·사산휴가를 부여하고 출산에 대해서는 단태아 기준 출산전후휴가 부여
2명 유산·사산	해당 임신 주차의 유·사산 휴가 부여

26) 고용노동부 2015.10.15., 여성고용정책과-3216.

구 분	휴가부여 기준
시기를 다르게 2명 유산·사산	각각 임신 주차에 해당하는 유·사산휴가 부여(단, 유산일을 기준하여 부여하되 휴가부여 기간이 중복될 경우 첫 번째 유·사산 휴가는 즉시 종료하고 두 번째 유·사산 휴가 부여)

4) 임금 보장

유산·사산휴가의 소득보장 기간은 출산전후휴가와 동일하다. 즉 사업주는 출산전후휴가와 유산·사산휴가를 각각 부여하고, 각각의 휴가 중 최초 60일에 대해서는 통상임금을 지급해야 한다.

〈유산 · 사산 휴가의 급여액〉

구 분	급여액
28주 이후에 유산·사산하여 90일의 휴가를 부여받은 경우	출산전후휴가와 동일
27주 이전에 유산·사산하여 60일 이하의 휴가를 부여받은 경우	사용자가 휴가기간 전체에 대하여 임금을 지급

5) 근로조건 보장

유산·사산휴가의 사용에 대하여 출산전후휴가와 동일하게 휴가기간 및 그 후 30일의 해고금, 연차유급휴가의 출근율 산정 시 출근한 것으로 간주, 야간 및 휴일근로의 제한, 시간외근로 금지 등의 보호규정이 있다. 다만, 유산·사산휴가 종료 후 동일 업무 또는 동등 수준의 임금을 지급하는 직무에 복귀해야 하는 규정은 출산전후휴가 규정에만 적용되지만, 유산·사산휴가를 부여받았다는 이유만으로 기피 업무에 배치하거나 더 적은 임금을 받는 업무에 배치하였다면 남녀고용평등법(제10조)[27]상 남녀차별에 해당할 수 있다.

6. 배우자 출산휴가

「남녀고용평등과 일 · 가정 양립 지원에 관한 법률」(약칭: 남녀고용평등법)

제18조의2【배우자 출산휴가】 ① 사업주는 근로자가 배우자의 출산을 이유로 휴가(이하 "배우자 출산휴가"라 한다)를 고지하는 경우에 20일의 휴가를 주어야 한다. 이 경우 사용한 휴가기간은 유급으로

27) 제10조【교육 · 배치 및 승진】 사업주는 근로자의 교육 · 배치 및 승진에서 남녀를 차별하여서는 아니 된다.

한다.
② 제1항 후단에도 불구하고 출산전후휴가 급여 등이 지급된 경우에는 그 금액의 한도에서 지급의 책임을 면한다.
③ 배우자 출산휴가는 근로자의 배우자가 출산한 날부터 120일이 지나면 사용할 수 없다.
④ 배우자 출산휴가는 3회에 한정하여 나누어 사용할 수 있다.
⑤ 사업주는 배우자 출산휴가를 이유로 근로자를 해고하거나 그 밖의 불리한 처우를 하여서는 아니 된다.

1) 개 념

배우자 출산휴가는 배우자의 출산에 따른 배우자의 건강보호와 태어난 자녀의 양육을 위해 남성근로자에게 보장되는 휴가로, 사업주는 근로자가 배우자의 출산을 이유로 휴가를 고지하는 경우에 20일의 유급휴가를 주어야 한다. 배우자 출산휴가는 청구 등의 절차와 무관하게, 배우자의 출산이라는 사실만 통보하면 자동으로 발생하는 휴가이다.

〈배우자 출산휴가 주요 내용〉[28]

<table>
<tr><th>항 목</th><th>주요 내용</th><th>비 고</th></tr>
<tr><td>대 상</td><td>배우자가 출산한 근로자</td><td>근속기간·근로형태·직종 등에 관계없이 부여</td></tr>
<tr><td>기 간</td><td>20일(출산 날부터 120일 이내 사용)</td><td>위반 시 500만원 이하 과태료</td></tr>
<tr><td>분할사용</td><td>3회 분할(4번에 나누어 사용할 수 있음)</td><td>분할사용 일수는 제한 없음</td></tr>
<tr><td>임금보장</td><td><table><tr><th>구 분</th><th>보장내용</th></tr><tr><td>대기업</td><td>20일 전부를 사업주가 지급</td></tr><tr><td>우선지원 대상기업</td><td>20일 전부를 고용보험에서 지급(단, 통상임금과 고용보험 지급분의 차액은 사업주가 지급해야 함)</td></tr></table></td><td>통상임금 지급
(고용보험 지원)</td></tr>
<tr><td>신분보장</td><td>배우자 출산휴가를 이유로 한 해고 및 그 밖의 불리한 처우 금지</td><td>위반 시 3년 이하의 징역 또는 3천만원 이하의 벌금</td></tr>
</table>

2) 대 상

배우자 출산휴가는 배우자(사실혼 배우자 포함)가 출산한 근로자가 소속된 1인 이상 사업장

28) 고용노동부, 『모성보호와 일 · 가정 양립 지원 업무편람』, 2023.2, 55쪽.

에 근속기간, 근로형태, 직종 등에 무관하게 모든 근로자에게 적용된다(동거 친족만으로 이루어진 사업장 및 가사사용인은 제외).

※ 근로계약을 1일 단위로 체결하고 그날의 근로가 끝남에 따라 근로관계가 종료되는 실질적인 의미의 일용직 근로자의 경우에는 배우자 출산휴가가 적용되지 않음.

- *사업주로부터 징계인 정직처분을 받은 근로자가 정직기간 중에 배우자의 출산을 이유로 배우자 출산휴가를 청구하는 경우 사업주는 10일(현행 20일)의 배우자 출산휴가를 부여해야 함. 따라서, 배우자 출산휴가가 부여되면 해당 기간(분할 사용기간 포함)에는 정직처분의 효력이 정지되고, 배우자 출산휴가 기간이 종료되는 날의 다음 날부터 다시 효력이 발생하는 것으로 하며, 배우자 출산휴가 기간은 유급으로 처리함(고용노동부 2019.10.16., 여성고용정책과-2416).*
- *배우자 출산휴가는 배우자가 출산했을 때 남성근로자가 사용할 수 있는 휴가로 출산한 여성과 태아의 건강을 보호하고, 남성의 육아참여를 확대하기 위한 제도임. 배우자의 범위는 법률혼뿐만 아니라 사실혼의 배우자도 포함되므로 사실혼의 배우자 출산에 따라 남성 근로자가 배우자 출산휴가를 청구하는 경우 사업주는 해당 남성 근로자에게 배우자 출산휴가를 부여해야 함(고용노동부 2018.8.22., 여성고용정책과-3563).*

3) 휴가기간

사용자는 20일의 배우자 출산휴가를 부여해야 한다. 배우자 출산휴가 기간 중 근로제공의무가 없는 휴일 등이 포함된 경우에는 배우자 출산휴가 일수에 산입하지 않는다.[29] 근로자는 배우자의 출산일로부터 120일 이내의 기간 중 3회에 한정하여 나누어 사용할 수 있다.

※ 배우자 출산휴가 기간 중 근로계약기간 만료 등으로 다른 사업장으로 이직하였을 경우 출산일로부터 120일이 경과하지 않았다면 남은 일수만큼의 배우자 출산휴가를 부여해야 함.

- *사업주는 근로자가 배우자의 출산을 이유로 휴가를 청구하는 경우에 10일(현행 20일)의 휴가를 주어야 하고, 배우자 출산휴가는 다태아를 임신하여 출산한 경우에도 10일(현행 20일)을 부여함(고용노동부 2021.1.27., 여성고용정책과-346).*
- *단시간근로자의 배우자 출산휴가는 다음(근로기준법 시행령 별표2 제4호 나목)과 같이 산정하여 부여함(고용노동부 2020.8.6., 여성고용정책과-3101).*

  ⇒ 산정방식: 배우자 출산휴가일수(20일) × 단시간근로자의 소정근로/통상근로자의 소정근로시간 × 8시간

  예) 단시간근로자는 1주 16시간(2일 근무), 통상근로자는 1주 40시간 근로

29) 고용노동부, "모성보호 및 일 · 가정양립 제도 관련 행정해석 변경 시달", 2019.6.14., 여성고용정책과-843.

⇒ 배우자 출산휴가 20일 × 16시간/40시간 × 8시간 = 32시간

- 근로기준법 제55조 제1항 및 같은 법 시행령 제30조 제1항에 따라 사용자는 1주 동안의 소정근로일을 개근한 근로자에게 유급휴일(주휴일)을 부여하여야 함. 이때 소정근로일을 개근하였는지를 판단함에 있어 배우자 출산휴가는 법으로 보장된 휴가를 사용한 날로서 출근한 것으로 보아야 함. 따라서, 배우자 출산휴가 사용 시 해당 주에 결근이 없다면 유급 주휴일을 부여해야 함(배우자 출산휴가급여 시행지침 참조). 다만, 배우자 출산휴가를 주의 전부에 걸쳐 사용할 경우 기존의 「연차유급휴가 등의 부여 시 소정근로일수 및 출근 여부 판단기준(2007.10.25.)」에 따라 주휴일을 유급으로 부여할 의무는 없음(고용노동부 2020.2.4., 여성고용정책과-510).
- 근로자가 입사 이전에 이루어진 배우자의 출산을 이유로 배우자 출산휴가를 신청할 경우 사업주는 배우자가 출산한 날로부터 90일(현행 120일) 이내라면 10일(현행 20일)의 휴가를 부여해야 함. 다만, 근로자가 동일한 자녀의 출산으로 배우자 출산휴가 10일(현행 20일)을 사용하였다면 새로운 회사에서 신청한 배우자 출산휴가에 대하여 사업주가 부여할 의무는 없음(고용노동부 2020.6.15., 여성고용정책과-2404).
- 배우자 출산휴가는 배우자의 출산을 이유로 사용할 수 있는 휴가이므로, 출산한 날부터 사용할 수 있을 뿐만 아니라 출산을 위한 준비과정 등을 고려하여 휴가기간 안에 출산(예정)일을 포함하고 있다면 출산일 전에 휴가를 사용하는 것도 가능함. 사업주는 근로자가 출산 전에 사용(출산일 및 예정일 포함)하고자 청구한 경우 배우자 출산휴가를 정당한 사유 없이 거부할 수 없음(고용노동부 2019.12.4., 여성고용정책과-3212).

4) 임금 보장

배우자 출산휴가 기간 전부는 유급(통상임금)으로 하고, 고용보험에서 지원한다. 다만, 우선지원대상기업이 고용보험에서 배우자 출산휴가 급여를 지원받더라도 근로자의 실제 통상임금과의 차액은 지급해야 한다.

5) 근로조건 보장

사업주는 근로자에게 배우자 출산휴가를 이유로 해고하거나 그 밖의 불리한 처우(휴직, 정직, 배치전환, 전근, 출근정지, 승급정지, 감봉 등으로 근로자에게 경제·정신·생활상의 불이익을 주는 것)를 할 수 없다.

7. 난임치료휴가

「남녀고용평등과 일 · 가정 양립 지원에 관한 법률」(약칭: 남녀고용평등법)

제18조의3【난임치료휴가】 ① 사업주는 근로자가 인공수정 또는 체외수정 등 난임치료를 받기 위하여 휴가(이하 "난임치료휴가"라 한다)를 청구하는 경우에 연간 6일 이내의 휴가를 주어야 하며, 이 경우 최초 2일은 유급으로 한다. 다만, 근로자가 청구한 시기에 휴가를 주는 것이 정상적인 사업 운영에 중대한 지장을 초래하는 경우에는 근로자와 협의하여 그 시기를 변경할 수 있다.

② 사업주는 난임치료휴가를 이유로 해고, 징계 등 불리한 처우를 하여서는 아니 된다.

③ 사업주는 제1항에 따라 난임치료휴가의 청구 업무를 처리하는 과정에서 알게 된 사실을 난임치료휴가를 신청한 근로자의 의사에 반하여 다른 사람에게 누설하여서는 아니 된다.

④ 난임치료휴가의 신청 방법 및 절차 등은 대통령령으로 정한다.

「남녀고용평등과 일 · 가정 양립 지원에 관한 법률 시행령」

제9조의2【난임치료휴가의 신청】 ① 법 제18조의3 제1항에 따라 난임치료를 받기 위한 휴가(이하 "난임치료휴가"라 한다)를 신청하려는 근로자는 난임치료휴가를 사용하려는 날, 난임치료휴가 신청 연월일 등에 대한 사항을 적은 문서(전자문서를 포함한다)를 사업주에게 제출해야 한다.

② 사업주는 난임치료휴가를 신청한 근로자에게 난임치료를 받을 사실을 증명할 수 있는 서류의 제출을 요구할 수 있다.

1) 개 념

사업주는 근로자(남·여 모두 해당)가 난임치료[30]를 받기 위하여 휴가를 청구하면 연간 6일(최초 2일은 유급, 나머지 4일은 무급)의 난임치료휴가를 주어야 한다. 다만, 사업운영에 중대한 지장을 초래하는 경우에는 근로자와 협의하여 그 시기를 변경할 수 있다.

※ 난임치료휴가는 연간 6일 이내라면 1일 단위로도 사용이 가능하고, 입사일로부터 기산하여 1년 단위로 6일씩 휴가를 사용할 수 있음.[31]

2) 근로조건 보장

사용자는 난임치료휴가를 이유로 근로자에게 해고·징계 등 불리한 처우를 할 수 없고, 난임치료휴가를 처리하는 과정에서 알게 된 사실을 근로자의 의사에 반하여 타인에게 누설할 수

30) 난임치료는 인공수정, 체외수정 등 의학적 시술행위 당시를 위한 기간을 의미하고, 해당 시술 직후 안정기 및 휴식기도 포함된다. 다만, 체질개선 및 배란유도를 위한 사전 준비단계 등은 포함되지 않는다(고용노동부, 『모성보호와 일 · 가정 양립 지원 업무편람』, 2023.2, 98쪽).

31) 고용노동부, 『모성보호와 일 · 가정 양립 지원 업무편람』, 2023.2, 97쪽.

없다.

8. 가족돌봄휴가

「남녀고용평등과 일 · 가정 양립 지원에 관한 법률」(약칭: 남녀고용평등법)

제22조의2【근로자의 가족 돌봄 등을 위한 지원】 ② 사업주는 근로자가 가족(조부모 또는 손자녀의 경우 근로자 본인 외에도 직계비속 또는 직계존속이 있는 등 대통령령으로 정하는 경우는 제외한다)의 질병, 사고, 노령 또는 자녀의 양육으로 인하여 긴급하게 그 가족을 돌보기 위한 휴가(이하 "가족돌봄휴가"라 한다)를 신청하는 경우 이를 허용하여야 한다. 다만, 근로자가 청구한 시기에 가족돌봄휴가를 주는 것이 정상적인 사업운영에 중대한 지장을 초래하는 경우에는 근로자와 협의하여 그 시기를 변경할 수 있다.

⑩ 가족돌봄휴직 및 가족돌봄휴가의 신청방법 및 절차 등에 관하여 필요한 사항은 대통령령으로 정한다.

「남녀고용평등과 일 · 가정 양립 지원에 관한 법률 시행령」

제16조의3【가족돌봄휴직 및 가족돌봄휴가의 허용 예외】 ② 법 제22조의2 제2항 본문에서 "조부모 또는 손자녀의 경우 근로자 본인 외에도 직계비속 또는 직계존속이 있는 등 대통령령으로 정하는 경우"란 조부모 또는 손자녀를 돌보기 위하여 가족돌봄휴가를 신청한 근로자 외에도 조부모의 직계비속 또는 손자녀의 직계존속이 있는 경우를 말한다. 다만, 조부모의 직계비속 또는 손자녀의 직계존속에게 질병, 노령, 장애 또는 미성년 등의 사유가 있어 신청한 근로자가 돌봐야 하는 경우는 제외한다.

④ 법 제22조의2 제2항 본문에 따라 가족돌봄휴가를 신청하려는 근로자는 가족돌봄휴가를 사용하려는 날, 가족돌봄휴가 중 돌보는 대상인 가족의 성명 · 생년월일, 가족돌봄휴가 신청 연월일, 신청인 등에 대한 사항을 적은 문서(전자문서를 포함한다)를 사업주에게 제출해야 한다.

1) 개 념

가족돌봄휴가는 근로자가 가족의 질병, 사고, 노령 또는 자녀의 양육을 이유로 단기적으로 긴급하게 가족을 돌볼 필요가 있는 경우에 근로자가 신청하면 무급으로 연간 10일(간염병 확산 등을 원인으로 연장된 경우에는 20일, 한 부모 근로자는 25일)의 범위에서 사용할 수 있는 제도이다. 다만, 근로자가 청구한 시기에 가족돌봄휴가를 주는 것이 정상적인 사업운영에 중대한 지장을 초래하는 경우에는 근로자와 협의하여 그 시기를 변경할 수 있다.

〈가족돌봄휴가의 주요 내용〉[32)]

항 목	주요 내용	비 고
대 상	질병, 사고, 노령 또는 자녀 양육으로 인하여 긴급하게 돌봄이 필요한 가족이 있는 근로자	예외사유를 제외하고는 근로자의 신청을 거부할 수 없음 (위반 시 500만원 이하 과태료)
기 간	연간 최대 10일 (감염병 등의 예방 20일, 한 부모 근로자 25일) ※가족돌봄휴가 기간은 가족돌봄휴직 기간에 포함	매년 반복하여 사용 가능
분할사용	분할 사용 가능(일 단위로 사용)	분할사용 일수는 제한 없음
임금보장	무급휴가 → 지원제도 없음	
신분보장	-가족돌봄휴가를 이유로 한 해고, 근로조건을 악화시키는 등 불리한 처우 금지 -가족돌봄휴가 기간은 근속기간에 포함	위반 시 3년 이하의 징역 또는 3천만원 이하의 벌금

2) 대 상

상시근로자 1인 이상 사업 또는 사업장(동거친족 사업장 제외)에 근로하는 근로자가 가족(조부모, 부모, 배우자, 배우자의 부모, 자녀 또는 손자녀[33)])의 질병, 사고, 노령 또는 자녀의 양육[34)]으로 인하여 긴급하게 그 가족을 돌보기 위한 휴가를 신청하는 경우이다. 다만, 조부모의 직계비속 또는 손자녀의 직계존속이 있는 경우에는 가족돌봄휴가를 허용하지 않을 수 있다(조부모의 직계비속 또는 손자녀의 직계존속에게 질병, 노령, 장애 또는 미성년 등의 사유가 있어 신청한 근로자가 돌보아야 하는 경우는 허용).

> *"가족돌봄휴직을 신청한 근로자 외에 돌봄이 필요한 가족의 부모, 자녀, 배우자 등이 돌봄이 필요한 가족을 돌볼 수 있는 경우"란 돌봄이 필요한 사람의 부모, 자녀, 배우자가 존재하는 것으로 충분하지 않고, 그 부모, 자녀, 배우자가 돌봄이 필요한 사람을 돌볼 수 있는 상태여야 함. 따라서, 근로자*

32) 고용노동부, 『모성보호와 일 · 가정 양립 지원 업무편람』, 2023.2, 240쪽.

33) 가족돌봄휴가의 사유 중 '노령 및 자녀의 양육'과 관련한 나이 기준은 관련 규정이 없지만, '노령'은 「노인복지법」, 「노인장기요양보호법」 등 법령 및 사회통념 등을 고려하여 만 65세로 보고, '자녀'는 「민법」 제4조에 따라 '19세 미만 자녀'로 본다(고용노동부, 『모성보호와 일 · 가정 양립 지원 업무편람』, 2023.2, 242쪽).

34) 자녀의 양육과 관련하여 자녀의 학교 행사(입학식, 졸업식, 학예회, 운동회, 참여수업, 학부모상담 등), 병원진료 동행 등에는 사용할 수 있지만, 학교 밖의 활동(개별적인 봉사활동, 체험, 탐방 등)이나 여행 등에는 사용할 수 없다(고용노동부, 『모성보호와 일 · 가정 양립 지원 업무편람』, 2023.2, 243쪽).

가 어머니를 돌보기 위해 가족돌봄휴직을 신청하였으나, 신청인에게 아버지가 있는 경우라도 그 아버지가 고령, 질병 등의 사유로 어머니를 돌볼 수 있는 상태가 아니라는 의학적 진단이 있다면, "돌봄이 필요한 가족을 돌볼 수 있는 경우"로 볼 수 없음(고용노동부 2018.3.13., 여성고용정책과-1098).

3) 연장된 가족돌봄휴가

「남녀고용평등과 일 · 가정 양립 지원에 관한 법률」(약칭: 남녀고용평등법)

제22조의2【근로자의 가족 돌봄 등을 위한 지원】 ④ 가족돌봄휴직 및 가족돌봄휴가의 사용기간과 분할 횟수 등은 다음 각호에 따른다.

3. 고용노동부 장관은 감염병의 확산 등을 원인으로 「재난 및 안전관리 기본법」 제38조에 따른 심각단계의 위기경보가 발령되거나, 이에 준하는 대규모 재난이 발생한 경우로서 근로자에게 가족을 돌보기 위한 특별한 조치가 필요하다고 인정되는 경우 「고용정책 기본법」 제10조에 따른 고용정책심의회의 심의를 거쳐 가족돌봄휴가 기간을 연간 10일(「한부모가족지원법」 제4조 제1호에 따른 모 또는 부에 해당하는 근로자의 경우 15일)의 범위에서 연장할 수 있을 것. 이 경우 고용노동부 장관은 지체 없이 기간 및 사유 등을 고시하여야 한다.

감염병 확산 등을 원인으로 심각 단계 위기경보가 발령되거나, 이에 준하는 대규모 재난의 경우로서 근로자에게 가족돌봄을 위한 특별한 조치가 필요한 경우에는 고용정책심의회의 심의를 거쳐 연간 10일(한 부모 근로자는 15일) 범위에서 가족돌봄휴가를 연장할 수 있다. 연장된 가족돌봄휴가는 다음의 사유가 있는 경우에만 사용할 수 있다(남녀고용평등법 제22조의2 제5항).

〈연장된 가족돌봄휴가를 사용할 수 있는 사유〉

① 근로자의 가족이 감염병환자, 감염병의사환자, 병원체보유자인 경우 또는 감염병의심자 중 유증상자 등으로 분류되어 돌봄이 필요한 경우

② 근로자의 자녀가 소속된 학교, 유치원, 어린이집이 휴업, 휴교, 휴원으로 자녀의 돌봄이 필요한 경우

③ 근로자의 자녀가 ①에 따른 감염병으로 자가격리 대상이거나 등교(원) 중지 조치를 받아 돌봄이 필요한 경우

④ 그 밖에 고용노동부 장관이 정하는 사유에 해당하는 경우

4) 근로조건 보장

> **「남녀고용평등과 일 · 가정 양립 지원에 관한 법률」(약칭: 남녀고용평등법)**
>
> **제22조의2【근로자의 가족 돌봄 등을 위한 지원】** ⑥ 사업주는 가족돌봄휴직 또는 가족돌봄휴가를 이유로 해당 근로자를 해고하거나 근로조건을 악화시키는 등 불리한 처우를 하여서는 아니 된다.
> ⑦ 가족돌봄휴직 및 가족돌봄휴가 기간은 근속기간에 포함한다. 다만, 「근로기준법」 제2조 제1항 제6호에 따른 평균임금 산정기간에서는 제외한다.

사용자는 가족돌봄휴가를 이유로 근로자를 해고하거나 근로조건을 악화시키는 등 불리한 처우를 할 수 없다. 가족돌봄휴가 기간은 근속기간에 포함되고 퇴직급여 산정이나 취업규칙 등에 따른 승진·승급 요건 등에 가족돌봄휴가 기간을 포함해야 한다. 다만, 근기법에 따른 평균임금 산정기간에서는 제외한다.

제7장

임금관리

제1절 개 요

1. 임금의 개념

> **「근로기준법」**
> **제2조【정의】** ① 이 법에서 사용하는 용어의 뜻은 다음과 같다.
> 5. "임금"이란 사용자가 근로의 대가로 근로자에게 임금, 봉급, 그 밖에 어떠한 명칭으로든지 지급하는 모든 금품을 말한다.

근기법은 임금을 사용자가 근로의 대가로 근로자에게 임금, 봉급, 그 밖에 어떠한 명칭으로든지 지급하는 일체의 금품으로 정의하고 있다.[1] 판례도 임금은 사용자가 근로의 대가로 근로자에게 지급하는 금품으로서, 근로자에게 계속적·정기적으로 지급되고 단체협약·취업규칙·급여규정·근로계약·노동관행 등에 의해 사용자에게 그 지급의무가 지워져 있는 것이라고 한다.[2]

> - *근로기준법상 임금이란 명칭에 관계없이 사용자가 근로의 대가로 근로자에게 지급하는 일체의 금품으로서 근로자에게 계속적 · 정기적으로 지급되고, 그 지급에 관하여 단체협약, 취업규칙, 근로계약 등에 의하여 사용자에게 지급의무가 있는 것을 말함(대법원 1999.9.3. 선고 98다34393 판결 등). 한편, 국가 또는 지방자치단체 등이 예산 또는 기금으로 근로자 인건비 등 운영비를 지원하고, 사업장에서 동 금액을 근로자에게 지급하는 경우 해당 금품이 임금에 해당하는지 여부는 해당 금품이 근로자의 근로제공에 대한 대가로서 사용자에게 지급의무가 있는지에 따라 판단하여야 함(예산 등으로 지원하는 금품의 임금 여부에 관한 해석 지침 2014.12. 참조). 즉, 사용자가 국가 등에서 받은 지원금을 자체 재원 등과 혼합하여 임금 등 인건비에 충당하는 것으로 볼 수 있는 경우에는 임금에 해당할 것이나, 지원금의 지급조건이 근로자를 기준으로 정해지고 그 지급 여부나 지급금액 등을 사용자가 임의로 변경할 수 없는 경우에는 사용자가 근로자에게 해당 지원금을 전달한 것일 뿐이므로 임금으로 볼 수 없음. 위 대법원 판례, 행정해석에 따른 임금성 판단기준에 비추어 볼 때, 귀 질의의 처우개선비 등이 지원금의 지급조건이 지자체 등에서 정한 기준에 따라 정해지고 그 지급 여부나 지급액 등을 사용자가 임의로 변경할 수 없는 경우라면, 달리 판단할 사정이 없는 한 사용자가 근로자에게 해당 지원금을 전달한 것에 불과하다고 판단되므로 사용자에게 지급의무가 있는 근로기준법상의 임금에 해당된다고 보기 어려울 것임. 다만, 취업규칙 또는 근로계약 등에 의*

---

1) 임금과 구별되는 개념으로 소득과 보수가 있다. '소득'은 「소득세법」에 따른 개념으로 일정 기간의 근로 · 사업 · 자산 등에서 얻는 수입(임금 · 봉급 · 지대 · 이자 · 이윤 등)을 총칭하는 것이고, '보수'는 「소득세법」 제20조에 따른 근로소득에서 「소득세법」 제12조 제3호에 따른 비과세 근로소득을 뺀 금액이다(「고용보험 및 산업재해보상보험의 보험료 징수 등에 관한 법률」 제2조 제3호).

2) 대법원 2013.4.11. 선고 2012다48077 판결; 대법원 2001.10.23. 선고 2001다53950 판결 등.

해 지자체 등에게 지원금을 지급받지 못하더라도 사용자가 해당 금액을 지급하여야 하는 경우라면 이는 근로의 대가인 임금에 해당될 수 있음(고용노동부 2020.5.8., 근로기준정책과-1908).

- 임금에 해당하려면 먼저 그 금품이 근로의 대상으로 지급되는 것이어야 하므로, 비록 그 금품이 계속적·정기적으로 지급된 것이라 하더라도 그것이 근로의 대상으로 지급된 것으로 볼 수 없다면 임금에 해당한다고 할 수 없는데, 여기서 어떤 금품이 근로의 대상으로 지급된 것이냐를 판단함에 있어서는 그 금품지급의무의 발생이 근로제공과 직접적으로 관련되거나 그것과 밀접하게 관련된 것으로 볼 수 있어야 하고, 이러한 관련 없이 그 지급의무의 발생이 개별 근로자의 특수하고 우연한 사정에 의하여 좌우되는 경우에는 그 금품의 지급이 단체협약·취업규칙·근로계약 등이나 사용자의 방침 등에 의하여 이루어진 것이라 하더라도 그러한 금품은 근로의 대상으로 지급된 것으로 볼 수 없음(대법원 1995.5.12. 선고 94다55934 판결).

2. 임금의 종류

노동법상 임금의 종류는 평균임금, 통상임금, 가산임금, 최저임금 등으로 구분할 수 있다. 임금이라는 총체적인 개념과 달리 각각의 임금들은 그 정의와 목적에 따라 달리 사용되고 있다.

〈임금의 종류와 활용〉

종 류	의 미	근 거	활용되는 곳
임 금	사용자가 근로의 대가로 근로자에게 임금, 봉급, 그 밖에 어떠한 명칭으로든지 지급하는 일체의 금품	근기법 제2조 제1항 제5호	근기법 등 노동법 전반에 활용되는 총체적인 개념
통상임금	근로자에게 정기적·일률적으로 소정근로 또는 총근로에 대하여 지급하기로 정한 시간급 금액·일급 금액·주급 금액·월급 금액 또는 도급 금액 → 시간급 임금의 산정기초이며, 사전적·도구적 개념	근기법 시행령 제6조 제1항	해고예고수당, 연장·야간 및 휴일근로에 대한 가산임금, 연차유급휴가수당, 출산전후 휴가급여, 육아휴직급여 등
평균임금	이를 산정하여야 할 사유가 발생한 날 이전의 3개월 동안에 그 근로자에게 지급된 임금의 총액을 그 기간의 총일수로 나눈 금액 → 근로자가 현실적으로 지급받는 임금의 종류가 아니며, 특정한 급여 산출의 기초가 되는 사후적·평가적 개념	근기법 제2조 제1항 제6호	퇴직금 및 DB형 퇴직연금, 휴업수당, 연차유급휴가수당, 재해보상금, 감급의 제한, 고용보험법상 구직급여

종 류	의 미	근 거	활용되는 곳
가산임금	시간외근로에 대하여 가산율을 적용하여 지급하는 임금	근기법 제56조	연장근로·야간근로·휴일근로에 대하여 통상임금의 50% 이상을 가산하여 지급
최저임금	근로자의 생존권을 보장하기 위해 지급해야 할 최소한의 임금	최임법 제1조	고용노동부가 고시한 최저임금과 비교하여 최저임금 위반 여부 확인

3. 임금의 판단기준

1) 사용자가 근로자에게 지급

근로자는 사용자와 근로계약을 체결하여 임금을 목적으로 근로를 제공하게 된다. 따라서 근로계약에 따른 어떠한 금품이 임금에 해당하려면 근기법상의 사용자가 근로자에게 지급하여야 한다.

- *회사의 임원이라고 하더라도 그 지위 또는 명칭이 형식적·명목적인 것이고 실제로는 매일 출근하여 업무집행권을 갖는 대표이사나 사용자의 지휘·감독 아래 일정한 근로를 제공하면서 그 대가로 보수를 받는 관계에 있다거나 또는 회사로부터 위임받은 사무를 처리하는 외에 대표이사 등의 지휘·감독 아래 일정한 노무를 담당하고 그 대가로 일정한 보수를 지급받아 왔다면 그러한 임원은 근로기준법상의 근로자에 해당함(대법원 2020.6.4. 선고 2019다297496 판결).*
- *임금이란 사용자가 근로의 대상으로 근로자에게 임금·봉급 기타 어떠한 명칭으로든지 지급하는 일체의 금품을 말하는 것인바, 카지노 영업장의 고객이 자의에 의하여 직접 카지노 영업직 사원들에게 지급한 봉사료를 근로자들이 자율적으로 분배한 것은 사용자로부터 지급받은 근로의 대상이라고 할 수 없으므로 그 성질상 근로기준법이 정한 임금의 범위에 포함되지 않음(대법원 1990.1.26. 선고 98다46198 판결).*
- *회사의 업무집행권을 가진 이사 등 임원은 회사로부터 일정한 사무처리의 위임을 받고 있는 것이므로, 사업자의 지휘감독 아래 일정한 근로를 제공하고 소정의 임금을 지급받는 고용관계에 있는 것이 아니며 따라서 일정한 보수를 받는 경우에도 이를 근로기준법 소정의 임금이라고 할 수 없음(대법원 1988.6.14. 선고 87다카2268 판결).*

2) 명칭과 무관

임금은 근로의 대가로 지급된 금품인데, 사용자가 근로자에게 지급하는 금품은 그 명칭이 매우 다양하여 근로의 대가 여부가 불명확한 경우가 많다. 따라서 임금에 해당하는지는 그 명칭만으로 판단할 수 없고, 단체협약·취업규칙 등의 내용, 근무형태, 지급 관행 등을 종합적으로 고려하여 금품의 성질을 기준으로 판단하여야 한다.

> *사용자가 근로의 대가로 근로자에게 지급하는 일체의 금원으로서, 근로자에게 계속적 · 정기적으로 지급되고 그 지급에 관하여 단체협약 · 취업규칙 · 급여규정 · 근로계약 · 노동관행 등에 의하여 사용자에게 지급의무가 지워져 있다면 그 명칭 여하를 불문하고 모두 그에 포함됨(대법원 2006.12.8. 선고 2006다48229 판결).*

3) 근로의 대가로 지급

근로의 대가는 근로자가 사용자의 지휘·감독, 즉 사용종속관계 아래에서 제공되는 근로에 대한 보상이다. 따라서 임금은 근로제공과 직접적 또는 밀접하게 관련된 금품이어야 하고, 근로의 대가성 여부는 명칭을 불문하고 지급사유와 지급요건 및 지급방법 등 제반 사실관계를 종합적으로 고려하여 판단하여야 한다.

> - *어떤 금품이 근로의 대상으로 지급된 것이냐를 판단함에 있어서는, 그 금품지급의무의 발생이 근로제공과 직접적으로 관련되거나 그것과 밀접하게 관련된 것으로 볼 수 있어야 하고, 이러한 관련 없이 그 지급의무의 발생이 개별 근로자의 특수하고 우연한 사정에 의하여 좌우되는 경우에는 그 금품의 지급이 단체협약 · 취업규칙 · 근로계약 등이나 사용자의 방침 등에 의하여 이루어진 것이라 하더라도 그러한 금품은 근로의 대상으로 지급된 것으로 볼 수 없음(대법원 1995.5.12. 선고 94다55934 판결).*
> - *가족수당이 일정한 요건에 해당하는 근로자에게 일률적으로 지급되어 왔다면, 이는 임의적, 은혜적인 급여가 아니라 근로에 대한 대가의 성질을 가지는 것으로서 임금에 해당하고, 차량유지비의 경우 그것이 차량 보유를 조건으로 지급되었거나 직원들 개인 소유의 차량을 업무용으로 사용하는 데 필요한 비용을 보조하기 위해 지급된 것이라면 실비변상적인 것으로서 근로의 대상으로 지급된 것으로 볼 수 없으나 전 직원에 대하여 또는 일정한 직급을 기준으로 일률적으로 지급되었다면 근로의 대상으로 지급된 것으로 볼 수 있음. 사용자에게 근로의 대상성이 있는 금품에 대하여 그 지급의무가 있다는 것은 그 지급 여부를 사용자가 임의적으로 결정할 수 없다는 것을 의미하는 것이고, 그 지급의무의 발생근거는 단체협약이나 취업규칙 · 급여규정 · 근로계약에 의한 것이든 그 금품의 지급이 사용자의 방침이나 관행에 따라 계속적으로 이루어져 노사 간에 그 지급이 당연한 것으로 여겨질 정도의 관례가 형성된 경우처럼 노동관행에 의한 것이든 무방함(대법원 2002.5.31. 선고 2000다18127 판결).*
> - *사용자가 선택적 복지제도를 시행하면서 직원 전용 온라인 쇼핑사이트에서 물품을 구매하는 방식 등으로 사용할 수 있는 복지포인트를 단체협약, 취업규칙 등에 근거하여 근로자들에게 계속적 · 정기적으로 배정한 경우라고 하더라도, 이러한 복지포인트는 근로기준법에서 말하는 임금에 해당하*

지 않고, 그 결과 통상임금에도 해당하지 않음(대법원 2021.8.26. 선고 2017다269145 판결).

- 사용자가 근로의 대가로 근로자에게 지급하는 일체의 금원으로서, 근로자에게 계속적 · 정기적으로 지급되고 그 지급에 관하여 단체협약, 취업규칙, 급여규정, 근로계약, 노동관행 등에 의하여 사용자에게 지급의무가 지워져 있다면 그 명칭 여하를 불문하고 모두 이에 포함되며(대법원 1999.9.3. 선고 98다34393 판결, 대법원 2006.12.8. 선고 2006다48229 판결 등 참조), 반드시 통상임금으로 국한되는 것은 아님. 피고 회사의 단체협약 제45조는 조합원이 1년간 개근할 경우 연말에 금 1돈(3.75g)을, 정근(지각 3회 이하)할 경우 연말에 금 반돈을 교부하여 표창하도록 규정하고 있다는 것인바, 이를 위 법리에 비추어 살펴보면 위와 같은 표창 역시 특별한 사정이 없는 한 원고들이 계속 근로하였을 경우에 받을 수 있는 임금에 포함된다고 보아야 함(대법원 2012.2.9. 선고 2011다20034 판결).

4. 수당별 임금 여부 판단

1) 상여금

상여금의 사전적 의미는 상으로 돈이나 물건 따위를 주는 것 또는 회사에서 직원에게 정기 급여와는 별도로 업적이나 공헌도에 따라 주는 돈으로 은혜적·포상적인 성질의 것이다. 따라서 상여금은 정기적이고 고정적이지 않다면 사용자가 근로자에게 반드시 지급해야 하는 금품은 아니다. 다만, 상여금이 노동법에 따라 지급이 강제된 법정임금은 아니더라도 근무성과나 실적과 관계없이 연간 기본급의 일정 비율 또는 연간 총액을 특정시기에 고정적으로 지급하고, 취업규칙 등에서 사전에 지급조건·지급액·지급시기·지급대상자 등이 명확하게 확정된 것이라면 임금에 해당한다.

- 우리나라 대부분의 기업에서는 정기상여금은 그 자체로 통상임금에 해당하지 아니한다는 전제 아래에서, 임금협상 시 노사가 정기상여금을 통상임금에서 제외하기로 합의하는 실무가 장기간 계속되어 왔고, 이러한 노사합의는 일반화되어 이미 관행으로 정착된 것으로 보이는데, 이러한 관행이 정착하게 된 데에는, 상여금의 연원이 은혜적 · 포상적인 이윤배분이나 성과급에서 비롯된 점, 상여금이 근로의 대가로서 정기적 · 일률적으로 지급되는 경우가 많다고는 하지만 여전히 성과급, 공로보상 또는 계속근로 장려 차원에서 지급되는 경우도 있고 그 지급형태나 지급조건 등이 다양하여 그 성질이 명확하지 아니한 경우도 있는 점, 고용노동부의 '통상임금 산정지침'이 일관되게 정기상여금을 통상임금에서 제외하여 온 점, 대법원 판례상으로도 2012.3.29. 대법원 2010다91046 판결이 선고되기 전에는 정기상여금이 통상임금에 해당할 수 있음을 명시적으로 인정한 대법원 판결은 없었던 점 등이 그 주요 원인이 되어 노사 양측 모두 정기상여금은 통상임금에서 제외되는 것

이라고 의심 없이 받아들여 왔기 때문인 것으로 보임(대법원 2013.12.18. 선고 2012다89399 전원합의체 판결).

- 상여금이 단체협약, 취업규칙, 그 밖에 근로계약에 미리 지급되는 조건 등이 명시되어 있거나, 관례로 계속 지급하여 온 사실이 인정되는 경우에는 근로제공의 대가로 인정되어 임금으로 보아야 할 것이고, 평균임금을 산정하여야 할 사유가 발생한 때에는 이전 12개월 중에 지급받은 상여금 전액을 그 기간 동안 근로한 개월 수로 분할 계산하여 평균임금 산정기초에 산입하여야 함(2014.3.27., 근로복지과-1152).

- 상여금이 임금 후불적 성질의 것인지 또는 은혜적, 포상적 성질의 것인지는 획일적으로 분류할 수 없는 것이기는 하나, 상여금 명목의 금원이 근로자들에게 불확정적이고 일시적으로 지급되는 것이 아니라 계속적 · 정기적으로 지급되고 그 지급액이 확정되어 있다면 근로자에 대한 근로의 대상으로 지급되는 임금의 성질을 가지는 것으로서 평균임금 산정의 기초가 되는 임금총액에 포함될 수 있다고 해석하여야 할 것임(대법원 1982. 10. 26. 선고 82다카342 판결, 1982. 11. 23. 선고 81다카1275 판결, 1998. 1. 20. 선고 97다18936 판결, 2002. 6. 11. 선고 2001다16722 판결 등 참조). 소외 회사가 지급하는 상여금은 계속적 · 정기적으로 지급되는 것으로서 그 지급액도 위 상여금지급규정 등에 의하여 미리 확정되어 있다고 볼 것이므로, 원고가 92년도 1/4분기 및 2/4분기의 상여금으로 지급받은 위 각 금원은 근로의 대상에 해당되는 임금으로서 평균임금 산정의 기초가 되는 임금총액에 포함되어야 할 것임(대법원 2002.10.25. 선고 2000두9717 판결).

- 상여금이 계속적 · 정기적으로 지급되고 그 지급액이 확정되어 있다면 이는 근로의 대가로 지급되는 임금의 성질을 가지나 그 지급사유의 발생이 불확정이고 일시적으로 지급되는 것은 임금이라고 볼 수 없으며, 또한 그 상여금이 퇴직금 산정의 기초가 되는 평균임금에 산입될 수 있는지의 여부는 특별한 사정이 없는 한 퇴직 당시를 기준으로 판단하여야 함(대법원 2006.6.11. 선고 2001다16722 판결).

2) 성과급

성과급은 기업의 경영성과나 근로자의 개인별 또는 집단별 근무성과나 업적에 대한 평가를 실시하여 그 결과에 따라 지급하는 보수로 업적급 또는 능률급으로 부르고 있고, 개인성과급과 집단성과급이 있다. 이러한 성과급은 지급조건과 지급시기가 단체협약 등에 정하여져 있다고 하더라도 지급조건의 충족 여부는 각 성과에 따라 달라지는 것으로서 해당 근로자의 근로제공 자체의 대상이라고 볼 수 없으므로 원칙적으로 임금으로 보기는 어렵다.[3] 다만, 일정한 기본임금 외에 주된 업무수행의 정량적[4] 성과로 인해 산출되는 성과급을 이미 정해진 지급조건과

3) 대법원 2015.2.26. 선고 2014다227546 판결; 대법원 2006.5.26. 선고 2003다54322 판결; 고용노동부 2011.11.10., 근로개선정책과-4400 등.

4) '정량(定量)'은 수치화할 수 있는 것(예를 들어 출근율, 지각이나 결근회수, 매출 등)이고, '정성(定性)'은 계량화를 할

지급액 등에 의해 지급하는 경우 해당 성과급은 임금으로 볼 수 있다.[5)]

- 격려금과 성과금은 매년 경영성과에 따라 그 지급 여부나 지급기준 등이 정해져 지급되는 돈으로 그 지급사유의 발생이 불확정적이라고 볼 수 있어 계속적 · 정기적으로 지급되는 금품이라고 보기 어려우므로 일실수입 산정의 기초가 되는 급여소득에 포함되지 않는다고 봄이 타당(대법원 2015.2.26. 선고 2014다227546 판결).
- '경영성과급'은 '근로제공과 직접적으로 관련되거나 그것과 밀접하게 관련된 것'이라고 보아야 하고, 매년 한 차례씩 경영성과에 따른 경영성과급을 지급하는 것이 당연하다고 여겨질 정도의 노동관행에 의하여 '지급의무'가 인정된다고 보아야 함. 이 사건 경영성과급은 근로의 대가로서 정기적 · 계속적으로 지급되고 그 지급에 관하여 피고와 근로자들 사이에 그 지급이 당연하다고 여겨질 정도의 관례가 형성되어 노동관행에 의하여 피고에게 지급의무가 있다고 인정되는바, 이 사건 경영성과급은 평균임금 산정의 기초가 되는 임금에 해당함(서울고등법원 2021.1.21. 선고 2021나2015527 판결).

3) 복리후생적 금품

복지시설 및 헬스장 제공, 학자금 지원, 식사제공, 통근버스 지원 등의 복리후생적 금품은 사용자가 배려차원에서 지원하는 것으로 임금에 해당하지 않는다. 다만, 복리후생적 금품이라도 계속적·정기적·일률적으로 지급되거나 취업규칙·근로계약 및 기타 관련 규정에 따라 사용자에게 지급의무가 지워져 있는 경우에는 근로의 대가인 임금에 해당할 수 있다.

- 근로기준법상의 임금은 사용자가 근로의 대상으로 근로자에게 지급하는 일체 금품을 말하는 것인바, 개인연금보험료는 사용자에게 그 일부의 부담의무가 지워져 있다 할지라도 단지 근로자의 복리후생을 위하여 사용자가 지원하는 것으로 보아야 할 것이므로 근로의 대상인 임금으로 볼 수 없는 것으로 판단됨(고용노동부 1994.7.20., 임금 68207-442).
- 회사로부터 재직기간 동안 월정액으로 지급받은 식대의 경우(구체적인 지급실태를 알 수 없어 정확한 답변은 곤란하나) 그 지급의무의 발생이 단순히 생활보조적·복리후생적으로 지급되는 금품이거나 실비변상으로 지급되는 금품인 경우 또는 개별 근로자의 특수하고 우연한 사정에 의하여 좌우되는 경우에는 근로의 대상으로 지급된 임금으로 보기 어렵다고 사료됨(고용노동부 2009.6.30., 근로기준과-1734).

수 없는 것으로 상황 묘사가 중요하다(예를 들어 업무성실도, 업무협조도 등).

5) 대법원 전원합의체 판결(대법원 2013.12.18. 선고 2012다89399 판결).

4) 은혜적 · 호의적 금품

단체협약·취업규칙·근로계약 등이나 사용자의 방침에 의하여 지급의무가 있더라도 개별 근로자의 특수하고 우연한 사정에 따라 좌우되는 경우에는 근로의 대상으로 지급되는 임금으로 볼 수 없다(결혼축의금, 조의금, 격려금, 위로금, 포상금 등). 다만, 은혜적·호의적 금품이라도 사용자가 지급기준과 지급비율을 정하여 지급하는 것이 관행화되어 있어 근로의 대가성이 충족되면 임금으로 인정될 수 있다.

취업규칙이나 근로계약에 특별보로금 또는 초과업적상여금의 지급조건, 금액, 지급시기를 미리 명시함이 없이 "특별연체감출운동" 전개 및 "판매촉진프로그램 추진운동"의 성과에 따라 경영협의회의 결의를 거쳐 지급하는 경우라면, 이는 일시적 상황 또는 일정 목표달성에 기인하여 은혜적·호의적 성격으로 지급되는 것이므로 임금의 성격을 갖는 것으로는 볼 수 없다고 사료됨(고용노동부 2000.7.25., 임금 68207-272).

5) 실비변상적 금품

근로자가 특수한 근무조건이나 환경에서 직무를 수행함으로 말미암아 추가로 발생하는 비용을 변상하기 위하여 지급되는 이른바 실비변상적 금품은 근로의 대상으로 지급되는 임금이라고 볼 수 없다(작업복 및 작업용품 구입비, 출장비 및 여비, 일·숙직수당, 판공비 등). 다만, 실비변상적인 성격이 강한 금품이더라도 모든 근로자에게 일정액을 계속적·정기적으로 지급하였다면 임금에 해당할 수 있다(교통비, 연구수당, 학생지도수당 등).

- *임금이라 함은 사용자가 '근로의 대상'으로 근로자에게 임금, 봉급, 기타 여하한 명칭으로든지 지급하는 일체의 금품을 말하는 것이므로, 근로자가 특수한 근무조건이나 환경에서 직무를 수행하게 됨으로 말미암아 추가로 소요되는 비용을 변상하기 위하여 지급되는 이른바 '실비변상적 급여'는 근로의 대상으로 지급되는 것이라고 볼수 없기 때문에 임금에 포함될 수 없음(대법원 1992.11.9. 선고 90다카4683 판결).*
- *직급보조비의 성격이 기관의 운영을 위하여 직제에 의한 특정 직급(직위)에 해당하는 자에게 정책으로 매월 지급하는 경비로서, 특정 직급(직위)을 담당함에 따라 소요되는 내부 직원의 격려, 기관간 섭외, 기타 직무 관련 소규모 지출 등 업무 수행에 따른 비용을 충당하기 위해 사용되는 경비라면 실비변상으로 지급되는 금품 또는 이에 준하는 성격의 금품으로 보아 근로의 대가인 임금으로 보기는 어려울 것으로 사료됨. 다만, 직급보조비의 지급의무 발생이 근로제공과 직접적으로 관련되거나 근로제공과 밀접하게 관련된 것으로 볼 수 있는 등 업무수행에 따른 비용을 충당하기 위*

해 사용되는 경비가 아닌 경우라면 근로의 대상인 임금으로 볼 수 있을 것으로 사료됨(고용노동부 2011.1.31., 근로기준과-517).

6) 그 밖의 금품

법령에 따라 지급되는 연장근로수당, 야간근로수당, 휴일근로수당, 연차유급휴가수당 등은 임금에 해당한다. 그러나 해고예고수당, 재해보상금, 귀향여비, 임금상당액(부당해고 기간 중 정상적으로 근무했더라면 받을 수 있었던 금품), 휴업수당, 출산전후휴가급여, 사회보험료나 근로소득세를 사용자가 부담하는 경우 등은 현실적인 근로제공 없이 사용자로부터 지급되는 것으로서 손해보상의 성격을 갖거나 생활권 보장이나 지원을 위한 것이므로 임금에 해당하지 않는다.

〈임금 여부에 대한 판단기준 예시〉[6)]

구 분	수 당	임금 여부
근로의 질과 양에 관계되는 수당	기술수당, 자격·면허수당, 특수작업수당, 직책수당, 직무수당, 출납수당, 항공(승무·항해)수당, 생산장려수당, 능률수당, 영업수당, 매월 총 판매액의 일정률을 지급하는 판매장려금·판매수당 등	○
근로여건 환경과 관계되는 수당	벽지수당, 위험수당, 한냉지근무수당 등	○
은혜적·호의적 금품	경조금, 위문금, 영업활동 공로금, 회사 창립일 축하금 등	×
실비변상적 금품	장비·제복·작업복구입비, 작업용품대금, 출장비, 여비, 판공비, 기밀비, 정보비 등	×
복리후생적 금품	기업의 복지시설물의 이용, 현물급식의 제공, 사회보험에 대한 보조금, 학자금, 가족수당 등	×
기 타	해고예고수당, 휴업수당, 재해보상금, 출산전후휴가급여 등	×

6) 고용노동부, 『소규모사업장 담당자를 위한 12가지 인사관리 실무기법』, 2010, 110쪽

제2절 통상임금

1. 통상임금의 개념

「근로기준법 시행령」

제6조【통상임금】 ① 법과 이 영에서 "통상임금"이란 근로자에게 정기적이고 일률적으로 소정(所定)근로 또는 총근로에 대하여 지급하기로 정한 시간급 금액, 일급 금액, 주급 금액, 월급 금액 또는 도급 금액을 말한다.

통상임금(ordinary wage)이란 근로자에게 정기적 · 일률적으로 소정근로 또는 총근로에 대하여 지급하기로 정하여진 시간급금액 · 일급금액 · 주급금액 · 월급금액 또는 도급금액으로, 실제 근무일수나 실제 수령한 임금에 관계없이 소정근로의 가치를 반영하여 정한 기준임금이다. 통상임금은 임금 그 자체가 아니라, 연장근로·야간근로 및 휴일근로 등 법정수당을 계산하기 위한 하나의 산정단위로 활용되는 도구적 개념으로 근로자의 소정근로 또는 총근로에 대해 지급하기로 정한 사전적(事前的) 개념이다.

(대법원 2024.12.19. 선고 2020다247190 전원합의체 판결)

■〈통상임금 개념〉

통상임금은 근로기준법(이하 괄호에서는 '법'이라고만 한다)상 연장 · 야간 · 휴일근로(이하 '연장근로 등'이라 한다)에 대한 가산임금이나 해고예고수당을 산정하고 평균임금의 최저한이 되는 기준임금임. 통상임금은 그 자체가 독자적 의미를 가지기보다 법정수당 산정 등의 기준으로서 의미를 가진다는 점에서 도구개념임.

■〈통상임금 개념의 재정립 방향〉

통상임금 개념은 무엇보다 아래와 같이 기준임금으로서 요청되는 통상임금의 본질과 기능에 부합하는 방향으로 새로이 정립되어야 함. 첫째, 통상임금은 법적 개념이므로 원칙적으로 법령상 정의에 충실하게 해석해야 함(법령 부합성). 둘째, 통상임금은 강행적 개념이므로 당사자가 법령상 통상임금의 범위를 임의로 변경할 수 없어야 함(강행성). 셋째, 통상임금은 소정근로의 가치를 온전하게 담아낼 수 있는 개념이라야 함(소정근로 가치 반영성). 넷째, 통상임금은 사전에 명확하게 산정될 수 있어야 함(사전적 산정 가능성). 다섯째, 통상임금 개념은 연장근로 등의 억제라는 근로기준법의 정책 목표에 부합하여야 함(정책 부합성). 법령의 정의와 취지에 충실하게 통상임금 개념을 해석하면, 통상임금은 소정근로의 대가로서 정기적, 일률적으로 지급하기로 정한 임금을 말함.

■ 〈통상임금 판단 기준〉

통상임금은 근로기준법이 규정한 여러 임금을 산정하는 기준이 되므로, 그 본질은 근로자가 소정근로시간에 제공하기로 정한 근로의 가치를 평가한 기준임금이라는 데에 있음. 정기성과 일률성은 그 임금이 소정근로의 대가인 임금임을 뒷받침하는 개념적 징표임. 근로자가 소정근로를 온전하게 제공하면 그 대가로서 정기적, 일률적으로 지급하도록 정해진 임금은 그에 부가된 조건의 존부나 성취 가능성과 관계없이 통상임금에 해당함. 임금에 부가된 조건은 해당 임금의 객관적 성질을 실질적으로 판단하는 과정에서 소정근로 대가성이나 정기성, 일률성을 부정하는 요소 중 하나로 고려될 수는 있지만, 단지 조건의 성취 여부가 불확실하다는 사정만으로 통상임금성이 부정된다고 볼 수는 없음. 고정성이란 잣대 없이도, 근로자와 사용자가 소정근로시간에 제공하기로 정한 근로의 대가라는 '소정근로 대가성', 임금의 지급 시기와 지급 대상이 미리 일정하게 정해졌을 것을 요구하는 '정기성'과 '일률성'의 개념을 통하여 통상임금에 해당하는지 여부를 올바르게 판단할 수 있음. 이러한 통상임금을 이루는 개념에는 '임금 지급에 관한 일정한 사전적 규율'의 의미가 내포되어 있으므로, 소정근로의 제공과 관계없이 일시적이거나 변동적으로 지급되는 금품은 여전히 통상임금에서 제외됨. 고정성을 통상임금의 개념적 징표에서 제외하더라도 성질상 통상임금을 기초로 산정되는 주휴수당(대법원 2010.1.28. 선고 2009다74144 판결 등 참조) 등과 같은 법정수당은 개념적으로 통상임금이 될 수 없으므로, 통상임금에 속하지 않음.

〈근기법상 통상임금을 적용하여 계산하는 수당〉

구 분	관련 내용
해고예고수당 (제26조)	사용자는 근로자를 해고할 때 30일 전에 예고하지 않으면 30일분 이상의 통상임금을 지급.
휴업수당 (제46조)	평균임금의 100분의 70에 해당하는 금액이 통상임금을 초과할 경우 통상임금을 지급.
연장 · 야간 · 휴일근로 가산수당 (제56조)	연장·야간 및 휴일근로에 대하여는 통상임금의 100분의 50 이상을 가산하여 지급.
연차유급휴가수당 (제60조)	연차휴가 사용기간 동안 취업규칙 등에서 정하는 통상임금(또는 평균임금)을 지급.
기타 '유급'으로 규정된 수당	주휴수당, 출산전후휴가수당 등

2. 통상임금의 판단

1) 개 요

어떠한 임금이 통상임금에 속하는지 여부는 그 임금이 소정근로의 대가로 근로자에게 지급되는 금품으로서 정기적·일률적으로 지급되는 것인지를 기준으로 그 객관적인 성질에 따라 판단하여야 하고, 임금의 명칭이나 그 지급주기의 장단 등 형식적 기준에 의해 정할 것이 아니다. 즉 어떠한 금품이 통상임금에 해당하려면 소정근로에 대한 대가로 정기적 · 일률적으로 지급되어야 하며, 소정근로의 제공과 관계없이 일시적이거나 변동적으로 지급되는 금품은 통상임금에 해당하지 않는다.

〈통상임금 판단 기준〉

판단 기준	내 용
소정근로의 대가	법정근로시간 범위에서 정해진 소정근로시간에 통상적으로 제공하기로 정한 근로에 대하여 지급하기로 약정한 금품. → 어떤 금품이 근로의 대상으로 지급된 것인지는 그 금품지급의무의 발생이 근로제공과 직접적으로 관련되거나 그것과 밀접하게 관련된 것으로 볼 수 있어야 함
정기성	미리 정해진 일정한 기간마다 정기적으로 지급되는 금품. → 1개월을 초과하는 기간마다 지급되더라도 일정한 간격으로 계속적 지급된다면 무방
일률성	'모든 근로자' 또는 '근로와 관련한 일정한 조건 또는 기준에 해당하는 모든 근로자'에게 지급되는 금품. → 작업 내용이나 기술, 경력 등과 같이 소정근로의 가치평가와 관련된 조건

※ 기존 판례(대법원 2013.12.18. 선고 2012다89399 전원합의체 판결)에서는 통상임금의 판단기준에 고정성(근로자가 제공한 근로에 대하여 그 지급 여부가 업적이나 성과 기타 추가적인 조건과 관계없이 당연히 지급될 것이 사전에 확정되어 있는 것)도 포함하여 판단하였음. 그러나 변경된 판례(2024.12.19. 선고 2023다302838 · 2020다247190 전원합의체 판결)에 따라 고정성을 통상임금의 개념적 징표에서 제외하여, 특정 시점에 재직 중인 근로자에게만 지급하는 임금(재직조건부 임금)과 일정 근무일수를 충족하여야만 지급하는 임금(근무일수 조건부 임금)의 통상임금성을 인정함.

2) 판단 기준

(1) 소정근로의 대가

소정근로의 대가는 근로자가 소정근로시간에 통상적으로 제공하기로 정한 근로에 관하여 사용자와 근로자가 지급하기로 약정한 금품을 말한다. 따라서 소정근로시간을 초과하여 근로를 제공하고 받는 임금, 근로계약에서 제공하기로 정한 근로 외의 근로를 제공하여 받는 임금, 소정근로시간의 근로와는 관련 없이 받는 임금은 소정근로의 대가로 볼 수 없어 통상임금에 해당하지 않는다.

> - 어떤 금품이 근로의 대상으로 지급된 것이냐를 판단함에 있어서는, 그 금품지급의무의 발생이 근로제공과 직접적으로 관련되거나 그것과 밀접하게 관련된 것으로 볼 수 있어야 하고, 이러한 관련 없이 그 지급의무의 발생이 개별 근로자의 특수하고 우연한 사정에 의하여 좌우되는 경우에는 그 금품의 지급이 단체협약 · 취업규칙 · 근로계약 등이나 사용자의 방침 등에 의하여 이루어진 것이라 하더라도 그러한 금품은 근로의 대상으로 지급된 것으로 볼 수 없음(대법원 1995.5.12. 선고 94다55934 판결).
> - 소정근로의 대가라 함은 근로자가 소정근로시간에 통상적으로 제공하기로 정한 근로에 관하여 사용자와 근로자가 지급하기로 약정한 금품을 말함. 근로자가 소정근로시간을 초과하여 근로를 제공하거나 근로계약에서 제공하기로 정한 근로 외의 근로를 특별히 제공함으로써 사용자로부터 추가로 지급받는 임금이나 소정근로시간의 근로와는 관련 없이 지급받는 임금은 소정근로의 대가라 할 수 없으므로 통상임금에 속하지 아니함. 소정근로의 대가가 무엇인지는 근로자와 사용자가 소정근로시간에 통상적으로 제공하기로 정한 근로자의 근로의 가치를 어떻게 평가하고 그에 대하여 얼마의 금품을 지급하기로 정하였는지를 기준으로 전체적으로 판단하여야 함(대법원 2021.11.11. 선고 2020다224739 판결).

(2) 정기성

정기성은 미리 정해진 일정한 기간마다 정기적으로 지급되는지에 관한 것이고, 1개월을 초과하는 기간마다 지급되더라도 일정한 간격을 두고 계속적으로 지급되는 것이면 통상임금이 될 수 있다. 따라서 1개월을 초과하여 2개월(격월), 분기, 반기, 연 등의 단위로 지급되더라도 정기적으로 지급되는 것이면 정기성 요건은 충족된다.

※ 통상임금의 정의와 관련한 「근로기준법 시행령」 제6조 제1항의 규정 중 "시간급·일급·주급·월급 금액" 등은 다양한 기간을 단위로 산정 및 지급되는 임금의 형태를 예시한 것에 불과하므로, 그 단위기간을 초과하더라도 정기성이 있으면 통상임금에 해당할 수 있음.

> 근로기준법이 연장 · 야간 · 휴일 근로에 대한 가산임금, 해고예고수당, 연차휴가수당 등의 산정기준 및 평균임금의 최저한으로 규정하고 있는 통상임금은 근로자가 소정근로시간에 통상적으로 제공하는 근로인 소정근로(도급근로자의 경우에는 총근로)의 대가로 지급하기로 약정한 금품으로서 정기적 · 일률적 · 고정적으로 지급되는 임금을 말함. 1개월을 초과하는 기간마다 지급되는 임금도 그것이 정기적 · 일률적 · 고정적으로 지급되는 것이면 통상임금에 포함될 수 있음(대법원 2017.9.26. 선고 2016다238120 판결).

(3) 일률성

일률성은 '모든 근로자'에게 지급되는 것(모든 근로자에게 기본급의 100%를 상여금으로 지급) 뿐만 아니라, '일정한 조건 또는 기준에 달한 모든 근로자'에게 지급되는 것(과장에게 매월 50만원의 직책수당 지급)도 포함하는 개념으로서 일률적으로 지급되면 통상임금이 될 수 있다. 일정한 조건 또는 기준은 작업 내용이나 기술·경력·근속기간 등과 같이 소정근로의 가치평가와 관련된 조건이어야 하므로, 일정한 조건 또는 기준이란 시시때때로 변동되지 않는 고정적인 조건이어야 한다.

> *어떤 임금이 통상임금에 속하기 위해서는 그것이 일률적으로 지급되는 성질을 갖추어야 함. '일률적'으로 지급되는 것에는 '모든 근로자'에게 지급되는 것뿐만 아니라 '일정한 조건 또는 기준에 달한 모든 근로자'에게 지급되는 것도 포함된다. 여기서 '일정한 조건'이란 고정적이고 평균적인 임금을 산출하려는 통상임금의 개념에 비추어 볼 때 고정적인 조건이어야 함. 또한 일정 범위의 모든 근로자에게 지급된 임금이 일률성을 갖추고 있는지 판단하는 잣대인 '일정한 조건 또는 기준'은 통상임금이 소정근로의 가치를 평가한 개념이라는 점을 고려할 때, 작업 내용이나 기술, 경력 등과 같이 소정근로의 가치평가와 관련된 조건이라야 함. ① 근무형태 변경에 따른 연장근로수당 감소분을 보전하기 위해 도입되었다는 사정만으로 4/3조수당이 교대조 근로자의 소정근로의 가치평가와 무관하게 지급되는 임금이라고 단정할 수 없는 점, ② 4/3조수당의 지급조건인 교대조 근무는 일시적, 유동적 조건이 아니라 고정적 조건에 해당한다고 보아야 하는 점 등에 비추어 볼 때, 4/3조수당은 일률성을 갖추었다고 봄이 타당하므로 통상임금에 해당함(대법원 2018.9.28. 선고 2016다212869·212876·212883·212890 판결).*

〈임금유형별 통상임금 여부〉[7]

구 분	임금의 특징	통상임금 여부
기술수당	기술이나 자격보유자에게 지급되는 수당 (자격수당, 면허수당 등)	○
근속수당	근속기간에 따라 지급 여부나 지급액이 달라지는 임금	○
가족수당	부양가족 수에 따라 달라지는 수당	× (근로와 무관한 조건)
	부양가족 수와 관계없이 모든 근로자에게 지급되는 가족수당	○ (명목만 가족수당, 일률성 인정)

7) 고용노동부, 「(개정) 통상임금 노사지도 지침」, 2025.2.6., 15쪽.

구 분	임금의 특징	통상임금 여부
성과급	근무실적을 평가하여 지급 여부나 지급액이 결정되는 임금	× (소정근로 대가성을 갖추었다고 보기 어려움)
	최소한도가 보장되는 성과급	최소한도의 일정액은 ○ (근무실적과 무관하게 최소한도의 일정액을 지급하기로 정한 경우 그 금액은 소정근로의 대가에 해당)
상여금	정기적인 지급이 확정되어 있는 상여금(정기상여금)	○
	기업실적에 따라 일시적, 부정기적, 사용자 재량에 따른 상여금 (경영성과분배금, 격려금, 인센티브)	× (소정근로 대가성을 갖추었다고 보기 어려움)
특정 시점 재직 시에만 지급되는 금품	특정 시점에 재직 중인 근로자만 지급받는 금품 (명절귀향비, 휴가비 등)	○ (명절귀향비, 휴가비도 소정근로 대가성이 인정되고 정기성, 일률성을 갖춘 경우 통상임금 해당)
	특정 시점이 되기 전 퇴직 시에는 근무일수에 비례하여 지급되는 금품	○

3. 통상임금의 시간급 산정

「근로기준법 시행령」

제6조【통상임금】 ② 제1항에 따른 통상임금을 시간급 금액으로 산정할 경우에는 다음 각호의 방법에 따라 산정된 금액으로 한다.

1. 시간급 금액으로 정한 임금은 그 금액
2. 일급 금액으로 정한 임금은 그 금액을 1일의 소정근로시간 수로 나눈 금액
3. 주급 금액으로 정한 임금은 그 금액을 1주의 통상임금 산정 기준시간 수(1주의 소정근로시간과 소정근로시간 외에 유급으로 처리되는 시간을 합산한 시간)로 나눈 금액
4. 월급 금액으로 정한 임금은 그 금액을 월의 통상임금 산정 기준시간 수(1주의 통상임금 산정 기준시간 수에 1년 동안의 평균주의 수를 곱한 시간을 12로 나눈 시간)로 나눈 금액
5. 일·주·월 외의 일정한 기간으로 정한 임금은 제2호부터 제4호까지의 규정에 준하여 산정된 금액
6. 도급 금액으로 정한 임금은 그 임금 산정 기간에서 도급제에 따라 계산된 임금의 총액을 해당 임금산정 기간(임금 마감일이 있는 경우에는 임금 마감 기간을 말한다)의 총근로시간 수로 나눈 금액

7. 근로자가 받는 임금이 제1호부터 제6호까지의 규정에서 정한 둘 이상의 임금으로 되어 있는 경우에는 제1호부터 제6호까지의 규정에 따라 각각 산정된 금액을 합산한 금액
③ 제1항에 따른 통상임금을 일급 금액으로 산정할 때에는 제2항에 따른 시간급 금액에 1일의 소정근로시간 수를 곱하여 계산한다.

1) 기 준

통상임금은 시간급[8] 금액으로 산정하는 것이 원칙이다.[9] 따라서 임금이 일급·주급·월급으로 정해진 경우에는 시간급으로 환산하여야 한다. 시급제는 그 금액 자체이고, 일급제의 경우에는 1일의 소정근로시간을 기준으로 하고, 주급 및 월급제의 경우에는 1주의 소정근로시간 및 주휴일 등 유급처리되는 시간을 합산하여 시간급 금액을 산정하게 된다.

※ 통상임금을 일급 금액으로 산정할 때에는 시간급 금액에 1일의 소정근로시간 수를 곱하여 계산함(일급 통상임금=시간급 금액×1일 소정근로시간 수).

2) 통상임금 산정기준 시간 수

(1) 개 요

통상임금 산정기준 시간 수는 통상임금을 시간급 금액으로 산정하기 위한 기준시간인데, 근기법 시행령 제6조 제2항에 규정되어 있다. 일급제는 그 금액을 1일의 소정근로시간으로 나눈 금액이고, 주급제는 그 금액을 1주의 통상임금 산정 기준시간 수로 나눈 금액이고, 월급제는 그 금액을 월의 통상임금 산정기준 시간 수로 나눈 금액이다

(2) 1주의 통상임금 산정기준 시간 수

1주의 통상임금 산정기준 시간 수는 '1주의 소정근로시간과 소정근로시간 외에 유급으로 처리되는 시간을 합산한 시간'으로 산정한다. 따라서 1주의 통상임금 산정기준 시간 수는 1주의 소정근로시간 및 그 외에 유급으로 처리되는 시간에 따라 결정된다.

---

8) 근기법에서는 시간급이라고 표현하고 있지만, 실무에서는 '시급', '통상시급' 또는 '시급 통상임금' 등의 용어로 사용되고 있다.

9) 통상임금을 시간급으로 산정하는 이유는 통상임금이 활용되는 수당(연장 · 야간 · 휴일근로에 대한 가산수당, 주휴수당, 연차유급휴가수당 등)이 일반적으로 시간단위로 산정되어 있기 때문이다.

〈1주의 통상임금 산정기준 시간 수〉

1주 통상임금 산정기준 시간 수 = 1주 소정근로시간 + 유급처리 시간		
근로조건	토요일 유 · 무급 시간	1주 통상임금 산정기준 시간 수
1주 5일(1주 40H 및 1일 8H), 일요일 주휴일	무급	40H+8H=48H
	유급(4H)	40H+4H+8H=52H
	유급(8H)	40H+8H+8H=56H

※ 소정근로시간은 근로계약에 따라 달라질 수 있지만, 일반적으로 1일 8시간 및 1주 40시간이고, 소정근로시간 외에 유급처리되는 시간은 8시간(주휴일 시간)임. 다만, 1주 소정근로일이 5일인 경우에 주휴일(통상적으로 일요일) 이외의 휴일인 토요일의 성격(유급 또는 무급)에 따라 주 통상임금 산정기준 시간 수가 달라질 수 있음.

(3) 월의 통상임금 산정기준 시간 수

월의 통상임금 산정기준 시간 수는 '1주의 통상임금 산정기준 시간 수에 1년 동안의 평균주의 수를 곱한 시간을 12로 나눈 시간'으로 산정한다. 1년 평균주의 수 및 12는 고정값으로 불변이므로, 결국 1주의 통상임금 산정기준 시간 수에 따라 월의 통상임금 산정기준 시간 수가 결정된다.

〈월 통상임금 산정기준 시간 수〉

월 통상임금 산정기준 시간 수 = 1주 통상임금 산정기준 시간 수 × 1년 평균주의 수(365÷7) ÷ 12		
토요일 유 · 무급 시간	주 통상임금 산정기준 시간 수	월 통상임금 산정기준 시간 수
무급	(8H×5D)+8H=48H	[(8H×5D)+8H]×365÷7÷12 ≒ **209H**
유급(4H)	(8H×5D)+4H+8H=52H	[(8H×5D)+**4H**+8H]×365÷7÷12 ≒ **226H**
유급(8H)	(8H×5D)+8H+8H=56H	[(8H×5D)+**8H**+8H]×365÷7÷12 ≒ **244H**

※ 연소근로자의 법정근로시간은 1주 35시간 및 1일 7시간이므로, 일요일 유급주휴일 및 토요일 무급휴일인 경우 183H≒[(7H×5D)+7H]×365÷7÷12임.

3) 통상임금을 시간급으로 산정하는 방법

① 시간급으로 정해진 임금을 시간급 통상임금으로 환산하는 방법

시간급 금액으로 정한 임금은 그 금액 자체가 시간급 통상임금이다.

시간급 금액으로 정한 임금 = 시간급 통상임금

ex. 시간급 금액(1만원) = 1만원

② 일급으로 정해진 임금을 시간급 통상임금으로 환산하는 방법

일급금액 ÷ 1일의 소정근로시간 수

ex. 일급(8만원) ÷ 1일 소정근로시간(8시간) = 1만원

③ 주급으로 정해진 임금을 시간급 통상임금으로 환산하는 방법

주급금액 ÷ 1주 통상임금 산정기준시간 수(1주 소정근로시간 + 소정근로시간 외의 유급 처리되는 시간)

ex. 주급(48만원) ÷ 1주 통상임금 산정기준시간 수(48시간) = 1만원
※ 월~금(5일제) 근무, 1일 8시간 근무, 토요일 무급휴일, 일요일 주휴일

④ 월급으로 정해진 임금을 시간급 통상임금으로 환산하는 방법

월급금액 ÷ 월 통상임금 산정기준시간 수(1주 통상임금 산정기준 시간 수 × 1년 평균 주 수 ÷ 12)

ex. 월급(209만원) ÷ 월의 통상임금 산정기준시간 수(209시간) = 1만원
※ 월~금(5일제) 근무, 1일 8시간 근무, 토요일 무급휴일, 일요일 주휴일

4. 단시간근로자의 시간급 산정

「근로기준법」

제18조【단시간근로자의 근로조건】 ① 단시간근로자의 근로조건은 그 사업장의 같은 종류의 업무에 종사하는 통상근로자의 근로시간을 기준으로 산정한 비율에 따라 결정되어야 한다.
② 제1항에 따라 근로조건을 결정할 때에 기준이 되는 사항이나 그 밖에 필요한 사항은 대통령령으로 정한다.

「근로기준법 시행령」

제9조【단시간근로자의 근로조건 기준 등】 ① 법 제18조 제2항에 따른 단시간근로자의 근로조건을 결정할 때에 기준이 되는 사항이나 그 밖에 필요한 사항은 별표 2와 같다.

■ 근로기준법 시행령 [별표 2]

2. 임금의 계산
가. 단시간근로자의 임금산정 단위는 시간급을 원칙으로 하며, 시간급 임금을 일급 통상임금으로 산정할 경우에는 나목에 따른 1일 소정근로시간 수에 시간급 임금을 곱하여 산정한다.
나. 단시간근로자의 1일 소정근로시간 수는 4주 동안의 소정근로시간을 그 기간의 통상근로자의 총소정근로일 수로 나눈 시간 수로 한다.

1) 단시간근로자의 1일 소정근로시간

단시간근로자는 통상근로자보다 1주 소정근로시간이 짧은 근로자이다(근기법 제2조 제1항 제9호). 따라서 단시간근로자의 1일 소정근로시간은 통상근로자의 소정근로시간에 비례하여 결정되며, 다음의 방법으로 산정한다.

〈단시간근로자의 1일 소정근로시간 산정〉

$$\text{단시간근로자의 1일 소정근로시간} = \frac{\text{단시간근로자의 4주 동안의 총소정근로시간}}{\text{통상근로자의 4주 동안의 총소정근로일수}}$$

※ 일반적으로 통상근로자의 총소정근로일수는 1주 5일제에서는 20일(5일×4주)이 됨.

2) 단시간근로자의 시간급 통상임금 산정

단시간근로자도 통상근로자와 같은 방식으로 통상임금 산정기준 시간 수를 산정하여 시간급 통상임금을 계산한다.

〈단시간근로자의 시간급 통상임금 산정 방법〉

구 분	산정방법
시간급	그 금액
일 급	일급금액 ÷ 1일의 소정근로시간
주 급	주급금액 ÷ 1주 통상임금 산정기준 시간 수(1주 소정근로시간 + 유급처리시간)
월 급	월급금액 ÷ 월 통상임금 산정기준 시간 수(1주 통상임금 산정기준 시간 수×1년 평균 주÷12)

※ 단시간근로자의 임금산정 단위는 시간급 임금을 원칙으로 하며, 시간급 임금을 일급 통상임금으로 산정할 경우에는 1일 소정근로시간 수에 시간급 임금을 곱하여 산정함.

ex. 통상근로자는 1주 40시간(주 5일제) 근로하고, 단시간근로자가 1주에 1일 4시간씩 5일 근무, 토요일 무급휴일 및 일요일 주휴일, 월급 104만원(전액 통상임금)일 경우에 1일 소정근로시간과 시급 및 일급 통상임금은???.

- 1일 소정근로시간 수: 〔20시간(4시간×5일)×4주〕÷20일 = 4시간
- 월 통상임금 산정기준 시간 수: 〔(20시간+4시간)〕×365÷7÷12 ≒ 104시간
- 시급 통상임금: 통상임금(104만원)÷월 통상임금 산정기준 시간 수(104시간) =1만원
- 일급 통상임금: 1일 소정근로시간(4시간)×시간급 통상임금(1만원) = 4만원

제3절 평균임금

1. 평균임금의 개념

> 「근로기준법」
>
> **제2조【정의】** ① 이 법에서 사용하는 용어의 뜻은 다음과 같다.
>
> 6. "평균임금"이란 이를 산정하여야 할 사유가 발생한 날 이전 3개월 동안에 그 근로자에게 지급된 임금의 총액을 그 기간의 총일수로 나눈 금액을 말한다. 근로자가 취업한 후 3개월 미만인 경우도 이에 준한다.
>
> ② 제1항 제6호에 따라 산출된 금액이 그 근로자의 통상임금보다 적으면 그 통상임금액을 평균임금으로 한다.

평균임금(average wage)이란 근로자가 정상적인 근로를 제공하지 못했거나 퇴직 등을 하는 경우, 근로자의 생활을 보장하기 위하여 평상시 지급된 임금을 반영하기 위한 임금의 평균액이다. 평균임금은 평균임금 산정사유 발생일 이전 3개월 동안 그 근로자에게 지급된 임금총액을 그 기간의 총일수로 나눈 금액(취업 후 3월 미만인 경우도 동일)을 말하며, 산출된 평균임금이 그 근로자의 통상임금보다 저액일 경우에는 그 통상임금을 평균임금으로 한다.

※ 근기법상 평균임금에 대한 정의규정은 정의라기보다는 평균임금을 계산하는 방식을 규정한 것이라고 볼 수 있음. 평균임금은 근로자가 현실적으로 지급받은 임금의 종류가 아니라, 어떤 급여금 산출의 기초가 되는 단위개념이고, 평균임금은 통상임금에 근로자에게 추가로 지급된 가산임금 등을 합하여 산정한 임금으로서 사후적(事後的) 개념임.

〈평균임금을 산정기초로 활용되는 것〉

산정사유	지급률	근 거
퇴직금	계속근로기간 1년에 대하여 30일분 이상의 평균임금	퇴직급여법 제8조
확정급여형(DB) 퇴직연금	일시금이 계속근로기간 1년에 대하여 30일분 이상의 평균임금	퇴직급여법 제15조
휴업수당	평균임금의 70% 이상 (통상임금을 초과하는 경우 통상임금으로 지급 가능)	근기법 제46조
연차유급휴가수당	평균임금 100% (또는 통상임금 100%) → 취업규칙 등으로 정함	근기법 제60조

산정사유	지급률	근 거
재해보상금	휴업보상, 장해보상, 유족보상 등에 적용 (재해보상 유형에 따라 다름)	근기법 제78조~제85조, 산재법상 보상
감급액	1회의 금액이 평균임금의 1일분의 2분의 1을 초과하지 못함	근기법 제95조
실업급여 (구직급여일액)	수급자격자의 기초일액(이직 당시 평균임금)의 60%	고용보험법 제45조, 제46조

2. 평균임금의 산정방법

1) 개 요

평균임금은 산정 사유일 발생 이전 3개월 동안에 지급된 임금의 총액을 그 기간의 총일수로 나누어 산정하므로, 결국 1일에 대한 평균임금을 산정하는 것이다. 따라서 산정사유의 발생, 3개월 동안 지급된 임금총액 및 3개월 동안의 총일수가 평균임금 산정의 고려 요소가 된다.

〈평균임금 산정방법〉

$$\text{1일 평균임금} = \frac{\text{산정사유 발생일 이전 3개월 동안 지급된 임금총액}}{\text{산정사유 발생일 이전 3개월 동안의 총일수}}$$

※ 평균임금 산정 시 소수점 이하까지 나오더라도 계산하여야 함. 다만, 계산 편의상 노·사가 합의하여 소수점 이하 첫째 자리 또는 둘째 자리까지 산정할 수 있으나, 이 경우에도 평균임금은 근로자에게 불이익이 없도록 소수점 둘째자리 또는 셋째자리 올림을 하는 것이 타당함(고용노동부 2009.4.1., 퇴직연금복지과-777).

ex. 2024.2.1.~2025.4.31.까지 근로하고 2025.5.1. 퇴사, 월급 300만원, 3개월의 총일수가 89일인 경우 퇴직금 산정을 위한 평균임금의 계산은 다음과 같음.

→ 평균임금(101,123.56) = 900만원(300만원×3개월) ÷ 89일(28일 + 31일 + 30일)

2) 산정사유 발생일

평균임금은 이를 산정해야 할 사유가 발생한 날로부터 기산된다. 따라서 퇴직금 및 확정급여형 퇴직연금, 휴업수당, 재해보상금, 연차유급휴가수당, 감급액 등을 계산하여야 할 사유가 발생하면 산정한다.

〈평균임금 산정사유 발생일〉

평균임금 적용 사유	산정사유 발생일	
퇴직금 및 확정급여형 퇴직연금(DB)	합의 퇴직	퇴직한 날(퇴직일)
	임의 퇴직	사용자가 사직서를 수리한 날
	계약기간 만료	계약기간 만료 다음 날
휴업수당	휴업한 날	
연차유급휴가수당	연차유급휴가 사용일	
감급액	감급의 의사표시가 근로자에게 도달한 날	
재해보상금	사고가 발생한 날 또는 진단서에 의해 질병이 발병되었다고 확정된 날	

3) 3개월 동안 지급된 임금총액

(1) 임금총액에 포함되는 것

3개월 동안 지급된 임금총액에서 임금은 근기법상 임금(제2조 제1항 제5호)에 해당하면 평균임금의 산정기초가 되는 임금에 포함되고, 실제로 지급된 임금과 당연히 지급되어야 할 임금 중 지급되지 않은 임금도 포함된다.

※ 임금 중 법령에 근거하여 그 일부를 공제하는 국민연금·건강보험(장기요양보험 포함)·고용보험료와 근로소득세·지방소득세 원천징수액은 평균임금 산정 시에도 모두 포함됨. 즉, 공제 전 금액이 임금총액이 됨. 다만, 사용자가 부담하는 사회보험료나 근로자 부담분을 사용자가 대신 부담하기로 한 금액은 임금이라고 보기 어려우므로 임금총액에 포함되지 않음.

일반적으로 사용자가 근로자에게 지급하는 임금 중 법령에 근거하여 그 일부를 공제하여 원천징수하는 경우에는 원칙적으로 공제 전 금액까지 평균임금에 산입되는 임금으로 봄이 타당하다고 할 것임. 다만, 근로자와 사용자 간에 근로계약을 체결함에 있어 일정 금액으로 근로계약을 명백히 체결하고, 근로자에게 의무가 부여된 사회보험료 및 각종 세금 납부 등을 사용자가 부담하기로 한 경우에는 동 금품을 근로의 대가로서 지급되는 임금으로 보기 어려우므로 평균임금의 산정에 포함하기는 어려울 것으로 사료됨(고용노동부 2007.1.9., 임금근로시간정책팀-120).

(2) 임금총액에 포함되지 않는 것

「근로기준법 시행령」

제2조【평균임금의 계산에서 제외되는 기간과 임금】 ② 법 제2조 제1항 제6호에 따른 임금의 총액을

계산할 때에는 임시로 지급된 임금 및 수당과 통화 외의 것으로 지급된 임금을 포함하지 아니한다. 다만, 고용노동부 장관이 정하는 것은 그러하지 아니하다.

평균임금도 넓은 의미에서 임금에 해당하므로, 사용자가 지급한 모든 금품에서 임금에 해당하지 않는 복리후생적 금품, 은혜적·호의적 금품, 실비변상적 금품과 임시로 지급된 임금 및 수당과 통화 외의 것으로 지급된 임금 등은 평균임금 산정기초 임금에 포함되지 않는다.

※ '임시로 지급된 임금 및 수당'은 일시적이고 돌발적인 사유로 인해 지급되어 그 지급사유의 발생이 불확정적인 것을 말함.

〈평균임금산정에 포함되는 임금의 범위 예시〉[10]

산정기초에 포함되는 것(통화로 지급)	산정기초에 포함되지 않는 것
① 기본급 ② 연차유급휴가수당 ③ 연장, 야간, 휴일근로수당 ④ 특수작업수당, 위험작업수당, 기술수당 ⑤ 임원, 직책수당 ⑥ 일, 숙직수당 ⑦ 장려, 정근, 개근, 생산독려수당 ⑧ 단체협약 또는 취업규칙에서 근로조건의 하나로서 전 근로자에게 일률적으로 지급하도록 명시되어 있거나 관례적으로 지급되는 것	★성질상 임금이 아니기 때문에 포함될 수 없는 것 ① 통화로 지급되는 것 결혼축의금, 조의금, 재해위문금, 휴업보상금, 실비변상적인 것 ② 현물로 지급되는 것 근로자로부터 대금을 징수하는 현물급여, 작업상 필수적으로 지급되는 현물급여. 복지후생시설로서의 현물급여 ③ 기타 임금총액에 포함되지 않는 것 퇴직금(단체협약, 취업규칙 등에 규정함을 불문함)
	★임금이지만 총액에서 공제되는 것 임시로 지급되는 임금: 임시 또는 돌발적인 사유에 따라 지급되거나 지급조건은 사전에 규정되었더라도 그 사유 발생일이 불확정적, 무기한 또는 희소하게 나타나는 것 (결혼수당, 사상병수당 등)

(3) 수당별 임금총액 포함 여부

① 상여금

상여금의 지급 등에 대해서는 근기법 등 노동법에 별도로 규정되어 있지 않다. 그러나, 취업규칙 등에 지급조건·금액·지급시기가 정해져 있거나 전 근로자에게 관계적으로 지급하여 온 사실이 인정되는 경우에는 그 상여금의 지급이 법적인 의무로서 수속력을 가지게 되어 이 때에

10) 고용노동부 예규 제30호, 「평균임금 산정에 포함되는 임금의 범위 예시와 확인요령」, 1981.5.7.

는 근로의 대상성이 인정되는 것이므로 이는 임금으로 취급하여야 하고, 지급되는 상여금 지급 횟수를 불문하고 평균임금 산정의 임금총액에 포함하여야 한다.

> *상여금의 지급 등에 대하여는 노동관계법에 별도 규정되어 있지 아니하나, 취업규칙 등에 지급조건, 금액, 지급시기가 정해져 있거나 전 근로자에게 관례적으로 지급하여 사회통념상 근로자가 당연히 지급 받을 수 있다는 기대를 갖게 되는 경우에는 근로의 대상성을 갖는 임금으로 보고 있음. 한편 상여금의 지급률을 연간단위로 설정하여 1개월을 넘는 단위로 지급하고 있는 경우에는 이를 지급받은 그 월의 임금으로 취급하여 일시에 전액을 평균임금에 산입하는 것이 아니며, 평균임금을 산정하여야 할 사유가 발생한 날 이전 12개월의 기간 동안에 지급받은 상여금 전액을 그 기간 동안의 근로월수로 분할 계산하여 즉, 3/12을 평균임금산정 기준 임금총액에 산입함. 반면에 근로월수가 1년 미만인 경우에는 당해 근로월 중에 지급받은 상여금 전액을 그 근로월수로 분할 계산하여 평균임금 산정 기준 임금총액에 산입하여야 함. 따라서 귀 질의와 같이 상여금의 지급률이 연간 단위로 확정되어 있는 상황에서 역일상 1년의 기간 내에 동일한 명목의 상여금(귀 질의상 설 상여금)이 중복됨으로써 결과적으로 연간 지급률을 초과하여 상여금을 지급한 경우라 하더라도 평균임금 산정의 기초가 되는 임금총액에는 연간 단위의 지급률을 한도로 계산된 상여금만을 분할하여 산입하는 것이 타당하다고 사료됨(고용노동부 2003.2.24., 임금 68207-120).*

〈상여금의 평균임금 산정 시 포함 방법〉[11)]

구 분	내 용
원칙	상여금이 단체협약, 취업규칙, 그 밖에 근로계약에 미리 지급되는 조건 등이 명시되어 있거나 관례로 계속 지급하여온 사실이 인정되는 경우 그 상여금의 지급이 법적인 의무로서 구속력을 가지게 되어, 이때에는 근로제공의 대가로 인정되는 것이므로 이는 임금으로 취급하여야 할 것임. 따라서 상여금은 지급 횟수(연 1회 또는 4회 등)를 불문하고 평균임금 산정기초 임금에 포함.
산정기간이 1년인 경우	평균임금을 산정하여야 할 사유가 발생한 때 이전 12개월 중에 지급받은 상여금 전액을 그 기간 동안의 근로 개월수로 분할 계산하여 평균임금 산정기초 임금에 포함. 즉 평균임금 산정 사유발생일 전 3개월간에 지급되었는지 여부와 관계없이 사유발생일 전 12개월 중에 지급받은 전액을 12개월로 나누어 3개월분을 평균임금의 산정범위에 포함(고용노동부 2017.2.15., 근로기준정책과-1217) ex) 1년간 상여금(1,200만원) ÷ 12개월×3개월 = 300만원
근속기간이 1년 미만인 경우	근로자가 근로를 제공한 기간이 1년 미만인 경우에는 그 기간동안 지급받은 상여금 전액을 해당 근로 개월수로 분할 계산하여 평균임금 산정기초에 포함. ex) 6개월 근무, 상여금 600만원 ⇒ 600만원 ÷ 6개월×3개월 = 300만원

11) 고용노동부예규 제96호, 「평균임금 상정상의 상여금 취급요령」, 2015.10.14.

구 분	내 용
명절 상여금이 연간 지급 횟수를 초과(미달)하여 지급한 경우	평균임금은 근로자의 통상 생활임금을 사실 그대로 반영하는 것을 그 기본원리로 하고 있고(대법원 1999.11.12. 선고 98다49357 판결), 근로계약이나 취업규칙 등에서 명절 상여금의 지급시기, 지급방법 등이 정해져 있어 사용자에게 그 지급의무가 있다면, 명절 상여금은 1년에 두 번 지급되므로 달력(음력)에 따라 그 지급시기가 달라져 직전 12개월로 1회 또는 3회 지급되었다 하더라도 명절 상여금은 2회를 포함하여 평균임금을 산정(고용노동부, 2021.3.5., 근로기준정책과-690). ex) 연간 상여금이 600만원(설날 및 추석에 각 300만원 지급)인 사업장에서, 평균임금 산정사유가 발생한 시점 이전 12개월 동안에 명절 상여금을 3회 지급한 경우(총 상여금 900만원) ⇒ 600만원 ÷ 12개월 × 3개월 = 150만원

② 성과급

성과급 또는 부정기 상여금의 지급근거와 관련한 규정이 없거나, 기업의 이윤에 따라 일시적이고 불확정적으로 지급되는 성과급 또는 부정기 상여금은 평균임금 산정기초 임금에 포함되지 않는다. 다만, 회사의 단체협약·취업규칙 등에 성과급의 조건·금액·시기 등을 미리 정하여 지급하거나 전 근로자에게 관례적으로 지급하여 사회통념상 근로자가 당연히 지급 받을 수 있다는 기대를 갖게 되는 경우에는 임금성이 인정될수 있어 평균임금 산정기초 임금에 포함된다.

- *성과급의 지급 등에 대해서는 노동관계법에 따로 규정되어 있지 아니 하나, 만일 회사의 단체협약 · 취업규칙 등에 지급조건, 금액, 지급시기를 미리 정하여 지급하거나 전 근로자에게 관례적으로 지급하여 사회통념상 근로자가 당연히 지급 받을 수 있다는 기대를 갖게 되는 경우에는 임금성이 인정된다고 할 수 있으며, 반면에 단체협약 · 취업규칙 등에 지급기준, 지급액수, 지급시기 등에 관하여 아무런 규정도 없이 사용자의 재량에 의해 매년 그 지급시기 및 지급액을 달리하거나 지급되지 아니하는 경우라면 이는 그 지급이 계속적 · 정기적으로 이루어져 사용자에게 그 지급의무가 확정되는 임금성을 갖는다고 보기 어려울 것임. 인센티브 성과급이 단체협약, 취업규칙 등에 미리 지급조건 등을 정하여 계속적 · 정기적으로 지급되는 것이 아니라 각 공기업의 전년도 경영실적 평가결과에 따라 비로소 지급 여부 및 지급액이 결정(300~0%)되는 등 그 지급사유가 불확정적인 경우라면 이는 개별 근로자의 근로의 대가와 무관하게 지급되는 것으로 처음부터 사용자에게 그 지급의무가 부과되는 근로기준법상의 임금으로 보기는 어렵다고 사료됨(고용노동부 2008.9.8., 근로조건지도과-3655, 2008.3.11., 근로조건지도과-206, 2005.11.11., 임금근로시간정책팀-432 참조).*
- *경영평가성과급이 계속적 · 정기적으로 지급되고 지급대상, 지급조건 등이 확정되어 있어 사용자에게 지급의무가 있다면, 이는 근로의 대가로 지급되는 임금의 성질을 가지므로 평균임금 산정의 기초가 되는 임금에 포함된다고 보아야 함. 경영실적 평가결과에 따라 그 지급 여부나 지급률이 달라질 수 있다고 하더라도 그러한 이유만으로 경영평가성과급이 근로의 대가로 지급된 것이 아니라고 볼 수 없음(대법원 2018.12.13. 선고 2018다231536 판결).*

③ 연차유급휴가 미사용수당

연차유급휴가 미사용수당도 임금에 해당하므로 평균임금 산정기초에 포함되어야 한다. 다만, 산입범위와 관련해서는 고용노동부의 행정해석과 법원의 판례[12]가 다른 입장인데, 여기서는 고용노동부의 행정해석에 따라 정리한다.

〈연차유급휴가 미사용 수당의 평균임금 산정 시 포함 여부〉[13]

구 분	내 용
퇴직하기 전 이미 발생한 연차유급휴가 미사용 수당	퇴직 전전년도(2023년) 출근율에 의하여 퇴직 전년도(2024년)에 발생한 연차유급휴가 중 미사용하고 근로한 일수에 대한 연차유급휴가 미사용수당액의 3/12을 평균임금 산정기초 임금에 포함. ex) 2023년 1월 1일부터 2025년 1월 31일까지 근로하고 퇴사한 근로자가, 2023년도 출근율(80% 이상)에 의하여 2024년도에 부여받은 연차유급휴가(15일)에서 10일을 미사용하고 2025년 2월 1일부로 퇴사한 경우, 이때 지급받은 연차유급휴가 미사용수당(2023년도 발생분)은 평균임금 산정기초 임금에 포함 → 수당액 ÷ 12×3
퇴직으로 인해 비로서 지급사유가 발생한 연차유급휴가 미사용 수당	퇴직 전년도(2024년) 출근율에 의하여 퇴직 연도(2025년)에 발생한 연차유급휴가를 미사용하고 퇴직함으로써 비로소 지급사유가 발생한 연차유급휴가 미사용수당은 평균임금의 정의상 산정사유 발생일 이전에 그 근로자에 대하여 지급된 임금이 아니므로 평균임금 산정기초 임금에 포함하지 않음. ex) 2023년 1월 1일부터 2025년 1월 31일까지 근로하고 퇴사한 근로자가, 2023년도 출근율(80% 이상)에 의하여 2024년도에 부여받은 연차유급휴가(15일)에서 10일을 미사용하고, 2024년도 출근율(80% 이상)에 의하여 2025년도에 부여받은 연차유급휴가(16일) 전부를 미사용하고 2025년 2월 1일자로 퇴사한 경우, 이때 지급받은 연차유급휴가 미사용수당은 평균임금 산정사유 발생일인 2025년 2월 1일 이전에 이미 지급받은 임금이 아니므로 평균임금 산정기초 임금에 포함하지 않음.

※ 근기법 제60조 제2항에 따라 계속근로기간 1년 미만인 근로자가 1개월 개근 시 발생하는 연차유급휴

12) 대법원(2011.10.13. 선고 2009다86246 판결; 1996.12.23. 선고 95다32631 판결 등)은 "퇴직하는 해의 전 해에 개근하거나 9할 이상(현행 80% 이상) 출근함으로써 구 근로기준법 제59조(현행 제60조)에 의하여 연차유급휴가를 받을 수 있었는데도 이를 사용하지 아니하여 그 기간에 대한 연차휴가수당청구권이 발생하였다고 하더라도 그 연차휴가수당은 퇴직하는 해의 전해 1년간의 근로에 대한 대가이지 퇴직하는 그 해의 근로에 대한 대가가 아니므로, 연차휴가권의 기초가 된 개근 또는 9할 이상(현행 80% 이상) 근로한 1년간의 일부가 퇴직한 날 이전 3개월간 내에 포함되는 경우에 그 포함된 부분에 해당하는 연차휴가수당만이 평균임금 산정의 기준이 되는 임금총액에 산입된다"는 입장이다. 따라서 판례에 따르면 퇴직일 전 3개월간의 기간 중 일부가 출근율 산정기간인 퇴직 전년도 이내에 포함되어 퇴직 전년도의 근로의 대가로 포함되는 경우에는 그에 해당하는 수당 금액만이 평균임금에 포함되며, 그렇지 않으면 전부 제외된다는 입장이다.

13) 고용노동부, 「연차유급휴가청구권, 수당, 근로수당과 관련된 지침」, 2021.12.15., 임금근로시간과-2861

가 미사용수당은 평균임금 산정기초 임금에 포함됨.

④ 의도적으로 높인 임금

평균임금을 산정하는 이유는 근로자의 통상적인 생활임금을 사실대로 반영하는 것이므로, 근로자가 퇴직하기 3개월 전에 특별한 사유없이 연장근로 등을 평상시보다 많이 하거나 월등히 많은 성과를 올려 의도적으로 평균임금을 상승시키는 경우에는 이를 제외하고 평상시 임금으로 평균임금을 산정하여야 한다.

근로자가 의도적으로 현저하게 평균임금을 높이기 위한 행위를 함으로써 근로기준법에 의하여 그 평균임금을 산정하는 것이 부적당한 경우에 해당하게 된 때에는 근로자가 그러한 의도적인 행위를 하지 않았더라면 산정될 수 있는 평균임금 상당액을 기준으로 하여 퇴직금을 산정함. 이러한 경우 근로자에게 지급된 임금이 여러 항목으로 구성되어 있어 그러한 임금항목들 가운데 근로자의 의도적인 행위로 현저하게 많이 지급된 것과 그와 관계없이 지급된 임금항목이 혼재되어 있다면, 그중 근로자의 의도적인 행위로 현저하게 많이 지급된 임금항목에 대해서는 그러한 의도적인 행위를 하기 직전 3개월 동안의 임금을 기준으로 하여 근로기준법이 정하는 방식에 따라 평균임금을 산정하여야 할 것이지만, 그와 무관한 임금항목에 대해서는 근로기준법에 정한 원칙적인 산정방식에 따라 퇴직 이전 3개월 동안의 임금을 기준으로 평균임금을 산정하여야 할 것임. 나아가 근로자의 의도적인 행위로 현저하게 많이 지급된 임금항목에 대하여 위와 같이 그러한 의도적인 행위를 하기 직전 3개월 동안의 임금을 기준으로 하더라도, 만약 근로자가 이처럼 퇴직 직전까지 의도적인 행위를 한 기간 동안에 동일한 임금항목에 관하여 근로자가 소속한 사업 또는 사업장에서 동일한 직종의 근로자에게 지급된 임금수준이 변동되었다고 인정할 수 있는 경우에는 특별한 사정이 없는 한 이를 평균임금의 산정에 반영하는 것이 근로자의 퇴직 당시 통상의 생활임금을 사실대로 반영할 수 있는 보다 합리적이고 타당한 방법(대법원 2009.10.15. 선고 2007다72519 판결).

⑤ 퇴직 후 소급 인상된 임금

근로자가 퇴직한 이후에 임금인상율이 퇴직일 이전으로 소급하여 적용된다고 하더라도 그러한 약정은 재직 중인 근로자에 대해서만 효력이 있고, 특별한 정함이 없다면 임금인상 이전에 퇴직한 근로자에게는 인상된 임금으로 평균임금을 산정할 수 없다.

단체협약은 노동조합이 사용자 또는 사용자단체와 근로조건 기타 노사관계에서 발생하는 사항에 관하여 체결하는 협정으로서, 노동조합이 사용자 측과 기존의 임금, 근로시간, 퇴직금 등 근로조건을 결정하는 기준에 관하여 소급적으로 동의하거나 이를 승인하는 내용의 단체협약을 체결한 경우에 그 동의나 승인의 효력은 단체협약이 시행된 이후에 그 사업체에 종사하며 그 협약의 적용을 받게

될 노동조합원이나 근로자들에 대하여만 생기고, 단체협약 체결 이전에 이미 퇴직한 근로자에게는 위와 같은 효력이 생길 여지가 없음(대법원 1992.7.24. 선고 91다34073 판결).

4) 3개월 동안의 총일수

(1) 원 칙

3개월 동안의 총일수에는 민법 제157조[14]의 초일불산입 원칙에 따라 산정 사유가 발생한 당일은 포함하지 않지만, 그 기간이 오전 영시부터 시작하는 경우에는 산정사유 발생일을 포함한다. 따라서 3개월 동안의 총일수는 평균임금 산정사유 발생일 전일로부터 소급하여 달력상의 3개월에 해당하는 일수이다(89일~92일[15]). 다만, 취업 후 3개월 미만인 경우에는 그 기간만으로 평균임금을 산정한다.

ex. 9월 1일이 퇴사일(마지막 근로제공일 다음 날)로 평균임금 산정사유가 발생한 경우(월급 300만원): 3개월 동안에 해당하는 기간은 6월 1부터 8월 31일까지이고, 평균임금(97,826.08원)=3개월 임금총액(900만원)÷3개월 총일수(92일=30일+31일+31일).

ex. 1월 1일 입사 후 3월 1일 평균임금 산정사유가 발생(월급 300만원): 평균임금(101,694.92원)=2개월 임금총액(600만원)÷2개월 총일수(59=31+28).

(2) 산정대상 기간에서 제외되는 기간

다음에 해당하는 기간과 그 기간 중에 지급된 임금은 평균임금 산정기준이 되는 기간에서 제외하는데, 대체로 근로자의 귀책사유 없이 근로를 제대로 제공하지 못하거나 정당하게 권리행사를 한 경우이다. 따라서 그러한 기간이 평균임금 산정대상 기간에 포함되면 평균임금이 낮아질 우려가 있으므로 이 기간을 제외하고 평균임금을 산정하는 것은 근로자에게 유리하게 적용하기 위한 것이다.

〈평균임금의 산정에서 제외되는 기간〉

근 거	사 유
	㉮ 수습을 시작하고 3개월 이내의 기간

14) 제157조【기간의 기산점】 기간을 일, 주, 월 또는 연으로 정한 때에는 기간의 초일은 산입하지 아니한다. 그러나 그 기간이 오전 영시로부터 시작하는 때에는 그러하지 아니하다.

15) 평균임금 산정사유 발생일 이전 3개월 동안에 2월(통상 28일)이 포함되면 89일이 될 수 있고, 31일이 포함된 월이 2개월이면 92일에 해당할 수 있다.

근기법 시행령 제2조 제1항	㉯ 근기법 제46조에 따른 사용자의 귀책사유로 휴업한 기간 ㉰ 근기법 제74조 제1항~제3항에 따른 출산전후휴가 및 유·사산휴가 기간 ㉱ 업무상 부상 또는 질병으로 요양하기 위하여 휴업한 기간 ㉲ 「남녀고용평등과 일·가정 양립 지원에 관한 법률」에 따른 육아휴직기간 ㉳ 「노동조합 및 노동관계 조정법」에 따른 쟁의행위[16]기간 ㉴ 「병역법」, 「향토예비군 설치법」 또는 「민방위기본법」에 따른 의무를 이행하기 위하여 휴직하거나 근로하지 못한 기간. 다만, 그 기간 중 임금을 지급받은 경우에는 그러하지 아니함. ㉵ 업무 외 부상이나 질병, 그 밖의 사유로 사용자의 승인을 받아 휴업한 기간
남녀고용평등법	㉶ 육아기 근로시간단축 기간(제19조의3 제4항) ㉷ 가족돌봄휴직 및 가족돌봄휴가 기간(제22조의2 제7항) ㉸ 가족돌봄 등을 위한 근로시간 단축 기간(제22조의4 제2항)

※ 근로자의 귀책사유로 인한 휴업기간, 사용자의 승인을 받지 못한 휴직기간, 불법파업기간 등 개인적인 사유라면 평균임금산정 대상기간에 포함되는 것이 원칙임.

- *구 근로기준법 제19조 제1항(현행 제2조 제1항 제6호) 본문에 따른 평균임금 산정의 예외를 규정한 구 근로기준법시행령 제2조 제1항은 제한적인 열거규정으로 볼 것인데, 근로자가 정년으로 퇴직하기 전에 대기발령을 받았다가 퇴직한 경우의 '대기발령 기간'은 위 구 근로기준법 시행령 제2조 제1항 소정의 어느 기간에도 해당하지 않으므로, 위 규정을 적용하여 그 기간의 일수와 그 기간 중에 지급받은 임금액을 평균임금 산정의 기초에서 제외할 수 없고(구속기소 중의 직위해제 기간'에 관한 대법원 1994.4.12. 선고 92다20309 판결 참조), 다만, 그 대기발령 기간과 그 기간 중의 임금을 포함시킴으로써 평균임금이 통상의 경우보다 현저하게 적거나 많을 경우에는 특수하고 우연한 사정에 의하여 통상의 방법으로 평균임금을 산정할 수 없는 경우로 보아 구 근로기준법시행령 제5조를 적용하여 고용노동부 장관이 정하는 바에 따라 평균임금을 산정하여야 할 것인데, 아직까지 그 기준이나 방법 등을 정한 바가 없으므로, 평균임금의 기본원리와 퇴직금 제도의 취지에 비추어 근로자의 통상의 생활임금을 사실대로 반영하는 방법으로 그 평균임금을 산정하여야 할 것이나, 그 평균임금이 통상의 경우보다 현저하게 적거나 많다고 볼 수 없는 경우에는 원칙에 따라 대기발령 기간을 포함한 퇴직 전 3개월간 지급된 임금을 기준으로 평균임금을 산정하여야 할 것임(대법원 2003.7.25. 선고 2001다12669 판결).*
- *'개인적인 범죄로 구속기소되어 직위해제되었던 기간'은 근로기준법 시행령 제2조 소정의 어느 기간에도 해당하지 않으므로 그 기간의 일수와 그 기간 중에 지급받은 임금액은 근로기준법 제19조 제1항(현행 제2조 제1항 제6호) 본문에 따른 평균임금 산정기초에서 제외될 수 없고, 만일 그 기간*

16) 쟁의행위는 파업, 태업, 직장폐쇄 기타 노동관계 당사자가 그 주장을 관철할 목적으로 행하는 행위와 이에 대항하는 행위로서 업무의 정상적인 운영을 저해하는 행위이다(「노동조합 및 노동관계 조정법」 제2조 제6호).

과 임금을 포함시킴으로 인하여 평균임금 액수가 낮아져 평균임금이 통상임금을 하회하게 되는 경우에는 동법 제19조 제2항에 따라 통상임금을 평균임금으로 하여 퇴직금을 계산하여야 함(대법원 1994.4.12. 선고 92다20309 판결).

3. 평균임금의 최저 보장

1) 통상임금 적용

「근로기준법」

제2조【정의】 ① 이 법에서 사용하는 용어의 뜻은 다음과 같다.

6. "평균임금"이란 이를 산정하여야 할 사유가 발생한 날 이전 3개월 동안에 그 근로자에게 지급된 임금의 총액을 그 기간의 총일수로 나눈 금액을 말한다. 근로자가 취업한 후 3개월 미만인 경우도 이에 준한다.

② 제1항 제6호에 따라 산출된 금액이 그 근로자의 통상임금보다 적으면 그 통상임금액을 평균임금으로 한다.

근로자의 귀책사유에 의한 직위해제, 불법 쟁의행위기간 등으로 인해 평균임금 산정시 그 기간이 포함되어 평균임금이 현저히 낮아져 통상임금보다 더 적어지는 경우가 발생할 수 있다. 이와 같이 평균임금이 통상임금보다 적으면 그 통상임금을 평균임금으로 하는데, 이는 최소한 통상임금을 평균임금으로 보장하기 위한 것이다.

ex. 4월 1일 퇴사하고 월급 220만원(전부 통상임금), 1일 8시간 및 1주 40시간 근무, 1주 5일 근무(토요일 무급휴일, 일요일 법정주휴일)하는 경우 퇴직금 산정을 위한 평균임금의 계산은 다음과 같음.

→ 일급 통상임금(84,216원) = 10,527원(220만원 ÷ 209시간) × 1일 소정근로시간(8시간)

→ 평균임금(73,333.34원) = 660만원(220만원 × 3개월) ÷ 90일(31일+28일+31일)

→ 다만, 계산된 평균임금(73,333.34원)이 일급 통상임금(84,216원)보다 적으므로, 그 통상임금(84,216원)을 평균임금으로 적용함.

2) 업무상 재해에 대한 보상

「산업재해보상보험법」(약칭: 산재보험법)

제36조【보험급여의 종류와 산정 기준 등】 ⑦ 보험급여(장례비는 제외한다)를 산정할 때 그 근로자의 평균임금 또는 제3항부터 제6항까지의 규정에 따라 보험급여의 산정 기준이 되는 평균임금이 「고

용정책 기본법」 제17조의 고용구조 및 인력수요 등에 관한 통계에 따른 상용근로자 5명 이상 사업체의 전체 근로자의 임금 평균액의 1.8배(이하 "최고 보상기준 금액"이라 한다)를 초과하거나, 2분의 1(이하 "최저 보상기준 금액"이라 한다)보다 적으면 그 최고 보상기준 금액이나 최저 보상기준 금액을 각각 그 근로자의 평균임금으로 하되, 최저 보상기준 금액이 「최저임금법」 제5조 제1항에 따른 시간급 최저임금액에 8을 곱한 금액(이하 "최저임금액"이라 한다)보다 적으면 그 최저임금액을 최저 보상기준 금액으로 한다. 다만, 휴업급여 및 상병보상연금을 산정할 때에는 최저 보상기준 금액을 적용하지 아니 한다.
⑧ 최고 보상기준 금액이나 최저 보상기준 금액의 산정방법 및 적용기간은 대통령령으로 정한다. 이 경우 산정된 최고 보상기준 금액 또는 최저 보상기준 금액은 매년 고용노동부 장관이 고시한다.

산재보험법상 재해보상의 경우에는 고용노동부 장관이 매년 고시[17]하는 최고 보상기준 또는 최저 보상기준 금액보다 초과하면 그 최고 또는 최저 보상기준 금액을 각각 해당 근로자의 평균임금으로 재해보상금액을 지급한다. 다만, 최저 보상기준 금액이 시간급 최저임금액에 8을 곱한 금액보다 적으면 그 최저임금액을 최저 보상기준 금액으로 한다(휴업급여 및 상병보상연금에는 최저 보상기준 금액을 적용하지 않음).

4. 평균임금 산정의 특례

1) 일용근로자의 평균임금

「근로기준법 시행령」

제3조【일용근로자의 평균임금】 일용근로자의 평균임금은 고용노동부 장관이 사업이나 직업에 따라 정하는 금액으로 한다.

일용근로자[18]의 평균임금은 고용노동부 장관이 사업이나 직업에 따라 정하는 금액으로 하도록 규정하고 있는데, 현재까지 일용근로자의 임금은 따로 정해진 바가 없어 상용근로자와 같은 방법으로 산정한다.

17) 고용노동부 고시 제2024-65호, 「최고 · 최저 보상기준 금액」, 2024.12.30. 2025년 기준으로 최고 보상기준 금액은 1일 258,132원으로 하고, 최저 보상기준 금액은 1일 80,240원으로 한다.

18) 일용근로자는 1일 단위의 근로계약으로 채용되고, 당일 약정된 근로의 종료와 동시에 자동적으로 근로계약도 종료하여 근로관계가 계속 유지되지 않는 근로자를 말한다(고용노동부 2013.11.29., 근로복지과-4042).

근로기준법시행령 제4조(현행 제3조)에 "일용근로자에 대하여는 고용노동부 장관이 사업별 또는 직업별로 정하는 금액을 평균임금으로 한다"라고 규정하고 있으나 현재까지 고용노동부 장관이 이를 따로 정하지 아니하였음. 따라서 일용근로자의 평균임금도 일반근로자와 같이 재해발생 전일부터 역산한 3개월간(3개월 미만 취업한 경우에는 그 기간) 가득한 임금총액을 그 기간의 일수로 나눈 금액으로 하되, 이렇게 산출된 금액이 당해 근로자의 통산임금보다 저액일 때는 통상임금을 평균임금으로 함(1988.5.2, 재보 32540-6405),

※ 일용근로자에 대한 「산업재해보상보험법」상 재해보상의 경우에는 통상근로계수(일용근로자의 일당에 일용근로자의 1월간 실제 근로일수 등을 고려하여 고용노동부 장관이 고시하는 근로계수)인 73/100을 적용함.[19]

2) 특별한 경우의 평균임금

「근로기준법 시행령」

제4조【특별한 경우의 평균임금】 법 제2조 제1항 제6호, 이 영 제2조 및 제3조에 따라 평균임금을 산정할 수 없는 경우에는 고용노동부 장관이 정하는 바에 따른다.

통상적인 방법으로 평균임금을 산정할 수 없는 경우에는 고용노동부 장관이 정하는 바에 따르도록 규정하고 있는데, 구체적인 내용을 다음과 같다.

〈특별한 경우의 평균임금 산정〉[20]

근로기준법시행령 제4조의 규정에 의하여 근로기준법 제2조 제1항 제6호 및 제2항, 같은법 시행령 제2조의 규정에 의하여 평균임금을 산정할 수 없는 경우에 대한 평균임금 산정방법을 다음과 같이 고시합니다.

제1조(평균임금의 계산에서 제외되는 기간이 3개월 이상인 경우)

① 「근로기준법 시행령」(이하 "영"이라 한다) 제2조 제1항에 따라 평균임금의 계산에서 제외되는 기간이 3개월 이상인 경우 제외되는 기간의 최초일을 평균임금의 산정사유가 발생한 날로 보아 평균임금을 산정한다.

② 영 제5조는 제1항에 따라 평균임금을 산정할 때 이를 준용한다. 이 경우 영 제5조 제1항 중 "부상 또는 질병이 발생한 달"은 "평균임금의 계산에서 제외되는 기간의 최초일이 속한 달"로 본다.

제2조(근로제공의 초일에 평균임금 산정사유가 발생한 경우) 근로를 제공한 첫 날에 평균임금 산정사유가 발생한 경우에는 그 근로자에게 지급하기로 한 임금의 1일 평균액으로 평균임금을 추산한다.

19) 고용노동부 고시 제2017-82호, 「통상근로계수」, 2017.12.29.
20) 고용노동부 고시 제2015-77호, 「평균임금산정 특례 고시」, 2015.10.14.

제3조(임금이 근로자 2명 이상 일괄하여 지급되는 경우) 근로자 2명 이상을 1개조로 하여 임금을 일괄하여 지급하는 경우 개별 근로자에 대한 배분방법을 미리 정하지 않았다면 근로자의 경력, 생산실적, 실근로일수, 기술·기능, 책임, 배분에 관한 관행 등을 감안하여 근로자 1명당 임금액을 추정하여 그 금액으로 평균임금을 추산한다.

제4조(임금총액의 일부가 명확하지 아니한 경우) 평균임금의 산정기간 중에 지급된 임금의 일부를 확인할 수 없는 기간이 포함된 경우에는 그 기간을 빼고 남은 기간에 지급된 임금의 총액을 남은 기간의 총일수로 나눈 금액을 평균임금으로 본다.

제5조(임금총액의 전부가 명확하지 아니한 경우 등) 이 고시 제1조부터 제4조까지의 규정에 따라 평균임금을 산정할 수 없는 경우에는 지방고용노동관서장이 다음 각호의 사항을 감안하여 적정하다고 결정한 금액을 해당 근로자의 평균임금으로 본다.

1. 해당 사업장이 있는 지역의 임금수준 및 물가사정에 관한 사항
2. 해당 근로자에 대한 「소득세법」 및 관련 법령에 따라 기재된 소득자별 근로소득원천징수부, 「국민연금법」, 「국민건강보험법」, 「고용보험법」에 따라 신고된 보수월액·소득월액·월평균임금 등에 관한 사항
3. 해당 사업장이 있는 지역의 업종과 규모가 동일하거나 유사한 사업장에서 해당 근로자와 동일한 직종에 종사한 근로자의 임금에 관한 사항
4. 해당 사업장의 근로제공기간 중에 받은 금품에 대하여 본인 또는 그 가족 등이 보유하고 있는 기록(이 경우 사업주가 인정하는 경우에만 한정한다) 등 증빙서류에 관한 사항
5. 고용노동부 장관이 조사·발간하는 "고용형태별근로실태조사보고서" 및 "사업체노동력조사보고서" 등 고용노동통계에 관한 사항

3) 평균임금의 조정

「근로기준법 시행령」

제5조【평균임금의 조정】 ① 법 제79조, 법 제80조 및 법 제82조부터 제84조까지의 규정에 따른 보상금 등을 산정할 때 적용할 평균임금은 그 근로자가 소속한 사업 또는 사업장에서 같은 직종의 근로자에게 지급된 통상임금의 1명당 1개월 평균액(이하 "평균액"이라 한다)이 그 부상 또는 질병이 발생한 달에 지급된 평균액보다 100분의 5 이상 변동된 경우에는 그 변동비율에 따라 인상되거나 인하된 금액으로 하되, 그 변동 사유가 발생한 달의 다음 달부터 적용한다. 다만, 제2회 이후의 평균임금을 조정하는 때에는 직전 회의 변동 사유가 발생한 달의 평균액을 산정기준으로 한다.

② 제1항에 따라 평균임금을 조정하는 경우 그 근로자가 소속한 사업 또는 사업장이 폐지된 때에는 그 근로자가 업무상 부상 또는 질병이 발생한 당시에 그 사업 또는 사업장과 같은 종류, 같은 규모의 사업 또는 사업장을 기준으로 한다.

③ 제1항이나 제2항에 따라 평균임금을 조정하는 경우 그 근로자의 직종과 같은 직종의 근로자가

없는 때에는 그 직종과 유사한 직종의 근로자를 기준으로 한다.
④ 법 제78조에 따른 업무상 부상을 당하거나 질병에 걸린 근로자에게 지급할 「근로자퇴직급여 보장법」 제8조에 따른 퇴직금을 산정할 때 적용할 평균임금은 제1항부터 제3항까지의 규정에 따라 조정된 평균임금으로 한다.

평균임금의 조정제도는 산재보상과 관련하여 오랜 기간 보험급여를 받거나 재해일 또는 진단 확정일로부터 오랜 기간이 지난 후 보험급여를 받을 때, 평균임금을 산정할 사유가 생긴 날인 재해일 또는 진단 확정일을 기준으로 평균임금을 산정하여 이에 따라 보험급여액을 정할 경우 보험급여의 실질적 가치를 제대로 반영하지 못하는 불합리한 경우를 시정하기 위하여 마련된 제도이다.

「산업재해보상보험법」상 휴업급여 산정의 기초가 되는 평균임금은, 업무상 재해로 부상의 원인이 되는 사고가 발생한 날 또는 진단에 의하여 업무상 질병이 발생되었다고 확정된 날 이전 3개월 동안에 그 근로자에게 지급된 임금의 총액을 그 기간의 총일수로 나눈 금액으로 산정함. 한편, 「산업재해보상보험법」상 보험급여를 산정할 때 그 근로자가 소속된 사업과 같은 직종의 근로자에게 지급되는 통상임금이 5%를 초과하여 변동하는 일정한 경우, 그 변동이 있은 달 다음달부터 평균임금을 그 변동률만큼 증감하도록 하고 있는바, 이러한 평균임금의 증감 제도는 오랜 기간 보험급여를 받거나 재해일 또는 진단 확정일로부터 오랜 기간이 지난 후 보험급여를 받을 때, 평균임금을 산정할 사유가 생긴 날인 재해일 또는 진단 확정일을 기준으로 평균임금을 산정하여 이에 따라 보험급여액을 정할 경우 보험급여의 실질적 가치를 제대로 반영하지 못하는 불합리한 경우를 시정하기 위하여 마련된 제도라 할 것임(대법원 2006.9.22. 선고 2005두2018 판결).

제4절 최저임금

1. 개 요

1) 최저임금의 보장

「헌법」

제32조 ① 모든 국민은 근로의 권리를 가진다. 국가는 사회적·경제적 방법으로 근로자의 고용의 증진과 적정 임금의 보장에 노력하여야 하며, 법률이 정하는 바에 의하여 최저임금제를 시행하여야 한다.

「최저임금법」

제1조【목적】 이 법은 근로자에 대하여 임금의 최저 수준을 보장하여 근로자의 생활안정과 노동력의 질적 향상을 꾀함으로써 국민경제의 건전한 발전에 이바지하는 것을 목적으로 한다.

최저임금제도는 헌법에 따라 국가가 근로자들의 생활안정 등을 위해 임금의 최저 수준을 정하고 사용자에게 그 수준 이상의 임금을 지급하도록 법으로 강제하는 제도로써, 「최저임금법」(1986.12.31. 제정)에 따라 1988년 1월 1일부터 시행되고 있는 제도이다. 최저임금제도는 저임금 해소로 임금 격차가 완화되고 소득분배 개선에 기여하며, 근로자에게 일정한 수준 이상의 생계를 보장해 줌으로써 근로자의 생활을 안정시키고 근로자의 사기를 올려주어 노동생산성이 향상되는 효과가 있다.[21)]

2) 최저임금의 효력

(1) 최저임금액 이상 지급

「최저임금법」

제6조【최저임금의 효력】 ① 사용자는 최저임금의 적용을 받는 근로자에게 최저임금액 이상의 임금을 지급하여야 한다.
② 사용자는 이 법에 따른 최저임금을 이유로 종전의 임금수준을 낮추어서는 아니 된다.
③ 최저임금의 적용을 받는 근로자와 사용자 사이의 근로계약 중 최저임금액에 미치지 못하는 금액을 임금으로 정한 부분은 무효로 하며, 이 경우 무효로 된 부분은 이 법으로 정한 최저임금액과 동일한 임금을 지급하기로 한 것으로 본다.
⑥ 제1항과 제3항은 다음 각호의 어느 하나에 해당하는 사유로 근로하지 아니한 시간 또는 일에 대하여 사용자가 임금을 지급할 것을 강제하는 것은 아니다.
1. 근로자가 자기의 사정으로 소정근로시간 또는 소정의 근로일의 근로를 하지 아니한 경우
2. 사용자가 정당한 이유로 근로자에게 소정근로시간 또는 소정의 근로일의 근로를 시키지 아니한 경우

사용자는 최저임금의 적용을 받는 근로자에게 최저임금액 이상의 임금을 지급해야 하

21) 고용노동부·최저임금위원회, 『Point 정리, 최저임금제』, 2018.01.

고, 최저임금을 이유로 종전의 임금수준을 낮출 수 없다. 최저임금의 적용을 받는 근로자와 사용자 사이의 근로계약 중 최저임금액에 미치지 못하는 금액을 임금으로 정한 부분은 무효로 하며, 이 경우 무효로 된 부분은 최저임금법에서 정한 최저임금액과 동일한 임금을 지급하기로 한 것으로 본다. 다만, 최저임금 산정 시 근로자의 사정 또는 사용자의 정당한 이유로 근로하지 아니한 시간 또는 일에 대하여 사용자가 근로자에게 임금을 지급할 것을 강제할 수 없다.

(2) 도급사업의 연대책임

「최저임금법」

제6조 【최저임금의 효력】 ⑦ 도급으로 사업을 행하는 경우 도급인이 책임져야 할 사유로 수급인이 근로자에게 최저임금액에 미치지 못하는 임금을 지급한 경우 도급인은 해당 수급인과 연대(連帶)하여 책임을 진다.

⑧ 제7항에 따른 도급인이 책임져야 할 사유의 범위는 다음 각호와 같다.

1. 도급인이 도급계약 체결 당시 인건비 단가를 최저임금액에 미치지 못하는 금액으로 결정하는 행위
2. 도급인이 도급계약 기간 중 인건비 단가를 최저임금액에 미치지 못하는 금액으로 낮춘 행위

⑨ 두 차례 이상의 도급으로 사업을 행하는 경우에는 제7항의 "수급인"은 "하수급인(下受給人)"으로 보고, 제7항과 제8항의 "도급인"은 "직상(直上) 수급인(하수급인에게 직접 하도급을 준 수급인)"으로 본다.

도급[22]으로 사업을 행하는 경우 도급인이 도급계약 체결 당시 인건비 단가를 최저임금액에 미치지 못하는 금액으로 결정하는 행위, 도급인이 도급계약 기간 중 인건비 단가를 최저임금액에 미치지 못하는 금액으로 낮춘 행위 등 도급인이 책임져야 할 사유로 수급인이 근로자에게 최저임금액에 미치지 못하는 임금을 지급한 경우 도급인은 해당 수급인과 연대하여 책임을 진다.

3) 사용자의 주지의무

「최저임금법」

제11조 【주지의무】 최저임금의 적용을 받는 사용자는 대통령령으로 정하는 바에 따라 해당 최저임금을 그 사업의 근로자가 쉽게 볼 수 있는 장소에 게시하거나 그 외의 적당한 방법으로 근로자에게 널리 알려야 한다.

---

22) 도급은 어떤 일의 완성을 부탁받은 자(수급인)가 일을 하기로 약정하고, 부탁한 자(도급인)가 그 일이 완성되면 보수를 지급할 것을 약정함으로써 성립하는 계약이다(민법 제664조). 도급계약에서 수급인은 일의 완성을 위해 자신이 직접 근로자를 고용할 수 있고, 이때 고용된 근로자는 수급인이 직접 지휘·감독하여 업무를 수행하며 도급인은 수급인의 근로자를 지휘·감독하지 않는다.

「최저임금법 시행령」

제11조【주지의무】 ① 법 제11조에 따라 사용자가 근로자에게 주지시켜야 할 최저임금의 내용은 다음 각 호와 같다.

1. 적용을 받는 근로자의 최저임금액
2. 법 제6조제4항에 따라 최저임금에 산입하지 아니하는 임금
3. 법 제7조에 따라 해당 사업에서 최저임금의 적용을 제외할 근로자의 범위
4. 최저임금의 효력발생 연월일

② 사용자는 제1항에 따른 최저임금의 내용을 법 제10조제2항에 따른 최저임금의 효력발생일 전날까지 근로자에게 주지시켜야 한다.

사용자는 최저임금과 관련하여 최저임금액, 최저임금에 산입하지 아니하는 임금, 최저임금의 적용을 제외할 근로자의 범위, 최저임금의 효력발생 연월일을 근로자들이 쉽게 볼 수 있는 장소에 게시하거나 그 외의 적당한 방법으로 최저임금의 효력발생일 전날까지 근로자에게 알려야 한다.

2. 최저임금의 결정

1) 최저임금의 결정기준

「최저임금법」

제4조【최저임금의 결정기준과 구분】 ① 최저임금은 근로자의 생계비, 유사 근로자의 임금, 노동생산성 및 소득분배율 등을 고려하여 정한다. 이 경우 사업의 종류별로 구분하여 정할 수 있다.

② 제1항에 따른 사업의 종류별 구분은 제12조에 따른 최저임금위원회의 심의를 거쳐 고용노동부장관이 정한다.

최저임금은 근로자의 생계비, 유사근로자의 임금, 노동생산성 및 소득분배율 등을 고려하여 정하되, 최저임금위원회[23]의 심의를 거쳐 고용노동부 장관이 사업의 종류별로 구분하여 정할 수 있다.

23) 최저임금위원회는 27명(근로자위원, 사용자위원 및 공익위원 각각 9명)으로 구성되며, 최저임금에 관한 심의와 그 밖에 최저임금에 관한 중요 사항을 심의하기 위하여 고용노동부에 설치한다(최저임금법 제12조~제22조).

2) 도급제 등의 최저임금액 결정

「최저임금법」

제5조【최저임금액】 ③ 임금이 통상적으로 도급제나 그 밖에 이와 비슷한 형태로 정하여져 있는 경우로서 제1항에 따라 최저임금액을 정하는 것이 적당하지 아니하다고 인정되면 대통령령으로 정하는 바에 따라 최저임금액을 따로 정할 수 있다.

「최저임금법 시행령」

제4조【도급제 등의 경우 최저임금액 결정의 특례】 법 제5조 제3항에 따라 임금이 도급제나 그 밖에 이와 비슷한 형태로 정해진 경우에 근로시간을 파악하기 어렵거나 그 밖에 같은 조 제1항에 따라 최저임금액을 정하는 것이 적합하지 않다고 인정되면 해당 근로자의 생산고(生産高) 또는 업적의 일정단위에 의하여 최저임금액을 정한다.

임금이 도급제[24]나 그 밖에 이와 비슷한 형태로 정해진 경우에 근로시간을 파악하기 어렵거나 그 밖에 최저임금액을 정하는 것이 적합하지 않다고 인정되면 해당 근로자의 생산고 또는 업적의 일정단위에 의하여 최저임금액을 정한다.

현재 시간급(945원)을 기초로 하여 산정된 임금이 연장수당, 야간수당, 주휴일수당을 제외한 기본급 219,240원을 지급받고 있다면 최저임금법에 저촉되는지와 기본급외에 노·사 간에 합의 5:5의 비율로 성과금을 배분하여 지급받고 있다면 이 성과금을 기본급에 합하여 시급을 재조정해도 되는지 여부에 대해서, 노·사가 5:5의 비율로 지급받고 있는 성과급이 최저임금법시행령 제5조 제2항(현행 제4조)에 정해진 생산고에 따른 임금지급제, 기타 도급제로 정하여진 임금에 해당되는 경우에는 최저임금 산정에 포함된다고 볼 수 있는 것인 바, 동 성과급과 현재 지급받고 있는 시간급(945원)을 합산하여 연도별 최저임금과 비교하여 최저임금 미달 여부를 판단하여야 함(고용노동부 1994.10.1., 임금 68207-577).

3) 최저임금의 결정절차

「최저임금법」

제8조【최저임금의 결정】 ① 고용노동부 장관은 매년 8월 5일까지 최저임금을 결정하여야 한다. 이 경우 고용노동부 장관은 대통령령으로 정하는 바에 따라 제12조에 따른 최저임금위원회(이하 "위원회"라 한다)에 심의를 요청하고, 위원회가 심의하여 의결한 최저임금안에 따라 최저임금을 결정하여야 한다.

24) 도급제는 근로자에게 일정한 노동량을 제공하고 그 수행량에 따라 임금을 지급하는 방식이다.

② 위원회는 제1항 후단에 따라 고용노동부 장관으로부터 최저임금에 관한 심의 요청을 받은 경우 이를 심의하여 최저임금안을 의결하고 심의 요청을 받은 날부터 90일 이내에 고용노동부 장관에게 제출하여야 한다.
③ 고용노동부 장관은 제2항에 따라 위원회가 심의하여 제출한 최저임금안에 따라 최저임금을 결정하기가 어렵다고 인정되면 20일 이내에 그 이유를 밝혀 위원회에 10일 이상의 기간을 정하여 재심의를 요청할 수 있다.
④ 위원회는 제3항에 따라 재심의 요청을 받은 때에는 그 기간 내에 재심의하여 그 결과를 고용노동부 장관에게 제출하여야 한다.
⑤ 고용노동부 장관은 위원회가 제4항에 따른 재심의에서 재적위원 과반수의 출석과 출석위원 3분의 2 이상의 찬성으로 제2항에 따른 당초의 최저임금안을 재의결한 경우에는 그에 따라 최저임금을 결정하여야 한다.

「최저임금법 시행령」

제7조【최저임금위원회에의 심의요청】 고용노동부 장관은 법 제8조제1항에 따라 매년 3월 31일까지 최저임금위원회(이하 "위원회"라 한다)에 최저임금에 관한 심의를 요청하여야 한다.

(1) 최저임금 심의

고용노동부 장관은 매년 3월 31일까지 최저임금위원회에 최저임금 심의를 요청하여야 하고, 최저임금위원회는 고용노동부 장관으로부터 최저임금에 관한 심의요청을 받은 날로부터 90일 이내에 이를 심의하여 최저임금안을 고용노동부 장관에게 제출하여야 한다.

(2) 최저임금안 고시

고용노동부 장관은 최저임금위원회로부터 최저임금안을 제출받은 때에 이를 최저임금안으로 고시하여야 하고, 근로자를 대표하는 자와 사용자를 대표하는 자는 고시한 날로부터 10일 이내에 고용노동부 장관에게 이의를 제기할 수 있다.

(3) 확정 최저임금 고시

고용노동부 장관은 매년 8월 5일까지 다음 연도에 적용할 최저임금을 최저임금위원회에서 의결된 안에 따라 최저임금을 결정하고 그 내용을 고시하여야 하며, 고시된 최저임금은 다음 해 1월 1일부터 12월 31일까지 효력이 있다.

3. 최저임금의 적용

1) 적용대상

> **「최저임금법」**
> **제3조【적용 범위】** ① 이 법은 근로자를 사용하는 모든 사업 또는 사업장(이하 "사업"이라 한다)에 적용한다. 다만, 동거하는 친족만을 사용하는 사업과 가사(家事) 사용인에게는 적용하지 아니한다.
> ② 이 법은 「선원법」의 적용을 받는 선원과 선원을 사용하는 선박의 소유자에게는 적용하지 아니한다.

최저임금은 근로자를 사용하는 모든 사업 또는 사업장에 적용된다. 따라서 일용직, 기간제 및 단시간근로자, 외국인근로자 등 고용형태나 국적에 상관없이 근기법상 근로자에 해당하면 최저임금이 적용된다.

2) 적용 제외

(1) 동거의 친족만을 사용하는 사업과 가사사용인

최저임금은 근기법과 마찬가지로 동거하는 친족만을 사용하는 사업과 가사사용인에게는 적용하지 되지 않는다.

(2) 「선원법」에 의한 선원과 선박의 소유자

최저임금은 「선원법」에 의한 선원과 선박소유자[25]에게는 적용하지 않는다. 다만, 다음의 어느 하나에 해당하는 선박에 승무하는 선원과 그 선박의 선박소유자에게는 최저임금이 적용된다(선원법 제3조 제1항).

〈최저임금이 적용되는 선원과 선박의 소유자〉

> 1. 총톤수 5톤 미만의 선박으로서 항해선이 아닌 선박
> 2. 호수, 강 또는 항내(港內)만을 항행하는 선박(「선박의 입항 및 출항 등에 관한 법률」 제24조에 따른 예선은 제외)
> 3. 총톤수 20톤 미만인 어선으로서 해양수산부령으로 정하는 선박

---

25) '선원'은 「선원법」이 적용되는 선박에서 근로를 제공하기 위하여 고용된 사람(선박검사원, 도선사, 실습선원 등은 제외)을 말하고, '선박소유자' 는 선주, 선주로부터 선박의 운항에 대한 책임을 위탁받고 「선원법」에 따른 선박소유자의 권리 및 책임과 의무를 인수하기로 동의한 선박관리업자, 대리인 등을 말한다(「선원법」 제2조).

4. 「선박법」 제1조의2 제1항 제3호에 따른 부선(艀船). 다만, 「해운법」 제24조 제1항 또는 제2항에 따라 해상화물운송사업을 하기 위하여 등록한 부선은 제외한다.

(3) 정신·신체장애로 근로능력이 현저히 낮거나 최저임금 적용이 적당하지 아니한 사람

「최저임금법」

제7조【최저임금의 적용 제외】 다음 각호의 어느 하나에 해당하는 자로서 사용자가 대통령령으로 정하는 바에 따라 고용노동부 장관의 인가를 받은 자에 대하여는 제6조를 적용하지 아니한다.

1. 정신장애나 신체장애로 근로능력이 현저히 낮은 자
2. 그 밖에 최저임금을 적용하는 것이 적당하지 아니하다고 인정되는 자

「최저임금법 시행령」

제6조【최저임금 적용 제외의 인가 기준】 사용자가 법 제7조에 따라 고용노동부 장관의 인가를 받아 최저임금의 적용을 제외할 수 있는 자는 정신 또는 신체의 장애가 업무 수행에 직접적으로 현저한 지장을 주는 것이 명백하다고 인정되는 사람으로 한다.

「최저임금법 시행규칙」

제3조【최저임금 적용 제외의 인가】 ① 법 제7조 및 「최저임금법 시행령」(이하 "영"이라 한다) 제6조에 따른 최저임금 적용제외의 인가 기준은 별표 3과 같다.

② 영 제6조에 따른 최저임금 적용 제외의 인가를 받으려는 사용자는 관할 지방고용노동관서의 장에게 별지 제1호 서식에 따른 신청서에 다음 각호의 서류를 첨부하여 제출하여야 한다.

1. 신청일이 속하는 달의 직전 달의 사업장 전체 근로자 임금대장 사본 1부
2. 정신장애인이나 신체장애인임을 증명할 수 있는 서류 사본 1부
3. 친권자 의견서 사본 1부(지적장애, 정신장애 또는 자폐성장애 등으로 인한 신청의 경우만 해당한다)

③ 지방고용노동관서의 장은 제2항에 따른 인가 신청에 대하여 인가를 할 때에는 별지 제2호 서식의 인가서를 발급하여야 한다. 이 경우 최저임금 적용이 제외되는 근로자에 대하여 유사 직종에 근무하는 근로자의 임금수준에 상응하는 임금을 지급할 것을 사용자에게 권고할 수 있다.

정신장애나 신체장애로 근로능력이 현저히 낮거나 최저임금을 적용하는 것이 적당하지 아니하다고 인정되는 사람으로서 고용노동부 장관의 인가를 받은 경우에는 최저임금을 적용하지 않는다. 고용노동부 장관의 인가는 사용자가 임금을 낮추는 수단으로 이용되지 않도록 최소한

의 인가만 인정되고, 인가 후 요건을 충족하지 못하게 되면 인가처분이 취소되며, 인가기간은 1년을 초과할 수 없다.

3) 최저임금의 감액

「최저임금법」

제5조【최저임금액】 ② 1년 이상의 기간을 정하여 근로계약을 체결하고 수습 중에 있는 근로자로서 수습을 시작한 날부터 3개월 이내인 자에 대하여는 대통령령으로 정하는 바에 따라 제1항에 따른 최저임금액과 다른 금액으로 최저임금액을 정할 수 있다. 다만, 단순노무업무로 고용노동부 장관이 정하여 고시한 직종에 종사하는 근로자는 제외한다.

「최저임금법 시행령」

제3조【수습 중에 있는 근로자에 대한 최저임금액】 「최저임금법」(이하 "법"이라 한다) 제5조 제2항 본문에 따라 1년 이상의 기간을 정하여 근로계약을 체결하고 수습 중에 있는 근로자로서 수습을 시작한 날부터 3개월 이내인 사람에 대해서는 같은 조 제1항 후단에 따른 시간급 최저임금액(최저임금으로 정한 금액을 말한다. 이하 같다)에서 100분의 10을 뺀 금액을 그 근로자의 시간급 최저임금액으로 한다.

1년 이상의 기간으로 근로계약을 체결하고 수습을 시작한 날부터 3개월 이내인 근로자에 대하여는 최저임금액의 10%를 감액할 수 있다. 따라서 1년 이상의 근로계약을 체결하고 수습을 설정한 수습근로자에게 3개월 동안 최저임금액의 90%를 지급하더라도 최저임금법 위반이 아니다. 다만, 1년 미만의 근로계약을 체결하거나, 3개월 이내의 수습근로자라고 하더라도 단순노무업무로 고용노동부 장관이 고시한 직종에 종사하는 근로자(단순노무 종사자, 한국표준직업분류상 대분류 9에 해당하는 사람)에게는 최저임금의 10% 감액을 할 수 없다.

※ 수습근로자에 대한 최저임금의 감액 규정은 수습근로자의 숙련수준이 일반근로자에 비해 상대적으로 낮은 점을 고려한 것으로, 근로계약·취업규칙 등에 '수습으로 한다' 는 명시적 근거가 있어야 하고 감액기간은 3개월을 초과할 수 없음.

〈최저임금액을 감액할 수 없는 단순노무 종사자〉[26]

9. 단순노무 종사자

91. 건설 및 광업 관련 단순노무직

26) 고용노동부고시 제2018-23호, 「최저임금법 제5조에 따른 단순노무직종 근로자 지정 고시」, 2018.3.19.; 통계청고시 제

- 910. 건설 및 광업 단순 종사자

92. 운송 관련 단순노무직
- 921. 하역 적재 및 분류 단순 종사자
- 922. 배달원(우편집배원/택배원/음식배달원/기타 배달원(음료/신문/그외)

93. 제조 관련 단순노무직
- 930. 제조 관련 단순 종사자(수동포장원/수동상표부착원/제품단순선별원/그외 제조관련단순종사원)

94. 청소 및 건물관리 단순노무직
- 941. 청소관련 종사자(건물청소원/운송장비청소원/그외 청소원/쓰레기수거원/기리미화원/재활용품수거원/그외 환경미화원 및 재활용품 수거원)
- 942. 건물관리원(아파트경비원/건물경비원/그외 건물관리원)

95. 가사/음식 및 판매 관련 단순노무직
- 951. 가사 및 육아 도우미
- 952. 음식 관련 단순 종사자(패스트푸드준비원/주방보조원)
- 953. 판매 관련 단순 종사자(주유원/매장정리원/전단지배표원 및 벽보원/그외 판매관련 단순종사원)

99. 농림·어업 및 기타 서비스 단순노무직
- 991. 농림·어업 관련 단순 종사자(농업·임업·어업단순종사원/산불감시원)
- 992. 계기·자판기 및 주차 관리 종사자(계기검침원/가스점검원/자동판매기관리원/주차관리원/주차안내원)
- 999. 기타 서비스 관련 단순 종사자(구두미화원/세탁원 및 다림질원/환경감시원/대여제품방문점검원/그외 서비스 관련 단순종사원)선은 제외)

4. 최저임금 산정

1) 최저임금 산정에 포함되는 임금

「최저임금법」

제2조【정의】 이 법에서 "근로자", "사용자" 및 "임금"이란 「근로기준법」 제2조에 따른 근로자, 사용자 및 임금을 말한다.

제6조【최저임금의 효력】 ④ 제1항과 제3항에 따른 임금에는 매월 1회 이상 정기적으로 지급하는 임금을 산입(算入)한다.

최저임금 산정에서의 임금은 근기법상 임금을 의미하므로, 사용자가 근로의 대가로 근로자

024-328호 「한국표준직업분류(KSCO) 개정 · 고시」, 2024.7.1. 통계청에서는 국제노동기구의 국제표준직업분류를 기초하여 국내 노동시장 현실을 반영하여 한국표준직업분류를 제정 · 고시하고 있는데, 현재 직업분류는 2024년에 개정된 제8차 한국표준직업분류에 따라 작성한 것이다.

에게 임금·봉급 그 밖에 어떠한 명칭으로든지 지급하는 일체의 금품으로서 매월 1회 이상 정기적으로 지급하는 임금은 최저임금 산정에 포함한다. 따라서 취업규칙·근로계약 등에 지급 근거가 있거나, 관례에 따라 지급되거나, 미리 정해진 지급조건과 지급률에 따라 소정근로에 대하여 매월 1회 이상 정기적으로 지급되는 임금은 최저임금 산정에 포함한다.

2) 최저임금 산정에 포함되지 않는 임금

「최저임금법」

제6조【최저임금의 효력】 ④ 제1항과 제3항에 따른 임금에는 매월 1회 이상 정기적으로 지급하는 임금을 산입(算入)한다. 다만, 다음 각호의 어느 하나에 해당하는 임금은 산입하지 아니한다.

1. 「근로기준법」 제2조 제1항 제8호에 따른 소정(所定)근로시간(이하 "소정근로시간"이라 한다) 또는 소정의 근로일에 대하여 지급하는 임금 외의 임금으로서 고용노동부령으로 정하는 임금

> 「최저임금법 시행규칙」
>
> **제2조【최저임금의 범위】** ①「최저임금법」(이하 "법"이라 한다) 제6조 제4항 제1호에서 "고용노동부령으로 정하는 임금"이란 다음 각호의 어느 하나에 해당하는 것을 말한다.
>
> 1. 연장근로 또는 휴일근로에 대한 임금 및 연장 · 야간 또는 휴일 근로에 대한 가산임금
> 2.「근로기준법」 제60조에 따른 연차 유급휴가의 미사용수당
> 3. 유급으로 처리되는 휴일(「근로기준법」 제55조 제1항에 따른 유급휴일은 제외한다)에 대한 임금
> 4. 그 밖에 명칭에 관계없이 제1호부터 제3호까지의 규정에 준하는 것으로 인정되는 임금

3. 식비, 숙박비, 교통비 등 근로자의 생활보조 또는 복리후생을 위한 성질의 임금으로서 다음 각 목의 어느 하나에 해당하는 것

가. 통화 이외의 것으로 지급하는 임금

① 소정근로시간 또는 소정의 근로일에 대하여 지급하는 임금 외의 임금으로서 다음에서 정하는 임금

㉮ 연장근로 또는 휴일근로에 대한 임금 및 연장·야간 또는 휴일에 대한 가산임금
㉯ 근기법 제60조에 따른 연차유급휴가의 미사용수당
㉰ 유급으로 처리되는 휴일(근기법 제55조 제1항에 따른 유급주휴일은 제외)에 대한 임금
㉱ 그 밖에 명칭과 관계없이 ㉮~㉰에 준하는 것으로 인정되는 임금

② 식비, 숙박비, 교통비 등 근로자의 생활보조 또는 복리후생을 위한 것으로 통화 이외의 것으로 지급하는 임금[27)]

〈최저임금 산정을 위한 임금 포함 여부〉

지급주기	임금의 구분		포함 여부
매월 지급	소정근로 외의 임금	① 연장·휴일근로에 대한 임금 및 연장·야간·휴일근로 가산수당	미 포함
		② 연차유급휴가 미사용수당	
		③ 법정 주휴일을 제외한 유급휴일에 대한 임금	
		④ 기타 ①, ②, ③에 준하는 임금	
	상여금 등	① 산정단위가 1개월을 초과하는 상여금, 장려가급, 능률수당, 근속수당	포함
		② 1개월을 초과하는 기간의 출근성적에 따라 지급하는 정근수당	
	생활보조·복리후생성 임금	통화 이외의 것으로 지급	미 포함
		통화로 지급	포함
1개월을 초과하여 지급			미 포함

5. 최저임금 산정과 통상임금 산정의 포함 범위 비교

최저임금이나 최저임금의 적용을 위한 비교대상 임금은 통상임금과는 그 기능과 산정방법이 다른 별개의 개념이다. 즉 최저임금 산정에 포함되는 임금은 매월 1회 이상 지급되는 임금에서 매월 1회 이상 지급되더라도 최저임금 산정에 포함하지 않는 임금을 제외한 임금이고, 통상임금은 소정근로의 대가로서 정기적·일률적으로 지급되는 임금이다.

최저임금이나 최저임금의 적용을 위한 비교대상 임금은 통상임금과는 그 기능과 산정 방법이 다른 별개의 개념이므로, 사용자가 최저임금의 적용을 받는 근로자에게 최저임금액 이상의 임금을 지급하여야 한다고 하여 곧바로 통상임금 자체가 최저임금액을 그 최하한으로 한다고 볼 수 없음. 다만

27) 생활보조·복리후생비가 통화로 지급되는 경우 및 매월 지급되는 상여금·장려가급·능률수당·근속수당·정근수당은 아래 표와 같이 일정 비율에 대해서는 최저임금 산정에 포함되지 않았다. 예를 들어 2023년의 경우에는 시간급 최저임금액인 9,620원을 기준으로 산정된 월환산 최저임금액 2,010,580원(=9,620원×209시간)의 1%인 20,105원을 초과한 금액 또는 5%인 100,529원을 초과한 금액만 최저임금 산정 임금에 포함되었다.

항목 \ 연도	2019년	2020년	2021년	2022년	2023년	2024년~
현금성 생활보조·복리후생비	7%	5%	3%	2%	1%	0%
매월 지급되는 상여금 등	25%	20%	15%	10%	5%	0%

최저임금의 적용을 받는 근로자에게 있어서 비교대상 임금총액이 최저임금액보다 적은 경우에는 비교대상 임금총액이 최저임금액으로 증액되어야 하므로, 이에 따라 비교대상 임금에 산입된 개개의 임금도 증액되고 그 증액된 개개의 임금 중 통상임금에 해당하는 임금들을 기준으로 통상임금이 새롭게 산정될 수는 있을 것임(대법원 2017.12.28. 선고 2014다49074 판결).

〈최저임금과 통상임금과의 관계〉[28]

- 최저임금 산정에 포함되는 임금과 통상임금은 그 기능과 산정방법이 다른 별개의 개념임(대법원 2017.12.28. 선고 2014다49074 판결).
- 최저임금 산정에 포함되는 임금이란 매월 1회 이상 지급되는 임금에서 매월 1회 이상 지급되더라도 최저임금에 포함하지 않는 임금을 제외한 임금을 의미.
- 통상임금이란 소정근로의 대가로서 정기적·일률적으로 지급되는 임금을 말함.

구 분	통상임금 판단	최저임금 산정에 포함되는 임금
소정근로의 대가	소정근로에 대해 지급하는 임금 (소정근로에 대한 대가가 아니면, 통상임금 아님)	소정근로의 대가가 아닌 임금으로서 고용노동부령이 정하는 임금은 미포함
정기성	1개월을 초과하여 지급하더라도 일정한 간격을 두고 계속 지급	1개월을 초과하여 지급하면 미포함
일률성	소정근로의 가치평가와 관련된 조건에 달한 모든 근로자에게 지급	고려하지 않음

6. 최저임금 적용을 위한 임금의 환산방법

「최저임금법」

제5조【최저임금액】 ① 최저임금액(최저임금으로 정한 금액을 말한다. 이하 같다)은 시간·일(日)·주(週) 또는 월(月)을 단위로 하여 정한다. 이 경우 일·주 또는 월을 단위로 하여 최저임금액을 정할 때에는 시간급(時間給)으로도 표시하여야 한다.

제5조의2【최저임금의 적용을 위한 임금의 환산】 최저임금의 적용대상이 되는 근로자의 임금을 정하는 단위기간이 제5조 제1항에 따른 최저임금의 단위기간과 다른 경우에 해당 근로자의 임금을 최저임금의 단위기간에 맞추어 환산하는 방법은 대통령령으로 정한다.

「최저임금법 시행령」

제5조【최저임금의 적용을 위한 임금의 환산】 ① 근로자의 임금을 정하는 단위가 된 기간이 그 근

28) 고용노동부, 「개정 최저임금법령 설명자료」, 2019.1, 41쪽.

로자에게 적용되는 최저임금액을 정할 때의 단위가 된 기간과 다른 경우에는 그 근로자에 대한 임금을 다음 각호의 구분에 따라 시간에 대한 임금으로 환산한다.
1. 일(日) 단위로 정해진 임금: 그 금액을 1일의 소정근로시간 수로 나눈 금액
2. 주(週) 단위로 정해진 임금: 그 금액을 1주의 최저임금 적용기준 시간 수(1주 동안의 소정근로시간 수와 「근로기준법」 제55조 제1항에 따라 유급으로 처리되는 시간 수를 합산한 시간 수를 말한다)로 나눈 금액
3. 월(月) 단위로 정해진 임금: 그 금액을 1개월의 최저임금 적용기준 시간 수(제2호에 따른 1주의 최저임금 적용기준 시간 수에 1년 동안의 평균의 주의 수를 곱한 시간을 12로 나눈 시간 수를 말한다)로 나눈 금액
4. 시간 · 일 · 주 또는 월 외의 일정 기간을 단위로 정해진 임금: 제1호부터 제3호까지의 규정에 준하여 산정(算定)한 금액
② 생산고에 따른 임금지급제나 그 밖의 도급제로 정해진 임금은 그 임금 산정기간(임금 마감일이 있는 경우에는 임금 마감기간을 말한다. 이하 이 항에서 같다)의 임금총액을 그 임금 산정기간 동안의 총근로시간 수로 나눈 금액을 시간에 대한 임금으로 한다.
③ 근로자가 받는 임금이 제1항이나 제2항에서 정한 둘 이상의 임금으로 되어 있는 경우에는 해당 부분을 대하여 각각 해당 규정에 따라 환산한 금액의 합산액을 그 근로자의 시간에 대한 임금으로 한다.
④ 근로자의 임금을 정한 단위가 된 기간의 소정근로시간 수가 그 근로자에게 적용되는 최저임금액을 정할 때의 단위가 된 기간의 근로시간 수와 다른 경우에는 제1항 각호의 구분에 따라 그 근로자의 임금을 시간에 대한 임금으로 환산한다.

1) 최저임금액 표시

최저임금액은 시간·일·주 또는 월을 단위로 정하고, 일·주 또는 월을 단위로 하여 최저임금액을 정할 때에는 시간급으로도 표시하여야 한다.

2) 시간 단위로 정해진 임금

시간 단위로 정해진 임금은 그 금액을 시간급으로 하고, 고용노동부 장관이 매년 고시하는 최저임금액과 비교하면 된다.

3) 일 단위로 정해진 임금

일 단위로 정해진 임금은 그 금액을 1일의 소정근로시간수로 나누어 시간급 임금으로 환산

한 후에 고용노동부 장관이 고시한 최저임금과 비교한다. 다만, 1일 근로시간이 법정근로시간을 초과하는 경우에는 법정근로시간을 소정근로시간으로 하고[29], 초과된 시간은 연장근로시간으로 처리하여 근기법 제56조에 따른 가산율(통상임금의 100분의 50 이상)을 고려한 시간으로 나누어 계산한다.

※ 근기법 제56조에 따른 가산율은 상시근로자 5인 이상인 사업(장)에만 적용됨(근기법 제11조 제2항).

〈일급의 최저임금 산정 예시〉

〈소정근로시간이 법정근로시간을 초과하는 경우〉

■ 일급 100,000원, 1일 10시간 근무, 상시근로자 5인 이상 사업장인 경우
① 가산율이 적용된 1일 임금지급 근로시간: 11시간=기본(8시간)+연장(3시간=2시간×1.5)
② 시급환산: 일급(10만원) ÷ 가산율이 적용된 1일 근로시간(11시간) ≒ 9,091원(9,090.90원을 올림)
③ 2025년 최저임금: 10,030원
④ 일급(10만원)을 시간급으로 환산한 금액(9,091원)이 2025년 최저임금(10,030원)보다 낮으므로 최저임금법 위반임.
⑤ 추가 지급액: 110,330원(11시간×10,030원) - 100,000원 = 10,330원

4) 주 단위로 정해진 임금

주 단위로 정해진 임금은 그 금액을 1주의 최저임금 적용기준 시간 수(1주 동안의 소정근로시간 수와 근기법 제55조 제1항에 따라 유급으로 처리되는 시간수를 합한 것)로 나누어 시간급 임금으로 환산한 후에 고용노동부 장관이 고시한 최저임금과 비교한다. 다만, 단시간근로자의 경우에는 4주간(4주 미만으로 근로하는 경우에는 그 기간)에 대한 1주 평균 소정근로시간으로 나누어 산정한다.

〈1주의 최저임금 적용기준 시간 수〉

1주의 최저임금 적용기준 시간 수 = 1주 소정근로시간 + 1주 법정 주휴일시간

※ 1주의 최저임금 적용기준 시간 수에는 유급휴일시간 중 근기법 제55조 제1항에 따른 법정 주휴일시간만 포함되고, 그 외의 법정휴일시간 및 약정유급휴일 시간은 최저임금 적용기준 시간 수에 포함되지 않음.[30]

---

29) 소정근로시간은 법정근로시간(통상근로자의 경우 1일 8시간 및 1주 40시간)의 범위에서 근로자와 사용자가 정한 근로시간이다(근기법 제2조 제1항 제8호). 따라서 소정근로시간은 법정근로시간을 초과할 수 없고, 1일 근로시간이 법정근로시간을 초과하는 경우에는 법정근로시간까지만 1일 소정근로시간으로 처리한다.

30) 주휴수당은 최저임금법 제6조 제4항 본문(최저임금에는 매월 1회 이상 정기적으로 지급하는 임금을 산입함)에 따라 소

〈주급의 최저임금 산정 예시〉

〈통상근로자인 경우〉

■ 주급 48만원(주휴수당 포함), 1일 8시간 및 1주 40시간 근무, 토요일 무급휴일 및 일요일 유급주휴일인 경우

① 시급환산: 주급(48만원) ÷ 1주 최저임금 적용기준 시간수(48시간=40+8) = 1만원

② 2025년 최저임금: 10,030원

③ 주급(48만원)을 시간급으로 환산한 금액(1만원)이 2025년 최저임금(10,030원)보다 낮으므로 최저임금법 위반

④ 추가 지급액: 481,440원(48시간×10,030원) - 480,000원 = 1,440원

〈단시간근로자인 경우〉[31]

■ 통상근로자는 1주 5일 근무(1일 8시간 및 1주 40시간), 토요일 무급휴일 및 일요일 유급주휴일

■ 단시간근로자는 주급 24만원(주휴수당 포함), 토요일 무급휴일 및 일요일 유급주휴일/1주 4일 근로(1일 5시간 및 1주 20시간)인 경우

① 단시간근로자의 1일 소정근로시간: 단시간근로자의 4주 소정근로시간(80시간=20×4주) ÷ 통상근로자의 4주 총근로일수(20일) = 4시간 or 단시간근로자의 1주 소정근로시간(20시간) ÷ 통상근로자의 1주 소정근로시간(40시간) × 8시간 = 4시간

② 단시간근로자의 1주 주휴시간: 단시간근로자의 1일 소정근로시간과 동일하게 4시간임.

③ 시급환산: 주급(24만원) ÷ 1주 최저임금 적용기준 시간수(24시간=20+4) = 1만원

④ 2025년 최저임금: 10,030원

⑤ 주급(24만원)을 시간급으로 환산한 금액(1만원)이 2025년 최저임금(10,030원)보다 낮으므로 최저임금법 위반

⑥ 추가 지급액: 240,720원(24시간×10,030원) - 240,000원 = 720원

5) 월 단위로 정해진 임금

월 단위로 정해진 임금은 그 금액을 1개월의 최저임금 적용기준 시간수(1주의 최저임금 적용기준 시간 수에 1년 동안의 평균주의 수를 곱한 시간을 12로 나눈 시간 수)로 나누어 시간급 임금으로 환산한 후에 고용노동부 장관이 고시한 최저임금과 비교한다.

정근로의 대가로서 최저임금 적용기준 시간 수에는 법정 주휴시간이 합산되어야 한다. 다만, 최저임금법 제6조 제4항 제1호 및 최저임금법 시행규칙 제2조 제1항 제3호에 따라 주휴수당을 제외한 나머지 유급휴일에 대한 임금은 최저임금에 산입되지 않으므로, 최저임금 적용기준 시간 수에서도 법정 주휴시간 외 유급휴일시간을 제외하는 것이다.

31) 소위 '초단시간근로자'(4주간의 평균하여 1주간의 소정근로시간이 15시간 미만인 근로자)에게는 근로기준법 제55조(주휴일) 및 제60조(연차유급휴가)가 적용되지 않으므로(근기법 제18조 제3항), 주급 또는 월급으로 임금을 정할 경우에 주휴수당을 포함하지 않아도 무방하다.

〈1개월의 최저임금 적용기준 시간 수〉

1개월의 최저임금 적용기준 시간 수 = (1주 소정근로시간 + 1주 법정 주휴일시간) × 1년 평균 주(365 ÷ 7) ÷ 12

※ 최저임금 적용기준 시간 수에는 유급휴일 중 근기법 제55조 제1항에 따른 법정 주휴일만 포함되므로, 1개월의 최저임금 적용기준 시간 수는 일반적으로 1주 5일 근로(토요일 무급휴일, 일요일 법정주휴일)하는 경우에 209시간{≒(40H+8H)×365÷7÷12}을 초과할 수 없음.

〈1개월 최저임금 적용기준 시간 수 산정 예시〉

소정근로시간 및 1주 소정근로일	법정 유급주휴일 시간	약정 유급휴일 시간	최저임금 적용기준 시간 수
1일 8시간 및 1주 40시간 / 5일근무	1일 (8시간)	없음	(40H+8H)×365÷7÷12 ≒ 209H
		4시간	
		8시간	
1일 7시간 및 1주 35시간 / 5일근무	1일 (7시간)	없음	(35H+7H)×365÷7÷12 ≒ 183H
		3.5시간	
		7시간	
1일 7시간 + 1일 5시간 및 1주 40시간 / 6일근무	1일 (7시간)	없음	(40H+7H)×365÷7÷12 ≒ 205H
1일 6시간 40분 및 1주 40시간 / 6일 근무	1일 (6시간 40분)	없음	(40H+6시간 40분)×365÷7÷12 ≒ 203H

※ 매주 일정 시간의 약정유급휴일이 있는 경우라도, 1주 소정근로시간 및 법정 주휴일시간만 합산하여 최저임금 적용기준 시간 수를 산정함.

〈월급의 최저임금 산정 예시〉

〈통상근로자인 경우〉

■ 월급 209만원(주휴수당 포함/전액이 최저임금의 적용을 위한 임금에 해당), 1주 5일근무(1일 8시간 및 1주 40시간), 토요일 무급휴일 및 일요일 법정 주휴일인 경우

① 1개월 최저임금 적용기준 시간 수: 209시간{≒(40+8)×365÷7÷12}

② 시급환산: 월급(209만원) ÷ 1개월 최저임금 적용기준 시간수(209시간) = 10,000원

③ 2025년 최저임금: 10,030원

④ 월급(209만원)을 시간급으로 환산한 금액(10,000원)이 2025년 최저임금(10,030원)보다 낮으므로 최

저임금법 위반임.
⑤ 추가 지급액: 2,096,270원(209시간×10,030원)-2,090,000원 = 6,270원

〈단시간근로자인 경우〉

- 통상근로자는 1주 5일 근무(1일 8시간 및 1주 40시간), 토요일 무급휴일 및 일요일 유급주휴일
- 단시간근로자는 월급 170만원(주휴수당 포함), 토요일 무급휴일 및 일요일 유급주휴일/1주 5일 근로(1일 7시간 및 1주 35시간)인 경우

① 단시간근로자의 1일 소정근로시간: 단시간근로자의 4주 소정근로시간(140시간=35×4주)÷통상근로자의 4주 총근로일수(20일)=7시간 or 단시간근로자의 1주 소정근로시간(35시간)÷통상근로자의 1주 소정근로시간(40시간)×8시간=7시간
② 단시간근로자의 1주 주휴시간: 단시간근로자의 1일 소정근로시간과 동일함. 즉 7시간 임
③ 단시간근로자의 1개월 최저임금 적용기준 시간 수: 183시간 ≒ (35+7)×365÷7÷12
④ 시급환산: 월급(170만원)÷1개월 최저임금 적용기준 시간수(183시간) ≒ 9,290원
⑤ 2025년 최저임금: 10,030원
⑥ 월급(160만원)을 시간급으로 환산한 금액(9,290원)이 2025년 최저임금(10,030원)보다 낮으므로 최저임금법 위반임.
⑦ 추가 지급액 : 1,835,490원(183시간×10,030원) - 1,600,000원 = 235,490원

7. 최저임금 위반 여부 판단 사례[32)]

〈최저임금 위반 여부 판단 산정 예시 - 통상근로자〉

★ 소정근로시간이 1일 8시간, 1주 40시간인 근로자가 다음과 같이 임금을 지급받기로 함
(상시근로자 5인 이상 사업장, 토요일 무급휴일 및 일요일 법정 주휴일 부여)

월 기본급	150만원
정기상여금	기본급의 연 600%를 매월 75만원씩 분할 지급
여름휴가비	7월 여름휴가 시 50만원 지급
식비	매월 10만원
교통비	매월 3만원
연장근로수당	20만원(월 20시간)

32) 고용노동부의 「개정 최저임금법령 설명자료」(2019.1)를 참고하면 더 많은 사례를 확인할 수 있다.

⇒ ① 지급받는 임금 중 최저임금에 산입되는 임금만을 추려냄 (최저임금법 제6조 제4항)

월급명세서(2025년 7월)	
기본급	1,500,000원
정기상여금	750,000원
여름휴가비	500,000원
식비	100,000원
교통비	30,000원
연장근로수당(20H)	200,000원
계	**3,080,000원**

➡

최저임금에 산정에 포함되는 임금	
기본급	1,500,000원
정기상여금	750,000원
식비 · 교통비	130,000원
계	**2,380,000원**

* 여름휴가비는 1월을 초과하여 지급되는 임금 → 최저임금 산정에 포함하지 않음

* 연장근로수당은 소정근로시간 외의 임금 → 최저임금 산정에 포함하지 않음

⇒ ② 월단위로 정해진 임금을 시간당 임금으로 환산 (최저임금법 시행령 제5조 제1항)

구분	최저임금 산입 임금(a)		최저임금 적용기준 시간 수(b)	시간당 임금(a/b)
월급	기본급	1,500,000원	48시간(40+8)×(365일÷7일) ÷ 12월 = 208.57시간 ※올림으로 209시간 적용	2,380,000 ÷ 209 = 11,388원
	정기상여금	750,000원		
	식비 · 교통비	130,000원		
합 계		2,380,000원		

⇒ ③ 2025년 고시된 최저임금액(10,030원)과 비교

11,388원 > 10,030원 ⇒ 최저임금법 위반 아님.

〈최저임금 위반 여부 판단 산정 예시 – 단시간근로자〉

★ 소정근로시간이 1일 7시간, 1주 35시간인 근로자가 다음과 같이 임금을 지급받기로 함.
(상시근로자 5인 이상 사업장, 토요일 무급휴일 및 일요일 법정 주휴일 부여)

월 기본급	120만원
정기상여금	기본급의 연 200%를 매월 분할 지급
직급수당	매월 5만원
조정수당	매월 5만원
교통비	매월 10만원

⇒ ① 지급받는 임금 중 최저임금에 산입되는 임금만을 추려냄 (최저임금법 제6조 제4항)

월급명세서(2025년 7월)	
기본급	1,200,000원
정기상여금	200,000원
직급수당	50,000원
조정수당	50,000원
교통비	100,000원
연차미사용수당(7일)	700,000원
계	**2,300,000원**

➡

최저임금에 산입되는 임금	
기본급	1,200,000원
정기상여금	200,000원
직급수당	50,000원
조정수당	50,000원
교통비	100,000원
계	**1,600,000원**

* 연차미사용수당은 소정근로 외의 임금 → 최저임금에 미 산입

⇒ ② 월단위로 정해진 임금을 시간당 임금으로 환산 (최저임금법 시행령 제5조 제1항)

구분	최저임금 산입 임금(a)		최저임금 적용기준 시간 수(b)	시간당 임금(a/b)
월급	기본급	1,200,000원	42시간(35+7)×(365일÷7일) ÷ 12월 = 182.5시간 ※올림으로 183시간 적용	1,600,000 ÷ 183 = 8,744원
	정기상여금	200,000원		
	직급수당	50,000원		
	조정수당	50,000원		
	교통비	100,000원		
합 계		1,600,000원		

⇒ ③ 2025년 고시된 최저임금액(10,030원)과 비교

8,744원 < 10,030원 ⇒ 최저임금법 위반.

제5절 임금의 지급

1. 임금지급의 4대 원칙

「근로기준법」

제43조【임금 지급】 ① 임금은 통화(通貨)로 직접 근로자에게 그 전액을 지급하여야 한다. 다만, 법령 또는 단체협약에 특별한 규정이 있는 경우에는 임금의 일부를 공제하거나 통화 이외의 것으로 지급할 수 있다.

② 임금은 매월 1회 이상 일정한 날짜를 정하여 지급하여야 한다. 다만, 임시로 지급하는 임금, 수당, 그 밖에 이에 준하는 것 또는 대통령령으로 정하는 임금에 대하여는 그러하지 아니하다.

「근로기준법 시행령」

제23조【매월 1회 이상 지급하여야 할 임금의 예외】 법 제43조 제2항 단서에서 "임시로 지급하는 임금, 수당, 그 밖에 이에 준하는 것 또는 대통령령으로 정하는 임금"이란 다음 각호의 것을 말한다.

1. 1개월을 초과하는 기간의 출근성적에 따라 지급하는 정근수당
2. 1개월을 초과하는 일정 기간을 계속하여 근무한 경우에 지급되는 근속수당
3. 1개월을 초과하는 기간에 걸친 사유에 따라 산정되는 장려금, 능률수당 또는 상여금
4. 그 밖에 부정기적으로 지급되는 모든 수당

1) 의 의

근기법 제43조는 사용자로 하여금 매월 일정하게 정해진 날짜에 근로자에게 근로의 대가 전부를 직접 지급하게 강제함으로써 근로자의 생활안정을 도모하기 위하여 소위 임금지급의 4대 원칙 즉, 통화지급의 원칙, 직접지급의 원칙, 전액지급의 원칙, 매월 1회 이상 정기지급의 원칙을 규정하고 있다(위반 시 3년 이하의 징역 또는 3천만원 이하의 벌금[33]).

- *근로기준법 제43조에 의하면, 임금은 통화로 직접 근로자에게 그 전액을 지급하여야 하고(제1항), 매월 1회 이상 일정한 날짜를 정하여 지급하여야 함(제2항). 그리고 근로기준법 제109조 제1항은 근로기준법 제43조를 위반한 행위를 처벌하도록 정하고 있음. 이는 사용자로 하여금 매월 일정하게 정해진 기일에 근로자에게 근로의 대가 전부를 직접 지급하게 강제함으로써 근로자의 생활안정을 도모하려는 데에 그 입법취지가 있으므로, 사용자가 어느 임금의 지급기일에 임금 전액을 지급하지 아니한 경우에는 위 각 규정을 위반한 죄가 성립한다고 보아야 함(대법원 2003.4.11. 선고 2002도4323 판결 등 참조)(대법원 2017.7.11. 선고 2013도7896 판결).*
- *근로기준법 제109조, 제30조(현행 제43조) 위반의 범죄는 근로자에 대하여 일정 기일까지 임금을 지급받게 하기 위한 취지이므로, 근로자가 수인일 경우 그 범의가 단일한 것이라고 인정하기 어려울 때에는 지급을 받을 수 없었던 근로자 각자마다에 대하여 같은법조 위반의 범의(근로자별로 1죄가 성립)가 있다고 인정하여야 함(1995.4.14. 선고 94도1724 판결).*

2) 통화지급의 원칙

33) 임금지급의 4대 원칙을 위반하면 근기법 제109조 제2항에 따라 피해자의 의사에 반하여 처벌하지 않는 소위 '반의사불벌죄'가 적용될 수 있으므로, 근로자가 사용자의 처벌을 원하지 않으면 처벌을 면할 수 있다(고용노동부, 「반의사불벌제도 등 달라진 체불행정 업무처리요령」, 2005.7.5. 제정, 근로기준과-3527).

(1) 의 미

임금은 법령 또는 단체협약에 특별한 규정이 있는 경우를 제외하고는 「한국은행법」에 따라 한국은행이 발행한 강제통용력이 있는 통화로 지급되어야 한다. 따라서 임금을 가격이 불명확하고 환가가 불편한 물건 등으로 지급하거나 주식, 어음, 당좌수표[34] 등으로 지급하는 것은 위법이다.

> - *「근로기준법」 제43항 제1항에 따른 통화는 강제통용력이 있는 국내 화폐를 의미하는 것으로 같은 항 본문에서 임금을 통화로 지급하도록 규정하고 있는 취지는 임금의 현물급여를 금지함으로써 실질임금의 확보를 보장하려는 것임(2019.3.27., 법제처 18-0687).*
> - *근로기준법 제42조(현행 제43조)의 규정에 의거 임금은 통화로 직접 근로자에게 그 전액을 지급하여야 하며, 법령 또는 단체협약에 특별한 규정이 있는 경우에는 임금의 일부를 공제하거나 통화 외의 것으로 지급할 수 있도록 하고 있음. 여기서 직접 · 통화불의 원칙은 국내에서 강제 통용력이 있는 화폐(한국은행법 제48조)로 지급되는 것을 말하는 것이며, 금융제도가 매우 발달되어 있는 현대에 서는 은행에 의해 그 지급이 보증되는 보증수표로 임금을 지급하여도 직접 · 통화불 원칙에 위배되지 않는 것으로 보고 있음. 노사 당사자 간에 근로자의 임금을 유로(EURO)화로 지급하기로 정한 경우에는 동 유로(EURO)화는 은행 등을 통하여 별도로 환전절차를 거쳐야 하는 등 국내에서 강제통용력이 있는 화폐로 보기 어려울 것이므로 근로기준법의 규정에 의한 임금의 직접 · 통화불 원칙에 위배되는 것으로 보아야 할 것임. 반면에 유로(EURO)화를 기준으로 임금을 책정하고 이를 임금지급 시점의 환율에 의하여 원화로 환가 · 지급하기로 정한 경우에는 근로기준법 위반의 문제는 발생되지 않는 것으로 보아야 할 것임(고용노동부 2002.7.29., 임금 68207-552).*
> - *건설회사에서 건설 현장이 지방 또는 도서 지역일 경우 일정 사유(신용 불량자 · 불법 체류자 · 파산한 자 등)가 있는 일용 근로자는 계좌 거래의 어려움이 있어, 임금지급 방법으로 우편환제도[35]를 활용할 경우에, 근로기준법 제43조에서는 임금은 통화로 직접 근로자에게 그 전액을 지급해야 하나 법령 또는 단체협약에서 특별한 규정이 있는 경우에는 임금의 일부를 공제하거나 통화 이외의 것으로 지급할 수 있다고 규정돼 있음. 위에서 규정한 통화불의 원칙은 국내에서 강제 통용력이 있는 한국은행법에 의한 화폐를 의미하고, 직접지급의 원칙은 임금이 확실하게 근로자 본인에게 들어가게 하여 생활을 보호하는 데 그 취지가 있다 할 것으로, 귀 질의상의 우편환제도는 이에 적합하지 않는 것으로 판단됨(고용노동부 2008.10.6., 근로조건지도과-4262).*

---

34) '당좌수표'는 법인이나 사업자등록증을 가진 자가 은행에 당좌예금을 개설하고 발행한 수표이고, 은행이 지급 보증을 하지 않고 개설된 계좌의 수표자금 범위 내에서 발행되기 때문에 부도처리 가능성이 높다. 반면에 자기앞수표(보증수표)는 부도의 위험을 방지하는 수단으로 은행이 발행하는 수표로, 발행인과 지급인이 모두 은행이므로 지급에 관한 안정성이 보장되어, 통화지급의 원칙에 위반하지 않는다.

35) 우편환은 「우편환법」(1961.1.1.제정)에 따라 금융기관의 계좌 없이 우편을 이용해 현금을 전달하는 증서로, 은행의 온라인 계좌이체 서비스가 생겨나기 전인 1969년부터 우체국에서 운용 중인 대표적인 경조금 배달서비스이다. 다만, 최근 각종 신규 송금서비스가 확장됨에 따라 우편환의 이용실적은 감소하고 있다.

(2) 통화지급의 예외

법령 또는 단체협약에 특별한 규정이 있는 경우에는 통화 이외의 것으로 지급할 수 있다. 다만, 임금은 근로자와 그 부양가족의 생존의 기초를 이루는 것으로서 근로조건 중에서도 가장 핵심적인 부분이므로, 임금의 통화지급 원칙의 예외 사유는 엄격하게 해석되어야 한다.

> *「근로기준법」의 입법 목적은 근로자의 기본적 생활을 보장하고 향상시키며 균형 있는 국민경제의 발전을 꾀하는 데 있고(제1조), 「근로기준법」에서 정하는 근로조건은 최저기준(제3조)으로 임금은 근로자와 그 부양가족의 생존의 기초를 이루는 것으로서 근로조건 중에서도 가장 핵심적인 부분이므로(대법원 2010.5.20. 선고 2007다90760 판결례 참조), 임금의 통화지급 원칙의 예외 사유는 가능한 한 엄격하게 해석해야 함. 「근로기준법」 제43조 제1항 단서에서 임금의 일부를 공제하거나 통화 외의 것으로 지급할 수 있는 근거로 법령을 명시한 것은, 근로기준의 하나인 임금의 지급과 관련하여 통화지급이라는 전국적으로 통일적이고 일관된 원칙이 정해져 있음을 전제로 그 예외를 적용하기 위해서는 전국의 근로자에게 동일한 효력이 미치는 법령의 형식으로 근거를 마련하도록 하려는 취지로 보아야 함. 그렇다면 지방자치단체가 그 자치입법권에 근거해서 자주적으로 지방의회의 의결을 거쳐 제정하는 법규로서 지방자치단체의 관할 구역에 한정해서 효력이 미치는 조례는 「근로기준법」 제43조 제1항 단서에 따른 "법령"에 해당하지 않음(2019.3.27., 법제처 18-0687).*

3) 직접지급의 원칙

(1) 의 미

중간착취 등의 폐해를 방지하고 임금수령을 확실하게 하여 근로자의 기초 생활을 보장하기 위하여 임금은 근로자에게 직접 지급해야 한다.[36] 따라서 근로자가 제3자에게 임금수령을 위임 또는 대리하게 하는 것은 직접지급의 원칙에 위반된다. 직접지급의 원칙은 통화지급의 원칙 및 전액지급의 원칙과는 달리 법령 또는 단체협약에 의한 예외가 인정되지 않는다.

※ 통상 기업에서는 은행계좌로 입금하는 형태를 취하고 있으며, 이 경우에도 근로자의 동의를 얻어서 근로자가 지정하는 근로자 명의 계좌로 입금해야 함.

> *- 근로자의 주거가 불명하여 임금채무의 현실제공이 어려울 때라면 일반적으로 미불임금의 지불준비를 완료하고 그 수령을 최고하면 되는 것임(고용노동부 1969.6.11., 기준 1455.9-6482).*

36) 임금의 직접지급 원칙에도 불구하고, 「선원법」상 선박소유자는 선원이 청구하거나 법령이나 단체협약에 특별한 규정이 있는 경우에는 임금의 전부 또는 일부를 그가 지정하는 가족이나 그 밖의 사람에게 통화로 지급하거나 금융회사 등에 예금하는 등의 방법으로 지급하여야 한다(선원법 제52조 제3항).

- 근로자의 임금은 근로기준법 제36조(현행 제43조)에 따라 통화로 직접 근로자에게 전액을 지급하여야 하는 것임. 다만, 사용자가 임금정기지급일 이전에 금융기관에 근로자의 임금 전액을 불입하여 근로자가 즉시 현금으로 인출할 수 있다면 무방함(고용노동부 1985.10.17., 근기 01254-18305).

(2) 임금채권의 양도

근로자가 사용자에 대하여 가지고 있는 임금채권에 대하여 양도를 금지하는 법률 규정이 없어 임금채권을 근로자가 제3자에게 양도하는 것은 가능하다. 다만, 근로자가 임금채권을 제3자에게 양도하였더라도 사용자는 제3자에게 임금을 지급해서는 안 되며 근로자에게 직접 지급해야 한다.

- 임금은 법령 또는 단체협약에 특별한 규정이 있는 경우를 제외하고는 통화로 직접 근로자에게 그 전액을 지급하여야 함. 따라서 사용자가 근로자의 임금 지급에 갈음하여 사용자가 제3자에 대하여 가지는 채권을 근로자에게 양도하기로 하는 약정은 그 전부가 무효임이 원칙임. 다만, 당사자 쌍방이 위와 같은 무효를 알았더라면 임금의 지급에 갈음하는 것이 아니라 그 지급을 위하여 채권을 양도하는 것을 의욕하였으리라고 인정될 때에는 무효행위 전환의 법리 민법(제138조)에 따라 그 채권양도 약정은 임금의 지급을 위하여 한 것으로서 효력을 가질 수 있음(대법원 2012.3.29. 선고 2011다101308 판결).
- 근로자가 그 임금채권을 양도한 경우라 할지라도 그 임금의 지급에 관하여는 근로기준법 제36조(현행 제43조) 제1항에 정한 임금 직접지급의 원칙이 적용되어 사용자는 직접 근로자에게 임금을 지급하지 아니하면 안 되고, 그 결과 비록 적법 유효한 양수인이라도 스스로 사용자에 대하여 임금의 지급을 청구할 수 없으며, 그러한 법리는 근로자로부터 임금채권을 양도받았거나 그의 추심을 위임받은 자가 사용자의 집행 재산에 대하여 배당을 요구하는 경우에도 그대로 적용됨(대법원 1996.3.22. 선고 95다2630 판결).
- 근로자의 임금채권의 양도를 금지하는 법률의 규정이 없으므로 이를 양도할 수 있다는 원심의 판단부분에 잘못이 있다고 할 수는 없음. 그러나 근로기준법 제36조(현행 제43조) 제1항에서 임금직접지급의 원칙을 규정하고 그에 위반하는 자는 처벌을 하도록 하는 규정(같은 법 제109조)을 두어 그 이행을 강제하고 있는 이유는 임금이 확실하게 근로자 본인의 수중에 들어가게 하여 그의 자유로운 처분에 맡기고 나아가 근로자의 생활을 보호하고자 하는데 있는 것이므로, 이와 같은 근로기준법의 규정의 취지에 비추어 보면 근로자가 그 임금채권을 양도한 경우라 할지라도 그 임금의 지급에 관하여는 같은 원칙이 적용되어 사용자는 직접 근로자에게 임금을 지급하지 아니하면 안되는 것이고 그 결과 비록 양수인이라고 할지라도 스스로 사용자에 대하여 임금의 지급을 청구할 수는 없다고 해석하여야 할 것이며, 그렇게 하지 아니하면 임금 직접지급의 원칙을 정한 근로기준법의 규정은 그 실효를 거둘 수가 없게 될 것임(대법원 1988.12.13. 선고 87다카2803 전원합의체 판결).

4) 전액지급의 원칙

(1) 의 미

사용자가 근로자에게 지급하여야 할 임금을 임의로 공제하면 임금을 유일한 생계수단으로 하는 근로자는 생활에 위협을 받게 되므로, 임금은 근로자에게 전액을 지급하여야 한다. 다만, 법령 또는 단체협약에 특별한 규정이 있는 경우에는 임금의 일부를 공제하고 지급할 수 있다.

- *임금은 직접 근로자에게 전액을 지급하여야 하는 것이므로 사용자가 근로자에 대하여 가지는 채권으로써 근로자의 임금채권과 상계를 하지 못하는 것이 원칙이지만, 계산의 착오 등으로 임금이 초과 지급되었을 때 그 행사의 시기가 초과 지급된 시기와 임금의 정산, 조정의 실질을 잃지 않을 만큼 합리적으로 밀접되어 있고 금액과 방법이 미리 예고되는 등 근로자의 경제생활의 안정을 해할 염려가 없는 경우나 근로자가 퇴직한 후에 그 재직 중 지급되지 아니한 임금이나 퇴직금을 청구할 경우에는, 사용자가 초과 지급된 임금의 반환청구권을 자동채권으로 하여 상계하는 것은 허용되므로, 근로자가 일정 기간 동안의 미지급 시간외수당, 휴일근로수당, 월차휴가수당 등 법정수당을 청구하는 경우에 사용자가 같은 기간 동안 법정수당의 초과 지급 부분이 있음을 이유로 상계나 충당을 주장하는 것도 허용됨(대법원 1998.6.26. 선고 97다14200 판결).*
- *근로자에 대한 임금은 직접 근로자에게 전액을 지급하여야 하는 것이므로 초과 지급된 임금의 반환채권을 제외하고는 사용자가 근로자에 대하여 가지는 대출금이나 불법행위를 원인으로 한 채권으로써 근로자의 임금채권과 상계를 하지 못한다고 함이 대법원의 확립된 입장이므로(대법원 1998.6.26. 선고 97다14200 판결, 대법원 1995.12.21. 선고 97다26721 전원합의체 판결 등 참조), 피고인이 이 사건 근로자들에 대하여 그 주장하는 바와 같은 반대채권을 가지고 있다는 사정은 피고인의 근로자들에 대한 임금 및 퇴직금 부지급에 따른 근로기준법위반행위를 정당화 할 수 있는 사유가 될 수 없다고 할 것(대법원 1999.7.13. 선고 99도2168 판결).*

〈임금의 일부를 공제할 수 있는 경우〉

구 분	내 용
법령에 따른 공제	-「소득세법」 등에 의한 근로소득세와 지방소득세 및 「국민연금법」 등 4대 사회보험 법령에 따른 근로자 부담분. -「민사소송법」에 의한 압류 또는 행정관청이 「국세징수법」에 의하여 압류한 경우 사용자가 이를 일괄 공제하여 납부하는 경우.
단체협약에 따른 공제	복리후생시설 이용비, 조합비 일괄공제제도(check-off system)[37], 대부금, 사택사용료 등을 단체협약으로 정한 경우.

37) '조합비 일괄공제'는 사용자가 노동조합 조합원의 임금에서 조합비를 공제하여 일괄적으로 노동조합에게 전달하는 편

구 분	내 용
기타 공제	- 가불임금을 공제하는 경우(고용노동부 1993.11.6., 근기 68207-2289). - 계산의 착오 등으로 임금을 초과 지급한 경우(대법원 1995.12.21. 선고 94다26721 전원합의체 판결)

(2) 임금채권의 상계

「근로기준법」

제20조【위약 예정의 금지】 사용자는 근로계약 불이행에 대한 위약금 또는 손해배상액을 예정하는 계약을 체결하지 못한다.

제21조【전차금 상계의 금지】 사용자는 전차금(前借金)이나 그 밖에 근로할 것을 조건으로 하는 전대(前貸)채권과 임금을 상계하지 못한다.

「민법」

제390조【채무불이행과 손해배상】 채무자가 채무의 내용에 좇은 이행을 하지 아니한 때에는 채권자는 손해배상을 청구할 수 있다. 그러나 채무자의 고의나 과실없이 이행할 수 없게 된 때에는 그러하지 아니하다.

제497조【압류금지채권을 수동채권으로 하는 상계의 금지】 채권이 압류하지 못할 것인 때에는 그 채무자는 상계로 채권자에게 대항하지 못한다.

제750조【불법행위의 내용】 고의 또는 과실로 인한 위법행위로 타인에게 손해를 가한 자는 그 손해를 배상할 책임이 있다.

사용자가 근로자에 대해서 가지는 채권(근로계약 불이행에 대한 위약금 또는 손해배상액, 전차금, 전대채권 등)과 근로자의 임금채권과 상계[38]하는 것은 금지된다. 다만, 사용자가 근로자의 동의를 얻어 근로자의 임금채권에 대해서 상계하는 것은 그 동의가 근로자의 자유로운 의사에 따라 이루어진 것이라고 인정할 만한 합리적인 이유가 객관적으로 존재하는 때에는 임금의 전액지급의 원칙에 위반되지 않는다.

※ 근로자가 근무 도중에 사용자에게 손해를 입힐 것을 대비하여 실제 손해액과 관계없이 일정액을 미리 정하여 근로자에게 배상케 하는 근로계약을 체결하거나 그 배상액을 사용자가 일방적으로 임금 또는 퇴직금과 상계할 수는 없음. 다만, 근로자가 사용자에게 실제로 손해를 발생시킨 것에 대하여 민사소송

의제공 방식이다. 단체협약에 조합비 일괄공제 제도가 규정되어 있고, 노조규약에 근거가 있거나 총회(대의원회) 의결이 있는 경우에는 개별 조합원이 거부하더라도 공제가 가능하다(고용노동부, "조합비 일괄공제(CHECK-OFF) 요건 변경", 2004.4.10., 임금정책과-1249).

38) '상계'는 채권과 채무를 대등액으로 소멸시키는 것이고, '자동채권'은 상계권을 행사하는 자가 가지고 있는 채권이고, '수동채권'은 상계를 당하는 자의 채권이다.

등에 따라 손해배상을 청구하는 것은 가능함.

- 근로기준법 제42조(현행 제43조) 제1항 본문에서 '임금은 통화로 직접 근로자에게 그 전액을 지급하여야 한다.'라고 규정하여 이른바 임금 전액지급의 원칙을 선언한 취지는 사용자가 일방적으로 임금을 공제하는 것을 금지하여 근로자에게 임금 전액을 확실하게 지급 받게 함으로써 근로자의 경제생활을 위협하는 일이 없도록 그 보호를 도모하려는 데 있으므로, 사용자가 근로자에 대하여 가지는 채권을 가지고 일방적으로 근로자의 임금채권을 상계하는 것은 금지된다고 할 것이지만, 사용자가 근로자의 동의를 얻어 근로자의 임금채권에 대하여 상계하는 경우에 그 동의가 근로자의 자유로운 의사에 터잡아 이루어진 것이라고 인정할 만한 합리적인 이유가 객관적으로 존재하는 때에는 근로기준법 제42조(현행 제43조) 제1항 본문에 위반하지 아니한다고 보아야 할 것이고, 다만 임금 전액지급의 원칙의 취지에 비추어 볼 때 그 동의가 근로자의 자유로운 의사에 기한 것이라는 판단은 엄격하고 신중하게 이루어져야 함(대법원 2001.10.23. 선고 2001다25184 판결).
- 일반적으로 임금은 직접 근로자에게 전액을 지급하여야 하므로 사용자가 근로자에 대하여 가지는 채권으로서 근로자의 임금채권과 상계를 하지 못하는 것이 원칙이나, 계산의 착오 등으로 임금이 초과 지급되었을 때 그 행사의 시기가 초과 지급된 시기와 임금의 정산, 조정의 실질을 잃지 않을 만큼 합리적으로 밀접되어 있고 금액과 방법이 미리 예고되는 등 근로자의 경제생활의 안정을 해할 염려가 없는 경우나, 근로자가 퇴직한 후에 그 재직 중 지급되지 아니한 임금이나 퇴직금을 청구하는 경우에는 초과 지급된 임금의 반환청구권을 자동채권으로 하여 상계하는 것은 무방함. 따라서 근로자가 일정 기간 동안의 미지급 법정수당을 청구하는 경우에 사용자가 같은 기간 동안 법정수당의 초과 지급 부분이 있음을 이유로 상계나 그 충당을 주장하는 것도 허용됨(대법원 1995.12.21. 선고 94다26721 전원합의체 판결).
- 피고인과 김○○ 사이에 작성된 근로계약서에는 무사고승무수당 200,000원을 매월 고정적으로 지급하는 것으로 기재되어 있고 달리 김○○의 실제 근무성적에 따라 그 지급 여부와 지급액이 달라지는 것은 아니므로, 위 무사고승무수당도 근로기준법에서 정하는 '임금'에 해당한다고 봄이 상당함. 그런데 근무 중 교통사고가 발생한 경우 실제 손해 발생 여부 및 손해의 액수에 관계없이 3개월 동안 매월 무사고승무수당 200,000원을 임금에서 공제하기로 하는 약정은 근로기준법 제20조가 금지하는 근로계약 불이행에 대한 위약금 또는 손해배상액의 예정에 해당할 뿐만 아니라 근로기준법 제43조가 정하는 임금의 전액 지급 원칙에도 반하므로 무효임. 따라서 피고인은 김○○에게 무사고승무수당 합계 1,200,000원을 지급할 의무가 있음(대법원 2019.6.13. 선고 2018도17135 판결).
- 근로기준법 제24조(현행 제20조)는 위약예정을 금지하고 있고, 동법 제36조(현행 제43조)는 임금의 전액을 근로자에게 지급하도록 규정하고 있으므로, 근로자가 근무 도중에 사용자에게 피해를 입힐 것을 대비하여 사고발생시의 실제 손해액과 관계없이 일정액을 미리 정하여 근로자에게 배상케 하는 근로계약을 체결하거나 동 배상액을 사용자가 일방적으로 임금 또는 퇴직금과 상계할 수는 없을 것이나, 민사절차에 의해 손해배상을 청구하는 것은 근로기준법과는 무관하다 할 것이므로 손해배상의 청구 여부 및 절차는 민사소송법에 따라야 할 것임(고용노동부 1993.3.25., 근기 01254-455).

(3) 임금 및 퇴직급여의 압류

「민사집행법」

제246조【압류금지채권】 ① 다음 각호의 채권은 압류하지 못한다.

4. 급료 · 연금 · 봉급 · 상여금 · 퇴직연금, 그 밖에 이와 비슷한 성질을 가진 급여채권의 2분의 1에 해당하는 금액. 다만, 그 금액이 국민기초생활보장법에 의한 최저생계비를 고려하여 대통령령이 정하는 금액에 미치지 못하는 경우 또는 표준적인 가구의 생계비를 고려하여 대통령령이 정하는 금액을 초과하는 경우에는 각각 당해 대통령령이 정하는 금액으로 한다.
5. 퇴직금 그 밖에 이와 비슷한 성질을 가진 급여채권의 2분의 1에 해당하는 금액

「민사집행법 시행령」

제3조【압류금지 최저금액】 법 제246조 제1항 제4호 단서에서 "「국민기초생활 보장법」에 의한 최저생계비를 감안하여 대통령령이 정하는 금액"이란 월 250만원을 말한다.

제4조【압류금지 최고금액】 법 제246조 제1항 제4호 단서에서 "표준적인 가구의 생계비를 감안하여 대통령령이 정하는 금액"이란 제1호에 규정된 금액 이상으로서 제1호와 제2호의 금액을 합산한 금액을 말한다.

1. 월 300만원
2. 법 제246조 제1항 제4호 본문에 따른 압류금지금액(월액으로 계산한 금액을 말한다)에서 제1호의 금액을 뺀 금액의 2분의 1

「근로자 퇴직급여 보장법」(약칭: 퇴직급여법)

제7조【수급권의 보호】 ① 퇴직연금제도의 급여를 받을 권리는 양도하거나 담보로 제공할 수 없다.

근로자에 대한 채권자가 그 채권확보를 위하여 근로자가 사용자에 대하여 가지고 있는 임금 및 퇴직급여에서 「민사집행법」에 따라 일정액은 압류할 수 있다. 다만, 「민사집행법」에 따라 퇴직연금에 대한 압류가 가능하더라도, 퇴직급여법에 따라 퇴직연금제도의 급여를 받을 권리는 양도 및 담보제공이 금지되므로 그에 대한 압류는 실체법상 무효에 해당하여 퇴직연금 채권은 그 전액에 관하여 압류가 금지된다.

- *"압류금지채권의 목적물이 채무자의 예금계좌에 입금된 경우에는 그 예금채권에 대하여 더 이상 압류금지의 효력이 미치지 아니하므로, 그 예금은 압류금지채권에 해당하지 아니한다(대법원 1999.10.6. 자 99마4857 결정)"는 판례의 태도에 비추어보면 '퇴직금 그 밖에 이와 비슷한 성질을 가진 급여채권'에 해당하지 아니함. 개인 퇴직계좌는 정부가 주는 세제혜택을 받을 수 있는 노후용 개인통장으로서, 근로자는 퇴직 또는 직장을 옮길 때 받은 퇴직금을 세제혜택을 받으면서 자기 명*

의 계좌에 적립했다가 연금 등 노후 자금으로 활용할 수 있고 가입 여부는 근로자의 자유임. 특히 사용자로부터 이미 지급이 완료된 퇴직금을 적립한 것에 불과하며, 민사집행법상 사용자로부터 지급될 급여'채권'이 아니라 이미 지급된 금전으로서 사용자를 채무자로 하는 채권이 아님. 즉 사용자로부터 근로의 대가로서 지급되는 후불 임금의 성격을 가지는 퇴직금과는 그 성질이 다를 뿐만 아니라 그와 유사한 성질을 가진 급여채권이라고도 볼 수 없음. 다만, 압류가능하다고 보더라도 채무자로서는 민사집행법 제246조 제2항에 따라 자신의 생활형편 그 밖의 사정을 이유로 압류명령의 전부 또는 일부의 변경을 구할 수 있으므로 이에 의해 보호받을 수 있음(법무무 2005.12.23., 법무심의관실-7076).

- 「근로자퇴직급여보장법」은 제7조에서 퇴직연금제도의 급여를 받을 권리에 대하여 양도를 금지하고 있으므로 위 양도금지 규정은 강행법규에 해당한다고 볼 것임. 따라서 퇴직연금제도의 급여를 받을 권리에 대한 압류명령은 실체법상 무효이고, 제3채무자는 그 압류채권의 추심금 청구에 대하여 위 무효를 들어 지급을 거절할 수 있음. 한편 「민사집행법」은 제246조 제1항 제4호에서 퇴직연금 그 밖에 이와 비슷한 성질을 가진 급여채권은 그 1/2에 해당하는 금액만 압류하지 못하는 것으로 규정하고 있으나, 이는 위 「근로자퇴직급여보장법」상의 양도금지 규정과의 사이에서 일반법과 특별법의 관계에 있으므로, 「근로자퇴직급여보장법」상의 퇴직연금채권은 그 전액에 관하여 압류가 금지됨(대법원 2014.1.23. 선고 2013다1180 판결).

〈임금 및 퇴직급여의 압류 가능 범위〉

구 분	범 위	압류가능 금액
임 금[39]	250만원 이하	0 (전액 금지)
	250만원 초과 500만원 이하	급여 - 250만원
	500만원 초과 600만원 이하	월급여의 2분의 1 (즉, 50% 압류 가능)
	600만원 초과	급여 - 【300만원 + 〈〔(급여 ÷ 2) - 300만원〕 ÷ 2〉】
퇴직급여	퇴직금	금액의 2분의 1
	퇴직연금	전액 금지

※ 채무자(근로자)가 여러 회사에서 임금이 발생하면 모든 임금을 합산한 금액으로 하고, 해당 금액은 근로소득세 등을 제외한 실수령액을 기준으로 적용함.

※ 압류금지채권의 목적물이 채무자(근로자)의 예금계좌에 입금된 경우에는 그 예금채권에 대하여 더 이상 압류금지의 효력이 미치지 아니하므로 그 예금은 압류가 가능(대법원 2014.7.10. 선고 2013다25552 판결 등).

39) 임금채권에 대한 압류 가능 금액 예시는 다음과 같다(법원 전자소송포털(ecfs.scourt.go.kr)).

임금(단위: 만원)	250	300	400	500	600	700	800	900	1000
압류가능액	0	50	150	250	300	375	450	525	600
근로자 지급액	250	250	250	250	300	325	350	375	400

(4) 임금채권의 포기

근로자와 사용자가 합의하여 임금을 사전에 포기하는 것은 강행법규인 근기법상 근로조건을 위반하는 것으로 무효이다. 그러나 이미 발생한 임금을 근로자가 자발적으로 포기한 경우에는 이를 사용자가 지급하지 않더라도 전액지급의 원칙에 위반되지 않는다. 다만, 임금채권의 포기는 근로자의 개별적인 동의나 수권이 있어야 한다.

- *이미 구체적으로 그 지급청구권이 발생한 임금(상여금 포함)이나 퇴직금은 근로자의 사적 재산영역으로 옮겨져 근로자의 처분에 맡겨진 것이기 때문에 노동조합이 근로자들로부터 개별적인 동의나 수권을 받지 않는 이상, 사용자와 사이의 단체협약만으로 이에 대한 포기나 지급유예와 같은 처분행위를 할 수는 없음(대법원 2000.9.29. 선고 99다67536 판결).*
- *퇴직금청구권은 퇴직이라는 근로관계의 종료를 요건으로 하여 비로소 발생하는 것인 바, 퇴직금채권이 발생하기에 앞서 사전에 그 전부 또는 일부를 포기하는 것은 강행규정인 퇴직금규정에 위반하는 것으로서 무효임(고용노동부 2016.9.28. 퇴직연금복지과-3539).*

5) 매월 1회 이상 정기지급의 원칙

(1) 의 미

임금은 매월 1회 이상 일정한 날짜를 정하여 지급해야 한다. 이는 사용자에게 적어도 매월 한 번은 특정한 날짜를 정하여 근로의 대가를 지급하게 함으로써 근로자의 생활안정을 도모하기 위한 것이다.[40)]

※ '매월'은 달력상 1일부터 말일을 의미하고, '일정한 날짜'는 주기적으로 도래하는 특정일을 의미함(매월 5일, 10일, 15일 등).

근로기준법 제109조 및 제36조(현행 제43조) 제2항에 의한 임금의 일정기일 지급의 원칙은 사용자로 하여금 매월 일정하게 정해진 기일에 근로의 대가를 근로자에게 어김없이 지급하게 강제함으로써 근로자의 생활안정을 도모하고자 하는 데에 그 입법취지가 있는 바, 사용자가 임금지급을 위하여 최선의 노력을 다하였으나 경영부진으로 인한 자금사정의 악화 등으로 도저히 임금 지급기일을 지킬 수 없었던 불가피한 사정이 인정되는 경우에는 임금 체불의 죄책을 물을 수 없음(대법원 1985.10.18. 선고 85도12620 판결).

---

40) 고용노동부, "임금의 매월 1회 이상 정기지급 원칙에 관한 해석기준"(지침), 2011.4.14. 제정, 근로개선정책과-836.

(2) 임금지급일 변경

임금지급일의 변경은 근로자에게 생활상의 불편함을 초래할 수 있으므로 원칙적으로 근로자의 동의가 필요하다. 따라서 임금지급일 변경에 대한 동의 없이 약정된 임금지급일에 임금을 지급하지 않는다면, 그 후에 임금의 일부 또는 전부를 지급했더라도 임금 미지급에 대한 형사책임을 면할 수 없다.

> *근로기준법 제36조(현행 제43조) 제2항에 임금은 매월 1회 이상 일정한 기일을 정하여 지급하여야 한다고 규정하고 있음은 1월간의 근로의 대가를 월 1회 이상 정기적으로 지급하도록 규제한 것으로써, 종래 1일부터 기산하여 말일까지의 1월분 임금을 이월 5일에 지급하던 것을 지급일을 매월 25일로 변경함으로써 변경된 당월분 임금을 1일부터 기산하여 20일까지에 해당되는 20일분만 지급하여도 무방하나 단, 임금지급일 변경은 노사 간에 합의가 있어야 할 것(고용노동부 1970.1.1., 근기 1455.9-12287).*

(3) 매월 1회 이상 정기지급 원칙의 예외

임시로 지급하는 임금 및 수당, 1개월을 초과하는 기간의 출근성적에 의해 지급하는 정근수당, 1개월을 초과하는 일정 기간의 계속 근무에 대하여 지급하는 근속수당, 1개월을 초과하는 기간에 걸친 사유에 의해 산정되는 장려금·능률수당·상여금, 기타 부정기적으로 지급되는 수당 등은 매월 1회 이상 정기적으로 지급하지 않아도 된다(근기법 시행령 제23조).

2. 임금의 비상시 지급

「근로기준법」

제45조 【비상시 지급】 사용자는 근로자가 출산, 질병, 재해, 그 밖에 대통령령으로 정하는 비상(非常)한 경우의 비용에 충당하기 위하여 임금 지급을 청구하면 지급기일 전이라도 이미 제공한 근로에 대한 임금을 지급하여야 한다.

「근로기준법 시행령」

제25조 【지급기일 전의 임금 지급】 법 제45조에서 "그 밖에 대통령령으로 정한 비상(非常)한 경우"란 근로자나 그의 수입으로 생계를 유지하는 자가 다음 각 호의 어느 하나에 해당하게 되는 경우를 말한다.

1. 출산하거나 질병에 걸리거나 재해를 당한 경우
2. 혼인 또는 사망한 경우
3. 부득이한 사유로 1주 이상 귀향하게 되는 경우

1) 의 미

임금은 원칙적으로 근기법 제43조 제2항에 따라 정기지급일에 지급하여야 한다. 그러나 사용자는 근로자 본인 또는 근로자의 수입으로 생계를 유지하는 사람이 출산하거나 질병에 걸리거나 재해를 당한 경우, 혼인 또는 사망한 경우, 부득이한 사유로 1주 이상 귀향하게 되는 경우의 비용에 충당하기 위하여 임금 지급을 청구하면, 정기지급일 전이라도 이미 제공한 근로에 대한 임금을 지급하여야 한다.[41)]

2) 요 건

(1) 근로자의 청구

근로자의 청구가 있는 경우에만 지급의무가 있으므로, 근로자에게 출산·혼인·귀향 등의 비상시 지급 사유가 있더라도 근로자의 청구가 없으면 사용자에게 지급의무가 없다.

(2) 이미 제공한 근로에 대한 임금

사용자가 지급하여야 할 임금은 '이미 제공한 근로에 대한 임금'에 한정되며, 그에 상당하는 임금 전액을 지급하는 것이 원칙이다. 따라서 사용자는 취업규칙이나 단체협약에 별도의 규정이 없는 한 아직 제공되지 않은 근로에 대하여 근로자가 청구하더라도 임금을 지급할 의무는 없다.

3. 임금대장 및 임금명세서

「근로기준법」

제48조【임금대장 및 임금명세서】 ① 사용자는 각 사업장별로 임금대장을 작성하고 임금과 가족수당 계산의 기초가 되는 사항, 임금액, 그 밖에 대통령령으로 정하는 사항을 임금을 지급할 때마다 적어야 한다.

② 사용자는 임금을 지급하는 때에는 근로자에게 임금의 구성항목 · 계산방법, 제43조 제1항 단서에 따라 임금의 일부를 공제한 경우의 내역 등 대통령령으로 정하는 사항을 적은 임금명세서를 서면(「전자문서 및 전자거래 기본법」 제2조 제1호에 따른 전자문서를 포함한다)으로 교부하여야 한다.

---

41) 「선원법」상 선박소유자는 선원이나 그 가족의 출산, 질병, 재해 등 비상한 경우의 비용에 충당하기 위하여 선원이 임금 지급을 청구하는 경우에는 임금 지급일 전이라도 이미 제공한 근로에 대한 임금을 지급하여야 한다(선원법 제53조).

1) 임금대장의 작성

사용자는 각 사업장별로 임금대장을 작성하고 성명, 고용 연월일, 근로일수 등의 사항(근기법 시행령 제27조)을 근로자에게 임금을 지급할 때마다 기재해야 한다.

2) 임금명세서 작성 및 교부

사용자는 임금을 지급하는 때에는 근로자에게 임금지급일, 임금의 구성항목·계산방법 등 특정한 사항(근기법 시행령 제27조의2)을 기재한 임금명세서를 서면으로 교부하여야 한다.[42]

4. 임금 등 미지급에 대한 구제

1) 고용노동부를 통한 해결

(1) 신 고

「근로기준법」

제104조 【감독기관에 대한 신고】 ① 사업 또는 사업장에서 이 법 또는 이 법에 따른 대통령령을 위반한 사실이 있으면 근로자는 그 사실을 고용노동부 장관이나 근로감독관에게 통보할 수 있다.
② 사용자는 제1항의 통보를 이유로 근로자에게 해고나 그 밖에 불리한 처우를 하지 못한다.

근로자는 임금 등을 받지 못한 경우에 그 사실을 고용노동부에 신고할 수 있다. 신고의 방법으로는 진정(지급받지 못한 임금을 받을 수 있게 해달라고 요구), 고소(사용자를 근기법 등 노동법 위반으로 처벌해 달라고 요구), 고발(직접적인 이해관계가 없는 제3자가 신고) 등이 있다.[43]

42) 임금명세서 교부방법으로는 ① 서면 임금명세서 직접 교부, ② 사내 전산망의 정보처리 시스템, 애플리케이션 등을 통한 전단, ③ 전자임금명세서를 작성하고 자동으로 송·수신 되도록 구축된 정보처리시스템을 활용하여 전송, ④ 전자임금명세서를 작성하고 공인전자주소, 포털사이트 등에서 제공하는 이메일 등 각종 전자적 방법을 이용하여 전송, ⑤ 임금총액 등 근기법상 기재사항을 포함하여 휴대전화 문자메세지로 전송하는 방식 등이 있다(고용노동부, "2021.11.19. 시행 개정 「근로기준법」 설명자료", 2021.11.).

43) 근로감독관은 임금 등의 미지급 사건을 접수하면 사용자를 심문하고 검찰에 사건을 송치한다. 다만, 피해근로자가 사용자의 처벌을 원하지 않는다는 명시적인 의사표시를 하면 진정사건은 내사처리하고, 고소사건은 불기소의견(공소권 없음)으로 검찰에 송치하게 된다. 이 경우 사용자의 처벌은 할 수 없으며, 피해근로자는 추후 재진정이나 재고소를 할 수 없다(고용노동부, 『근로감독관 실무 지침서-체불사건 업무처리 요령』, 2016, 11~15쪽).

〈고용노동부 진정사건 처리도〉[44]

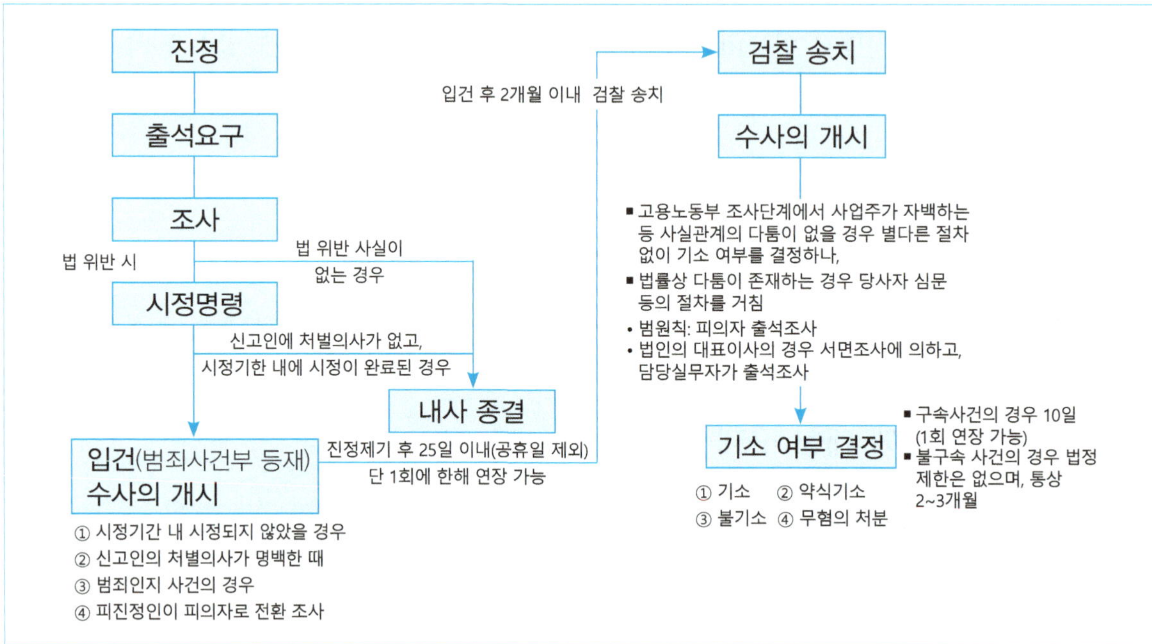

(2) 무료법률지원 활용

임금 및 퇴직급여 등을 받지 못한 근로자가 사용자를 상대로 민사소송, 강제집행 등을 통해 임금채권을 확보할 수 있도록 대한법률구조공단[45]에서 근로자에게 무료로 소송비용 등을 지원하고 있다. 다만, 최종 3개월분의 월평균임금이 400만원 미만인 근로자(국내거주 외국인 포함)만 무료법률지원의 대상이다.

(3) 대지급금 활용

대지급금은 「임금채권보장법」에 따라 도산한 기업 등에서 퇴직한 근로자가 사업주로부터 임금 등을 받지 못한 경우, 국가가 사업주를 대신하여 지급받지 못한 임금 등을 지급하고, 지급한 금액 한도에서 근로자의 임금청구권을 대위하여 사업주로부터 회수하는 제도이다.

2) 법원을 통한 해결

(1) 소액사건 재판

---

44) ㈜중앙경제, ISSUE & REPORT

45) 대한법률구조공단은 「법률구조법」에 의해 1987년에 설립되어 경제적으로 어렵거나 법률지식이 부족하여 법의 보호를 받지 못하는 사람들에게 법률상담, 변호사에 의한 소송대리 및 형사변호 등의 법률적 지원을 하기 위한 공공기관이다.

소액사건 재판은 「소액사건심판법」에 따라 소송의 당사자가 소송액이 3,000만원 미만인 소액사건에 대하여 다른 민사사건보다 간편하게 소를 제기하고 소송을 수행하는 제도이다.

(2) 민사조정

민사조정은 민사에 관한 분쟁을 간단한 절차에 따라 당사자 사이의 상호 양해를 통하여 조리를 바탕으로 실정에 맞게 해결하기 위한 제도로서, 민사분쟁의 당사자는 법원에 조정을 신청할 수 있고 당사자 사이에 합의된 사항을 조서에 기재하여 조정이 성립된 경우 재판상의 화해와 같은 효력이 있다.

(3) 보전처분

보전처분은 법원의 확정판결을 받기 전에 미리 사용자의 재산 등을 처분하지 못하도록 하거나 임시로 잠정적인 법률관계를 형성시키는 조치를 하여 나중에 확정판결을 받고 그 판결을 쉽게 집행하고 근로자가 입게 될지도 모르는 손해를 예방하는 민사집행법상 조치로 가압류 및 가처분이 있다.[46)]

제6절 임금의 보호

1. 휴업수당

1) 개 요

(1) 의 미

근로자는 사용자의 책임으로 근로를 제공하지 못하면 「민법」 제538조 제1항[47)]에 따라 임금

46) 가압류란 금전채권이나 금전으로 환산할 수 있는 채권(매매대금, 대여금, 어음금, 수표금, 양수금, 공사대금, 임료, 손해배상청구권 등)의 집행을 보전할 목적으로 미리 채무자의 재산을 동결시켜 채무자로부터 그 재산에 대한 처분권을 잠정적으로 빼앗는 것이다(「민사집행법」 제276조 제1항). 가처분은 금전채권 이외의 권리 또는 법률관계에 관한 확정판결의 강제집행을 보전하기 위한 집행보전제도이다(「민사집행법」 제300조).

47) **제538조 【채권자귀책사유로 인한 이행불능】** ① 쌍무계약의 당사자 일방의 채무가 채권자의 책임있는 사유로 이행할 수 없게 된 때에는 채무자는 상대방의 이행을 청구할 수 있다. 채권자의 수령지체 중에 당사자 쌍방의 책임없는 사유로 이행할 수 없게 된 때에도 같다.

지급을 청구할 수 있는데, 민법 규정에 따라 임금 지급을 청구하려면 사용자의 고의 또는 과실 등이 인정되어야 하고, 민사소송절차에 따른 시간과 비용 등이 많이 발생하게 되어 근로자의 생활이 불편해질 수 있다. 이러한 문제를 해결하기 위해 근기법 제46조는 사용자의 귀책사유로 휴업하는 경우에 휴업기간 동안 평균임금의 70% 이상에 해당하는 수당을 지급하도록 규정하고 있고, 이를 휴업수당이라고 한다.

※ 휴업수당은 상시근로자 5인 미만 사업(장)에는 적용되지 않음(근기법 제11조 제2항).

- *'휴업'이라 함은 근로자가 근로계약에 따라 근로를 제공할 의사가 있음에도 불구하고 그 의사에 반하여 근로를 제공하지 못한 경우(대법원 2013.10.11. 선고 2012다12870 판결 등 참조)를 말하는 것이므로, 질의상 토요일이 무급휴무일로서 근로제공의무가 없는 날인 경우라면 법 제46조의 휴업에 해당하지 않으므로 달리 정한 바가 없다면 휴업수당 지급의무는 발생하지 않을 것임(고용노동부 2015.4.10., 근로기준정책과-1448).*
- *근로기준법 제38조(현행 제46조)는 근로자의 최저생활을 보장하려는 취지에서 사용자의 귀책사유로 인하여 휴업하는 경우에는 사용자는 휴업기간 중 당해 근로자에게 그 평균임금의 100분의 70 이상의 수당을 지급하여야 한다고 규정하고 있고, 여기서의 휴업이란 개개의 근로자가 근로계약에 따라 근로를 제공할 의사가 있음에도 불구하고 그 의사에 반하여 취업이 거부되거나 또는 불가능하게 된 경우도 포함된다고 할 것(대법원 1991.6.28. 선고 90다카25277 판결).*
- *근기법 제46조 제1항에서 정하는 '휴업'에는 개개의 근로자가 근로계약에 따라 근로를 제공할 의사가 있는데도 그에 반하여 취업이 거부되거나 불가능하게 된 경우도 포함되므로 이는 '휴직'을 포함하는 광의의 개념인데, 근기법 제23조 제1항에서 정하는 '휴직'은 어떤 근로자를 그 직무에 종사하게 하는 것이 불가능하거나 적당하지 아니한 사유가 발생한 때에 그 근로자의 지위를 그대로 두면서 일정한 기간 그 직무에 종사하는 것을 금지시키는 사용자의 처분을 말하는 것이고, '대기발령'은 근로자가 현재의 직위 또는 직무를 장래에 계속 담당하게 되면 업무상 장애 등이 예상되는 경우에 이를 예방하기 위하여 일시적으로 당해 근로자에게 직위를 부여하지 아니함으로써 직무에 종사하지 못하도록 하는 잠정적인 조치를 의미하므로, 대기발령은 근기법 제23조 제1항에서 정한 '휴직'에 해당한다고 볼 수 있음. 따라서 사용자가 자신의 귀책사유에 해당하는 경영상의 필요에 따라 개별 근로자들에 대하여 대기발령을 하였다면 이는 근기법 제46조 제1항에서 정한 '휴업'을 실시한 경우에 해당하므로 사용자는 그 근로자들에게 휴업수당을 지급할 의무가 있음(대법원 2013.10.11. 선고 2012다12870 판결).*

(2) 무노동 무임금 원칙의 예외

휴업수당은 근로자의 귀책사유 또는 사용자에 대한 불가항력이 없는데도 근로를 제공할 수 없게 될 때 임금상실이라는 위험으로부터 근로자의 생활을 보호하기 위해 마련된 규정으로, 노동법의 대원칙인 무노동 무임금(No work, no pay) 원칙이 적용되지 않는다.

> *'무노동 무임금 원칙'은 근로하지 않은 기간에 상응하는 임금은 지급하지 않는다는 원칙으로 근로계약의 본질로부터 도출되는 것임(고용노동부 1998.11.25., 협력 68140-440).*

(3) 사용자의 고의 또는 과실 무관

근기법상 휴업수당은 민법과 달리 사용자의 고의 또는 과실과 관계없이 휴업에 따른 위험을 사용자가 부담하여 최소 평균임금의 70%에 해당하는 금액을 근로자에게 지급하게 하고, 이를 이행하지 않으면 벌칙(3년 이하의 징역 또는 3천만원 이하 벌금)을 부과하여 사용자에게 휴업수당의 이행을 담보케 하고 있다.

2) 사용자의 귀책사유

(1) 의 미

사용자의 귀책사유란 민법상의 귀책사유인 고의 또는 과실 이외에도 사용자의 세력범위 안에서 생긴 경영장애로서 자금난, 원자래 부족, 주문량 감소, 시장불황과 생산량 감소, 모회사의 경영난에 따른 하청공장의 자재·자금난에 의한 조업단축 등으로 인한 휴업을 말한다.

> - *'사용자의 귀책사유'는 민법상의 귀책사유인 고의·과실 이외에도 사용자의 세력범위 안에서 발생한 경영장애까지 해당되는 것으로 넓게 보고 있음(고용노동부, '휴업수당제도 해석 기준', 2009.2.13., 근로기준과-387).*
> - *귀책사유란, 사용자가 기업의 경영자로서 천재지변·재난 등과 같이 불가항력이라고 주장할 수 없는 모든 사유를 말하므로(대법원 2013.10.11. 선고 2012다12870 참고), 사용자의 귀책사유에는 고의·과실 이외에도 작업량 감소, 판매부진과 자금난, 원자재 부족, 원도급업체의 공사중단에 따른 하도급업체의 조업중단 등 사용자의 세력범위 안에서 발생한 경영장애까지 해당함(고용노동부 2020.3.12., 근로기준정책과-1078).*

(2) 사용자 귀책사유의 예외

천재지변·전쟁 등과 같은 불가항력, 기타 사용자의 세력범위에 속하지 않는 기업 외적인 사정, 통상 사용자로서 최대한의 주의를 하여도 피할 수 없는 사고 등 부득이한 사유로 인하여 사업계속이 불가능하게 된 경우에는 사용자에게 경영위험의 책임을 물을 수 없으므로 이러한 경우에는 사용자의 귀책사유로 볼 수 없다.

〈사용자의 귀책사유 예시〉[48)]

사용자의 귀책사유 인정	사용자의 귀책사유 불인정
㉮ 배급유통기구의 차질에 의한 작업량감소 ㉯ 원도급업체의 공사중단에 따른 하도급업체의 조업중단 ㉰ 갱내 붕괴사고 ㉱ 공장의 소실 ㉲ 판매부진과 자금난 ㉳ 원자재의 부족 ㉴ 전력회사의 전력공급 중단 ㉵ 경영상의 휴업·공장이전	㉮ 징계로서의 정직 또는 출근정지 ㉯ 휴직 ㉰ 부당해고 또는 무효인 해고 ㉱ 천재지변

3) 휴업수당의 산정

(1) 일반적인 경우

「근로기준법」

제46조【휴업수당】 ① 사용자의 귀책사유로 휴업하는 경우에 사용자는 휴업기간 동안 그 근로자에게 평균임금의 100분의 70 이상의 수당을 지급하여야 한다. 다만, 평균임금의 100분의 70에 해당하는 금액이 통상임금을 초과하는 경우에는 통상임금을 휴업수당으로 지급할 수 있다.

사용자는 휴업수당으로 평균임금의 70% 이상을 근로자에게 지급하여야 한다. 따라서 휴업수당액은 최소 평균임금의 70%를 기준으로 산정되어야 한다. 다만, 휴업수당액인 평균임금의 70%에 해당하는 금액이 통상임금을 초과하는 경우에는 통상임금을 휴업수당으로 지급할 수 있다. 따라서 평균임금의 70%가 통상임금을 초과한다면, 평균임금의 70% 또는 통상임금을 휴업수당액으로 지급할 수 있다.

〈휴업수당액 산정 방식〉

구 분	산정 방식
원 칙	1일분 휴업수당액 = 평균임금 × 70%
휴업수당액이 통상임금을 초과하는 경우	1일분 휴업수당액 = (평균임금 × 70%) 또는 통상임금

ex. 1일 평균임금이 10만원, 1일 통상임금 8만원인 근로자가 3일간 휴업한 경우

→ 1일분 휴업수당액은 7만원(10만원×70%)이고, 3일간 휴업하였으므로 21만원(7만원×3일)을 휴업수당액으로 지급해야 함.

48) 고용노동부, "휴업수당제도 해석 기준"(지침), 2009.2.13. 제정, 근로기준과-387.

ex. 1일 평균임금 10만원, 1일 통상임금 6만원인 근로자가 휴업한 경우

→ 원칙적인 1일분 휴업수당액은 7만원(10만원×70%)이지만, 근기법 제46조 단서에 따라 휴업수당액(7만원)이 통상임금(6만원)을 초과하는 경우에 해당함. 따라서 평균임금의 70%(7만원) 또는 통상임금(6만원)을 휴업수당액으로 지급할 수 있음.

(2) 휴업기간 중에 사용자에게 임금의 일부를 받은 경우

「근로기준법 시행령」

제26조【휴업수당의 산출】 사용자의 귀책사유로 휴업한 기간 중에 근로자가 임금의 일부를 지급받은 경우에는 사용자는 법 제46조 제1항 본문에 따라 그 근로자에게 평균임금에서 그 지급받은 임금을 뺀 금액을 계산하여 그 금액의 100분의 70 이상에 해당하는 수당을 지급하여야 한다. 다만, 법 제46조 제1항 단서에 따라 통상임금을 휴업수당으로 지급하는 경우에는 통상임금에서 휴업한 기간 중에 지급받은 임금을 뺀 금액을 지급하여야 한다.

근로자가 휴업기간 중에 사용자에게 임금의 일부를 지급받은 경우에는, 평균임금에서 지급받은 임금을 뺀 금액을 계산하여, 그 금액의 70% 이상에 해당하는 수당을 지급한다. 다만, 통상임금을 휴업수당으로 지급하는 경우에는 통상임금에서 휴업기간 중에 지급받은 임금을 뺀 금액을 지급하여야 한다.

〈휴업기간 중에 임금의 일부를 받은 경우의 휴업수당액 산정 방식〉

1일분 휴업수당액 = (평균임금 − 지급받은 임금) × 70%

ex. 1일 평균임금이 10만원이고 1일 통상임금이 6만원인 근로자가, 회사로부터 5만원의 임금을 지급받은 경우

→ 1일 평균임금(10만원)에서 지급받은 임금(5만원)을 뺀 금액(5만원=10만원−5만원)의 70%인 35,000원(5만원×70%)이 휴업수당임. 다만, 통상임금(6만원)을 휴업수당으로 지급하는 경우라면 통상임금(6만원)에서 지급받은 임금(5만원)을 뺀 금액(1만원=6만원−5만원)을 휴업수당액으로 지급하면 됨.

(3) 휴업기간 중에 중간수입이 있는 경우

휴업기간 중에 근로자에게 중간수입이 있는 경우, 휴업수당의 한도내에서는 이를 중간수입 공제의 대상으로 삼을 수 없고 그 휴업수당을 초과하는 금액의 범위 내에서 공제해야 한다.

〈휴업기간 중에 중간수입이 있는 경우의 휴업수당액 산정 방식〉

1일분 휴업수당액 = 휴업수당액 − 휴업수당액 초과금액(중간수입 − 휴업수당액)

ex. 1일 평균임금이 10만원인 근로자가, 휴업기간 중 8만원의 수입이 있는 경우

→ 휴업수당액(7만원=10만원×70%)을 초과하는 금액(1만원=8만원−7만원)을 휴업수당(7만원)에서 공제한 나머지 금액인 6만원(7만원−1만원)이 휴업수당액임.

사용자의 귀책사유로 인하여 해고된 근로자가 해고기간 중에 다른 직장에서 근무하여 지급받은 임금은 민법 제538조 제2항에 규정된 자기의 채무를 면함으로써 얻은 이익에 해당하므로, 사용자는 근로자에게 해고기간 중의 임금을 지급함에 있어 위와 같은 중간수입을 공제할 수 있지만, 해고기간 동안의 임금액 중 근로기준법 소정의 휴업수당의 범위 내의 금액에서는 위 중간수입을 공제할 수 없고, 휴업수당을 초과하는 금액에서만 이를 공제할 수 있음(대법원 2005.1.13. 선고 2004다37744 판결).

4) 휴업수당의 감액

「근로기준법」

제46조【휴업수당】 ① 생략

② 제1항에도 불구하고 부득이한 사유로 사업을 계속하는 것이 불가능하여 노동위원회의 승인을 받은 경우에는 제1항의 기준에 못 미치는 휴업수당을 지급할 수 있다.

사용자의 귀책사유가 있는 경우로써 부득이한 사유로 사업을 계속하는 것이 불가능한 경우 노동위원회의 승인을 받아 평균임금의 70%에 미달(전혀 지급하지 않는 것도 가능)하는 휴업수당을 지급할 수 있다.

- *사용자가 노동위원회로부터 기준미달 휴업수당지급 승인을 얻은 경우에는 평균임금의 70% 이하로 휴업수당을 지급하거나 수당을 전혀 지급하지 않을 수도 있음(대법원 2000.11.24. 선고 99다4280 판결).*
- *'부득이한 사유'라 함은 원칙적으로 경영악화 등이 당해사업의 외부 사정에 기인한 사유로써 사용자의 지배세력 범위에 있는 경우임. 그러나 경영악화 등을 초래한 원인이 순수하게 외부의 요인에 의해서만 발생하는 것은 아니므로 ① 내·외부 사정을 종합적으로 살펴 ② 사용자가 경영정상화를 위해 선량한 관리자로서 최선을 다하고 ③ 그것이 사회 통념상 인정될 수 있는 경우에는 부득이한 사유가 있다고 볼 수 있을 것임. '사업 계속이 불가능하다'는 것은 사용자로서 노력을 다하여도 조업을 일시 중지할 수밖에 없는 경우로써 기업 도산이나 폐업 등에 이르는 상황을 요하는 것은 아님. 따라서 "부득이한 사유로 사업 계속이 불가능"한 경우란 경기침체 등에 따라 지속적인 손실누적, 재무구조 악화, 부도발생 등으로 구조조정이 불가피한 사업장에서 경영상 해고회피 노력의 일환으로 조업을 중단할 수 밖에 없는 정도라고 봄이 상당하며, 사용자의 지배세력을 벗어나거나 불가항력적인 사유를 의미하는 것은 아님(고용노동부 2009.2.13., 근로기준과-387).*

- *부득이한 사유로 사업을 계속하는 것이 불가능 하더라도, 노동위원회의 승인을 받지 못하면 휴업수당을 감액 지급할 수 없음(대법원 1993.11.9. 선고 93누1671 판결).*

5) 휴업기간 중의 주휴일 및 연차유급휴가 부여방법

사용자의 귀책사유로 휴업한 기간 중의 주휴일 및 연차유급휴가는 다음의 기준에 따라 부여한다.

〈휴업기간 중의 주휴일 및 연차유급휴가 부여 방법〉[49]

구 분		적 용
주휴일	1주간의 소정근로일 일부를 휴업한 경우	휴업일을 제외한 소정근로일 전부를 개근하였다면 유급주휴일을 부여
	1주간의 소정근로일 전부를 휴업한 경우	1주간 전부를 휴업한 경우에는 유급주휴일은 발생하지 않음. (다만, 소정근로일 개근 시 부여하는 유급주휴일도 휴업기간에 포함하여 휴업수당을 산정해야 함. 고용노동부 1998.6.5., 근기 68207-1138)
연차유급휴가	1월의 소정근로일 일부를 휴업한 경우	휴업일을 제외한 소정근로일을 개근하였다면 연차유급휴가 부여
	1월의 소정근로일 전부를 휴업한 경우	1개월 전부를 휴업한 경우에는 연차유급휴가는 발생하지 않음

※ 사용자의 귀책사유로 휴업하는 휴업기간 중 유급휴일(약정휴일 포함)이 포함되었을 경우의 휴업수당은 해당 휴일을 포함하여 산정하여야 함(고용노동부, 2009.3.10., 근로조건지도과-1418; 고용노동부 2008.7.16., 근로조건지도과-2582).

2. 임금 및 퇴직급여 등의 우선변제

「근로기준법」

제38조【임금채권의 우선변제】 ① 임금, 재해보상금, 그 밖에 근로관계로 인한 채권은 사용자의 총담보된 채권 외에는 조세·공과금 및 다른 채권에 우선하여 변제되어야 한다. 다만, 질권·저당권 또는 「동산·채권 등의 담보에 관한 법률」에 따른 담보권에 우선하는 조세·공과금에 대하여는 그러하지 아니하다.

② 제1항에도 불구하고 다음 각호의 어느 하나에 해당하는 채권은 사용자의 총재산에 대하여 질

49) 고용노동부, "휴업수당제도 해석 기준"(지침), 2009.2.13. 제정, 근로기준과-387; 고용노동부, 1994.2.17., 근기 68207-333.

권 · 저당권 또는 「동산 · 채권 등의 담보에 관한 법률」에 따른 담보권에 따라 담보된 채권, 조세 · 공과금 및 다른 채권에 우선하여 변제되어야 한다.
1. 최종 3개월분의 임금
2. 재해보상금

「근로자 퇴직급여 보장법」(약칭: 퇴직급여법)(약칭: 퇴직급여법)

제12조【퇴직급여 등의 우선변제】 ① 사용자에게 지급의무가 있는 퇴직금, 제15조에 따른 확정급여형퇴직연금제도의 급여, 제20조 제3항에 따른 확정기여형퇴직연금제도의 부담금 중 미납입 부담금 및 미납입 부담금에 대한 지연이자, 제25조 제2항 제4호에 따른 개인형 퇴직연금제도의 부담금 중 미납입 부담금 및 미납입 부담금에 대한 지연이자(이하 "퇴직급여 등"이라 한다)는 사용자의 총재산에 대하여 질권 또는 저당권에 의하여 담보된 채권을 제외하고는 조세 · 공과금 및 다른 채권에 우선하여 변제되어야 한다. 다만, 질권 또는 저당권에 우선하는 조세 · 공과금에 대하여는 그러하지 아니하다.
② 제1항에도 불구하고 최종 3년간의 퇴직급여등은 사용자의 총재산에 대하여 질권 또는 저당권에 의하여 담보된 채권, 조세 · 공과금 및 다른 채권에 우선하여 변제되어야 한다.

1) 의 의

임금 및 퇴직급여 등의 우선변제는 사용자가 파산[50]하거나 사용자의 재산이 다른 채권자에 의해서 압류 등 채권보전절차의 대상이 되는 경우에 근로자의 임금 및 퇴직급여 등을 일반채권자의 채권 또는 조세·공과금보다 우선하게 변제를 받게 함으로써, 근로자의 임금 및 퇴직급여 등을 보호하기 위한 제도이다. 이를 위해 근기법 제38조 및 퇴직급여법 제12조는 임금·재해보상금·퇴직급여 등에 대해 우선변제 및 최우선변제를 규정하고 있다.

※ 우선변제 및 최우선변제의 퇴직급여 중에서 퇴직금 및 확정급여형 퇴직연금의 급여는 '계속근로기간 1년에 대하여 30일분의 평균임금'으로 계산한 금액으로 하고, 확정기여형 퇴직연금 및 개인형 퇴직연금의 부담금은 '연간 임금총액의 12분의 1에 해당하는 금액'으로 계산한 금액으로 함.

2) 임금 및 퇴직급여 등의 우선변제

임금, 퇴직급여, 재해보상금 그 밖에 근로관계로 인한 채권은 사용자의 총재산에 대해 질권·저당권[51] 또는 「동산 · 채권 등의 담보에 관한 법률」에 따른 담보권에 따라 담보된 채권외에

---

50) '파산'은 채무자가 그 채무를 완전히 갚을 수 없는 상태에 빠졌을 경우에, 그 채무자의 총재산을 나누어 모든 채권자에게 공평히 갚도록 하는 것을 목적으로 하는 재판의 절차이다. 채권자의 신청에 의하여 법원이 선고하면 선고된 후는 「채무자 회생 및 파산에 관한 법률」에 규정된 절차에 의하여 집행된다.

51) '질권'은 동산을 담보로 하여 채무를 변제할 때까지 그 물건을 채권자가 가지고 있으면서 일반채권에 우선하여 채무를

는 조세·공과금 및 다른 채권에 우선하여 변제되어야 한다. 다만, 질권·저당권 또는 「동산·채권 등의 담보에 관한 법률」에 따른 담보권에 우선하는 조세·공과금에 대하여는 그러하지 아니하다.[52)]

> *사용자의 총재산이라 함은 근로계약의 당사자로서 임금채무를 1차적으로 부담하는 사업주인 사용자의 총재산을 의미한다 할 것이고, 따라서 사용자가 법인인 경우에는 법인 자체의 재산만을 가리키며 법인의 대표자 등 사업경영담당자의 개인재산은 이에 포함되지 않는다고 봄이 상당함(대법원 1996.2.9. 선고 95다719 판결).*

3) 임금 및 퇴직급여 등의 최우선변제

임금·재해보상금·퇴직급여 등의 우선변제와 관계없이 최종 3개월분의 임금, 최종 3년간의 퇴직급여, 재해보상금은 사용자의 총재산에 대하여 질권·저당권 또는 「동산 · 채권 등의 담보에 관한 법률」에 따른 담보권에 따라 담보된 채권, 조세·공과금 및 다른 채권에 우선하여 변제되어야 한다.

> *근로기준법 제37조 제2항의 규정에 의거 임금채권 우선변제가 되는 최종 3개월분의 임금이란 '근로자의 퇴직일 또는 사실상 근로관계가 종료된 날부터 소급하여 3개월간'의 근로로 인하여 지급사유가 발생한 일체의 임금을 말함(고용노동부, 2001.4.3., 임금 68207-241).*

〈임금 및 퇴직급여 등의 변제순위〉

① 최종 3월분의 임금, 최종 3년간의 퇴직급여, 재해보상금 → **최우선변제**
② 질권·저당권 또는 「동산·채권 등의 담보에 관한 법률」에 따른 담보권에 우선하는 조세·공과금
③ 질권·저당권 또는 「동산·채권 등의 담보에 관한 법률」에 따른 담보권에 의하여 담보된 채권
④ 1순위(최우선변제) 외의 임금·퇴직급여, 기타 근로관계로 인한 채권 → **우선변제**
⑤ 일반 조세·공과금
⑥ 기타 채권(일반채권)

※ 근로자가 (최)우선변제의 권리를 주장하기 위해서는 「민사집행법 제88조 제1항」[53)]에 따라 배당요구 종

변제받을 권리고, '저당권'은 부동산을 담보로 하여 그 부동산에 대하여 다른 채권자보다 우선하여 변제받을 권리이다.

52) '공과금'은 국가나 공공단체에 의해 국민 등에게 부과되는 공적 부담을 총칭하는 것이고(부역, 도료사용료, 하천사용료 등), '질권 · 저당권에 우선하는 조세 · 공과금'이란 그 재산에 관하여 부과된 국세와 가산금을 말한다(상속세, 증여세, 종합부동산세 등).

53) 제88조 【배당요구】 ① 집행력 있는 정본을 가진 채권자, 경매개시결정이 등기된 뒤에 가압류를 한 채권자, 민법 · 상

기시점까지 배당요구를 하여야 함.

3. 임금채권보장제도

1) 의 의

「임금채권보장법」(약칭: 임채법)
제1조【목적】 이 법은 경기 변동과 산업구조 변화 등으로 사업을 계속하는 것이 불가능하거나 기업의 경영이 불안정하여, 임금등을 지급받지 못하고 퇴직한 근로자 등에게 그 지급을 보장하는 조치를 마련함으로써 근로자의 생활안정에 이바지하는 것을 목적으로 한다.

근기법 제38조 및 퇴직급여법 제12조의 우선변제 및 최우선변제는 사업주가 변제능력이 없거나, 변제가 가능하더라도 법원의 경매절차 등을 거쳐야 하므로 신속하게 임금 등을 확보하기에는 한계가 있다. 이를 극복하기 위하여 근기법 및 퇴직급여법과는 별도로 「임금채권보장법」(이하 '임채법'이라 함)을 제정하여 1998.7.1.부터 시행하고 있다. 임금채권보장제도란 근로자가 기업의 파산 등으로 인하여 임금·퇴직급여 등을 받지 못한 경우 국가(고용노동부)가 사업주를 대신하여 일정액의 임금·퇴직급여 등을 지급하고, 사업주에게 임금·퇴직급여 등에 대한 구상권을 행사하여 근로자의 기본적인 생활안정을 도모하는 것으로 체불 임금 등 대지급금(이하 '대지급금'이라 함)[54]이라고 한다.

2) 적용범위

「임금채권보장법」(약칭: 임채법)
제3조【적용 범위】 이 법은 「산업재해보상보험법」 제6조에 따른 사업 또는 사업장(이하 "사업"이라 한다)에 적용한다. 다만, 국가와 지방자치단체가 직접 수행하는 사업은 그러하지 아니하다.

대지급금은 「산업재해보상보험법」 제6조[55]의 적용사업장으로 6개월 이상 해당 사업을 영위

법, 그 밖의 법률에 의하여 우선변제청구권이 있는 채권자는 배당요구를 할 수 있다.

54) 2021.4.13.(2021.10.14. 시행)에 「임금채권보장법」이 개정되어, 기존에 사용하던 '체당금'이라는 용어를 법령에 대한 국민의 접근과 이해에 불편함을 초래하는 어려운 법령용어에 대해 알기 쉬운 용어로 변경하기 위하여 '체불 임금 등 대지급금'으로 하였다.

55) 제6조【적용 범위】 이 법은 근로자를 사용하는 모든 사업 또는 사업장(이하 "사업"이라 한다)에 적용한다. 다만, 위험

하고 회생절차 개시의 결정, 파산선고의 결정, 고용노동부 장관이 정한 요건과 절차에 따라 미지급 임금 등을 지급할 능력이 없다고 인정한 경우, 사업주가 근로자에게 미지급 임금 등을 지급하라는 판결 등이 있는 경우에 적용한다.

※ 체불 임금 등 대지급금은 대상 사업장에서 퇴직한 근로자 또는 재직 중인 근로자 모두에게 적용됨.

3) 대지급금의 지급사유

고용노동부 장관은 사업주가 다음 사유의 어느 하나에 해당하는 경우에 근로자가 받지 못한 임금 등의 지급을 청구하면 제3자의 변제에 관한 「민법」 제469조[56]에도 불구하고 그 근로자의 미지급 임금 등을 사업주를 대신하여 지급한다(임채법 제7조 제1항 및 임채법 제7조의2 제1항).

〈대지급금 지급 사유〉

퇴직근로자	재직근로자
1. 「채무자 회생 및 파산에 관한 법률」에 따른 회생절차 개시의 결정이 있는 경우 2. 「채무자 회생 및 파산에 관한 법률」에 따른 파산선고의 결정이 있는 경우 3. 고용노동부 장관이 정한 요건과 절차에 따라 미지급 임금 등을 지급할 능력이 없다고 인정하는 경우 4. 사업주가 근로자에게 미지급 임금등을 지급하라는 다음 각 목의 어느 하나에 해당하는 판결, 명령, 조정 또는 결정 등이 있는 경우 가. 「민사집행법」 제24조에 따른 확정된 종국판결 나. 「민사집행법」 제56조 제3호에 따른 확정된 지급명령 다. 「민사집행법」 제56조 제5호에 따른 소송상 화해, 청구의 인낙(認諾) 등 확정판결과 같은 효력을 가지는 것 라. 「민사조정법」 제28조에 따라 성립된 조정 마. 「민사조정법」 제30조에 따른 확정된 조정을	1. 사업주가 근로자에게 미지급 임금 등을 지급하라는 다음 각 목의 어느 하나에 해당하는 판결, 명령, 조정 또는 결정 등이 있는 경우 가. 「민사집행법」 제24조에 따른 확정된 종국판결 나. 「민사집행법」 제56조 제3호에 따른 확정된 지급명령 다. 「민사집행법」 제56조 제5호에 따른 소송상 화해, 청구의 인낙(認諾) 등 확정판결과 같은 효력을 가지는 것 라. 「민사조정법」 제28조에 따라 성립된 조정 마. 「민사조정법」 제30조에 따른 확정된 조정을 갈음하는 결정 바. 「소액사건심판법」 제5조의7 제1항에 따른 확정된 이행권고 결정 2. 고용노동부 장관이 근로자에게 체불 임금

률·규모 및 장소 등을 고려하여 대통령령으로 정하는 사업에 대하여는 이 법을 적용하지 아니한다.

56) 제469조 【제삼자의 변제】 ① 채무의 변제는 제삼자도 할 수 있다. 그러나 채무의 성질 또는 당사자의 의사표시로 제삼자의 변제를 허용하지 아니하는 때에는 그러하지 아니하다. ② 이해관계 없는 제삼자는 채무자의 의사에 반하여 변제하지 못한다.

갈음하는 결정 바.「소액사건심판법」 제5조의7 제1항에 따른 확정된 이행권고 결정 5. 고용노동부 장관이 근로자에게 체불 임금 등과 체불 사업주 등을 증명하는 서류("체불 임금 등 · 사업주 확인서"라 함)를 발급하여 사업주의 미지급임금 등이 확인된 경우	등과 체불 사업주 등을 증명하는 서류("체불 임금 등 · 사업주 확인서"라 함)를 발급하여 사업주의 미지급임금 등이 확인된 경우

※ 임금 등을 받지 못한 근로자는 고용노동부 장관에게 '체불 임금 등 사업주 확인서'를 발급받고 대지급금을 청구할 수 있음(임채법 제12조).

4) 대지급금의 지급액

(1) 개 요

대지급금의 유형은 퇴직근로자에게 지급하는 도산대지급금과 퇴직근로자와 재직근로자에게 지급하는 간이대지급금으로 구분되며, 대지급금의 지급액은 고용노동부가 고시[57]하는 기준에 따라 지급된다.

※ 대지급금의 권리는 양도하거나 담보로 제공할 수 없고, 미성년자인 근로자는 독자적으로 대지급금의 지급을 청구할 수 있음(임채법 제11조의2).

(2) 도산대지급금

도산대지급금의 범위는 최종 3개월분의 임금, 최종 3년간의 퇴직급여 등, 최종 3개월분 휴업수당, 최종 3개월분 출산전후휴가 급여이고, 근로자의 퇴직 당시의 연령 등을 고려하여 다음과 같이 정한다.

〈도산대지급금액〉

퇴직 당시 연령 항목(단위: 만원)	30세 미만	30세 이상 40세 미만	40세 이상 50세 미만	50세 이상 60세 미만	60세 이상
임금	220	310	350	330	230
퇴직급여 등	220	310	350	330	230
휴업수당	154	217	245	231	161
출산전후휴가 기간 중 급여	310				

※ 임금 및 출산전후휴가 기간 중 급여·휴업수당은 1월분, 퇴직급여 등은 1년분 기준임.

57) 고용노동부고시 제2021-81호, '체불 임금 등 대지급금 상한액 고시', 2021.10.14.

(3) 간이대지급금

간이대지급금의 범위는 임금 및 출산전후휴가기간 중 급여, 휴업수당, 퇴직급여 등이고, 근로자의 임금이나 소득수준 및 그 밖의 생활여건 등을 고려하여 다음과 같이 정한다.

〈간이대지급금액〉

항 목	상한액(단위: 만원)
임금 및 출산전후휴가기간 중 급여, 휴업수당	700
퇴직급여 등	700

※ 각 항목별 금액을 합한 총상한액은 1,000만원.

4. 임금 및 퇴직금의 시효

1) 개 요

「근로기준법」

제49조【임금의 시효】 이 법에 따른 임금채권은 3년간 행사하지 아니하면 시효로 소멸한다.

「근로자 퇴직급여 보장법」(약칭: 퇴직급여법)

제10조【퇴직금의 시효】 이 법에 따른 퇴직금을 받을 권리는 3년간 행사하지 아니하면 시효로 인하여 소멸한다.

임금 및 퇴직금 채권은 3년간 행사하지 아니하면 시효로 소멸한다.[58] 소멸시효가 적용되는 임금은 근기법 제2조 제1항 제5호에 정의하고 있는 임금이고, 퇴직금은 퇴직급여법 제8조에 규정된 법정퇴직금을 의미한다.

※ '임금의 범위에 해당하지 않는 채권'은 민법 제162조[59] 규정에 따른 일반채권의 소멸시효와 동일하게 10년임.

시효제도의 존재이유는 영속된 사실상태를 존중하고 권리 위에 잠자는 자를 보호하지 않는다는 데

58) 시효는 일정한 사실관계가 일정기간 계속되어 온 경우에 그 사실관계가 진정한 권리관계와 부합하는지를 묻지 않고, 법률상 사실상태에 대응하는 법률효과를 인정하여 주는 제도이다. 시효는 「민법」에 따라 시효로 인하여 권리가 소멸되는 '소멸시효' 와 권리를 취득하는 '취득시효' 가 있고, 노동법에는 소멸시효만 규정하고 있다.

59) 제162조【채권, 재산권의 소멸시효】 ① 채권은 10년간 행사하지 아니하면 소멸시효가 완성한다.

에 있고 특히 소멸시효에 있어서는 후자의 의미가 강하므로, 권리자가 재판상 그 권리를 주장하여 권리 위에 잠자는 것이 아님을 표명한 때에는 시효중단 사유가 되는바, 이러한 시효중단 사유로서의 재판상의 청구에는 그 권리 자체의 이행청구나 확인청구를 하는 경우만이 아니라, 그 권리가 발생한 기본적 법률관계에 관한 확인청구를 하는 경우에도 그 법률관계의 확인청구가 이로부터 발생한 권리의 실현수단이 될 수 있어 권리 위에 잠자는 것이 아님을 표명한 것으로 볼 수 있을 때에는 그 기본적 법률관계에 관한 확인청구도 이에 포함된다고 보는 것이 타당(대법원 1992.3.31. 선고 91다32053 전원합의체 판결).

2) 소멸시효의 기산일

임금 등의 소멸시효 기산일을 노동법에 규정하고 있지 않아서, 소멸시효는 「민법」 제166조 제1항[60]에 따라 채권을 행사할 수 있는 날부터 진행한다.

〈소멸시효의 기산일〉

구 분	기산일
임 금	임금 정기지급일
상여금	상여금에 관한 권리가 발생한 때
연차유급휴가 미사용 수당	연차유급휴가 미사용수당 청구권이 발생한 날
퇴직금	근로관계 종료 다음날

※ 미지급 중간정산 퇴직금의 소멸시효 기산일은 중간정산일임(고용노동부, 2020.8.5., 퇴직연금복지과-3517).

- 임금채권의 소멸시효는 근로기준법 제49조에 3년으로 규정되어 있는바, 이는 그 기간 내에 근로자가 임금채권을 행사하지 않으면 그 권리를 잃는다는 것을 의미함. 아울러, 소멸시효의 기산점에 대해서는 근로기준법에 규정하고 있지 않으므로 민법 제166조에 의하여야 할 것인 바, 임금은 임금정기지급일이 기산일이 됨(고용노동부 2011.4.8. 근로개선정책과-702).

- 직원인 근로자가 퇴직금 수령 등 일체의 퇴직절차를 행하지 않고 이사로 선임되어 근무기간의 단절없이 계속 근무하였다면 이사로 선임된 사실을 퇴직으로 볼 수는 없으며, 퇴직일은 이사로 근무하다 퇴직한 시점이 될 것이므로 이사로 선임된지 3년이 지났음을 이유로 임금채권의 소멸시효 문제는 발생하지 않음. 근로기준법 제34조에 규정한 퇴직금은 직원으로 근무한 기간(이사 근무기간 제외)에 대하여 지급하되, 직원으로 근무한 기간의 최종 3개월간의 임금총액을 그 기간의 총일수로 나누어 산정한 평균임금을 기초로 산정하여야 하며, 이사로 근무한 기간에 대한 퇴직금

60) 제166조 【소멸시효의 기산점】 ① 소멸시효는 권리를 행사할 수 있는 때로부터 진행한다.

은 회사의 정관에서 규정한 퇴직금 지급기준에 의하여 처리하여야 할 것으로 사료됨(고용노동부 2000.9.30., 근기 68207-3003).

3) 소멸시효의 중단

소멸시효가 진행되는 도중에 근로자가 권리행사를 하거나 사용자가 임금 및 퇴직금 채무의 존재를 승인하는 등 소멸시효의 진행을 중지하는 사정이 발생하면 더 이상 소멸시효를 진행시킬 이유가 없는데, 이를 소멸시효의 중단[61]이라고 한다. 소멸시효 중단에 대해서는 노동법에 별도의 규정이 없으므로, 「민법」 제168조(소멸시효의 중단사유)에 따라 청구, 압류 또는 가압류 및 가처분, 승인의 경우에만 가능하다.

※ 단순한 문의 또는 고용노동부에 진정·고소 등 신고사건 제기만으로는 시효가 중단되지 않음(고용노동부, 「체불사건 업무처리 요령」, 2016, 30쪽).

근로기준법 제41조(현행 제49조)에 따라 임금채권은 3년간 행사하지 아니한 때에는 시효로 인하여 소멸되는 것이며, 동 채권의 시효중단 사유에 대하여는 근로기준법령상 별도의 정함이 없으므로 민법 제168조(소멸시효 중단사유)에 따라 청구나 압류 또는 가압류, 가처분 및 승인의 경우에 한하는 것임(고용노동부, 1987.10.13., 근기 01254-16276).

4) 공소시효

(1) 의 미

공소시효는 범죄사건이 일정한 기간이 지나면 형벌권이 소멸되는 것으로, 임금체불의 공소시효는 5년이다.

공소시효는 형사소송법 제249조 제1항에 규정되어 있는 바, {장기 5년 미만의 징역 또는 금고, 장기 10년 이상의 자격정지 또는 다액 1만원 이상의 벌금에 해당하는 범죄}에 대하여는 3년(현행 5년)으로 정하고 있음. 이는 어떤 범죄사건이 일정한 기간의 경과로 형벌권이 소멸된다는 것을 의미함(고용노동부, 2001.11.27., 임금 68200-815).

※ 2007.12.21. 「형사소송법」 개정으로 임금체불의 공소시효는 3년에서 '5년'으로 연장되었음.

---

61) 소멸시효의 '중단'은 중단사유 전에 진행된 기간과 중단사유 이후에 진행된 기간을 합산하지 않고 이미 진행된 시효기간은 무효로 하고 새로이 시효기간이 진행된다. 반면에 소멸시효의 '정지'는 정지사유 전에 진행된 기간과 정지사유 이후에 진행된 기간을 합산한다.

(2) 기산일

임금체불의 공소시효 기산일은 「형사소송법」 제252조[62]에 따라 범죄행위가 종료한 때로부터 진행한다. 따라서 근기법 제43조 제2항(임금의 정기지급 원칙) 위반죄는 임금의 정기지급일부터 공소시효가 기산되고, 근기법 제36조(금품청산) 위반죄는 근로관계 종료일부터 14일이 경과한 날부터 기산되어 5년이 경과하면 공소시효는 완성된다.

> - *공소시효의 기산점을 같은법 제252조는 "범죄행위가 종료한 때"로 정하고 있으며, 공소시효의 정지사유는 같은 법 제253조에 "공소의 제기"로 규정되어 있음(고용노동부, 2001.11.27., 임금 68200-815).*
> - *근로기준법 제42조(현행 제43조) 제2항(임금의 정기지급) 또는 제36조(금품청산) 관련 위반사항이라면, 근로기준법 제42조(현행 제43조) 제2항 위반범죄는 임금의 정기지급일로부터 공소시효가 기산되고, 제36조 위반범죄는 퇴직일로부터 14일이 경과한 날부터 기산되어 3년(현행 5년)이 경과하면 공소시효는 완성됨. 다만, 위 경우 근로기준법 제36조 위반이 성립되기 위해서는 퇴직시 소멸시효가 완성되지 아니한 임금채권이 존재하고, 그 임금채권이 퇴직일로부터 14일 이내에 지급되지 않았어야 할 것임(고용노동부, 2001.11.27., 임금 68200-815).*

※ 형사처벌을 면할 목적으로 국외에 있는 경우 그 기간 동안 공소시효는 정지됨(「형사소송법」 제253조 제3항).

(3) 소멸시효와 공소시효의 관계

임금체불에 대한 공소시효는 완성되더라도 소멸시효의 중단 등으로 임금채권의 소멸시효가 완성되지 않았다면 민사상의 절차에 의해서 임금채권의 청구권을 행사할 수 있고, 반대로 임금채권의 소멸시효가 완성되더라도 공소시효가 남아 있는 경우에는 형사처벌이 가능하다.

> - *공소시효는 완성되었더라도 소멸시효의 중단 등으로 임금채권의 소멸시효가 완성되지 않았다면 민사상의 절차에 의해서 임금채권을 행사할 수 있을 것으로 사료됨(고용노동부, 2001.11.27., 임금 68200-815).*
> - *근로기준법 제36조에 따라 사용자는 근로자가 퇴직한 때로부터 14일 이내에 임금 등 금품을 근로자에게 지급하여야 하는 바, 이때 임금은 같은 법 제48조(현행 제49조)의 규정에 의한 소멸시효가 완성된 것은 제외된다고 보아야 할 것임. 따라서 퇴직시 소멸시효가 완성되지 아니한 임금을 그 때로부터 14일 이내에 근로자에게 지급하지 않을 경우 사용자는 같은 법 제112조(현행 제109조)의 규정에 의한 처벌을 받게 될 것인 바, 이때 근로기준법 위반의 죄에 대하여는 '공소시효는 범죄행*

62) 제252조 【시효의 기산점】 ① 시효는 범죄행위의 종료한 때로부터 진행한다. ② 공범에는 최종행위의 종료한 때로부터 전공범에 대한 시효기간을 기산한다.

위를 종료한 때로부터 진행한다'는 형사소송법 제252조의 규정에 따라 퇴직일로부터 14일이 경과한 날로부터 동법상 공소시효가 완성되지 아니한 시점까지는 그 처벌이 가능하다고 보아야 할 것임(고용노동부, 2001.5.3., 임금 68207-315).

- 근로기준법 제42조(현행 제43조) 제2항 위반행위와 동법 제36조 위반행위는 그 구성요건이 다른 별개의 범죄이고 실체적 경합관계[62]에 있다고 봄이 상당하므로, 공소시효는 각각 진행된다고 해석됨(법무부, "임금체불 행위의 공소시효 관련 해석", 2004-8-12, 법무심의관실-3484).

63) '실제적 경합'은 수 개의 죄가 동시에 형량에 적용되는 것이다. 반면에 '상상적(관념적) 경합'은 1개의 행위가 수 개의 죄에 해당되는 것을 말하고, 여러 개의 죄명 중에 가장 중한 것으로 처벌된다(형법 제40조).

제8장

인사권관리

제1절 인사이동

제2절 징 계

제3절 해고의 제한

제4절 부당한 인사권에 대한 구제

제 1 절 인사이동

1. 인사이동의 개념

인사이동은 인사권[1]의 한 유형으로, 근로자가 사용자의 명령에 따라 기존의 담당업무, 근무장소, 지위 등이 변경되어 근무하는 것을 말한다. 노동법은 인사이동에 대해 별도의 규정을 두지 않고 있지만, 근기법 제23조에서 정당한 이유없이 해고·휴직·정직·전직·감봉·그 밖의 징벌을 할 수 없다고 규정하여 인사이동에 대해서는 전직 하나로만 포괄적으로 제시하고 있다.

※ 인사이동은 사용자가 기업질서의 유지를 위해 근로자의 비위행위에 대하여 경제적, 정신적, 생활상 불이익을 주는 '징계'와는 구별됨.

- 기업질서는 기업의 존립과 사업의 원활한 운영을 위하여 필요불가결한 것이고, 따라서 사용자는 이러한 기업질서를 확립하고 유지하는데 필요하고도 합리적인 것으로 인정되는 한 근로자의 기업질서 위반행위에 대하여 근로기준법 등의 관련 법령에 반하지 않는 범위 내에서 이를 규율하는 취업규칙을 제정할 수 있고, 단체협약에서 규율하고 있는 기업질서 위반행위 외의 근로자의 기업질서에 관련된 비위행위에 대하여 이를 취업규칙에서 해고 등 징계사유로 규정하는 것은 원래 사용자의 권한에 속하는 것이므로, 단체협약에서 근로자 해고에 관하여 그 해고사유 및 해고절차를 단체협약에 의하도록 명시적으로 규정하고 있거나, 동일한 징계사유나 징계절차에 관하여 단체협약상의 규정과 취업규칙 등의 규정이 상호 저촉되는 경우가 아닌 한, 사용자는 취업규칙에서 단체협약에서 정한 해고사유와는 관련이 없는 새로운 해고사유를 정할 수 있고, 그 해고사유에 터잡아 근로자를 해고할 수 있는 것임(대법원 1999.3.26. 선고 98두4672 판결 참조).
- 근로자의 상벌 등에 관한 인사권은 사용자의 고유권한으로서 그 범위에 속하는 징계권 역시 기업운영 또는 노동계약의 본질상 당연히 사용자에게 인정되는 권한이기 때문에 그 징계규정의 내용이 강행법규나 단체협약의 내용에 반하지 않는 한 사용자는 그 구체적 내용을 자유롭게 정할 수 있고, 그 규정이 단체협약의 부속서나 단체협약 체결절차에 준하여 제정되어야 하는 것은 아님(대법원 1994.9.30. 선고 94다21337 판결).
- 기업의 이러한 권리(경영권)도 신성불가침의 절대적 권리일 수는 없음. 모든 자유와 권리에는 그 내재적 한계가 있을 뿐만 아니라, 헌법 제23조 제2항이 '재산권의 행사는 공공복리에 적합하도록

1) 인사권은 사용자가 근로자를 채용하여 직무를 부여하고 노무제공을 명령하며 이동배치·승진 등 지위변동이나 정직·해고 등 각종 인사조치를 할 수 있는 것으로 기업경영 또는 근로계약의 본질상 사용자에게 인정되는 권한이다. 인사권은 업무상 필요한 범위 내에서 사용자에게 재량권이 인정되지만, 근로계약의 내용, 신의성실의 원칙, 근로자의 불이익 정도 등에 따라 일정한 제한이 따른다.

하여야 한다'라고 규정하고 있고, 기업의 이러한 권리(경영권)의 행사는 경우에 따라 기업에 소속된 근로자의 지위나 근로조건에 영향을 줄 수 있어 근로자의 노동3권과 충돌이 일어날 수 있기 때문임(대법원 2003.7.22. 선고 2002도7225 판결).

2. 인사이동의 유형

1) 기업 내 인사이동

기업 내 인사이동은 같은 기업 내에서 근로자의 직종, 직무내용, 직급, 근로장소 등을 변경하는 인사명령이다. 기업 내 인사이동은 노동력의 적절한 배치를 통한 생산력의 증대, 근로자의 능력개발을 통한 근로의욕증대, 부서 간 인사교류를 통한 업무협조 증진, 기술혁신과 자동화에의 대처, 조직의 축소 또는 확대 등이 주요 원인이다.

〈기업 내 인사이동의 유형〉

유 형	내 용
전 직	다른 직종의 업무를 부여하는 것(ex. 생산직→사무직)
전 근	직종의 변경은 없으나, 생활권이 달라질 수 있는 근무장소의 변경이 수반되는 것(ex. 안산 본사→강릉지사).
전 보	간부사원 등 직책이 부여된 근로자에게 기존 직책과 동일 수준의 다른 직책을 부여하는 것(ex. 인사팀장→회계팀장).
배치전환	같은 사업장 내에서 직종의 변경없이 이동배치 하는 것(ex. 회계 1팀→회계 2팀).

※ 근로자와 사용자 간의 근로계약의 체결 시 근로의 장소와 종사할 업무 등에 관하여 별도의 약정이 있다면 이에 따라야 할 것임. 그러나 별도의 약정이 없다면 취업규칙 등에 근거하여 근로계약의 변경없이 전보 등의 조치를 할수 있음(고용노동부 1997.5.19., 근기 68207-649).

2) 기업 간 인사이동

기업 간 인사이동은 사용자가 업무상 필요한 경우 근로자를 원래 기업과 근로계약을 유지하면서 다른 기업에 일정 기간 파견하여 근무하게 하거나, 원래 기업과 근로계약을 해지하고 다른 기업으로 소속을 변경하는 것이다. 기업 간 인사이동은 경영상 필요에 따라 소사장·자회사·분사 등의 이름으로 사업부문을 분리 또는 독립시켜 기업의 횡적인 계열화를 하거나, 그룹계열사 차원에서 우수인력의 확보·배치를 통해 계열회사 사이의 인력지원을 지원하고 노동력의 질을 높이고자 활용되고 있다.

〈기업 간 인사이동의 유형〉

유 형	내 용
전 출	근로자가 원래 기업과 근로계약상의 근로자의 지위를 그대로 유지하면서 일정 기간 동안 계열사, 협력사 등 다른 기업으로 옮겨 그 기업의 지휘·명령을 받아 근로를 제공하는 것 → 근로제공을 하는 상대방(사용자)이 변경되는 중요한 근로조건의 변경이므로, 특별한 사정이 없다면 근로자의 동의가 있어야 유효함(1997.5.24., 근기 68207-683).
전 적	근로자가 속한 원래 기업에서 다른 기업으로 소속을 변경한 후 변경된 기업과 새로운 근로계약을 체결하여 업무에 종사하게 하는 것→기업 내의 인사이동인 전근이나 전보와 달리 특별한 사정이 없다면 근로자의 동의가 있어야 효력이 생김(대법원 2006.1.12. 선고 2005두9873 판결).

※ 전출이나 전적은 노무제공을 하는 상대방(업무지휘권의 주체)이 변경되는 중요한 근로조건의 변경에 해당되어 근로자의 동의를 요건으로 함(고용노동부 1997.5.24., 근기 68207-683; 대법원 1993.1.26. 선고 92다11695 판결).

- *기업 간의 인사이동은 근로자가 당초 소속 기업에 재적(在籍)한 채 다른 기업의 사업장에서 상당히 장기간 업무에 종사하게 되는 전출(轉出)과 종전 기업과의 고용관계를 해지하고 이적하게 될 기업과의 사이에서 새로운 근로관계가 체결되는 전적(轉籍)이 있는데, 전적은 종래에 종사하던 기업과의 근로계약을 합의해지하고 이적하게 될 기업과 새로운 근로계약을 체결하는 것이거나 근로계약상의 사용자의 지위를 양도하는 것이므로 근로자의 동의가 있어야 함. (주)OO방송에서 ××정보통신으로의 이동 과정에서 근로자의 동의하에 전적된 것이라면 (주)OO방송과 근로자와의 근로관계는 유효하게 해지할 것인 바, 종전 회사인 (주)OO방송으로의 복귀는 당사자 간의 별도 합의 등 달리 볼 특별한 사정이 없는 한, 신규입사 형태로 이루어져야 할 것으로 사료됨(고용노동부 2005.2.25., 근로기준과-1154).*
- *'전출'이라 함은 근로자가 원래 소속 기업에 재적하면서 다른 기업의 사업장에서 업무에 종사하게 되는 것으로서, 원래 기업과 전출 기업의 합의만으로 해당 근로자로 하여금 전출 기업에서 근로를 제공하도록 의무를 지울 수 없으며, 근로자의 동의를 필요로 함. 이 경우 근로자의 동의는 개별적 동의만을 의미하는 것은 아니며, 사전의 포괄적 동의가 있으면 가능하다고 사료됨. 다만, 포괄적인 사전 동의를 받는 경우에는 전출 기업을 특정하고 그 기업에서 종사하여야 할 업무에 관한 사항 등의 기본적인 근로조건을 명시하여 동의를 얻어야 함(고용노동부 2000.2.20., 근기 68207-1549).*
- *'전적'은 근로자를 고용된 기업으로부터 다른 기업으로 적을 옮겨 다른 기업의 업무에 종사하게 하는 것으로서, 종래에 종사하던 기업과 근로계약을 합의해지하고 이적하게 될 기업과 새로운 근로계약을 체결하는 것이거나 근로계약상의 사용자의 지위를 양도하는 것이므로, 사용자가 근로자의 동의를 얻지 아니하고 다른 회사로 전적시키는 관행이 있어서 그 관행이 근로계약의 내용을 이루고 있다는 등의 특별한 사정이 없는 한 근로자의 동의를 얻어야 효력이 생기는 것(대법원 1996.4.26. 선고 95누1972 판결).*

3. 인사이동의 정당성 판단

1) 개 요

인사이동은 원칙적으로 인사권자인 사용자의 권한에 속하므로 업무상 필요한 범위 안에서는 상당한 재량이 인정되고, 근기법 등 법령을 위반하거나 권리남용에 해당하는 등 특별한 사정이 없다면 무효라고 할 수 없다. 따라서 인사이동의 정당성 여부는 업무상의 필요성과 근로자의 생활상 불이익을 고려하고 근로자와의 협의 등 신의성실의 원칙[2)]상 요구되는 절차를 거쳤는지를 함께 고려하여 판단하여야 한다.

※ 업무상의 필요성 여부와 신의칙상 절차를 이행하기 위해 노력했다는 점은 사용자가 입증해야 하고, 생활상의 불이익이 크다는 점은 근로자 증명해야 함.

- *'업무상의 필요성'은 사용자의 주관적 판단에 의할 것이 아니라 노동력의 적정배치로 인한 업무의 능률증진, 근로자의 능력개발과 근로의욕의 고양 등 기업의 합리적 운영에 기여하는 것인지 여부에 관한 객관적 기준에 의하여 판단하여야 할 것이고, '근로자의 생활상의 불이익'에는 물질적·시간적 요소 등이 고려의 대상이 된다고 할 것이며, '신의칙 위반 여부'는 사용자가 근로자를 설득하기 위하여 한 노력여하 및 그 정도, 배치전환의 방법, 다른 근로자와의 형평성 등이 중요한 요소로 작용될 것인데, 이러한 업무상의 필요성과 근로자의 생활상의 불이익, 그리고 신의칙위반은 그 내용과 정도에 따라 상대적 관점에서 사회통념에 따라 종합적으로 판단하여야 할 것임(대법원 2006.1.27. 선고 2005두16772 판결).*
- *근로자에 대한 전직이나 전보처분은 근로자가 제공하여야 할 근로의 종류·내용·장소 등에 변경을 가져온다는 점에서 근로자에게 불이익한 처분이 될 수도 있으나, 원칙적으로 인사권자인 사용자의 권한에 속하므로 업무상 필요한 범위 안에서는 상당한 재량을 인정하여야 하고, 그것이 근로자에 대하여 정당한 이유 없이 해고·휴직·정직·감봉 기타 징벌을 하지 못하도록 하는 구 근로기준법 제30조(현행 제23조) 제1항에 위배되거나 권리남용에 해당하는 등 특별한 사정이 없는 한 무효라고는 할 수 없고, 전직처분 등이 정당한 인사권의 범위 내에 속하는지의 여부는 당해 전직처분 등의 업무상의 필요성과 전직에 따른 근로자의 생활상의 불이익을 비교·교량하고, 근로자가 속하는 노동조합(노동조합이 없으면 근로자 본인)과의 협의 등 그 전직처분을 하는 과정에서 신의칙상 요구되는 절차를 거쳤는지 여부를 종합적으로 고려하여 결정하여야 함(대법원 2009.4.3. 선고 2007두20157 판결).*

---

2) 신의성실의 원칙(신의칙)은 모든 법률관계에 적용되는 법의 일반원칙으로, 모든 사람은 사회의 일원으로서 상대방의 신뢰와 믿음에 어긋나지 않도록 성의 있게 행동하여야 한다는 것이다. 민법 제2조(신의성실)는 '권리의 행사와 의무의 이행은 신의에 좇아 성실히 하여야 한다. 권리는 남용하지 못한다'라고 규정하고 있다.

2) 업무상의 필요성

업무상의 필요성은 사용자의 주관적 판단이 아니라, 인사이동이 필요한 객관적 사정, 근로자선택의 합리적인 기준과 사유, 수단의 적합성 등 객관적으로 판단해야 한다. 즉 업무상 필요성은 노동력의 적정 배치, 업무의 능률증진, 근로자의 능력개발, 근무의욕의 고양, 업무운영의 효율화, 기술혁신이나 기업재편에 따른 인력조정 등 여러 사정을 고려해야 한다.[3)]

- *사용자의 정당한 전보발령에 요구되는 업무상의 필요성을 판단함에 있어서, 당해 전보발령을 통해 인원 배치를 변경할 경영상 필요성, 인원선택의 합리성, 수단의 적합성 등의 사정들을 종합적으로 고려하여야 함. 전보 등에 따른 생활상 불이익은 근로자가 통상 감수하여야 할 정도를 현저히 벗어난 것이 아니라면 정당한 인사권의 범위 내에 속한다고 볼 수 있음. 근로자 본인과 성실한 협의 절차를 거쳤는지는 정당한 인사권의 행사인지 여부를 판단하는 하나의 요소이나, 그러한 절차를 거치지 아니하였다는 사정만으로 전보발령이 당연히 무효가 된다고 볼 수는 없음. 다만 근로계약에서 근로 내용이나 근무 장소를 특별히 한정한 경우에는 사용자가 근로자에 대하여 전보나 전직처분을 하려면 근로자의 동의를 받아야 함. 경제적 수익성, 업무능률 증진과 같이 전보의 목적, 근거, 명분 등에 해당하는 추상적, 일반적 필요성이 인정된다고 하더라도 그에 따른 모든 형태의 전보발령이 정당화될 수 없고, 당해 전보발령이 실제로 그와 같은 목적을 달성하기 위한 적합한 수단이어야 실제로 그 필요에 따른 정당한 인사권의 행사라 평가할 수 있음(대법원 2018.6.15. 선고 2018두36929 판결).*
- *사용자가 전직처분 등을 함에 있어서 요구되는 '업무상의 필요'란 인원 배치를 변경할 필요성이 있고 그 변경에 어떠한 근로자를 포함시키는 것이 적절할 것인가 하는 인원선택의 합리성을 의미하는데, 여기에는 업무능률의 증진, 직장질서의 유지나 회복, 근로자 간의 인화 등의 사정도 포함됨(대법원 2013.2.28. 선고 2010다52041 판결).*

3) 생활상의 불이익

인사이동에 따른 근로자의 생활상 불이익은 업무상의 필요성과 비교하여 사회통념에 따라 판단하고, 인사이동으로 근로자에게 초래되는 경제적 불이익뿐만 아니라 정신적·육체적·사회적 불이익 및 조합활동상의 불이익 등도 포함된다. 다만, 생활상의 불이익이 근로자가 통상 감수하여야 할 정도를 현저히 벗어난 것이 아니라면 정당한 인사권의 범위 내에 속하는 것으

3) 노동위원회의 부당해고 등 구제와 관련하여 ① 근로계약 등에 근로내용과 근무장소의 특정 여부(전직 및 전보의 관행도 참고), ② 업무상 필요성이 실제 존재하는지 여부, ③ 인사명령 사유가 타당한지 등을 업무상 필요성의 판단기준으로 참고할 수 있다.

로 본다.[4)]

- *근로자에 대한 전보나 전직은 원칙적으로 인사권자인 사용자의 권한에 속하므로 업무상 필요한 범위 내에서는 사용자는 상당한 재량을 가지며 그것이 근로기준법에 위반되거나 권리남용에 해당되는 등의 특별한 사정이 없는 한 유효하고, 전보처분 등이 권리남용에 해당하는지의 여부는 전보처분 등의 업무상의 필요성과 전보 등에 따른 근로자의 생활상의 불이익을 비교 · 교량하여 결정되어야 할 것이고, 업무상의 필요에 의한 전보 등에 따른 생활상의 불이익이 근로자가 통상 감수하여야 할 정도를 현저하게 벗어난 것이 아니라면 이는 인사권의 범위 내에 속하는 것으로서 권리남용에 해당하지 않음(대법원 1997.7.22. 선고 97다18165 판결).*
- *근로자에 대한 전보처분이 정당한 인사권의 범위 내에서 행하여진 것으로 유효한지 여부를 판단함에 있어서는 당해 전보처분의 업무상 필요성과 전보에 따른 근로자의 생활상의 불이익을 비교 · 형량하고, 근로자가 속하는 노동조합(노동조합이 없으면 근로자 본인)과의 협의 등 그 전직처분을 하는 과정에서 신의칙상 요구되는 절차를 거쳤는지 여부를 종합적으로 고려하여야 함. '업무상의 필요성'이 있는 경우란, 인원배치를 변경할 필요성, 그 변경에 당해 근로자를 해당시킬 인원선택상의 필요성(합리성)의 쌍방을 의미하고, '생활상의 불이익'이란 경제적 이익에 한정되지 않고 정신적, 육체적, 사회적 이익 나아가 조합활동상의 이익까지도 포함하며, 위 양자는 서로 상관관계를 갖고 있음(서울행정법원 2010.4.1. 선고 2009구합25415 판결).*

4) 신의성실의 원칙

신의성실의 원칙은 인사명령 과정에서 해당 근로자와 성실한 협의 및 생활상의 불이익을 해소하기 위한 노력 등을 의미한다. 다만, 근로자와 성실한 협의절차를 거쳤는지는 정당한 인사권을 판단하는 하나의 요소이지만, 그러한 절차를 거치지 아니하였다는 사정만으로 권리남용에 해당하여 당연히 무효가 되지는 않는다.[5)]

- *신의칙 위반 여부는 사용자가 근로자를 설득하기 위하여 한 노력여하 및 그 정도, 배치전환의 방법, 다른 근로자와의 형평성 등이 중요한 요소로 작용될 것인데, 이러한 업무상의 필요성과 근로*

---

4) 노동위원회의 부당해고 등 구제와 관련하여 ① 수당 감소, 임금구성 변화 등 임금 관련 불이익 발생 여부, ② 임금 외 근로조건의 급격한 변화 여부, ③ 출 · 퇴근 시간 및 주거지 변경, 비용 발생 유무 등의 변화 여부, ④ 기타 인사명령으로 인해 발생하는 사실상 불이익 여부, ⑤ 근로자의 생활상 불이익을 해소하기 위한 사용자의 노력 여부 등을 생활상 불이익 여부의 판단기준으로 참고할 수 있다.

5) 노동위원회의 부당해고 등 구제와 관련하여 ① 근로자와 성실한 협의 여부(노력 및 그 정도), ② 다른 근로자와의 형평성, ③ 인사명령의 방법, ④ 취업규칙 등에 인사명령에 대한 절차규정 존재와 준수 여부 등을 신의성실의 원칙 판단기준으로 참고할 수 있다.

자의 생활상의 불이익, 그리고 신의칙 위반은 그 내용과 정도에 따라 상대적 관점에서 사회통념에 따라 종합적으로 판단하여야 할 것임(대법원 2006.1.27. 선고 2005두16772 판결).

- *업무상의 필요에 의한 전보 등에 따른 생활상의 불이익이 근로자가 통상 감수하여야 할 정도를 현저하게 벗어난 것이 아니라면 이는 정당한 인사권의 범위 내에 속하는 것으로서 권리남용에 해당하지 않고, 직장질서의 유지나 회복, 또는 근로자 간의 인화를 위한 전보 등의 경우도 업무상 필요성이 있다고 인정되는 것이며, 전보처분 등을 함에 있어서 근로자 본인과 성실한 협의절차를 거쳤는지의 여부는 정당한 인사권의 행사인지의 여부를 판단하는 하나의 요소라고는 할 수 있으나, 그러한 절차를 거치지 아니하였다는 사정만으로 전보처분 등이 권리남용에 해당하여 당연히 무효가 된다고는 볼 수 없음(대법원 1997.7.22. 선고 97다18165, 18172 판결; 1998.12.22. 선고 97누5435 판결 등 참조)(대법원 2004.2.12. 선고 2003두13250 판결).*
- *직장질서의 유지나 회복, 또는 근로자 간의 인화를 위한 배치전환도 업무상 필요성이 있다고 인정되므로 정당한 이유가 있는 경우에는 허용된다고 할 것인데, 이 경우 비록 배치전환에 당해 근로자에 대한 제재적인 의무가 내포되어 있다고 하더라도 그 자체가 단체협약이나 취업규칙 등에 정한 징계절차를 요하는 징계로서 규정되지 아니한 이상 그러한 징계절차를 거치지 않았다고 하더라도 효력에 영향이 없음(대법원 1998.12.22. 선고 97누5435 판결).*

제2절 징 계

1. 개 요

1) 징계의 의미

징계는 사용자가 기업질서를 유지하고 경영목적에 부합하는 근로를 제공받기 위하여 근로자의 기업질서 문란, 불성실 근로로 인한 경영상 장애 발생 등에 대하여 근로자에게 해고 등 불이익을 주는 인사조치를 말한다. 모집·채용·승진 등의 인사관리 활동은 기업의 경영목적 달성을 위한 적극적이고 공격적인 인사관리 활동이지만, 징계는 경영목적 달성에 방해가 되는 요인을 해소하기 위한 소극적이고 방어적인 인사관리 활동이다.

※ 노동법은 징계의 의미를 규정하고 있지 않지만, '징벌(근기법 제23조) 또는 제재(근기법 제93조 제12호, 제95조)'라는 표현을 사용하고 있음.

2) 징계의 행사

징계는 사용자의 인사권의 범위에 속하는 권한으로서 기업운영 또는 근로계약의 본질상 사용자에게 인정되는 권한이다.[6] 따라서 사용자는 근로자의 기업질서 위반행위에 대하여 근기법 등 관련 법령에 반하지 않는 범위 내에서 이를 규율하는 취업규칙 등에 징계사유 및 유형, 절차 등을 정하고 이를 근거로 근로자를 징계할 수 있다.

- *근로자의 상벌 등에 관한 인사권은 사용자의 고유권한으로서 그 범위에 속하는 징계권 역시 기업운영 또는 노동계약의 본질상 당연히 사용자에게 인정되는 권한이기 때문에, 그 징계규정의 내용이 강행법규나 단체협약의 내용에 반하지 않는 한 사용자는 그 구체적 내용을 자유롭게 정할 수 있고, 그 규정이 단체협약의 부속서나 단체협약 체결절차에 준하여 제정되어야 하는 것은 아님(대법원 1994.9.30. 선고 94다21337 판결).*
- *기업질서는 기업의 존립과 사업의 원활한 운영을 위하여 필요불가결한 것이고, 따라서 사용자는 이러한 기업질서를 확립하고 유지하는 데 필요하고도 합리적인 것으로 인정되는 한 근로자의 기업질서 위반행위에 대하여 근기법 등의 관련 법령에 반하지 않는 범위 내에서 이를 규율하는 취업규칙을 제정할 수 있음(대법원 2000.9.29. 선고 99두10902 판결).*
- *근로자에게 징계사유가 있어 징계처분을 하는 경우 어떠한 처분을 할 것인가는 원칙적으로 징계권자의 재량에 맡겨져 있는 것이므로, 그 징계처분이 위법하다고 하기 위하여서는 징계권자가 재량권을 행사하여 행한 징계처분이 사회통념상 현저하게 타당성을 잃어 징계권자에게 맡겨진 재량권을 남용한 것이라고 인정되는 경우에 한하고, 그 징계처분이 사회통념상 현저하게 타당성을 잃은 처분이라고 하려면 구체적인 사례에 따라 직무의 특성, 징계의 사유가 된 비위사실의 내용과 성질 및 징계에 의하여 달성하려는 목적과 그에 수반되는 제반 사정을 참작하여 객관적으로 명백히 부당하다고 인정되는 경우라야 함(대법원 2007.12.28. 선고 2006다33999 판결).*

3) 징계의 제한

사용자가 직장질서를 유지하고 경영목적 달성에 장애가 되는 요인을 해소하기 위해 징계조치를 하더라도 징계의 요건과 절차 등에 있어서 정당성을 갖추어야 한다. 따라서 근로자에게 해고, 정직 등 신분상의 제재를 가하는 징계권의 행사는 법률 또는 취업규칙 등 관련 규정에 근

---

6) 사용자의 징계권 행사는 ① 평등의 원칙(같은 징계사유에 대하여 징계처분의 종류와 정도는 다를 수 없고, 선행 징계처분은 후행 징계처분을 구속), ② 죄형법정주의 원칙((징계사유가 취업규칙 등에 규정되어 있다면, 규정되어 있는 사항에 대해서만 징계할 수 있음(대법원 1993.11.9. 선고 93다37915 판결). 다만, 취업규칙 등에 규정되어 있지 않은 사항이라도 사회통념에 따라 징계사유가 명확한 경우에는 징계할 수 있음)), ③ 일사부재리 원칙((하나의 사유에 대하여 2회 이상의 징계처분을 하는 것은 이중징계 즉, 일사부재리의 원칙에 위배되어 무효임(고용노동부 1994.6.20., 근기 68207-1005)) 등에 따라야 한다.

거하여 사회통념상 합리성이 있어야만 한다.

※ 근기법 제23조 제1항은 '사용자는 근로자에게 정당한 이유 없이 해고, 휴직, 정직, 전직, 감봉, 그 밖의 징벌을 하지 못한다' 고 규정하고 있고, 근기법 제93조 제12호에서는 '표창과 제재에 관한 사항'을 취업규칙의 필요적 기재사항으로 규정하고 있음.

- *징계권의 행사가 임용권자의 재량에 맡겨진 것이라고 하여도 공익적 목적을 위하여 징계권을 행사해야 할 공익의 원칙에 반하거나, 일반적으로 징계사유로 삼은 비행의 정도에 비하여 균형을 잃은 과중한 징계처분을 선택함으로써 비례의 원칙에 위반하거나 또는 합리적인 사유 없이 같은 정도의 비행에 대하여 일반적으로 적용하여 온 기준과 어긋나게 공평을 잃은 징계처분을 선택함으로써 평등의 원칙에 위반한 경우에 이러한 징계처분은 재량권의 한계를 벗어나 처분으로서 위법함(대법원 2003.1.24. 선고 2002두9179 판결).*
- *근로기준법 제27조(현행 제23조) 제1항은 사용자는 근로자에 대하여 정당한 이유없이 해고 등의 징벌을 하지 못한다고 규정하여 사용자로 하여금 자유로이 근로자를 해고할 수 없도록 제한하고 있는바, 여기에서의 '정당한 이유'라 함은 사회통념상 고용계약을 계속시킬 수 없을 정도로 근로자에게 책임이 있는 사유가 있다든가 부득이한 경영상의 필요가 있는 경우를 말한다고 할 것이므로 단체협약, 취업규칙 등에 해고에 관한 규정이 있는 경우에는 그것이 위의 근로기준법에 위배되어 무효가 아닌 이상 그에 따른 해고는 특별한 사정이 없는 한 정당한 이유가 있다고 보아야 할 것임(대법원 1992.3.13. 선고 91다39559 판결).*

2. 징계의 종류

1) 개 요

근로자의 기업질서 위반행위 등에 대한 사용자의 불이익조치는 기업의 규모나 업종에 따라 종류와 내용에 차이가 있다. 일반적으로 징계의 종류에는 경고(주의), 견책, 감급(감봉), 강등, 정직, 징계해고 등이 있다.[7)]

2) 경 고

경고는 근로자의 기업질서 위반행위를 구두나 서면으로 꾸짖고 재발을 방지하는 조치이다. 경고는 시말서[8)] 제출이 수반되지 않는다는 점에서 견책과 다르며, 경고처분이 결정되면 취업규

7) 「국가공무원법」상 징계의 종류에는 파면, 해임, 강등, 정직, 감봉, 견책이 있다(제79조).

8) '시말서'는 근로자가 사고나 비위행위에 대한 사실관계, 사건의 경위, 재발방지 노력 등을 적은 문서이고, 경위서라고도 한다.

칙 등에서 정하는 승진제한 등 인사상 불이익이 수반될 수 있다.

※ 경고가 취업규칙 등에 징계의 종류로 규정되어 있지 않고, 아무런 인사상 불이익이 따르지 않는다면 징계로 볼 수 없음.

> - *단체협약, 취업규칙이나 인사규정에 경고처분이 징계처분의 하나로 규정되어 있지 아니한 이상 경고처분을 함에 있어서 해당자에게 변명의 기회를 부여하는 등의 절차를 거칠 필요는 없다고 할 것이므로 회사가 그러한 절차를 거치지 아니하였다고 하여 경고처분이 무효라고 할 수는 없음(대법원 2002.9.24. 선고 2002두3959 판결).*
> - *이 사건 사용자의 '가감점 세부기준(2011.2.9.)'에 주의조치를 받은 경우 평가 시 10점 이상을 감점하도록 규정하고 있고, '2011년도 전임감사자(관리전담) 평가기준' 구성항목을 살펴보면, '시험', '연수 실적', '업무실적 평가 결과', '근태' 등 지표의 대부분이 계량화 되어 있거나 예측이 가능하여 대상자 간 평가점수의 차이가 발생할 여지가 극히 제한적인데 비하여 주의처분을 받아 감점이 발생할 경우 필연적으로 등급의 변동이 예정되어 있다고 보여 지고, 평가등급의 변동이 있을 경우 이로 인하여 특별성과급의 50%에 해당하는 금액을 지급받지 못하거나 상당한 금액의 감액이 예정되어 있다는 점에서 이 사건 주의처분은 상당한 불이익을 동반하는 인사명령이라 할 것이며, 주의조치로 인한 평가등급 변동은 1회에 불과하여 그로 인해 즉시 계약해지가 되는 것은 아니라 하더라도, 2년 연속(또는 누적 3회) 평가등급 2등급 이하인 경우 고용계약서 제10조에 의거 계약이 해지될 수 있다는 점에서 매년 계약을 갱신하며 고용관계를 유지하고 있는 계약직 근로자들에게는 근로계약의 해지라는 잠재적 불이익 또한 내재되어 있다는 점에서 이 사건 주의조치는 근로계약관계에서 일반적으로 일어날 수 있는 불이익한 처분이 아닌 사용자가 당해 근로자에게 제재로서 가하는 불이익한 처분이라 할 것이므로 근로기준법 제23조 제1항에 규정한 그 밖의 징벌에 해당하여 같은 법 제28조에 규정한 구제신청 대상에 해당한다고 보아야 할 것(중앙노동위원회 2012.9.5., 2012부해584 판정).*

3) 견 책

견책은 사용자가 근로자의 잘못을 꾸짖고 앞으로 그런 일이 없도록 시말서를 제출받고 엄중히 훈계하는 것이다.[9] 견책은 일반적으로 승진제한 등의 인사상 불이익이 수반되며, 근로자가 시말서 제출을 거부하는 경우에는 비위사실을 조사하여 비위행위가 드러나면 징계에 회부할 수 있다. 다만, 시말서가 단순히 사건의 경위를 보고하는 데 그치지 않고 사죄문 또는 반성문을 의미하는 것이라면, 헌법이 보장하는 양심의 자유를 침해하는 것이므로 사용자의 시말서 제출명령은 정당하지 않다.

---

9) 「국가공무원법」에서는 '견책(譴責)은 전과(前過)에 대하여 훈계하고 회개하게 한다'라고 규정하고 있다(제80조 제5항).

- 단체협약 소정의 징계사유인 '시말서를 연 5회 이상 제출한 때'를 이유로 이루어진 징계해고의 정당성을 판단함에 있어서는, 징계대상자의 비위사실이 단순히 형식적으로 위 징계사유에 해당하는가에 의할 것이 아니라 '시말서를 연 5회 이상 제출하거나 시말서 제출의 제재처분을 연 5회 이상 받은 사실'을 통해서 사회통념상 사용자가 당해 근로자와 근로계약관계를 계속할 수 없는 상태에 이르렀다고 볼 사정이 있는지의 여부에 의하여 판단하여야 할 것이고, 이와 같은 판단을 하려면 징계대상자가 시말서 제출의 제재처분을 받게 된 경위, 그 처분을 받게 된 비위사실의 구체적인 내용과 정도, 이로 인하여 기업의 위계질서가 문란케 될 위험성 등 기업질서에 미칠 영향, 징계대상자가 그 제재처분에 따라 시말서를 제출하는 등으로 자신의 비위사실에 대하여 반성하고 있는지의 여부, 과거의 근무태도, 기업질서 위반으로 다른 징계처분 등을 받은 전력이 있는지의 여부 등 여러 사정을 종합적으로 검토하여야 함(대법원 1995.4.25. 선고 94누13053 판결).
- 취업규칙 등에 징계처분을 당한 근로자는 시말서를 제출하도록 규정되어 있는 경우 징계처분에 따른 시말서의 불제출은 그 자체가 사용자의 업무상 정당한 명령을 거부한 것으로서 징계사유가 될 수 있으므로, 시말서 제출을 통보받은 근로자들이 기한 내에 시말서를 제출하지 아니한 것은 징계사유가 됨(대법원 1991.12.24. 선고 90다12991 판결).
- 사용자가 사고나 비위행위 등을 저지른 근로자에게 시말서를 제출하도록 명령한 경우, 그 시말서가 단순히 사건의 경위를 보고하는 데 그치지 않고 더 나아가 근로관계에서 발생한 사고 등에 관하여 '자신의 잘못을 반성하고 사죄한다는 내용'이 포함된 사죄문 또는 반성문을 의미하는 것이라면, 이는 헌법이 보장하는 내심의 윤리적 판단에 대한 강제로서 양심의 자유를 침해하는 것이므로 효력이 없고, 그에 근거한 사용자의 시말서 제출명령은 업무상 정당한 명령으로 볼 수 없다. 따라서 그와 같은 시말서 제출명령에 불응한 것은 정당한 징계사유가 될 수 없음(대법원 2014.6.26. 선고 2014두35799 판결).

4) 감 급

「근로기준법」

제95조 【제재 규정의 제한】 취업규칙에서 근로자에 대하여 감급(減給)의 제재를 정할 경우에 그 감액은 1회의 금액이 평균임금의 1일분의 2분의 1을, 총액이 1임금지급기의 임금총액의 10분의 1을 초과하지 못한다.

감급(감봉)은 근로자의 기업질서 위반에 대하여 근로제공의 대가로 발생한 임금에서 일정액을 감액하는 것이다.[10] 감급액은 1회의 금액이 평균임금의 1일분의 2분의 1을 초과할 수 없

10) 「국가공무원법」에는 '감봉은 1개월 이상 3개월 이하의 기간동안 보수의 3분의 1을 감한다' 라로 규정하고 있다(제80조 제4항).

고, 총액은 1임금지급기의 임금총액의 10분의 1을 초과할 수 없다.

※ 근기법상 감급제한 규정은 상시근로자 4인 이하 사업(장)에는 적용되지 않음.

- 근로기준법」 제95조는 '취업규칙에서 근로자에 대하여 감급의 제재를 정할 경우에~' 라고 규정하고 있는데, 만약 취업규칙이 없거나, 취업규칙이 있더라도 감급규정을 정하지 않은 경우에 '법위반은 별론으로 하고' 위 「근로기준법」 제95조의 규정을 받지 않으므로 감급제재의 제한없이 감급할 수 있는지와 관련하여, 「근로기준법」 제95조는 "취업규칙에서 근로자에 대하여 감급의 제재를 정할 경우"라고 규정하고 있으나, 위 규정과 별개로 노사 간 합의에 의하여 단체협약·근로계약에서 감급의 제재를 정하는 것도 가능함. 다만, 단체협약·근로계약에 따라 감급의 제재를 정하는 경우에도 「근로기준법」 제95조에서 정한 제한을 넘지 않아야 할 것임(고용노동부 2012.11.23., 근로개선정책과-6292).
- 근로기준법 제98조(현행 제95조)의 취지는 근로자의 임금에 대한 감급의 제재를 정함에 있어 아래와 같은 이중적 제한을 규정하고 있는 것임.

  - 1회의 감급액은 평균임금의 1일분의 반액 이하일 것.
  - 감급의 총액은 1임금지급기에 있어서의 임금총액의 10분의 1 이하일 것

  예를 들어 1일 평균임금이 20,000원이고 1임금지급기가 월급형태이며 월평균임금의 600,000원일 때 감급이 감봉 3월의 경우, 감급 1회의 액은 1일 평균임금 20,000원의 반액인 10,000원을 초과하지 않는 범위내에서 3개월동안 분할 감액할 수 있으며, 3월간의 감급총액은 1임금지급기 임금총액의 10분의 1인 60,000원을 초과하여 감액할 수 없는 것임. 따라서 상기 예에서는 1개월(1회) 10,000원을 기준으로 3개월동안 총 30,000원을 감액할 수 있음(고용노동부 1999.12.30., 근기 68207-997).

5) 강 등

강등은 직급이나 직책[11]을 상위에서 하위로 낮추는 인사상 불이익 조치이다.[12]

11) '직급(職級)'이란 일의 종류와 난이도, 권한과 역할, 책임 등이 비슷한 직위를 묶어 분류한 단위를 말한다(1급, 2급, 3급, 4급 등). '직책(職責)'이란 직무상의 책임을 의미한다(00실장, 00본부장, 00팀장, 00파트장 등). '직위(職位)'란 조직구조상 명령, 권한, 책임정도에 따라 부여되는 지위를 말한다(사원, 주임, 대리, 과장, 차장, 부장, 이사, 상무, 전무, 부사장, 사장, 부회장, 회장 등).

12) 「국가공무원법」에는 '강등은 1계급 아래로 직급을 내리고(고위공무원단에 속하는 공무원은 3급으로 임용하고, 연구관 및 지도관은 연구사 및 지도사로 함) 공무원신분은 보유하나 3개월간 직무에 종사하지 못하며 그 기간 중 보수는 전액을 감한다'라고 규정하고 있다(제80조 제1항).

> *피고의 변경된 '보직 부여 기준안'에 따라 1 · 2급 간부사원들이 종전에 3 내지 5급 직원들이 담당하던 업무를 맡을 수도 있게 되었으므로 실질적으로는 징계의 일종인 강등과 유사한 결과를 초래하여 그 적용을 받게 되는 근로자들의 불이익이 결코 작지 않은 점, 취업규칙 개정의 필요성과 정도가 긴박하거나 중대하였다고 인정할만한 객관적인 자료도 부족하다고 보이는 점, 여러 근로자 집단이 하나의 근로조건 체계 내에 있어 비록 취업규칙의 불이익변경 시점에는 일부 근로자 집단만이 직접적인 불이익을 받더라도 그 나머지 다른 근로자 집단에게도 장차 직급의 승급 등으로 변경된 취업규칙의 적용이 예상되는 경우에는 일부 근로자 집단은 물론 장래 변경된 취업규칙 규정의 적용이 예상되는 근로자 집단을 포함한 전체 근로자 집단이 동의주체가 될 수 있는데도, 피고는 간부사원들 및 일부 3급 사원들을 대상으로 설명회를 개최하고 일부 사원들로부터만 동의를 받은 점 등을 함께 고려할 때, 원고들에 대하여 아무런 대상조치나 경과조치를 두지 않은 채 일방적인 불이익만을 감수하도록 한 이 사건 취업규칙 개정에 사회통념상 합리성이 있다고 볼 수 없음(대법원 2015.8.13. 선고 2012다43522 판결).*

6) 정 직

정직은 일정 기간 동안 사업장에 출근하지 못하게 하여 그 기간 동안 임금지급을 중지하는 것으로, 실무상 출근정지라고도 한다.[13] 정직은 징계해고 다음으로 무거운 징계에 속한다.

> *회사의 취업규칙, 단체협약, 상벌규정에 무기정직이 6개월이 경과한 후에도 해제되지 않으면 자동면직된다고 규정하고 있는 경우, 이와 같은 무기정직에 이은 자동면직처분은 실질상 해고에 해당한다고 할 것이고, 따라서 회사가 그 처분을 하기 위하여는 근로기준법 제27조(현행 제23조) 제1항 소정의 정당한 이유가 필요하다고 할 것이나, 일단 무기정직처분이 정당하게 이루어진 경우라면 그 후 6개월 동안에 피징계자에 대한 무기정직의 징계사유가 없는 것으로 밝혀졌거나 피징계자가 개전의 정을 보이는 등 회사에 복귀하여 원만한 업무수행을 하는데 전혀 지장이 없게 되었다는 등 무기정직의 상태를 유지할 수 없는 사정이 있음에도 불구하고 합리적인 이유 없이 이를 해제하지 아니하는 등의 경우가 아닌 한 자동면직처분 그 자체가 인사권 내지 징계권의 남용에 해당하여 부당하다고 볼 수는 없음(대법원 1997.7.8. 선고 97다7790 판결).*

---

13) 「국가공무원법」에는 '정직은 1개월 이상 3개월 이하의 기간으로 하고, 정직처분을 받은 자는 그 기간 중 공무원의 신분은 보유하나 직무에 종사하지 못하며 보수는 전액을 감한다'라고 규정하고 있다(제80조 제3항).

〈직위해제와 대기발령〉[14)]

<table>
<tr><th>구 분</th><th>직위해제</th><th>대기발령</th></tr>
<tr><td rowspan="2">의 의</td><td>근로자가 직무수행능력이 부족하거나 근무성적 또는 근무태도 등이 불량한 경우, 근로자에 대한 징계절차가 진행 중인 경우, 근로자가 형사사건으로 기소된 경우 등에 있어서 당해 근로자가 장래에 있어서 계속 직무를 담당하게 될 경우 예상되는 업무상의 장애 등을 예방하기 위하여 일시적으로 당해근로자에게 직위를 부여하지 아니함으로써 직무에 종사하지 못하도록 하는 잠정적인 조치로써의 보직의 해제를 의미하므로 과거의 근로자의 비위행위에 대하여 기업질서 유지를 목적으로 행하여지는 징벌적 제재로서의 징계와는 그 성질이 다르다 할 것임(대법원 1996.10.29. 선고 95누15926 판결).</td><td>근로자가 현재의 직위 또는 직무를 장래에 계속 담당하게 되면 업무상 장애 등이 예상되는 경우에 이를 예방하기 위하여 일시적으로 당해 근로자에게 직위를 부여하지 아니함으로써 직무에 종사하지 못하도록 하는 잠정적인 조치(대법원 2013.10.11. 선고 2012다12870 판결).</td></tr>
<tr><td colspan="2">대기발령 등 근로자에게 불이익한 처분이라도 취업규칙이나 인사관리규정 등에 징계처분의 하나로 규정되어 있지 않다면, 이는 원칙적으로 인사권자인 사용자의 고유권한에 속하는 인사명령의 범주에 속하는 것이라고 보아야 하고, 인사명령에 대하여는 업무상 필요한 범위 안에서 사용자에게 상당한 재량을 인정하여야 함. 따라서 위와 같은 처분은 그것이 근로기준법에 위반되거나 권리남용에 해당하는 등의 특별한 사정이 없는 한, 단지 징계절차를 거치지 아니하였다는 사정만으로 위법하다고 할 수는 없음. 한편 사용자의 인사명령에 속하는 불이익한 처분이 대기발령이나 보직의 해제와 같은 잠정적 처분인지, 전보 등 확정적 처분인지는 명칭과 상관없이 처분이 이루어진 구체적인 경위, 그로 인한 근로자 지위의 변화, 변경된 근로의 내용, 업무의 지속성 여부, 처분 당시 사용자의 의사 등 제반 사정을 종합하여 판단할 것임(대법원 2013.5.9. 선고 2012다64833 판결).</td></tr>
<tr><td>정당성 판단</td><td>취업규칙 등에 직위해제에 관한 특별한 절차규정이 있는 경우가 아닌 한 직위해제를 함에 있어서 징계에 관한 절차 등을 거쳐야 하는 것은 아니며 나아가 위에서 본 직위해제의 성질 및 근로자의 비위행위에 대하여 여러 종류의 징계처분을 할 수 있도록 되어 있는 징계의 경우와는 달리 사용자로 하여금 직위해제사유가 존재하는 근로자에 대하여 직위해제처분 외의 다른 처분을 하도록 강제할 수 있는 것이 아닌 점 등에 비추어, 근로자에 대한 직위해제처분의 정당성은 근로자에게 당해 직위해제사유가 존재하는지 여부나 직위해제에 관한 절차규정을 위반한 것이 당해 직위해제처분을 무효로 할 만한 것이냐에 의하여 판단할 것이고, 단지 당해 직위해제처분이 근로자에게 가혹하고 다른 근로자의 유사한 비위행위에 대한 징계처분 등에 비추어 형평에 어긋난다는 사정만으로 그 정당성이 없는 것이라고 단정할 수 없음(대법원 1996.10.29. 선고 95누15926 판결).</td><td>대기발령과 같은 잠정적인 인사명령이 명령 당시에는 정당한 경우라고 하더라도, 그러한 명령의 목적과 실제 기능, 유지의 합리성 여부 및 그로 인하여 근로자가 받게 될 신분상·경제상의 불이익 등 구체적인 사정을 모두 참작하여 그 기간은 합리적인 범위 내에서 이루어져야 함. 따라서 대기발령 등의 인사명령을 받은 근로자가 상당한 기간에 걸쳐 근로의 제공을 할 수 없다거나 근로제공을 함이 매우 부적당한 경우가 아닌데도, 사회통념상 합리성이 없을 정도로 부당하게 장기간 동안 잠정적 지위의 상태로 유지하는 것은 특별한 사정이 없는 한 정당한 이유가 있다고 보기 어려우므로 그와 같은 조치는 무효라고 보아야 함. 그리고 위와 같은 법리는, 대기발령처럼 근로자에게 아무런 직무도 부여하지 않아 근로의 제공을 할 수 없는 상태에서 단순히 다음 보직을 기다리도록 하는 경우뿐 아니라, 당해 근로자의 기존의 직무범위 중 본질적인 부분을 제한하는 등의 방식으로 사실상 아무런 직무도 부여하지 않은 것과 별 차이가 없는 경우 등에도 마찬가지로 적용된다고 보아야 함(대법원 2013.5.9. 선고 2012다64833 판결).</td></tr>
</table>

7) 징계해고

징계해고는 근로자의 비위행위가 매우 중대하여 더 이상 근로관계를 유지할 수 없는 경우에 근로관계를 단절하는 것으로 실무상 징계파면, 징계해임, 징계면직 등으로 표현하기도 한다.

※ 징계해고는 비위사실에 대한 조사, 소명기회 부여, 징계위원회 심의 등을 거친다는 점에서 당연퇴직, 자동면직, 직권면직 등과 구별됨.[15] 그러나 기업에 따라 당연퇴직과 자동면직을 구분 없이 적용하는 경우도 있고, 자동면직과 직권면직 시 인사위원회의 의결을 거치도록 규정하고 있는 기업도 있음.

3. 징계의 정당성 판단

1) 개 요

> **「근로기준법」**
>
> **제23조【해고 등의 제한】** ① 사용자는 근로자에게 정당한 이유 없이 해고, 휴직, 정직, 전직, 감봉, 그 밖의 징벌(懲罰)(이하 "부당해고 등"이라 한다)을 하지 못한다.

징계의 정당성 요건과 관련하여 근기법 제23조 제1항은 '정당한 이유' 외에는 별다른 규정을 명시하고 있지 않다. 징계의 정당성 요건은 징계의 종류에 따라 다소 차이가 있기는 하지만 경미한 징계인 경고나 견책을 제외하고는 일반적으로 징계사유의 정당성, 징계양정의 적정성, 징계절차의 적정성으로 구분하여 판단할 수 있다.

※ 사용자가 근로자에게 징계를 하는 경우 정당성을 확보하려면 징계절차를 진행하기에 앞서서 단체협약, 취업규칙, 근로계약 및 노동위원회 판정이나 법원의 판례에 나타난 정당성 요건을 확인하여야 함.

---

14) '직위해제(근로자에게 특정 사유가 발생하여 장래에 계속 직무를 담당하게 될 경우 예상되는 업무상의 장애 등을 예방하기 위한 일시적이고 잠정적인 조치)'와 '대기발령(회사의 경영상 사정으로 일정 기간 동안 직위나 직무를 부여하지 않는 인사명령)'은 「국가공무원법」에서 유래한 것이다. 「국가공무원법」 제73조의3(직위해제) 제1항 제2호 및 제3항에 따르면 '직무수행 능력이 부족하거나 근무성적이 극히 나쁜자'에게는 직위해제 이외에 3개월의 범위에서 대기를 명하도록 규정하고 있다.

15) '당연퇴직'은 정년 도래, 근로계약기간 만료 등 근로관계의 소멸사유가 발생하여 자동적으로 퇴직 처리하는 것이고, '자동면직'은 취업규칙 등에서 정한 채용결격사유가 발생하였거나, 업무실적 부진 등으로 대기발령을 하였다가 취업규칙에서 정한 일정 기간 동안 보직을 부여받지 못한 경우에 퇴직 처리하는 것이다. '직권면직'은 근로자의 비위사실이 중대하고도 명백하여 사실조사, 소명기회 부여, 징계위원회 심의 등을 거칠 필요가 없이 퇴직 처리하는 것이다.

2) 징계사유의 정당성

(1) 징계사유 근거규정의 존재

징계처분이 정당하려면 근로자의 비위사실이 존재하여야 하고, 그것이 근로계약, 취업규칙, 단체협약에서 정한 징계사유에 해당하여야 한다. 따라서 취업규칙 등에 징계의 종류, 사유, 절차 등에 관하여 규정하고 있다면 사용자는 그 규정에 따라 징계권을 행사하여야 한다.

※ 근로자의 상벌 등에 관한 인사권은 사용자의 고유권한으로서 그 범위에 속하는 징계권 역시 기업운영 또는 노동계약의 본질상 당연히 사용자에게 인정되는 권한이기 때문에 그 징계규정의 내용이 강행법규나 단체협약의 내용에 반하지 않는 한 사용자는 그 구체적 내용을 자유롭게 정할 수 있음(대법원 1994.9.30. 선고 94다21337 판결).

- 근로자의 어떤 비위행위가 징계사유로 되어 있느냐 여부는 구체적인 자료들을 통하여 징계위원회 등에서 그것을 징계사유로 삼았는가 여부에 의하여 결정되어야 하는 것이지 반드시 징계결의서나 징계처분서에 기재된 취업규칙이나 징계규정 소정의 징계근거 사유만으로 징계사유가 한정되는 것은 아닐 뿐만 아니라(대법원 1996.9.20 선고 95누15742 판결, 1997.3.14 선고 95누16684 판결 등 참조), 징계처분에서 징계사유로 삼지 아니한 비위행위라고 하더라도 징계종류 선택의 자료로서 피징계자의 평소의 소행과 근무성적, 당해 징계처분 사유 전후에 저지른 비위행위 사실 등은 징계양정에 있어서의 참작자료로 삼을 수 있는 것임(대법원 2002.5.28. 선고 2001두10455 판결).
- 회사의 취업규칙이나 징계규정에서 근로자에 대한 징계를 징계위원회의 의결을 거쳐 행하도록 규정하고 있는 경우에 그 징계처분의 당부는 징계위원회에서 징계사유로 삼은 사유에 의하여 판단하여야 하고 징계위원회에서 거론되지 아니한 징계사유를 포함시켜 징계처분의 당부를 판단할 수 없음(대법원 1988.12.13. 선고 86다204, 86다카1035 판결).
- 이 사건 당연퇴직의 근거가 된, 직원이 파산선고를 받는 경우 예외 없이 당연퇴직시키도록 하는 이 사건 인사규정은 그 일응의 필요성과 취지에도 불구하고, 정당한 이유없이 해고 등을 하지 못한다고 규정하고 있는 근로기준법 제30조(현행 제23조) 제1항의 취지에 반할 뿐만 아니라, 비록 이 사건 당연퇴직처분 당시 시행되고 있었던 것은 아니나 「채무자회생 및 파산에 관한 법률」 제32조의2 규정의 '누구든지 이 법에 따른 회생절차 · 파산절차 또는 개인회생절차 중에 있다는 이유로 정당한 사유 없이 취업의 제한 또는 해고 등 불이익한 처우를 받지 아니한다'는 취지에도 명시적으로 반하는 것이며, 직원의 근로의 권리, 직업행사의 자유를 과도하게 침해하는 것으로, 위와 같이 개인의 경제적 사정으로 인하여 원고가 파산을 선고받았다는 사유만으로는 사회통념상 고용관계를 계속할 수 없을 정도로 근로자인 원고에게 책임 있는 사유가 발생한 경우에 해당한다고 보기는 어려움(서울지방법원 2006.7.14. 선고 2006가합17954 판결).

〈징계사유별 정당성 판단 예시〉[16)]

구분	의 미	정당성 판단
직무태만/근무성적불량	직무태만은 업무에 전념하지 않아 업무의 효율성이나 생산량을 저하시키는 행위. ex. 지각 · 조퇴 · 결근을 반복, 불성실한 근무태도로 인해 업무실적이 저조, 복무규정의 의무를 해태, 근로계약상의 성실의무 위반 등	업무실적 부진의 원인이 불성실한 근로에서 비롯된 것이라고 판단할 수 있는 객관적이고 구체적인 근거 필요→단순히 인사고과에서 하위 일정비율에 속한다거나 성적불량 자체만을 이유로 징계사유로 삼을 수 없음(서울행정법원 2002.2.8. 선고 2001구43263 판결).
무단결근	소정근로일에 정당한 사유나 사용자의 승낙없이 출근하지 않는 것. ex. 출 · 결근이 일정하지 않거나 정당한 이유없이 오랫동안 무단결근, 사용자의 출근 독려에 따르지 않는 것 등	무단결근 행위의 시기 · 양태 · 원인 · 결과 등 구체적인 사정을 고려(대법원 1989.3.14. 선고 87누980 판결).→산술적 · 형식적 무단결근 일수만을 고려해 해고한 것은 재량권의 범위를 일탈 및 남용한 것(대법원 2009.1.15. 선고 2008두16094 판결).
폭언/폭행/욕설	근로자들 간에 이루어진 폭행은 근기법 제8조(폭행의 금지)가 아닌 형법 제260조(폭행, 존속폭행)에 해당함. 다만, 근로자들 간의 폭행에도 사용자의 세력범위 즉, 그러한 폭행이 사용자의 사주를 받았거나 업무와 관련하여 일어났다면 사용자책임이 발생할 수 있음.	폭력행위가 발생한 장소, 대상(동료/상사/부하), 동기 및 경위, 사업장의 규모, 전후의 여러 사정을 종합적으로 고려하여 구체적 · 개별적으로 판단(대법원 2012.1.27. 선고 2011두29823 판결).
지시명령 위반	업무상 필요한 명령에 반항하거나 정당한 이유없이 이행하지 않는 행위, 또는 상사의 허락을 얻어야 하는 사항에 대하여 허락없이 자의적인 행위를 함으로써 직장의 규율을 현저하게 문란케 하는 행위.	사용자의 업무명령이 근로계약의 범위내의 것으로서 정당하고 유효한 것이어야 하고, 사용자의 명령에 근로자가 따르지 않는 것에 부득이한 사유가 존재하지 않아야 하며, 명령위반에 대한 징계처분이 상당한 것이어야 함.
진정/고소/고발/비방/폭로/비밀유지 위반	근기법 제104조(감독 기관에 대한 신고)에 따라 사용자의 불법행위에 대하여 사법기관에 진정 · 고발 등을 할 수 있음.	근로자는 사용자의 이익을 배려해야 할 근로계약상의 성실의무를 지고 있으므로 사용자가 직장의 내부사실을 외부에 공표하여 사용자의 비밀 · 명예 · 신용 등을 훼손하는 것은 징계사유가 되고, 구체적인 경우에 있어서 그 해당여부는 공표된 내용과 그 진위, 그 진위에 이르게 된 경위와 목적, 공표방법 등에 비추어 판단해야 함(대법원 1999.9.3. 선고 97누2528 판결).

16) 최영우, 『83개 실무테마 개별 노동법 실무』 제9판, (주)중앙경제, 2020, 938~998쪽을 참고하여 재정리.

구분	의 미	정당성 판단
겸업(겸직/이중취업)/경업금지 의무 위반	- 겸직금지: 근로자가 재직 중 다른 사업장에서 일을 하거나 다른 업무에 종사하는 것을 제한하는 것. - 경업금지: 재직 중 또는 근로관계 종료 후에 사용자와의 경쟁업종에 종사하거나 경쟁업체를 설립하는 것을 제한 하는 것.	근로자가 다른 사업을 겸직하는 것은 근로자의 개인능력에 따른 사생활의 범주에 속하는 것이므로 겸업을 전면적이고 포괄적으로 제한하는 것은 부당함(서울고등법원 2002.7.4. 선고 2001누13098 판결). 다만, 사용자와 경쟁적인 관계에 있는 영업을 영위하거나, 경쟁업체를 위해 업무를 제공하는 것으로 인하여 사용자의 기업질서를 문란하게 하거나, 노무제공에 지장을 초래하는 경우는 충실의무위반 등에 따라 징계사유가 될 수 있음(서울행정법원 2001.7.24. 선고 2001구7456 판결).
업무방해	근로자가 정당한 이유없이 사용자의 업무를 방해하거나 다른 사람의 업무수행을 저지하는 경우, 이와 관련하여 허위의 사실을 유포하거나 기타 위계 또는 위력으로서 타인의 업무를 방해하는 것으로, 형법 제314조(업무방해)에 해당함.	업무방해죄의 성립요건은 업무방해의 결과가 실제로 발생함을 요하는 것이 아니라, 업무방해의 결과를 초래할 위험이 발생하면 족함(대법원 1992.4.10. 선고 91도3044 판결).
사행활/업무 이외의 비행	도박, 이성교제, 풍기물란, 불륜, 성범죄, 흡연, 음주, 음주운전, 무면허운전 등	근로자의 사적 영역에서 이루어지는 비위행위에 대해서는 원칙적으로 사용자의 징계권이 미칠 수 없음. 다만, 사업에 직접적인 관련이 있거나 기업의 사회적 평가를 훼손할 염려가 있다면 징계 또는 해고가 가능함(대법원 1994.12.13. 선고 93누23275 판결).
횡령/착복/배임/뇌물수수/공금유용/회사물품 절취	회사의 금전을 횡령하거나 착복하는 행위는 신뢰를 훼손하고 회사에 손해를 끼친 행위이므로, 그 금액의 다과(多寡)를 막론하고 재산상 신임이 요구되는 지위에 있는 근로자가 재산적 범죄를 행하거나 신뢰남용으로서 대리권을 남용하여 업무상 배임행위를 함으로써 근로자의 개인적 이익을 취한 경우에는 징계처분의 대상임.	횡령, 배임, 뇌물수수 등의 행위와 관련하여 징계를 하는 경우에 대상이 되는 '업무의 범위'는 근로계약상의 업무에 한정되므로, 근로계약상의 업무에 해당하지 않는 사항은 징계사유로 삼을 수 없음(대법원 2014.10.16. 선고 2014두37900 판결).
형사범죄와 유죄판결	'유죄'의 범위에는 실형만을 의미하는 것이 아니며(대법원 2008.9.25. 선고 2006두18423 판결), 신체구속으로 장기간 근로제공이 불가능한 경우를 상정한 것이 아니라 회사의 신용·명예훼손이나 질장질서 유지에 대한 악영향으로 노사 간 신뢰상실이 우려되어 규정한 것이라면 집행유예나 선고유예[17]도 포함됨(대법원 1997.9.26. 선고 97누1600 판결).	취업규칙 등에 근로자가 형사처벌을 받게 되는 경우 당연면직 또는 징계사유로 규정하고 있는 것이 일반적이고, 판례도 원칙적으로 그 유효성을 인정함. 다만 구체적인 사안의 내용과 회사의 규정을 종합적으로 고려하여 정당 여부를 판단함(대법원 2008.9.25. 선고 2006두18423 판결).

17) '집행유예'는 유죄의 판결을 한 뒤 형의 선고를 함에 있어서 정상에 의하여 일정한 기간 동안 그 형의 집행을 유예하는

구분	의 미	정당성 판단
명예훼손	형법 제307조(명예훼손) 적용.	회사의 대표이사에 대한 폭언, 회사에 대한 명예훼손 등 개별 사유만으로 근로관계를 계속하기 어려운 중대한 사유가 되는지 분명하지 않더라도 전체의 사유를 종합하여 볼 때 중대한 사유가 있다면 징계해고 가능함(대법원 1997.12.9. 선고 97누9161 판결).
경력 및 학력 등 사칭/이력서 허위기재	사용자가 근로자를 고용할 때 근로자의 경력을 요구하는 것은 근로자에 대한 노동력 평가, 근로조건 결정, 노무관리 및 적정한 인력배치 등을 위한 판단자료와 근로자의 직장에 대한 정착성, 기업질서 및 기업규범 등에 대한 적응성 등에 관한 인격조사자료로 삼아, 노사 간의 신뢰관계 설정이나 기업질서의 유지 및 안정을 도모하는 데 목적이 있음(대법원 2017.12.22. 선고 2013다25194 판결).	학력사칭 등이 사회통념상 근로관계를 계속 유지할 수 없을 정도인지 여부는 가정적 인과관계의 존부(사용자가 사실을 미리 알았더라면 근로계약을 체결하지 않았거나, 적어도 같은 조건으로는 체결하지 않았을 것이라는 채용 당시의 사정) 및 고용 후 해고될 때까지의 사정(근로내용과 기간, 근로에 지장 초래 여부, 허위사실 인지(認知) 경위, 사실인지 후 근로자의 태도와 사용자의 조치내용, 노사 및 근로자 상호 간 신뢰관계 유지와 안정적인 기업경영 및 질서유지에 미치는 영향 등)을 종합적으로 고려하여 판단함.

(2) 정당한 이유의 존재

징계사유의 정당성은 구체적인 사례에 따라 판단하는데, 사회통념상 근로자에게 책임 있는 사유가 있고 사용자의 사업목적과 성격, 사업장의 여건, 근로자의 지위와 담당직무의 내용, 비위행위의 동기와 경위, 근로자의 행위로 기업의 위계질서가 문란하게 될 위험성 등 기업질서에 미칠 영향, 과거의 근무태도 등 여러 가지 사정을 종합적으로 검토하여 판단하여야 한다.

※ 근기법 제23조 제1항은 "사용자는 근로자에게…… 하지 못한다' 고 규정하고 있으므로, 징계의 정당성을 인정받으려면 사용자가 이를 입증하여야 함.

- *피징계자에게 징계사유가 있어서 징계처분을 하는 경우, 어떠한 처분을 할 것인지는 징계권자의 재량에 맡겨져 있음. 다만 징계권자의 징계처분이 사회통념상 현저하게 타당성을 잃어 징계권자에게 맡겨진 재량권을 남용하였다고 인정되는 경우에 한하여 그 처분이 위법하다고 할 수 있음. 징계처분이 사회통념상 현저하게 타당성을 잃어 재량권의 범위를 벗어난 위법한 처분이라고 할 수 있으려면 구체적인 사례에 따라 징계의 원인인 비위사실의 내용과 성질, 징계로 달성하려는 목적, 징계양정의 기준 등 여러 요소를 종합하여 판단할 때에 징계 내용이 객관적으로 명백히 부당하다*

제도이고, '선고유예'는 경미한 범인에 대하여 일정한 기간 형의 선고를 유예하고 그 유예기간을 사고 없이 지내면 형의 선고를 면하게 하는 제도이다.

고 인정되어야 함(대법원 2017.3.15. 선고 2013두26750 판결).

- 사용자가 근로자를 해고함에 있어서 정당한 이유의 유무는 개별적 사안에 따라 구체적으로 결정될 일이지만 그 일반적 내용은 해당 근로자와 사용자 사이의 근로관계를 계속 유지할 수 없을 정도의 이유, 즉 해당 근로자와의 근로관계의 유지를 사용자에게 더 이상 기대할 수 없을 정도의 것이 되어야 하는 것임. 여기에는 업무에 대한 적성에 흠이 있거나 직무능력이 부족한 경우, 계약상의 노무급부를 곤란하게 하는 질병, 사업상의 기밀누설의 가능성, 무단결근이나 지각 · 조퇴, 근로제공의 거부, 업무능력을 갖추었음에도 불구하고 불완전급부 내지 열등한 급부의 제공, 범법행위의 초래, 특정 신조나 사상과 밀접히 연관된 소위 경향사업(傾向事業)에 있어서 근로자가 이러한 경향성을 상실한 경우 등이 일반적으로 이러한 정당한 이유에 해당하는 것으로 인정되고 있음. 이와 같이 해석에 의한 기준이 확립되어 있기는 하나 해고가 정당한가의 여부는 항상 개별적 사례에 따라 구체적으로 판단되어야 하며, 근로자가 직장을 상실함으로써 받게 되는 손해와 근로관계를 종료시킴으로써 얻게되는 사용자의 이익 사이의 신중하고 포괄적인 이해형량이 이루어져야 함. 여기서 사용자 측의 이해에 대한 평가와 관련해서는 사업의 기능유지, 재산적 손해와 위험 발생의 방지, 대외적 위신의 추락, 다른 근로자에 대한 보호의 필요 등이 고려되어야 하며, 근로자 측에 관하여 문제가 된 의무위반의 종류, 중요성, 빈도와 근로자가 종래에 행한 행태와의 관련성, 사용자의 공동과실책임, 근무연한, 연령, 부양의무의 범위, 해직시점에서 근로시장의 상황, 전직의 가능성 등이 고려되어야 함(헌법재판소 2005.3.31. 선고 2003헌바12 결정).

(3) 징계사유에 대한 단체협약과 취업규칙의 관계

근로자를 징계 함에 있어 징계사유 및 징계절차를 단체협약에 따르도록 명시적으로 규정하고 있거나, 동일한 징계사유 및 징계절차에 관하여 단체협약상의 규정과 취업규칙 등의 규정이 상호 저촉되지 않는다면, 사용자는 취업규칙에서 단체협약의 징계사유와 무관한 새로운 징계사유를 정할 수 있고 그 징계사유에 따라 징계할 수 있다. 다만, 동일한 징계사유에 관하여 단체협약과 취업규칙의 규정이 상호 저촉되는 경우에는 사용자는 단체협약에서 정한 징계사유로만 근로자를 징계할 수 있다.

- 노사 간이 체결한 단체협약 조항에 "본 협약은 취업규칙이나 기타 제규칙 · 규정에 우선하며 이 협약에 저하되는 부분은 무효로 한다"는 규정을 두고 있는 경우, 이는 단체협약에 정한 근로조건이나 근로자의 대우에 관한 기준에 위반하는 취업규칙 또는 근로계약 부분은 무효로 한다는 노동조합법 제36조 제1항의 취지를 거듭 확인한 것으로서 근로조건이나 근로자의 대우기준에 관한 단체협약상의 규정와 취업규칙 등의 규정에 상호 저촉될 경우에는 단체협약의 조합원인 종업원에 대

한 징계를 함에 있어서는 어떠한 경우라 하더라도 징계에 관한 사항을 정한 취업규칙 등의 규정이 독자적인 징계의 근거규정이 될 수 없다는 취지는 아님. 따라서 단체협약에 규정된 해고사유 이외에 취업규칙에 정해진 별도의 다른 해고사유도 이것이 단체협약의 규정취지에 저촉되지 않는 경우에는 사용자인 회사측이 이를 이유로 하여 조합원을 해고할 수 있다고 보아야 할 것임(대법원 1993.2.23. 선고 92나 40297 판결).

- *기업 질서는 기업의 존립과 사업의 원활한 운영을 위하여 필요 불가결한 것이고, 따라서 사용자는 이러한 기업질서를 확립하고 유지하는 데 필요하고도 합리적인 것으로 인정되는 한 근로자의 기업질서 위반행위에 대하여 근로기준법 등의 관련 법령에 반하지 않는 범위 내에서 이를 규율하는 취업규칙을 제정할 수 있고, 단체협약에서 규율하고 있는 기업질서 위반행위 외의 근로자의 기업질서에 관련된 비위행위에 대하여 이를 취업규칙에서 해고 등의 징계사유로 규정하는 것은 원래 사용자의 권한에 속하는 것이므로, 단체협약에서 '해고에 관하여는 단체협약에 의하여야 하고 취업규칙에 의하여 해고할 수 없다'는 취지로 규정하거나 '단체협약에 정한 사유 외의 사유로는 근로자를 해고할 수 없다.'고 규정하는 등 근로자를 해고함에 있어서 해고사유 및 해고절차를 단체협약에 의하도록 명시적으로 규정하고 있거나 동일한 징계사유나 징계절차에 관하여 단체협약상의 규정과 취업규칙 등의 규정이 상호 저촉되는 경우가 아닌 한, 사용자는 취업규칙에서 단체협약 소정의 해고사유와는 관련이 없는 새로운 해고사유를 정할 수 있고, 그 해고사유에 터잡아 근로자를 해고할 수 있으며, 비록 단체협약에서 해고사유와 해고 이외의 징계사유를 나누어 구체적으로 열거하고 있다 하더라도 취업규칙에서 이와 다른 사유를 해고사유로 규정하는 것이 단체협약에 반하는 것이라고 할 수 없음(대법원 1999.3.26. 선고 98두4672 판결).*
- *단체협약에서 "해고에 관하여는 단체협약에 의하여야 하고 취업규칙에 의하여 해고할 수 없다"는 취지로 규정하거나 "단체협약에 정한 사유 외의 사유로는 근로자를 해고할 수 없다"고 규정하는 등 근로자를 해고함에 있어, 해고사유 등을 단체협약에 의하도록 명시적으로 규정하고 있거나 동일한 징계사유에 관하여 단체협약상의 규정과 취업규칙 등의 규정이 상호 저촉되는 경우에는, 사용자는 단체협약 소정의 징계사유에 의하여만 근로자를 징계할 수 있음(대법원 1995.2.14. 선고 94누5069 판결).*

3) 징계양정의 적정성

징계양정[18]의 적정성 판단은 비위행위의 내용과 성질 및 동기와 경위, 사용자의 사업의 목적과 성격, 기업질서에 미칠 영향, 사업장의 여건 및 규모, 징계를 통해 달성하고자 하는 목적, 해당 근로자의 지위(권한과 책임의 정도) 및 담당직무의 내용, 과거의 근무태도, 징계전력 및 포상경력, 징계사유 발생 이후의 태도 등 여러 가지 사정을 종합적으로 고려하여야 한다.

18) 징계양정은 근로자의 비위행위에 대하여 처분할 징계의 종류와 내용을 선택하는 것을 말하고, 원칙적으로 징계권자의 재량에 맡겨진 것이다.

- *취업규칙 등의 징계해고 사유에 해당하는 경우, 이에 따라 이루어진 해고처분이 당연히 정당한 것으로 되는 것이 아니라 사회통념상 고용관계를 계속할 수 없을 정도로 근로자에게 책임있는 사유가 있는 경우에 행하여져야 정당성이 인정되는 것이고, 사회통념상 당해 근로자와의 고용관계를 계속할 수 없을 정도인지는 당해 사업자의 사업의 목적과 성격, 사업장의 여건, 당해 근로자의 지위 및 담당직무의 내용, 비위행위의 동기와 경위, 이로 인하여 기업의 위계질서가 문란하게 될 위험성 등 기업질서에 미칠 영향, 과거의 근무태도 등 여러 가지 사정을 종합적으로 검토하여 판단(대법원 2002. 11. 22. 선고 2002누3706 판결 참조)하여야 함(대법원 2003.7.25. 선고 2001두11069 판결).*
- *원고 병원에는 정신질환자들의 보호를 위한 감시 내지 징계업무를 주로 담당하는 보호사라는 직종의 근로자가 따로 있는 점, 이 사건 집단적 무단결근이 단 1회에 그치고 이로 인하여 원고 병원에 끼친 손해나 진료상의 장애는 미미했던 점 등에 비추어 보면, 비록 원고가 경영하는 병원사업이 공익사업의 일종이라도 참가인이 위 집단결근을 주동 내지 선동하거나 일반간호조무사들을 지휘, 감독할 지위에도 있지 아니한 이 사건에 있어서 원고가 이 사건 집단결근에 가담한 간호조무사 중 1명을 제외한 나머지 직원들에 대하여 모두 정직 10일이라는 징계처분을 하였음에 반하여 원고에 대하여는 징계의 종류로서 가장 무거운 해고의 처분을 한 것은 형평의 원칙에 반하여 징계처분을 남용한 위법한 것이라 할 것임(대법원 1998.11.10. 선고 97누18189 판결).*

4) 징계절차의 정당성

사용자가 징계절차를 취업규칙 등에 정할지와 그 내용을 어떻게 할 것인지는 사용자의 재량에 맡겨서 있다. 징계절차의 정당성 판단은 징계과정에서 징계대상자인 근로자에게 징계절차 규정에 따라 소명의 기회를 실질적으로 부여하였는지와 징계위원회의 구성, 징계의결 등 징계과정이 규정에 따라 합리적으로 행해졌는지 여부이다. 다만, 징계처분의 사유가 정당하고 징계양정이 적정하더라도, 징계절차의 정당성을 인정받지 못하면 그 징계처분의 정당성은 부인된다.

※ 징계처분의 과정 및 단계별 조치사항: 비위사실의 인지 ⇒ 비위사실에 대한 조사(공개·비공개조사 및 직접·간접조사, 문답서 및 진술서 작성, 징계위원회 회부 결정) ⇒ 징계위원회 개최 준비(징계위원회 참석통지 및 소명기회 안내, 징계위원회 구성 및 안건송부) ⇒ 징계위원회 개최(사실심문, 소명기회 부여, 징계의 양정 결정, 징계양정 의결) ⇒ 징계처분 결정 및 통지 ⇒ 징계 재심절차 진행

- *취업규칙 등 징계규정에서, 근로자에게 일정한 징계사유가 있을 때 징계의결 요구권자가 먼저 징계사유를 들어 징계위원회에 징계의결 요구를 하고 징계의결 결과에 따라 징계처분을 하되 징계위원회는 징계대상자에게 진술의 기회를 부여하고 이익되는 사실을 증명할 수 있도록 하며 징계의결을 하는 경우에는 징계의 원인이 된 사실 등을 명시한 징계의결서에 의하도록 규정하고 있을 경우, 징*

계위원회는 어디까지나 징계의결 요구권자에 의하여 징계의결이 요구된 징계사유를 심리대상으로 하여 그에 대하여만 심리 · 판단하여야 하고 징계의결이 요구된 징계사유를 근본적으로 수정하거나 징계의결 이후에 발생한 사정 등 그 밖의 징계사유를 추가하여 징계의결을 할 수는 없음. 또한 징계대상자에게 징계위원회에 출석하여 변명과 소명자료를 제출할 기회를 부여하도록 되어 있음에도 이러한 징계절차를 위반하여 징계해고하였다면 이러한 징계권의 행사는 징계사유가 인정되는지와 관계없이 절차의 정의에 반하여 무효라고 보아야 함(대법원 2012.1.27. 선고 2010다100919 판결).

- 근로자의 권리와 의무에 영향을 미치는 사항은 이사회 등의 업무 관련 기관과는 별도의 기관으로 하여금 담당하게 하는 것이 공정한 징계절차가 담보되어 절차적 정당성이 확보된다는 점에 있으므로, 참가인이 이 사건 해고를 함에 있어 이사회 및 운영위원회를 개최하여 원고들을 징계한 것은 징계절차상 중대한 위법이 있으며, 참가인의 취업규칙에 의하면 직원의 징계 시에는 당사자에게 구두 또는 서면으로 소명할 기회를 부여할 수 있다고 규정되어 있는데 피징계자에게 소명의 기회를 부여할 것인지의 여부는 인사위원회의 재량사항이라고 보이기는 하지만, 소명의 기회를 부여하는 것은 객관적 진실을 규명하고 징계처분의 절차적 정당성을 확보한다는 중요한 의미를 가진다 할 것이므로 참가인의 이사회 및 운영위원회가 원고들에게 소명의 기회를 부여하지 아니한 채 해고한 것은 징계절차의 재량권을 남용한 것으로서 중대한 위법이 있음(대법원 2006.2.26. 선고 2005두14806 판결).
- 사용자와 노동조합이 징계위원회의 구성원에 노조 대표를 포함시키기로 한 단체협약의 취지는 노조 대표 중에서 징계위원을 위촉하여 징계위원회에 대한 노동조합의 참여권을 보장하기로 한 것으로 보아야 하고, 따라서 근로자를 징계하기 위하여 개최된 징계위원회에 노동조합의 대표를 참석시키지 아니한 채 행한 면직처분의 의결에는 절차상의 하자가 있고, 그에 따른 면직처분 역시 절차에 중대한 하자가 있어서 무효임(대법원 1997.3.25. 선고 96다43416 판결).

제3절 해고의 제한

1. 개 요

1) 해고의 의미

해고는 실제 사업장에서 불리는 명칭이나 절차와 관계없이 근로자의 의사에 반하여 사용자의 일방적인 의사표시로 이루어지는 모든 근로계약의 종료를 의미하고, 장래에 향하여 그 효력

을 소멸시키는 법률행위이다.[19)]

> - 근로계약의 종료사유는 근로자의 의사나 동의에 의하여 이루어지는 '퇴직', 근로자의 의사에 반하여 사용자의 일방적 의사에 의하여 이루어지는 '해고', 근로자나 사용자의 의사와는 관계없이 이루어지는 '자동소멸' 등으로 나눌 수 있고, 그중 해고란 실제 사업장에서 불리는 명칭이나 절차에 관계없이 근로자의 의사에 반하여 사용자의 일방적 의사에 의하여 이루어지는 모든 근로계약관계의 종료를 의미함(대법원 2011.3.24. 선고 2010다92148 판결).
> - 근로계약은 근로자가 사용자에게 근로를 제공하고 사용자는 이에 대하여 임금을 지급하는 것을 목적으로 체결된 계약으로서 기본적으로 그 법적 성질이 사법상 계약이므로 계약 체결에 관한 당사자들의 의사표시에 무효 또는 취소의 사유가 있으면 그 상대방은 이를 이유로 근로계약의 무효 또는 취소를 주장하여 그에 따른 법률효과의 발생을 부정하거나 소멸시킬 수 있음. 다만, 그와 같이 근로계약의 무효 또는 취소를 주장할 수 있다 하더라도 근로계약에 따라 그동안 행하여진 근로자의 노무 제공의 효과를 소급하여 부정하는 것은 타당하지 않으므로 이미 제공된 근로자의 노무를 기초로 형성된 취소 이전의 법률관계까지 효력을 잃는다고 보아서는 아니 되고, 취소의 의사표시 이후 장래에 관하여만 근로계약의 효력이 소멸된다고 보아야 함(대법원 2017.12.22. 선고 2013다25194 판결).

2) 해고의 제한

해고는 근로자의 경제적·사회적 신분의 변경을 수반하는 것으로 매우 엄격한 요건을 충족해야만 정당성을 인정받을 수 있다. 즉 사용자가 정당한 해고를 하려면 실질적 요건으로 근기법 제23조의 정당한 이유와, 형식적 요건으로 근기법 제26조의 해고예고 및 제27조의 서면통지 절차를 준수해야 한다.

※ 경영상 이유에 의한 해고(근기법 제24조)를 제외한 해고의 경우에는 해고의 사전적인 절차에 대해 근기법에서 정하고 있지 않으므로, 회사의 취업규칙 등 관련 규정에서 정한 바에 따라야 함.

2. 해고의 실질적 요건

> 「근로기준법」
>
> **제23조 【해고 등의 제한】** ① 사용자는 근로자에게 정당한 이유 없이 해고, 휴직, 정직, 전직, 감봉, 그 밖의 징벌(懲罰)(이하 "부당해고 등"이라 한다)을 하지 못한다.

19) 해고는 근로계약을 '해지'하는 의사표시이므로 「민법」 제550조(해지의 효과)의 '당사자 일방이 계약을 해지한 때에는 계약은 장래에 대하여 그 효력을 잃는다'는 규정에 따라 해고로 인하여 근로계약은 장래에 한하여 그 효력을 잃는다. 한편 근로관계는 계속적 계약관계이므로 「민법」 제548조(해제의 효과, 원상회복의무) '당사자 일방이 계약을 해제한 때에는 각 당사자는 그 상대방에 대하여 원상회복의 의무가 있다' 는 규정에 따른 해제의 소급효가 적용될 수 없다.

사용자는 근로자에게 정당한 이유 없이 해고하지 못한다. 따라서 해고는 사회통념상 고용관계를 계속할 수 없을 정도로 근로자에게 책임 있는 사유가 있는 경우에 그 정당성이 인정된다. 사회통념상 근로관계를 계속할 수 없을 정도인지의 여부는 사용자의 사업의 목적과 성격, 사업장의 여건, 당해 근로자의 지위 및 담당직무의 내용, 비위행위의 동기와 경위, 이로 인하여 기업의 위계질서가 문란하게 될 위험성 등 기업질서에 미칠 영향, 과거의 근무태도 등 여러 가지 사정을 종합적으로 검토하여 개별적 사안에 따라 판단하여야 한다.

※ 상시근로자 4명 이하의 사업(장)은 정당한 이유 없이 해고할 수 없도록 한 근기법 제23조 제1항이 적용되지 않음(근기법 제11조 제2항).

- *해고는 사회통념상 고용관계를 계속할 수 없을 정도로 근로자에게 책임 있는 사유가 있는 경우에 그 정당성이 인정되고, 사회통념상 근로자와 고용관계를 계속할 수 없을 정도인지는 사용자의 사업 목적과 성격, 사업장의 여건, 근로자의 지위와 담당직무의 내용, 비위행위의 동기와 경위, 이로 인하여 기업의 위계질서가 문란하게 될 위험성 등 기업질서에 미칠 영향, 과거의 근무태도 등 여러 가지 사정을 종합적으로 검토하여 판단하여야 함(대법원 2017.5.17. 선고 2014다13457 판결).*
- *사용자가 근로자를 해고함에 있어서 정당한 이유의 유무는 개별적 사안에 따라 구체적으로 결정될 일이지만 그 일반적 내용은 해당 근로자와 사용자 사이의 근로관계를 계속 유지할 수 없을 정도의 이유, 즉 해당 근로자와의 근로관계의 유지를 사용자에게 더 이상 기대할 수 없을 정도의 것이 되어야 하는 것임. 여기에는 업무에 대한 적성에 흠이 있거나 직무능력이 부족한 경우, 계약상의 노무급부를 곤란하게 하는 질병, 사업상의 기밀누설의 가능성, 무단결근이나 지각·조퇴, 근로제공의 거부, 업무능력을 갖추었음에도 불구하고 불완전급부 내지 열등한 급부의 제공, 범법행위의 초래, 특정 신조나 사상과 밀접히 연관된 소위 경향사업(傾向事業)에 있어서 근로자가 이러한 경향성을 상실한 경우 등이 일반적으로 이러한 정당한 이유에 해당하는 것으로 인정되고 있음. 이와 같이 해석에 의한 기준이 확립되어 있기는 하나 해고가 정당한가의 여부는 항상 개별적 사례에 따라 구체적으로 판단되어야 하며, 근로자가 직장을 상실함으로써 받게 되는 손해와 근로관계를 종료시킴으로써 얻게 되는 사용자의 이익 사이의 신중하고 포괄적인 이해형량이 이루어져야 함. 여기서 사용자 측의 이해에 대한 평가와 관련해서는 사업의 기능유지, 재산적 손해와 위험 발생의 방지, 대외적 위신의 추락, 다른 근로자에 대한 보호의 필요 등이 고려되어야 하며, 근로자 측에 관하여 문제가 된 의무위반의 종류, 중요성, 빈도와 근로자가 종래에 행한 행태와의 관련성, 사용자의 공동과실책임, 근무연한, 연령, 부양의무의 범위, 해직시점에서 근로시장의 상황, 전직의 가능성 등이 고려되어야 함(헌법재판소 2005.3.31. 선고 2003헌바12 결정).*

3. 해고의 형식적 요건

1) 해고예고

「근로기준법」

제26조【해고의 예고】 사용자는 근로자를 해고(경영상 이유에 의한 해고를 포함한다)하려면 적어도 30일 전에 예고를 하여야 하고, 30일 전에 예고를 하지 아니하였을 때에는 30일분 이상의 통상임금을 지급하여야 한다. 다만, 다음 각호의 어느 하나에 해당하는 경우에는 그러하지 아니하다.
1. 근로자가 계속 근로한 기간이 3개월 미만인 경우
2. 천재 · 사변, 그 밖의 부득이한 사유로 사업을 계속하는 것이 불가능한 경우
3. 근로자가 고의로 사업에 막대한 지장을 초래하거나 재산상 손해를 끼친 경우로서 고용노동부령으로 정하는 사유에 해당하는 경우

(1) 의 의

사용자는 근로자를 해고하려면 적어도 30일 전에 예고해야 하고(해고예고),[20] 30일 전에 예고하지 않으면 30일분 이상의 통상임금을 지급하여야 한다(해고예고 수당). 사용자는 2가지 의무 중에서 선택적으로 적용할 수 있다. 해고예고는 근로자가 갑작스러운 해고로부터 생활의 위협을 줄이고자 최소한의 시간적 여유를 부여하거나, 그렇지 않으면 그 기간 동안의 생계비를 보장하여 근로자의 경제적 어려움을 완화코자 하는 데 있다.

※ 해고예고는 상시근로자 4명 이하의 사업(장)에도 적용됨(근기법 제11조 제2항).

- *근로기준법 제27조의2(현행 제26조)에 의하면 사용자가 근로자를 해고하고자 할 때에는 적어도 30일전에 그 예고를 하거나 또는 30일분 이상의 통상임금을 지급하여야 한다고 규정하였으므로, 사용자가 전자의 방법(해고예고)을 선택한 경우에는 후자의 해고예고수당을 지급할 필요가 없는 것은 의문의 여지가 없음. 참고로 해고예고기간 중에는 근로계약관계가 존속하므로 그 기간 중에 해당 근로자가 근무를 계속했다면 그에 대한 임금을 지급해야 할 것이고, 휴업상태에 있었다면 동법 제38조(현행 제46조)에 의하여 휴업수당의 지급 여부가 문제로 될 것임(1967.12.4., 법무 810-20213).*
- *해고예고제도는, 사용자가 갑자기 근로자를 해고하면 근로자의 생활에 어려움이 있을 수 있으므로, 새 일자리를 구할 수 있는 시간적 여유를 주거나 그렇지 않으면 그 기간 동안의 생계비를 보장하여 해고로 인한 근로자의 어려움을 덜어주는 데 그 취지가 있음(헌법재판소 2015.12.23. 선고 2014헌바3 결정).*

20) 근기법 제26조【해고의 예고】에서는 해고예고의 방법은 규정하고 있지 않아, 고용노동부 해고예고 관련 민원처리지침(근로기준팀-8047, 2007.11.29.)에 따르면 해고예고는 반드시 서면으로 할 필요가 없고 구두 등의 방법으로 하더라도 그 효력이 인정된다고 규정하고 있다(고용노동부 2013.9.10., 근로개선정책과-5318).

(2) 해고예고의 적용 제외

다음의 경우에는 30일 전에 예고하거나 30일분 이상의 통상임금을 지급하지 않고 해고할 수 있다(근기법 제26조 단서, 근기법 시행규칙 제4조 별표).

〈해고예고의 예외 사유〉

㉮ 근로자가 계속근로한 기간이 3개월 미만인 경우.
㉯ 천재·사변 그 밖의 부득이한 사유로 사업을 계속하는 것이 불가능한 경우.
㉰ 근로자가 고의로 사업에 막대한 지장을 초래하거나 재산상 손해를 끼친 경우로서 아래(근기법 시행규칙 제4조 별표)에서 정하는 사유에 해당하는 경우.

※ 해고예고의 예외가 되는 근로자의 귀책사유(근기법 시행규칙 제4조 별표)

1. 납품업체로부터 금품이나 향응을 제공받고 불량품을 납품받아 생산에 차질을 가져온 경우
2. 영업용 차량을 임의로 타인에게 대리운전하게 하여 교통사고를 일으킨 경우
3. 사업의 기밀이나 그 밖의 정보를 경쟁관계에 있는 다른 사업자 등에게 제공하여 사업에 지장을 가져온 경우
4. 허위 사실을 날조하여 유포하거나 불법 집단행동을 주도하여 사업에 막대한 지장을 가져온 경우
5. 영업용 차량 운송 수입금을 부당하게 착복하는 등 직책을 이용하여 공금을 착복, 장기유용, 횡령 또는 배임한 경우
6. 제품 또는 원료 등을 몰래 훔치거나 불법 반출한 경우
7. 인사·경리·회계담당 직원이 근로자의 근무상황 실적을 조작하거나 허위 서류 등을 작성하여 사업에 손해를 끼친 경우
8. 사업장의 기물을 고의로 파손하여 생산에 막대한 지장을 가져온 경우
9. 그 밖에 사회통념상 고의로 사업에 막대한 지장을 가져오거나 재산상 손해를 끼쳤다고 인정되는 경우

(3) 해고예고의 기간

해고예고기간 30일은 달력에 의한 30일을 말하며, 민법상 초일불산입의 원칙에 따라 예고 당일은 기간 계산에 포함되지 않는다. 따라서 해고예고기간은 통지가 근로자에게 도달한 다음 날부터 계산하여 30일만에 만료되며, 휴일·휴무일이 있더라도 연장되지 않는다.

※ 해고예고는 반드시 30일 전에 하여야 하므로 30일에서 일부라도 부족하게 되는 경우에는 30일 전에 예고하지 아니한 것으로 해석되며, 그 경우에는 30일분 이상의 통상임금을 지급하여야 하는 것임(고용노동부 2003.12.20., 근기 68207-1346).

특정일을 해고일로 정하여 통보하는 경우, 동법 동조의 해고예고 의무를 다하기 위해서는 동 해고일로부터 30일 전에 예고를 하였거나 30일분 이상의 통상임금을 해고와 동시에 지급하여야 하는 것으로서, 잔여 근로계약기간이 30일에 미치지 못한다 하여 30일분의 통상임금보다 적은 금액을 지급할 수는 없으며, 이를 이행치 아니하는 경우에는 동법 동조 위반이 될 수 있을 것임(고용노동부 2003.12.17., 근기 68207-1627).

(4) 해고예고와 해고의 효력

해고예고 의무 규정은 단속규정[21]이므로 해고예고를 하지 않았다고 하더라도 사용자가 형사처벌을 받는 것은 별론으로 하고 해고의 효력에는 영향을 미치지 않는다. 따라서 추후 노동위원회로부터 부당해고로 인정받은 경우라 할지라도 해고예고를 하지 않은 행위에 대해서는 해고의 정당성 여부와는 별도로 이미 법 위반이 발생한 것이므로 해고예고 의무 위반으로 처벌이 가능하다.[22]

- *해고예고제도는 해고자체를 금지하는 제도가 아니라 해고를 할 경우에는 일정한 유예기간을 두거나 예고수당을 지급할 것을 내용으로 하는 제도임. 대법원 판례 또한 일관하여 해고예고의무를 위반한 해고도 유효하다고 보므로, 해고예고제도는 해고의 효력 자체와는 무관한 제도라고 볼 수 있음(대법원 1993.9.24. 선고 93누4199 판결; 대법원 1994.12.27. 선고 94누11132 판결 등 참조). 즉, 해고예고제도는 근로관계의 존속 그 자체를 보호하는 제도라고 하기는 어렵고, 따라서 근로관계의 존속이라는 근로자보호의 본질적 부분과 관련되는 것이 아니기 때문임(헌법재판소 2001.7.19. 선고 99헌마663 결정).*
- *근로기준법 제26조 본문에 따라 사용자가 근로자를 해고하면서 30일 전에 예고를 하지 아니하였을 때 근로자에게 지급하는 해고예고수당은 해고가 유효한지 여부와 관계없이 지급되어야 하는 돈이고, 그 해고가 부당해고에 해당하여 효력이 없다고 하더라도 근로자가 해고예고수당을 지급받을 법률상 원인이 없다고 볼 수 없음(대법원 2018.9.13. 선고 2017다16778 판결).*
- *해고의 예고를 하지 아니하였다 하더라도 해고의 정당한 이유를 갖추고 있는 이상 해고의 효력에는 영향이 없음(대법원 1998.11.27. 선고 97누14132 판결).*

---

21) 법률행위의 효력과 관련하여 '강행규정(효력규정)'은 그 규정에 반하는 행위는 사법상의 효력이 부정되는 것이고, '단속규정'은 그 규정을 위반하여도 벌칙의 적용이 있을 뿐이고 행위 자체의 사법상의 효력에는 영향이 없는 것이다.

22) 고용노동부, 「해고예고 관련 민원처리지침」, 2007.11.29., 근로기준팀-8048.

2) 서면통지

> 「근로기준법」
>
> **제27조【해고사유 등의 서면통지】** ① 사용자는 근로자를 해고하려면 해고사유와 해고시기를 서면으로 통지하여야 한다.
>
> ② 근로자에 대한 해고는 제1항에 따라 서면으로 통지하여야 효력이 있다.
>
> ③ 사용자가 제26조에 따른 해고의 예고를 해고사유와 해고시기를 명시하여 서면으로 한 경우에는 제1항에 따른 통지를 한 것으로 본다.

(1) 의 의

해고는 사유와 시기를 서면으로 통지하여야 효력이 발생한다. 해고의 사유 및 시기를 서면으로 통지해야 하는 이유는 사용자가 근로자를 해고하는데 신중하게 결정하도록 하고, 해고의 존재 여부·시기·사유 등을 명확히 하여 분쟁의 해결을 쉽게 하며, 근로자의 방어권을 보장하려는 데 있다.

※ 해고의 효력은 서면이 근로자에게 도달해야 발생하고(민법 제111조[23]), 도달은 근로자가 직접 수령한 것 뿐만 아니라, 근로자가 사회통념상 통지내용을 알 수 있는 객관적 상태에 놓인 것도 포함됨.

> *근로기준법 제27조(현행 제26조)는 사용자가 근로자를 해고하려면 해고사유와 해고시기를 서면으로 통지하여야 그 효력이 있다고 규정하고 있는데, 이는 해고사유 등의 서면통지를 통하여 사용자로 하여금 근로자를 해고하는 데 신중을 기하게 함과 아울러, 해고의 존부 및 시기와 그 사유를 명확하게 하여 사후에 이를 둘러싼 분쟁이 적정하고 용이하게 해결될 수 있도록 하고, 근로자에게도 해고에 적절히 대응할 수 있게 하기 위한 취지이므로, 사용자가 해고사유 등을 서면으로 통지할 때에는 근로자의 처지에서 그 해고사유가 무엇인지를 구체적으로 알 수 있어야 함(대법원 2015.11.27. 선고 2015두48136 판결).*

(2) 해고예고와의 관계

근기법 제27조는 해고예고와는 별개로 해고가 서면으로 통지되지 않은 경우 그 해고는 효력이 없다고 명확히 하고 있는데, 해고의 서면통지와 해고예고는 서로 다른 단계에서 이루어지는 별개의 행위이다. 다만, 사용자가 근로자에게 해고예고를 하면서 해고사유와 해고시기를 명

---

23) 111조【의사표시의 효력발생시기】 ① 상대방이 있는 의사표시는 상대방에게 도달한 때에 그 효력이 생긴다. ② 의사표시자가 그 통지를 발송한 후 사망하거나 제한능력자가 되어도 의사표시의 효력에 영향을 미치지 아니한다.

시하여 서면으로 한 경우에는 해고사유 등 통지를 한 것으로 본다.[24)]

(3) 서면통지의 내용

해고사유는 해고의 동기 또는 원인을 말하며, 진정한 해고사유가 기재되어야 한다. 따라서 사용자가 해고사유 등을 서면으로 통지할 때는 근로자의 처지에서 해고의 사유가 무엇인지를 구체적으로 알 수 있어야 한다. 해고시기는 해고의 효력을 발생시키고자 하는 시기로서, 구체적인 날짜(연월일)로 서면에 기재되어야 하며, 기재되어 있지 않거나 구체적이지 못하면 해고의 효력이 인정되지 않는다.

근로기준법 제27조(현행 제26조) 제1항, 제2항은 '사용자가 근로자를 해고하려면 해고사유와 해고시기를 서면으로 통지해야 효력이 있다'고 규정하고 있음. 이는 사용자에게는 신중하게 근로자를 해고하도록 하고, 근로자에게는 해고에 적절하게 대응할 수 있게 하며, 나아가 해고의 존부 및 그 시기와 사유를 명확하게 하여 뒷날 이를 둘러싼 분쟁을 쉽고 적정하게 해결하는 데 그 취지가 있음. 따라서 근로자를 해고하려는 사용자가 해고사유와 해고시기를 서면으로 통지할 때에는 그 통지를 받는 근로자가 해고사유가 무엇인지를 구체적으로 알 수 있어야 하고, 특히 징계해고를 하려는 경우에는 해고사유가 되는 구체적 사실 또는 비위내용을 기재하여야 하며, 징계대상자가 위반한 인사규정의 조문만 늘어놓는 것으로는 충분하다고 볼 수 없음(수원지방법원 2020.10.29. 선고 2019가합20989 판결-항소하지 않아 1심판결로 확정됨).

(4) 서면통지의 방법

서면이란 종이로 된 문서를 의미하고, 이메일 등 전자문서와는 원칙적으로 구분된다. 다만, 이메일 등 전자문서가 일정한 요건이 충족되면 구체적 사안에 따라 서면에 의한 해고통지로서 유효하다.

- *'서면'이란 일정한 내용을 적은 문서를 의미하고 이메일 등 전자문서와는 구별되지만, 「전자문서 및 전자거래 기본법」 제3조는 '이 법은 다른 법률에 특별한 규정이 있는 경우를 제외하고 모든 전자문서 및 전자거래에 적용한다.'고 규정하고 있고, 같은 법 제4조 제1항은 '전자문서는 다른 법률에 특별한 규정이 있는 경우를 제외하고는 전자적 형태로 되어 있다는 이유로 문서로서의 효력이 부인되지 아니한다.'고 규정하고 있는 점, 출력이 즉시 가능한 상태의 전자문서는 사실상 종이 형태의 서면과 다를 바 없고 저장과 보관에 있어서 지속성이나 정확성이 더 보장될 수도 있는 점, 이메일(e-mail)의 형식과 작성 경위 등에 비추어 사용자의 해고 의사를 명확하게 확*

24) 고용노동부, 「해고의 서면통지 관련 업무처리 지침」, 2007.8.1. 제정., 근로기준팀-5739.

인할 수 있고, 이메일에 해고사유와 해고시기에 관한 내용이 구체적으로 기재되어 있으며, 해고에 적절히 대응하는 데에 아무런 지장이 없는 등 서면에 의한 해고통지의 역할과 기능을 충분히 수행하고 있다면, 단지 이메일 등 전자문서에 의한 통지라는 이유만으로 서면에 의한 통지가 아니라고 볼 것은 아닌 점 등을 고려하면, 근로자가 이메일을 수신하는 등으로 그 내용을 알고 있는 이상, 이메일에 의한 해고통지도 앞서 본 해고사유 등을 서면 통지하도록 규정한 근로기준법 제27조의 입법취지를 해하지 아니하는 범위 내에서 구체적 사안에 따라 서면에 의한 해고통지로서 유효하다고 보아야 할 경우가 있음(대법원 2015.9.10. 선고 2015두41401 판결).

- 제반 정황상 근로자가 사용자의 징계처분 의도를 알고 있었음이 인정되고 근로자가 의도적으로 사용자의 징계위원회 개최 통보서 수령을 거부하였다고 판단되는바, 이는 근로자 스스로 징계위원회 출석 및 자신의 징계혐의에 대한 변론의 기회를 포기한 것으로 인정되고 근로자 스스로 요구하여 해고처분 결과를 e-mail로 수령한 후 다시 서면 통보를 요청하여 사용자가 서면통보 하였음에도 이를 수령하지 않아 반송시킨 행위는 근로자의 수령 거부로 보아야 할 것이므로 이 사건 근로자에 대한 해고 처분은 그 절차에 있어서도 정당함(중앙노동위원회 2009.8.7., 2009부해493 판정).
- 출동한 경찰관이 보는 앞에서 원고에게 이 사건 해고통지서를 전달한 이상 원고가 수령을 거부하였다 하더라도 해고의 효력이 발생하였고, 해고가 정당한 이유를 갖추고 있는 만큼 사용자가 근기법 제26조의 해고예고의무를 위반하였다고 하더라도 이 사건 해고의 효력에는 아무런 영향이 없음(서울행정법원 2013.7.16. 선고 2012구합2931 판결).

4. 해고의 금지

사용자는 다음에 해당하는 사유가 있는 경우에는 어떠한 경우라도 근로자를 해고할 수 없고, 이를 위반한 해고는 무효이다.

〈해고가 금지되는 사유〉

① 업무상 부상 또는 질병의 요양을 위하여 휴업한기간과 그 후 30일 동안(근기법 제23조 제2항)
② 출산전후휴가기간과 그 후 30일 동안(근기법 제23조 제2항)
③ 감독기관에 신고·통보(근기법 제104조)[25)]
④ 육아휴직기간 및 육아기 근로시간단축기간(남녀고용평등법 제19조 제3항, 제19조의2 제5항)[26)]
⑤ 난임치료휴가기간(남녀고용평등법 제18조의3 제2항)[27)]
⑥ 가족돌봄휴직 및 가족돌봄휴가기간(남녀고용평등법 제22조의2 제6항)[28)]
⑦ 가족돌봄휴직 및 가족돌봄휴가를 위한 근로시간단축기간(남녀고용평등법 제22조의3 제5항)[29)]

25) 제104조【감독기관에 대한 신고】 ① 사업 또는 사업장에서 이 법 또는 이 법에 따른 대통령령을 위반한 사실이 있으면 근로자는 그 사실을 고용노동부 장관이나 근로감독관에게 통보할 수 있다. ② 사용자는 제1항의 통보를 이유로 근로

제4절 부당한 인사권에 대한 구제

1. 개 요

사용자가 해고, 휴직, 정직, 전직, 감봉, 그 밖의 징벌 등 부당한 인사권(이하 '부당해고 등'이라 함)을 행사하면 근로자는 노동위원회 또는 법원에 이의를 제기할 수 있다. 즉 근로자는 부당해고 등에 대한 권리구제를 받기 위해 노동위원회의 행정적 구제절차와 법원에 사법적 구제절차를 병행하거나 선택적으로 활용할 수 있다.

> *노동위원회의 구제명령은 사용자에게 구제명령에 복종하여야 할 공법상 의무를 부담시킬 뿐 직접 근로자와 사용자 간의 사법상 법률관계를 발생 또는 변경시키는 것은 아니므로, 설령 근로자가 부당해고 구제신청을 기각한 재심판정의 취소를 구하는 행정소송을 제기하였다가 패소판결을 선고받아 그 판결이 확정되었다 하더라도, 이는 재심판정이 적법하여 사용자가 구제명령에 따른 공법상 의무를 부담하지 않는다는 점을 확정하는 것일 뿐 해고가 유효하다거나 근로자와 사용자 간의 사법상 법률관계에 변동을 가져오는 것은 아니어서, 근로자는 그와 별도로 민사소송을 제기하여 해고의 무효확인을 구할 이익이 있음(대법원 2011.3.24. 선고 2010다21962 판결).*

2. 노동위원회를 통한 구제

1) 의 의

> **「노동위원회법」**
>
> **제1조【목적】** 이 법은 노동관계에 관한 판정 및 조정(調整) 업무를 신속 · 공정하게 수행하기 위하여 노동위원회를 설치하고 그 운영에 관한 사항을 규정함으로써 노동관계의 안정과 발전에 이바지함을

자에게 해고나 그 밖에 불리한 처우를 하지 못한다.

26) 제19조【육아휴직】③ 사업주는 육아휴직을 이유로 해고나 그 밖의 불리한 처우를 하여서는 아니 되며, 육아휴직 기간에는 그 근로자를 해고하지 못한다. 다만, 사업을 계속할 수 없는 경우에는 그러하지 아니하다.
제19조의2【육아기 근로시간 단축】⑤ 사업주는 육아기 근로시간 단축을 이유로 해당 근로자에게 해고나 그 밖의 불리한 처우를 하여서는 아니 된다.

27) 제18조의3【난임치료휴가】② 사업주는 난임치료휴가를 이유로 해고, 징계 등 불리한 처우를 하여서는 아니 된다.

28) 제22조의2【근로자의 가족 돌봄 등을 위한 지원】⑥ 사업주는 가족돌봄휴직 또는 가족돌봄휴가를 이유로 해당 근로자를 해고하거나 근로조건을 악화시키는 등 불리한 처우를 하여서는 아니 된다.

29) 제22조의3【가족돌봄 등을 위한 근로시간 단축】⑤ 사업주는 근로시간 단축을 이유로 해당 근로자에게 해고나 그 밖의 불리한 처우를 하여서는 아니 된다.

목적으로 한다.

제2조【노동위원회의 구분·소속 등】 ① 노동위원회는 중앙노동위원회, 지방노동위원회 및 특별노동위원회로 구분한다.

② 중앙노동위원회와 지방노동위원회는 고용노동부 장관 소속으로 두며, 지방노동위원회의 명칭·위치 및 관할구역은 대통령령으로 정한다.

③ 특별노동위원회는 관계 법률에서 정하는 사항을 관장하기 위하여 필요한 경우에 해당 사항을 관장하는 중앙행정기관의 장 소속으로 둔다.

제2조의2【노동위원회의 소관 사무】 노동위원회의 소관 사무는 다음 각호와 같다.

1. 「노동조합 및 노동관계조정법」, 「근로기준법」, 「근로자참여 및 협력증진에 관한 법률」, 「교원의 노동조합 설립 및 운영 등에 관한 법률」, 「공무원의 노동조합 설립 및 운영 등에 관한 법률」, 「기간제 및 단시간근로자 보호 등에 관한 법률」 및 「파견근로자 보호 등에 관한 법률」에 따른 판정·결정·의결·승인·인정 또는 차별적 처우 시정 등에 관한 업무
2. 「노동조합 및 노동관계조정법」, 「교원의 노동조합 설립 및 운영 등에 관한 법률」 및 「공무원의 노동조합 설립 및 운영 등에 관한 법률」에 따른 노동쟁의 조정(調停)·중재 또는 관계 당사자의 자주적인 노동쟁의 해결 지원에 관한 업무
3. 제1호 및 제2호의 업무수행과 관련된 조사·연구·교육 및 홍보 등에 관한 업무
4. 그 밖에 다른 법률에서 노동위원회의 소관으로 규정된 업무

사용자가 부당해고 등을 하면 근로자는 노동위원회에 그 구제를 신청할 수 있다. 노동위원회는 부당한 인사권 행사와 관련한 노사간의 분쟁을 신속하게 해결하기 위하여 설치된 분쟁해결기구이며, 노동위원회의 설치 및 운영 등과 관련하여 「노동위원회법」이 개별법령으로 존재하므로 이에 따라야 한다.

〈부당해고 등의 구제절차 개요도〉

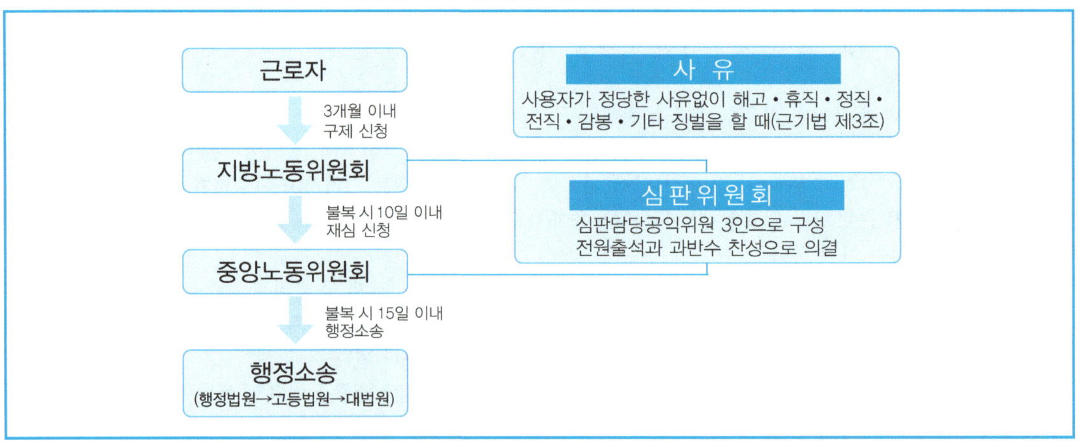

근로기준법 제27조의3(현행 제28조) 제1항 소정의 근로자 대한 정당한 이유없는 해고 등의 불이익처분에 대한 노동위원회의 행정적 구제절차는 민사소송을 통한 통상적인 권리 구제방법에 따른 소송절차의 번잡성, 절차의 지연, 과다한 비용부담 등의 폐해를 지양하고 신속 · 간이하며 경제적이고 탄력적인 권리구제를 도모하기 위한 것임(대법원 1997.2.14. 선고 96누5926 판결).

2) 구제신청

「근로기준법」

제28조【부당해고 등의 구제신청】 ① 사용자가 근로자에게 부당해고 등을 하면 근로자는 노동위원회에 구제를 신청할 수 있다.
② 제1항에 따른 구제신청은 부당해고 등이 있었던 날부터 3개월 이내에 하여야 한다.

(1) 상시근로자 5인 이상 사업장만 적용

상시근로자 4명 이하의 사업장은 정당한 사유 없이 해고 등을 할 수 없도록 한 근기법 제23조 제1항이 적용되지 않는다(근기법 제11조 제2항). 따라서 상시근로자 4인 이하의 사업장은 민법 제660조 제1항[30]에 따라 사유를 불문하고 언제든지 근로계약의 해지를 통고할 수 있다.

근로기준법 제10조(현행 제11조)와 그 위임을 받은 근로기준법 시행령 제1조의2(현행 제7조) 규정에 의하면 상시 4인 이하의 근로자를 사용하는 사업 또는 사업장에 적용하는 법 규정을 열거하면서 정당한 이유 없는 해고를 금지하는 근로기준법 제30조(현행 제23조) 제1항과 부당해고 구제신청에 관한 같은 법 제33조(현행 제28조)는 포함시키지 않고 있으므로, 부당해고 금지와 구제신청권에 대한 근로기준법상 규정들은 상시 5인 이상의 근로자를 사용하는 사업 또는 사업장에 대해서만 적용됨 (서울행정법원 2005.12.27. 선고 2005구합13605 판결).

(2) 3개월 이내 신청

구제신청은 부당해고 등이 있었던 날부터 3개월 이내에 해야 한다. 부당해고 등이 있었던 날은 사용자가 해고 등 인사상 불이익 조치를 한 날을 의미한다.[31]

---

30) 제660조【기간의 약정이 없는 고용의 해지통고】 ① 고용기간의 약정이 없는 때에는 당사자는 언제든지 계약해지의 통고를 할 수 있다.

31) 중앙노동위원회, 『심판업무 매뉴얼』, 2019.12, 42쪽.

- 사용자의 근로자에 대한 정당한 이유 없는 해고 등의 불이익처분에 대한 구제신청은 그 행위가 있은 날(계속하는 행위는 그 종료일) 로부터 3월 이내에 신청하도록 규정하고 있는바, 이와 같은 권리구제신청기간은 제척기간이라 할 것이므로 그 기간이 경과하면 그로써 행정적 권리구제를 신청할 권리는 소멸한다 할 것이고 (대법원 1996.8.23. 선고 95누11238 판결 참조), 신청인이 책임질 수 없는 사유로 그 기간을 준수하지 못하였다는 등 그 기간을 해태함에 정당한 사유가 있다고 하여 그 결론을 달리할 수 없음(대법원 1997.2.14. 선고 96누5926 판결).
- 사용자의 근로자에 대한 정당한 이유 없는 해고 등의 불이익처분에 대한 구제신청은 그 행위가 있은 날(계속하는 행위는 그 종료일)부터 3월 이내에 행하도록 규정하고 있는바, 해고 등의 불이익처분이 일정한 기간이 경과한 후에 그 효력을 발생하는 경우에는 위 기간은 그 효력발생일부터 기산하는 것으로 보아야 함(대법원 2002.6.14. 선고 2001두11076 판결).

〈구제신청기간인 3개월의 기산일〉[32]

㉮ **해고의 경우**에는 「근로기준법」 제27조에 따라 근로자가 받은 해고통지서에 기재된 해고일. 다만, 해고통지서에 기재된 해고일이 해고통지서를 받은 날보다 이전인 때에는 해고통지서를 받은 날

㉯ **해고 이외의 징벌**은 근로자가 그 징벌에 관한 통지(구술통지를 포함한다)를 받은 날. 다만, 통지가 없었던 경우에는 징벌이 있었음을 안 날

㉰ 부당노동행위가 계속되는 경우에는 그 행위가 종료된 날

㉱ **징계 재심절차를 거친 경우**에는 원처분일. 다만, 다음 각 목의 경우에는 재심처분일로 한다.

가. 징계의 재심절차에서 원처분이 취소되고 새로운 징계처분을 한 때

나. 징계의 재심절차에서 원처분이 변경된 때

다. 단체협약이나 취업규칙 등에서 재심청구 시 재심이 결정될 때까지 원처분의 효력이 정지되도록 규정한 경우

(3) 근로자만 신청

부당해고 등에 대해 구제신청을 할 수 있는 주체는 불리한 처분을 받은 해당 근로자이고 노동조합은 할 수 없다.[33]

※ 부당해고 등 구제신청에 있어 공인노무사 또는 변호사가 사회취약계층(월 평균임금이 300만원 미만인 근로자)에 대한 권리구제 업무를 무료로 대리하고 있음(「노동위원회법」 제6조의2).

---

32) 「노동위원회 규칙」 제40조(구제신청기간).

33) 부당해고 등과 달리 부당노동행위(사용자가 근로3권인 단결권 · 단체교섭권 · 단체행동권을 침해하는 행위로, 부당노동행위의 구체적인 유형은 「노동조합 및 노동관계조정법」 제81조에 규정되어 있음)에 대한 구제신청은 '근로자 또는 노동조합'이 할 수 있다(「노동조합 및 노동관계조정법」 제82조).

사용자가 근로자에 대하여 정당한 이유 없이 해고·휴직·정직·전직·감봉 기타 징벌을 한 때에 근로기준법 제27조의3(현행 제28조)에 따라 노동위원회에 구제를 신청할 수 있는 자는 해고 등 불이익처분을 받은 "당해 근로자"뿐이고 노동조합은 이에 포함되지 않음(대법원 1993.5.25. 선고 92누12452 판결).

(4) 부당한 인사권만 가능

근기법 제23조 제1항은 노동위원회에 구제신청을 할 수 있는 대상을 부당해고 등으로 규정하고 있으므로, 부당해고 등을 구성하는 해고, 휴직, 정직, 전직, 감봉, 그 밖의 징벌은 죄형법정주의 원칙상 열거적·한정적으로 엄격하게 해석된다. 따라서 임금을 못 받았거나 휴가를 사용하지 못했다거나 하는 불이익은 노동위원회의 구제신청 대상이 아니다.

※ 실무상 해고 등의 부당함을 주장하는 근로자가 노동위원회와 고용노동부에 동시에 민원을 제기하는 경우에, 고용노동부는 먼저 근기법 제28조 규정에 따른 노동위원회의 구제신청제도를 활용토록 안내함.[34)]

근로기준법 제23조가 규정한 '그 밖의 징벌'은 해고, 휴직, 정직, 전직, 감봉을 제외한 처분으로서 사용자가 당해 근로자에게 과거의 잘못에 대한 제재로서 가하는 불이익한 처분만을 의미하고, 근로계약관계에서 일반적으로 일어날 수 있는 모든 불이익한 처분을 의미하는 것은 아님(서울행정법원 2013.12.5. 선고 2013구합54786 판결).

(5) 구제신청 내용

구제신청의 내용(신청취지)은 원직복직 및 임금상당액 지급요구 또는 금전보상 요구이다.

※ 근로자가 노동위원회에 부당해고 구제신청을 제기하고 생계를 위해 일시적으로 다른 직업에 종사한다 하여 종전 사용자와 근로계약을 해지하거나 스스로 파기하였다고 할 수는 없으므로, 부당해고 구제신청이 가능함(고용노동부 2001.5.30., 근기 68207-1755).

〈부당해고 등 구제신청 시 신청취지 예시〉

신 청 취 지

1. 사용자가 0000년 △월 ◇일 이 사건 근로자에 대하여 한 해고는 부당해고임을 인정한다,
2. 사용자는 근로자를 즉시(이 판정서를 송달받은 날부터 ◇일 이내에) 원직에 복직시키고, 해고 기간 동안 정상적으로 근로를 제공하였다면 받을 수 있었던 임금 상당액을 지급하라(또는 근로자를 원직에 복직시키는 대신 정상적으로 근로를 제공하였다면 받을 수 있었던 임금 상당액 이상을 금품을 지급하라).

---

34) 고용노동부, 「부당해고 등 관련 민원사건처리지침」, 1997.5.20. 제정, 근기 68201-663.

3) 조사 및 심문

> **「근로기준법」**
>
> **제29조【조사 등】** ① 노동위원회는 제28조에 따른 구제신청을 받으면 지체 없이 필요한 조사를 하여야 하며 관계 당사자를 심문하여야 한다.
>
> ② 노동위원회는 제1항에 따라 심문을 할 때에는 관계 당사자의 신청이나 직권으로 증인을 출석하게 하여 필요한 사항을 질문할 수 있다.
>
> ③ 노동위원회는 제1항에 따라 심문을 할 때에는 관계 당사자에게 증거제출과 증인에 대한 반대심문을 할 수 있는 충분한 기회를 주어야 한다.
>
> ④ 제1항에 따른 노동위원회의 조사와 심문에 관한 세부절차는 「노동위원회법」에 따른 중앙노동위원회(이하 "중앙노동위원회"라 한다)가 정하는 바에 따른다.

노동위원회는 구제신청을 받으면 지체없이 필요한 조사를 해야 하며 관계당사자를 심문해야 하고, 심문을 할 때에는 관계당사자의 신청이나 직권으로 증인을 출석하게 하여 필요한 사항을 질문할 수 있다. 노동위원회는 관계당사자에게 증거제출과 증인에 대한 반대심문을 할 수 있는 충분한 기회를 보장해야 하고, 조사와 및 심문에 대한 세부 절차는 중앙노동위원회가 정하는 바에 따라 「노동위원회 규칙」 제3절(사건조사) 및 제4절(심문) 절차에 따른다.

4) 판 정

(1) 구제명령 또는 기각결정

> **「근로기준법」**
>
> **제30조【구제명령 등】** ① 노동위원회는 제29조에 따른 심문을 끝내고 부당해고 등이 성립한다고 판정하면 사용자에게 구제명령을 하여야 하며, 부당해고 등이 성립하지 아니한다고 판정하면 구제신청을 기각하는 결정을 하여야 한다.
>
> ② 제1항에 따른 판정, 구제명령 및 기각결정은 사용자와 근로자에게 각각 서면으로 통지하여야 한다.
>
> ④ 노동위원회는 근로계약기간의 만료, 정년의 도래 등으로 근로자가 원직복직(해고 이외의 경우는 원상회복을 말한다)이 불가능한 경우에도 제1항에 따른 구제명령이나 기각결정을 하여야 한다. 이 경우 노동위원회는 부당해고등이 성립한다고 판정하면 근로자가 해고기간 동안 근로를 제공하였더라면 받을 수 있었던 임금 상당액에 해당하는 금품(해고 이외의 경우에는 원상회복에 준하는 금품을 말한다)을 사업주가 근로자에게 지급하도록 명할 수 있다.

> **「근로기준법 시행령」**
>
> **제11조 【구제명령의 이행기한】** 「노동위원회법」에 따른 노동위원회(이하 "노동위원회"라 한다)는 법 제30조 제1항에 따라 사용자에게 구제명령(이하 "구제명령"이라 한다)을 하는 때에는 이행기한을 정하여야 한다. 이 경우 이행기한은 법 제30조 제2항에 따라 사용자가 구제명령을 서면으로 통지받은 날부터 30일 이내로 한다.

① 의 미

노동위원회는 부당해고 등 구제신청을 조사한 후 부당해고 등이 성립된다고 판정하면 구제명령을 내리고, 근로자의 청구가 이유 없다고 판정하면 기각결정을 내리고 사용자와 근로자에게 각각 서면으로 통지하게 된다. 사용자에게 구제명령을 하는 때에는 그 명령을 한 날로부터 30일 이내로 이행기한을 명시해야 한다.

〈판정, 취하 및 화해〉

구 분		내 용
판정[35]	인정	① 신청취지의 전부 또는 일부에 대한 신청인의 주장이 이유있다고 판단되는 경우, 신청취지를 수용하고 그 신청취지에 따라 사용자에게 공법상의 의무를 부과하는 판정 ② 노동위원회는 신청인이 구제를 희망하는 취지에 적합한 명령을 사용자에게 해야 함 (통상 해고사건은 원직복직명령 및 해고기간 동안 근로하였다면 받을 수 있었던 임금 상당액을 지급하도록 함)
	기각	기각은 신청취지에 대한 신청인의 주장이 이유없다고 판단하는 경우, 신청취지를 배척하는 판정
	각하	① 구제신청 사건이 신청요건을 결여하였거나, 구제절차 유지요건을 상실한 경우에 구제신청 자체를 배척하는 판정 ② 노동위원회는 신청인 또는 피신청인의 주장 여부와 관계없이 직권으로 신청요건을 심사하여 판정하며, 「노동위원회 규칙」 제60조 제1항에 구체적인 각하사유를 명시하고 있음[36]
화해		① 당사자가 서로 양보하여 당사자 간의 분쟁을 끝낼 것을 약정하는 것으로, 당사자가 신청하거나 노동위원회가 권고 또는 주선할 수 있고, 화해가 성립되면 확정판결과 동일한 효력이 발생하고 번복할 수 없음 ② 노동위원회는 화해가 성립한 날로부터 5일 이내에 화해조서 정본을 배달증명우편으로 당사자에게 송부함

35) 판정은 당사자의 구제신청에 대하여 조사 · 심문 결과를 토대로 구제신청의 인정, 기각 및 각하에 대한 법률적인 판단을 내리는 것으로, 판정은 「노동위원회법」에 따른 심판위원회(심판담당 공익위원 3인으로 구성)에서 결정한다.

구 분	내 용
취하	심판사건은 신청인이 판정서 등이 도달하기 전까지 서면으로 신청의 전부나 일부를 취하할 수 있고, 노동위원회는 취하서가 접수되면 당해사건을 종결하고 그 사실을 당사자 쌍방에게 서면으로 통지해야 함.

② 원직복직 명령과 임금 상당액 지급명령

부당해고 등 구제명령의 본질상 원직복직 명령은 구제명령의 가장 기본적인 내용이다. 임금상당액은 부당해고 등으로 근로를 제공하지 못하여 임금을 지급받지 못한 부분이다. 즉 근기법에는 관련 규정이 없지만, 정상적으로 근로했을 경우에 받을 수 있었던 임금의 전부(평균임금 산정의 기초가 되는 임금에 해당하는 금액)를 청구할 수 있다.

※ 노동위원회의 부당해고 구제절차는 원직복직이 어려운 근로자를 위한 중요한 권리구제 수단임. 따라서 근로계약기간의 만료, 정년의 도래 등으로 원직복직이 불가능해진 경우에도 노동위원회에 부당해고 등의 구제절차를 진행할 수 있음.

- *부당해고 구제명령제도에 관한 근로기준법의 규정 내용과 목적 및 취지, 임금 상당액 구제명령의 의의 및 그 법적 효과 등을 종합적으로 고려하면, 근로자가 부당해고 구제신청을 하여 해고의 효력을 다투던 중 정년에 이르거나 근로계약기간이 만료하는 등의 사유로 원직에 복직하는 것이 불가능하게 된 경우에도 해고기간 중의 임금 상당액을 지급받을 필요가 있다면 임금 상당액 지급의 구제명령을 받을 이익이 유지되므로 구제신청을 기각한 중앙노동위원회의 재심판정을 다툴 소의 이익이 있다고 보아야 함(대법원 2020.02.20. 선고 2019두52386 판결).*
- *해고처분이 무효인 경우 사용자가 지급하여야 할 임금 상당액에 대하여는 근로기준법에 별도로 규정한 바는 없지만, 민법 제538조 제1항[37]의 규정에 따라 근로자가 계속 근로했을 경우에 그 반대*

36) 제60조【판정】① 심판위원회는 삼판사건이 다음 각호 중 어느 하나에 해당하는 경우에는 각하한다.
1. 관계 법령의 규정에 따른 신청기간을 지나서 신청한 경우
2. 제41조에 따른 보전요구를 2회 이상 하였음에도 보정을 하지 아니한 경우
3. 당사자적격이 없는 경우
4. 구제신청의 내용이 노동위원회의 구제명령 대상이 아닌 경우
5. 같은 당사자가 같은 취지의 구제신청을 거듭하여 제기하거나 같은 당사자가 같은 취지의 확정된 판정(법 16조의3에 따른 화해조서를 포함한다)이 있음에도 구제신청을 제기한 경우나 판정이 있은 후 신청을 취하하였다가 다시 제기한 경우
6. 신청하는 구제의 내용이 법령상이나 사실상 실현할 수 없거나 신청의 이익이 없음이 명백한 경우
7. 신청인이 2회 이상 출석에 불응하거나 주소불명이나 소재불명으로 2회 이상 출석통지서가 반송되거나 그 밖의 사유로 신청 의사를 포기한 것으로 인정될 경우

37) 제538조【채권자귀책사유로 인한 이행불능】① 쌍무계약의 당사자 일방의 채무가 채권자의 책임있는 사유로 이행할 수 없게 된 때에는 채무자는 상대방의 이행을 청구할 수 있다. 채권자의 수령지체 중에 당사자쌍방의 책임없는 사유로 이행할 수 없게 된 때에도 같다.

급부로 받을 수 있는 근로기준법에 의한 임금 전액을 의미한다는 것이 대법원의 입장(대판 93다11463 등 다수)임. 따라서 귀 지원단의 단체협약 · 취업규칙, 근로계약 등의 내용 · 근무형태, 그간의 지급관행 등을 종합적으로 고려하되, 기본급이 인상된 기간은 그 인상률을 반영하여 임금 상당액을 지급하여야 할 것이고, 근로자에게 생활 보조적 · 복리 후생적 또는 실비변상으로 지급되는 금품, 돌발적인 사유에 따라 지급되거나 지급조건이 규정돼 있어도 사유 발생이 불확정적인 금품 등은 근로기준법에 따른 임금으로 보지 않고 있음(고용노동부 2008.10.31., 근로조건지도과-4843).

- 해고처분이 무효인 경우 근로자가 지급을 청구할 수 있는 임금은 근로기준법 제18조(현행 제2조 제1항 제5호)에서 규정하는 임금을 의미하므로 동법 제19조(현행 제2조 제1항 제6호)에서 말하는 평균임금 산정의 기초가 되는 임금의 총액에 포섭될 임금이 전부 포함되고 통상임금으로 반드시 국한되는 것은 아님(대법원 1993.12.21. 선고 93다11463 판결).
- 사용자의 근로자에 대한 해고가 무효인 경우 근로자는 근로계약관계가 유효하게 존속함에도 불구하고 사용자의 귀책사유로 인하여 근로제공을 하지 못한 셈이므로, 민법 제538조 제1항에 의하여 그 기간 중에 근로제공을 하였을 경우에 받을 수 있는 반대급부인 임금의 지급을 청구할 수 있다고 할 것이지만, 해고기간 중 근로자가 징역형의 선고를 받아 상당 기간 구속된 경우 해고가 무효라고 하더라도 구속기간 동안에는 근로자가 근로의 제공을 할 수 없는 처지였다고 할 것이므로 구속기간 동안의 임금을 청구할 수 없다고 할 것임(대법원 1995.1.24. 선고 94다40987 판결).
- 사용자의 귀책사유로 인하여 해고된 근로자가 해고기간 중에 다른 직장에서 근무하여 지급받은 임금은 민법 제538조 제2항에 규정된 자기의 채무를 면함으로써 얻은 이익에 해당하므로, 사용자는 근로자에게 해고기간 중의 임금을 지급함에 있어 위와 같은 이익(이른바 중간수입)을 공제할 수 있는 것이기는 하지만, 근로기준법 제38조(현행 제46조)가 근로자의 기본적 생활을 보장하려는 취지에서 사용자의 귀책사유로 인하여 휴업하는 경우에는 사용자는 휴업기간 중 당해 근로자에게 평균임금의 100분의 70 이상의 수당을 지급하여야 한다고 규정하고 있고, 이 규정에서의 "휴업"에는 근로자가 근로계약에 따라 근로를 제공할 의사가 있음에도 불구하고 그 의사에 반하여 근로를 제공할 수 없게 된 경우도 포함된다고 할 것이므로, 근로자가 지급받을 수 있는 임금액중 근로기준법 제38조(현행 제46조) 소정의 휴업수당의 범위 내의 금액은 중간수입으로 공제할 수 없고, 휴업수당을 초과하는 금액만을 중간수입으로 공제하여야 함(대법원 1993.11.9. 선고 93다37915 판결).

(2) 금전보상명령

「근로기준법」

제30조【구제명령 등】 ③ 노동위원회는 제1항에 따른 구제명령(해고에 대한 구제명령만을 말한다)을 할 때에 근로자가 원직복직(原職復職)을 원하지 아니하면 원직복직을 명하는 대신 근로자가 해고기간 동안 근로를 제공하였더라면 받을 수 있었던 임금상당액 이상의 금품을 근로자에게 지급하도록 명할 수 있다.

「노동위원회 규칙」

제64조【금전보상명령의 신청】 ① 근로자는 부당해고 구제신청 사건에 있어서 원직 복직을 원하지 아니하는 경우에는 금전보상명령을 신청할 수 있다.

② 제89조에도 불구하고 근로자는 사용자의 부당해고 구제 재심 신청 사건에 있어서 원직복직을 원하지 아니하는 경우에는 금전보상명령을 신청할 수 있다.

③ 제1항 및 제2항에 의한 금전보상명령을 신청하고자 하는 근로자는 심문회의 개최일을 통보받기 전까지 별지 제17호서식의 금전보상명령신청서를 제출하여야 한다.

제65조【금전보상 금액의 산정】 ① 노동위원회는 근로자가 금전보상명령을 신청한 경우에는 당사자에게 근로계약서, 임금대장 등 금액 산정에 필요한 자료를 제출하도록 명할 수 있다.

② 보상금액의 산정기간은 해고일로부터 당해 사건의 판정일까지로 한다.

제66조【금전보상명령의 방법】 노동위원 회가 금전보상명령을 하는 때에는 그 보상금액과 구제명령을 한 날로부터 30일 이내에서 정한 이행기한을 명시하여야 한다.

노동위원회는 해고에 대한 구제명령을 할 때 근로자가 원직복직을 원하지 않으면 원직복직을 명하는 대신 근로자가 해고기간 동안 근로를 제공했더라면 받을 수 있었던 임금 상당액 이상의 금품을 근로자에게 지급하도록 명할 수 있다. 금전보상명령 신청은 부당해고 구제신청 사건에 대해서만 허용된다. 따라서 정직, 감봉, 견책, 휴직, 전직 등 그 밖의 징벌에 대해서는 금전보상명령 신청이 허용되지 않는다.

※ 근로자가 금전보상명령 신청을 하더라도 금전보상명령을 할 것인지는 노동위원회의 재량사항임. 즉 노동위원회는 사용자의 부당해고를 인정하면서 원직복직명령을 할 수도 있고, 근로자가 금전보상명령 신청을 하였으나 사용자가 원직복직을 희망하는 경우 실현 가능성 등을 고려하여 금전보상명령 또는 원직복직명령을 선택할 수 있음.

〈금전보상액 산정기준〉[38]

1. 금전보상액은 해고일로부터 당해 사건의 판정일까지 정상적으로 근로하였다면 받을 수 있었던 임금상당액에 판정일로부터 판정문이 당사자에게 송달되는데 일반적으로 약 1개월이 소요되는 것을 감안하여 1월분의 임금 상당액을 더한 금액을 포함한다. 다만, 금전보상명령 이전에 근로계약기간 만료 · 정년도달 · 폐업 등의 이유로 근로관계가 종료된 경우 등 임금상당액을 초과하는 보상금을 지급하는 것이 부당하다고 인정되는 경우에는 임금상당액의 지급을 명할 수 있다.
2. 1년 이상 근속한 근로자의 경우 근속연수 10년을 상한으로 하여 근속연수에 0.2를 곱한 수를 1월분의 임금 상당액에 곱한 금액(근속연수×0.2×1월분 임금상당액)을 금전보상액에 포함한다. 다만,

38) 중앙노동위원회 금전보상위원회, 「금전보상액 산정기준」, 2020.11.30.

1월분 임금 상당액의 범위 내에서 근로자와 사용자의 귀책사유 등을 감안하여 이를 감액하거나 증액할 수 있다.
3. 근로자가 다른 직장에 종사하여 얻은 중간수입이 있는 경우 대법원 판례의 법리에 따라 임금 상당액에서 공제할 수 있다.

5) 구제명령 등의 확정

「근로기준법」

제31조【구제명령 등의 확정】 ①「노동위원회법」에 따른 지방노동위원회의 구제명령이나 기각결정에 불복하는 사용자나 근로자는 구제명령서나 기각결정서를 통지받은 날부터 10일 이내에 중앙노동위원회에 재심을 신청할 수 있다.
③ 제1항과 제2항에 따른 기간 이내에 재심을 신청하지 아니하거나 행정소송을 제기하지 아니하면 그 구제명령, 기각결정 또는 재심판정은 확정된다.

(1) 재 심

지방노동위원회의 초심판정에 불복하는 당사자는 명령서 또는 결정서 송달일로부터 10일 이내에 중앙노동위원회에 재심신청을 할 수 있다. 중앙노동위원회의 재심사건은 지방노동위원회 초심사건과 동일하게 진행된다.

노동위원회규칙에 의하면 사용자로부터 부당노동행위로 인하여 권리를 침해당한 근로자 또는 노동조합, 그리고 사용자로부터 정당한 이유 없이 해고 · 휴직 · 정직 · 전직 · 감봉 기타 징벌을 당한 근로자가 지방노동위원회에 그 구제를 신청하기 위하여 제출하는 구제신청서에는 '부동노동행위 또는 정당한 이유가 없는 해고 등을 구성하는 구체적인 사실'과 '청구할 구제의 내용' 등을 기재하도록 되어 있으나, '청구할 구제의 내용'은 민사소송의 청구취지처럼 엄격하게 해석할 것은 아니고 신청의 전취지로 보아 어떠한 구제를 구하고 있는지를 알 수 있을 정도면 되는 것으로서, 노동위원회는 재량에 의하여 신청하고 있는 구체적 사실에 대응하여 적절 · 타당하다고 인정하는 구제를 명할 수 있는 것이므로, 구제신청서에 구제의 내용이 구체적으로 특정되어 있지 않다고 하더라도 해당 법규에 정하여진 부당노동행위 또는 정당한 이유가 없는 해고 · 휴직 · 정직 · 전직 · 감봉 기타 징벌 등을 구성하는 구체적인 사실을 주장하고 있다면 그에 대한 구제도 신청하고 있는 것으로 보아야 함(대법원 1999.5.11. 선고 98두9233 판결).

(2) 효 력

「근로기준법」

제32조【구제명령 등의 효력】 노동위원회의 구제명령, 기각결정 또는 재심판정은 제31조에 따른 중앙노동위원회에 대한 재심 신청이나 행정소송 제기에 의하여 그 효력이 정지되지 아니한다.

당사자가 재심이나 행정소송을 일정한 기간 내에 제기하지 않으면 구제명령, 기각결정 또는 재심판정은 확정되며 당사자는 이에 따라야 한다. 한편 노동위원회의 구제명령, 기각결정 또는 재심판정은 중앙노동위원회 재심신청이나 행정소송 제기에 의해 효력이 정지되지 않는다.

※ 재심판정이나 행정소송에 의해 구제명령이 번복되면 최초의 해고일까지 소급하여 근로관계를 해지할 수 있음.

지방노동위원회의 부당해고구제신청에 대한 결정 또는 재심판정은 중앙노동위원회의 재심신청에 의하여 그 효력이 정지되지 아니하므로, 지방노동위원회로부터 구제명령이 내려지면 그에 따라야 할 것임. 따라서 지방노동위원회의 부당해고 구제명령 직후 사용자는 당해 근로자를 당연히 복직시켜야 함은 물론 판정일로부터 해고일까지 근로자가 지급받을 수 있었던 임금 상당액을 지급하여야 함. 또한 중앙노동위원회의 재심판정으로 초심판정이 번복된 경우 사용자는 최초 해고일까지 소급하여 근로관계의 해지가 가능할 것임(고용노동부 1994.7.14., 근기 68207-1130).

(3) 벌 칙

확정된 구제명령을 이행하지 않으면 1년 이하의 징역 또는 1천만원 이하의 벌금에 처하되(근기법 제111조[39]), 노동위원회의 고발이 있어야 공소를 제기할 수 있다(근기법 제112조[40]).

6) 이행강제금

「근로기준법」

제33조【이행강제금】 ① 노동위원회는 구제명령(구제명령을 내용으로 하는 재심판정을 포함한다. 이하 이 조에서 같다)을 받은 후 이행기한까지 구제명령을 이행하지 아니한 사용자에게 3천만원 이하의 이행강제금을 부과한다.

39) **제111조【벌칙】** 제31조 제3항에 따라 확정되거나 행정소송을 제기하여 확정된 구제명령 또는 구제명령을 내용으로 하는 재심판정을 이행하지 아니한 자는 1년 이하의 징역 또는 1천만원 이하의 벌금에 처한다.

40) **제112조【고발】** ① 제111조의 죄는 노동위원회의 고발이 있어야 공소를 제기할 수 있다. ② 검사는 제1항에 따른 죄에 해당하는 위반행위가 있음을 노동위원회에 통보하여 고발을 요청할 수 있다.

② 노동위원회는 제1항에 따른 이행강제금을 부과하기 30일 전까지 이행강제금을 부과 · 징수한다는 뜻을 사용자에게 미리 문서로써 알려 주어야 한다.
③ 제1항에 따른 이행강제금을 부과할 때에는 이행강제금의 액수, 부과 사유, 납부기한, 수납기관, 이의제기방법 및 이의제기기관 등을 명시한 문서로써 하여야 한다.
④ 제1항에 따라 이행강제금을 부과하는 위반행위의 종류와 위반 정도에 따른 금액, 부과 · 징수된 이행강제금의 반환절차, 그 밖에 필요한 사항은 대통령령으로 정한다.
⑤ 노동위원회는 최초의 구제명령을 한 날을 기준으로 매년 2회의 범위에서 구제명령이 이행될 때까지 반복하여 제1항에 따른 이행강제금을 부과 · 징수할 수 있다. 이 경우 이행강제금은 2년을 초과하여 부과 · 징수하지 못한다.
⑥ 노동위원회는 구제명령을 받은 자가 구제명령을 이행하면 새로운 이행강제금을 부과하지 아니하되, 구제명령을 이행하기 전에 이미 부과된 이행강제금은 징수하여야 한다.
⑦ 노동위원회는 이행강제금 납부의무자가 납부기한까지 이행강제금을 내지 아니하면 기간을 정하여 독촉을 하고 지정된 기간에 제1항에 따른 이행강제금을 내지 아니하면 국세 체납처분의 예에 따라 징수할 수 있다.
⑧ 근로자는 구제명령을 받은 사용자가 이행기한까지 구제명령을 이행하지 아니하면 이행기한이 지난 때부터 15일 이내에 그 사실을 노동위원회에 알려줄 수 있다.

(1) 의 미

이행강제금이란 근로자가 부당해고 등으로 생계의 곤란을 격게 되어 신속한 구제가 필요한 반면 사용자는 분쟁기간이 길어지더라도 실질적인 불이익이 크지 않기 때문에 구제명령에 대한 강제수단으로 사용자에게 심리적 압박을 가하여 의무의 이행을 간접적으로 강제하기 위하여 과하는 강제금이다.[41]

근로기준법 제33조 제1항 및 제5항(심판대상조항)은 이행기간 내에 구제명령을 이행하지 아니한 사용자에게 이행강제금을 부과할 수 있도록 하고, 근로기준법 제111조는 확정된 구제명령에 따르지 않은 사용자를 1년 이하의 징역 또는 1천만 원 이하의 벌금에 처하도록 하고 있음. 그런데 이행강제금은 과거의 일정한 법률위반 행위에 대한 제재로서의 형벌이 아니라 장래의 의무이행 확보를 위한 강제수단일 뿐이어서 국가가 형벌권을 실행한다고 하는 과벌에 해당하지 아니하여 헌법 제13조 제1항이 금지하는 이중처벌금지원칙이 적용될 여지가 없음. 부당해고 등에 대한 구제명령제도는 신속 · 간이하며 경제적이고 탄력적인 구제를 도모하기 위한 것임. 근로기준법 제33조 제1항 및 제5항(심판대상조항)은 부당해고 등에 대한 구제명령을 사용자가 이행하지 아니한 경우에 이행강제금을

41) 종전에는 근기법 제23조 제1항에 위반하여 사용자가 정당한 이유 없이 근로자를 해고하면 벌칙이 적용되고 무효가 되었으나, 근기법 개정(2007.4.11. 시행)으로 부당해고에 대한 벌칙조항이 삭제되는 대신 이행강제금이 도입되었다.

부과함으로써 근로자를 보호하고 국가 경제 전체의 안정과 발전을 도모하기 위한 것으로, 그 입법 목적이 정당함. 심판대상조항은 구제명령을 이행하지 아니한 사용자에게 이행강제금을 부과함으로써 부당해고 등에 대한 구제명령의 실효성을 확보하고 있으므로 수단의 적합성이 인정됨(헌법재판소 2014.5.29. 선고 2013헌바171 결정).

(2) 이행강제금 부과기준

노동위원회는 구제명령(구제명령을 내용으로 하는 재심판정 포함)을 받은 후 이행기한까지 구제명령을 이행하지 아니한 사용자에 대하여 3천만원 이하의 이행강제금을 부과한다. 이 경우 매년 2회의 범위에서 최대 2년까지 부과 및 징수할 수 있다(근기법 시행령 제13조 별표3).

※ 구체적인 이행강제금 금액은 위반행위의 동기, 고의·과실 등 사용자의 귀책 정도, 구제명령 이행을 위한 노력의 정도, 구제명령을 이행하지 않은 기간, 해당 사업 또는 사업장의 상시근로자 수 등을 고려하여 노동위원회에서 결정함.

〈이행강제금 부과기준〉

위반행위	금 액
정당한 이유 없는 '해고' 에 대한 구제명령	500만원 이상~3,000만원 이하
정당한 이유 없는 '휴직, 정직' 에 대한 구제명령	250만원 이상~1,500만원 이하
정당한 이유 없는 '전직, 감봉' 에 대한 구제명령	200만원 이상~750만원 이하
정당한 이유 없는 '그 밖의 징벌' 에 대한 구제명령	100만원 이상~750만원 이하

※ 2년간 부과할 수 있는 이행강제금의 최대상한액: 1억 2천만원(3천만원×2회×2년)

3. 법원을 통한 구제

1) 행정소송

「근로기준법」

제31조【구제명령 등의 확정】 ② 제1항에 따른 중앙노동위원회의 재심판정에 대하여 사용자나 근로자는 재심판정서를 송달받은 날부터 15일 이내에 「행정소송법」의 규정에 따라 소(訴)를 제기할 수 있다.

「행정소송법」

제9조【재판관할】 ① 취소소송의 제1심 관할법원은 피고의 소재지를 관할하는 행정법원으로 한다.

② 제1항에도 불구하고 다음 각호의 어느 하나에 해당하는 피고에 대하여 취소소송을 제기하는 경우에는 대법원소재지를 관할하는 행정법원에 제기할 수 있다.
1. 중앙행정기관, 중앙행정기관의 부속기관과 합의제행정기관 또는 그 장
2. 국가의 사무를 위임 또는 위탁받은 공공단체 또는 그 장

중앙노동위원회의 재심판정에 불복하는 당사자는 재심판정서 송달일로부터 15일 이내에 「행정소송법」에 따른 행정소송(취소소송)을 제기할 수 있다.

※ 「행정소송법」 제26조(직권심리)는 “법원은 필요하다고 인정할 때에는 직권으로 증거조사를 할 수 있고, 당사자가 주장하지 않은 사실에 대해 판단할 수 있다”고 규정하여 변론주의(辯論主義)의 일부 예외를 인정하고 있으므로, 행정소송에서 법원은 재심판정에서 행하여진 사실인정이나 법적판단 등에 구속되지 않으며, 재심판정의 적법 여부에 대해 독자적으로 심리 및 판단할 수 있음(대법원 1995.2.14. 선고 94누5069 판결).

- *부당해고 구제신청에 관한 중앙노동위원회의 명령 또는 결정의 취소를 구하는 소송에서 그 명령 또는 결정이 적법한지 여부는 그 명령 또는 결정이 이루어진 시점을 기준으로 판단하여야 하고, 그 명령 또는 결정 후에 생긴 사유를 들어 적법 여부를 판단할 수는 없으나, 그 명령 또는 결정의 기초가 된 사실이 동일하다면 노동위원회에서 주장하지 아니한 사유도 행정소송에서 주장할 수 있음 (대법원 2021.07.29. 선고 2016두64876 판결).*
- *부당해고 구제신청에 대한 중앙노동위원회의 재심판정에 불복하여 법원에 재심판정의 취소를 구하는 소가 제기됨으로써 법원이 재심판정의 적법 여부를 판단하는 경우 법원은 재심판정에서 행하여진 사실인정이나 법적 판단 등에 구속되지 아니하며, 재심판정의 적법 여부에 대하여 독자적으로 심리·판단할 수 있음. 따라서 재심판정이 징계사유 중 일부를 인정하지 아니하면서 나머지 인정되는 징계사유만으로도 해고에 정당한 이유가 있다고 판단하여 구제신청을 기각하였고, 이에 대하여 해고근로자인 구제신청인이 불복하여 재심판정취소소송을 제기한 경우라고 하여도, 법원이 재심판정에서 인정된 징계사유만에 기초하여 부당해고 여부를 판단하여야 하는 것은 아님(대법원 2010.2.25. 선고 2009두22133 판결).*

2) 민사소송

노동위원회의 구제명령은 사용자에 대한 공법상의 의무를 부담시키는 것에 불과하고 당사자간의 사법상의 법률관계를 변경시키는 것이 아니다. 따라서 근로자가 ‘부당해고 등’에 대한 사법상의 권리구제를 받기 위해서는 사용자를 상대로 해고무효확인소송, 임금청구소송, 손해배상청구소송 등 별도의 민사소송을 제기해야 한다.

- *구제절차에 따른 구제명령은 사용자에 대하여 명령에 복종하여야 할 공법상의 의무를 부담시킬 뿐 직접 근로자와 사용자 간의 사법상의 법률관계를 발생 또는 변경시키는 것은 아니므로, 구제절차에서 구제신청을 기각하는 노동위원회의 결정이 확정되었다 할지라도 근로자는 사법상의 지위의 확보 및 권리의 구제를 받기 위하여 별도로 민사소송을 제기할 수 있음(대법원 1992.5.22. 선고 91다22100 판결).*
- *근로기준법 제27조의3(현행 제28조)의 규정은 부당해고를 당한 근로자에게 노동위원회에 그 구제를 신청할 수 있는 길을 열어 놓고 있으나 그렇다고 해서 해고를 둘러싼 쟁송에 대한 민사소송의 관할권을 박탈한 것으로 해석되지 아니함(대법원 1991.7.12. 선고 90다9353 판결).*

제9장

퇴직관리

제1절 근로계약의 종료

제2절 당사자 의사표시에 따른 근로계약 종료

제3절 기한도래에 따른 근로계약 종료

제4절 당사자 소멸에 따른 근로계약 종료

제5절 근로계약 종료와 인사노무관리

제1절 근로계약의 종료

1. 근로계약 종료의 개념

근로계약 종료란 근로자의 의사에 반하지 아니하는 사유인 사직 및 합의해지, 계약기간의 만료, 정년의 도래, 당사자의 소멸 등으로 근로계약이 종료되거나, 근로자의 의사에 반한 사용자의 일방적인 인사권 행사에 따른 해고로 근로계약이 종료되는 것을 의미한다.

2. 근로계약 종료의 원인

근로계약 종료 원인으로는 당사자의 의사표시, 기한의 도래, 당사자 소멸로 구분할 수 있다.

〈근로계약 종료의 원인과 사유〉

원 인	당사자 의사표시	기한의 도래	당사자 소멸
사 유	① 사직(퇴직) ② 합의해지 ③ 해고	① 정년퇴직 ② 근로계약기간 만료	① 근로자 사망 ② 사업장 소멸

※ 근로계약의 종료사유는 퇴직, 해고, 자동소멸 등으로 나누어 볼 수 있음. '퇴직'은 근로자의 의사로 또는 동의를 받아서 하는 것이고, '해고'는 근로자의 의사에 반하여 사용자의 일방적 의사로 하는 것이며, '자동소멸'은 근로자나 사용자의 의사와는 관계없이 근로계약이 자동적으로 소멸하는 것임(대법원 2018.5.30. 선고 2014다9632 판결).

- *근로관계가 종료되었다는 점에 대하여는 근로자와 사용자 사이에 다툼이 없으나, 그 종료 원인이 무엇인지에 관하여 다툼이 있어, 근로자는 '해고'를, 사용자는 '근로자의 사직 의사표시' 또는 '근로계약의 합의해지'를 각 주장하는 경우에는, 사용자가 근로관계의 종료 원인이 해고가 아니라 쌍방 의사합치에 의한 근로계약 관계 종료라는 점을 증명하여야 함(서울행정법원 2022.5.13. 선고 2021구합66319 판결).*
- *사용자가 취업규칙 등에 어떤 사유의 발생을 당연퇴직 또는 면직사유로 규정하고 그 절차를 통상의 해고나 징계해고와 달리하였는데 그 당연퇴직사유가 근로자의 사망이나 정년, 근로계약기간의 만료 등 근로관계의 자동소멸사유로 보이는 경우, 위와 같은 당연퇴직사유를 규정한 취업규칙이 유효한 이상 그러한 사유의 발생만으로 그 사유발생일 또는 소정의 일자에 당연히 근로관계가 종료하고, 정년 등과 같은 근로관계의 자동소멸사유로 인한 퇴직처리는 법률상 당연히 발생한 퇴직*

> *의 사유 및 시기를 공적으로 확인하여 알려주는 '관념의 통지'에 불과할 뿐 근로자의 신분을 상실시키는 '해고처분'과 같은 새로운 형성적 행위가 아님*(대법원 2008.2.29. 선고 2007다85997).

3. 근로계약 종료와 노동법규

> **「근로기준법」**
>
> **제23조【해고 등의 제한】** ① 사용자는 근로자에게 정당한 이유 없이 해고, 휴직, 정직, 전직, 감봉, 그 밖의 징벌(懲罰)(이하 "부당해고 등"이라 한다)을 하지 못한다.

근기법 제23조는 정당한 이유 없는 해고를 제한하고 있을 뿐이고, 해고 이외의 근로계약 종료에 대해서는 달리 규정을 두고 있지 않다. 따라서 근로계약의 종료는 근기법 제23조를 기본으로 근로계약, 취업규칙, 단체협약 및 민법의 계약법리에 따라 적용해야 한다.

> *근로기준법 제23조에서 말하는 '해고'란 실제 사업장에서 불리는 명칭이나 절차에 관계없이 위의 두 번째에 해당하는 모든 근로계약관계의 종료를 뜻함. 근로자의 의사와 관계없이 사용자가 일방적으로 근로관계를 종료시키는 것은 성질상 해고로서 근로기준법에 정한 제한을 받는다고 보아야 함(대법원 2018.5.30. 선고 2014다9632 판결 등 참조). 사용자가 근로자로부터 사직서를 제출받고 이를 수리하는 의원면직의 형식을 취하여 근로계약관계를 종료시킨 것이라 할지라도, 사직의 의사가 없는 근로자로 하여금 어쩔 수 없이 사직서를 작성·제출하게 한 경우에는, 실질적으로 사용자의 일방적 의사에 의하여 근로계약관계를 종료시키는 것이어서 해고에 해당함(대법원 2001.1.19. 선고 2000다51919, 51926 판결 등 참조)(대법원 2019.10.31. 선고 2019다246795 판결).*

제2절 당사자 의사표시에 따른 근로계약 종료

1. 사직에 따른 근로계약 종료

1) 사직의 개념

사직은 근로자 스스로가 퇴직의 의사표시로 근로계약을 해지하는 것이다. 사직에 관하여 근기법에는 아무런 규정이 없어 근로계약, 취업규칙 등에서 정한 바가 없다면 민법의 규정을 따라야 한다. 따라서 사직을 둘러싼 다툼을 예방하기 위해서는 사직의 의사표시 시기, 방법 등을 취업규칙 등에 자세히 규정하는 것이 좋다.

> *사용자가 사직의 의사 없는 근로자로 하여금 어쩔 수 없이 사직서를 작성·제출하게 한 후 이를 수리하는 이른바 의원면직의 형식을 취하여 근로계약관계를 종료시키는 경우에는 실질적으로 사용자의 일방적인 의사에 의하여 근로계약관계를 종료시키는 것이어서 해고에 해당한다고 할 것이나, 그렇지 않은 경우에는 사용자가 사직서 제출에 따른 사직의 의사표시를 수락함으로써 사용자와 근로자의 근로계약관계는 합의해지에 의하여 종료되는 것이므로 사용자의 의원면직처분을 해고라고 볼 수 없음(대법원 2001.1.19. 선고 2000다51919 판결).*

2) 기간의 정함이 없는 경우의 사직

> **「민법」**
>
> **제660조【기간의 약정이 없는 고용의 해지통고】** ① 고용기간의 약정이 없는 때에는 당사자는 언제든지 계약해지의 통고를 할 수 있다.
> ② 전항의 경우에는 상대방이 해지의 통고를 받은 날로부터 1월이 경과하면 해지의 효력이 생긴다.
> ③ 기간으로 보수를 정한 때에는 상대방이 해지의 통고를 받은 당기후의 일기를 경과함으로써 해지의 효력이 생긴다.

근로계약기간을 정하지 않은 경우에 근로자는 언제든지 사직을 사용자에게 통보할 수 있고, 이 경우 사용자가 사직을 통지받은 날로부터 1월이 경과하면 사직의 효력이 생긴다. 기간으로 임금을 정한 때에는 사용자가 사직의 통보를 받은 당기 후 1임금지급기가 경과하면 사직의 효력이 생긴다.

〈기간의 정함이 없는 경우에 사직의 효력발생 시기〉[1)]

사직의사	사직의 효력 발생시기
근로자가 사직의 의사표시(사표 제출)를 하고 사용자가 이를 승낙(사표 수리)한 경우	사표를 수리한 때
단체협약·취업규칙·근로계약에 특약이 있는 경우	특약으로 정한 시기 (특약 내용은 관련 법규에 저촉할 수 없음)

1) 고용노동부 예규 제2015-100호, 「퇴직의 효력발생 시기」, 2015.11.6.

사직의사		사직의 효력 발생시기
사표를 수리하지 않은 경우 또는 특약이 없는 경우	임금을 기간급으로 정하지 않은 경우 (민법 제660조 제2항)	사용자가 근로자의 사직을 통지받은 날로부터 1개월이 경과 한 때
	임금을 기간급으로 정한 경우 (민법 제660조 제3항)	사직서를 제출한 해당 월 후의 1임금지급기(1개월)가 경과 한 때

ex) 월급제이고 임금산정기간이 매월 1일부터 말일까지인 근로자가 3월 18일에 사직서를 제출하는 경우 ⇒ 근로계약 해지의 효력발생일은 5월 1일임(당기 후 즉, 3월이 지나고 다시 1임금지급기 즉, 4월이 경과한 날).

근로자가 사직서를 작성해 사용자에게 제출한 경우에 특별한 사정이 없는 한 그 사직서는 사용자와의 근로계약관계를 해지하는 의사표시를 담고 있는 것이므로 당사자 사이의 근로계약관계는 사용자가 그 사직서 제출에 따른 사직의 의사표시를 수락해 합의해지(의원면직)가 성립하거나, 민법 제660조 소정의 일정 기간의 경과로 그 사직서 제출에 따른 해지의 효력이 발생함으로써 종료됨(대법원 1996.7.30. 선고 95누7765 판결 참조). 따라서 근로자의 사직서를 수리할 수 없는 합리적인 이유가 있다 하더라도 위에 따라 근로계약 해지의 효력이 발생할 것임(고용노동부 2013.1.9., 근로개선정책과-371).

3) 기간의 정함이 있는 경우의 사직

「민법」

제661조【부득이한 사유와 해지권】 고용기간의 약정이 있는 경우에도 부득이한 사유있는 때에는 각 당사자는 계약을 해지할 수 있다. 그러나 그 사유가 당사자 일방의 과실로 인하여 생긴 때에는 상대방에 대하여 손해를 배상하여야 한다.

기간의 정함이 있는 근로계약의 경우에는 근로자는 부득이한 사정[2]이 있는 때가 아니라면 계약기간 중에 근로계약을 해지할 수 없다. 만약, 근로자가 계약기간이 남아 있음에도 불구하고 사직하여 사용자에게 손해를 끼쳤다면 채무불이행으로 인한 손해배상 책임이 발생할 수 있다(민법 제390조).[3]

---

2) '부득이한 사정'은 근로관계를 계속하여 존속시켜 그 이행을 강제하는 것이 사회통념상 불가능한 경우(수개월의 임금 체불 또는 시간외근로 강요 등)를 의미한다(대법원 2004.2.27. 선고 2003다51675 판결).

3) **제390조【채무불이행과 손해배상】** 채무자가 채무의 내용에 좇은 이행을 하지 아니한 때에는 채권자는 손해배상을 청구할 수 있다. 그러나 채무자의 고의나 과실없이 이행할 수 없게 된 때에는 그러하지 아니하다.

2. 합의해지에 따른 근로계약 종료

1) 합의해지의 개념

합의해지는 근로자 또는 사용자의 요청에 대하여 상대방이 승낙함으로써 근로계약을 종료시키는 것을 의미하고 의원면직, 희망퇴직, 권고사직 등이 있다. 해고 또는 사직은 당사자 일방의 의사표시로 근로계약이 해지되지만, 합의해지는 청약과 승낙이라는 쌍방의 의사합치에 따라 근로계약이 해지된다.

〈합의해지의 유형〉

합의해지 유형	내 용
의원면직	근로자가 사직 의사를 표시하고 사용자가 이를 승낙함으로써 근로관계가 종료되는 것
희망퇴직	사용자가 경영상 어려움을 극복하기 위한 고용조정 또는 승진적체 해소 등의 일환으로 미리 일정한 요건을 정해놓고 희망자를 모집한 후 이를 심사하여 승인함으로써 근로관계를 종료시키는 것(대법원 2003.4.22. 선고 2002다11458 판결)
권고사직	사용자가 근로자에게 사직할 것을 권고하고, 근로자가 이를 받아들임으로써 근로관계가 해지되는 것

※ 권고사직의 경우 사직서 제출 과정에서 사용자가 '권고'의 수준이 아닌 협박, 사기 또는 강박으로 인해 근로자가 의사 결정 자유를 박탈당했다거나 위법하게 침해받은 상태에서 사직서를 제출하였다면, 이는 사직이 아닌 사용자의 일방적 의사표시에 의한 근로관계의 종료인 '해고'에 해당하며, 이는 근기법 제23조 제1항의 제한을 받게 됨.

2) 합의해지와 의사표시

「민법」

제107조【진의 아닌 의사표시】 ① 의사표시는 표의자가 진의 아님을 알고 한 것이라도 그 효력이 있다. 그러나 상대방이 표의자의 진의 아님을 알았거나 이를 알 수 있었을 경우에는 무효[4]로 한다.
② 전항의 의사표시의 무효는 선의의 제삼자에게 대항하지 못한다.

제108조【통정한 허위의 의사표시】 ① 상대방과 통정한 허위의 의사표시는 무효로 한다.
② 전항의 의사표시의 무효는 선의의 제삼자에게 대항하지 못한다.

4) '무효'는 법률행위가 성립한 때부터 법률상 당연히 효력이 없는 것으로, 법률행위를 한 당사자 외에 제3자에 대한 관계에서도 무효인 '절대적 무효'(의사무능력자의 법률행위, 강행법규를 위반한 법률행위 등)와 법률행위의 당사자간에는 무효이지만 선의의 제3자에게는 무효를 주장할 수 없는 '상대적 무효'(진의아닌 의사표시, 통정한 허위의 의사표시 등)가 있다.

제109조【착오로 인한 의사표시】 ① 의사표시는 법률행위의 내용의 중요부분에 착오가 있는 때에는 취소[5]할 수 있다. 그러나 그 착오가 표의자의 중대한 과실로 인한 때에는 취소하지 못한다.
② 전항의 의사표시의 취소는 선의의 제삼자에게 대항하지 못한다.
제110조【사기, 강박에 의한 의사표시】 ① 사기나 강박에 의한 의사표시는 취소할 수 있다.
② 상대방있는 의사표시에 관하여 제삼자가 사기나 강박을 행한 경우에는 상대방이 그 사실을 알았거나 알 수 있었을 경우에 한하여 그 의사표시를 취소할 수 있다.
③ 전2항의 의사표시의 취소는 선의의 제삼자에게 대항하지 못한다.
제111조【의사표시의 효력발생시기】 ① 상대방이 있는 의사표시는 상대방에게 도달한 때에 그 효력이 생긴다.
② 의사표시자가 그 통지를 발송한 후 사망하거나 제한능력자가 되어도 의사표시의 효력에 영향을 미치지 아니한다.

합의해지는 민사상 계약의 일종이므로 근기법의 해고에 관한 규정은 적용되지 않는다. 따라서 근로자가 근로계약의 해지를 요청한 후 이를 철회하거나 사용자의 속임수나 강요에 의해서 사직서를 제출한 것이라고 주장하는 경우에는 민법이 적용된다.

- *진의 아닌 의사표시에 있어서의 '진의'란 특정한 내용의 의사표시를 하고자 하는 표의자의 생각을 말하는 것이지 표의자가 진정으로 마음속에서 바라는 사항을 뜻하는 것은 아니므로, 표의자가 의사표시의 내용을 진정으로 마음속에서 바라지는 아니하였다고 하더라도 당시의 상황에서는 그것을 최선이라고 판단하여 그 의사표시를 하였을 경우에는 이를 내심의 효과의사가 결여된 진의 아닌 의사표시라고 할 수 없음(대법원 2000.4.25. 선고 99다34475 판결).*
- *근로자가 사직원을 제출하여 근로계약관계의 해지를 청약하는 경우 그에 대한 사용자의 승낙의사가 형성되어 그 승낙의 의사표시가 근로자에게 도달하기 이전에는 그 의사표시를 철회할 수 있고, 다만, 근로자의 사직 의사표시 철회가 사용자에게 예측할 수 없는 손해를 주는 등 신의칙에 반한다고 인정되는 특별한 사정이 있는 경우에 한하여 그 철회가 허용되지 않음. 사직 의사표시는 특별한 사정이 없는 한 당해 근로계약을 종료시키는 취지의 해약고지로 볼 것인 바 원심이 확정한 사실관계 및 사직서의 기재내용, 사직서 작성 · 제출의 동기 및 경위, 사직 의사표시 철회의 동기 기타의 해지를 통고한 것이라고 볼 것이지, 근로계약의 합의해지를 청약한 것으로 볼 것은 아니며, 이와 같은 경우 사직 의사표시가 회사에 도달한 이상 원고로서는 회사의 동의 없이는 비록 민법 제660조 제3항 소정의 기간이 경과하기 전이라도 사직의 의사표시를 철회할 수 없다 할 것임(대법원 2000.9.5. 선고 99두8657 판결).*

5) '취소'는 일단 유효하게 성립된 법률행위의 효력을 행위 시로 소급하여 무효로 하는 취소권자의 의사표시로, 취소하기 전까지는 그 법률행위는 그대로 유효하다. 재판상의 취소(혼인, 협의이혼, 입양과 같은 신분행위를 취소하는 경우에 소(訴)로써 법원에 청구하여야 함), 공법상의 취소(실종선고의 취소, 법인설립허가의 취소 등) 등이 있다.

3. 해고에 따른 근로계약 종료

1) 징계해고

(1) 개 념

징계해고는 근로자의 귀책사유를 원인으로 하여 사용자가 일방적인 의사표시로 근로계약이 강제적으로 종료되는 것인데, 징계양정 중에서 가장 중한 징계처분이다. 징계해고의 사유는 근기법 등에 별도 규정은 없으며, 주로 취업규칙 등에서 정한다.

(2) 정당성 판단

징계해고의 정당성(정당한 이유)은 개별사안에 따라 구체적으로 판단되어야 하고, 해당 근로자와의 근로계약의 유지를 사용자에게 더 이상 기대할 수 없을 정도가 되어야 한다.

> *사용자가 근로자를 해고함에 있어서 정당한 이유의 유무는 개별적 사안에 따라 구체적으로 결정될 일이지만 그 일반적 내용은 해당 근로자와 사용자 사이의 근로관계를 계속 유지할 수 없을 정도의 이유, 즉 해당근로자와의 근로관계의 유지를 사용자에게 더 이상 기대할 수 없을 정도의 것이 되어야 하는 것임. 여기에는 업무에 대한 적성에 흠이 있거나 직무능력이 부족한 경우, 계약상의 노무급부를 곤란하게 하는 질병, 사업상의 기밀누설의 가능성, 무단결근이나 지각·조퇴, 근로제공의 거부, 업무능력을 갖추었음에도 불구하고 불완전급부 내지 열등한 급부의 제공, 범법행위의 초래, 특정 신조나 사상과 밀접히 연관된 소위 경향사업(傾向事業)에 있어서 근로자가 이러한 경향성을 상실한 경우 등이 일반적으로 이러한 정당한 이유에 해당하는 것으로 인정되고 있음. 이와 같이 해석에 의한 기준이 확립되어 있기는 하나 해고가 정당한가의 여부는 항상 개별적 사례에 따라 구체적으로 판단되어야 하며, 근로자가 직장을 상실함으로써 받게 되는 손해와 근로관계를 종료시킴으로써 얻게되는 사용자의 이익 사이의 신중하고 포괄적인 이해형량이 이루어져야 함. 여기서 사용자 측의 이해에 대한 평가와 관련해서는 사업의 기능유지, 재산적 손해와 위험 발생의 방지, 대외적 위신의 추락, 다른 근로자에 대한 보호의 필요 등이 고려되어야 하며, 근로자측에 관하여 문제가 된 의무위반의 종류, 중요성, 빈도와 근로자가 종래에 행한 행태와의 관련성, 사용자의 공동과실책임, 근무연한, 연령, 부양의무의 범위, 해직시점에서 근로시장의 상황, 전직의 가능성 등이 고려되어야 함(헌법재판소 2005.3.31. 선고 2003헌바12 결정).*

2) 통상해고

(1) 개 념

통상해고란 취업규칙 등에서 규정한 징계해고·경영상해고 등의 사유가 아닌 근로자의 사정 및 사용자의 사정으로 인하여 근로계약의 목적 달성이 불가능하여 더 이상 근로관계를 지속시키기 어려운 상태에 이르러 사용자가 근로계약을 해지하는 것이다.[6)]

> - *파산관재인이 파산선고로 인하여 파산회사가 해산한 후에 사업폐지를 위하여 행하는 해고는 정리해고가 아니라 통상해고에 해당하는 것이어서 정리해고에 관한 근로기준법 규정이 적용될 여지가 없음(대법원 2004.2.16. 선고 2003두136565 판결).*
> - *기업이 파산선고를 받아 사업의 폐지를 위하여 그 청산과정에서 근로자를 해고하는 것은 위장폐업이 아닌 한 기업경영의 자유에 속하는 것으로서 파산관재인이 파산선고로 인하여 파산자 회사가 해산한 후에 사업의 폐지를 위하여 행하는 해고는 정리해고가 아니라 통상해고임(대법원 2003.4.25. 선고 2003다7005 판결).*
> - *직원의 수를 줄이기 위한 것이 아니라, 기구와 인원배치를 조정함으로써 업무의 능률화를 기하기 위한 목적으로 법인의 정관에 규정된 직제규정이 개정됨으로 말미암아 엘리베이터 주임이라는 직책이 폐지되었음에도 불구하고, 종전에 이를 담당하고 있던 근로자가 그 직책으로의 복귀만을 고집하면서 직급과 보수가 엘리베이터 주임과 동일한 경비 주임으로는 근무하지 않겠다는 의사를 명백히 표시함으로써 이루어진 해고는 정당한 이유가 있는 통상해고로서 정리해고가 아님(대법원 1991.9.24. 선고 91다13533 판결).*

〈통상해고의 원인 및 사유〉

원 인	사 유
근로자 측 원인	취업규칙의 징계해고사유에는 해당하지 않는 일신상 또는 행태상 사유로 인하여 더 이상 근로관계를 지속시킬 수 없는 상태에 이르러 근로계약을 해지하는 것. ex. 업무상 또는 업무외 부상이나 질병, 자격 상실, 형사범죄와 유죄판결, 업무능력 저하, 동료직원들과의 부조화, 무단결근, 비밀누설 등
사용자 측 원인	폐업, 해산결의에 의한 청산절차, 파산선고에 따른 파산절차, 회사정리절차 등으로 근로계약을 해지하는 것.
그 밖의 원인	근로계약의 본질이나 사회통념에 비추어 근로계약을 해지하는 것이 합리적이라고 인정되는 것.

(2) 정당성 판단

통상해고의 경우에는 근로자 또는 사용자의 사정이 근로계약을 더 이상 지속시킬 수 없는

---

6) 근기법은 통상해고와 징계해고를 구분하지 않고, 통상해고에 대하여 특별한 규정을 두고 있지 않다. 실무에서도 취업규칙 등에서 통상해고와 징계해고를 구분해서 규정하지 않고 하나의 해고사유로 규정하거나 중복하여 규정하는 경우가 일반적이다.

정도에 이르지 아니함에도 신의성실에 따르는 기본적인 배려 없이 근로계약을 해지한다면 권리 남용에 해당하여 정당성을 인정받지 못할 수 있다.

> - *일반적으로 사용자가 근무성적이나 근무능력이 불량하여 직무를 수행할 수 없는 경우에 해고할 수 있다고 정한 취업규칙 등에 따라 근로자를 해고한 경우, 사용자가 근로자의 근무성적이나 근무능력이 불량하다고 판단한 근거가 되는 평가가 공정하고 객관적인 기준에 따라 이루어진 것이어야 할 뿐 아니라, 근로자의 근무성적이나 근무능력이 다른 근로자에 비하여 상대적으로 낮은 정도를 넘어 상당한 기간 동안 일반적으로 기대되는 최소한에도 미치지 못하고 향후에도 개선될 가능성을 인정하기 어렵다는 등 사회통념상 고용관계를 계속할 수 없을 정도인 경우에 한하여 해고의 정당성이 인정됨. 이때 사회통념상 고용관계를 계속할 수 없을 정도인지는 근로자의 지위와 담당 업무의 내용, 그에 따라 요구되는 성과나 전문성의 정도, 근로자의 근무성적이나 근무능력이 부진한 정도와 기간, 사용자가 교육과 전환배치 등 근무성적이나 근무능력 개선을 위한 기회를 부여하였는지 여부, 개선의 기회가 부여된 이후 근로자의 근무성적이나 근무능력의 개선 여부, 근로자의 태도, 사업장의 여건 등 여러 사정을 종합적으로 고려하여 합리적으로 판단하여야 함(대법원 2021.2.25. 선고 2018다253680 판결 참조)(대법원 2023.12.28. 선고 2021두33470 판결).*
> - *사용자가 일부 사업 부문을 폐지하고 그 사업 부문에 속한 근로자를 해고하였는데 그와 같은 해고가 경영상 이유에 의한 해고로서의 요건을 갖추지 못하였지만 폐업으로 인한 통상해고로서 예외적으로 정당하기 위해서는, 일부 사업의 폐지 · 축소가 사업 전체의 폐지와 같다고 볼 만한 특별한 사정이 인정되어야 함. 이때 일부 사업의 폐지가 폐업과 같다고 인정할 수 있는지는 해당 사업 부문이 인적 · 물적 조직 및 운영상 독립되어 있는지, 재무 및 회계의 명백한 독립성이 갖추어져 별도의 사업체로 취급할 수 있는지, 폐지되는 사업 부문이 존속하는 다른 사업 부문과 취급하는 업무의 성질이 전혀 달라 다른 사업 부문으로의 전환배치가 사실상 불가능할 정도로 업무 종사의 호환성이 없는지 등 여러 사정을 구체적으로 살펴 종합적으로 판단하여야 함(대법원 2021.7.29. 선고 2016두64876 판결).*

3) 경영상 해고

(1) 개 념

경영상 해고는 사용자의 경영상 필요에 따라 기업에 종사하는 인원을 줄이기 위하여 일정한 요건 아래 근로자를 해고하는 것이다.[7] 경영상 필요란 경제적, 구조적 또는 기술적 원인으로 인한 경영합리화 계획에 따라 인원을 줄이거나 조직을 개편할 필요가 있는 경우이다.

---

7) 경영상 해고는 오래전부터 '정리해고'로 표현되며 법원에서 판례로 인정되어 오다가, 1997.3.13. 근기법 개정에 반영되어 현재 제24조【경영상 이유에 의한 해고의 제한】에 규정하고 있다.

'정리해고'는 긴급한 경영상의 필요에 의하여 기업에 종사하는 인원을 줄이기 위하여 일정한 요건 아래 근로자를 해고하는 것으로서 기업의 유지 · 존속을 전제로 그 소속 근로자들 중 일부를 해고하는 것을 가리킴. 기업이 파산선고를 받아 사업의 폐지를 위하여 그 청산과정에서 근로자를 해고하는 것은 위장폐업이 아닌 한 기업경영의 자유에 속하는 것으로서 파산관재인이 파산선고로 인하여 파산자 회사가 해산한 후에 사업의 폐지를 위하여 행하는 해고는 정리해고가 아니라 통상해고임(대법원 2003.4.25. 선고 2003다7005 판결).

(2) 정당성 판단

「근로기준법」

제24조【경영상 이유에 의한 해고의 제한】 ① 사용자가 경영상 이유에 의하여 근로자를 해고하려면 긴박한 경영상의 필요가 있어야 한다. 이 경우 경영 악화를 방지하기 위한 사업의 양도 · 인수 · 합병은 긴박한 경영상의 필요가 있는 것으로 본다.

② 제1항의 경우에 사용자는 해고를 피하기 위한 노력을 다하여야 하며, 합리적이고 공정한 해고의 기준을 정하고 이에 따라 그 대상자를 선정하여야 한다. 이 경우 남녀의 성을 이유로 차별하여서는 아니 된다.

③ 사용자는 제2항에 따른 해고를 피하기 위한 방법과 해고의 기준 등에 관하여 그 사업 또는 사업장에 근로자의 과반수로 조직된 노동조합이 있는 경우에는 그 노동조합(근로자의 과반수로 조직된 노동조합이 없는 경우에는 근로자의 과반수를 대표하는 자를 말한다. 이하 "근로자 대표"라 한다)에 해고를 하려는 날의 50일 전까지 통보하고 성실하게 협의하여야 한다.

경영상 해고가 정당성을 갖추기 위해서는 긴박한 경영상의 필요성, 해고회피노력, 공정하고 합리적인 해고대상자 선정, 근로자 대표에게 사전통보 및 협의를 요건으로 하고 있다. 사용자가 경영상 해고의 요건을 갖추어 근로자를 해고한 경우에는 정당한 이유가 있는 해고를 한 것으로 본다.

사용자가 경영상의 이유에 의하여 근로자를 해고하고자 하는 경우에는 긴박한 경영상의 필요가 있어야 하고, 해고를 피하기 위한 노력을 다하여야 하며, 합리적이고 공정한 기준에 따라 그 대상자를 선정하여야 하고, 해고를 피하기 위한 방법과 해고의 기준 등을 근로자의 과반수로 조직된 노동조합 또는 근로자 대표에게 해고실시일 60일(현재 50일)전까지 통보하고 성실하게 협의하여야 함(대법원 2002.8.27. 선고 2000두3061 판결).

① 긴박한 경영상의 필요성

긴박한 경영상의 필요는 기업의 도산을 피하기 위한 경우뿐만 아니라, 장래에 올 수도 있는 위기에 미리 대처하기 위하여 인원삭감이 객관적으로 보아 합리성이 있는 경우도 포함된다.[8)]

> *'긴박한 경영상의 필요'라 함은 반드시 기업의 도산을 피하기 위한 경우에 한정되지 아니하고, 장래에 올 수도 있는 위기에 미리 대처하기 위하여 인원삭감이 객관적으로 보아 합리성이 있다고 인정되는 경우도 포함하는 것으로 보아야 하며, 위 각 요건의 구체적 내용은 확정적·고정적인 것이 아니라 구체적 사안에서 다른 요건의 충족 정도와 관련하여 유동적으로 정해지는 것이므로, 구체적 사건에서 경영상 이유에 의한 당해 해고가 위 각 요건을 모두 갖추어 정당한지 여부는 위 각 요건을 구성하는 개별 사정들을 종합적으로 고려하여 판단하여야 함(대법원 2002.8.27. 선고 2000두3061 판결).*

〈판례에 나타난 경영상 필요성의 인정 및 불인정 사례〉[9)]

인정 사례	불인정 사례
- 생산중단 및 축소로 인한 작업부서 폐지 - 적자가 계속되는 사업의 하도급전환 - 적자경영 극복을 위한 부서폐지 - 경영합리화를 위한 직제개편 - 신기계 및 신기술 도입에 따른 인원조정	- 파업으로 인한 일시적 경영난 - 정리해고 후 신규 근로자 채용 - 일부 영업부문에 국한된 경영적자 - 경영적자가 일시적인 경우

② 해고회피노력

해고회피노력을 한다는 것은 사용자가 근로자의 해고범위를 최소화하기 위하여 경영방침이나 작업방식의 합리화, 일시휴직, 명예퇴직의 활용, 전근, 신규채용 중지, 임금의 삭감·동결·반납, 복리후생비 축소, 근로시간 단축, 유기계약자의 계약갱신 중단 등 가능한 모든 조치를 취하는 것을 의미한다.

※ 사용자가 해고를 회피하기 위한 방법에 관하여 노동조합 또는 근로자 대표와 성실하게 협의하여 정리해고 실시에 관한 합의에 도달하였다면, 이러한 사정도 해고회피노력의 판단에 참작됨(대법원 2003.9.26. 선고 2001두10776, 10783 판결 등).

---

8) 과거 대법원은 '긴박한 경영상의 필요성'에 대하여, 근로자를 해고하지 않으면 도산할 위기에 있거나, 경영악화로 사업을 계속할 수 없거나, 기업재정상 곤란한 처지에 놓일 개연성이 있는 등 고도의 경영위기를 의미하는 것으로 판단했었다(도산회피설, 1989.5.23. 선고 87다카2132 판결). 그러나, 현재는 도산의 위험이나 고도의 경영상 위기가 없더라도 작업형태의 변경, 신기술 도입, 기술혁신에 따라 생기는 산업의 구조적 변화 등 사회통념상 현 인원을 유지하지 못할만한 객관적이고 합리적인 이유가 있거나, 장래에 올 수도 있는 위기에 미리 대처하기 위한 경우라면 경영상의 필요성이 있다고 판단하고 있다(합리적 필요설, 대법원 1991.12.10. 선고 91다8647 판결; 대법원 2002.7.9. 선고 2001다29452 판결 등).

9) 고용노동부, 『소규모사업장 담당자를 위한 12가지 인사관리 실무기법』, 2010.10, 229쪽.

- *정리해고에 정당한 이유가 있기 위하여 필요한 요건 중 '해고회피를 위한 노력을 다하여야 한다'는 것은 사용자가 근로자의 해고범위를 최소화하기 위하여 경영방침이나 작업방식의 합리화, 신규채용의 금지, 일시휴직 및 희망퇴직의 활용 및 전근 등의 가능한 조치를 취하는 것을 의미함(대법원 1992.12.22. 선고 92다14779 판결).*
- *사용자가 정리해고를 실시하기 전에 다하여야 할 '해고회피 노력의 방법과 정도'는 확정적 · 고정적인 것이 아니라 당해 사용자의 경영위기의 정도, 정리해고를 실시하여야 하는 경영상의 이유, 사업의 내용과 규모, 직급별 인원상황 등에 따라 달라지는 것임(대법원 2002.7.9. 선고 2001다29452 판결).*
- *해고를 피하기 위한 노력을 다한다는 것은 경영방침이나 작업방식의 합리화, 신규채용의 금지, 일시휴직 및 희망퇴직의 활용 및 전근 등 사용자가 해고범위를 최소화하기 위하여 가능한 모든 조치를 취하는 것을 의미함(대법원 2011.3.24. 선고 2010다92148 판결).*
- *'명예퇴직'은 근로자가 명예퇴직의 신청(청약)을 하면 사용자가 요건을 심사한 후 이를 승인(승낙)함으로써 합의에 의하여 근로관계를 종료시키는 것이고, 이러한 합의가 있은 후에는 당사자 일방이 임의로 그 의사표시를 철회할 수 없으며, 이 합의에 따라 명예퇴직예정일이 도래하면 근로자는 당연히 퇴직되고 사용자는 명예퇴직금을 지급할 의무를 부담하게 되는 것이나, 다만 위와 같은 명예퇴직 합의 이후 명예퇴직예정일 도래 이전에 근로자에게 근로관계를 계속하게 하는 것이 곤란할 정도의 중대한 비위행위가 있는 경우에는 사용자로서는 명예퇴직의 승인을 철회할 수 있음(대법원 2002.8.23. 선고 2000다60890, 60906 판결).*

③ 공정하고 합리적인 해고기준 설정

사용자는 다각적인 해고회피노력을 하였음에도 불구하고 감원요인이 해소되지 아니하는 경우 근로자 대표와 협의를 거쳐 공정하고 합리적인 해고대상자 선정기준을 마련하고 이에 따라 해고대상자를 선정해야 한다.

※ 해고대상자 선정기준은 주관적이거나 추상적이어서는 아니되며, 구체적이고 객관적이어야 함. 즉 근로자의 생활보호(연령, 근속기간, 가족부양 여부, 재산정도, 다른 가족의 소득, 건강상태, 산업재해 등 재고용 가능성 등)와 기업의 이익(근무성적, 상벌관계, 경력, 숙련도, 전직 가능성, 임시직 등 기업에의 공헌도 등)을 조화할 수 있도록 하여야 함.

합리적이고 공정한 해고의 기준 역시 확정적 · 고정적인 것은 아니고 당해 사용자가 직면한 경영위기의 강도와 정리해고를 실시하여야 하는 경영상의 이유, 정리해고를 실시한 사업 부문의 내용과 근로자의 구성, 정리해고 실시 당시의 사회경제상황 등에 따라 달라지는 것이고, 사용자가 해고의 기준에 관하여 노동조합 또는 근로자 대표와 성실하게 협의하여 해고의 기준에 관한 합의에 도달하였다면 이러한 사정도 해고의 기준이 합리적이고 공정한 기준인지의 판단에 참작되어야 함(대법원 2002.7.9. 선고 2001다29452 판결).

④ 근로자 대표에게 사전통보 및 협의

사용자는 경영상 사정으로 고용조정이 필요하다고 판단하는 경우에는 해고예정일로부터 50일 전까지 근로자 대표에게 통보하고 해고회피방법, 해고대상자 선정기준, 해고 시기 및 규모 등에 대하여 성실히 협의하여야 한다.

※ 50일 전 통보의 취지는 근로자들이 이에 대처하고 근로자 대표가 협의할 수 있는 기간을 최대한으로 부여하자는 데 있는 것이므로 통보에서 해고까지 근로자들과 근로자 대표가 그러한 행위를 하는데 시간이 부족하지 아니하였고, 그 밖의 요건이 충족되었다면 정리해고가 유효함(대법원 2003.11.13. 선고 2003두4119 판결).

- *근로기준법 제31조(현행 제24조) 제3항이 사용자는 해고를 피하기 위한 방법 및 해고의 기준 등에 관하여 당해 사업 또는 사업장에 근로자의 과반수로 조직된 노동조합이 있는 경우에는 그 노동조합, 근로자의 과반수로 조직된 노동조합이 없는 경우에는 근로자의 과반수를 대표하는 자(근로자 대표)에 대하여 미리 통보하고 성실하게 협의하여야 한다고 하여 정리해고의 절차적 요건을 규정한 것은, 같은 조 제1, 2항이 규정하고 있는 정리해고의 실질적 요건의 충족을 담보함과 아울러 비록 불가피한 정리해고라 하더라도 협의과정을 통한 쌍방의 이해 속에서 실시되는 것이 바람직하다는 이유에서임. 정리해고가 실시되는 사업장에 근로자의 과반수로 조직된 노동조합이 있는 경우 사용자가 그 노동조합과의 협의 외에 정리해고의 대상인 일정 급수 이상 직원들만의 대표를 새로이 선출케 하여 그 대표와 별도로 협의를 하지 않았다고 하여 그 정리해고를 협의절차의 흠결로 무효라 할 수는 없음.(대법원 2002.7.9. 선고 2001다29452 판결).*
- *참가인이 원고에 대하여 한 정리해고는 긴박한 경영상의 필요가 있었고, 정리해고를 시행하기에 앞서 해고를 피하기 위한 노력을 다하였으며, 합리적이고 공정한 기준에 따라 그 대상자를 선정하였고, 해고를 피하기 위한 방법과 해고의 기준 등을 근로자의 과반수로 조직된 근로자 대표에게 통보하여 성실하게 협의하는 등의 정리해고 요건을 갖추었으므로, 비록 근로자 대표에게 통보한 시기가 해고 실시 60일(현재 50일) 이전이 아니었다 하더라도 이 규정 취지는 통보의 대상인 소속근로자의 인원수와 그의 소재지의 원근 등 구체적 사정에 따라 그 통보를 전달하는데 소요되는 시간, 그 통보를 받은 각 근로자들이 통보 내용에 따른 대처를 하는데 소요되는 시간, 근로자 대표가 성실한 협의를 할 수 있는 기간으로서 모자라지 않게 허용하기 위하여 모든 경우에 통용될 기간을 규정한 것이어서 60일(현재 50일) 기간의 준수는 정리해고의 효력요건이 아니므로 위와 같은 행위를 하는데 소요되는 시간이 부족하였다는 등의 특별한 사정이 없고 그 밖의 정리해고요건은 충족되었다면 그 정리해고는 유효함(대법원 2003.11.13. 선고 2003두4119 판결).*

〈징계해고와 경영상 해고의 비교〉

구분	징계해고	경영상 해고
근거	근기법 제23조	근기법 제24조
의미	실제로 불리는 명칭이나 절차에 관계없이 근로자의 의사에 반하여 사용자의 일방적인 의사표시에 따라 이루어지는 근로관계의 종료(대법원 2011.3.24. 선고 2010다92148 판결)	경영상 필요에 따라 기업의 유지와 존속을 전제로 일정한 요건 아래, 근로자들 중 일부와근로관계를 종료하는 것(대법원 2003.4.25. 선고 2003다7005 판결)
귀책	근로자	사용자
요건	① 실질적 요건: 정당한 이유 ② 형식적 요건: 해고예고+서면통지	① 실질적 요건: 정당한 이유 - 긴박한 경영상 필요성 - 해고회피노력 - 공정하고 합리적인 해고기준 설정 - 근로자 대표와 성실한 사전협의(50일 前) ② 형식적 요건: 해고예고+서면통지
특징	① 징계유형 중에서 가장 중한 것 ② 실무상 분쟁이 가장 많은 유형	① 비귀책성(사용자 측의 경영상 이유) ② 불특정성(해고대상자가 특정되지 않음) ③ 집단성(해고대상자가 복수)

(3) 경영상 해고와 신고

「근로기준법」

제24조【경영상 이유에 의한 해고의 제한】 ④ 사용자는 제1항에 따라 대통령령으로 정하는 일정한 규모 이상의 인원을 해고하려면 대통령령으로 정하는 바에 따라 고용노동부 장관에게 신고하여야 한다.

「근로기준법 시행령」

제10조【경영상의 이유에 의한 해고 계획의 신고】 ① 법 제24조 제4항에 따라 사용자는 1개월 동안에 다음 각호의 어느 하나에 해당하는 인원을 해고하려면 최초로 해고하려는 날의 30일 전까지 고용노동부 장관에게 신고하여야 한다.

1. 상시근로자 수가 99명 이하인 사업 또는 사업장: 10명 이상
2. 상시근로자 수가 100명 이상 999명 이하인 사업 또는 사업장: 상시근로자 수의 10퍼센트 이상
3. 상시근로자 수가 1,000명 이상 사업 또는 사업장: 100명 이상

② 제1항에 따른 신고를 할 때에는 다음 각호의 사항을 포함하여야 한다.

1. 해고 사유
2. 해고 예정 인원
3. 근로자 대표와 협의한 내용
4. 해고 일정

사용자는 1개월 동안에 일정 규모 이상의 인원을 해고하려면 최초로 해고하려는 날의 30일 전까지 해고사유, 해고예정 인원, 근로자 대표와 협의한 내용 및 해고일정을 고용노동부 장관에게 신고하여야 한다.

※ 경영상 해고 계획의 신고를 위반하면 벌칙이 없음. 한편 「고용정책 기본법」 제33조 제1항[10]에 따른 고용량의 변동(상시근로자 300명 미만 사업장은 30명 이상, 상시근로자 300명 이상 사업장은 상시근로자 총수의 10% 이상)에 대하여 직업안정기관의 장에게 신고하지 않으면 300만원 이하의 과태료가 부과됨(예외 있음).

(4) 경영상 해고와 우선재고용

> **「근로기준법」**
>
> **제25조【우선 재고용 등】** ① 제24조에 따라 근로자를 해고한 사용자는 근로자를 해고한 날부터 3년 이내에 해고된 근로자가 해고 당시 담당하였던 업무와 같은 업무를 할 근로자를 채용하려고 할 경우 제24조에 따라 해고된 근로자가 원하면 그 근로자를 우선적으로 고용하여야 한다.
>
> ② 정부는 제24조에 따라 해고된 근로자에 대하여 생계안정, 재취업, 직업훈련 등 필요한 조치를 우선적으로 취하여야 한다.

사용자는 경영상 해고를 한 날부터 3년 이내에 해고된 근로자가 해고 당시 담당하였던 업무와 같은 업무를 할 근로자를 채용하려고 할 경우, 해당 근로자가 원하면 그 근로자를 우선적으로 고용하여야 한다(위반 시 벌칙 없음).

※ 경영상 해고를 한 경우에는 2년(근로자대표가 동의하면 6개월)이 지나기 전에는 해당 업무에 파견근로자를 사용할 수 없음(파견근로자 보호 등에 관한 법률 제16조).

> *근로기준법 제31조의2(현행 제25조)는 정리해고를 한 사용자는 정리해고일로부터 2년(현재 3년) 이내에 근로자를 채용하고자 할 때에는 정리해고 된 근로자가 원하는 경우 해고 전의 직책 등을 감안하여 그 근로자를 우선적으로 고용하도록 노력하여야 한다고 규정하고 있는바, 이는 사용자가 신규채용의 기회가 생기기만 하면 반드시 정리해고자를 우선 재고용하여야 한다는 법적인 의무를 부과한 것이 아니라, 사용자가 신규채용하고자 하는 직책에 맞는 정리해고자가 있으면 그를 우선적으로 고용하도록 노력하라는 취지에 불과하다 할 것이므로, 정리해고자가 사용자가 신규채용하려는 직책에 맞는 사람이라고 볼 만한 사정이 인정되지 아니한다면 사용자가 그의 합리적인 경영판단에 의하여 다른 근로자를 채용하였다고 하더라도 근로기준법이 정한 위 우선재고용 노력의무를 위반하였다고 평가할 수는 없음(대법원 2006.1.26. 선고 2003다69393 판결).*

10) 제33조【대량 고용변동의 신고 등】 ① 사업주는 생산설비의 자동화, 신설 또는 증설이나 사업규모의 축소, 조정 등으로 인한 고용량(雇傭量)의 변동이 대통령령으로 정하는 기준에 해당하는 경우에는 그 고용량의 변동에 관한 사항을 고용노동부령으로 정하는 바에 따라 직업안정기관의 장에게 신고하여야 한다. 다만, 「근로기준법」 제24조 제4항에 따른 신고를 한 경우에는 그러하지 아니하다.

제3절 기한도래에 따른 근로계약 종료

1. 정년퇴직에 따른 근로계약 종료

1) 정년퇴직의 개념

정년퇴직은 근로자가 단체협약, 취업규칙 등에서 정한 일정한 연령에 도달하면 근로자의 계속근로 의사나 능력 등과 상관없이 근로계약을 종료시키는 것이다. 따라서 정년도달에 따라 근로계약의 종료를 통보하는 것은 해고가 아니다.

- *'정년퇴직'이란 근로자가 취업규칙이나 단체협약에서 정한 일정한 연령에 도달하면 그것을 이유로 근로자의 의사에 관계없이 근로계약을 소멸시키는 제도이며, 정년퇴직일은 당사자 간 정함이 없으면 그 정년이 도달하는 날을 말함. 이와 관련하여 「고용노동부예규 제2012-51호(퇴직의 효력발생시기)」에서 사용자와 근로자 사이에 근로계약 종료시기에 관한 특약(단체협약, 취업규칙 및 근로계약)이 있다면 특약에 따라 정한 시기에 계약해지의 효력이 발생한다고 정하고 있음. 만일 정년의 퇴직시점을 명확히 정하지 않고 관행적으로 운용해 온 경우에는 그 관행에 따라 퇴직시점이 결정되도록하는 것이 신의성실원칙에 부합하는 것으로 보아야 할 것임(고용노동부 2015.4.14., 퇴직연금복지과-1111).*
- *일반적으로 '정년제'라 함은 근로자가 일정한 연령에 도달하면 근로자의 의사나 능력과 무관하게 근로계약관계를 종료시키는 제도로서 이는 기간의 정함이 없는 근로계약에 있어서 그 기간의 최대한도를 정한 것이며 따라서 정년의 도래로 인한 퇴직은 계약기간 만료에 의한 근로관계의 종료로 볼 수 있음(고용노동부 2001.5.16., 근기 68207-1571).*
- *원고는 정년연장을 전제로 한 임금피크제 적용에 동의하였고, 원고에게 임금피크제가 적용됨에 따라 원고의 정년도 연장되었다고 할 것임에도, 참가인이 원고의 원래 정년인 2015.12.31.자로 원고가 정년퇴직한다고 한 이 사건 통보는 부당해고에 해당함. 그러므로 부당해고에 대한 원고의 구제신청을 받아들이지 않은 이 사건 재심판정은 위법하여 취소되어야 한다고 주장하는바, 원고는 임금피크제 적용을 받음으로써 그 정년이 2016.12.31.자로 연장되었다고 봄이 타당함. 따라서 참가인이 정년이 남아 있던 원고에 대하여 근무태도가 불량하다는 사유를 내세워 적법한 절차를 거치지 아니하고 사실상 해고와 다름없는 이 사건 통보를 한 것은 부당해고에 해당하고, 그러한 부당해고를 당한 원고의 구제신청을 받아들이지 않은 이 사건 재심판정은 위법함(대법원 2018.6.15. 선고 2018두38338 판결).*

2) 법정 정년

> **「고용상 연령차별금지 및 고령자 고용촉진에 관한 법률」(약칭: 고령자고용법)**
> **제19조【정년】** ① 사업주는 근로자의 정년을 60세 이상으로 정하여야 한다.
> ② 사업주가 제1항에도 불구하고 근로자의 정년을 60세 미만으로 정한 경우에는 정년을 60세로 정한 것으로 본다.

고령자고용법상 법정 정년은 만 60세(실제 생년월일을 기준)이다. 따라서 단체협약, 취업규칙 등에서 정년을 만 60세 미만으로 정하더라도 최소 만 60세까지는 정년이 보장된다.

> *갑이 을 공사에 입사 당시 호적상 등재된 생년월일에 따라 인사기록 등에 갑의 생년월일이 기재되었는데, 갑이 법원으로부터 가족관계등록부상 생년월일을 정정하는 허가결정을 받은 후, 을 공사에 인사기록상 주민등록번호 및 정년퇴직 예정일을 변경된 생년월일에 맞추어 정정하여 줄 것을 요청하였으나, 을 공사가 '직원의 정년산정일은 임용 시 제출한 직원의 연령을 확인할 수 있는 서류상의 생년월일로 한다'고 정하고 있는 인사규정시행내규 등을 근거로 이를 거부하였는바, 고령자고용법에서 말하는 '정년'은 실제의 생년월일을 기준으로 산정하는 것인데, 가족관계등록부의 기재사항은 이를 번복할 만한 명백한 반증이 없는 한 진실에 부합한다고 추정되므로, 명백한 반증이 없는 한 갑의 생년월일은 정정된 가족관계등록부의 생년월일로 보아야 하고, 이를 기준으로 갑의 정년을 산정하여야 하며, 을 공사의 인사규정시행내규의 위 규정이 정년을 임용 시 제출한 서류상의 생년월일을 기준으로만 산정하고, 이를 기준으로 한 정년이 실제의 생년월일을 기준으로 60세에 미달함에도 잘못된 생년월일을 정정하고 실제의 생년월일을 반영할 수 있는 방법을 전혀 허용하지 않는 의미라면, 그 범위에서는 고령자고용법 제19조에 위반되어 무효임(대법원 2017.3.9. 선고 2016다249236 판결).*

3) 정년도달과 퇴직시기

정년 도달일이 단체협약, 취업규칙 또는 근로계약서 등에 명시되어 있다면 그 시점에 도달하였을 때 정년퇴직 처리를 하여야 한다. 따라서 정년에 따른 퇴직 시기를 구체적으로 규정하고 있지 아니한 경우에는 만(滿) 나이로 해당 연령(실제 생년월일을 기준으로 만 60세에 도달하는 출생일)에 도달하는 때 정년이 도래하는 것으로 본다.

※ 근로자가 정년이 지난 후에도 사용자의 동의 아래 기간의 정함이 없이 사용자와의 근로관계를 계속 유지하여 왔다면, 사용자는 특별한 사정이 없는 한 단순히 당해 근로자가 정년이 지났다거나 고령이라는 이유만으로 근로관계를 해지할 수는 없고, 당해 근로자를 해고하기 위하여는 근로기준법 제30조(현행 제23조) 제1항 소정의 정당한 사유가 있어야 함(대법원 2003.12.12. 선고 2002두12809 판결).

고령자고용법 제19조에 의하면, 사업주는 근로자의 정년을 60세 이상으로 정하여야 하고(제1항), 사업주가 근로자의 정년을 60세 미만으로 정한 경우에는 정년을 60세로 정한 것으로 간주되므로(제2항), 근로자의 정년을 60세 미만이 되도록 정한 근로계약이나 취업규칙, 단체협약은 위 규정에 위반되는 범위 내에서 무효임. 그리고 여기서 말하는 '정년'은 실제의 생년월일을 기준으로 산정하여야 함(대법원 2019.3.14. 선고 2018다269838 판결).

〈정년퇴직 시점의 예시〉[11)]

※ 만 60세를 정년으로 규정하고 있는 회사에서 근로자의 생년월일이 1970년 4월 1일인 경우
① 정년에 도달한 날로 규정한 경우: 2030년 4월 1일
② 정년에 도달한 달의 말일로 규정한 경우: 2030년 4월 30일
③ 정년에 도달한 해의 분기 말일로 규정한 경우: 2030년 해당 분기 말일
④ 정년에 도달한 해의 상반기 말일로 규정한 경우: 2030년 6월 30일
⑤ 정년에 도달한 해의 말일로 규정한 경우: 2030년 12월 31일

4) 정년 차등

「근로기준법」

제6조【균등한 처우】 사용자는 근로자에 대하여 남녀의 성(性)을 이유로 차별적 대우를 하지 못하고, 국적·신앙 또는 사회적 신분을 이유로 근로조건에 대한 차별적 처우를 하지 못한다.

「남녀고용평등과 일·가정 양립지원에 관한 법률」(약칭: 남녀고용평등법)

제11조【정년·퇴직 및 해고】 ① 사업주는 근로자의 정년·퇴직 및 해고에서 남녀를 차별하여서는 아니 된다.

법정 정년인 만 60세를 기본으로 하면서 그 이상의 나이에 대해서 직책이나 직급 등에 따라 정년을 달리 정하는 것은 근로의 성질이나 내용, 근무형태 등 제반사정을 고려하여 사회통념상 일반적이고 객관적인 타당성이 있다면 가능하다. 다만, 정년을 정함에 있어 성별·국적·신앙·사회적 신분 등에 따라 차이를 두는 것은 근기법과 남녀고용평등법 위반으로 무효가 된다.

※ 소위 '직급정년제'는 일정한 기간 내에 상위직급에 오르지 못한 경우 자동적으로 퇴직토록 하는 것으로 이는 일반적인 정년제의 경우와 같은 근로계약기간 만료로 볼 수 없고 해고로 보아야 하며, 따라서 근기법 제23조에 의한 해고의 정당한 이유가 있어야 할 것임. 일반적으로 일정 기간 내에 상위직급으로 진급하지 못한 것만을 이유로 해고하는 것은 사회통념상 일반적이고도 객관적인 타당성이 있다고 보

11) 고용노동부, 「정년제 관련 업무처리지침」, 2000.3.10. 제정, 근기 68201-690.

기 어려우므로, 정당성이 인정될 수 없음(고용노동부 2001.5.16., 근기 68207-1571).

- *정년규정은 당해 사업장에 있어서 근로자가 제공하는 근로의 성질, 내용, 근무형태 등 제반여건에 따라 합리적인 기준을 둔다면 같은 사업장 내에서도 직책 또는 직급에 따라 서로 차이가 있을 수 있는 것이고, 이와 같은 기준에 따라 회사가 정한 정년규정이 일용노동자의 가동연한이나 공무원 및 동종회사 직원의 정년보다 다소 하회한다고 하여 이를 법률상 무효라고는 할 수 없음(대법원 1991.4.9. 선고 90다16245 판결).*
- *원고가 경영하는 ○○산업사의 단체협약서 제21조는 "조합원의 정년은 남자 55세, 여자 53세로 하되 일반직 부서에 해당되는 조합원은 제외된다. 일반직 부서는 3검, 최종검사, 기계부서를 제외한 부서를 말한다"라고 정하고 있고, 취업규칙 제12조 제1항은 "종업원의 정년퇴직 연령은 남자 만 55세, 여자 만 53세가 되는 다음날로 한다"고 정하고 있는 사실을 인정하고, 위 각 규정의 해석상 위 ○○산업사는 그 소속 근로자의 정년에 대하여 원칙적으로 남녀를 달리 취급하여 남자는 55세, 여자는 53세로 하되, 3차 검사부, 최종검사부, 기계부를 제외한 7개 일반부서의 근로자의 경우에는 그 적용을 배제하여 남녀 모두 55세로 정하고 있는 것으로 보고, 위 3개 부서에 관하여 성별 작업구분이나 근로조건의 구분을 명확히 하지 아니한 채 남녀를 차별하여 정년을 규정한 것은 합리적인 이유없이 남녀의 차별적 대우를 하지 못하도록 한 근로기준법 제5조(현행 제6조)와 근로자의 정년에 관하여 여성인 것을 이유로 남성과 차별해서는 아니된다고 한 남녀고용평등법 제8조(현행 제11조) 등 강행법규에 위배되어 무효임(대법원 1993.4.9. 선고 92누15765 판결).*

5) 정년 연장

「고용상 연령차별금지 및 고령자고용촉진에 관한 법률」(약칭: 고령자고용법)

제19조의2【정년연장에 따른 임금체계 개편 등】 ① 제19조 제1항에 따라 정년을 연장하는 사업 또는 사업장의 사업주와 근로자의 과반수로 조직된 노동조합(근로자의 과반수로 조직된 노동조합이 없는 경우에는 근로자의 과반수를 대표하는 자를 말한다)은 그 사업 또는 사업장의 여건에 따라 임금체계 개편 등 필요한 조치를 하여야 한다.

정년을 만 60세를 초과하는 시점으로 연장하는 당사자 사이의 합의는 유효하다. 다만, 정년을 연장하는 경우에는 사용자와 근로자 대표는 해당 사업장의 여건에 따라 임금체계 개편 등 필요한 조치를 하여야 한다.

※ 노사당사자 간의 취업규칙 등에 정하여진 정년을 연장하였다면 결국 계약기간의 연장이 되는 것이므로 정년연장을 이유로 현재의 근로조건보다 저하하는 처우(감호봉)는 할 수 없는 것임. 다만, 취업규칙이나 단체협약상의 정년을 연장하지 않고 정년퇴직 후 별도의 근로계약에 의하여 현재의 근로조건보다 저하하는 근로계약을 체결하여 일정기간 재임용하는 것은 무방한 것임(고용노동부 1987.7.6., 근기 01254-10789).

정년연장 합의나 정년 이후 근로제공기간까지 합산하여 계속근로기간을 산정하는 등 특별한 사정이 없는 한 정년 퇴직일을 전후하여 계속근로기간을 각각 구분하여 퇴직금을 산정 · 지급하여야 함. 또한, 사용자가 정년까지 근로제공한 기간에 대하여 지급한 금품은 퇴직금중간정산이 아니라 정년퇴직에 따른 퇴직금을 지급한 것으로 보아야 할 것임. 정년퇴직 이후 퇴직금 산정을 위한 계속근로기간은 정년이후 근로제공한 날부터 새로이 기산된다할 것이므로, 정년 이후 계속하여 근로한 기간이 1년 이상인 경우라야 퇴직금이 발생됨(임금복지과-1344, 2010.6.16.참고)(고용노동부 2016.7.14., 퇴직연급복지과-2499).

6) 정년퇴직과 재고용

「고용상 연령차별금지 및 고령자고용촉진에 관한 법률」(약칭: 고령자고용법)

제21조【정년퇴직자의 재고용】 ① 사업주는 정년에 도달한 사람이 그 사업장에 다시 취업하기를 희망할 때 그 직무수행 능력에 맞는 직종에 재고용하도록 노력하여야 한다.

② 사업주는 고령자인 정년퇴직자를 재고용할 때 당사자 간의 합의에 의하여 「근로기준법」 제34조에 따른 퇴직금과 같은 법 제60조에 따른 연차유급(年次有給) 휴가일수 계산을 위한 계속근로기간을 산정할 때 종전의 근로기간을 제외할 수 있으며 임금의 결정을 종전과 달리할 수 있다.

사용자는 정년퇴직자에 대하여 적합한 직종에 재고용하도록 노력하여야 하며, 근로계약을 다시 체결하는 경우에는 퇴직금과 연차유급휴가일수 계산을 위한 계속근로기간 산정 및 임금의 결정, 근로계약기간 등을 종전과 달리 정할 수 있다.

사용자가 정년퇴직자를 기간제 근로자로 재고용한 경우 당사자 간 특약이 없다면 별다른 사정이 없는 한 재고용한 근로자의 퇴직금 및 연차수당 산정을 위한 계속근로기간은 재고용한 기간만으로 산정하여야 할 것으로 사료됨(고용노동부 2012.2.6., 근로복지과-399).

2. 근로계약기간 만료에 따른 근로계약 종료

1) 근로계약기간 만료의 개념

근로계약기간의 만료는 근로자와 사용자가 근로계약 체결 시에 정한 근로계약기간이 종료되는 날이 도래한 것을 말한다. 따라서 근로계약기간이 만료되면 사용자의 근로계약 종료 통지, 해고예고 등 별도의 조치가 없더라도 근로계약관계가 종료되는 것이 원칙이다.[12)]

---

12) 고용노동부, 「근로계약기간 관련 업무처리지침」, 1998.12.5. 제정, 근기 68201-3311.

※ 근로계약기간 만료에 대하여 근기법은 아무런 규정을 두고 있지 않으며, 민법(제152조 제2항)도 '종기(終期) 있는 법률행위는 기한이 도래한 때로부터 그 효력을 잃는다' 는 일반 규정 이외에 아무런 규정을 두고 있지 않음.

- 근로자의 정년을 정한 근로계약, 취업규칙이나 단체협약 등이 법령에 위반되지 않는 한 그에 명시된 정년에 도달하여 당연퇴직하게 된 근로자와의 근로관계를 정년을 연장하는 등의 방법으로 계속 유지할 것인지 여부는 원칙적으로 사용자의 권한에 속하는 것으로서, 해당 근로자에게 정년 연장을 요구할 수 있는 권리가 있다고 할 수 없음(대법원 2008.2.29. 선고 2007다85997 판결 참조). 그러나 근로계약, 취업규칙, 단체협약 등에서 정년에 도달한 근로자가 일정한 요건을 충족하면 기간제 근로자로 재고용하여야 한다는 취지의 규정을 두고 있거나, 그러한 규정이 없더라도 재고용을 실시하게 된 경위 및 그 실시기간, 해당 직종 또는 직무 분야에서 정년에 도달한 근로자 중 재고용된 사람의 비율, 재고용이 거절된 근로자가 있는 경우 그 사유 등의 여러 사정을 종합하여 볼 때, 사업장에 그에 준하는 정도의 재고용 관행이 확립되어 있다고 인정되는 등 근로계약 당사자 사이에 근로자가 정년에 도달하더라도 일정한 요건을 충족하면 기간제 근로자로 재고용될 수 있다는 신뢰관계가 형성되어 있는 경우에는 특별한 사정이 없는 한 근로자는 그에 따라 정년 후 재고용되리라는 기대권을 가짐(대법원 2023.6.1. 선고 2018다275925 판결).
- 근로자와 사용자가 근로계약을 체결하면서 기간을 정한 근로계약서를 작성한 경우라 하더라도, 그 계약서의 내용과 근로계약이 이루어지게 된 동기 및 경위, 기간을 정한 목적과 당사자의 진정한 의사, 동종의 근로계약 체결방식에 관한 관행 그리고 근로자보호법규 등을 종합적으로 고려하여 그 기간의 정함이 단지 형식에 불과하다는 사정이 인정되는 경우에는, 계약서의 문언에도 불구하고 기간의 정함이 없는 근로계약을 맺었다고 볼 것이나, 위와 같은 사정이 인정되지 않는 경우에는 처분문서인 근로계약서의 문언에 따라 근로자와 사용자 사이에는 기간의 정함이 있는 근로계약이 맺어진 것이라고 봄이 원칙임(대법원 2007.7.12. 선고 2005두2247 판결).
- 귀교의 질의내용인 "근로계약기간은 2008.4.1~2009.2.28까지로 한다. 단, 계약기간 만료 전이라도 다른 정규직(공무원) 발령 시 발령일을 계약기간 만료일로 한다"라고 정한 경우, 동 근로계약은 기한도래가 매우 불명확하여 예측이 불가능하다거나 근로자에게 현저히 불이익하다고 보기 어려우므로 유효하다할 것임. 따라서 근로계약 자동만료 사유인 정규직 발령으로 계약기간이 만료된 경우라면 근로기준법 제26조의 해고예고 대상이 되지 않는다고 사료됨(고용노동부 2009.2.6., 근로조건지도과-727).
- 기간제 근로계약은 그 기간이 만료됨으로써 당연히 종료하는 것이므로 갱신 거절의 존부 및 시기와 그 사유를 명확하게 하여야 할 필요성이 해고의 경우에 견주어 크지 않고, 근로기준법 제27조의 내용과 취지에 비추어 볼 때 기간제 근로계약이 종료된 후 갱신 거절의 통보를 하는 경우에까지 근로기준법 제27조를 준수하도록 예정하였다고 보기 어려움. 이러한 사정을 종합하여 보면, 기간제 근로계약이 종료된 후 사용자가 갱신 거절의 통보를 하는 경우에는 근로기준법 제27조가 적용되지 않는다고 봄이 타당함(대법원 2021.10.28. 선고 2021두45114 판결).

2) 근로계약기간의 제한

근로계약기간을 정하는 방법은 기간의 정함이 없는 근로계약(무기계약 또는 정년제 계약), 2년 이내의 기간을 정한 근로계약, 2년을 초과하는 기간을 정한 근로계약(사업의 완료, 특정한 업무의 완성에 필요한 기간을 정한 경우 등 기간제법 제4조 제1항 단서 각호의 사유에 해당하는 경우)이 있다.

> *근로기준법 제21조(현행 제16조, 2007년 6월 30일까지만 유효)는 "근로계약은 기간의 정함이 없는 것과 일정한 사업완료에 필요한 기간을 정한 것을 제외하고는 그 기간은 1년을 초과하지 못한다."고 규정하고 있는바, 그 입법취지는 장기의 근로기간을 정함으로 인하여 근로자가 퇴직의 자유를 제한당하게 됨으로써 장기간 근로의 계속을 강요당하는 것을 방지할 목적으로 근로자 보호를 위하여 1년을 초과하는 근로계약기간 부분의 근로관계에 있어서 근로자에게 퇴직의 자유를 보장하려는 것에 있고, 근로계약기간은 단지 근로계약의 존속기간에 불과할 뿐 '근로관계에 있어서 임금 근로시간 후생 해고 등 근로자의 대우에 관하여 정한 조건'을 의미하는 근로기준법 제20조(현행 제15조) 소정의 근로조건에 해당하지 아니하므로 근로계약 당사자는 원칙적으로 이를 임의로 정할 수 있으며, 따라서 1년을 초과하는 근로계약기간을 정하여 근로계약을 체결하였다 하더라도 그 계약기간의 정함 자체는 유효하므로, 약정기간 범 위 내에서는 사용자는 근로기준법 제21조(현행 제16조, 2007년 6월 30일까지만 유효)를 근거로 단순히 근로자에게 1년의 기간이 경과하였음을 이유로 근로관계의 종료를 주장할 수 없고, 다만 근로자로서 는 1년이 경과한 후에는 언제든지 당해 근로계약을 해지할 수 있다 할 것임(대법원 1996.8.29. 선고 95다5783 전원합의체 판결).*

제4절 당사자 소멸에 따른 근로계약 종료

1. 근로자의 사망

근로계약은 당사자에게 전속되므로 근로자가 사망함으로써 자동 종료되고, 근로자의 상속인에게 승계되지는 않는다(민법 제657조).[13] 다만, 고용승계 이외의 근로계약으로 인한 임금채권 또는 손해배상 채권은 상속인에게 승계된다.

---

13) 제657조 【권리의무의 전속성】 ① 사용자는 노무자의 동의없이 그 권리를 제삼자에게 양도하지 못한다. ② 노무자는 사용자의 동의없이 제삼자로 하여금 자기에 갈음하여 노무를 제공하게 하지 못한다. ③ 당사자 일방이 전2항의 규정에 위반한 때에는 상대방은 계약을 해지할 수 있다.

> 헌법 제15조가 정하는 직업선택의 자유, 헌법 제23조 제1항이 정하는 재산권 등에 기초하여 사용자는 어떠한 근로자를 어떠한 기준과 방법에 의하여 채용할 것인지를 자유롭게 결정할 자유가 있음. 다만 사용자는 스스로 이러한 자유를 제한할 수 있는 것이므로, 노동조합과 사이에 근로자 채용에 관하여 임의로 단체교섭을 진행하여 단체협약을 체결할 수 있고, 그 내용이 강행법규나 선량한 풍속 기타 사회질서에 위배되지 아니하는 이상 단체협약으로서의 효력이 인정됨. 사용자가 노동조합과의 단체교섭에 따라 업무상 재해로 인한 사망 등 일정한 사유가 발생하는 경우 조합원의 직계가족 등을 채용하기로 하는 내용의 단체협약을 체결하였다면, 그와 같은 단체협약이 사용자의 채용의 자유를 과도하게 제한하는 정도에 이르거나 채용 기회의 공정성을 현저히 해하는 결과를 초래하는 등의 특별한 사정이 없는 한 선량한 풍속 기타 사회질서에 반한다고 단정할 수 없음. 이러한 단체협약이 사용자의 채용의 자유를 과도하게 제한하는 정도에 이르거나 채용 기회의 공정성을 현저히 해하는 결과를 초래하는지 여부는 단체협약을 체결한 이유나 경위, 그와 같은 단체협약을 통해 달성하고자 하는 목적과 수단의 적합성, 채용대상자가 갖추어야 할 요건의 유무와 내용, 사업장 내 동종 취업규칙 유무, 단체협약의 유지 기간과 그 준수 여부, 단체협약이 규정한 채용의 형태와 단체협약에 따라 채용되는 근로자의 수 등을 통해 알 수 있는 사용자의 일반 채용에 미치는 영향과 구직희망자들에 미치는 불이익 정도 등 여러 사정을 종합하여 판단하여야 함(대법원 2020.8.27. 선고 2016다248998 판결).

2. 사업장의 소멸

1) 사용자가 자연인인 경우

사용자가 자연인(自然人)이라면 사용자의 사망으로 근로계약은 원칙적으로 소멸된다. 다만, 회사가 상속인에게 상속되거나 제3자에게 양도되어 계속 운영되면 사용자와 근로자 사이에 인적관계가 문제되지 않는 경우에는 근로계약이 유지될 수 있다.

> - 두 개 이상의 기업이 하나로 합병되거나 기업을 양도 · 양수함에 있어 기업의 동일성과 조직적 일체성을 유지하면서 기업의 소유자 내지 경영자만 변경된 경우 종전 기업의 근로관계가 새로운 기업에 포괄적으로 승계된다고 할 것이며, 아울러 기존의 근로관계에서 발생되는 모든 권리 · 의무도 승계된다고 할 것인 바, 종전 기업의 근로관계가 새로운 기업에 승계된 때에는 종전기업의 미지급 임금에 대한 지급의무가 새로운 기업에 승계된다 할 것이므로, 당해 근로자들은 새로운 기업에게 민사절차에 따라 임금의 지급을 구할 수 있음. 다만, 종전의 사용자에게 발생한 임금 미지급에 따른 형사적인 책임은 새로운 사용자에게 승계될 수 없는 것이므로 새로운 사용자에게 근로기준법 위반의 책임을 물을 수 없는 것임(고용노동부 1993.3.15., 근기 01254-390).
> - 〈아파트 경비원을 직영관리 하다가 용역업체로 영업을 양도하면서 포괄적으로 고용을 승계하였을

경우〉 근로계약 관계에서 발생하는 양도인의 권리 · 의무를 양수인이 인수하게 되어 이미 발생한 미지급임금 채무 및 아직 청구권이 발생치 않은 퇴직금 · 연차수당 등의 지급 의무도 당연히 양수인에게 승계되는 것으로 보아야 함. 따라서, 포괄적 고용승계 이후 퇴직금 및 연차수당 지급사유가 발생하였다면 특별한 사정이 없는 한 양수인이 지급해야 할 것임(고용노동부 2013.4.18., 근로개선정책과-2397).

2) 사용자가 법인인 경우

사용자가 법인(法人)이라면 임의해산, 파산선고 또는 회사정리절차 개시결정에 따라 청산절차가 종료되는 시점에서 법인이 소멸하므로, 폐업신고를 이유로 근로계약 종료 통보를 한다면 부당해고의 문제가 발생할 수 있다. 다만, 청산절차가 개시된 이후 회사 청산절차의 일환으로 근로자를 해고하는 것은 통상해고에 해당하며 그 합리성이 인정되면 정당한 해고에 해당할 것이다.

- *기업이 파산선고를 받아 사업의 폐지를 위하여 그 청산과정에서 근로자를 해고하는 것은 위장폐업이 아닌 한 기업경영의 자유에 속하는 것으로서(대법원 1993.6.11. 선고 93다7457 판결, 1995.10.12. 선고 94다52768 판결 등 참조), 파산관재인이 파산선고로 인하여 파산자 회사가 해산한 후에 사업의 폐지를 위하여 행하는 해고는 정리해고가 아니라 통상해고임(대법원 2003.4.25. 선고 2003다7005 판결).*
- *사용자가 근로자들에게 어떠한 해고사유도 존재하지 아니함에도 노동조합 활동을 혐오한 나머지, 경영상 어려움 등 명목상 이유를 내세워 사업 자체를 폐지하고 근로자들을 해고함으로써 일거에 노동조합을 와해시키고 조합원 전원을 사업장에서 몰아내고는 다시 기업재개, 개인기업으로의 이행, 신설회사 설립 등 다양한 방법으로 종전 회사와 다를 바 없는 회사를 통하여 여전히 예전의 기업활동을 계속하는 것은 우리의 건전한 사회통념이나 사회상규상 용인될 수 없는 행위이므로, 이러한 위장폐업에 의한 부당해고는 근로자에 대한 관계에서 불법행위를 구성함. 따라서 근로자들로서는 위장폐업에 의한 부당해고가 무효임을 이유로 민법 제538조 제1항에 따라 구회사 내지는 그와 실질적으로 동일성을 유지하고 있는 신설회사에 대하여 계속 근로하였을 경우 그 반대급부로 받을 수 있는 임금의 지급을 구할 수 있음은 물론이고, 아울러 위장폐업에 의한 부당해고가 불법행위에 해당함을 이유로 손해배상을 구할 수 있으며, 그 중 어느 쪽의 청구권이라도 선택적으로 행사할 수 있음(대법원 2011.3.10. 선고 2010다13282 판결).*

제5절 근로계약 종료와 인사노무관리

1. 개 요

다양한 사유로 근로계약이 종료되더라도 근로자는 근로계약으로 인해 발생한 임금 등의 청구권을 갖게 되고, 업무상 사용하던 회사 물품이나 서류 등을 사용자에게 반환하고, 업무상 알게 되었던 회사의 비밀 등을 누설하지 않아야 한다. 사용자는 근로자에게 근로계약으로 발생한 금품을 청산하고, 근로자가 요청하면 사용증명서 등의 서류를 발급해 주고, 근로자의 취업을 방해할 수 없다.

- *직업선택의 자유와 근로의 권리는 국민의 기본권에 속하므로, 근로자가 사용자와 사이의 근로관계 종료 후 사용자의 영업부류에 속한 거래를 하거나 동종의 업무에 종사하지 아니하기로 하는 등 '경업금지약정'을 한 경우에, 그 약정은 사용자의 영업비밀이나 노하우, 고객관계 등 경업금지에 의하여 보호할 가치 있는 사용자의 이익이 존재하고, 경업 제한의 기간과 지역 및 대상 직종, 근로자에 대한 대가의 제공 여부, 근로자의 퇴직 전 지위 및 퇴직 경위, 그 밖에 공공의 이익 등 관련 사정을 종합하여 근로자의 자유와 권리에 대한 합리적인 제한으로 인정되는 범위 내에서만 유효한 것으로 인정됨. 그리고 경업금지약정의 유효성을 인정할 수 있는 위와 같은 제반 사정은 사용자가 주장·증명할 책임이 있음(대법원 2016.10.27. 선고 2015다221903, 2015다221910 판결).*
- *영업비밀 침해행위를 금지시키는 것은 침해행위자가 침해행위에 의하여 공정한 경쟁자보다 유리한 출발 내지 시간절약이라는 우월한 위치에서 부당하게 이익을 취하지 못하도록 하고, 영업비밀 보유자로 하여금 그러한 침해가 없었더라면 원래 있었을 위치로 되돌아갈 수 있게 하는 데에 그 목적이 있으므로 영업비밀 침해행위의 금지는 공정하고 자유로운 경쟁의 보장 및 인적 신뢰관계의 보호 등의 목적을 달성함에 필요한 시간적 범위 내로 제한되어야 하고, 그 범위를 정함에 있어서는 '영업비밀'인 기술정보의 내용과 난이도, 영업비밀 보유자의 기술정보 취득에 소요된 기간과 비용, 영업비밀의 유지에 기울인 노력과 방법, 침해자들이나 다른 공정한 경쟁자가 독자적인 개발이나 역설계와 같은 합법적인 방법에 의하여 그 기술정보를 취득하는 데 필요한 시간, 침해자가 종업원(퇴직한 경우 포함)인 경우에는 사용자와의 관계에서 그에 종속하여 근무하였던 기간, 담당 업무나 직책, 영업비밀에의 접근 정도, 영업비밀보호에 관한 내규나 약정, 종업원이었던 자의 생계 활동 및 직업선택의 자유와 영업활동의 자유, 지적재산권의 일종으로서 존속기간이 정해져 있는 특허권 등의 보호기간과의 비교, 기타 변론에 나타난 당사자의 인적·물적 시설 등을 고려하여 합리적으로 결정하여야 함(대법원 1998.2.13. 선고 97다24528 판결).*

2. 금품청산

「근로기준법」

제36조 【금품 청산】 사용자는 근로자가 사망 또는 퇴직한 경우에는 그 지급 사유가 발생한 때부터 14일 이내에 임금, 보상금, 그 밖에 일체의 금품을 지급하여야 한다. 다만, 특별한 사정이 있을 경우에는 당사자 사이의 합의에 의하여 기일을 연장할 수 있다.

「근로자 퇴직급여 보장법」(약칭: 퇴직급여법)

제9조 【퇴직금의 지급 등】 ① 사용자는 근로자가 퇴직한 경우에는 그 지급사유가 발생한 날부터 14일 이내에 퇴직금을 지급하여야 한다. 다만, 특별한 사정이 있는 경우에는 당사자 간의 합의에 따라 지급기일을 연장할 수 있다.

② 제1항에 따른 퇴직금은 근로자가 지정한 개인형퇴직연금제도의 계정 또는 제23조의8에 따른 계정(이하 "개인형퇴직연금제도의 계정등"이라 한다)으로 이전하는 방법으로 지급하여야 한다. 다만, 근로자가 55세 이후에 퇴직하여 급여를 받는 경우 등 대통령령으로 정하는 사유가 있는 경우에는 그러하지 아니하다.

③ 근로자가 제2항에 따라 개인형퇴직연금제도의 계정등을 지정하지 아니한 경우에는 근로자 명의의 개인형퇴직연금제도의 계정으로 이전한다.

1) 의 의

근로계약이 종료된 후에도 생계의 원천인 임금이나 퇴직급여 등이 신속하게 지급되지 않는다면 퇴직근로자 및 그 가족의 생활이 곤란하게 될 수 있고, 시간의 경과에 따라 체불임금 등의 확보에 불편과 위험이 따를 우려가 있어, 사용자에게 일정한 기간 내에 금품을 지급하도록 강제하고 이를 위반할 경우 형사상의 제재를 가하고 있다.

- *근기법 제36조 소정의 금품청산제도는 근로관계가 종료된 후 사용자로 하여금 14일 내에 근로자에게 임금이나 퇴직금 등의 금품을 청산하도록 하는 의무를 부과하는 한편, 이를 불이행하는 경우 형사상의 제재를 가함으로써 근로자를 보호하고자 하는 것이지 사용자에게 위 기간 동안 임금이나 퇴직금지급의무의 이행을 유예하여 준 것이라고 볼 수는 없으므로, 이를 가리켜 퇴직금청구권의 행사에 대한 법률상의 장애라고 할 수는 없고, 따라서 퇴직금청구권은 퇴직한 다음날부터 이를 행사할 수 있음(대법원 2001.10.30. 선고 2001다24051 판결).*
- *퇴직금은 사용자가 일정 기간을 계속하여 근로하고 퇴직하는 근로자에게 그 계속근로에 대한 대가로서 지급하는 후불적 임금의 성질을 띤 금원으로서 구체적인 퇴직금청구권은 계속근로가 끝나는 퇴직이라는 사실을 요건으로 하여 발생되는 것인 바, 최종 퇴직 시 발생하는 퇴직금청구권을 사전에 포기하거나 사전에 그에 관한 민사상 소송을 제기하지 않겠다는 부제소특약을 하는 것은 강행*

> *법규인 근로기준법에 위반되어 무효임(대법원 2002.8.23. 선고 2001다41568 판결).*
> *- 근기법 제36조 본문(사용자는 근로자가 사망 또는 퇴직한 경우에는 그 지급사유가 발생한 때로부터 14일 이내에 임금 · 보상금 그밖에 일체의 금품을 지급하여야 한다) 및 같은 법 제43조 제2항 본문(임금은 매월 1회 이상 일정한 날짜를 정하여 지급하여야 한다)에 의하여 사용자에게 부과된 의무의 내용 및 이해시기와 입법취지 등을 종합하여 보면, 위 각 조항 위반죄는 실체적 경합관계에 있는 것으로 보아야 함(대법원 2005.5.13. 선고 2004도8620 판결).*

2) 청구권자

금품청산의 청구권은 근로자 본인에게 있고, 근로자가 사망한 경우에는 「민법」 제1000조[14]에 규정된 그 근로자의 재산상속인에게 있다.

※ 단체협약·취업규칙 등으로 청구권자의 범위와 순위를 정했다면 그에 따르면 되고, 이 경우에 근기법 시행령 제48조와 제49조[15]에 규정된 유족의 범위를 참고할 수 있음.

> *근로자가 사망하였을 경우 퇴직금 등의 지불에 관하여 별단의 규정이 없는 경우에는 민법의 일반원칙에 의한 재산상속인에 지급하는 규정에 따라야 하는 것이며, 단체협약 또는 취업규칙 등의 규정으로 근로기준법시행령 제61조 및 제62조(현행 제48조 및 제49조) 규정의 순위에 의한다고 규정되었거나 또는 이와 별단의 규정이 있을 때에는 이에 따라야 하는 것이며, 동 순위의 상속인이 여러 명 있을 경우에도 지불에 관하여 별단의 규정이 있을 때는 이 규정에 의하고 별단의 규정이 없을 때에는 공동분할지급할 것임(고용노동부 1965.8.27., 노정근 1455-3382).*

---

14) 제1000조【상속의 순위】 ① 상속에 있어서는 다음 순위로 상속인이 된다.
1. 피상속인의 직계비속
2. 피상속인의 직계존속
3. 피상속인의 형제자매
4. 피상속인의 4촌 이내의 방계혈족

② 전항의 경우에 동순위의 상속인이 수인인 때에는 최근친을 선순위로 하고 동친등의 상속인이 수인인 때에는 공동상속인이 된다. ③ 태아는 상속순위에 관하여는 이미 출생한 것으로 본다.

15) 제48조【유족의 범위 등】 ① 법 제82조 제2항에 따른 유족의 범위는 다음 각호와 같다. 이 경우 유족보상의 순위는 다음 각 호의 순서에 따르되, 같은 호에 해당하는 경우에는 그 적힌 순서에 따른다.
1. 근로자가 사망할 때 그가 부양하고 있던 배우자(사실혼 관계에 있던 자를 포함한다), 자녀, 부모, 손(孫) 및 조부모
2. 근로자가 사망할 때 그가 부양하고 있지 아니한 배우자, 자녀, 부모, 손 및 조부모
3. 근로자가 사망할 때 그가 부양하고 있던 형제자매
4. 근로자가 사망할 때 그가 부양하고 있지 아니한 형제자매

② 유족의 순위를 정하는 경우에 부모는 양부모를 선순위로 친부모를 후순위로 하고, 조부모는 양부모의 부모를 선순위로 친부모의 부모를 후순위로 하되, 부모의 양부모를 선순위로 부모의 친부모를 후순위로 한다. ③ 제1항 및 제2항에도 불구하고 근로자가 유언이나 사용자에 대한 예고에 따라 제1항의 유족 중의 특정한 자를 지정한 경우에는 그에 따른다.

3) 대상금품

청산되어야 할 금품은 명칭과 무관하게 근로계약으로 발생하여 근로자에게 귀속되는 일체의 금품이다. 즉 사용자가 청산해야 할 금품은 임금, 퇴직급여, 보상금 및 그 밖의 일체의 금품(적립금, 보증금, 연말정산 환급금, 저축금, 퇴직위로금 등)이다.

- 「근로기준법」 제36조에서 규정한 일체의 금품에는 「근로기준법」 제8장 재해보상 부분에서 규정한 보상금도 포함됨(고용노동부 2015.1.7., 근로개선정책과-112).
- 근로기준법 제30조(현행 제36조)에 규정된 기타 일체의 금품이라 함은 명칭 여하를 불문하고 근로관계로부터 발생하여 근로자에게 귀속되는 일체의 금품이라 할 것이므로, 명예퇴직금(퇴직위로금)도 이에 해당한다 할 것임(고용노동부 1994.1.4., 임금 68207-5).
- 근로자와 사용자간에 근로계약을 체결함에 있어 일정금액으로 근로계약을 명백히 체결하고 근로자에게 납부 의무가 부여된 사회보험료 및 각종세금 등을 사용자가 부담하기로 하는 소위 '네트(net)계약'을 체결한 경우라면, 동 금품은 그 액수와 관계없이 그 전액을 사용자가 부담하기로 한 점, 추징금이 발생한 경우 이는 사용자의 회계처리상 과소 납부로 인한 것이므로 사용자가 부담하여야 하는 것으로 보이는 점 등을 살펴보면 환급금 또한 사용자의 회계처리상 과다 납부로 인해 발생한 것이므로 법 제36조에 따른 기타 금품에 해당한다고 보기 어려울 것임(고용노동부 2015.4.6., 근로기준정책과-1340).

4) 시 기

금품청산은 지급사유가 발생한 때, 즉 근로자의 사망이나 퇴직으로 근로계약이 종료한 때부터 14일 이내에 지급되어야 한다. 다만, 특별한 사정[16]이 있다면 당사자 간의 합의[17]로 지급기일을 연장(기간의 제한 없음)할 수 있다. 따라서 사용자는 지급사유가 발생한 때로부터 14일 이내에 지급기일 연장에 대한 합의를 하여야 하고, 14일이 지난 후에 비록 합의가 이루어지더라도 금품청산의무를 위반한 것이다.

※ 14일은 소정근로일과 휴일(휴무일)을 구분하지 않고 달력상 날짜에 따라 계산함. 근로자가 사직서를 제출하는 경우에는, 사직서를 제출한 날이 아니라 회사의 취업규칙 등에서 규정한 사직서 수리절차에 따

제49조【같은 순위자】 같은 순위의 유족보상 수급권자가 2명 이상 있는 경우에는 그 인원수에 따라 똑같이 나누어 유족보상을 한다.

16) '특별한 사정'이라 함은 근로자가 받아들일 수 있는 사용자의 특별한 사정 즉, 천재 · 지변이나 그밖의 이에 준하는 부득이한 사정이 있고, 사용자가 성의와 노력을 다하였음에도 불구하고 14일 이내에 금품청산이 불가능한 경우 등 사회통념상 인정되는 상황을 의미한다.

17) 합의는 서면으로 하는 것이 바람직하고, 구두로 약속했더라도 사용자가 이를 입증할 수 있는 한 효력이 부정되지는 않는다(고용노동부, 「체불사건 업무처리 요령」, 2016, 24쪽).

라 사직서를 수리한 날이 기산점임.

- 구)근로기준법 제112조 제1항, 제36조 위반죄는 사용자가 같은 법 제36조에 정한 근로자의 퇴직 등에 따른 퇴직금 등의 금품지급의무를 그 지급 사유가 발생한 때부터 14일 안에 이행하지 아니할 경우에 성립하는 것으로서, 그 중 근로자의 퇴직금지급청구권은 퇴직이라는 근로관계의 적법한 종료를 요건으로 하여 발생하는 것이므로 근로계약이 유효하게 존속하는 한 사용자의 퇴직금지급의무는 발생할 여지가 없어 위 죄가 성립하지 아니한다 할 것이고, 사용자가 그 해고처분을 취소함으로써 해고의 효력 및 그에 기한 퇴직금지급의무가 소급적으로 소멸하게 되는 경우에도 마찬가지라 할 것임(대법원 2009.11.12. 선고 2009도7908 판결).
- 임금 등의 기간연장 합의는 그 지급사유 발생일로부터 14일 이내에 근로자와 기일연장을 합의하여야 하고, 그 기간이 지나 근기법 위반죄가 성립한 후에는 비록 합의가 이루어졌다고 하더라도 이는 정상참작 사유에 지나지 않음(대법원 1997.8.29. 선고 97도1091 판결).

5) 위반 시 처리

「근로기준법」

제109조【벌칙】 ① 제36조, 제43조, 제44조, 제44조의2, 제46조, 제51조의3, 제52조 제2항 제2호, 제56조, 제65조, 제72조 또는 제76조의3 제6항을 위반한 자는 3년 이하의 징역 또는 3천만원 이하의 벌금에 처한다.

② 제36조, 제43조, 제44조, 제44조의2, 제46조, 제51조의3, 제52조 제2항 제2호 또는 제56조를 위반한 자에 대하여는 피해자의 명시적인 의사와 다르게 공소를 제기할 수 없다. 다만, 제43조의2에 따라 명단 공개된 체불사업주가 명단 공개 기간 중에 제36조, 제43조, 제44조, 제44조의2, 제46조, 제51조의3, 제52조 제2항 제2호 또는 제56조를 위반한 경우에는 그러하지 아니하다.

근로계약이 종료되고 지급기일 연장에 관한 당사자 사이에 합의 없이 사유발생일로부터 14일 이내에 사용자가 임금이나 퇴직급여 등을 청산하지 않으면 3년 이하의 징역 또는 3천만원 이하의 벌금에 처한다. 다만, 체불금품의 청산을 유도하여 근로자의 실질적 권리를 보장하면서 경영자들의 사법처리도 줄이기 위하여 피해자인 근로자가 처벌을 원하지 않는다는 의사표시를 명시적으로 하는 경우에는 처벌하지 않는 반의사불벌죄를 규정하고 있다.[18)]

18) 근기법상 반의사불벌죄가 적용되는 경우는 ① 퇴직 또는 사망으로 근로관계가 종료한 근로자에 대하여 임금 · 보상금 기타 일체의 금품을 지급사유가 발생한 때로부터 14일 이내에 전부 또는 일부를 지급하지 아니한 경우(제36조), ② 임금전액을 정기지급일에 지급하지 못하였을 경우(제43조), ③ 직상수급인이 하수급인과 연대하여 임금지급의 책임을 지는 경우(제44조, 제44조의2), ④ 사용자의 귀책사유로 인하여 휴업한 기간에 대한 휴업수당의 전부 또는 일부를 지급하지 아니한 경우(제46조), ⑤ 탄력적 근로시간제에서 근로한 기간이 단위기간보다 짧은 경우 가산임금을 지급하니

※ 마지막 근로를 제공한 날은 근로관계가 유지되는 기간으로, 별도의 특약이 없는 날 그 다음날을 퇴직일로 간주함(마지막 근로일+14일).

ex. 3월 31일(마지막 근로일) → 4월 1일(퇴직일) → 4월 15일(금품청산 위반 발생일)

- 근로기준법 제36조, 제109조의 규정을 종합하여 보면 사용자는 근로자와의 사이에 일단 근로관계가 성립되면 동법 제36조에 따른 임금을 지급하여야 한다는 것은 당연한 의무라 할 것이므로, 기업이 불황이라는 사유만을 이유로 하여 임금을 지급하지 않거나 체불하는 것은 법이 용인하지 않는 바라 할 것이고, 다만 사용자가 모든 성의와 전력을 다했어도 임금의 체불이나 미불을 방지할 수 없었다는 것이 사회통념상으로 긍정될 정도가 되어 더 이상의 적법행위를 기대할 수 없는 특수한 사정이 있는 때에 한하여 동법 제36조 위반범죄의 책임조각사유가 됨(대법원 1988.2.9. 선고 87도2509 판결).
- 근로기준법 제43조 제2항 위반행위와 같은법 제36조 위반행위는 그 구성요건이 다른 별개의 범죄이고, 실체적 경합관계에 있다고 봄이 상당하므로 공소시효는 각각 진행된다고 보아야 함(같은 취지: 법무부 법무심의관실-3484, 2004.8.12.). 즉, 근로기준법 제43조 제2항의 '임금 정기일지급의 원칙'은 임금지급기일의 간격이 지나치게 길고 지급일이 일정하지 않아 야기되는 근로자의 생활의 불안정을 방지하려는 것으로 '임금의 정기지급일 미지급 행위'를 처벌의 대상으로 하고, 같은법 제36조는 근로관계 종료시 당연히 발생하는 금품지급·반환의무를 기일 내 이행하도록 법으로 강제함으로써 근로자의 근로관계 종료에 따른 근로자의 생활안정을 도모하려는 것으로 '근로관계 종료 시 금품 미청산 행위'를 처벌의 대상으로 하는 것임. 따라서 제36조 위반이 성립되기 위해서는 근로자가 사망 또는 퇴직 시 소멸시효가 완성되지 아니한 임금채권이 존재하고, 그 임금채권이 사망 또는 퇴직일로부터 14일 이내에 지급되지 않은 경우에 해당하는 것으로 봄이 타당하다고 사료됨(고용노동부 2008.2.13., 임금근로시간정책팀-381).

3. 지연이자

1) 의 의

「근로기준법」

제37조【미지급 임금에 대한 지연이자】 ① 사용자는 다음 각호의 어느 하나에 해당하는 임금의 전부 또는 일부를 각호에 따른 날까지 지급하지 아니한 경우 그다음 날부터 지급하는 날까지의 지연일수에 대하여 연 100분의 40 이내의 범위에서 「은행법」에 따른 은행이 적용하는 연체금리 등 경제

아니한 경우(제51조의3), ⑥ 선택적 근로시간제에서 매 1개월을 평균하여 1주간에 40시간을 초과한 시간에 대하여 가산임금을 지급하지 아니한 경우(제52조 제2항 제2호), ⑦ 연장 · 야간 · 휴일근로에 대한 가산임금을 지급하지 아니한 경우(제56조)가 있다.

여건을 고려하여 대통령령으로 정하는 이율에 따른 지연이자를 지급하여야 한다.
1. 제36조에 따라 지급하여야 하는 임금 및 「근로자퇴직급여 보장법」 제2조 제5호에 따른 급여(일시금만 해당된다): 지급 사유가 발생한 날부터 14일이 되는 날
2. 제43조에 따라 지급하여야 하는 임금: 제43조 제2항에 따라 정하는 날
② 사용자가 제1항 제2호에 따른 임금을 지급하지 아니하여 지연이자를 지급할 의무가 발생한 이후 근로자가 사망 또는 퇴직한 경우 해당 임금에 대한 지연이자는 제1항 제2호에 따른 날을 기준으로 산정한다.
③ 제1항은 사용자가 천재 · 사변, 그 밖에 대통령령으로 정하는 사유에 따라 임금 지급을 지연하는 경우 그 사유가 존속하는 기간에 대하여는 적용하지 아니한다.

「근로기준법 시행령」

제17조【미지급 임금에 대한 지연이자의 이율】 법 제37조 제1항에서 "대통령령으로 정하는 이율"이란 연 100분의 20을 말한다.

사용자가 근로계약 종료 등으로 발생한 임금 및 퇴직급여의 전부 또는 일부를 특정한 기한까지 지급하지 않으면, 특정한 기한의 다음 날부터 지급하는 날까지의 지연일수에 대하여 연 100분의 20의 이율에 따른 이자를 지급하여야 한다(위반 시 벌칙 없음).

〈재직 여부에 따른 지연이자의 대상금품 및 발생시점〉

재직 여부	지연이자의 대상금품	지연이자 발생시점
퇴직자	근기법 제36조에 따른 임금 및 퇴직급여법 제2조 제5호에 따른 급여(일시금만 해당)	지급사유가 발생한 날부터 14일이 지난 다음 날(15일이 되는 날)
재직자[19]	근기법 제43조에 따른 임금	임금의 정기지급일이 지난 다음 날 (지연이자 발생 이후 사망 또는 퇴직도 포함)

※ 연 20%의 지연이자는 발생요건이 근로관계에서 비롯된 것이 아니라 민사상의 채권일 뿐이므로 금품청산대상이 아님. 따라서 지연이자를 지급하지 않으면 근기법 제36조의 금품청산규정이 적용되지 않으며, 미지급에 대한 형사책임을 물을 수는 없음. 다만, 지연이자 미지급에 대한 민사상 청구권은 인정됨.

2) 적용 범위

지연이자가 적용되는 금품은 임금 및 퇴직급여(일시금만 해당)이고, 근로관계 종료 후 지급해야 하는 보상금 또는 기타 금품은 지연이자가 적용되지 않는다.

19) 재직자에 대한 지연이자 규정은 근로기준법 개정(2024.10.22.)으로, 2025년 10월 23일부터 적용한다.

- 「근로기준법」 제37조에 따라 사용자는 제36조에 따라 지급하여야 하는 임금의 전부 또는 일부를 그 지급 사유가 발생한 날부터 14일 이내에 지급하지 아니한 경우 지연이자가 발생하고, 이때, 동법 제36조에서 정한 '그 지급 사유가 발생한 때'라 함은 사망 또는 퇴직의 효력이 발생한 때를 의미하므로, 해고가 무효가 되어 귀하가 복직한다면 제36조에서 정한 그 지급 사유가 발생한 때에 해당되지 않으므로 「근로기준법」 제37조가 적용되지 않을 것으로 판단됨(참조: 대법원 2014다28305, 2014.8.26.)(고용노동부 2021.5.26., 근로기준정책과-1518).
- 「근로기준법」 제37조에 따른 미지급 임금에 대한 지연이자제의 대상 금품은 미지급된 임금(「근로기준법」 제2조 제1항 제5호) 및 퇴직금(「근로자퇴직급여 보장법」 제2조 제2호의 급여 중 일시금)에 적용됨. 사용자의 귀책사유로 근로자가 근로를 할 수 없는 경우에 근로자의 생활보장을 목적으로 지급하는 '휴업수당'은 근로의 대가로 보기 어려우므로(휴업수당제도해석기준(2000.2.13.) 참조), 「근로기준법」 제37조에 따른 지연이자는 적용되지 않을 것임. 한편, 「근로기준법」 제37조 조항은 「민법」 제379조,[20] 「상법」 제54조[21] 및 「소송촉진 등에 관한 특례법」 제3조[22]에 대한 특별법적 성격을 가지는 것이므로, 「근로기준법」 제36조에 따라 지급하여야 하는 임금(「근로기준법」 제2조 제1항 제5호) 및 퇴직금(「근로자퇴직급여 보장법」 제2조 제2호의 급여 중 일시금)에 대하여는 「근로기준법」 제37조가 우선 적용되어야 할 것임(고용노동부 2020.4.28., 근로기준정책과-1748).

3) 적용 제외

사용자에게 천재·사변 등 적용제외 사유(근기법 시행령 제18조[23])가 존재하는 기간은 임금 및 퇴직급여에 대한 지연이자는 적용되지 않는다.

- 귀 질의의 내용이 불명확하여 정확한 답변을 드리기는 곤란하나, "회사와 근로자가 상호 협의하

20) 제379조 【법정이율】 이자 있는 채권의 이율은 다른 법률의 규정이나 당사자의 약정이 없으면 연 5분으로 한다.

21) 제54조 【상사법정이율】 상행위로 인한 채무의 법정이율은 연 6분으로 한다.

22) 제3조 【법정이율】 ① 금전채무의 전부 또는 일부의 이행을 명하는 판결(심판을 포함한다. 이하 같다)을 선고할 경우, 금전채무 불이행으로 인한 손해배상액 산정의 기준이 되는 법정이율은 그 금전채무의 이행을 구하는 소장(訴狀) 또는 이에 준하는 서면(書面)이 채무자에게 송달된 날의 다음 날부터는 연 100분의 40 이내의 범위에서 「은행법」에 따른 은행이 적용하는 연체금리 등 경제 여건을 고려하여 대통령령으로 정하는 이율(연 100분의 12)에 따른다. 다만, 「민사소송법」 제251조(장래의 이행을 청구하는 소)에 규정된 소(訴)에 해당하는 경우에는 그러하지 아니하다.

23) 제18조 【지연이자의 적용제외 사유】 법 제37조 제2항에서 "그 밖에 대통령령으로 정하는 사유"란 다음 각 호의 어느 하나에 해당하는 경우를 말한다.
1. 「임금채권보장법」 제7조제1항제1호부터 제3호까지의 사유 중 어느 하나에 해당하는 경우
2. 「채무자 회생 및 파산에 관한 법률」, 「국가재정법」, 「지방자치법」 등 법령상의 제약에 따라 임금 및 퇴직금을 지급할 자금을 확보하기 어려운 경우
3. 지급이 지연되고 있는 임금 및 퇴직금의 전부 또는 일부의 존부(存否)를 법원이나 노동위원회에서 다투는 것이 적절하다고 인정되는 경우
4. 그 밖에 제1호부터 제3호까지의 규정에 준하는 사유가 있는 경우

> 에 업무인계 미비, 회사물품 미반납, 금품 미정산 시에 퇴직금을 보류할 수 있다"라는 사내 퇴직금 규정을 당사자 간의 지급기일 연장으로 보아 퇴직금 지급을 보류할 수는 없다고 사료되며, 당해 근로자와의 합의로 퇴직금의 지급기일을 연장했다고 하더라도, 동법 시행령 제13조의2(현행 제18조)에서 규정하고 있는 사유에 해당하지 않는 한 지연이자 지급의무를 면할 수는 없음(고용노동부2005.7.28., 근로기준과-3981).
>
> - 「근로기준법 시행령」 제18조 제3호에 따라 지급이 지연되고 있는 임금 및 퇴직금의 전부 또는 일부의 존부에 관한 사항에 대하여 법원이나 노동위원회에서 다투는 것이 적절하다고 인정되는 경우 그 사유가 존속하는 기간에 대하여는 지연이자를 적용하지 아니할 수 있음. 귀 질의만으로 구체적인 사실관계를 확인할 수 없어 명확한 답변은 드리기 어려우나, 「근로기준법 시행령」 제18조 각호의 어느 하나에 해당하는지에 대한 판단은 당사자 간의 합의에 따를 것이지만, 당사자 간에 이견이 있는 경우는 최종적으로 법원에서 판단하며, 지연이자 적용의 제외 사유에 해당하는지의 입증책임은 사용자에게 있을 것으로 사료됨(고용노동부 2021.3.19., 근로기준정책과-853).

4. 사용증명서 발급

> **「근로기준법」**
>
> **제39조 【사용증명서】** ① 사용자는 근로자가 퇴직한 후라도 사용 기간, 업무 종류, 지위와 임금, 그 밖에 필요한 사항에 관한 증명서를 청구하면 사실대로 적은 증명서를 즉시 내주어야 한다.
> ② 제1항의 증명서에는 근로자가 요구한 사항만을 적어야 한다.
>
> > **「근로기준법 시행령」**
> >
> > **제19조 【사용증명서의 청구】** 법 제39조 제1항에 따라 사용증명서를 청구할 수 있는 자는 계속하여 30일 이상 근무한 근로자로 하되, 청구할 수 있는 기한은 퇴직 후 3년 이내로 한다.

사용자는 계속하여 30일 이상 근무한 근로자가 재직 중 또는 퇴직 후 3년 이내에 사용기간, 업무종류, 지위와 임금 기타 필요한 사항에 관한 증명서를 청구한 때에는, 청구한 사항만을 사실대로 기재하여 즉시 교부하여야 한다.

※ 사용자는 제3자와 공모하여 근로자의 취업을 방해할 목적으로 근로자가 요구하지 않은 징계사실, 국적, 신앙, 사회적 신분 또는 노동조합활동 등에 관하여 사용증명서에 기재하여서는 아니됨.

> - 근로기준법 제38조(현행 제39조)에 의한 사용증명서는 반드시 근로자가 퇴직한 이후에 청구할 수 있다는 의미로 보기는 어렵다고 사료되며, 근로자가 재직 중 또는 퇴직 후 3년 이내에 청구할 수

있다는 의미로 해석함이 타당하다고 사료됨. 한편, 근로자가 동법 동조에 의한 사용증명서를 요구하는 경우 사용자는 당해 근로자의 「사용기간, 업무종류, 지위와 임금 기타 필요한 사항」 중 근로자의 요구사항만을 기입하여 교부해 주어야 하며, 다만 상세한 근로실태의 내역(근로계약서, 임금지급대장, 원천징수영수증, 취업규칙사본, 시말서, 퇴직금 중간정산내역 등)을 요구하는 확인조회에 해당되는 것까지 사용증명서를 교부해야 할 필요는 없다고 사료됨(고용노동부 2002.9.6., 근기 68207-2879).

- 사용증명서 제도의 취지(목적)는 근로자가 퇴직한 후 재취업을 하고자 할 때 도움이 되도록 하려는 것이며, 사용기간, 업무종류, 지위와 임금 그 밖에 필요한 사항이 증명서 발급 대상임. '경력증명서'는 근무한 근로자의 사용기간, 업무종류, 지위와 임금 등을 기록한 것으로 근로자의 경력을 증명하는 문서를 의미하는데, 사용증명서와 경력증명서는 그 기재내용이 거의 유사하다고 볼 수 있음. 따라서 사용증명서는 근로자의 경력을 확인할 수 있는 근거자료로 활용될 수 있을 것임(고용노동부 2007.12.13., 근로기준팀-8493).
- 근로자는 퇴직 후 3년 이내에는 사용자에게 사용증명서의 교부를 청구할 수 있고, 이 경우 사용자는 근로자의 사용증명서 교부 청구를 거부할 수 없다는 것으로 해석됨. 다만, 퇴직 후 3년이 경과된 이후 근로자가 사용증명서의 교부를 청구한 경우 사용자가 근로자의 청구를 거부할 수 있을 것이나, 이 경우에도 사용자가 스스로 사용증명서를 교부하는 것은 무방하다고 보아야 할 것임(고용노동부 2005.11.30., 근로기준팀-1453).

5. 취업방해의 금지

「근로기준법」

제40조【취업 방해의 금지】 누구든지 근로자의 취업을 방해할 목적으로 비밀기호 또는 명부를 작성·사용하거나 통신을 하여서는 아니 된다.

누구든지 취업을 방해할 목적으로 비밀기호 또는 명부를 작성 및 사용하거나 통신을 할 수 없다. 취업방해의 주체는 특정한 신분이나 지위에 관계없이 사용자, 근로자 또는 제3자도 포함된다.

- 근로기준법 제31조의2(현행 제40조)에는 누구든지 근로자의 취업을 방해할 목적으로 비밀기호 또는 명부를 작성·사용하거나 통신을 하여서는 아니된다고 규정하고 있음. 이는 사용자는 물론 제3자에 의한 근로자의 취업방해를 받지 않도록 보장하는데 그 취지가 있는 것임. 따라서 일반적으로 취업방해의사가 없었던 경우나 취업방해의 목적이 아닌 단순한 경력조회 등은 동법 취지에 반하는 것으로 볼 수 없는 것임. 금융기관 직원에 대한 경력조회실시가 근로기준법 제31조의2(현

행 제40조)규정에 위반되는지 여부는 사실관계에 따라 구체적으로 판단되어야 할 것이나, 동 경력조회 결과를 근로자의 취업을 방해하기 위한 목적으로 사용한 경우나 또는 경력조회에 의하여 작성·사용하거나 통신된 내용이 근로자의 취업을 방해하여 취업방해목적이 객관적으로 인정되는 경우에는 동법 위반의 문제가 발생할 소지가 있음(고용노동부 1994.10.11., 근기 68207-1621).

- 동 규정은 사용자나 제3자 등 누구든지 다른 사람이 근로기준법 제2조 제1항 제1호의 근로자로 취업하려는 것을 방해할 목적으로 비밀기호 또는 명부를 작성·사용하거나 통신을 하여서는 아니 된다고 해석되는 바, 근로기준법 제40조(취업방해의 금지)는 근로자의 최초 채용 시 블랙리스트의 작성을 방지하기 위하여 비밀기호, 명부, 통신을 하지 못하도록 한 것이므로, 채용 중에 있는 근로자에게 해고를 종용한 것은 이 법 위반으로 처벌할 것이 아니라 별도의 법으로 다루어야 함(고용노동부 2011.9.7., 근로개선정책과-2948).

제10장

퇴직급여관리

제1절 퇴직급여제도의 개요

제2절 퇴직금제도

제3절 퇴직연금제도의 개요

제4절 확정급여형 퇴직연금제도

제5절 확정기여형 퇴직연금제도

제6절 중소기업 퇴직연금 기금제도

제7절 개인형 퇴직연금제도

제1절 퇴직급여제도의 개요

1. 퇴직급여제도의 의의

「근로기준법」

제34조【퇴직급여제도】 사용자가 퇴직하는 근로자에게 지급하는 퇴직급여제도에 관하여는 「근로자 퇴직급여 보장법」이 정하는 대로 따른다.

「근로자 퇴직급여 보장법」(약칭: 퇴직급여법)

제1조【목적】 이 법은 근로자 퇴직급여제도의 설정 및 운영에 필요한 사항을 정함으로써 근로자의 안정적인 노후생활 보장에 이바지함을 목적으로 한다.

퇴직급여제도는 근로자의 안정적인 노후생활 보장을 위하여 퇴직급여법에 따라 사용자가 퇴직하는 근로자에게 퇴직급여를 지급할 목적으로 설정한 제도이다. 기존에는 퇴직급여와 관련하여 퇴직금제도만 적용되었으나,[1] 퇴직급여법이 2005년 12월 1일부터 시행되면서 현재는 기존의 퇴직금제도와 퇴직연금제도가 함께 적용되고 있다.[2]

2. 퇴직급여의 종류

「근로자 퇴직급여 보장법」(약칭: 퇴직급여법)

제2조【정의】 이 법에서 사용하는 용어의 뜻은 다음과 같다.

1) 퇴직금제도는 기업의 도산이나 폐업 등으로 퇴직금 전부를 보장받을 수 없거나, 급속한 고령화와 평생직업 개념의 확대로 같은 회사에서 근속기간이 짧게 되어 퇴직금이 노후생활을 안정적으로 보장하기에는 부족한 면이 있고, 사용자 또한 근속기간 전부에 대한 퇴직금을 일시금으로 지급할 수 있게 사내에 적립해야 하는 등 재원 마련이 경영상의 큰 부담으로 작용하고 있다.

2) 퇴직급여의 적용은 1961년 근기법에 퇴직금제도가 처음으로 도입되어 30인 이상 사업장에 적용되다가, 2010년 12월 1일부터 1인 이상 모든 사업장으로 확대하여 적용되었다. 다만, 2010년 12월 1일부터는 모든 사업장에 퇴직급여제도가 적용되고 있으나, 2010년 12월 1일부터 2012년 12월 31일까지는 법정퇴직급여의 50%, 2013년 1월 1일부터 퇴직까지는 법정퇴직급여의 100%로 산정한다.

사업장 규모	퇴직급여의 적용기간	퇴직급여의 내용
30명 이상	1962. 03. 04. ~ 1975. 04. 27.	퇴직금제도
5명 이상	1989. 03. 29. ~ 2010. 11. 30.	퇴직금제도 또는 퇴직연금제도(2005.12.01. 이후)
1명 이상	2010. 12. 01. ~ 현재	퇴직금제도 또는 퇴직연금제도

> 6. "퇴직급여제도"란 확정급여형 퇴직연금제도, 확정기여형 퇴직연금제도, 중소기업 퇴직연금기금제도 및 제8조에 따른 퇴직금제도를 말한다.

퇴직급여제도는 퇴직금제도 및 퇴직연금제도로 구분된다. 퇴직금제도는 사용자가 근로자의 1년 이상의 계속근로를 전제로 사내에 퇴직금 재원을 마련하고 근로자가 퇴직시에 사용자가 직접 일시금으로 지급하는 제도이다. 퇴직연금제도는 퇴직금제도와 마찬가지로 사용자가 근로자의 1년 이상의 계속근로를 전제로 사용자가 매월 또는 매년 퇴직연금사업을 하는 금융기관에 일정한 금액 이상을 적립하고, 근로자는 퇴직한 후 매월 또는 매년 연금을 받거나 일시금을 받을 수 있는 제도이다. 퇴직연금제도는 확정급여형 퇴직연금제도(DB, Defined Benefit), 확정기여형 퇴직연금제도(DC, Defined Contribution), 중소기업 퇴직연금기금제도, 10명 미만을 사용하는 사업장에 대한 특례제도 및 개인형 퇴직연금제도(IRP, Individual Retirement Pension)가 있다.

〈퇴직급여의 종류와 내용〉

<table>
<tr><th colspan="2">종 류</th><th>내 용</th><th>근 거</th></tr>
<tr><td colspan="2">퇴직금제도</td><td>사용자가 근로자에게 1년 이상의 계속근로를 전제로 하여 일정한 금액을 퇴직 후에 지급하는 제도
※ 퇴직일시금은 계속근로기간 1년에 대하여 30일분 이상의 평균임금으로 함.</td><td>퇴직급여법 제8조</td></tr>
<tr><td rowspan="4">퇴직연금제도</td><td>확정급여형 퇴직연금 (DB)</td><td>근로자가 지급받을 퇴직급여 수준이 사전에 확정되며, 사용자의 부담금은 적립금 운용결과에 따라 변동되는 제도
※퇴직금과 동일(계속근로기간 1년에 대하여 30일분 이상의 평균임금)</td><td>퇴직급여법 제2조 제7호</td></tr>
<tr><td>확정기여형 퇴직연금 (DC)</td><td>퇴직급여의 지급을 위한 사용자의 부담금이 사전에 확정되고, 근로자의 퇴직급여 수준은 적립금 운용결과에 따라 변동되는 제도
※ 사용자는 연간 임금총액의 12분의 1 이상을 매년 납입</td><td>퇴직급여법 제2조 제8호</td></tr>
<tr><td>중소기업 퇴직연금기금 제도</td><td>둘 이상의 중소기업(상시 30인 이하 사업장) 사용자 및 근로자가 납입한 부담금 등으로 공동의 기금을 조성 및 운영하여 근로자에게 퇴직급여를 지급하는 제도
※ 사용자는 연간 임금총액의 12분의 1 이상을 부담금으로 매년 납입하고, 공단은 기금을 관리·운용</td><td>퇴직급여법 제2조 제14호</td></tr>
<tr><td>10명 미만을 사용하는 사업에 대한 특례</td><td>상시 10명 미만의 근로자을 사용하는 사업에서 사용자가 개별 근로자의 동의를 받거나 근로자의 요구에 따라 해당 근로자에 대하여 IRP 제도를 설정한 경우 해당 근로자에 대하여 퇴직급여제도를 설정한 것으로 보는 제도</td><td>퇴직급여법 제25조</td></tr>
</table>

종 류		내 용	근 거
	개인형 퇴직연금 (IRP)	가입자의 선택에 따라 가입자가 납입한 일시금이나 사용자 또는 가입자가 납입한 부담금을 적립·운용하기 위하여 설정한 것으로, 급여 또는 부담금의 수준이 확정되지 아니한 제도 ※ 이직 시 수령한 퇴직급여를 적립·축적하여 노후소득 재원으로 활용할 수 있도록 한 통산장치임	퇴직급여법 제2조 제10호

3. 퇴직급여제도의 설정

1) 대 상

「근로자 퇴직급여 보장법」(약칭: 퇴직급여법)

제3조【적용범위】 이 법은 근로자를 사용하는 모든 사업 또는 사업장(이하 "사업"이라 한다)에 적용한다. 다만, 동거하는 친족만을 사용하는 사업 및 가구 내 고용활동에는 적용하지 아니한다.

제4조【퇴직급여제도의 설정】 ① 사용자는 퇴직하는 근로자에게 급여를 지급하기 위하여 퇴직급여제도 중 하나 이상의 제도를 설정하여야 한다. 다만, 계속근로기간이 1년 미만인 근로자, 4주간을 평균하여 1주간의 소정근로시간이 15시간 미만인 근로자에 대하여는 그러하지 아니하다.

퇴직급여는 근로자[3]를 사용하는 모든 사업장에 적용한다(동거하는 친족만을 사용하는 사업 및 가구 내 고용활동에는 적용하지 않음). 따라서 사용자는 퇴직하는 근로자에게 급여를 지급하기 위하여 퇴직급여제도 중 하나 이상의 제도를 설정하여야 한다. 다만, 계속근로기간이 1년 미만[4]인 근로자 및 4주간을 평균하여 1주간의 소정근로시간이 15시간 미만인 근로자에게는 퇴직급여가 적용되지 않는다.

※ 근로자가 아닌 임원은 퇴직급여제도의 의무적용 대상은 아니지만, 정관 또는 퇴직연금규약 등에 따라 임의로 퇴직급여제도를 적용받을 수 있음. 다만, 근로자가 아닌 임원은 퇴직연금제도에 가입하더라도 퇴직연금제도의 급여를 받을 권리의 압류금지 등 근로자를 보호하기 위한 규정은 적용받지 않음.

3) 퇴직급여를 적용하는 근로자는 '직업의 종류와 관계없이 임금을 목적으로 사용종속관계 하에서 사업이나 사업장에 근로를 제공하는 사람이다(근기법 제2조 제1항 제1호). 그러나 공무원, 군인, 사립학교 교직원, 선원 등 관련법에 따라 별도의 퇴직급여제도를 적용받는 근로자는 적용되지 않는다(고용노동부, 2022.2.4., 퇴직연금복지과-512).

4) '근로기간이 1년 미만'이란 계속근로기간이 전체적으로 1년 미만인 경우를 말하는 것이지, 근로기간이 몇 년, 몇 월, 며칠인 경우에 1년에 못 미치는 몇 월, 며칠을 뜻하는 것이 아니므로 계속근로기간이 몇 년, 몇 월, 며칠인 경우에는 1년 미만의 단수인 몇 월, 며칠에 대하여도 해당 기간에 비례하여 퇴직금을 산정하고 지급해야 한다(고용노동부 예규 제2015-99호, 「근로자퇴직급여 보장법 제4조 제1항 단서 해석기준」, 2015.11.6.).

- 사용자는 「근로자퇴직급여 보장법」 제2조 제1호의 규정에 의한 근로자가 퇴직 시 급여를 지급하기 위해 의무적으로 퇴직급여제도(퇴직금 또는 퇴직연금제도)를 설정하여야 하나, 근로자가 아닌 대표자, 임원 등의 퇴직급여제도에 대해서는 정한 바가 없음. 즉 근로자가 아닌 임원을 퇴직연금제도 가입대상으로 할지 여부는 사업(장)별로 자유로이 정할 수 있으며, 근로자가 아닌 임원을 퇴직연금에 가입시키고자 할 경우 동법 제12조 및 제13조의 규정에 의하여 작성하는 퇴직연금규약에 근로자가 아닌 임원을 당해 퇴직연금의 가입자로 한다는 것을 명시하여야 함. 다만, 「근로기준법」상 근로자가 아닌 임원만을 대상으로 퇴직연금제도 설정(도입)은 할 수 없음. 따라서, 근로자인 가입자가 모두 퇴직하여 임원(대표이사 포함)만 가입자로 남아있는 경우 임원만을 대상으로 퇴직연금제도를 운영하는 것은 가능하지 않다고 할 것임(고용노동부, 2018.7.31., 퇴직연금복지과-3075).
- 〈1주 소정근로시간이 15시간 이상과 미만을 반복하는 근로자의 경우〉에는 퇴직일을 기준으로 이전 4주 단위씩 역산하여 1주 소정근로시간이 15시간 이상이면 4주를 산입하고, 15시간 미만이면 산입하지 않는 방식으로 산입한 주의 합계가 52개 주를 초과한다면 해당 근로자의 계속근로기간이 1년 이상이므로 퇴직금 지급 대상인 것으로 사료 됨(고용노동부 2020.02.07., 퇴직연금복지과-554).

2) 계속근로기간

퇴직급여 지급의무가 있는 계속근로기간은 근로자가 입사한 날부터 마지막 근로일까지의 기간(근로계약을 체결하여 해지될 때까지의 기간)을 의미하는 것으로서, 실 근로기간 및 출근율, 고용형태 등과 관계없이 해당 사업장에 소속되어 있는 기간은 모두 계속근로기간에 포함된다. 따라서 수습기간, 출산전후휴가기간, 육아휴직기간, 업무상 부상이나 질병으로 휴업한 기간, 부당한 해고기간, 사용자 귀책사유에 의한 휴업기간 등은 계속근로기간에 포함된다. 다만, 근로자의 귀책사유로 인한 휴직기간을 취업규칙 또는 단체협약에서 이를 제외하기로 규정한 경우, 병역법에 따른 의무복무로 인한 휴직기간, 퇴직금을 미리 정산하여 지급한 기간 등은 계속근로기간에 포함되지 않는다.

- 근로계약기간(서면 · 구도계약)을 2006.12.20.부터 2007.12.19.까지로 정하였을 경우, 2007.12.19. 근로제공의무가 면제된 날(사업장 휴무일)이어서 근로를 제공하지 못하였다 하더라도 근로관계는 존속되는 기간으로 보아야 할 것이며, 근로자의 퇴사일은 2006.12.20.이 될 것이므로 사용자는 근로자에게 퇴직금을 지급하여야 함. 다만, 근로계약기간(서면 · 구두계약)이 2006.12.20.부터 2007.12.18.까지인 경우라면 법 제8조제 1항에 따른 계속근로기간 1년에 해당하지 아니하므로 사용자의 퇴직금 지급의무는 발생하지 않는다고 판단됨(고용노동부 2008.7.1., 퇴직연금복지과-274).

- 계속근로를 판단함에 있어서 매번 일정 기간 근로계약기간이 단절된 경우라도 그 근로계약이 이루어지게 된 동기 및 경위, 기간을 정한 목적과 당사자의 진정한 의사, 계절적 · 임시적 고용 여부, 근무기간의 장단 및 갱신회수, 동일사업(장)에서의 근무 여부 등에 비추어 판단 되어야 할 것임. 즉 기간의 단절이 있는 근로계약이 수차례 반복되어 계약을 계속 체결 하는 것이 관행화되어 있고, 노사 당사자 모두 그렇게 기대하면서 사실 관계에 있어서도 특정기간이 도래하면 재계약을 체결한 후 동일한 근로를 제공하고 사용자는 그 대상으로서 임금을 지급하는 형태의 근로관계가 반복되었다면, 이 경우는 반복적으로 체결한 근로계약 전 기간을 계속 근로로 인정할 수 있음. 귀 질의내용과 같이, 매번 공개모집절차를 통해 기간제 근로자를 채용 하고 있고, 그 결과 매번 상당인원이 교체되고 있는 경우라면 사용자는 매번 새로운 근로자를 선발하겠다는 의사를 가지고 있는 것으로 볼 수 있을 것임. 다만, 모집공고를 통한 공개채용을 하더라도 그러한 절차가 형식에 불과하여 관행상 전년도에 근무한 근로자들이 대부분 다시 채용되어 재계약 또는 계속고용의 기대가 형성되어 있다면 계속근로가 인정될 수 있다고 판단됨(고용노동부 2011.2.24., 임금복지과-715).
- 개인 질병 또는 학업 등 근로자의 귀책사유로 인한 휴직기간은 근로관계가 일시 중지될 뿐 근로관계가 소멸(단절)되는 것은 아니므로 동 기간을 배제할 수 없으나, 병역법에 따른 병역의무기간과 근로자의 개인사정이나 귀책 사유로 인한 휴직기간에 대하여 단체협약 또는 취업규칙에서 이를 제외하기로 한 경우에는 그러하지 아니함(고용노동부 2014.7.24., 근로복지과-2767).
- 근로계약 기간이 만료되면서 다시 근로계약을 맺어 그 근로계약 기간을 갱신하거나 동일한 조건의 근로계약을 반복하여 체결한 경우에는, 갱신 또는 반복된 근로계약 기간을 합산하여 퇴직금 지급요건으로서의 계속 근로 여부와 계속 근로 연수를 판단하여야 하고, 갱신되거나 반복체결된 근로계약 사이에 일부 공백 기간이 있다 하더라도 그 기간이 전체 근로계약 기간에 비하여 길지 아니하고 계절적 요인이나 방학 기간 등 당해 업무의 성격에 기인하거나 대기 기간 · 재충전을 위한 휴식 기간 등의 사정이 있어 그 기간 중 근로를 제공하지 않거나 임금을 지급하지 않을 상당한 이유가 있다고 인정되는 경우에는 근로관계의 계속성은 그 기간 중에도 유지된다고 봄이 상당함(대법원 2011.4.14. 선고 2009다35040 판결).

〈계속근로기간의 판단기준〉[5)]

구 분	판단기준
개 념	계속근로기간은 원칙적으로 근로관계의 존속기간(근로계약관계 개시일에서 종료일)을 말하며, 실제 근로 여부로 판단할 것은 아님
기산일	'초일 불산입' 원칙(민법 제157조)에도 불구하고 입사일(출근 개시일)을 기산일로 함
종료일	근로계약의 해지일, 근로자의 사망 다음 날, 근로계약기간 만료일 다음 날

5) 고용노동부, 『퇴직급여제도 매뉴얼』, 2022.08, 19~23쪽; 고용노동부, 『소규모사업장 담당자를 위한 12가지 인사관리 실무기법』, 2010.10, 246쪽.

<table>
<tr><th colspan="2">구 분</th><th>판단기준</th></tr>
<tr><td colspan="2">반복·갱신된
계약제
근로계약</td><td>- 해당 근로계약이 수차례 갱신되어 체결되었는지
- 해당 근로자 및 동종 근로자의 근무실태와 계약갱신 관행
- 해당 근로자가 속한 사업의 계속 여부 및 운영방식
- 계약기간을 정한 취지
- 근로계약이 이루어지게 된 동기 및 경위
- 근로계약, 취업규칙 또는 단체협약 등에 계약갱신의 기준 등 갱신에 관한 요건이나 절차의 설정 여부 및 그 실태(대법원 2011.4.14. 선고 2007두1729 판결; 대법원 2017.10.12. 선고 2015두59907 판결)</td></tr>
<tr><td colspan="2">사업의
합병·분할</td><td>근로자의 고용이 포괄적으로 승계된 경우에는, 사업의 분할·합병 이전의 근로기간도 계속근로기간에 포함</td></tr>
<tr><td colspan="2">사업의
양도·양수</td><td>사업양도는 사업이 인적·물적 동일성을 유지하면서 일체로서 이전되는 것으로, 영업양도가 이루어진 경우에는 원칙적으로 해당 근로자들의 근로기간도 양수기업에 포괄적으로 승계되어 계속근로기간에 포함됨</td></tr>
<tr><td colspan="2">정년퇴직자
재고용</td><td>정년에 도달한 경우라면 원칙적으로 정년퇴직으로 근로관계도 종료됨. 정년퇴직자를 기간제 근로자로 재고용하는 경우에는 당사자 간 합의에 의해 계속근로기간은 새롭게 기산됨(「고용상 연령차별금지 및 고령자 고용촉진에 관한 법률」 제21조)</td></tr>
<tr><td rowspan="2">사례</td><td>포함</td><td>- 수습사용기간, 정직기간
- 출산전후휴가 및 육아휴직기간
- 업무상 부상 또는 질병으로 요양을 위해 휴업한 기간
- 사용자 귀책사유에 의한 휴업기간
- 사용자가 승인한 근로자 개인사유로 인한 휴업기간(단, 단체협약·취업규칙 등에 포함하지 않는 것으로 정했다면 계속근로기간에서 제외할 수 있음)
- 영업의 (포괄적) 양도·양수관계에 따른 종전 근로기간
- 국내회사와 사용종속관계가 유지되는 해외파견기간
- 쟁의행위기간, 노조전임기간, 부당해고기간
※ 쟁의행위기간은 불법·적법을 불문하고 근로계약이 유지되면 합산</td></tr>
<tr><td>불포함</td><td>- 병역법에 따른 의무복무로 인한 휴직기간(단, 승진에 있어서는 근무기간으로 봄(병역법 제74조 제2항[6)])
- 퇴직금을 미리 정산하여 지급한 기간
- 정년퇴직 후 재입사한 경우 이전 근로기간
- 별도의 고용승계에 관한 약정이 없는 상태에서 용역업체 변경에 따른 종전 근로기간</td></tr>
</table>

6) 제74조 【복직보장 등】 ② 국가기관, 지방자치단체의 장 또는 고용주는 제1항에 따라 휴직한 사람에 대하여는 승진에서 의무복무기간을 실제 근무기간으로 산정(算定)하여야 하며, 군(軍)이나 의무복무기관에서 지급하는 보수와 입영 또는 소집 등에 의한 승선근무예비역, 보충역 또는 대체복무요원 복무 전(前) 보수의 차액의 범위에서 상당한 보수를 지급할 수 있다. 다만, 소집 등에 의한 승선근무예비역, 보충역 또는 대체복무요원의 의무복무기간을 마친 사람의 의무복무기간을 실

3) 설정절차

「근로자 퇴직급여 보장법」(약칭: 퇴직급여법)

제4조【퇴직급여제도의 설정】 ③ 사용자가 퇴직급여제도를 설정하거나 설정된 퇴직급여제도를 다른 종류의 퇴직급여제도로 변경하려는 경우에는 근로자의 과반수가 가입한 노동조합이 있는 경우에는 그 노동조합, 근로자의 과반수가 가입한 노동조합이 없는 경우에는 근로자 과반수(이하 "근로자 대표"라 한다)의 동의를 받아야 한다.

제5조【새로 성립된 사업의 퇴직급여제도】 법률 제10967호 근로자퇴직급여 보장법 전부개정법률 시행일 이후 새로 성립(합병 · 분할된 경우는 제외한다)된 사업의 사용자는 근로자 대표의 의견을 들어 사업의 성립 후 1년 이내에 확정급여형 퇴직연금제도나 확정기여형 퇴직연금제도를 설정하여야 한다.

제11조【퇴직급여제도의 미설정에 따른 처리】 제4조 제1항 본문 및 제5조에도 불구하고 사용자가 퇴직급여제도나 제25조 제1항에 따른 개인형 퇴직연금제도를 설정하지 아니한 경우에는 제8조 제1항에 따른 퇴직금제도를 설정한 것으로 본다.

사용자가 퇴직급여제도를 설정하거나 설정된 퇴직급여제도를 다른 종류의 퇴직급여제도로 변경하려면 근로자대표(근로자의 과반수가 가입한 노동조합이 있는 경우에는 그 노동조합, 근로자의 과반수가 가입한 노동조합이 없는 경우에는 근로자 과반수)의 동의를 얻어야 한다.[7] 다만, 사용자는 설정되거나 변경된 퇴직급여제도의 내용을 변경하려면 근로자대표의 의견을 들어야 한다(근로자에게 불리한 변경일 경우에는 근로대표의 동의 필요).

※ 사용자가 퇴직급여제도나 개인형퇴직연금제도를 설정하지 아니한 경우에는 퇴직금제도를 설정한 것으로 봄. 다만, 2012년 7월 26일 이후 새로 성립(합병·분할된 경우는 제외함)된 사업의 사용자는 근로자대표의 의견을 들어 사업의 성립 후 1년 이내에 확정급여형 퇴직연금제도나 확정기여형 퇴직연금제도를 설정하여야 함(위반시 벌칙 없음).

- *「근로자퇴직급여 보장법」제4조 제3항의 규정에 의하여 사용자가 퇴직급여제도의 종류를 선택 또는 변경 시 당해 사업에 근로자 과반수로 조직된 노동조합이 없는 경우 근로자의 과반수의 동의를 얻어야 하는데, 이때 동의를 얻는 방식은 사용자 측의 개입이나 간섭이 배제된 상태에서 집단적 회의방식에 의한 의사결정방식 이어야 하며, 근로자의 찬반의사 표시에 관한 동의방식은 무기명도 가능할 것임(고용노동부 2006.1.16., 퇴직급여보장팀-147).*

제 근무기간으로 산정하여야 할 기간은 징집에 의하여 입영한 육군 현역병의 복무기간의 범위에서 대통령령으로 정한다.

7) 퇴직급여제도의 변경에는 '종류의 변경(근로자대표의 동의 필요)' 및 '내용의 변경(근로자대표의 의견청취 필요. 다만, 불리한 내용의 변경은 근로자대표의 동의 필요)'이 있다. 퇴직급여제도의 종류의 변경에는 종전 제도를 폐지 후 새로운 제도로 설정하거나 종전 제도를 유지하면서 새로운 제도를 설정하는 방법이 있고, 퇴직급여제도 내용의 변경은 퇴직금 수준이나 퇴직연금규약의 내용 변경 등이 있다.

- 확정기여형 퇴직연금제도를 도입하면서 동 제도의 가입대상을 신규 근로자로 한정하고자 한다면, 기존 근로자에 대한 퇴직급여제도는 변경되지 아니하므로 근로자 대표의 동의없이 도입이 가능할 것으로 보이며 단, 제도 시행일 이전 기존 근로자에 대해서도 추가로 퇴직연금제도를 적용하고자 할 경우에는 기존 근로자 대표의 동의를 얻어야 할 것임(고용노동부 2007.3.8., 퇴직급여보장팀-971).
- 근로자 과반수 대표의 동의를 받아서 퇴직금제, DB 및 DC 등 세가지 퇴직급여제도를 모두 설정한 후 근로자가 이 중 하나를 선택하도록 하는 것은 가능할 것으로 판단됨. 또한, 퇴직급여제도중 DB를 설정하고자 하는 사용자는 DB규약을, DC를 설정하고자 하는 사용자는 DC규약을 각각 작성하여 지방노동관서에 신고하여야 함(고용노동부, 2005.11.24., 퇴직급여보장팀-828).
- 하나의 사업장에서 퇴직금 및 퇴직연금제도를 모두 도입할 수 있고, 도입된 제도 내에서 근로자의 선택에 따라 당해 근로자의 퇴직급여제도가 결정되며, 근로자의 자유의사에 따라 타 퇴직급여제도로 변경이 가능하고, 제도 간 변경절차 및 횟수 등은 노사가 합의하여 도입된 퇴직연금규약에 정하는 것이 타당하다고 사료됨(고용노동부 2006.10.2., 퇴직급여보장팀-3723).
- DB형에서 DC형으로 변경함에 따라 DB형 제도에 가입된 근로자가 없고 DB형 제도에 적립된 적립금이 이전되어 적립금이 없어 사실상 DB형 제도 운영이 중단된 것으로 볼 수 있는 경우에도, 근퇴법 제4조 제1항에 따라 복수의 퇴직급여제도 설정이 가능하다는 점, 근퇴법에서 퇴직급여제도 변경 시 종전의 제도를 폐지하도록 의무화하고 있지 않는 점, 당해 사업장은 향후 새로이 입사한 근로자가 DB형 제도에 가입하고자 하는 경우에 대비하여 DB형 제도를 유지하고자 하는 점 등을 고려하면 DB형 제도의 폐지 여부는 사업장이 자율적으로 결정할 수 있음(고용노동부 2012.9.17., 근로복지과-3209).
- 근로자 대표의 동의를 얻어 확정기여형(DC형) 퇴직연금제도에서 확정급여형(DB형) 퇴직연금제도로 변경이 가능하나, DB형 제도로 전환하는 시기는 확정기여형 퇴직연금제도의 성격상 제도전환 이후의 근무기간에 대해서만 전환 할 수 있음(고용노동부, 2017.8.29., 퇴직연금복지과-3596).

4) 차등설정 금지

「근로자 퇴직급여 보장법」(약칭: 퇴직급여법)

제4조【퇴직급여제도의 설정】 ② 제1항에 따라 퇴직급여제도를 설정하는 경우에 하나의 사업에서 급여 및 부담금 산정방법의 적용 등에 관하여 차등을 두어서는 아니 된다.

퇴직급여제도를 설정하는 경우에는 하나의 사업에서 직종·직위·직급 등에 따라 합리적인 이유없이 퇴직급여의 지급기준이나 지급률 등에 차등을 둘 수 없다. 다만, 하나의 사업에 서로 다른 유형의 퇴직급여제도를 설정하거나, 근로자 대표의 동의를 얻어 근로자 집단별로 다른 퇴직급여제도를 설정하는 것은 차등에 해당하지 않는다.

※ 차등설정 금지는 근로자 간에 적용되며, 근기법상 근로자가 아닌 임원과 근로자 간에는 적용되지 않음.

- 퇴직급여제도의 차등설정이라 함은 하나의 사업 내에서 직종, 직위, 업종 등에 따라 서로 다른 퇴직금 제도를 두거나, 근로자의 입사일자에 따라 지급률에 차등을 두는 것을 의미함(대법원 2002.6.28. 선고 2001다778970 판결 참고). 기업의 합병으로 인한 근로조건의 승계는 합병의 효력이 과거에까지 소급되는 것은 아니므로 합병 당시 경과적 조치로 퇴직금 계산방법에 대해 특별히 정한 바가 없다면 합병 전 퇴직금제도를 적용하여 합병 이전 B사 근로자와 A사 근로자 간 퇴직금 지급률에 차이가 발생하더라도 퇴직급여의 차등설정으로 볼 수는 없다고 사료됨(고용노동부, 2017.5.31., 퇴직연금복지과-2392).
- 전체의 기간에 대하여 부담금 수준이 「근로자퇴직급여 보장법」에서 정하고 있는 최소 수준 이상이며, 해당 퇴직연금제도의 가입자 전체에 대하여 동일한 기준으로 부담금이 산정되는 경우라면, 근속기간에 따라 부담금 수준이 달리 적용된다 하더라도 퇴직급여제도 차등설정에 해당하지 않는 것으로 사료됨(고용노동부, 2020.2.17., 퇴직연금복지과-689).
- 퇴직급여제도의 차등금지원칙은 동일한 근로자에게 하나의 사업 내에서 직종, 직위, 직급 등에 따라 합리적 이유 없이 퇴직급여의 지급기준이나 지급률을 달리하여 정하는 것을 금지하는 것으로서, 일정한 연령, 근속연수에 도달하면 해당 사업(장)의 모든 근로자에게 임금피크제를 적용하고, 이에 따라 퇴직급여가 감소하는 근로자에게 확정기여형 퇴직연금제도를 적용하는 것은 차등금지를 위반한 것으로 볼 수 없을 것으로 사료됨(고용노동부, 2016.12.20., 퇴직연금복지과-4868).

4. 퇴직급여의 감소 예방

「근로자 퇴직급여 보장법」(약칭: 퇴직급여법)

제32조【사용자의 책무】 ⑤ 확정급여형 퇴직연금제도 또는 퇴직금제도를 설정한 사용자는 다음 각 호의 어느 하나에 해당하는 사유가 있는 경우 근로자에게 퇴직급여가 감소할 수 있음을 미리 알리고 근로자 대표와의 협의를 통하여 확정기여형 퇴직연금제도나 중소기업 퇴직연금기금제도로의 변경, 퇴직급여 산정기준의 개선 등 근로자의 퇴직급여 감소를 예방하기 위하여 필요한 조치를 하여야 한다.

1. 사용자가 단체협약 및 취업규칙 등을 통하여 일정한 연령, 근속시점 또는 임금액을 기준으로 근로자의 임금을 조정하고 근로자의 정년을 연장하거나 보장하는 제도를 시행하려는 경우
2. 사용자가 근로자와 합의하여 소정근로시간을 1일 1시간 이상 또는 1주 5시간 이상 단축함으로써 단축된 소정근로시간에 따라 근로자가 3개월 이상 계속 근로하기로 한 경우
3. 법률 제15513호 근로기준법 일부개정법률 시행에 따라 근로시간이 단축되어 근로자의 임금이 감소하는 경우
4. 그 밖에 임금이 감소되는 경우로서 고용노동부령으로 정하는 경우

퇴직금제도 또는 DB제도의 경우 퇴직 당시의 평균임금을 기준으로 퇴직급여의 수령액이 결정되므로 소정근로시간 단축 등으로 임금이 감소되는 경우 근로자의 퇴직급여에 영향을 미칠 수 있다. 따라서 퇴직금제도 또는 DB제도를 설정한 사용자는 특정한 사유가 있는 경우 근로자에게 퇴직급여가 감소할 수 있음을 미리 알리고 근로자 대표와의 협의를 통해 퇴직급여 산정기준의 개선 등 퇴직급여 감소를 예방할 수 있는 조치를 하여야 한다.

※ DC제도, 중소기업 퇴직연금기금제도에서는 평균임금의 감소에 따라 퇴직급여 수령액에 불이익이 발생하지는 않으므로 퇴직급여 감소 예방조치를 이행할 필요가 없음.

- 「근로자퇴직급여 보장법」 제32조 제4항(현행 제5항) 제3호에 따라 법률 제15513호 근기법 일부개정법률 시행에 따라 근로시간이 단축되어 근로자의 임금이 감소되는 경우의 구체적 판단기준은, 근로시간 단축입법 시행일 전 3개월 동안 법률 제15513호 근기법 일부개정법률에 따른 근로시간 한도를 초과하여 근로하였던 주가 있었고, 근로시간 단축입법 시행 이후의 임금이 근로시간 단축 전 3개월 동안의 임금에 비해 감소(근로시간 단축으로 인한 감소를 말함)되는 경우를 말함(고용노동부 2018.8.13., 퇴직연금복지과-3247).
- 사용자는 근로시간 단축으로 인하여 임금이 감소하고 그 결과 퇴직급여가 감소될 수 있는 경우에 위의 고지의무를 이행하여야 하며, 근로시간이 단축되었으나 사용자의 임금보전 등으로 퇴직급여가 감소되지 않는 근로자는 고지대상에 해당하지 않을 것으로 판단됨. 위와 같은 경우 사용자의 고지의무는 퇴직급여가 감소 할 수 있는 개별 근로자에 대하여 각각 발생하므로, 개인에게 우편, 전자메일, 서면 등의 방법으로 개별 통지를 하여야 하고 근로자 대표를 통한 통지나 사내 게시판을 통한 공지 등으로 개별 통지를 갈음하는 것은 적절하지 않은 것으로 판단됨. 고지의 내용에는 「근로자퇴직급여 보장법」 제32조제4항 각 호의 사유 발생 사실 및 퇴직급여 감소의 가능성이 포함되어야 하고, 더불어 의무사항인 근로자 대표와의 협의 및 퇴직급여 감소의 예방조치 등의 후속조치 계획이 함께 고지되는 것이 바람직 할 것으로 사료됨(고용노동부 2018.7.25., 퇴직연금복지과-2994).
- 근로시간 단축입법 시행일 이전에 근로시간이 주52시간 이내인 사업장에서 연장근로시간을 단축하여 실 근로시간이 단축된 경우 연장근로시간 감소에 따른 임금 보전 여부와 관계없이 퇴직급여 감소를 예방하기 위한 사용자 책무를 이행하여야 하는 것은 아님(고용노동부 2018.11.26., 퇴직연금복지과-4698).

5. 퇴직급여의 우선변제

「근로자 퇴직급여 보장법」(약칭: 퇴직급여법)

제12조 【퇴직급여 등의 우선변제】 ① 사용자에게 지급의무가 있는 퇴직금, 제15조에 따른 확정급여형 퇴직연금제도의 급여, 제20조 제3항에 따른 확정기여형 퇴직연금제도의 부담금 중 미납입 부

담금 및 미납입 부담금에 대한 지연이자, 제25조 제2항 제4호에 따른 개인형 퇴직연금제도의 부담금 중 미납입 부담금 및 미납입 부담금에 대한 지연이자(이하 "퇴직급여 등"이라 한다)는 사용자의 총재산에 대하여 질권 또는 저당권에 의하여 담보된 채권을 제외하고는 조세 · 공과금 및 다른 채권에 우선하여 변제되어야 한다. 다만, 질권 또는 저당권에 우선하는 조세 · 공과금에 대하여는 그러하지 아니하다.
② 제1항에도 불구하고 최종 3년간의 퇴직급여등은 사용자의 총재산에 대하여 질권 또는 저당권에 의하여 담보된 채권, 조세 · 공과금 및 다른 채권에 우선하여 변제되어야 한다.

사용자에게 지급의무가 있는 퇴직금, 확정급여형 퇴직연금제도의 급여, 확정기여형 퇴직연금제도의 부담금 중 미납입 부담금 및 미납입 부담금에 대한 지연이자, 개인형 퇴직연금제도의 부담금 중 미납입 부담금 및 미납입 부담금에 대한 지연이자(이하 '퇴직급여 등'이라 함)는 사용자의 총재산에 대하여 질권 또는 저당권에 의하여 담보된 채권을 제외하고는 조세·공과금 및 다른 채권에 우선하여 변제되어야 한다. 다만, 질권 또는 저당권에 우선하는 조세·공과금에 대하여는 그러하지 않다. 우선변제에도 불구하고 최종 3년간의 퇴직급여등은 사용자의 총재산에 대하여 질권 또는 저당권에 의하여 담보된 채권, 조세·공과금 및 다른 채권에 우선하여 변제되어야 한다.

〈퇴직급여 등의 변제 순위〉

① 최종 3년간의 퇴직급여 등 → **최우선변제**
② 질권·저당권 또는 「동산 · 채권 등의 담보에 관한 법률」에 따른 담보권에 우선하는 조세·공과금
③ 질권·저당권 또는 「동산 · 채권 등의 담보에 관한 법률」에 따른 담보권에 의하여 담보된 채권
④ 최종 3년간의 퇴직급여등을 제외한 그 이전의 퇴직급여등 → **우선변제**
⑤ 퇴직급여등 관련 채권외 일반채권

제2절 퇴직금제도

1. 퇴직금제도의 설정

「근로자 퇴직급여 보장법」(약칭: 퇴직급여법)

제4조【퇴직급여제도의 설정】 ① 사용자는 퇴직하는 근로자에게 급여를 지급하기 위하여 퇴직급여제도 중 하나 이상의 제도를 설정하여야 한다. 다만, 계속근로기간이 1년 미만인 근로자, 4주간을 평균하여 1주간의 소정근로시간이 15시간 미만인 근로자에 대하여는 그러하지 아니하다.

제11조【퇴직급여제도의 미설정에 따른 처리】 제4조제1항 본문 및 제5조에도 불구하고 사용자가 퇴직급여제도나 제25조제1항에 따른 개인형 퇴직연금제도를 설정하지 아니한 경우에는 제8조제1항에 따른 퇴직금제도를 설정한 것으로 본다.

퇴직금제도는 사용자가 근로자에게 계속근로를 전제로 하여 일정한 금액을 퇴직 후에 지급하는 제도이고, 하나의 사업에서 퇴직금 산정방법의 적용 등에 관하여 차등을 둘 수 없다. 다만, 계속근로기간이 1년 미만이거나 4주간을 평균하여 1주간의 소정근로시간이 15시간 미만인 근로자는 퇴직금제도가 적용되지 않는다.

퇴직금은 사용자가 일정 기간을 계속 근로하고 퇴직하는 근로자에게 그 계속 근로에 대한 대가로서 지급하는 '후불적 임금의 성질'을 띤 금원이고 구체적인 퇴직금청구권은 계속 근로가 끝나는 퇴직이라는 사실을 요건으로 하여 발생되는 것이므로 중간퇴직이 유효하다고 인정되는 경우에는 위 중간퇴직으로 인한 퇴직금청구권과 그 후 재입사일부터 최종 퇴직 시까지의 근속기간에 대한 퇴직금청구권은 당사자만 동일할 뿐 계속근로의 기간과 퇴직의 시점을 달리하는 것이어서 별개의 퇴직금청구권이라 할 것이고, 따라서 이에 대한 소멸시효는 그 각 청구권별로 진행된다 할 것이며, 나아가서 이들 청구권의 실행을 위한 소송상의 청구도 독립된 별개의 청구라고 보아야 할 것임(대법원 2005.10.13. 선고 2004다13755 판결).

2. 퇴직금의 산정

「근로자 퇴직급여 보장법」(약칭: 퇴직급여법)

제8조【퇴직금제도의 설정 등】 ① 퇴직금제도를 설정하려는 사용자는 계속근로기간 1년에 대하여 30일분 이상의 평균임금을 퇴직금으로 퇴직근로자에게 지급할 수 있는 제도를 설정하여야 한다.

퇴직금은 계속근로기간 1년에 대하여 30일분 이상의 평균임금으로 한다. 다만, 평균임금이 해당 근로자의 통상임금보다 적으면 그 통상임금액을 평균임금으로 간주한다(근기법 제2조 제2항). 계속근로기간이 1년 이상이라면 1년 미만 단수인 몇 월 며칠에 대하여도 퇴직금을 비례하여 산정해서 지급해야 한다.

퇴직금 = 평균임금 × 30일(이상) × 총재직일수 ÷ 365일

※ 평균임금 = 퇴직일 이전 3개월간의 임금총액 ÷ 3개월의 총일수

법정퇴직금제도는 사용자가 퇴직하는 근로자에게 지급해야 할 퇴직금의 하한선을 규정한 것이므로, 노사합의로 정한 피고공사의 퇴직금 규정 등에서 식대보조비를 퇴직금 산정의 기초임금에서 제외하고 있다고 하더라도, 그 퇴직금 규정 등에 따라 산정한 퇴직금액이 누진적인 지급률을 택한 결과 법이 보장하는 하한선을 상회한 경우에는 위 퇴직금 규정 등을 법에 저촉되는 위법한 규정이라고 볼 수 없음(대법원 2003.4.11. 선고 2001다9380 판결).

〈퇴직금 산정 사례〉

◆ 사실관계

- A는 ㈜한국에서 2022.01.01~2024.12.31.까지 재직하고 2025.01.01.자로 퇴사하였음(재직기간 중 계속근로기간이 단절될 사유는 발생하지 않음)
- 2024년 임금은 월급(고정급) 400만원임
- 연도별 재직일수는 계산의 편의상 매년 365일로 가정 함
- 평균임금 및 퇴직금액 계산에서 소숫점 이하는 올림하여 자연수로 계산
- 평균임금과 통상임금은 비교하지 말고 평균임금만으로 퇴직금 계산

◆ 퇴직금 산정

① 평균임금: 근기법 제2조 제1항 제6호는 평균임금을 '이를 산정하여야 할 사유가 발생한 날 이전 3개월 동안에 그 근로자에게 지급된 임금의 총액을 그 기간의 총일수로 나눈 금액을 말한다'고 규정하고 있음. 따라서 2025.01.01.부로 퇴직하여 평균임금을 산정하여야 할 사유가 발생하여 2024년 10월, 11월, 12월의 3개월 동안의 임금총액 1,200만원(400만원×3개월)을 3개월의 총일수 92일(10월: 31일, 11월: 30일, 12월: 31일)로 나누면 평균임금이 계산됨. 즉 1,200만원÷92일=130,435원(130,434.78원에서 올림)

② 퇴직금: 130,435원(평균임금)×30일×1,095일(총재직일수: 365일×3년)÷365일 = 11,739,150원

3. 퇴직금의 지급

「근로자 퇴직급여 보장법」(약칭: 퇴직급여법)

제9조【퇴직금의 지급 등】 ① 사용자는 근로자가 퇴직한 경우에는 그 지급사유가 발생한 날부터 14일 이내에 퇴직금을 지급하여야 한다. 다만, 특별한 사정이 있는 경우에는 당사자 간의 합의에 따라 지급기일을 연장할 수 있다.

② 제1항에 따른 퇴직금은 근로자가 지정한 개인형 퇴직연금제도의 계정 또는 제23조의8에 따른 계정(이하 "개인형 퇴직연금제도의 계정 등"이라 한다)으로 이전하는 방법으로 지급하여야 한다. 다만, 근로자가 55세 이후에 퇴직하여 급여를 받는 경우 등 대통령령으로 정하는 사유가 있는 경우에는 그러하지 아니하다.
③ 근로자가 제2항에 따라 개인형 퇴직연금제도의 계정 등을 지정하지 아니한 경우에는 근로자 명의의 개인형 퇴직연금제도의 계정으로 이전한다.

1) 지급 기한 및 방법

사용자는 근로자가 퇴직한 경우에 그 지급사유가 발생한 날부터 14일 이내에 퇴직금을 지급하여야 하고, 특별한 사정이 있을 때에는 당사자 간의 합의에 따라 지급기일을 연장할 수 있다. 사용자는 근로자에게 퇴직금 수령을 위한 개인형 퇴직연금(IRP) 계좌를 개설하도록 안내하고, 기한 내에 퇴직금을 세전 금액으로 IRP 계좌로 지급하여야 한다. 다만, 근로자가 55세 이후 퇴직한 경우, 퇴직급여액이 300만원 이하인 경우, 사망으로 인한 당연퇴직 및 외국인 근로자가 국외로 출국한 경우, 다른 법령에서 퇴직급의 전부 또는 일부를 공제하도록 한 경우, 퇴직금 중간정산을 한 경우에는 IRP 계좌로 지급하지 않을 수 있다(퇴직급여법 시행령 제3조의2).

※ 퇴직금 전액을 IRP 계정으로 이전하는 경우 퇴직소득을 원천징수하지 않고, 퇴직소득세는 연금(또는 일시금)을 수령하는 시점으로 이연됨.

- *근로자의 귀책사유에 의해 사용자에게 손해를 보게 한 책임과 사용자의 퇴직금지급의무는 다르므로, 징계해고 등 어떠한 경우라도 그 지급을 제한하여 손해배상액을 빼고 지급할 수 없음(대법원 1975.7.22. 선고 74다1840 판결).*
- *근로자가 받을 퇴직금은 임금의 성질을 가지는 것으로서 사용자는 그 수령권자에게 직접 전액을 지급해야 하는 것이므로, 사용자가 자기 책임으로 근무하다가 사망한 근로자의 퇴직금에 대하여 사용자에 대한 대출금 채권으로 상계하여 충당할 수 없음(대법원 1990.5.8. 선고 89다카26413 판결).*

2) 지연이자

근기법 제37조에 따라 사용자는 근로자가 퇴직한 날부터 14일 이내에 퇴직금의 전부 또는 일부를 지급하지 아니하는 경우 그 다음 날부터 지급하는 날까지의 지연일수에 대하여 연 20%의 지연이자를 지급하여야 한다. 다만, 특정한 사유(근기법 시행령 제18조)가 있는 경우에는 지연이자가 적용되지 않는다.

4. 퇴직금의 보호

「민사집행법」

제246조【압류금지채권】 ① 다음 각호의 채권은 압류하지 못한다.
5. 퇴직금 그 밖에 이와 비슷한 성질을 가진 급여채권의 2분의 1에 해당하는 금액

1) 압류금지

퇴직금의 2분의 1에 해당하는 금액은 압류가 금지되며, 이는 근로자의 퇴직금 수급권을 보호하여 퇴직 후 생활을 보장하기 위한 것이다.

"압류금지채권의 목적물이 채무자의 예금계좌에 입금된 경우에는 그 예금채권에 대하여 더 이상 압류금지의 효력이 미치지 아니하므로, 그 예금은 압류금지채권에 해당하지 아니한다(대법원 1999.10.6.자 99마4857 결정)"는 판례의 태도에 비추어보면 개인 퇴직계좌를 설정하여 퇴직금 또는 퇴직연금일시금을 동 계좌에 적립한 경우 동 금액은 이미 사용자로부터 근로자에게 지급이 완료되어 근로자에게 전속하는바 "퇴직금 그 밖에 이와 비슷한 성질을 가진 급여채권"에 해당되지 아니함. 개인퇴직계좌는 정부가 주는 세제혜택을 받을 수 있는 노후용 개인통장으로서, 근로자는 퇴직 또는 직장을 옮길 때 받은 퇴직금을 세제혜택을 받으면서 자기 명의 계좌에 적립했다가 연금 등 노후자금으로 활용할 수 있고 가입 여부는 근로자의 자유임. 특히 사용자로부터 이미 지급이 완료된 퇴직금을 적립한 것에 불과하며, 민사집행법상 사용자로부터 지급될 급여'채권'이 아니라 이미 지급된 금전으로서 사용자를 채무자로 하는 채권이 아님. 즉 사용자로부터 근로의 대가로서 지급되는 후불임금의 성격을 가지는 퇴직금과는 그 성질이 다를 뿐만 아니라 그와 유사한 성질을 가진 급여채권이라고도 볼 수 없음. 다만, 압류가 가능하다고 보더라도 채무자로서는 민사집행법 제246조 제2항에 따라 자신의 생활형편 그 밖의 사정을 이유로 압류명령의 전부 또는 일부의 변경을 구할 수 있으므로 이에 의해 보호받을 수 있음(법무부 2005.12.23., 법무심의관실-7076).

2) 소멸시효

「근로자 퇴직급여 보장법」(약칭: 퇴직급여법)

제10조【퇴직금의 시효】 이 법에 따른 퇴직금을 받을 권리는 3년간 행사하지 아니하면 시효로 인하여 소멸한다.

퇴직금을 받을 권리는 3년간 행사하지 아니하면 시효로 소멸된다. 퇴직금의 소멸시효는 근로자의 사망, 퇴직, 해고 등 근로관계가 종료된 시점부터 기산한다.

※ 소멸시효와 관련하여 일반채권은 10년(민법 제162조 제1항), 상행위로 인한 상사채권은 5년(상법 제64조), 이자·부양료·임금·퇴직금 등 단기소멸시효 채권은 3년(민법 제163조), 숙박료·음식료 등 단기소멸시효 채권은 1년(민법 제164조)임.

임금 및 퇴직금채권에 대한 단기소멸시효의 설정은 기업거래의 안전과 법적 안정성을 도모하기 위한 것으로서 그 입법목적의 정당성이 인정되며, 소멸시효기간을 3년으로 제한한 것은, 민법상 일반채권에 대한 소멸시효기간인 10년보다는 짧으나 민법상 급료채권 기타 1년 이내의 기간으로 정한 금전 또는 물건의 지급을 목적으로 하는 채권의 소멸시효기간 3년과 동일하고, 노역인·연예인의 임금 및 그에 공급한 물건의 대금채권의 소멸시효기간 1년보다 긴 점, 임금 내지 퇴직금채권에 대한 단기소멸시효기간이 1974. 12. 24. 개정으로 2년에서 3년으로 늘어난 점, 근로자명부 기타 근로계약에 관한 중요한 서류의 보존기간을 3년으로 규정하고 있는 점, 민법 제165조가 단기소멸시효에 걸리는 채권이라도 확정판결을 받은 경우에는 10년으로 시효소멸되도록 규정하고 있어 필요한 경우 근로자가 소를 제기함으로써 그 소멸시효기간을 연장할 수 있는 점 등을 종합하면 특별히 짧다거나 불합리하다고 할 수 없으며, 따라서 입법재량의 범위를 현저히 일탈하였다거나 다른 일반채권들에 비하여 근로자에 대해서만 특별히 차별대우를 하고 있다고 볼 수 없음(헌법재판소 1998.6.25.. 선고 96헌바27 결정).

5. 퇴직금의 중간 정산

「근로자 퇴직급여 보장법」(약칭: 퇴직급여법)

제8조【퇴직금제도의 설정 등】 ② 제1항에도 불구하고 사용자는 주택구입 등 대통령령으로 정하는 사유로 근로자가 요구하는 경우에는 근로자가 퇴직하기 전에 해당 근로자의 계속근로기간에 대한 퇴직금을 미리 정산하여 지급할 수 있다. 이 경우 미리 정산하여 지급한 후의 퇴직금 산정을 위한 계속근로기간은 정산시점부터 새로 계산한다.

1) 의 미

사용자는 주택구입 등 일정한 법정사유로 근로자가 요구하는 경우에는 근로자가 퇴직하기 전에 해당 근로자의 계속근로기간에 대한 퇴직금을 미리 정산하여 지급할 수 있는데, 이를 퇴직금 중간정산이라고 한다. 퇴직금을 중간정산하여 지급한 경우에는 퇴직금 산정을 위한 계속근로기간은 정산시점부터 새로 계산한다.

※ 퇴직금 중간정산을 한 경우 근로자가 퇴직한 후 5년이 되는 날까지 관련 증명 서류를 보존하여야 함(퇴직급여법 시행령 제3조 제2항).

근로자퇴직급여 보장법 제4조 제1항 단서의 "근로기간이 1년 미만"이란 계속 근로기간이 전체적으로 1년 미만인 경우를 말하는 것이므로 계속근로기간이 몇 년 며칠인 경우에 있어서는 1년 미만 단수인 몇 월, 며칠에 대하여도 퇴직금을 비례하여 산정 지급해야 함(고용노동부 예규 제602호, "근로자퇴직급여 보장법 제4조 제1항 단서 해석기준"). 따라서 퇴직금 중간정산 이후 퇴직금 산정을 위한 계속근로년수가 1년 미만인 경우에도 전체 계속근로년수는 1년 이상이므로 중간정산 이후의 1년 미만이 되는 몇 월, 며칠에 대해서 1년간의 퇴직금에 비례하여 퇴직금을 지급해야 함(고용노동부 2012.9.12., 근로복지과-3162).

2) 중간 정산 사유

근로자가 특정한 사유(퇴직급여법 시행령 제3조 제1항)로 퇴직금 중간정산을 요청하면 근로자가 실제로 퇴직하기 전이라도 사용자는 퇴직금을 미리 정산하여 지급할 수 있다. 다만, 근로자가 특정한 사유로 퇴직금 중간정산을 요청하더라도 사용자는 이에 응할 법률적 의무는 없고 사용자의 재량에 따라 결정할 수 있다.

〈퇴직금 중간정산 사유〉

① 무주택자인 근로자가 본인 명의로 주택을 구입하는 경우
② 무주택자인 근로자가 주거를 목적으로 「민법」 제303조에 따른 전세금 또는 「주택임대차보호법」 제3조의2에 따른 보증금을 부담하는 경우(이 경우 근로자가 하나의 사업에 근로하는 동안 1회로 한정)
③ 근로자가 6개월 이상 요양을 필요로 하는 다음의 어느 하나에 해당하는 사람의 질병이나 부상에 대한 의료비를 해당 근로자가 본인 연간 임금총액의 1천분의 125를 초과하여 부담하는 경우
가. 근로자 본인
나. 근로자의 배우자
다. 근로자 또는 그 배우자의 부양가족
④ 퇴직금 중간정산을 신청하는 날부터 거꾸로 계산하여 5년 이내에 근로자가 「채무자 회생 및 파산에 관한 법률」에 따라 파산선고를 받은 경우
⑤ 퇴직금 중간정산을 신청하는 날부터 거꾸로 계산하여 5년 이내에 근로자가 「채무자 회생 및 파산에 관한 법률」에 따라 개인회생절차 개시 결정을 받은 경우
⑥ 재난으로 피해를 입은 경우로서 고용노동부 장관이 정하여 고시[8]하는 사유에 해당하는 경우
⑦ 사용자가 기존의 정년을 연장하거나 보장하는 조건으로 단체협약 및 취업규칙 등을 통하여 일정 나이, 근속시점 또는 임금액을 기준으로 임금을 줄이는 제도를 시행하는 경우
⑧ 사용자가 근로자와의 합의에 따라 소정근로시간을 1일 1시간 또는 1주 5시간 이상 변경하여 그 변

8) 고용노동부 고시 제2020-139호, "퇴직연금제도 수급권의 담보제공 및 퇴직금 중간정산의 사유와 요건, 담보 한도 등에 관한 고시", 2020.12.21

경된 소정근로시간에 따라 근로자가 3개월 이상 계속 근로하기로 한 경우
⑨ 근기법 시행에 따른 근로시간의 단축(주 52시간)으로 근로자의 퇴직금이 감소되는 경우

※ ①~⑥ 사유는 DC형 연금제도의 중도인출 사유와 동일.

제3절 퇴직연금제도의 개요

1. 퇴직연금제도의 운영체계

퇴직연금제도는 퇴직연금규약 작성(근로자 대표 동의 필요) → 규약신고(지방노동관서) → 사용자와 퇴직연금사업자 간에 계약체결 → 연금자산 운용 및 급여지급 순서로 운영된다.

〈퇴직연금제도의 운영체계〉[9]

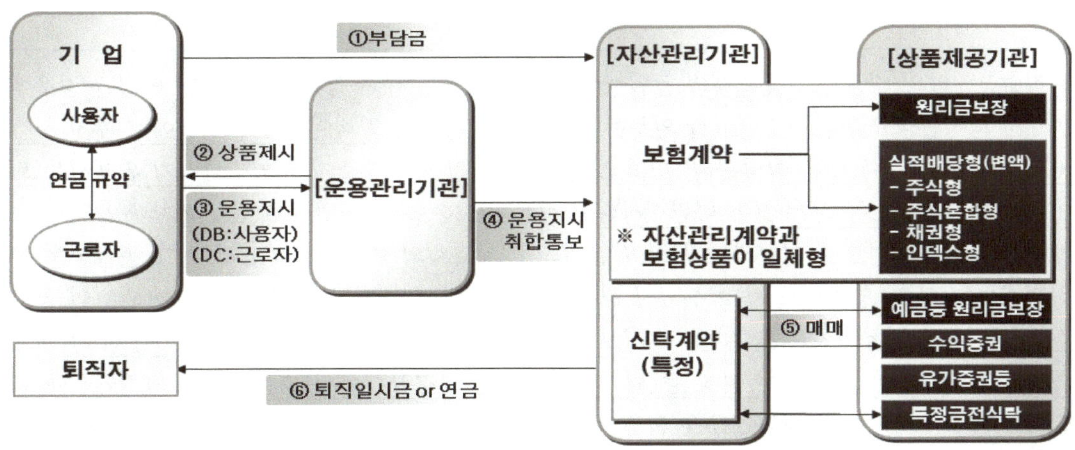

2. 퇴직연금규약

1) 작성 및 신고

9) 고용노동부, 『퇴직급여제도 업무매뉴얼』, 2022.8, 106쪽.

「근로자 퇴직급여 보장법」(약칭: 퇴직급여법)

제13조【확정급여형 퇴직연금제도의 설정】 확정급여형 퇴직연금제도를 설정하려는 사용자는 제4조 제3항 또는 제5조에 따라 근로자 대표의 동의를 얻거나 의견을 들어 다음 각호의 사항을 포함한 확정급여형 퇴직연금규약을 작성하여 고용노동부 장관에게 신고하여야 한다.

제19조【확정기여형 퇴직연금제도의 설정】 ① 확정기여형 퇴직연금제도를 설정하려는 사용자는 제4조 제3항 또는 제5조에 따라 근로자 대표의 동의를 얻거나 의견을 들어 다음 각호의 사항을 포함한 확정기여형 퇴직연금규약을 작성하여 고용노동부 장관에게 신고하여야 한다.

퇴직연금규약은 퇴직연금제도의 운영에 관한 사항으로 해당 사업의 퇴직연금제도 운영에 관한 노사 간의 약정이다. 사용자가 확정급여형 퇴직연금제도 또는 확정기여형 퇴직연금제도를 설정하려면 '퇴직연금규약'을 작성하여 고용노동부 장관에게 신고하여야 한다(위반 시 500만원 이하의 과태료).

※ 퇴직연금규약 최초 작성 시 근로자 대표의 의견청취 또는 동의가 필요하며, 퇴직연금규약을 변경하는 경우에는 근로자 대표의 의견청취만으로 가능. 다만, 불이익한 변경의 경우에는 근로자 대표의 동의가 필요함.

- *퇴직연금규약의 내용과 고용관계의 동일성이 유지되고 단순히 사업자등록번호만 변경된 경우에는 반드시 퇴직연금규약을 변경신고할 의무는 없다고 할 것이나, 퇴직연금제도 도입에서 폐지 시까지 제도운영 전 과정에 대한 이력관리, 향후 노사 당사자 간의 분쟁소지를 최소화하기 위해서는 퇴직연금규약 변경신고를 하는 것이 바람직하다고 사료됨(고용노동부 2014.6.6., 근로복지과-2222).*
- *개인사업자가 법인으로 전환하였다 함이 유기적 일체로서의 인적·물적조직이 그 동일성을 유지하면서 이전하는 '영업양도'가 이루어진 경우를 의미한다면 특별한 사정이 없는 한 퇴직연금에 관한 권리의무도 승계가 가능할 것임. 그러므로, 영업양도가 이루어진 경우 사용자가 근로자 대표의 의견을 들어 지방노동관서에 명칭 등 퇴직연금규약의 변경사항을 신고함으로써 퇴직연금에 관한 권리의무가 승계되어 설정되었음을 인정받을 수 있을 것이며, 퇴직연금사업자와는 운용관리계약 및 자산관리계약의 일부 내용을 변경함으로써 계약의 효력을 승계할 수 있을 것으로 사료됨(고용노동부 2006.7.26., 퇴직급여보장팀-2612).*

2) 기재사항

퇴직연금규약은 개별 사업장의 퇴직연금제도의 설계서에 해당하는 것으로서 퇴직급여법 제13조 및 제19조의 내용을 모두 포함하여야 하며, 그 외의 것 또는 법정수준을 상회하는 수준은 노사가 자유로이 정할 수 있다.

〈퇴직연금규약 필수기재 사항〉

구 분	필수 기재사항
공통사항	- 퇴직연금사업자 선정에 관한 사항 - 가입자에 관한 사항 - 가입기간에 관한 사항 - 급여의 종류 및 수급요건 등에 관한 사항 - 운용관리업무 및 자산관리업무의 수행을 내용으로 하는 계약의 체결 및 해지와 해지에 따른 계약의 이전(移轉)에 관한 사항 - 운용현황의 통지에 관한 사항 - 가입자의 퇴직 등 급여 지급사유 발생과 급여의 지급절차에 관한 사항 - 퇴직연금제도의 폐지·중단 사유 및 절차 등에 관한 사항 - 부담금의 산정(부담) 및 납입에 관한 사항 - 운용관리업무 및 자산관리업무의 수행에 대한 수수료 부담에 관한 사항 - 가입자에 대한 교육의 방법 및 절차 등에 관한 사항
DB제도	- 급여수준에 관한 사항 - 급여 지급능력 확보에 관한 사항 - 부담금 산정 및 납입에 관한 사항 - 복수의 퇴직연금사업자와 운용관리업무에 관한 계약을 체결한 경우 업무의 처리방안에 관한 사항
DC제도	- 부담금 부담 및 납입에 관한 사항 - 적립금의 운용에 관한 사항 - 적립금의 운용방법 및 정보의 제공 등에 관한 사항 - 적립금의 중도인출에 관한 사항

3. 수급권의 보호

「근로자 퇴직급여 보장법」(약칭: 퇴직급여법)

제7조【수급권의 보호】 ① 퇴직연금제도의 급여를 받을 권리는 양도하거나 담보로 제공할 수 없다.
② 제1항에도 불구하고 가입자는 주택구입 등 대통령령으로 정하는 사유와 요건을 갖춘 경우에는 대통령령으로 정하는 한도에서 퇴직연금제도의 급여를 받을 권리를 담보로 제공할 수 있다. 이 경우 제26조에 따라 등록한 퇴직연금사업자는 제공된 급여를 담보로 한 대출이 이루어지도록 협조하여야 한다.

퇴직연금제도의 급여를 받을 권리는 양도하거나 담보로 제공할 수 없다. 따라서 양도가 금지된 퇴직연금 채권에 대한 압류명령은 무효이며 그 전액은 압류가 금지된다. 다만, 퇴직연금제도의 급여를 받을 권리는 일정한 사유와 요건(퇴직급여법 시행령 제2조)이 충족되면 일정한 한도에서 담보로 제공할 수 있다.

- *민사집행법은 제246조 제1항 제4호에서 퇴직연금 그 밖에 이와 비슷한 성질을 가진 급여채권은 그 1/2에 해당하는 금액만 압류하지 못하는 것으로 규정하고 있으나, 이는 위 퇴직급여법상의 양도금지 규정과의 사이에서 일반법과 특별법의 관계에 있으므로, 퇴직급여법상의 퇴직연금채권은 그 전액에 관하여 압류가 금지된다고 보아야 함(대법원 2014.1.23. 선고 2013다71180 판결).*
- *「근로자퇴직급여 보장법」 제7조, 같은법 시행령 제8조 및 같은법 시행규칙 제2조에 따라 일정한 사유와 요건을 갖춘 경우 규정된 한도내에서 퇴직연금의 수급권을 담보로 제공하는 것이 가능함. 또한, 수급권을 담보로 제공할 수 있는 자에 대해서는 관련 법령에서 별도로 정한 바가 없으므로 근로자의 수급권 보장을 약화시킬 우려가 있는 등 특별한 사정이 없는 한 당해 사업장 사용자에게 담보로 제공 하는 것도 가능할 것으로 판단됨(고용노동부, 2007.3.8., 퇴직급여보장팀-970).*
- *확정급여형(DB형)은 퇴직연금사업자가 적립금의 범위에서 지급의무가 있는 급여 전액을 지급하여야 하고, 확정기여형(DC형)은 부담금 미납 시 사용자가 그 미납부담금과 지연이자를 DC형 계정에 납입하도록 정하고 있으므로, 미적립 부담금 및 사용자가 직접 개인형 퇴직연금제도로 지급하는 급여도 퇴직연금제도 가입기간에 발생한 급여로서 퇴직연금제도의 급여를 받을 권리에 해당하여 전액 압류가 금지되는 것이 타당할 것으로 사료됨(고용노동부 2015.9.7., 퇴직연금복지과-2999).*

〈퇴직연금제도 수급권의 담보제공 사유〉

① 무주택자인 가입자가 본인 명의로 주택을 구입하는 경우
② 무주택자인 가입자가 주거를 목적으로 「민법」 제303조에 따른 전세금 또는 「주택임대차보호법」 제3조의2에 따른 보증금을 부담하는 경우(가입자가 하나의 사업장에 근로하는 동안 1회로 한정)
③ 가입자가 6개월 이상 요양을 필요로 하는 다음의 어느 하나에 해당하는 사람의 질병이나 부상에 대한 의료비(「소득세법 시행령」 제118조의5 제1항 및 제2항에 따른 의료비)를 부담하는 경우
  가. 가입자 본인
  나. 가입자의 배우자
  다. 가입자 또는 그 배우자의 부양가족(「소득세법」 제50조 제1항 제3호에 따른 부양가족)
④ 담보를 제공하는 날부터 거꾸로 계산하여 5년 이내에 가입자가 「채무자 회생 및 파산에 관한 법률」에 따라 파산선고를 받은 경우
⑤ 담보를 제공하는 날부터 거꾸로 계산하여 5년 이내에 가입자가 「채무자 회생 및 파산에 관한 법률」에 따라 개인회생절차 개시 결정을 받은 경우
⑥ 다음의 어느 하나에 해당하는 사람의 대학등록금, 혼례비 또는 장례비를 가입자가 부담하는 경우
  가. 가입자 본인
  나. 가입자의 배우자

다. 가입자 또는 그 배우자의 부양가족
⑦ 사업주의 휴업 실시로 근로자의 임금이 감소하거나 재난(「재난 및 안전관리 기본법」 제3조 제1호에 따른 재난[10])으로 피해를 입은 경우로서 고용노동부 장관이 정하여 고시하는 사유와 요건[11]에 해당하는 경우

※ 위 사유 중 ①~⑥까지는 가입자별 적립금액의 100분의 50한도, ⑦은 가입자의 피해정도 등을 고려하여 고용노동부 장관이 정하여 고시하는 한도까지 담보제공이 가능함.

4. 퇴직연금제도의 폐지와 중단

「근로자 퇴직급여 보장법」(약칭: 퇴직급여법)

제38조【퇴직연금제도의 폐지·중단 시의 처리】 ① 퇴직연금제도가 폐지되거나 운영이 중단된 경우에는 폐지된 이후 또는 중단된 기간에 대하여는 제8조 제1항에 따른 퇴직금제도를 적용한다.
② 사용자는 퇴직연금제도가 폐지된 경우 지체없이 적립금으로 급여를 지급하는 데에 필요한 조치로서 미납 부담금의 납입 등 대통령령으로 정하는 조치를 하여야 한다.
③ 사용자와 퇴직연금사업자는 제35조 제2항에 따른 사유 등으로 퇴직연금제도가 중단된 경우에 적립금 운용에 필요한 업무 등 대통령령으로 정하는 기본적인 업무를 유지하여야 한다.
④ 사용자와 퇴직연금사업자는 퇴직연금제도가 폐지되어 가입자에게 급여를 지급하는 경우에 가입자가 지정한 개인형 퇴직연금제도의 계정으로 이전하는 방법으로 지급하여야 한다. 다만, 가입자가 개인형 퇴직연금제도의 계정을 지정하지 아니한 경우에는 제17조 제5항을 준용한다.
⑤ 가입자가 제4항에 따라 급여를 받은 경우에는 제8조 제2항에 따라 중간정산되어 받은 것으로 본다. 이 경우 중간정산 대상기간의 산정 등에 필요한 사항은 대통령령으로 정한다.

1) 폐 지

사용자는 폐업이나 도산 등의 사유로 더 이상 퇴직연금제도를 운영하지 못하는 경우 근로자 대표의 동의를 얻어 관할 지방노동관서에 폐지신고를 함으로써 퇴직연금제도를 폐지할 수 있다. 퇴직연금제도 폐지 이후부터는 퇴직금제도가 적용되고, 지급되는 급여는 근로자가 지정한 IRP제도의 계정으로 이전하는 방법으로 지급하야야 한다(급여를 받은 경우에는 퇴직금이 중간정산되어 받은 것으로 봄).

10) '재난'은 국민의 생명·신체·재산과 국가에 피해를 주거나 줄 수 있는 것으로, 자연재난(태풍, 홍수, 호우, 강풍, 풍랑, 해일, 대설, 한파, 낙뢰, 가뭄, 폭염, 지진, 황사, 화산활동 등) 및 사회재난(화재·붕괴·폭발·교통사고·항공사고·해상사고·화생방사고·환경오염사고·감염병 및 가축전염병의 확산·미세먼지 등)이 있다.
11) 고용노동부 고시, 제2020-139호, "퇴직연금제도 수급권의 담보제공 및 퇴직금 중간정산 사유와 요건, 담보 한도 등에 관한 고시", 2020.12.1.

※ 퇴직연금제도가 폐지된 경우, 사용자는 지체없이 적립금으로 급여를 지급하는 필요한 조치(퇴직급여법 시행령 제38조)를 하여야 함.

2) 중 단

퇴직연금제도 운영의 중단은 일정 기간 잠정적으로 제도가 중단되는 것으로, 퇴직연금규약에 명시된 제도 운영의 중단 사유가 발생하거나 퇴직연금규약 위반에 따른 고용노동부의 시정명령을 사용자가 이행하지 않는 경우에 퇴직연금제도가 중단될 수 있다. 퇴직연금제도 중단 기간에 대하여는 퇴직금제도가 적용되고(중단 사유가 소멸되면 퇴직연금제도가 다시 적용), 사용자의 부담금 납입 및 급여 지급 능력 확보 등의 업무는 이행되지 않는다.

※ 퇴직연금제도가 중단된 경우, 사용자 및 퇴직연금사업자는 근로자에게 중단 사유 및 중단일, 재개 시 일정, 중단기간의 처리방안 등을 공지하고 적립금 운영에 필요한 업무 등 기본적인 업무를 유지해야 함.

제4절 확정급여형 퇴직연금제도

1. DB형의 설정

「근로자 퇴직급여 보장법」(약칭: 퇴직급여법)

제2조【정의】 이 법에서 사용하는 용어의 뜻은 다음과 같다.

8. "확정급여형 퇴직연금제도"란 근로자가 받을 급여의 수준이 사전에 결정되어 있는 퇴직연금제도를 말한다.

제13조【확정급여형 퇴직연금제도의 설정】 확정급여형 퇴직연금제도를 설정하려는 사용자는 제4조 제3항 또는 제5조에 따라 근로자 대표의 동의를 얻거나 의견을 들어 다음 각호의 사항을 포함한 확정급여형 퇴직연금규약을 작성하여 고용노동부 장관에게 신고하여야 한다.

확정급여형 퇴직연금제도(DB, Defined Benefit)는 근로자가 받을 급여의 수준이 사전에 결정되어 있는 제도로, 사용자는 근로자 대표의 동의를 얻거나 의견을 들어 DB형 연금제도를 설정할 수 있다. 이때 사용자는 퇴직연금규약을 작성하고, 사업의 본사 소재지 관할 지방고용노동관서에 신고하여야 한다.

2. DB형의 가입기간 및 급여수준

1) 가입기간

> **「근로자 퇴직급여 보장법」(약칭: 퇴직급여법)**
> **제14조【가입기간】** ① 제13조 제3호에 따른 가입기간은 퇴직연금제도의 설정 이후 해당 사업에서 근로를 제공하는 기간으로 한다.
> ② 해당 퇴직연금제도의 설정 전에 해당 사업에서 제공한 근로기간에 대하여도 가입기간으로 할 수 있다. 이 경우 제8조 제2항에 따라 퇴직금을 미리 정산한 기간은 제외한다.

DB형 연금제도의 가입기간은 제도 설정 이후 해당 사업에서 근로를 제공하는 기간으로 한다. 다만, DB형 연금제도 설정 이전에 해당 사업에서 근로를 제공한 과거 근로기간도 가입기간에 포함할 수 있으며, 이 경우 근로자 대표의 동의를 얻어 퇴직연금규약에 반드시 이를 명시하여야 한다(소급하기로 한 기간에 퇴직금을 중간정산 한 기간이 있을 경우 해당 기간은 가입기간에서 제외함).

※ DB형 연금제도 설정 이전에 입사한 근로자는 설정된 날부터, 제도 설정 이후에 입사한 근로자는 근로를 시작한 날부터 가입기간을 기산함.

ex. 입사일('10.1.1.), 퇴직연금제도 설정('25.1.1.), 중간정산 기간('10.1.1.~'20.12.31)이 있는 경우, 전체 근무기간을 소급하여 가입한 근로자의 제도 설정일 당시 가입기간은 4년임('21.1.1.~'24.12.31.).

> *퇴직연금제도의 설정시점은 퇴직연금규약에 명시된 시행일이라 할 것으로 노사 합의에 따라 퇴직연금제도를 소급 적용하고자 한다면 이를 가입기간에 명시하면 될 것으로 판단됨. 따라서 가입기간은 시행일 이후에 가입자가 제공한 기간으로 하되, 과거 근로기간에 대하여 적용을 하고자 할 경우에는 이를 따로 명시하면 될 것으로 판단됨(고용노동부 2007.1.29., 퇴직급여보장팀-424).*

2) 급여수준

> **「근로자 퇴직급여 보장법」(약칭: 퇴직급여법)**
> **제15조【급여수준】** 제13조 제4호의 급여 수준은 가입자의 퇴직일을 기준으로 산정한 일시금이 계속근로기간 1년에 대하여 30일분의 평균임금에 상당하는 금액 이상이 되도록 하여야 한다.

DB형 연금제도의 급여수준은 퇴직금제도와 동일하게 근로자의 퇴직일을 기준으로 산정한 일시금이 계속근로기간 1년에 대하여 30일분 이상의 평균임금에 상당하는 금액이 되도록 하여야 한다.

퇴직보장법 제12조(현행 제15조)에 따라 DB형의 급여수준은 가입자의 퇴직일을 기준으로 산정한 일시금의 금액이 계속근로기간 1년에 대하여 30일분의 평균임금에 상당하는 금액 이상이어야 함. 따라서 노사 당사자 간 합의를 통해, DB형 퇴직급여수준을 동법에서 정한 최저 수준 이상으로 퇴직연금규약에 정하는 것이 가능함(고용노동부 2010.2.9., 임금복지과-701).

3. DB형의 적립금 운용

1) 운용주체

DB형 연금제도의 적립금 운용주체는 사용자이다. 따라서 사용자는 DB형 연금제도 계정의 적립금을 운용하고, 분산투자 등 안정적 방법과 기준으로 적립금을 운용하여야 한다.

※ 퇴직연금사업자는 사용자에게 적립금 운용방법을 제시하고, 운용방법별 이익 및 손실의 가능성에 관한 정보 등 사용자가 적립금의 운용방법을 선정하는 데 필요한 정보를 제공하여야 함.

2) 적립의무

「근로자 퇴직급여 보장법」(약칭: 퇴직급여법)

제16조【급여 지급능력 확보 등】 ① 확정급여형 퇴직연금제도를 설정한 사용자는 급여 지급능력을 확보하기 위하여 매 사업연도 말 다음 각호에 해당하는 금액 중 더 큰 금액(이하 "기준책임준비금"이라 한다)에 100분의 60 이상으로 대통령령으로 정하는 비율을 곱하여 산출한 금액(이하 "최소 적립금"이라 한다) 이상을 적립금으로 적립하여야 한다. 다만, 제14조 제2항에 따라 해당 퇴직연금제도 설정 이전에 해당 사업에서 근로한 기간을 가입기간에 포함시키는 경우 대통령령으로 정하는 비율에 따른다.

DB형 연금제도를 설정한 사용자는 급여지급 능력을 확보하기 위하여 매 사업연도 말 기준책임준비금[12]에 100% 이상을 곱하여 산출한 금액(최소 적립금) 이상을 적립금으로 적립하여야 한다. 다만, DB형 연금제도 설정 이전에 해당 사업에서 근로한 기간을 가입기간에 포함시키는 경우에는 고용노동부 장관이 고시한 비율[13]에 따른다.

---

12) '기준책임준비금'은 사용자가 DB형 연금제도의 급여지급 능력을 확보하기 위하여 적립하여야 하는 기준이 되는 금액이고, 매 사업연도 말일을 기준으로 산정한 ① 계속기준(예상 퇴직급여액의 현재가치-부담금 수입 예상액의 현재가치) 또는 ② 비계속기준(해당 사업연도 말까지의 퇴직급여 예상액)에 해당하는 금액 중 더 큰 금액을 의미한다.

13) 고용노동부 고시, 제2022-37호, "과거 근로기간에 대한 확정급여형 퇴직연금제도의 최소 적립비율", 2022.4.13.

- 재정검증 시 동법 제14조 제2항에 따라 퇴직연금제도 설정 전에 제공한 과거 근로기간을 DB형 퇴직연금제도의 가입기간으로 포함시키는 경우에는 고용노동부 고시(제2015-31호)에서 정하는 차수별 최소 적립비율을 적용하여야 할 것임. 가입자의 퇴직 등으로 DB형 퇴직연금제도 설정시점의 평균 과거 근로기간이 변경되는 경우에도 근로자의 퇴직급여 수급권이 보호될 수 있도록 가장 최근의 데이터를 반영한 재정검증 당시 가입자 명부를 기준으로 전체 최소 적립비율을 산출하여야 할 것임(고용노동부 2016.4.7., 퇴직연금복지과-1328).
- DB제도에 있어서 적립비율을 노사가 합의하여 퇴직연금규약에 고정적인 적립비율을 정할 경우 그 조항이 유효한지에 대하여 검토한 결과, 부담금이 납부되면 적립비율이 상승하여 근로자의 수급권이 보다 강화 됨에도 기존 적립비율대로 지급하는 것은 근로자 보호차원이나 사용자의 부담차원에서 부적절하며, 또한, 연초에 산출한 퇴직급여추계액은 연도 중 가입자 추가 등으로 변동이 될 수 있는데 이를 반영하지 않고 기존에 평가된 적립비율을 그대로 사용할 경우 장래 퇴직하는 근로자의 수급권을 침해할 소지가 있어 적절하지 않을 것임(고용노동부 2006.9.8., 퇴직급여보장팀-3413).

3) 재정검증

「근로자 퇴직급여 보장법」(약칭: 퇴직급여법)

제16조【급여 지급능력 확보 등】 ② 확정급여형 퇴직연금제도의 운용관리업무를 수행하는 퇴직연금사업자는 매 사업연도 종료 후 6개월 이내에 고용노동부령으로 정하는 바에 따라 산정된 적립금이 최소 적립금을 넘고 있는지 여부를 확인하여 그 결과를 대통령령으로 정하는 바에 따라 사용자에게 알려야 한다. 다만, 최소 적립금보다 적은 경우에는 그 확인 결과를 근로자 대표에게도 알려야 한다.
③ 사용자는 제2항에 따른 확인 결과 적립금이 대통령령으로 정하는 수준에 미치지 못하는 경우에는 대통령령으로 정하는 바에 따라 적립금 부족을 해소하여야 한다.

퇴직연금사업자는 매 사업연도 종료 후 6개월 이내에 재정검증(매 사업연도 종료 후 사용자의 적립금 규모가 최소 적립금 수준을 상회하는지 여부)을 실시하고 그 결과를 사용자에게 서면으로 통지하여야 한다. 재정검증 결과 사용자의 적립금 규모가 최소 적립금보다 적은 경우에는 그 결과를 근로자 대표 또는 전체 근로자에게 알려야 한다.

※ 재정검증은 근로자의 수급권 확보를 위한 중요한 수단이므로, 사용자는 부담금 산정 및 재정검증에 필요한 객관적 자료(단체협약, 취업규칙, 근로계약서, 급여명세서, 가입자명부 등)를 퇴직연금사업자에게 제출하여야 함.

재정검증은 퇴직부채 평가의 일관성, 업무부담 등을 고려하여 연 1회 실시하도록 정하고 있는 취지를 감안할 때, 해당 사업연도에 대한 재정검증의 결과는 다음 사업연도에 대한 재정검증의 결과 통보 시까지는 그 유효성을 인정하여야 할 것임. 다만, 직전연도 재정검증 결과 값이 시행령 제8조의 전액지급 예외 사유에 해당될 경우에는 단순히 재정검증 결과 값에 따라 지급하는 것이 아닌, 법 제16조 제1항 제2호(비계속기준)에 따라 산정된 금액에 대한 적립금 비율로 퇴직급여를 지급하여야 할 것임(고용노동부 2015.5.22., 퇴직연금복지과-1594).

4. DB형의 지급

1) 종류 및 수급요건

「근로자 퇴직급여 보장법」(약칭: 퇴직급여법)

제17조【급여 종류 및 수급요건 등】 ① 확정급여형 퇴직연금제도의 급여 종류는 연금 또는 일시금으로 하되, 수급요건은 다음 각호와 같다.

1. 연금은 55세 이상으로서 가입기간이 10년 이상인 가입자에게 지급할 것. 이 경우 연금의 지급기간은 5년 이상이어야 한다.
2. 일시금은 연금수급 요건을 갖추지 못하거나 일시금 수급을 원하는 가입자에게 지급할 것

DB형 연금제도의 급여는 연금과 일시금이 있으며, 근로자는 두 가지 중에서 선택할 수 있다. 연금으로 수령하려면 DB형 연금제도의 가입기간이 10년 이상이고 근로자의 연령이 55세 이상이어야 한다(연금수령 기간은 5년 이상일 것). 일시금은 연금수급 요건을 갖추지 못하거나 일시금 수급을 원하는 경우에 지급한다.

※ 근로자가 퇴직 시 퇴직급여를 IRP제도의 계정으로 이전한 경우, 가입기간에 상관없이(10년 미만도 가능) 55세 이상이면 연금으로 수령 가능함.

2) 지급기한

「근로자 퇴직급여 보장법」(약칭: 퇴직급여법)

제17조【급여 종류 및 수급요건 등】 ② 사용자는 가입자의 퇴직 등 제1항에 따른 급여를 지급할 사유가 발생한 날부터 14일 이내에 퇴직연금사업자로 하여금 적립금의 범위에서 지급의무가 있는 급여 전액(사업의 도산 등 대통령령으로 정하는 경우에는 제16조 제1항 제2호에 따른 금액에 대한 적립금의 비율에 해당하는 금액)을 지급하도록 하여야 한다. 다만, 퇴직연금제도 적립금으로 투자된 운용자산 매각이

단기간에 이루어지지 아니하는 등 특별한 사정이 있는 경우에는 사용자, 가입자 및 퇴직연금사업자 간의 합의에 따라 지급기일을 연장할 수 있다.
③ 사용자는 제2항에 따라 퇴직연금사업자가 지급한 급여수준이 제15조에 따른 급여수준에 미치지 못할 때에는 급여를 지급할 사유가 발생한 날부터 14일 이내에 그 부족한 금액을 해당 근로자에게 지급하여야 한다. 이 경우 특별한 사정이 있는 경우에는 당사자 간의 합의에 따라 지급기일을 연장할 수 있다.

사용자는 가입자의 퇴직 등 급여를 지급할 사유가 발생한 날부터 14일 이내에 퇴직연금사업자로 하여금 적립금의 범위 내에서 퇴직자에게 지급의무가 있는 급여 전액(퇴직급여법 시행령 제8조에 예외사유 있음)을 지급하도록 하여야 한다. 다만, DB형 연금제도 적립금으로 투자된 운용자산 매각이 단기간에 이루어지지 않는 등 특별한 사정이 있는 경우에는 사용자, 가입자 및 퇴직연금사업자 간의 합의에 따라 지급기일을 연장할 수 있다.

※ 퇴직연금사업자가 지급한 급여수준(일시금 기준)이 계속근로기간 1년에 대하여 30일분의 평균임금에 미치지 못하면, 사용자는 지급사유 발생일로부터 14일 이내에 그 부족한 금액을 직접(근로자가 지정한 IRP제도의 계정) 지급해야 함(특별한 사정이 있으면 당사자 간 합의로 기일연장 가능).

3) 지급방법

「근로자 퇴직급여 보장법」(약칭: 퇴직급여법)

제17조【급여 종류 및 수급요건 등】 ④ 제2항 및 제3항에 따른 급여의 지급은 가입자가 지정한 개인형 퇴직연금제도의 계정으로 이전하는 방법으로 한다. 다만, 가입자가 55세 이후에 퇴직하여 급여를 받는 경우 등 대통령령으로 정하는 사유가 있는 경우에는 그러하지 아니하다.
⑤ 가입자가 제4항에 따라 개인형 퇴직연금제도의 계정을 지정하지 아니하는 경우에는 해당 퇴직연금사업자가 운영하는 계정으로 이전한다. 이 경우 가입자가 해당 퇴직연금사업자에게 개인형퇴직연금제도를 설정한 것으로 본다.

퇴직급여가 연금수급 개시 연령인 55세까지 노후재원으로 보존될 수 있도록 퇴직급여는 근로자가 지정한 IRP제도의 계정으로 이전되어야 한다. 다만, 근로자가 55세 이후에 퇴직하는 경우, 퇴직급여를 담보로 대출받은 금액을 상환하는 경우 및 퇴직급여액이 300만원 이하인 경우[14]에는 예외적으로 가입자에게 직접 지급이 가능하다(퇴직급여법 시행령 제9조).

14) 고용노동부 고시, 제2015-89호, "개인형 퇴직연금제도로의 이전 예외사유 해당 금액 고시", 2015.12.11.

4) 미지급 시 제재

(1) 지연이자 부과

근기법 제37조에 따라 사용자는 근로자가 퇴직한 날부터 14일 이내에 퇴직급여액의 전부 또는 일부를 지급하지 아니한 경우 그 다음 날부터 지급하는 날까지의 지연 일수에 대하여 연 20%의 지연이자를 지급하여야 한다. 다만, 특정한 사유(근기법 시행령 제18조)에 해당하면 지연이자가 적용되지 않는다.

(2) 형사적 제재

사용자는 가입자가 퇴직한 날부터 14일 이내에 퇴직연금사업자로 하여금 급여 전액을 지급하도록 하지 않거나, 퇴직연금사업자가 지급한 급여수준이 가입자가 지급받아야 할 급여수준에 미치지 못한 경우에 그 부족한 금액을 퇴직한 날부터 14일 이내에 해당 근로자에게 지급하지 않으면 3년 이하의 징역 또는 3천만원 이하의 벌금에 처한다. 다만, 반의사불벌죄가 적용되므로 근로자가 사용자의 형사처벌을 원하지 않을 경우에는 형사처벌을 면할 수 있다.

※ 형사적 제재는 근로자가 퇴직한 이후에 퇴직급여를 지급하지 않는 경우 적용되는 것으로, 근로자 재직 중 부담금을 미납한 경우에는 형사적 제재는 적용되지 않음.

제5절 확정기여형 퇴직연금제도

1. DC형의 설정

「근로자 퇴직급여 보장법」(약칭: 퇴직급여법)

제2조【정의】 이 법에서 사용하는 용어의 뜻은 다음과 같다.

9. "확정기여형 퇴직연금제도"란 급여의 지급을 위하여 사용자가 부담하여야 할 부담금의 수준이 사전에 결정되어 있는 퇴직연금제도를 말한다.

제19조【확정기여형 퇴직연금제도의 설정】 ① 확정기여형 퇴직연금제도를 설정하려는 사용자는 제4조 제3항 또는 제5조에 따라 근로자 대표의 동의를 얻거나 의견을 들어 다음 각호의 사항을 포함한 확정기여형 퇴직연금규약을 작성하여 고용노동부 장관에게 신고하여야 한다.

② 제1항에 따라 확정기여형 퇴직연금제도를 설정하는 경우 가입기간에 관하여는 제14조를, 급여의

종류, 수급요건과 급여 지급의 절차 · 방법에 관하여는 제17조 제1항, 제4항 및 제5항을, 운용현황의 통지에 관하여는 제18조를 준용한다. 이 경우 제14조 제1항 중 "제13조 제3호"는 "제19조 제6호"로, 제17조 제1항 중 "확정급여형 퇴직연금제도"는 "확정기여형 퇴직연금제도"로 본다.

확정기여형 퇴직연금제도(DC, Defined Contribution)는 근로자에게 퇴직급여를 지급하기 위하여 사용자가 매년 1회 이상 정기적으로 확정된 부담금을 근로자의 DC형 연금제도 계정에 납입하고, 근로자는 자기 책임하에 적립금을 운용하는 제도이다. DC형 연금제도를 설정하려는 사용자는 근로자 대표의 동의를 얻거나 의견을 들어 퇴직연금규약을 작성하고 본사 소재지 관할 지방고용노동관서에 신고하여야 한다.

※ 제도 운영에 소요되는 운용관리 및 자산관리수수료는 사용자가 부담함. 다만, 가입자가 스스로 부담하는 추가 부담금에 대한 수수료는 근로자가 부담함(노사합의로 퇴직연금규약에 수수료를 사용자가 부담하기로 결정하는 것도 가능).

2. DC형의 가입기간 및 부담금 수준

1) 가입기간

DC형 연금제도의 가입기간은 제도 설정 이후 해당 사업에서 근로를 제공하는 기간으로 한다. 다만, DC형 연금제도 설정 이전에 해당 사업에서 근로를 제공한 과거근로기간도 가입기간에 포함할 수 있으며, 이 경우 근로자 대표의 동의를 얻어 퇴직연금규약에 반드시 이를 명시하여야 한다(소급하기로 한 기간에 퇴직금을 중간정산 한 기간이 있을 경우 해당 기간은 가입기간에서 제외함).

※ 제도 설정 이전에 입사한 근로자는 설정된 날부터, 제도 설정 이후에 입사한 근로자는 근로를 시작한 날부터 가입기간을 기산함.

2) 부담금 수준

「근로자 퇴직급여 보장법」(약칭: 퇴직급여법)

제20조【부담금의 부담수준 및 납입 등】 ① 확정기여형 퇴직연금제도를 설정한 사용자는 가입자의 연간 임금총액의 12분의 1 이상에 해당하는 부담금을 현금으로 가입자의 확정기여형 퇴직연금제도 계정에 납입하여야 한다.

(1) 제도 설정 이후 정기 부담금

사용자는 매년 1회 이상 정기적으로 연간 임금총액의 12분의 1 이상에 해당하는 부담금을 현금으로 가입자의 DC형 연금제도 계정에 납입하여야 한다.

※ '연간 임금총액'은 해당 사업연도 중에 근로자에게 지급된 임금의 총액을 의미하므로, 근로의 대가로서 지급되는 금품은 임금총액에 포함됨. 따라서 재기기간 중 지급받는 연차유급휴가미사용수당, 근로자의 퇴직으로 인하여 비로소 지급사유가 발생한 연차유급휴가미사용수당도 임금에 해당하므로 부담금 산정 시 임금총액에 포함하여야 함(퇴직금, DB형 제도의 평균임금 산정 시에는 포함되지 않음).

> *퇴직연금규약에서 정하고 있는 부담금의 최소 수준(가입자의 연간 임금총액의 1/12) 이상을 납부하면 근로자의 급여지급 의무는 이행한 것으로 간주하므로 법정 퇴직금과의 차액을 지급하지 않아도 됨 (고용노동부 2013.6.17., 근로복지과-2040).*

(2) 과거 근로기간에 대한 부담금

DC형 연금제도의 가입기간에 과거 근로기간을 소급하는 경우, 과거 근로기간에 대한 부담금은 과거 근로기간을 가입기간에 포함시키기로 결정한 시점 이전 1년간의 임금총액을 기준으로 산정하되, 과거 근로기간 1년에 대하여 평균임금 30일분 이상이 되어야 한다.

※ DC제도 설정 이전의 퇴직급여제도가 퇴직금 및 DB형 제도인 경우에만 적용.

〈과거 근로기간에 대한 DC제도 부담금 산정 예시〉[15)]

> 2025.1.1. DC형 연금제도 설정 시 2015.1.1.부터 가입기간을 소급할 경우, 아래 ①, ② 중 큰 금액을 과거 근로기간에 대한 부담금으로 산정함.
> ① 2024년 임금총액의 1/12 × 10년(2015~2024년)
> ② 2025.1.1. 이전 3개월간 평균임금 × 30일 × 10년간 총재직일수 ÷ 365일

(3) 휴직기간 등에 대한 부담금

부담금 산정기간 중 육아휴직기간 등이 포함된 경우 통상의 생활임금을 반영할 수 있도록 해당 기간과 해당 기간 동안의 임금을 제외하여 부담금을 산정한다.[16)] 다만, 월 단위 임금이 아

15) 고용노동부, 『퇴직급여제도 업무매뉴얼』, 2022.8, 167쪽.

16) DC형 연금제도의 부담금 산정 시 해당 기간과 해당 기간 동안의 임금이 제외되는 경우에는 ① 수습사용시간, ② 출산전・후휴가기간, ③ 육아휴직기간, ④ 노조전임기간, ⑤ 업무상 부상 또는 질병으로 요양을 위해 휴업한 기간, ⑥ 쟁의행위기간, ⑦ 부당해고 기간, ⑧ 사용자 귀책사유에 의한 휴업기간, ⑨ 업무 외 부상이나 질병, 그밖에 사유로 사용자의 승인을 얻어 휴업한 기간 등이 있다(고용노동부, 『퇴직급여제도 업무매뉴얼』, 2022.8, 168쪽).

닌 성과금, 휴가비 등 연 1회 지급되는 임금은 12분의 1로 부담금을 산정한다.

〈휴직기간 등에 대한 부담금 산정 방법〉

$$\frac{\text{휴직기간 중 지급된 임금을 제외한 해당 연도의 임금총액}}{\text{12개월} - \text{사용자의 승인을 얻어 휴업한 기간('월'로 환산함)}}$$

※ 업무 외 상병 또는 학업, 기타 개인적 사정으로 인하여 사용자의 승인을 받아 휴업한 약정휴직기간과 해당 기간 중 발생한 임금에 대하여, 부담금 산정기간 및 임금총액에 포함하는 것으로 퇴직연금규약 등에 정하였을 경우에는 그에 따라 부담금을 산정하여 납입.

- *근로자가 업무 외 상병으로 인한 휴직, 개인적 사정으로 인한 휴직, 학업휴직 등 사용자의 승인을 얻어 휴업한 기간 중에는 휴업으로 인하여 연간 임금총액이 낮아지므로 원칙적으로는 해당 기간 중 임금을 제외한 연간 임금총액을 해당 기간을 제외한 기간으로 나눈 금액을 부담금으로 납부하여야 함. 그러나 무단결근 등 근로자 귀책사유로 인한 휴업인 경우, 유 · 무급을 불문하고 연간 지급된 임금총액의 12분의 1의 금액을 부담금으로 납부하면 될 것임. 다만, 사규에 근로자 귀책사유로 인한 휴업의 경우에도 근속기간에 포함하고 무급인 휴업기간에 대해서도 부담금 납입에 관한 규정이 있는 경우에는 사규에 따라 납입하면 될 것으로 사료됨(고용노동부 2017.8.25., 퇴직연금복지과-3557).*
- *부담금 산정기간 중 육아휴직으로 월 급여는 지급되지 않고 연차수당만 지급된 경우에는 월 급여는 육아휴직기간과 해당 임금을 제외하여 계산하되, 부담금 산정기간 전체(1년)가 육아휴직 기간이면 전년도 부담금으로 납입하고, 연 1회로 지급받은 급여(연차수당)는 휴직기간과 관계 없이 12분의 1에 해당하는 금액을 부담금으로 산정하여 이를 합산한 금액을 납입하여야 할 것임(고용노동부 2013.8.28., 근로복지과-2951).*

$$\frac{\text{휴직기간 중 지급된 임금을 제외한 연간 임금총액}}{\text{12월수로 환산한 휴직기간}} + \frac{\text{연 1회 지급된 급여}}{12}$$

3) 근로자의 추가 부담금

「근로자 퇴직급여 보장법」(약칭: 퇴직급여법)

제20조【부담금의 부담수준 및 납입 등】 ② 가입자는 제1항에 따라 사용자가 부담하는 부담금 외에 스스로 부담하는 추가 부담금을 가입자의 확정기여형 퇴직연금 계정에 납입할 수 있다.

근로자는 사용자가 부담하는 부담금 외에 스스로 부담하는 추가 부담금을 본인의 DC형 연금제도 계정에 납입할 수 있다. DC형 연금제도 가입자는 연간 1,800만원 한도로 자기 부담금을 추가로 납입할 수 있으며(소득세법 시행령 제40조의2), 연간 700만원(50세 이상은 900만원)까지 세액공제를 받을 수 있다(소득세법 제59조의3).

3. DC형의 적립금 운용

1) 운용주체

DC형 연금제도의 적립금 운용주체는 근로자이다. 즉 사용자는 근로자의 DC형 연금제도의 계정에 부담금을 정기적으로 납입하고, 가입자는 DC형 연금제도 계정의 적립금을 자기 책임하에 스스로 운용한다.

※ 가입자는 적립금의 운용방법을 스스로 선정할 수 있고, 반기마다 1회 이상 적립금의 운용방법을 변경할 수 있음.

2) 적립금의 중도인출

「근로자 퇴직급여 보장법」(약칭: 퇴직급여법)

제22조【적립금의 중도인출】 확정기여형 퇴직연금제도에 가입한 근로자는 주택구입 등 대통령령으로 정하는 사유가 발생하면 적립금을 중도인출할 수 있다.

DC형 연금제도에 가입한 근로자는 주택구입 등 일정한 사유(퇴직급여법 시행령 제14조)가 발생하면 적립금을 중도인출할 수 있다.

〈DC형 연금제도의 중도인출 사유〉

① 무주택자인 근로자가 본인 명의로 주택을 구입하는 경우
② 무주택자인 근로자가 주거를 목적으로 「민법」 제303조에 따른 전세금 또는 「주택임대차보호법」 제3조의2에 따른 보증금을 부담하는 경우(이 경우 근로자가 하나의 사업에 근로하는 동안 1회로 한정)
③ 근로자가 6개월 이상 요양을 필요로 하는 다음의 어느 하나에 해당하는 사람의 질병이나 부상에 대한 의료비를 해당 근로자가 본인 연간 임금총액의 1천분의 125를 초과하여 부담하는 경우
가. 근로자 본인
나. 근로자의 배우자
다. 근로자 또는 그 배우자의 부양가족
④ 중도인출을 신청하는 날부터 거꾸로 계산하여 5년 이내에 근로자가 「채무자 회생 및 파산에 관한

법률」에 따라 파산선고를 받은 경우
⑤ 중도인출을 신청하는 날부터 거꾸로 계산하여 5년 이내에 근로자가 「채무자 회생 및 파산에 관한 법률」에 따라 개인회생절차 개시 결정을 받은 경우
⑥ 재난으로 피해를 입은 경우로서 고용노동부 장관이 정하여 고시하는 사유에 해당하는 경우[17)]
⑦ 퇴직연금제도의 급여를 받을 권리를 담보로 제공하고 대출을 받은 가입자가 그 대출 원리금을 상환하기 위한 경우

※ ①~⑥ 사유는 퇴직금 중간정산 사유와 동일.

4. DC형의 지급

1) 종류 및 수급요건

DC형 연금제도의 급여는 연금과 일시금이 있으며, 근로자는 두 가지 중에서 하나를 선택할 수 있다. 연금으로 수령하려면 DC형 연금제도의 가입기간이 10년 이상이고 근로자의 연령이 55세 이상이어야 한다(연금수령 기간은 5년 이상).

※ 근로자가 퇴직 시 퇴직급여를 IRP제도의 계정으로 이전한 경우, 가입기간에 상관없이(10년 미만도 가능) 55세 이상이면 연금으로 수령 가능함.

2) 지급기한

사용자는 지급사유가 발생한 날부터 14일 이내에 부담금과 지연이자를 근로자의 DC형 연금제도 계정에 납입하여야 한다. 다만, 특별한 사정이 있는 경우에는 당사자 간의 합의로 납입기일을 연장할 수 있다.

3) 지급방법

DB형 연금제도와 동일하게 DC형 연금제도의 퇴직급여를 근로자가 지정한 IRP제도의 계정으로 이전하여야 한다. 다만, 특정한 사유(DB형 연금제도와 동일)에 따라 예외적으로 근로자에게 직접지급이 가능하다.

17) 고용노동부 고시 제2020-139호, "퇴직연금제도 수급권의 담보제공 및 퇴직금 중간정산의 사유와 요건, 담보 한도 등에 관한 고시", 2020.12.21

4) 미지급 시 제재

(1) 지연이자 부과

「근로자 퇴직급여 보장법」(약칭: 퇴직급여법)

제20조【부담금의 부담수준 및 납입 등】 ③ 사용자는 매년 1회 이상 정기적으로 제1항에 따른 부담금을 가입자의 확정기여형 퇴직연금제도 계정에 납입하여야 한다. 이 경우 사용자가 정하여진 기일(확정기여형 퇴직연금규약에서 납입 기일을 연장할 수 있도록 한 경우에는 그 연장된 기일)까지 부담금을 납입하지 아니한 경우 그 다음 날부터 부담금을 납입한 날까지 지연 일수에 대하여 연 100분의 40 이내의 범위에서 「은행법」에 따른 은행이 적용하는 연체금리, 경제적 여건 등을 고려하여 대통령령으로 정하는 이율에 따른 지연이자를 납입하여야 한다.

「근로자 퇴직급여 보장법 시행령」

제11조【미납 부담금에 대한 지연이자 이율】 법 제20조 제3항 후단에서 "대통령령으로 정하는 이율"이란 다음 각호의 구분에 따른 이율을 말한다.

1. 부담금을 납입하기로 정해진 날짜의 다음 날을 기산일로 하여 가입자의 퇴직 등 급여를 지급할 사유가 발생한 날부터 14일(당사자 간의 합의에 따라 납입 날짜를 연장한 경우 그 연장된 날짜)까지의 기간: 연 100분의 10
2. 제1호에 따른 기간의 다음 날부터 부담금을 납입하는 날까지의 기간: 연 100분의 20

④ 제3항은 사용자가 천재지변, 그 밖에 대통령령으로 정하는 사유에 따라 부담금 납입을 지연하는 경우 그 사유가 존속하는 기간에 대하여는 적용하지 아니한다.

사용자는 부담금을 납입 예정일(퇴직연금규약에서 납입기일을 연장할 수 있도록 한 경우에는 그 연장된 기일) 다음 날부터 퇴직일 이후 14일(당사자 간 합의로 날짜를 연장한 경우 그 연장된 날짜)까지는 연 10%의 지연이자가 발생하고, 퇴직 후 14일(당사자 간 합의로 날짜를 연장한 경우 그 연장된 날짜)의 다음 날부터 부담금을 납입하는 날까지는 연 20%의 지연이자가 발생한다. 다만, 사용자가 천재지변 등 특정한 사유(근기법 시행령 제18조)에 해당하면 지연이자가 적용되지 않는다.

(2) 형사적 제재

가입자가 퇴직한 날부터 14일 이내에 사용자가 미납 부담금 또는 지연이자를 납입하지 않는 경우 3년 이하의 징역 또는 3천만원 이하의 벌금에 처한다. 다만, 반의사불벌죄가 적용되므로 근로자가 사용자의 형사처벌을 원하지 않을 경우에는 형사처벌을 면할 수 있다.

〈근기법과 퇴직급여법상 지연이자 비교〉[18]

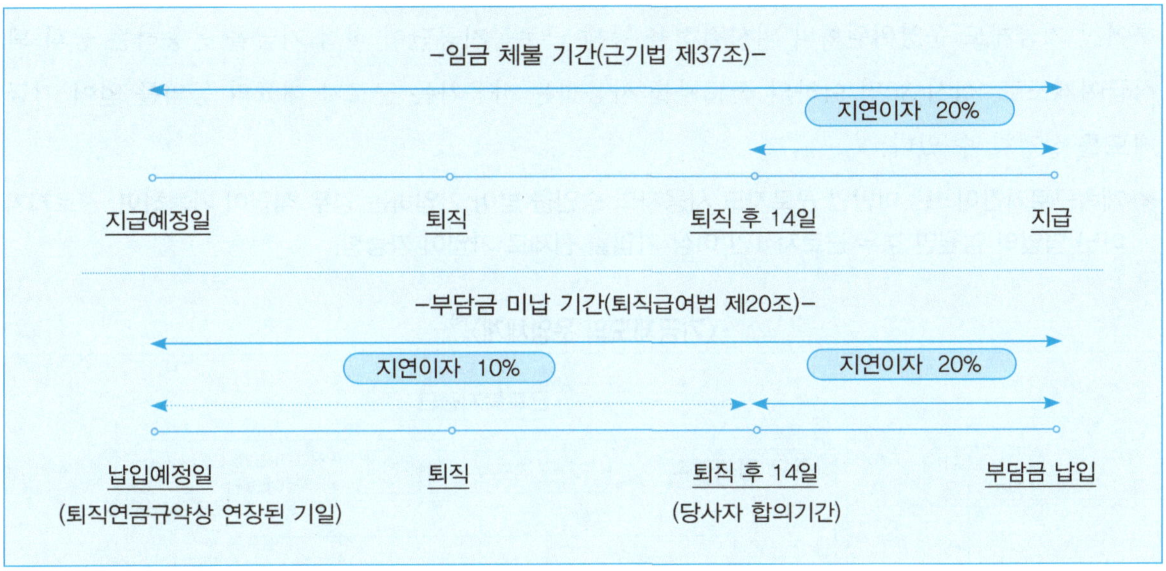

※ 형사적 제재는 근로자가 퇴직한 이후에 퇴직급여를 지급하지 않는 경우 적용되는 것으로, 근로자 재직 중 부담금을 미납한 경우에는 형사적 제재는 적용되지 않음.

제6절 중소기업 퇴직연금 기금제도

1. 제도의 설정

「근로자 퇴직급여 보장법」(약칭: 퇴직급여법)

제2조【정의】 이 법에서 사용하는 용어의 뜻은 다음과 같다.

14. "중소기업 퇴직연금기금제도"란 중소기업(상시 30명 이하의 근로자를 사용하는 사업에 한정한다. 이하 같다) 근로자의 안정적인 노후생활 보장을 지원하기 위하여 둘 이상의 중소기업 사용자 및 근로자가 납입한 부담금 등으로 공동의 기금을 조성·운영하여 근로자에게 급여를 지급하는 제도를 말한다.

제23조의6【중소기업 퇴직연금기금제도의 설정】 ① 중소기업의 사용자는 제23조의5에 따른 중소기업 퇴직연금기금표준계약서에서 정하고 있는 사항에 관하여 제4조 제3항 또는 제5조에 따라 근로자대표의 동의를 얻거나 의견을 들어 공단과 계약을 체결함으로써 중소기업 퇴직연금기금제도를 설정할 수 있다.

18) 고용노동부, 『퇴직급여제도 업무매뉴얼』, 2022.8, 173쪽.

중소기업 퇴직연금기금제도(이하 '기금제도'라 함)는 근로복지공단, 노·사·정·전문가로 이루어진 기금제도 운영위원회의 의사결정을 통해 근로복지공단이 직접 기금을 운용하는 공적 퇴직급여제도로, 상시 30명 이하의 근로자를 사용하는 사용자는 근로자 대표의 동의를 얻어 기금제도를 설정할 수 있다.

※ 계속근로기간이 1년 미만인 근로자도 사용자의 승인을 받아 가입하는 경우 적립이 가능하며, 근로자가 아닌 법인의 임원인 경우 근로자 1인 이상 가입을 전제로 가입이 가능함.

〈기금제도의 운영체계〉[19]

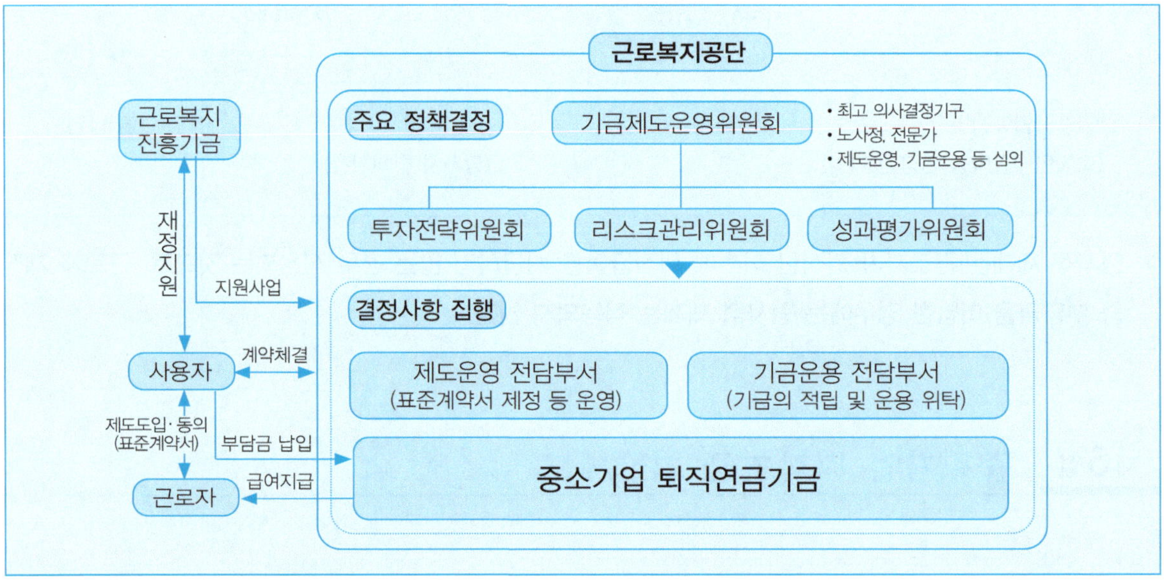

2. 가입기간 및 부담금 수준

1) 가입기간

「근로자 퇴직급여 보장법」(약칭: 퇴직급여법)

제23조의9【가입기간】 중소기업 퇴직연금기금제도를 설정하는 경우 가입기간에 관하여는 제14조를 준용한다. 다만, 기금제도가입자부담금 계정은 해당 계정이 설정된 날부터 급여가 전액 지급된 날까지로 한다.

19) 고용노동부, 『퇴직급여제도 업무매뉴얼』, 2022.8, 195쪽.

기금제도의 가입기간은 DB형 연금제도의 가입기간을 따른다. 즉 기금제도 설정 이후 해당 사업에서 근로를 제공하는 기간으로 한다. 다만, 기금제도 설정 이전에 해당 사업에서 근로를 제공한 과거근로기간도 가입기간에 포함할 수 있으며(퇴직금 중간정산한 기간은 제외).

2) 부담금 수준

「근로자 퇴직급여 보장법」(약칭: 퇴직급여법)

제23조의7【부담금의 부담수준 및 납입 등】 ① 중소기업 퇴직연금기금제도를 설정한 사용자는 매년 1회 이상 정기적으로 가입자의 연간 임금총액의 12분의 1 이상에 해당하는 부담금(이하 "사용자부담금"이라 한다)을 현금으로 가입자의 중소기업 퇴직연금기금제도 계정(이하 "기금제도사용자부담금 계정"이라 한다)에 납입하여야 한다.

사용자는 매년 1회 이상 정기적으로 근로자의 연간 임금총액의 12분의 1에 해당하는 부담금을 사용자부담금 계정에 납입하여야 한다.

※ 사용자부담금 계정의 수수료는 사용자가 부담하고, 가입자부담금 계정의 수수료는 근로자가 부담함.

3) 근로자의 추가 부담금

「근로자 퇴직급여 보장법」(약칭: 퇴직급여법)

제23조의8【중소기업 퇴직연금기금제도 가입자부담금 계정의 설정 등】 중소기업 퇴직연금기금제도의 가입자 중 다음 각 호의 어느 하나에 해당하는 사람은 가입자 명의의 부담금 계정(이하 "기금제도 가입자부담금 계정"이라 한다)을 설정할 수 있다. 이 경우 공단은 가입자의 기금제도사용자부담금 계정과 구분하여 관리하여야 한다.

1. 중소기업 퇴직연금기금제도의 급여를 일시금으로 수령하려는 사람
2. 사용자부담금 외에 자기의 부담으로 추가 부담금(이하 "가입자부담금"이라 한다)을 납입하려는 사람

근로자는 사용자가 부담하는 부담금 외에 스스로 부담하는 추가 부담금을 본인의 가입자부담금 계정에 납입할 수 있다. 근로자는 연간 1,800만원 한도로 자기 부담금을 추가로 납입할 수 있으며(소득세법 시행령 제40조의2), 연간 700만원(50세 이상은 900만원)까지 세액공제를 받을 수 있다(소득세법 제59조의3).

3. 기금제도의 운용

1) 운용주체

「근로자 퇴직급여 보장법」(약칭: 퇴직급여법)

제23조의2【중소기업 퇴직연금기금제도의 운영】 ① 중소기업 퇴직연금기금제도는 공단에서 운영한다.
② 중소기업 퇴직연금기금제도 운영과 관련한 주요 사항을 심의 · 의결하기 위하여 공단에 중소기업 퇴직연금기금제도 운영위원회(이하 "운영위원회"라 한다)를 둔다.
제23조의3【중소기업 퇴직연금기금의 관리 및 운용】 ① 공단은 중소기업 퇴직연금기금의 안정적 운용 및 수익성 증대를 위하여 대통령령으로 정하는 방법에 따라 중소기업 퇴직연금기금을 관리 · 운용하여야 한다.
② 공단은 중소기업 퇴직연금기금을 공단의 다른 회계와 구분하여야 한다.

기금제도의 적립금 운용주체는 근로복지공단이고, 근로복지공단은 기금제도 운영과 관련한 주요 사항을 심의·의결하기 위한 중소기업 퇴직연금기금제도 운영위원회를 둔다.

2) 적립금의 중도인출

「근로자 퇴직급여 보장법」(약칭: 퇴직급여법)

제23조의13【적립금의 중도인출】 중소기업 퇴직연금기금제도의 적립금 중도인출에 관한 사항은 다음 각 호에 따른다.
1. 기금제도사용자부담금 계정에 관하여는 제22조를 준용한다. 이 경우 "확정기여형 퇴직연금제도"는 "중소기업 퇴직연금기금제도"로 본다.
2. 기금제도가입자부담금 계정에 관하여는 제24조제5항을 준용한다. 이 경우 "개인형 퇴직연금제도"는 "중소기업 퇴직연금기금제도"로 본다.

근로자는 주택구입 등 일정한 사유가 발생하면 적립금을 중도에 인출할 수 있고, 중도인출 사유 및 증빙서류는 DC형 제도와 동일하다.

3) 재정지원

「근로자 퇴직급여 보장법」(약칭: 퇴직급여법)

제23조의14【국가의 지원】 ① 국가는 중소기업 퇴직연금기금제도에 가입하는 사업의 재정적 부담을

경감하고, 근로자의 중소기업 퇴직연금 가입을 촉진하기 위하여 고용노동부 장관이 정하는 요건에 해당하는 경우 사용자부담금, 가입자부담금 또는 중소기업 퇴직연금기금제도 운영에 따른 비용의 일부 등을 예산의 범위에서 지원할 수 있다.
② 제1항에 따른 지원대상, 지원수준 및 절차 등에 필요한 사항은 대통령령으로 정한다.

「근로자 퇴직급여 보장법 시행령」
제16조의15【지원금의 지원대상 등】 ① 법 제23조의14 제1항에 따른 지원대상은 사용자부담금, 가입자부담금 및 중소기업 퇴직연금기금제도 운영에 따른 비용으로 한다.
② 법 제23조의14 제1항에 따른 지원수준은 사용자부담금, 가입자부담금 및 중소기업 퇴직연금기금제도 운영에 따른 비용의 범위에서 고용노동부 장관이 정하여 고시한다.

저소득 근로자를 고용한 사용자는 사용자부담금의 10%를 기금제도 시행일로부터 3년간 지원 받을 수 있다. 지원대상인 근로자는 월평균 보수가 268만원 미만인 근로자이고, 과거 근로기간에 대한 부담금은 납부하였더라도 지원대상에서 제외된다.[20]

4. 기금제도의 수급

「근로자 퇴직급여 보장법」(약칭: 퇴직급여법)
제23조의7【부담금의 부담수준 및 납입 등】 ② 사용자는 중소기업 퇴직연금기금제도 가입자의 퇴직 등 대통령령으로 정하는 사유가 발생한 때에 그 가입자에 대한 부담금을 미납한 경우에는 그 사유가 발생한 날부터 14일 이내에 제1항에 따른 부담금과 지연이자를 해당 가입자의 기금제도사용자부담금 계정에 납입하여야 한다. 다만, 특별한 사정이 있는 경우에는 당사자 간의 합의에 따라 납입 기일을 연장할 수 있다.
③ 제1항 및 제2항의 지연이자에 대한 적용제외 사유는 제20조제4항을 준용한다.
제23조의12【급여의 종류 및 수급요건 등】 ① 중소기업 퇴직연금기금제도의 급여 종류 및 수급요건은 다음 각호에 따른다.
1. 기금제도사용자부담금 계정에 관하여는 제17조제1항을 준용한다. 이 경우 "확정급여형 퇴직연금제도"는 "중소기업퇴직연금기금제도"로 본다.
2. 기금제도가입자부담금계정에 관하여는 대통령령으로 정한다.

1) 종류 및 수급요건

기금제도의 급여는 연금과 일시금이 있으며, 근로자는 두 가지 중에서 하나를 선택할 수 있

20) 고용노동부 고시 제2024-36호, "중소기업 퇴직연금기금제도 지원 등에 관한 고시", 2024.1.1.

다. 연금으로 수령하려면 가입기간이 10년 이상이고 근로자의 연령이 55세 이상이어야 한다(연금수령 기간은 5년 이상). 기금제도 사용자부담금 계정에서 근로자에 대한 급여의 지급은 근로자가 지정한 IRP제도의 계정 등으로 이전하는 방법으로 한다.

2) 지급기한

사용자는 지급사유가 발생한 날부터 14일 이내에 부담금과 지연이자를 근로자의 기금제도 사용자부담금 계정에 납입하여야 한다. 다만, 특별한 사정이 있는 경우에는 당사자 간의 합의로 납입기일을 연장할 수 있다.

제7절 개인형 퇴직연금제도

1. IRP의 설정

「근로자 퇴직급여 보장법」(약칭: 퇴직급여법)

제2조【정의】 이 법에서 사용하는 용어의 뜻은 다음과 같다.

10. "개인형 퇴직연금제도"란 가입자의 선택에 따라 가입자가 납입한 일시금이나 사용자 또는 가입자가 납입한 부담금을 적립 · 운용하기 위하여 설정한 퇴직연금제도로서 급여의 수준이나 부담금의 수준이 확정되지 아니한 퇴직연금제도를 말한다.

제24조【개인형 퇴직연금제도의 설정 및 운영 등】 ④ 개인형 퇴직연금제도 적립금의 운용방법 및 운용에 관한 정보제공에 관하여는 제21조를 준용한다. 이 경우 "확정기여형 퇴직연금제도"는 "개인형 퇴직연금제도"로 본다.

⑤ 개인형 퇴직연금제도의 급여의 종류별 수급요건 및 중도인출에 관하여는 대통령령으로 정한다.

1) 개 념

개인형 퇴직연금제도(IRP, Individual Retirement Pension)는 가입자의 선택에 따라 가입자가 납입한 일시금이나 사용자 또는 가입자가 납입한 부담금을 적립·운용하기 위하여 설정한 퇴직연금제도로서 급여 또는 부담금의 수준이 확정되지 아니한 제도로, 이직 시 수령한 퇴직급여를 적립·축적하여 노후소득 재원으로 활용할 수 있도록 한 합산장치이다.

※ IRP 연금제도 운용체계: 가입자와 퇴직연금사업자가 운용관리 및 자산관리업무 계약체결 ⇒ 퇴직급여의 이전 또는 자기 부담금 납입 ⇒ 적립금 운용(가입자) ⇒ 연금 또는 일시금으로 수령.

〈IRP 연금제도 흐름도〉[21)]

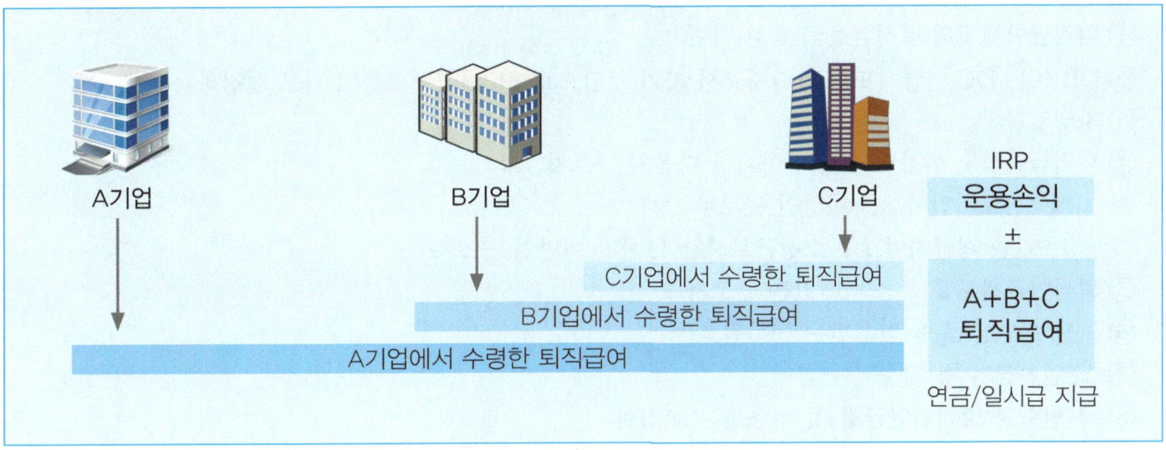

2) 설 정

IRP 연금제도의 가입자격이 있는 사람은 퇴직연금사업자와 운용관리·자산관리업무 계약을 체결함으로써 IRP 연금제도를 설정할 수 있다. IRP 연금제도 가입자가 운용관리 및 자산관리 수수료를 부담한다.

개인형 퇴직연금제도(IRP)는 이직 시 수령한 퇴직급여를 적립·축적하여 노후소득 재원으로 활용할 수 있도록 한 통산장치로서, 이직 시 퇴직급여를 가입자의 IRP제도의 계정으로 이전하고, 연금수령 시점까지 적립된 퇴직급여를 과세이연 혜택을 받으며 운영하다 일시금 또는 연금으로 수령하는 장치임. 따라서 관리의 효율성을 고려하고 노후소득 보장 장치로서의 기능에 충실하기 위하여 가입자별 하나의 퇴직연금사업자에 하나의 IRP제도 계정 개설을 원칙으로 하고 있음. 다만, 퇴직연금사업자 간 금융상품 및 계좌 이동이 어려운 경우 등 예외적으로 다른 퇴직연금사업자에게 IRP 계정을 개설하여 복수의 IRP 계정을 설정·운영하는 것은 허용함(고용노동부 2017.10.24., 퇴직연금복지과-4322).

2. IRP의 가입대상

퇴직급여 일시금 수령자, DB 및 DC 연금제도 가입자, 직역연금 가입자(공무원 등) 및 자영업자 등 소득이 있는 모든 사람은 IRP 연금제도에 가입할 수 있다(퇴직급여법 제24조 제2항 및 시행령 제16조의2).

---

21) 고용노동부, 『퇴직급여제도 업무매뉴얼』, 2022.8, 203쪽.

〈IRP 연금제도 가입대상〉

① 퇴직급여제도의 일시금을 수령한 사람
② DB 또는 DC 연금제도의 가입자로서 자기 부담으로 IRP연금제도를 추가로 설정하는 사람
③ 자영업자
④ 퇴직급여제도 설정되어 있지 아니한 다음의 근로자
- 계속근로기간이 1년 미만인 근로자
- 4주간을 평균하여 1주 소정근로시간 15시간 미만인 근로자
⑤ 퇴직연금제도를 적용받고 있는 근로자
⑥ 「공무원연금법」을 적용받는 공무원
⑦ 「군인연금법」을 적용받는 군인
⑧ 「사립학교 교직원연금법」을 적용받는 교직원
⑨ 「별정우체국법」을 적용받는 별정우체국 직원

3. IRP의 부담금 납입 및 적립금 운용

1) 부담금 납입

「근로자 퇴직급여 보장법」(약칭: 퇴직급여법)

제24조【개인형 퇴직연금제도의 설정 및 운영 등】 ③ 제2항에 따라 개인형 퇴직연금제도를 설정한 사람은 자기의 부담으로 개인형 퇴직연금제도의 부담금을 납입한다. 다만, 대통령령으로 정하는 한도를 초과하여 부담금을 납입할 수 없다.

「근로자 퇴직급여 보장법 시행령」

제17조【개인형 퇴직연금제도의 부담금 납입한도】 법 제24조 제3항 단서에서 "대통령령으로 정하는 한도"란 이전 사업에서 받은 퇴직급여제도의 일시금 등을 제외한 금액으로 연간 1천 800만원(개인형 퇴직연금제도의 계정이 여러 개인 경우에는 부담금의 합계액)을 말한다.

IRP 연금제도를 설정한 근로자는 연간 1,800만원 한도에서 자기부담으로 부담금을 납입할 수 있고(소득세법 시행령 제40조의2), 연간 700만원(50세 이상은 900만원)까지 세액공제를 받을 수 있다(소득세법 제59조의3). 퇴직연금제도 가입 근로자는 퇴직 시 퇴직급여를 IRP제도의 계정으로 이전받고, 퇴직금제도 적용 근로자는 퇴직금을 지급받은 날부터 60일 이내에 퇴직금의 전부 또는 일부를 IRP제도의 계정으로 이전할 수 있다.

※ 퇴직금을 지급받은 근로자가 수령일부터 60일 이내에 IRP제도의 계정 등 연금계좌로 퇴직금을 이전하는 경우 퇴직소득세가 이연됨(「소득세법」 제146조).

「근로자퇴직급여 보장법」 제17조 제4항 및 제19조 제2항에 따라 가입자의 퇴직 시 퇴직연금제도의 급여는 개인형 퇴직연금제도(IRP)로 이전하는 방식으로 지급하여야 하는 것이 원칙임. 다만, 같은 법 시행령 제9조에 따라 가입자가 55세 이후에 퇴직하여 급여를 받는 경우, 담보 대출받은 금액을 상환하는 경우, 퇴직급여액이 고용노동부 장관이 정하는 금액 이하인 경우 등에 해당하는 때에는 예외적으로 IRP로 이전하지 않을 수 있음(고용노동부 2015.8.11., 퇴직연금복지과-884).

2) 적립금 운용

적립금 운용주체는 가입자인 근로자 본인이며, 가입자는 스스로 운용방법을 선정하고, 반기마다 1회 이상 적립금 운용방법을 변경할 수 있다. 퇴직연금사업자는 반기마다 1회 이상 위험과 수익구조가 다른 세가지 이상의 적립금 운용방법을 제시하되, 원리금보장 운용방법을 하나 이상 포함하여야 한다.

3) 적립금 중도인출

IRP 연금제도 가입자는 무주택자의 주택구입 등 일정한 사유가 있는 경우 적립금을 중도인출 할 수 있다(중도인출 사유 및 증빙서류는 DC형 연금제도와 동일함). 다만, 퇴직급여법에서 정한 사유로만 중도인출을 허용하고 있어, IRP 연금제도의 일부해지는 불가능하다.

※ IRP 연금제도 설정자는 자신의 의사표시에 의하여 IRP 연금제도를 해지(전액해지)할 수 있으며, 이 경우 IRP 연금제도 설정 시 부여받은 세액공제 등 세제혜택은 취소됨.

DC제도에서 중도인출한 일시금은 퇴직급여에 해당하며, 퇴직연금제도의 가입자이자 퇴직급여 일시금을 수령한 자가 IRP를 설정하여 중도인출한 일시금을 납입할 수 있을 것임(고용노동부 2015.8.11., 퇴직연금복지과-2692).

4. IRP의 수급요건

「근로자 퇴직급여 보장법」(약칭: 퇴직급여법)

제24조【개인형 퇴직연금제도의 설정 및 운영 등】 ⑤ 개인형 퇴직연금제도의 급여의 종류별 수급요

건 및 중도인출에 관하여는 대통령령으로 정한다.

「근로자 퇴직급여 보장법 시행령」

제18조【개인형 퇴직연금제도의 급여 종류별 수급요건 및 중도인출】 ① 법 제24조제5항에 따른 개인형 퇴직연금제도의 급여 종류별 수급요건은 다음 각호의 구분과 같다.

1. 연금: 55세 이상인 가입자에게 지급. 이 경우 연금 지급기간은 5년 이상이어야 한다.
2. 일시금: 55세 이상으로서 일시금 수급을 원하는 가입자에게 지급

IRP 연금제도의 적립금은 55세 이후에 연금 또는 일시금으로 지급받을 수 있다. 연금은 55세 이상인 가입자에게 지급(연금 지급기간은 5년 이상이어야 함)하고, 일시금은 55세 이상인 가입자가 일시금 수급을 원하면 지급한다.

가입자가 55세 이후에 퇴직하여 급여를 받는 경우, 담보 대출받은 금액을 상환하는 경우, 퇴직급여액이 고용노동부 장관이 정하는 금액 이하인 경우 등에 해당하는 때에는 예외적으로 IRP로 이전하지 않을 수 있음. <u>퇴직급여를 IRP로 이전하지 아니하는 경우에는 개인(예금)계좌 등으로 지급받을 수 있으며, 이 때 가입자는 IRP를 개설하여 소득세법에 따라 퇴직급여 지급일부터 60일 이내에 IRP계좌로 급여의 전부 또는 일부를 납입할 수 있을 것으로 사료됨</u>(고용노동부 2015.3.30., 퇴직연금복지과-884).

5. 10인 미만을 사용하는 사업의 IRP 연금제도

1) 개 념

「근로자 퇴직급여 보장법」(약칭: 퇴직급여법)

제25조【10명 미만을 사용하는 사업에 대한 특례】 ① 상시 10명 미만의 근로자를 사용하는 사업의 경우 제4조제1항 및 제5조에도 불구하고 사용자가 개별 근로자의 동의를 받거나 근로자의 요구에 따라 개인형 퇴직연금제도를 설정하는 경우에는 해당 근로자에 대하여 퇴직급여제도를 설정한 것으로 본다.

② 제1항에 따라 개인형 퇴직연금제도를 설정하는 경우에는 다음 각호의 사항은 준수되어야 한다.

1. 사용자가 퇴직연금사업자를 선정하는 경우에 개별 근로자의 동의를 받을 것. 다만, 근로자가 요구하는 경우에는 스스로 퇴직연금사업자를 선정할 수 있다.
2. 사용자는 가입자별로 연간 임금총액의 12분의 1 이상에 해당하는 부담금을 현금으로 가입자의 개인형 퇴직연금제도 계정에 납입할 것

3. 사용자가 부담하는 부담금 외에 가입자의 부담으로 추가 부담금을 납입할 수 있을 것
4. 사용자는 매년 1회 이상 정기적으로 제2호에 따른 부담금을 가입자의 개인형 퇴직연금제도 계정에 납입할 것. 이 경우 납입이 지연된 부담금에 대한 지연이자의 납입에 관하여는 제20조 제3항 후단 및 제4항을 준용한다.
5. 그 밖에 근로자의 급여 수급권의 안정적인 보호를 위하여 대통령령으로 정하는 사항
③ 사용자는 개인형 퇴직연금제도 가입자의 퇴직 등 대통령령으로 정하는 사유가 발생한 때에 해당 가입자에 대한 제2항 제2호에 따른 부담금을 납입하지 아니한 경우에는 그 사유가 발생한 날부터 14일 이내에 그 부담금과 같은 항 제4호 후단에 따른 지연이자를 해당 가입자의 개인형 퇴직연금제도의 계정에 납입하여야 한다. 다만, 특별한 사정이 있는 경우에는 당사자 간의 합의에 따라 납입 기일을 연장할 수 있다.

상시근로자 10명 미만을 사용하는 사업에서 사용자가 개별 근로자의 동의를 받거나 근로자의 요구에 따라 해당 근로자에 대하여 특정한 사항을 준수하면서 IRP 연금제도를 설정한 경우에는 해당 근로자에 대하여 퇴직급여제도를 설정한 것으로 보는 특례제도이다(IRP 연금제도를 설정하지 않은 나머지 근로자는 퇴직금제도 적용).

※ 특례 IRP 연금제도를 설정한 사용자는 퇴직연금규약 작성 및 신고의무, 가입자 교육의무가 면제됨.

근로자 퇴직급여보장법 제26조의 규정에 의한 개인퇴직계좌는 상시근로자수 10인 미만 사업장에서만 설정할 수 있으므로, 상시근로자 수가 10인 이상으로 증가할 경우에는 확정급여형 퇴직연금 또는 확정기여형 퇴직연금으로 전환하여야 할 것임(고용노동부 2006.6.26., 퇴직급여보장팀-2173).

2) 부담금의 납입

사용자는 가입자별로 연간 임금총액의 12분의 1 이상에 해당하는 금액을 매년 1회 이상(월, 분기, 반기 등 가능) 정기적으로 현금으로 납입해야 한다. 가입자는 사용자가 부담하는 부담금 외에 자기부담으로 연간 1,800만원 한도로 납입할 수 있고, 연간 700만원(50세 이상은 900만원)까지 세액공제를 받을 수 있다. 사용자가 부담금 납입일에 부담금을 납입하지 않는 경우에는 그 다음 날부터 부담금을 납입하는 날까지 지연일수에 대한 지연이자가 발생한다(DC형 제도와 동일).

※ 연간 임금총액의 12분의 1 이상 및 지연이자 납입, 추가납입 및 세액공제는 DC형 연금제도와 동일함.

3) 적립금의 중도인출

가입자는 주택구입 등 일정한 사유가 있는 경우에는 적립금을 중도인출 할 수 있다. 중도인출 사유 및 증빙서류는 DC형 연금제도와 동일하다.

4) 퇴직급여의 지급

급여의 종류는 연금과 일시금이 있고, 가입자는 두 가지 중에서 하나를 선택할 수 있다. 가입자의 연령이 55세 이상이고, 연금 지급기간을 5년 이상으로 하는 경우에는 연금으로 받을 수 있다.

제 11 장

산업안전관리

제1절 개 요

제2절 산업안전과 보건

제3절 산업재해와 보상

제4절 직장 내 괴롭힘 금지

제5절 직장 내 성희롱 금지

제1절 개 요

1. 산업재해의 예방과 안전보건

근로자의 생명·신체·건강은 무엇보다도 중요한 가치이고, 그러한 가치들이 근로 제공으로 인하여 훼손되지 않도록 하는 것은 노동법의 핵심적 과제이다. 산업재해에 대한 사후적 보상제도인 산재보험은 재해근로자에게 신속한 보상과 더불어 재활 및 사회복귀를 촉진하는 중요한 제도적 장치이다. 그러나 무엇보다도 중요한 것은 산업현장에서의 안전·보건의 확보와 산업재해의 방지이다.

2. 산업재해와 업무상의 재해

「산업안전보건법」(약칭: 산안법)

제2조【정의】 이 법에서 사용하는 용어의 뜻은 다음과 같다.

1. "산업재해"란 노무를 제공하는 사람이 업무에 관계되는 건설물 · 설비 · 원재료 · 가스 · 증기 · 분진 등에 의하거나 작업 또는 그 밖의 업무로 인하여 사망 또는 부상하거나 질병에 걸리는 것을 말한다.
2. "중대재해"란 산업재해 중 사망 등 재해 정도가 심하거나 다수의 재해자가 발생한 경우로서 고용노동부령으로 정하는 재해를 말한다.

「산업안전보건법 시행규칙」

제3조【중대재해의 범위】 법 제2조 제2호에서 "고용노동부령으로 정하는 재해"란 다음 각호의 어느 하나에 해당하는 재해를 말한다.

1. 사망자가 1명 이상 발생한 재해
2. 3개월 이상의 요양이 필요한 부상자가 동시에 2명 이상 발생한 재해
3. 부상자 또는 직업성 질병자가 동시에 10명 이상 발생한 재해

「중대재해 처벌 등에 관한 법률」(약칭: 중대재해처벌법)

제2조【정의】 이 법에서 사용하는 용어의 뜻은 다음과 같다.

2. "중대산업재해"란 「산업안전보건법」 제2조 제1호에 따른 산업재해 중 다음 각 목의 어느 하나에 해당하는 결과를 야기한 재해를 말한다.

가. 사망자가 1명 이상 발생

나. 동일한 사고로 6개월 이상 치료가 필요한 부상자가 2명 이상 발생

다. 동일한 유해요인으로 급성중독 등 대통령령으로 정하는 직업성 질병자가 1년 이내에 3명 이상 발생

「산업재해보상보험법」(약칭: 산재보험법)

제5조【정의】 이 법에서 사용하는 용어의 뜻은 다음과 같다.

1. "업무상의 재해"란 업무상의 사유에 따른 근로자의 부상 · 질병 · 장해 또는 사망을 말한다.

「산업안전보건법」(이하 '산안법'이라 함)은 산업재해를 노무를 제공하는 자가 업무에 관계되는 건설물 · 설비 · 원재료 · 가스 · 증기 · 분진 등에 의하거나 작업 또는 그 밖의 업무로 인하여 사망 또는 부상하거나 질병에 걸리는 것으로 정의하고, 근로자의 사망 등 일정한 사유를 중대재해로 규정하고 있다. 또한 「중대재해 처벌 등에 관한 법률」(이하 '중대재해처벌법'이라 함)[1]은 산안법상 산업재해 중에서 근로자의 사망 등 일정한 사유를 중대산업재해로 규정하고 있다. 한편「산업재해보상보험법」(이하 '산재보험법'이라 함) 은 업무상의 사유에 따른 근로자의 부상 · 질병 · 장해 또는 사망을 업무상의 재해로 정의하고 있다.

〈산안법과 중대재해처벌법의 관계〉[2]

구 분	산안법	중대재해처벌법
목 적	사업장의 산업 안전 및 보건에 관한 기준을 확립하고 그 책임의 소재를 명확하게 하여 산업재해를 예방	사업장에 인체에 해로운 원료나 제조물을 취급하면서 안전·보건 확보를 위하여 요구되는 다양한 조치의무를 이행하지 않음으로써 인명피해를 발생하게 한 사업주, 경영책임자 등의 처벌등을 규정하여 중대재해를 예방하고 생명과 신체를 보호
조치사항	사업장에 대한 구체적인 안전·보건에 관한 기준 및 그에 따른 사업주의 조치의무, 산업재해 예방에 대한 책임자 등에 관하여 규정	안전보건관리체계 구축 및 운영, 안전·보건 관계 법령에 따른 의무이행에 필요한 관리상의 조치 등을 규정
중대재해 요건	1. 사망자가 1명 이상 발생 2. 3개월 이상의 요양이 필요한 부상자가 동시에 2명 이상 발생 3. 부상자 또는 직업성 질병자가 동시에 10명 이상 발생	1. 사망자가 1명 이상 발생 2. 동일한 사고로 6개월 이상 치료가 필요한 부상자가 2명 이상 발생 3. 동일한 유해요인으로 급성중독 등 대통령령으로 정하는 직업성 질병자가 1년 이내에 3명 이상 발생

1) 중대재해처벌법은 2021.1.26. 제정되어, 상시근로자 50인 이상(건설업은 공사금액 50억원 이상) 사업(장)은 2022.1.27.부터 적용되고, 상시근로자 5인 이상 사업(장)에 2024.1.27.부터 적용되고 있다.

2) 고용노동부, 『중대재해처벌법 해설 - 중대산업재해 관련』, 2021.11.

3. 사용자의 의무

사용자는 근로계약에 수반되는 신의칙상의 부수적 의무로서 근로자가 근로를 제공하는 과정에서 생명·신체·건강을 해치는 일이 없도록 시설, 기계, 기구 등의 위험으로부터 근로자를 보호하기 위하여 인적·물적 환경을 정비하는 등 필요한 조치를 강구하여야 하는 보호의무를 부담한다.

- *사용자는 근로계약에 수반되는 신의칙상의 부수적 의무로서 피용자가 노무를 제공하는 과정에서 생명, 신체, 건강을 해치는 일이 없도록 인적 · 물적 환경을 정비하는 등 필요한 조치를 강구하여야 할 보호의무를 부담하고, 이러한 보호의무를 위반함으로써 피용자가 손해를 입은 경우 이를 배상할 책임이 있으나, 보호의무 위반을 이유로 사용자에게 손해배상책임을 인정하기 위하여는 특별한 사정이 없는 한 그 사고가 피용자의 업무와 관련성을 가지고 있을 뿐만 아니라 또한 그 사고가 통상 발생할 수 있다고 하는 것이 예측되거나 예측할 수 있는 경우라야 할 것이고, 그 예측가능성은 사고가 발생한 때와 장소, 사고가 발생한 경위 기타 여러 사정을 고려하여 판단하여야 함(대법원 2006.9.28. 선고 2004다44506 판결).*
- *사용자는 근로계약에 수반되는 신의칙상의 부수적 의무로서 근로자가 노무를 제공하는 과정에서 생명, 신체, 건강을 해치는 일이 없도록 인적 · 물적 환경을 정비하는 등 필요한 조치를 강구하여야 하는 보호의무를 부담하고, 이러한 보호의무를 위반하여 근로자가 손해를 입었다면 이를 배상할 책임을 짐. 한편 상법 제64조에서 5년의 상사시효를 정하는 것은 대량, 정형, 신속이라는 상거래 관계 특성상 법률관계를 신속하게 해결할 필요성이 있기 때문임. 사용자가 상인으로서 영업을 위하여 근로자와 체결하는 근로계약이 보조적 상행위에 해당하더라도 사용자가 근로계약에 수반되는 신의칙상의 부수적 의무인 보호의무를 위반하여 근로자에게 손해를 입힘으로써 발생한 근로자의 손해배상청구와 관련된 법률관계는 근로자의 생명, 신체, 건강 침해 등으로 인한 손해의 전보에 관한 것으로서 그 성질상 정형적이고 신속하게 해결할 필요가 있다고 보기 어려움. 따라서 근로계약상 보호의무 위반에 따른 근로자의 손해배상청구권은 특별한 사정이 없는 한 10년의 민사 소멸시효기간이 적용된다고 봄이 타당함(대법원 2021.8.19. 선고 2018다270876 판결).*

제2절 산업안전과 보건

1. 「근로기준법」상 안전과 보건

근기법 제6장(안전과 보건) 제76조는 "근로자의 안전과 보건에 관하여는 「산업안전보건법」에서 정하는 바에 따른다"고 규정하고 있다. 따라서 근로자의 안전과 보건에 있어서는 산안법이 근기법의 특별법의 성격을 가지므로 산안법이 우선적으로 적용된다.

2. 「산업안전보건법」의 적용

「산업안전보건법」(약칭: 산안법)

제1조【목적】 이 법은 산업 안전 및 보건에 관한 기준을 확립하고 그 책임의 소재를 명확하게 하여 산업재해를 예방하고 쾌적한 작업환경을 조성함으로써 노무를 제공하는 사람의 안전 및 보건을 유지·증진함을 목적으로 한다.

제3조【적용 범위】 이 법은 모든 사업에 적용한다. 다만, 유해·위험의 정도, 사업의 종류, 사업장의 상시근로자 수(건설공사의 경우에는 건설공사 금액을 말한다. 이하 같다) 등을 고려하여 대통령령으로 정하는 종류의 사업 또는 사업장에는 이 법의 전부 또는 일부를 적용하지 아니할 수 있다.

산안법은 산업안전 및 보건에 관한 기준을 확립하고 그 책임의 소재를 명확하게 하여 산업재해를 예방하고 쾌적한 작업환경을 조성함으로써 노무를 제공하는 자의 안전 및 보건을 유지·증진함을 목적으로 모든 사업에 적용한다. 다만, 유해·위험의 정도, 사업의 종류, 사업장의 상시근로자 수 등을 고려하여 일정한 종류의 사업 또는 사업장에는 전부 또는 일부를 적용하지 않을 수 있다. 산안법과 더불어 「산업안전보건기준에 관한 규칙」, 「유해·위험작업의 취업 제한에 관한 규칙」 등이 안전보건에 관한 규율 기준으로 운용되고 있다.

3. 「산업안전보건법」의 주요 내용

1) 안전보건관리체제 등

(1) 안전보건담당자 고용

산안법은 사업주에게 사업장의 안전보건을 관리하는 체제를 마련할 의무를 부과하고 있다. 즉 사업장 규모에 따라 안전보건관리를 담당하는 안전보건관리책임자(제15조), 관리감독자(제16조), 안전관리자(제17조), 보건관리자(제18조), 안전보건관리담당자(제19조), 산업보건의(제22조), 산업안전보건위원회(제24조)를 두어야 한다.

(2) 안전보건관리규정

상시근로자 100명 이상을 사용하는 사업주는 사업장의 안전 및 보건을 유지하기 위하여 안전보건관리규정을 작성하여야 한다(제25조). 다만, 농업, 어업 등 일정한 사업의 경우에는 상시근로자 300명 이상을 사용할 경우에 안전보건관리규정을 작성하여야 한다(산안법 시행규칙 제25조).

(3) 안전보건교육

사업주는 소속 근로자에게 일정한 기준에 따라 주기적으로 정기교육, 채용 시 교육, 작업내용 변경 시 교육, 특별교육 등 안전보건교육을 하여야 한다(제29조).

〈근로자 안전보건교육 시간〉[3]

교육과정	교육대상	교육시간
정기교육	-사무직 종사 근로자 -판매업무에 직접 종사하는 근로자	매반기 6시간 이상
	그 외 근로자	매반기 12시간 이상
채용시 교육	일용근로자 및 근로계약 기간이 1주일 이하인 근로자	1시간 이상
	근로계약 기간이 1주일 초과 1개월 이하인 근로자	4시간 이상
	그 외 근로자	8시간 이상
작업내용 변경시 교육	일용근로자 및 근로계약 기간이 1주일 이하인 근로자	1시간 이상
	그 외 근로자	2시간 이상
특별교육	일용근로자 및 근로계약 기간이 1주일 이하인 근로자 (타워크레인 신호작업에 종사하는 일용근로자 제외)	2시간 이상
	타워크레인 신호작업에 종사하는 일용근로자 및 근로계약 기간이 1주일 이하인 근로자	8시간 이상
	일용근로자 및 근로계약 기간이 1주일 이하인 근로자를 제외한 근로자	16시간 이상(단기간 작업 또는 간헐적 작업은 2시간)

2) 유해 · 위험 방지조치

사업주는 법령과 안전보건관리규정의 게시 및 주지(제34조), 위험성평가의 실시(제36조),[4]

3) 고용노동부, 『안전보건교육 안내서』, 2025.6, 10쪽; 산업안전보건법 시행규칙 별표4.

4) 위험성평가의 실시와 관련하여 「사업장 위험성평가에 관한 지침」(고용노동부 고시제2024-76호, 2024.12.18.)을 참고할 수 있다. 해당 지침은 사업주가 스스로 사업장의 유해 · 위험요인에 대한 실태를 파악하고 이를 평가하여 관리 · 개선

안전보건표시의 설치 및 부착(제37조), 안전 및 보건조치(제38조, 제39조), 고객의 폭언 등으로 인한 건강장해 예방조치(제41조), 유해위험방지계획서의 작성 및 제출(제42조), 공정안전보고서의 작성 및 제출(제44조), 사업주 및 근로자의 작업중지(제51조, 제52조), 중대재해 발생 시 조치(제54조) 등을 하여야 한다.

※ 사업주는 중대재해가 발생한 사실을 알게 된 경우에는 지체 없이 발생개요 및 피해상황, 조치 및 전망, 그 밖의 중요한 사항을 사업장 소재지를 관할하는 지방고용노동관서의 장에게 전화·팩스 또는 그 밖의 적절한 방법으로 보고해야 하고(산안법 시행규칙 제67조), 위반 시 3천만원 이하 과태료가 부과됨.

3) 근로자의 보건관리

(1) 작업환경측정

사업주는 유해인자로부터 근로자의 건강을 보호하고 쾌적한 작업환경을 조성하기 위하여 인체에 해로운 작업을 하는 작업장에 대하여 일정한 자격을 가진자로 하여금 작업환경측정을 하도록 하여야 한다(제125조).

(2) 건강진단

사업주는 상시 사용하는 근로자의 건강관리를 위하여 일반건강진단(제129조) 및 특수건강진단(제130조)을 하여야 한다.

※ 사업주는 상시 사용하는 근로자 중 사무직에 종사하는 근로자(공장 또는 공사현장과 같은 구역에 있지 않은 사무실에서 서무 · 인사 · 경리 · 판매 · 설계 등의 사무업무에 종사하는 근로자를 말하며, 판매업무 등에 직접 종사하는 근로자는 제외)에 대해서는 2년에 1회 이상, 그 밖의 근로자에 대해서는 1년에 1회 이상 일반건강진단을 실시해야 함(산안법 시행규칙 제197조).

(3) 근로시간 제한

사업주는 유해·위험한 작업으로서 높은 기압에서 하는 작업 등에 종사하는 근로자에게는 1일 6시간, 1주 34시간을 초과하여 근로하게 할 수 없다(제139조).

(4) 취업 제한

사업주는 유해·위험한 작업으로서 상당한 지식이나 숙련도가 요구되는 일정한 작업의 경우 그 작업에 필요한 자격, 면허, 경험 또는 기능을 가진자에게만 그 작업을 하게 해야 한다(제140조).

하는 등 필요한 조치를 통해 산업재해를 예방할 수 있도록 지원하기 위하여 위험성평가 방법, 절차, 시기 등에 대한 기준을 제시하고, 위험성평가 활성화를 위한 시책의 운영 및 지원사업 등 그 밖에 필요한 사항을 규정함을 목적으로 한다.

제3절 산업재해와 보상

1. 「근로기준법」상 재해보상

근기법 제8장(재해보상)에 요양보상(제78조) 등 15개 조항을 규정하여 업무와 재해 사이의 인과관계를 기초로 사용자가 근로자의 재해에 대해 직접 보상하도록 규정하고 있다. 근기법상 재해보상에 관한 규정은 강행규정으로, 재해보상청구권을 행사하지 않기로 하는 합의나 계약은 무효이다.

※ 근기법상 업무상 재해의 보상 규정은 요양보상(제78조), 휴업보상(제79조), 장해보상(제80조), 휴업보상과 장해보상의 예외(제81조), 유족보상(제82조), 장례비(제83조), 일시보상(제84조), 분할보상(제85조), 보상청구권(제86조), 다른 손해배상과의 관계(제87조), 고용노동부 장관의 심사와 중재(제88조), 노동위원회의 심사와 중재(제89조), 도급사업에 대한 예외(제90조), 서류의 보존(제91조)이 있음.

2. 「산업재해보상보험법」상 재해보상

「산업재해보상보험법」(약칭: 산재보험법)

제1조【목적】 이 법은 산업재해보상보험 사업을 시행하여 근로자의 업무상의 재해를 신속하고 공정하게 보상하며, 재해근로자의 재활 및 사회 복귀를 촉진하기 위하여 이에 필요한 보험시설을 설치 · 운영하고, 재해 예방과 그 밖에 근로자의 복지 증진을 위한 사업을 시행하여 근로자 보호에 이바지하는 것을 목적으로 한다.

1) 「산업재해보상보험법」의 제정

근기법에 따른 사용자의 직접보상에도 불구하고 사용자가 재원을 마련하지 못하거나, 재해근로자에 대해 손해배상청구를 포기하도록 유도하는 경우 등에 신속하고 공정한 보상이 보장되지 않는다. 이러한 문제점을 해결하기 위해 국가가 사용자로부터 「고용보험 및 산업재해보상보험의 보험료징수 등에 관한 법률」(이하 '보험료징수법'이라 함)에 따른 금전(산재보험료)을 받아 기금을 조성하여 재해보상을 하는 사회보험제도가 산재보험법이다. 산재보험법은 1964년 1월 1일부터 시행되고 있는 우리나라 최초의 사회보험제도로서 산업재해를 입은 근로자에 대한 치료와 생활보장의 기능을 수행하고 있다.

〈근기법과 산재보험법의 업무상 재해 비교〉

구 분	근로기준법	산업재해보상보험법
성 질	무과실책임[5]	
적용범위	상시 1인 이상 모든 사업 또는 사업장	
보상방식	직접 보상주의(사용자 → 근로자)	간접 보상주의(국가 → 근로자)
보상사유	업무상의 부상, 질병, 장해, 사망	
보상내용	- 요양보상 - 휴업보상(평균임금×60/100) - 장해보상(일시금, 1~14급) - 유족보상(평균임금×1,000일) - 장의비(평균임금×90일) - 일시보상	- 요양급여 - 휴업급여(평균임금×70/100) - 장해급여(연금 or 일시금, 1~14급) - 유족급여(평균임금×1,300일) - 장의비(평균임금×120일) - 상병보상연금 - 간병급여 - 직업재활급여

2) 적용범위

「산업재해보상보험법」(약칭: 산재보험법)

제6조【적용 범위】 이 법은 근로자를 사용하는 모든 사업 또는 사업장(이하 "사업"이라 한다)에 적용한다. 다만, 위험률 · 규모 및 장소 등을 고려하여 대통령령으로 정하는 사업에 대하여는 이 법을 적용하지 아니한다.

「고용보험 및 산업재해보상의 보험료징수 등에 관한 법률」(약칭: 보험료징수법)

제5조【보험가입자】 ③ 「산업재해보상보험법」을 적용받는 사업의 사업주는 당연히 「산업재해보상보험법」에 따른 산업재해보상보험(이하 "산재보험"이라 한다)의 보험가입자가 된다.

(1) 원칙 – 당연가입

산재보험법은 근로자를 사용하는 모든 사업 또는 사업장에 적용된다(당연가입 대상사업). 따라서 사업의 종류나 영리성 여부 등과 무관하게 근로자를 사용하는 모든 사업 또는 사업장은 원칙적으로 산재보험법의 적용대상이다. 다만, 위험률·규모 및 장소 등을 고려한 다음의 사업에는 적용되지 않는다(산재보험법 시행령 제2조).

5) '무과실책임주의'는 과실의 유무가 불확실하더라도 가해의 사실이 있다면 책임을 지는 것을 의미하고, 「민법」상 과실책임주의(고의 또는 과실이 없으면 손해배상책임이 없다)에 대비되는 개념이다. 일반적으로 과실책임주의에 따르지만, 과실책임으로는 손해배상책임을 지울 수 없는 특수분야에서 예외적으로 무과실책임주의를 적용한다.

〈산재보험법의 적용제외 사업〉

㉮ 「공무원 재해보상법」 또는 「군인연금법」에 따라 재해보상이 되는 사업. 다만, 「공무원 재해보상법」 제60조에 따라 순직유족급여 또는 위험직무순직유족급여에 관한 규정을 적용받는 경우 산재보험법 적용
㉯ 「선원법」, 「어선원 및 어선 재해보상보험법」 또는 「사립학교교직원 연금법」에 따라 재해보상이 되는 사업
㉰ 가구 내 고용활동
㉱ 농업, 임업(벌목업 제외), 어업 및 수렵업 중 법인이 아닌 자의 사업으로서 상시근로자 수가 5명 미만인 사업

※ 당연가입 사업(장)은 의무적으로 산재보험에 가입해야 하고, 사업이 시작된 날에 당연히 보험관계가 성립함. 따라서 당연가입 사업(장)의 재해근로자는 사용자의 보험관계성립신고 여부와 관계없이 재해보상을 받을 수 있음.

산업재해보상보험관계의 적용단위가 되는 구 산업재해보상보험법 제5조 및 산업재해보상보험법 제6조에서 정한 '사업 또는 사업장'이란 일정한 장소를 바탕으로 유기적으로 단일하게 조직되어 계속적으로 행하는 경제적 활동단위를 가리키는 것임. 따라서 장소적 분리 여부는 산업재해보상보험관계 적용단위로서 독립한 '사업 또는 사업장'에 해당하는지 판단하는 우선적인 기준임. 다만, 사업에 수반되는 업무상 재해의 위험 정도에 따라 사업주 간 보험료 부담이 공평해야 하는 산업재해보상보험제도 고유의 특수성과 법의 취지를 고려하면, 비록 장소적으로 분리된 복수의 경제적 활동단위가 존재한다고 하더라도 이를 동일한 사업주가 운영하는 경우에는 각 조직의 규모, 업무의 내용 및 처리방식 등을 종합하여 각 단위별 경제활동의 내용이 보험가입자의 최종적 사업목적을 위하여 유기적으로 결합되어 있는지, 장소적 분리가 독립된 별개의 '사업 또는 사업장'을 두어야 할 업무상 필요성에서 기인한 것인지, 각 경제적 활동단위가 전체적으로 재해발생의 위험도를 공유한다고 볼 수 있는지 등을 추가적으로 고려하여 독립한 '사업 또는 사업장'에 해당하는지 판단해야 함(대법원 2015.3.12. 선고 2012두5176 판결).

(2) 예외 – 임의가입

「고용보험 및 산업재해보상의 보험료징수 등에 관한 법률」(약칭: 보험료징수법)

제5조 【보험가입자】 ④ 「산업재해보상보험법」 제6조 단서에 따라 같은 법을 적용하지 아니하는 사업의 사업주는 공단의 승인을 받아 산재보험에 가입할 수 있다.

당연가입 대상사업이 아니더라도 근로복지공단의 승인을 받아 산재보험에 가입하거나 해지할 수 있어, 당연가입 대상사업과 마찬가지로 산재보험법이 적용된다.

(3) 산재보험법 적용 특례

고용형태, 장소, 사업장 규모 등의 특수성을 고려하여 일정한 요건을 갖춘 사람이나 사업장은 산재보험법의 적용을 받을 수 있다. 즉 국외사업(제121조), 해외파견자(제122조), 현장실습생(제123조), 학생연구자(제123조의2), 중·소기업 사업주(제124조), 「국민기초생활보장법」상의 수급자(제126조), 노무제공자(제3장의4)에게 산재보험법의 보호를 받을 수 있도록 한 제도이다.

〈산재보험법의 특례가 적용되는 경우〉

구 분	내 용
국외의 사업	우리나라가 당사국이 된 사회보장에 관한 조약이나 협정으로 정하는 국가나 지역에서의 사업
해외파견자	대한민국 밖의 지역에서 하는 사업에 근로시키기 위해 파견하는 사람으로서 국내에서 채용되고, 임금을 국내 본사에서 지급
현장실습생	산업현장에서 일반근로자와 같이 동일한 위험권 내에서 현장실습 및 작업을 동시에 행하는 현장실습생
학생연구자	「연구실 안전 환경 조성에 관한 법률」에 다른 연구활동종사자 중 대학·연구기관 등이 수행하는 연구개발과제에 참여하는 학생연구자
중·소기업 사업주	실제 근로에 종사함으로써 근로자와 같이 재해 위험에 노출된 중·소기업 사업주(300인 미만, 근로자를 사용하지 않는 경우 포함)
수급자	「국민기초생활보장법」에 따른 자활급여 수급자(국가 또는 지방자치단체가 실시하는 자활근로사업)
노무제공자[6]	자신이 아닌 다른 사람의 사업을 위하여 사업주로부터 직접 요청 받거나 또는 온라인 플랫폼을 통해 노무제공 요청을 받아 자신이 직접 노무를 제공하고 그 대가를 지급받는 사람(보험설계사, 건설기계조종사, 방문강사, 골프장 캐디, 택배기사, 퀵서비스기사(플랫폼 이용 노무제공자 포함. 단, 택배기사 또는 화물차주에 해당하는 사람은 제외), 대출모집인, 신용카드회원모집인, 대리운전기사(플랫폼 이용 노무제공자 포함), 방문판매원, 대여제품 방문점검원, 가전제품 설치배송기사, 건설현장 화물차주, 화물차주(플랫폼 이용 노무제공자 포함), 소프트웨어 프리랜서, 방과후 강사, 관광통역안내사, 어린이통학버스 기사)

6) 산재보험법 개정으로 2023.7.1.부터는 '특수형태 근로종사자(계약의 형식과 관계없이 근로자와 유사하게 노무를 제공함에도 근기법 등이 적용되지 아니하여 업무상의 재해로부터 보호할 필요가 있는 사람)'를 '산재보험 노무제공자'라고 칭하게 되었고, 특수형태 근로종사자가 산재보험에 가입하기 위한 전속성 요건(주로 하나의 사업에 노무를 제공하여야 한다는 요건)이 없어져 보호 범위가 확대되었다.

3. 업무상 재해의 개념 및 인정기준

1) 개 념

「산업재해보상보험법」(약칭: 산재보험법)

제5조(정의) 이 법에서 사용하는 용어의 뜻은 다음과 같다.

1. "업무상의 재해"란 업무상의 사유에 따른 근로자의 부상 · 질병 · 장해 또는 사망을 말한다.

3. "유족"이란 사망한 사람의 배우자(사실상 혼인 관계에 있는 사람을 포함한다. 이하 같다) · 자녀 · 부모 · 손자녀 · 조부모 또는 형제자매를 말한다.

4. "치유"란 부상 또는 질병이 완치되거나 치료의 효과를 더 이상 기대할 수 없고 그 증상이 고정된 상태에 이르게 된 것을 말한다.

5. "장해"란 부상 또는 질병이 치유되었으나 정신적 또는 육체적 훼손으로 인하여 노동능력이 상실되거나 감소된 상태를 말한다.

8. "출퇴근"이란 취업과 관련하여 주거와 취업 장소 사이의 이동 또는 한 취업장소에서 다른 취업장소로의 이동을 말한다.

업무상 재해는 업무상의 사유에 따른 근로자의 부상 · 질병 · 장해 또는 사망을 말한다. 업무는 근로계약에 따른 업무뿐 아니라 부속 업무, 교육, 대기, 행사, 출장, 거래처접대 등 업무와 직·간접적으로 관련이 있는 주변 업무도 포함된다.

구 「산업재해보상보험법」(2010.1.27. 법률 제9988호로 개정되기 전의 것) 제37조 제1항에서 말하는 '업무상의 재해'라 함은 업무수행 중 그 업무에 기인하여 발생한 근로자의 부상 · 질병 · 신체장애 또는 사망을 뜻하는 것이므로 업무와 재해발생 사이에는 인과관계가 있어야 하고 그 인과관계는 이를 주장하는 측에서 증명하여야 하는바, 그 인과관계 유무는 반드시 의학적 · 자연과학적으로 명백히 증명되어야 하는 것이 아니라 규범적 관점에서 상당인과관계의 유무로써 판단되어야 함. 따라서 근로자가 자살행위로 인하여 사망한 경우, 근로자가 업무로 인하여 질병이 발생하거나 업무상 과로나 스트레스가 그 질병의 주된 발생원인에 겹쳐서 질병이 유발 또는 악화되고, 그러한 질병으로 인하여 심신상실 내지 정신착란의 상태 또는 정상적인 인식능력이나 행위선택능력, 정신적 억제력이 현저히 저하된 정신장애 상태에 빠져 자살에 이르게 된 것이라고 추단할 수 있는 때에는 업무와 사망 사이에 상당인과관계가 있다고 할 수 있는데, 그와 같은 상당인과관계를 인정하기 위하여는 자살자의 질병 내지 후유증상의 정도, 그 질병의 일반적 증상, 요양기간, 회복가능성 유무, 연령, 신체적 · 심리적 상황, 자살자를 에워싸고 있는 주위상황, 자살에 이르게 된 경위 등을 종합적으로 고려하여야 함(대법원 2011.6.9. 선고 2011두3944 판결).

2) 인정기준

(1) 원 칙

「산업재해보상보험법」(약칭: 산재보험법)

제37조【업무상의 재해의 인정 기준】 ① 근로자가 다음 각호의 어느 하나에 해당하는 사유로 부상·질병 또는 장해가 발생하거나 사망하면 업무상의 재해로 본다. 다만, 업무와 재해 사이에 상당인과관계(相當因果關係)가 없는 경우에는 그러하지 아니하다.

⑤ 업무상의 재해의 구체적인 인정 기준은 대통령령으로 정한다.

근로자가 업무상 사고, 업무상 질병, 출퇴근 재해에 해당하는 사유로 부상·질병 또는 장해가 발생하거나 사망하면 업무상의 재해로 본다. 다만, 업무와 재해 사이에 상당인과관계[7]가 없는 경우에는 업무상 재해로 인정하지 않는다. 업무상 재해의 구체적인 인정기준은 업무상 사고 및 업무상 질병의 유형에 따라 달리 정한다.[8]

산재법의 규율대상인 '업무상 재해'에 해당하기 위해서는 업무와 재해발생 사이에 인과관계가 인정되어야 하지만, 그 재해가 업무와 직접 관련이 없는 기존의 질병이더라도 그것이 업무와 관련하여 발생한 사고 등으로 말미암아 더욱 악화되거나 그 증상이 비로소 발현된 것이라면 업무와 사이에 인과관계가 존재한다고 보아, 악화된 부분이 악화 전의 상태로 회복하기까지 또는 악화 전의 상태로되지 않고 증상이 고정되는 경우에는 그 증상이 고정되기까지를 업무상 재해로서 취급함이 상당함(대법원 2012.2.9. 선고 2011두25661 판결).

7) '상당인과관계'는 어떤 원인이 있으면 보통 그러한 결과가 발생하리라고 인정되는 관계를 말하고, 업무상 재해 사이의 상당인과관계의 증명책임은 업무상의 재해를 주장하는 근로자에게 있다(대법원 2021.9.9. 선고 2017두45933 전원합의체 판결). 〈휴대전화 내장용 안테나의 샘플을 채취하여 품질검사를 하는 등의 업무를 수행하던 원고의 아들이 출근 후 09:54경 동료 직원과 함께 약 10분 동안 약 5kg의 박스 80개를 한 번에 2~3개씩 화물차에 싣는 일을 한 후 사무실로 걸어가다가 갑자기 쓰러져 병원으로 옮겨졌으나 '박리성 대동맥류 파열에 의한 심장탐포네이드'로 사망한 사안에서, 원고가 근로복지공단에 유족급여 및 장의비 지급을 청구하였으나 망인의 사망원인인 위 상병과 업무 사이의 상당인과관계를 인정하기 어려워 업무상 질병으로 인정되지 않는다는 이유로 부지급처분을 받자 취소소송을 제기한 사안임. 원심은 '망인이 과중한 업무로 인하여 이 사건 상병을 일으켜 사망하였다고 보기 어려우므로, 업무상의 재해에 해당하지 않는다'고 판단하여 원고의 청구를 기각하였고, 대법원은 기존 판례를 유지함을 전제로 이러한 원심 판단을 수긍하여 원고의 상고를 기각하였음.〉

8) 업무상 재해의 인정기준과 관련하여 근로복지공단의 「요양업무 처리규정」(2024.7.15.), 「보상업무 처리규정」(2023.7.5.), 「개별요양급여 업무처리 지침」(2022.7.15.), 「재택근무 중 업무상 재해 인정기준」(2020.12.30.), 「근골격계질병 업무상 질병 조사 및 판정 지침」(2021.1.13.), 「뇌혈관질병 · 심장질병 업무상 질병 조사 및 판정 지침」(2022.7.1.), 「정신질병 업무 관련성 조사 지침」(2023.9.19.), 「발생빈도가 높은 근골격계 상병 업무상질병 조사 및 판정 지침」(2022.7.1.) 등을 참고할 수 있다.

(2) 근로자의 고의·자해행위나 범죄행위

> **「산업재해보상보험법」(약칭: 산재보험법)**
> **제37조【업무상의 재해의 인정 기준】** ② 근로자의 고의 · 자해행위나 범죄행위 또는 그것이 원인이 되어 발생한 부상 · 질병 · 장해 또는 사망은 업무상의 재해로 보지 아니한다. 다만, 그 부상 · 질병 · 장해 또는 사망이 정상적인 인식능력 등이 뚜렷하게 낮아진 상태에서 한 행위로 발생한 경우로서 대통령령으로 정하는 사유가 있으면 업무상의 재해로 본다.

근로자의 고의·자해행위나 범죄행위 또는 그것이 원인이 되어 발생한 부상·질병·장해 또는 사망은 업무상의 재해로 보지 아니한다. 다만, 그 부상·질병·장해 또는 사망이 정상적인 인식능력 등이 뚜렷하게 저하된 상태에서 한 행위로 발생한 경우로서 일정한 사유(산재보험법 시행령 제36조)가 있으면 업무상의 재해로 본다.

〈자해행위에 따른 업무상 재해 인정 기준〉

> 1. 업무상의 사유로 발생한 정신질환으로 치료를 받았거나 받고 있는 사람이 정신적 이상 상태에서 자해행위를 한 경우
> 2. 업무상의 재해로 요양 중인 사람이 그 업무상의 재해로 인한 정신적 이상 상태에서 자해행위를 한 경우
> 3. 그 밖에 업무상의 사유로 인한 정신적 이상 상태에서 자해행위를 하였다는 상당인과관계가 인정되는 경우

4. 업무상 재해의 유형별 인정기준

1) 업무상 사고

> **「산업재해보상보험법」(약칭: 산재보험법)**
> **제37조【업무상의 재해의 인정 기준】** ① 근로자가 다음 각호의 어느 하나에 해당하는 사유로 부상 · 질병 또는 장해가 발생하거나 사망하면 업무상의 재해로 본다. 다만, 업무와 재해 사이에 상당인과관계(相當因果關係)가 없는 경우에는 그러하지 아니하다.
> 1. 업무상 사고
> 가. 근로자가 근로계약에 따른 업무나 그에 따르는 행위를 하던 중 발생한 사고
> 나. 사업주가 제공한 시설물 등을 이용하던 중 그 시설물 등의 결함이나 관리 소홀로 발생한 사고
> 다. 삭제 〈2017.10.24〉
> 라. 사업주가 주관하거나 사업주의 지시에 따라 참여한 행사나 행사 준비 중에 발생한 사고
> 마. 휴게시간 중 사업주의 지배관리하에 있다고 볼 수 있는 행위로 발생한 사고
> 바. 그 밖에 업무와 관련하여 발생한 사고

(1) 업무수행 중의 사고

근로자가 다음 어느 하나에 해당하는 행위를 하던 중 발생한 사고는 업무상 재해로 본다(산재보험법 시행령 제27조).

〈업무수행 중 사고의 업무상 재해 인정 기준〉

1. 근로계약에 따른 업무수행 행위
2. 업무수행 과정에서 하는 용변 등 생리적 필요 행위
3. 업무를 준비하거나 마무리하는 행위, 그 밖에 업무에 따르는 필요적 부수행위
4. 천재지변·화재 등 사업장 내에 발생한 돌발적인 사고에 따른 긴급피난·구조행위 등 사회통념상 예견되는 행위
5. 근로자가 사업주의 지시를 받아 사업장 밖에서 업무를 수행하던 중에 발생한 사고(다만, 사업주의 구체적인 지시를 위반한 행위, 근로자의 사적 행위 또는 정상적인 출장 경로를 벗어났을 때 발생한 사고는 업무상 사고로 보지 않음).
6. 업무의 성질상 업무수행 장소가 정해져 있지 않은 근로자가 최초로 업무수행 장소에 도착하여 업무를 시작한 때부터 최후로 업무를 완수한 후 퇴근하기 전까지 업무와 관련하여 발생한 사고

(2) 시설물 등의 결함 등에 따른 사고

사업주가 제공한 시설물, 장비 또는 차량 등(이하 '시설물 등'이라 함)의 결함이나 사업주의 관리 소홀로 발행한 사고는 업무상 사고로 본다. 다만, 사업주가 제공한 시설물 등을 사업주의 구체적인 지시를 위반하여 이용한 행위로 발생한 사고와 그 시설물등의 관리 또는 이용권이 근로자의 전속적 권한에 속하는 경우에 그 관리 또는 이용 중에 발생한 사고는 업무상 사고로 보지 않는다(산재보험법 시행령 제28조).

(3) 행사 중의 사고

운동경기, 야유회, 등산대회 등 각종 행사에 근로자가 참여하는 것이 사회통념상 노무관리 또는 사업운영상 필요하다고 인정되는 경우로서 다음 어느 하나에 해당하는 경우에 근로자가 그 행사에 참가(행사 참가를 위한 준비·연습 포함)하여 발생한 사고는 업무상 사고로 본다(산재보험법 시행령 제30조).

〈행사 중 사고의 업무상 재해 인정 기준〉

1. 사업주가 행사에 참가한 근로자에 대하여 행사에 참가한 시간을 근무한 시간으로 인정하는 경우

2. 사업주가 그 근로자에게 행사에 참가하도록 지시한 경우
3. 사전에 사업주의 승인을 받아 행사에 참가한 경우
4. 그 밖에 제1호부터 제3호까지의 규정에 준하는 경우로서 사업주가 그 근로자의 행사 참가를 통상적·관례적으로 인정한 경우

(4) 휴게시간 중 사업주의 지배관리하에 있다고 볼 수 있는 행위로 발생한 사고

휴게시간 중 사업주의 지배관리하에 있다고 볼 수 있는 행위로 발생한 사고는 업무상 사고로 본다(산재보험법 제37조 제1항 제1호 마목).

망인이 1시간의 휴게시간 동안에 자택에서 점심식사를 하는 행위는 근로자의 본래의 업무행위 또는 그 업무의 준비행위 내지는 정리행위, 사회통념상 그에 수반되는 것으로 인정되는 생리적 또는 합리적 행위로서 사업주의 지배를 벗어나지 아니한 행위라고 할 것이므로 그 과정에서 발생한 이 사건 사고는 업무상 재해에 해당한다고 보아야 할 것임(대법원 2004.12.24. 선고 2004두6549 판결).

(5) 특수한 장소에서의 사고

사회통념상 근로자가 사업장 내에서 할 수 있다고 인정되는 행위를 하던 중 태풍·홍수·지진·눈사태 등의 천재지변이나 돌발적인 사태로 발생한 사고는 업무상 사고로 본다. 다만, 근로자의 사적 행위, 업무 이탈 등 업무와 관계없는 행위를 하던 중에 사고가 발생한 것이 명백한 경우는 업무상 사고로 보지 않는다(산재보험법 시행령 제31조).

(6) 요양 중의 사고

업무상 부상 또는 질병으로 요양을 하고 있는 근로자에게 다음 어느 하나에 해당하는 사고가 발생하면 업무상 사고로 본다(산재보험법 시행령 제32조).

〈요양 중 사고의 업무상 재해의 인정 기준〉

1. 요양급여와 관련하여 발생한 의료사고
2. 요양 중인 산재보험 의료기관(산재보험 의료기관이 아닌 의료기관에서 응급진료 등을 받는 경우에는 그 의료기관) 내에서 업무상 부상 또는 질병의 요양과 관련하여 발생한 사고
3. 업무상 부상 또는 질병의 치료를 위하여 거주지 또는 근무지에서 요양 중인 산재보험 의료기관으로 통원하는 과정에서 발생한 사고

(7) 제3자의 행위에 따른 사고

제3자의 행위로 근로자에게 사고가 발생한 경우에 그 근로자가 담당한 업무가 사회통념상 제3자의 가해행위를 유발할 수 있는 성질의 업무라고 인정되면 그 사고는 업무상 사고로 본다(산재보험법 시행령 제33조).

2) 업무상 질병

「산업재해보상보험법」(약칭: 산재보험법)

제37조【업무상의 재해의 인정 기준】 ① 근로자가 다음 각호의 어느 하나에 해당하는 사유로 부상·질병 또는 장해가 발생하거나 사망하면 업무상의 재해로 본다. 다만, 업무와 재해 사이에 상당인과관계(相當因果關係)가 없는 경우에는 그러하지 아니하다.

2. 업무상 질병

가. 업무수행 과정에서 물리적 인자(因子), 화학물질, 분진, 병원체, 신체에 부담을 주는 업무 등 근로자의 건강에 장해를 일으킬 수 있는 요인을 취급하거나 그에 노출되어 발생한 질병

나. 업무상 부상이 원인이 되어 발생한 질병

다. 「근로기준법」 제76조의2에 따른 직장 내 괴롭힘, 고객의 폭언 등으로 인한 업무상 정신적 스트레스가 원인이 되어 발생한 질병

라. 그 밖에 업무와 관련하여 발생한 질병

(1) 건강에 장해를 일으킬 수 있는 요인을 취급하거나 그에 노출되어 발생한 질병

업무수행 과정에서 물리적 인자, 화학물질, 분진, 병원체, 신체에 부담을 주는 업무 등 근로자의 건강에 장해를 일으킬 수 있는 요인을 취급하거나 그에 노출되어 발생한 질병(근기법 시행령 제44조 제1항 및 동법 시행령 별표 5의 업무상 질병의 범위에 속하는 질병을 말함)이 다음의 요건 모두에 해당할 경우에는 업무상 질병으로 본다(산재보험법 시행령 제34조 제1항).[9)]

〈업무상 질병의 업무상 재해 인정 기준〉

1. 근로자가 업무수행 과정에서 유해·위험요인을 취급하거나 유해·위험요인에 노출된 경력이 있을 것.
2. 유해·위험요인을 취급하거나 유해·위험요인에 노출되는 업무시간, 그 업무에 종사한 기간 및 업

9) 업무상 질병의 구체적 인정기준은 산재법 시행령 별표3에 따른다(뇌혈관 또는 심장질병, 근골격계 질병, 호흡기계 질병, 신경정신계 질병, 림프조혈기계 질병, 피부 질병, 눈 또는 귀 질병, 간 질병, 감염성 질병, 직업성 암, 급성중독 등 화학적 요인에 의한 질병, 물리적 요인에 의한 질병 등). 근로복지공단은 근로자의 업무상 질병 또는 업무상 질병에 따른 사망의 인정 여부를 판정할 때에는 그 근로자의 성별, 연령, 건강 정도 및 체질 등을 고려해야 한다.

무 환경 등에 비추어 볼 때 근로자의 질병을 유발 할 수 있다고 인정될 것.
3. 근로자가 유해·위험요인에 노출되거나 유해·위험요인을 취급한 것이 원인이 되어 그 질병이 발생하였다고 의학적으로 인정될 것.

(2) 업무상 부상이 원인이 되어 발생한 질병

업무상 부상이 원인이 되어 발생한 질병이 업무상 부상과 질병 사이의 인과관계가 의학적으로 인정되고, 기초질환 또는 기존 질병이 자연발생적으로 나타난 증상이 아니라면 업무상 질병으로 본다(산재보험법 시행령 제34조 제2항).

(3) 직장 내 괴롭힘 등으로 인한 업무상 정신적 스트레스가 원인이 되어 발생한 질병

「근로기준법」 제76조의2에 따른 직장 내 괴롭힘, 고객의 폭언 등으로 인한 업무상 정신적 스트레스가 원인이 되어 발생한 질병은 업무상 질병으로 본다(산재보험법 제37조 제1항 제2호 다목).

3) 출퇴근 재해

「산업재해보상보험법」(약칭: 산재보험법)

제37조【업무상의 재해의 인정 기준】 ① 근로자가 다음 각호의 어느 하나에 해당하는 사유로 부상·질병 또는 장해가 발생하거나 사망하면 업무상의 재해로 본다. 다만, 업무와 재해 사이에 상당인과관계(相當因果關係)가 없는 경우에는 그러하지 아니하다.
3. 출퇴근 재해
가. 사업주가 제공한 교통수단이나 그에 준하는 교통수단을 이용하는 등 사업주의 지배관리하에서 출퇴근하는 중 발생한 사고
나. 그 밖에 통상적인 경로와 방법으로 출퇴근하는 중 발생한 사고

(1) 사업주의 지배관리하에서 출퇴근하는 중 발생한 사고

사업주가 제공한 교통수단이나 그에 준하는 교통수단을 이용하는 등 사업주의 지배관리하에서 출퇴근하는 중 발생한 사고가 다음의 요건에 모두 해당하면 출퇴근 재해로 본다(산재보험법 시행령 제35조 제1항).[10]

10) 출퇴근 재해와 관련하여 근로복지공단의 「출퇴근 재해 업무처리지침」(2023.7.1.), 「출퇴근 재해 보상 가이드」(2018.1.) 등을 참고할 수 있다.

〈출퇴근 중 사고의 업무상 재해 인정 기준-1〉

1. 사업주가 출퇴근용으로 제공한 교통수단이나 사업주가 제공한 것으로 볼 수 있는 교통수단을 이용하던 중에 사고가 발생하였을 것
2. 출퇴근용으로 이용한 교통수단의 관리 또는 이용권이 근로자 측의 전속적 권한에 속하지 아니하였을 것.

(2) 통상적인 경로와 방법으로 출퇴근하는 중 발생한 사고

통상적인 경로와 방법으로 출퇴근하는 중 발생한 사고 및 출퇴근 경로의 일탈 또는 중단이 일상생활에 필요한 다음의 사고는 출퇴근 재해로 본다. 다만, 출퇴근 경로 일탈 또는 중단이 있는 경우에는 해당 일탈 또는 중단 중의 사고 및 그 후의 이동 중의 사고에 대하여는 출퇴근 재해로 보지 않는다(산재보험법 시행령 제35조 제2항).

〈출퇴근 중 사고의 업무상 재해 인정 기준-2〉

1. 일상생활에 필요한 용품을 구입하는 행위
2. 「고등교육법」 제2조에 따른 학교 또는 「직업교육훈련 촉진법」 제2조에 따른 직업교육훈련기관에서 직업능력 개발향상에 기여할 수 있는 교육이나 훈련 등을 받는 행위
3. 선거권이나 국민투표권의 행사
4. 근로자가 사실상 보호하고 있는 아동 또는 장애인을 보육기관 또는 교육기관에 데려주거나 해당 기관으로부터 데려오는 행위
5. 의료기관 또는 보건소에서 질병의 치료나 예방을 목적으로 진료를 받는 행위
6. 근로자의 돌봄이 필요한 가족 중 의료기관 등에서 요양 중인 가족을 돌보는 행위
7. 제1호부터 제6호까지의 규정에 준하는 행위로서 고용노동부 장관이 일상생활에 필요한 행위라고 인정하는 행위

※ 출퇴근 경로와 방법이 일정하지 않은 수용 응답형 여객자동차운송사업, 개인택시운송사업, 퀵서비스업자 등이 본인의 주거지에 업무에 사용하는 자동차 등의 차고지를 보유하고 있는 경우에는 출퇴근 재해를 적용하지 않음(산재보험법 제37조 제4항 및 동법 시행령 제35조의2).

〈업무상 재해의 분류 및 내용〉

대분류	소분류	내 용
	업무수행 중의 사고	근로자가 근로계약에 따른 업무나 그에 따르는 행위를 하던 중 발생한 사고
	시설물 등의 결함 등에 따른 사고	사업주가 제공한 시설물 등을 이용하던 중 그 시설물 등의 결함이나 관리 소홀로 발생한 사고

대분류	소분류	내 용
업무상 사고	행사 중의 사고	사업주가 주관하거나 사업주의 지시에 따라 참여한 행사나 행사준비 중에 발생한 사고
	휴게시간 중의 사고	휴게시간 중 사업주의 지배관리하에 있다고 볼 수 있는 행위로 발생한 사고
	특수한 장소에서의 사고	사회통념상 근로자가 사업장 내에서 할 수 있다고 인정되는 행위를 하던 중 태풍·홍수·지진·눈사태 등의 천재지변이나 돌발적인 사태로 발생한 사고
	요양 중의 사고	업무상 부상 또는 질병으로 요양을 하고 있는 근로자에게 의료사고, 의료기관 내에서 발생한 사고, 의료기관에 통원하는 과정에서 발생한 사고
	제3자의 행위에 따른 사고	근로자가 담당한 업무가 사회통념상 제3자의 가해행위를 유발할 수 있는 성질의 업무라고 인정되어 발생한 사고
업무상 질병	업무수행 과정 중 발생한 질병	업무수행 과정에서 물리적 인자(因子), 화학물질, 분진, 병원체, 신체에 부담을 주는 업무 등 근로자의 건강에 장해를 일으킬 수 있는 요인을 취급하거나 그에 노출되어 발생한 질병
	업무상 부상이 원인이 되어 발생한 질병	업무상 부상과 질병 사이의 인과관계가 의학적으로 인정된 질병
	직장 내 괴롭힘, 고객의 폭언 등으로 발생한 질병	「근로기준법」에 따른 직장 내 괴롭힘, 고객의 폭언 등으로 인한 업무상 정신적 스트레스가 원인이 되어 발생한 질병
출퇴근 재해	사업주가 제공한 교통수단을 이용 중에 발생한 사고	사업주가 제공한 교통수단이나 그에 준하는 교통수단을 이용하는 등 사업주의 지배관리하에서 출퇴근하는 중 발생한 사고
	통상적인 경로와 방법으로 출퇴근하는 중 발생한 사고	통상적인 경로와 방법으로 출퇴근하는 중 발생한 사고, 출퇴근 경로의 일탈 또는 중단이 일상생활에 필요한 부수적 행위중에 발생한 사고

5. 업무상 재해에 대한 보상

1) 요양급여

요양급여는 근로자가 업무상의 사유로 부상을 당하거나 질병에 걸린 경우에 그 근로자에게 지급한다. 요양급여는 산재보험 의료기관에서 요양을 하게 하지만, 부득이한 경우에는 요양을 대신하여 요양비를 지급할 수 있다. 그러나 부상 또는 질병이 3일 이내의 요양으로 치유될 수 있으면 요양급여를 지급하지 않는다(산재보험법 제40조).

※ 요양급여를 받은 사람이 치유 후 요양의 대상이 되었던 업무상의 부상 또는 질병이 재발하거나 치유 당시보다 상태가 악화되어 이를 치유하기 위한 적극적인 치료가 필요하다는 의학적 소견이 있으면 다시 요양급여(재요양)를 받을 수 있음(산재보험법 제51조).

2) 휴업급여

휴업급여는 업무상 사유로 부상을 당하거나 질병에 걸린 근로자에게 요양으로 취업하지 못한 기간에 대하여 지급하되, 1일당 지급액은 평균임금의 100분의 70에 상당하는 금액으로 한다. 다만, 취업하지 못한 기간이 3일 이내이면 지급하지 않는다(산재보험법 제52조).[11]

※ 요양 또는 재요양을 받고 있는 근로자가 그 요양기간 중 일정 기간 또는 단시간 취업을 하는 경우에는 그 취업한 날 또는 취업한 시간에 해당하는 그 근로자의 평균임금에서 그 취업한 날 또는 취업한 시간에 대한 임금을 뺀 금액의 100분의 90에 상당하는 금액을 지급할 수 있음(부분휴업급여, 산재보험법 제53조).

3) 장해급여

장해급여는 근로자가 업무상의 사유로 부상을 당하거나 질병에 걸려 치유된 후 신체 등에 장해가 있는 경우에 그 근로자에게 지급하되, 장해등급에 따른 장해보상연금(장해등급 제1급~제7급만 해당) 또는 장해보상일시금으로 한다(산재보험법 제57조 제2항 별표2).[12]

※ 신체 부위별 장해등급의 판정 기준은 산재보험법 시행령 제43조(장해등급의 기준 등)에 구체적으로 규정되어 있음.

〈장해등급에 따른 연금 및 일시금 지급지준〉

장해등급	장해보상연금	장해보상일시금
제1급	329일분	1,474일분
제2급	291일분	1,309일분
제3급	257일분	1,155일분
제4급	224일분	1,012일분

11) 휴업급여와 관련하여 근로복지공단의 「휴업급여 지급기준에 대한 지침」(2012.11.15.), 「재요양 시 휴업급여의 평균임금 산정방법 및 적용기준」(2019.5.13.), 「특수상병 환자의 통원요양기간 중 휴업급여 지급기준 및 업무처리요령」(2019.8.2.), 「중소기업사업주 통원기간 중 휴업급여 지급방법 개선」(고용노동부, 2018.11.15., 산재보상정책과-2240) 등을 참고할 수 있다.

12) 근로복지공단의 「장해등급 조정에 관한 시행지침」(2019.1.1.), 「장해등급 판정 통합심사 운영규정」(2022.12.26.) 등을 참고할 수 있다.

장해등급	장해보상연금	장해보상일시금
제5급	193일분	869일분
제6급	164일분	737일분
제7급	138일분	616일분
제8급		495일분
제9급		385일분
제10급		297일분
제11급		220일분
제12급		154일분
제13급		99일분
제14급		55일분

※ 장해등급별 보상일수는 평균임금 기준임.

4) 간병급여

간병급여는 요양급여를 받은 자 중 치유 후 의학적으로 상시 또는 수시로 간병이 필요하여 실제로 간병을 받는 자에게 지급한다(산재보험법 제61조, 산재보험법 시행령 제59조 별표7).[13]

〈간병급여의 종류와 지급대상〉

구 분	지급 대상	지급기준[14]	
상시 간병급여	1. 신경계통의 기능, 정신기능 또는 흉복부 장기의 기능에 장해등급 제1급에 해당하는 장해가 남아 일상생활에 필요한 동작을 하기 위하여 항상 다른 사람의 간병이 필요한 사람 2. 두 눈, 두 팔 또는 두 다리 중 어느 하나의 부위에 장해등급 제1급에 해당하는 장해가 남고, 다른 부위에 제7급 이상에 해당하는 장해가 남아 일상생활에 필요한 동작을 하기 위하여 항상 다른 사람의 간병이 필요한 사람	전문간병인	44,760원
		가족·기타 간병인	41,170원
수시 간병급여	3. 신경계통의 기능, 정신기능 또는 흉복부 장기의 기능에 장해등급 제2급에 해당하는 장해가 남아 일상생활에 필요한 동작을 하기 위하여 수시로 다른 사람의 간병이 필요한 사람 4. 장해등급 제1급(제53조 제2항에 따른 조정의 결과 제1급이 되는 경우를 포함한다)에 해당하는 장해가 남아 일상생활에 필요한 동작을 하기 위하여 수시로 다른 사람의 간병이 필요한 사람	전문간병인	29,840원
		가족·기타 간병인	27,450원

13) 근로복지공단의 「간병료 지급기준 업무처리 지침」(2022.6.2.), 「산재보험 간병현물급여 적용지침」(2009.7.1.) 등을 참고할 수 있다.

14) 고용노동부 고시 제2020-152호, "산업재해보상보험법에 따른 간병급여 지급기준", 2020.12.29.

5) 상병보상연금

요양급여를 받는 근로자가 요양을 시작한 지 2년이 지난 날 이후에 다음의 요건 모두에 해당하는 상태가 계속되면 휴업급여 대신 상병보상연금을 그 근로자에게 지급한다(산재보험법 제66조).

〈상병보상연금이 적용되는 사유〉

1. 그 부상이나 질병이 치유되지 아니한 상태일 것
2. 그 부상이나 질병에 따른 중증요양상태 등급이 1~3급에 해당할 것
3. 요양으로 인하여 취업하지 못하였을 것

※ 상병보상연금은 중증요양상태등급 제1급은 평균임금의 329일분, 제2급은 평균임금의 291일분, 제3급은 평균임금의 257일분(산재보험법 제66조 제2항 별표4).

6) 유족급여

유족급여는 근로자가 업무상의 사유로 사망한 경우에 유족에게 지급한다. 유족급여는 유족보상연금 또는 유족보상일시금으로 하되, 유족보상일시금은 근로자가 사망할 당시에 유족보상연금을 받을 수 있는 자격이 있는 사람(수급자격자)이 없는 경우에 지급한다(산재보험법 제62조 제2항 별표3, 제65조).

※ 수급권자인 유족의 순위:[15] ① 근로자가 사망할 당시 그 근로자와 생계를 같이 하고 있던 배우자 · 자녀 · 부모 · 손자녀 및 조부모, ② 근로자가 사망할 당시 그 근로자와 생계를 같이 하고 있지 아니하던 배우자 · 자녀 · 부모 · 손자녀 및 조부모 또는 근로자가 사망할 당시 근로자와 생계를 같이 하고 있던 형제자매, ③ 형제자매

〈유족급여의 종류와 지급금액〉

구 분	연 금		일시금
금액	유족보상연금액은 다음의 기본금액과 가산금액을 합한 금액으로 함		평균임금의 1,300일분
	기본금액	급여기초연액(평균임금에 365를 곱하여 얻은 금액)의 100분의 47에 상당하는 금액	
	가산금액	유족보상연금수급권자 및 근로자가 사망할 당시 그 근로자와 생계를 같이 하고 있던 유족보상연금수급자격자 1인당 급여기초연액의 100분의 5에 상당하는 금액의 합산액. 다만, 그 합산금액이 급여기초연액의 100분의 20을 넘을 때에는 급여기초연액의 100분의 20에 상당하는 금액으로 함.	

15) 유족의 순위는 적힌 순서(①→②→③)로 한다(다만, 같은 순위가 2명 이상이면 똑같이 분배). 부모 또는 조부모는 60세 이상, 자녀는 25세 미만, 손자녀는 19세 미만, 형제자매는 19세 미만 또는 60세 이상만 해당된다.

※ 유족보상연금을 받을 수 있는 사람이 원하면 유족보상일시금의 100분의 50에 상당하는 금액을 일시금으로 지급하고, 유족보상연금은 100분의 50을 감액하여 지급함.

7) 장례비

장례비[16]는 근로자가 업무상의 사유로 사망한 경우에 지급하되, 평균임금의 120일분에 상당하는 금액을 그 장례를 지낸 유족에게 지급한다. 다만, 장례를 지낼 유족이 없거나 그 밖에 부득이한 사유로 유족이 아닌 사람이 장례를 지낸 경우에는 평균임금의 120일분에 상당하는 금액의 범위에서 실제 발생한 비용을 그 장례를 지낸 사람에게 지급한다(산재보험법 제71조).

※ 업무상 사고 또는 출퇴근 재해로 근로자가 사망하였다고 추정되는 경우에는 장례를 지내기 전이라도 유족의 청구에 따라 최저 금액을 장례비로 미리 지급할 수 있음.

제4절 직장 내 괴롭힘 금지

1. 개 요

1) 직장 내 괴롭힘 금지 입법배경

간호사의 태움, IT회사 사업주의 폭행, 대기업 오너 일가의 폭언 등 직장 내 갑질 등이 사회적 이슈로 부각되어, 2019.1.15. 근기법 개정을 통해 최초로 '직장 내 괴롭힘' 개념을 법률에 규정하였고, 2019.7.16.부터 시행하고 있다.

※ 근기법에 규정되기 전에는 직장 내 괴롭힘으로 볼 수 있는 일부 특정 행위에 대한 직접적인 제재규정을 상해(형법 제257조), 폭행(형법 제260조, 근기법 제8조), 협박(형법 제283조), 명예훼손(형법 제307조), 모욕(형법 제311조), 강요(형법 제324조) 등 개별법에 따라 적용하였음.

> *<u>고용관계 또는 근로관계는 이른바 계속적 채권관계로서 인적 신뢰관계를 기초로 하는 것</u>이므로, 고용계약에 있어 피용자가 신의칙상 성실하게 노무를 제공할 의무를 부담함에 대하여, 사용자로서는 피용자에 대한 보수 지급의무 외에도 피용자의 인격을 존중하고 보호하며 피용자가 그 의무를 이행*

16) 장례비는 고용노동부 장관의 고시에 따라 1월 1일부터 12월 31일까지 적용되는 최고 금액(2025년 18,685,600원)과 최저 금액(2025년 13,451,380원)을 적용한다(고용노동부 고시 제2024-66호, "장례비 최고 · 최저 금액", 2024.12.30.).

하는 데 있어서 손해를 받지 아니하도록 필요한 조치를 강구하고 피용자의 생명, 건강, 풍기 등에 관한 보호시설을 하는 등 쾌적한 근로환경을 제공함으로써 피용자를 보호하고 부조할 의무를 부담하는 것은 당연한 것임(대법원 1988.2.10. 선고 95다39533 판결).

2) 직장 내 괴롭힘의 개념

「근로기준법」

제76조의2【직장 내 괴롭힘의 금지】 사용자 또는 근로자는 직장에서의 지위 또는 관계 등의 우위를 이용하여 업무상 적정범위를 넘어 다른 근로자에게 신체적 · 정신적 고통을 주거나 근무환경을 악화시키는 행위(이하 "직장 내 괴롭힘"이라 한다)를 하여서는 아니 된다.

직장 내 괴롭힘은 사용자[17] 또는 근로자가 직장에서의 지위 또는 관계 등의 우위를 이용하여 업무상 적정범위를 넘어 다른 근로자에게 신체적·정신적 고통을 주거나 근무환경을 악화시키는 행위이다.

※ 상시근로자 4인 이하 사업(장)에는 직장 내 괴롭힘 관련 규정이 적용되지 않음.

3) 직장 내 괴롭힘의 행위요건

근기법상 직장 내 괴롭힘의 개념에 비추어 직장 내 괴롭힘의 요건을 판단할 수 있다. 즉 직장 내 괴롭힘이 성립되는지는 당사자의 관계, 행위가 행해진 장소 및 상황, 행위에 대한 피해자의 명시적 또는 추상적인 반응의 내용, 행위의 내용 및 정도, 행위가 일회적 또는 단시간의 것인지 또는 계속적인 것인지 여부 등의 구체적인 사정을 참작하여 종합적으로 판단하여야 한다. 다만, 객관적으로 피해자와 같은 처지에 있는 일반적이고도 평균적인 사람의 입장에서 신체적·정신적 고통 또는 근무환경 악화가 발생할 수 있는 행위가 있고, 그로 인하여 피해자에게 신체적·정신적 고통 또는 근무환경의 악화의 결과가 발생하였음이 인정되어야 한다.[18]

17) 사용자의 범위에는 「민법」 제767조에 따른 친족 중 ①사용자의 배우자, ②사용자의 4촌 이내의 혈족 또는 인척이 해당 사업(장)의 근로자인 경우에도 포함된다(근기법 시행령 제59조의3).

18) 고용노동부 · 안전보건공단, 『직장 내 괴롭힘으로 인한 건강장해 예방 매뉴얼』, 2021.3, 13쪽.

〈직장 내 괴롭힘의 행위요건〉

<table>
<tr><th>구 분</th><th colspan="2">내 용</th></tr>
<tr><td rowspan="3">① 직장에서의 지위 또는 관계 등의 우위 이용</td><td>우위성 이용</td><td>피해자가 저항 또는 거절하기 어려울 개연성이 높은 상태가 인정 and 행위자가 이러한 상태를 이용 → 우위를 이용하여 행위한 것이 아니라면 비해당</td></tr>
<tr><td>지위의 우위</td><td>지휘명령 관계에서 상위, 회사 내 직위·직급 체계상 상위에 있음</td></tr>
<tr><td>관계의 우위</td><td>사실상 우위를 점하고 있다고 판단되는 모든 관계. But 행위자-피해자 간에 이를 달리 평가해야 할 특별한 사정이 있는지 함께 고려 → 수적 측면(개인 vs. 집단), 인적 속성(정규직/연령/학벌/성별/출신지역/인종), 업무역량(근속연수/전문지식), 근로자 조직 구성원 여부(노조), 업무의 직장 내 영향력(감사부서/인사부서)</td></tr>
<tr><td>② 업무상 적정범위 초과</td><td colspan="2">행위자가 피해자에 비하여 우위성이 인정되더라도 문제된 행위가 포괄적인 업무관련성이 있는 상황에서 발생한 것이어야 함 → 인간관계의 갈등상황은 직장 내 괴롭힘 아님
※ 포괄적인 업무관련성: 직접적인 업무수행 중에서 발생한 경우가 아니더라도 업무수행에 편승하여 이루어졌거나, 업무수행을 빙자하여 발생한 경우
※ 업무상 적정범위 초과 여부: 업무상 필요성이 인정되지 않거나, 업무상 필요성은 인정되더라도 그 행위 양태가 사회통념에 비추어 볼 때 상당하지 않다고 인정되어야 함
※ 사회통념에 비추어 볼 때 업무상 필요성 인정 여부, 그리고 업무상 필요성이 인정되더라도 그 행위 양태가 사회통념에 비추어 볼 때 상당한지 여부</td></tr>
<tr><td>③ 신체적 · 정신적 고통 또는 근무환경 악화</td><td colspan="2">피해자가 능력을 발휘하는 데 간과할 수 없을 정도의 지장이 발생
→ 행위자의 의도가 없었더라도 그 행위로 신체적 또는 정신적 고통을 받았거나 근무환경이 악화되었다면 인정</td></tr>
</table>

※ 직장 내 괴롭힘은 행위요건인 ①, ② 및 ③ 모두를 충족해야 직장 내 괴롭힘에 해당.

2. 직장 내 괴롭힘의 예방

1) 취업규칙에 반영

「근로기준법」

제93조【취업규칙의 작성 · 신고】 상시 10명 이상의 근로자를 사용하는 사용자는 다음 각호의 사항에 관한 취업규칙을 작성하여 고용노동부 장관에게 신고하여야 한다. 이를 변경하는 경우에도 또한 같다.

11. 직장 내 괴롭힘의 예방 및 발생 시 조치 등에 관한 사항

사용자는 취업규칙에 직장 내 괴롭힘의 예방 및 발생 시 조치 등에 관한 사항을 규정하여야 한다. 이러한 직장 내 괴롭힘에 관한 취업규칙에는 기본적으로 직장 내 괴롭힘이 사업장에서 금지되는 비위행위임을 명확히 밝히는 것이 필요하다.[19] 이를 위해서는 직장 내 괴롭힘이 금지된다는 것, 직장 내 괴롭힘 가해자에게는 강력한 제재를 한다는 것, 피해자에 대해서는 보호조치가 이루어진다는 것을 근로자들이 확인할 수 있도록 명시할 필요가 있다.

※ 취업규칙 변경 시 직장 내 괴롭힘 행위자에 대한 사내 징계규정을 신설 또는 강화하는 경우에는 근로조건의 불이익한 변경으로 근로자 과반수의 동의가 필요함.[20]

〈직장 내 괴롭힘 행위의 예시〉[21]

- 정당한 이유 없이 업무능력이나 성과를 인정하지 않거나 조롱함
- 정당한 이유 없이 훈련, 승진, 보상, 일상적인 대우 등에서 차별함
- 다른 근로자들과는 달리 특정 근로자에 대하여만 근로계약서 등에 명시되어 있지 않는 모두가 꺼리는 힘든 업무를 반복적으로 부여함
- 근로계약서 등에 명시되어 있지 않는 허드렛일만 시키거나 일을 거의 주지 않음
- 정당한 이유 없이 업무와 관련된 중요한 정보제공이나 의사결정 과정에서 배제시킴
- 정당한 이유 없이 휴가나 병가, 각종 복지혜택 등을 쓰지 못하도록 압력 행사
- 다른 근로자들과는 달리 특정 근로자의 일하거나 휴식하는 모습만을 지나치게 감시
- 사적 심부름 등 개인적인 일상생활과 관련된 일을 하도록 지속적, 반복적으로 지시
- 정당한 이유 없이 부서 이동 또는 퇴사를 강요함
- 개인사에 대한 뒷담화나 소문을 퍼뜨림
- 신체적인 위협이나 폭력을 가함
- 욕설이나 위협적인 말을 함
- 다른 사람들 앞이나 온라인상에서 나에게 모욕감을 주는 언행을 함
- 의사와 상관없이 음주/흡연/회식 참여를 강요함
- 집단 따돌림
- 업무에 필요한 주요 비품(컴퓨터, 전화 등)을 주지 않거나, 인터넷·사내 네트워크 접속을 차단함

2) 직장 내 괴롭힘 예방교육

직장 내 괴롭힘 예방교육은 법정교육은 아니지만, 직장 내 괴롭힘 예방을 위해서는 직원 대

19) 취업규칙에 직장 내 괴롭힘에 관하여 규정할 때에는 금지되는 직장 내 괴롭힘 행위, 직장 내 괴롭힘 예방교육, 피해자 보호조치, 고충상담, 사건처리절차, 가해자 제재, 재발방지대책 등을 고려해야 한다.

20) 고용노동부, “직장 내 괴롭힘 관련 취업규칙 심사요령”, 2019.7.23.

21) 고용노동부, 『직장 내 괴롭힘 예방 · 대응 매뉴얼』, 2023.4, 91쪽.

상 교육을 필수적으로 고려할 필요가 있고, 예방교육은 1년에 1회 이상 주기적으로 실시하도록 계획하는 게 좋다.

3) 직장 내 괴롭힘 예방 및 대응 조직의 지속적 운영

직장 내 괴롭힘의 조직 분위기와 문화에 크게 영향을 받으며 해당 조직의 구조와 인적 특성에 매우 밀접하게 연계되어 있으므로, 예방조치는 장기간에 걸쳐 지속적으로 추진해야 한다. 이를 위하여 직장 내 괴롭힘 예방 및 대응 업무를 담당하는 전담자를 지정하여 두는 것이 좋으며, 담당 조직(담당자)을 중심으로 직장내 괴롭힘 근절에 대한 분위기가 지속적으로 확산되고 점차 상호 존중문화로 전환될 수 있도록 추진할 필요가 있다.

3. 직장 내 괴롭힘 발생 시 조치사항

「근로기준법」

제76조의3 【직장 내 괴롭힘 발생 시 조치】 ① 누구든지 직장 내 괴롭힘 발생 사실을 알게 된 경우 그 사실을 사용자에게 신고할 수 있다.

② 사용자는 제1항에 따른 신고를 접수하거나 직장 내 괴롭힘 발생 사실을 인지한 경우에는 지체 없이 당사자 등을 대상으로 그 사실 확인을 위하여 객관적으로 조사를 실시하여야 한다.

③ 사용자는 제2항에 따른 조사 기간 동안 직장 내 괴롭힘과 관련하여 피해를 입은 근로자 또는 피해를 입었다고 주장하는 근로자(이하 "피해근로자 등"이라 한다)를 보호하기 위하여 필요한 경우 해당 피해근로자 등에 대하여 근무장소의 변경, 유급휴가 명령 등 적절한 조치를 하여야 한다. 이 경우 사용자는 피해근로자 등의 의사에 반하는 조치를 하여서는 아니 된다.

④ 사용자는 제2항에 따른 조사 결과 직장 내 괴롭힘 발생 사실이 확인된 때에는 피해근로자가 요청하면 근무 장소의 변경, 배치전환, 유급휴가 명령 등 적절한 조치를 하여야 한다.

⑤ 사용자는 제2항에 따른 조사 결과 직장 내 괴롭힘 발생 사실이 확인된 때에는 지체 없이 행위자에 대하여 징계, 근무 장소의 변경 등 필요한 조치를 하여야 한다. 이 경우 사용자는 징계 등의 조치를 하기 전에 그 조치에 대하여 피해근로자의 의견을 들어야 한다.

⑥ 사용자는 직장 내 괴롭힘 발생 사실을 신고한 근로자 및 피해근로자 등에게 해고나 그 밖의 불리한 처우를 하여서는 아니 된다.

⑦ 제2항에 따라 직장 내 괴롭힘 발생 사실을 조사한 사람, 조사 내용을 보고받은 사람 및 그 밖에 조사 과정에 참여한 사람은 해당 조사 과정에서 알게 된 비밀을 피해근로자 등의 의사에 반하여 다른 사람에게 누설하여서는 아니 된다. 다만, 조사와 관련된 내용을 사용자에게 보고하거나 관계 기관의 요청에 따라 필요한 정보를 제공하는 경우는 제외한다.

1) 신고 및 사실조사

누구든지 직장 내 괴롭힘 발생 사실을 알게 된 경우 그 사실을 사용자에게 신고할 수 있다. 사용자는 직장 내 괴롭힘 신고를 접수하거나 알게 된 경우에는 지체없이 당사자 등을 대상으로 그 사실 확인을 위하여 객관적으로 조사를 실시하여야 한다. 사용자는 직장 내 괴롭힘 조사기간 동안 직장 내 괴롭힘과 관련하여 피해를 입은 근로자 또는 피해를 입었다고 주장하는 근로자를 보호하기 위하여 필요한 경우 해당 피해근로자등에 대하여 근무 장소의 변경, 유급휴가 명령 등 적절한 조치를 하되, 사용자는 피해근로자 등의 의사에 반하는 조치를 할 수 없다.

※ 근기법 제76조의3 제7항 본문에 따른 비밀누설 금지의무에는 조사참여자의 비밀누설 금지의무 준수에 대한 사용자의 감독 의무가 포함되지 않음(법제처 2023.11.21., 법제처-23-0706).

- *직장 내 괴롭힘 금지 제도에서 우위는 지위의 우위뿐만 아니라 관계의 우위도 포함되며, 여기에는 사실상 우위를 점하는 모든 관계가 포함될 수 있음. 예를 들어 개인 대 집단과 같은 수적 측면, 연령 · 학벌 · 성별 · 출신지역 · 인종 등 인적속성, 근속연수 · 전문지식 등 업무역량, 노동조합 · 직장협의회 등 근로자 조직 구성원 여부, 감사, 인사부서 등 직장 내 영향력, 정규직 여부 등이 문제될 수 있음. 구체적 사안에서 행위자가 피해자와의 관계에서 우위성이 있는지는 특정한 요소에 대한 사업장 내 통상적 · 사회적 평가를 토대로 판단하되, 관계의 우위성은 상대적일 수 있기 때문에 행위자 · 피해자 간에 이를 달리 평가해야 할 특별한 사정이 있는지도 함께 확인할 필요가 있음. 결론적으로 볼 때 노동조합 자체는 직장 내 괴롭힘 주체가 될 수 없지만, 노동조합 간부나 조합원들이 다른 근로자에 대해 관계의 우위를 이용하여 업무상 적정범위를 넘어 신체적 또는 정신적 고통을 주거나 근무환경을 악화시킬 경우 직장 내 괴롭힘 행위자가 될 수는 있음(고용노동부 2020.1.1., 근로기준정책과-2).*
- *「근로기준법」상 직장 내 괴롭힘이란 지위 또는 관계 등의 우위를 이용하여 업무상 적정범위를 넘어 신체적 · 정신적 고통을 주거나 근무환경을 악화시키는 행위를 말함. 이때의 업무관련성이란 '포괄적인 업무관련성'을 의미하며, 직접적인 업무 수행 중에서 발생한 경우가 아니더라도 업무수행의 기회나 업무수행에 편승하여 이루어지거나, 업무수행을 빙자하여 발생한 경우에도 인정 가능함. 문제된 행위가 업무상 적정범위를 넘는 것으로 인정되기 위해서는 그 행위가 사회통념에 비추어 볼 때 업무상 필요성이 인정되지 않거나, 업무상 필요성은 인정되더라도 그 행위 양태가 사회통념에 비추어 볼 때 상당하지 않다고 인정되어야 함. 결국, 직장 내 괴롭힘 여부는 당사자의 관계, 행위가 행해진 장소 및 상황, 행위에 대한 피해자의 명시적 또는 추정적인 반응의 내용, 행위의 내용 및 정도, 행위가 일회적 또는 단기간의 것인지 또는 계속적인 것인지 여부 등의 사정을 참작하여 구체적인 사실관계에 대한 조사를 통해 확인해야 함(고용노동부 2021.8.6., 근로기준정책과-2383).*

2) 유급휴가 등 적절한 조치

조사 결과 직장 내 괴롭힘 발생 사실이 확인된 때에는 피해근로자가 요청하면 근무장소의 변경, 배치전환, 유급휴가 명령 등 적절한 조치를 하여야 하고, 행위자에 대하여는 지체없이 징계, 근무장소의 변경 등 필요한 조치를 하여야 한다. 이 경우 사용자는 징계 등의 조치를 하기 전에 그 조치에 대하여 피해근로자의 의견을 들어야 한다.

※ 사업주는 고객응대근로자에 대하여 폭언 등(고객의 폭언, 폭행, 그 밖에 적정 범위를 벗어난 신체적·정신적 고통을 유발하는 행위)으로 인한 건강장해를 예방하기 위하여 일정한 조치(폭언 등을 하지 않도록 요청하는 문구 게시 또는 음성 안내, 고객응대업무 매뉴얼 마련, 교육 등)를 하여야 함(산안법 제41조 제1항). 근로자에게 건강장해가 발생한 현저한 우려가 있는 경우에는 업무의 일시적 중단 또는 전환, 휴게시간의 연장, 치료 및 상담 지원, 폭언 등으로 인한 고소, 고발 또는 손해배상 청구 등을 하는 데 필요한 지원 등 필요한 조치를 하여야 함(산안법 제41조 제2항). 근로자는 사업주에게 일정한 조치를 요구할 수 있고, 사업주는 근로자의 요구를 이유로 해고 등 불리한 처우를 할 수 없음(산안법 제41조 제3항).

3) 불이익 처우의 금지

사용자는 직장 내 괴롭힘 사실을 신고하였거나 피해를 주장하였음을 이유로 해고나 그 밖의 불리한 처우를 할 수 없고, 민사적으로도 불법행위가 성립하면 손해배상책임을 질 수 있다.

〈직장 내 괴롭힘에 대한 사용자의 의무 및 위반에 대한 제재〉

사용자 의무사항	제 재
사용자(사용자의 친족인 근로자 포함)의 직장 내 괴롭힘 금지	1,000만원 이하 과태료
직장 내 괴롭힘 신고 접수 및 발생 사실 인지 시 지체없이 당사자 대상으로 객관적 조사 실시	500만원 이하 과태료
조사기간 동안 피해근로자 등에 대해 필요한 경우 근무장소의 변경, 유급휴가 등 적절한 조치 실시	없음
직장 내 괴롭힘이 확인된 때 피해근로자 요청 시 근무장소의 변경, 유급휴가 등 적절한 조치 실시	500만원 이하 과태료
직장 내 괴롭힘이 확인된 때 지체없이 행위자에 대한 징계, 근무 장소 변경 등 필요한 조치 실시	500만원 이하 과태료
신고 또는 피해근로자에 대한 해고 등 불리한 처우 금지	3년 이하 징역 또는 3천만원 이하 벌금
조사 과정에서 알게 된 비밀 누설 금지	500만원 이하 과태료

4. 직장 내 괴롭힘에 대한 대응

1) 신고 및 적절한 조치 요구

근로자는 사전에 취업규칙 등 회사의 규정을 열람하여 직장 내 괴롭힘 관련 내용이 있는지 확인하고 없을 시에는 규정 제정을 요청할 수 있다. 직장 내 괴롭힘 행위를 당하였을 때는 사용자에게 신고하여 적절한 조치를 취할 것을 요청할 수 있다. 적절한 조치가 취해지지 않거나 이를 신고한 것을 이유로 해고나 그 밖의 불리한 처우를 당하는 경우에는 고용노동부 등에 민원제기를 하거나 노동위원회에 불리한 처우에 대한 구제신청을 할 수 있다.

※ 근기법은 직장 내 괴롭힘을 금지하면서도, 행위자(가해자)에 대한 직접적인 처벌규정은 두지 않고 있음. 따라서 사업장별 상황에 맞게 취업규칙에 직장 내 괴롭힘 예방 및 대응조치를 정하고 그에 따르도록 하고 있음.

2) 형법 등 개별법에 따른 보호

직장 내 괴롭힘의 유형에 따라 상해(형법 제257조), 폭행(형법 제260조, 근기법 제8조), 협박(형법 제283조), 명예훼손(형법 제307조), 모욕(형법 제311조), 강요(형법 제324조) 등 개별법 규정에 따라 고소, 고발 등을 진행할 수 있다.

3) 업무상 재해의 신청

직장 내 괴롭힘, 고객의 폭언 등으로 업무상 정신적 스트레스가 원인이 되어 발생한 질병은 업무상 재해로 본다(산재보험법 제37조 제1항 제2호 다목).

5. 직장 내 괴롭힘에 대한 정부의 의무

「산업안전보건법」(약칭: 산안법)

제4조【정부의 책무】 ① 정부는 이 법의 목적을 달성하기 위하여 다음 각호의 사항을 성실히 이행할 책무를 진다.

3. 「근로기준법」 제76조의2에 따른 직장 내 괴롭힘 예방을 위한 조치기준 마련, 지도 및 지원

정부는 직장 내 괴롭힘 예방을 위한 조치기준을 마련하고 지도 및 지원하여야 할 의무가 있다.

제5절 직장 내 성희롱 금지

1. 개 요

1) 직장 내 성희롱의 개념

> **「남녀고용평등과 일 · 가정 양립 지원에 관한 법률」(약칭: 남녀고용평등법)**
> **제2조【정의】** 이 법에서 사용하는 용어의 뜻은 다음과 같다.
> 2. "직장 내 성희롱"이란 사업주 · 상급자 또는 근로자가 직장 내의 지위를 이용하거나 업무와 관련하여 다른 근로자에게 성적 언동 등으로 성적 굴욕감 또는 혐오감을 느끼게 하거나 성적 언동 또는 그 밖의 요구 등에 따르지 아니하였다는 이유로 근로조건 및 고용에서 불이익을 주는 것을 말한다.

직장 내 성희롱은 사업주 · 상급자 또는 근로자가 직장 내의 지위를 이용하거나 업무와 관련하여 다른 근로자에게 성적 언동 등으로 성적 굴욕감 또는 혐오감을 느끼게 하거나 성적 언동 또는 그 밖의 요구 등에 따르지 아니하였다는 이유로 근로조건 및 고용에서 불이익을 주는 것이다.[22)]

> *'성희롱'이란 업무, 고용, 그 밖의 관계에서 국가기관 · 지방자치단체, 각급 학교, 공직유관단체 등 공공단체의 종사자, 직장의 사업주 · 상급자 또는 근로자가 ① 지위를 이용하거나 업무 등과 관련하여 성적 언동 또는 성적 요구 등으로 상대방에게 성적 굴욕감이나 혐오감을 느끼게 하는 행위, ② 상대방이 성적 언동 또는 요구 등에 따르지 아니한다는 이유로 불이익을 주거나 그에 따르는 것을 조건으로 이익 공여의 의사표시를 하는 행위를 하는 것을 말함(양성평등기본법 제3조 제2호, 남녀고용평등과 일 · 가정 양립 지원에 관한 법률 제2조 제2호, 국가인권위원회법 제2조 제3호 라목 등 참조). 여기에서 '성적언동'이란, 남녀 간의 육체적 관계나 남성 또는 여성의 신체적 특징과 관련된 육체적, 언어적, 시각적 행위로서 사회공동체의 건전한 상식과 관행에 비추어 볼 때, 객관적으로 상대방과 같은 처지에 있는 일반적이고도 평균적인 사람으로 하여금 성적 굴욕감이나 혐오감을 느끼게 할 수 있는 행위를 의미함(대법원 2018.4.12. 선고 2017두74702 판결).*

---

22) 직장 내 성희롱의 개념과 관련하여 「국가인권위원회법」은 성희롱을 '업무, 고용 그 밖의 관계에서 공공기관의 종사자, 사용자 또는 근로자가 그 직위를 이용하여 또는 업무 등과 관련하여 성적 언동 등으로 성적 굴욕감 또는 혐오감을 느끼게 하거나 성적 언동 또는 그 밖의 요구 등에 따르지 아니한다는 이유로 고용상의 불이익 주는 것'이라고 규정하고 있다(제2조 제3호 라목). 「양성평등기본법」은 성희롱을 '업무, 고용 그 밖의 관계에서 국가기관 · 지방자치단체 또는 공공단체의 종사자, 사용자 또는 근로자가 지위를 이용하거나 업무 등과 관련하여 성적 언동 또는 성적 요구 등으로 상대방에게 성적 굴욕감이나 혐오감을 느끼게 하는 행위 또는 상대방이 성적 언동 또는 성적 요구에 따르지 아니한다는 이유로 불이익을 주거나 그에 따르는 것을 조건으로 이익 공여의 의사표시를 하는 행위'라고 규정하고 있다(제3조 제2호).

2) 직장 내 성희롱의 유형

직장 내 성희롱은 육체적, 언어적, 시각적, 기타 성희롱 행위로 구분할 수 있다.

〈직장 내 성희롱의 유형〉[23]

구 분	내 용
육체적 성희롱	상대의 의사와 관계없이 신체적으로 접촉하거나, 특정 신체부위를 만짐으로써 피해자에게 성적 굴욕감이나 혐오감을 주는 행위
언어적 성희롱	음란한 농담이나 음담패설, 외모에 대한 성적인 비유나 평가, 성적인 내용의 정보를 의도적으로 유포하는 행위, 성적 관계를 강요하거나 회유하는 행위, 음란한 내용의 전화 통화 등
시각적 성희롱	외설적인 사진·그림·낙서·음란출판물 등을 게시하거나 보여주는 행위, 직접 또는 간접적 매체(컴퓨터 등)를 통하여 음란한 편지·사진·그림을 보내는 행위, 성과 관련된 자신의 특정 신체 부위를 고의적으로 노출하거나 만지는 행위 등
기타 성희롱	성적 요구에 따르면 이익을 주겠다고 하는 행위, 원치 않는 만남이나 교제를 강요하는 행위 등

2. 직장 내 성희롱의 판단기준

1) 직장 내의 지위를 이용하거나 업무관련성

업무관련성은 근무시간에 근무 장소에서 발생한 것이 아니어도 인정될 수 있다. 사업주, 상급자 또는 근로자가 직장 내 지위를 이용하거나 업무와 관련이 있는 경우라면 사업장 내부에서 근무시간에 성희롱이 발생한 경우뿐만 아니라 사업장 밖에서 근무시간 외에 성희롱을 한 경우에도 직장 내 성희롱으로 판단될 수 있다(출장 중 자동차 내부, 업무 관련 회식 장소, 야유회 장소 등).

어떠한 행위가 직장 내 성희롱에 해당하는지 여부를 판단함에 있어서는 i) 직장 내 성희롱 당사자(행위자와 피해자) 요건이 충족되어야 하고, ii) 직장 내 지위를 이용하거나 업무와 관련하여 이루어져야 하며, iii) 성적 언동 등으로 성적 굴욕감 또는 혐오감을 느끼게 하거나, iv) 성적 언동 또는 그 밖에 요구 등에 대한 불응을 이유로 고용에서 불이익을 주었는지 여부 등을 종합적으로 고려하여 판단하여야 할 것임(고용노동부 2008.12.18. 여성고용과-984).

23) 고용노동부, 「직장 내 성희롱 예방지도 지침(개정)」, 2007.11.

2) 피해자가 원하지 않는 행위

피해자가 명시적인 거부의사를 표현하지 않았더라도 직장 내 성희롱이 될 수 있는데, 상대방이 원하지 않는 행동은 상대방이 명시적으로 거부의사를 표현한 경우만이 아니라, 적극적으로나 소극적으로 또는 묵시적으로 거부하는 경우도 포함된다. 즉, 행위자의 성적 언동 등에 대해 직접적으로 분명하게 거부해야만 직장 내 성희롱이 성립되는 것은 아니다.

※ 상급자·하급자 간이나 정규직·비정규직 간의 직장 내 성희롱과 같이 피해자와 행위자의 권력관계가 불평등한 경우 성적 언동 등을 직접적, 적극적으로 거부하기 쉽지 않다는 것이 직장 내 성희롱의 주요 특징임.

3) 성적 언동 또는 그 밖의 요구

성적 언동이나 그 밖의 요구는 성적인(sexual) 의미가 내포되어 있는 육체적·언어적·시각적 언어나 행동을 의미한다. 여성근로자를 아줌마라고 부르거나 반말을 하는 것과 같이 여성을 비하하는 행동, 여성근로자에게 커피 심부름을 시키는 것과 같이 고정관념적인 성별 역할을 강요하는 행동은 성차별적인 행동으로서 해서는 안 되지만 이러한 언동 자체가 성적 언동이라고 보기는 어렵다. 그러나 이러한 행동은 직장 내 성희롱으로 발전할 수 있기 때문에 반드시 지양해야 하는 행동이다.[24)]

※ 성적 언동이 단 1회뿐이어도 직장 내 성희롱이 성립될 수 있고, 특정인을 염두에 두지 않은 언동이라도 그것을 듣는 사람에게 성적 굴욕감이나 혐오감을 준다면 직장 내 성희롱이 됨.

> *'성적 언동'이란, 남녀 간의 육체적 관계나 남성 또는 여성의 신체적 특징과 관련된 육체적, 언어적, 시각적 행위로서 사회공동체의 건전한 상식과 관행에 비추어 볼 때, 객관적으로 상대방과 같은 처지에 있는 일반적이고도 평균적인 사람으로 하여금 성적 굴욕감이나 혐오감을 느끼게 할 수 있는 행위를 의미함(대법원 2018.4.12. 선고 2017두74702 판결).*

4) 행위자의 의도는 직장 내 성희롱의 성립 여부와 무관

직장 내 성희롱의 성립요건은 피해자에게 성적 굴욕감 또는 혐오감을 느끼게 하는 행위이기 때문에 피해자가 그러한 불쾌감을 느꼈는지 여부가 중요하고, 행위자에게 그러한 피해를 발생시킬 의도가 있는지 여부는 직장 내 성희롱의 성립과 무관하다.

---

24) 고용노동부, 『직장 내 성희롱 예방 · 대응 매뉴얼』, 2024.1.

5) 합리적 피해자의 관점과 성인지 감수성

직장 내 성희롱을 판단함에 있어 피해자가 성적 굴욕감 또는 혐오감을 느꼈는가가 성립 요건이나, 이는 주관적인 감정이므로 개인마다 다를 수 있다. 따라서 이를 누구의 관점에서 그렇게 느낄 수 있는지 판단해야 하고, 일반인의 관점이 아니라 합리적인 피해자의 관점에서 직장 내 성희롱을 판단해야 한다.

성희롱이 성립하기 위해서는 행위자에게 반드시 성적 동기나 의도가 있어야 하는 것은 아니지만, 당사자의 관계, 행위가 행해진 장소 및 상황, 행위에 대한 상대방의 명시적 또는 추정적인 반응의 내용, 행위의 내용 및 정도, 행위가 일회적 또는 단기간의 것인지 아니면 계속적인 것인지 여부 등의 구체적 사정을 참작하여 볼 때, 객관적으로 상대방과 같은 처지에 있는 일반적이고도 평균적인 사람으로 하여금 성적 굴욕감이나 혐오감을 느낄 수 있게 하는 행위가 있고, 그로 인하여 행위의 상대방이 성적 굴욕감이나 혐오감을 느꼈음이 인정되어야 함. 법원이 성희롱 관련 소송의 심리를 할 때에는 그 사건이 발생한 맥락에서 성차별 문제를 이해하고 양성평등을 실현할 수 있도록 '성인지 감수성'[25]을 잃지 않아야 함(양성평등기본법 제5조 제1항 참조). 그리하여 우리 사회의 가해자 중심적인 문화와 인식, 구조 등으로 인하여 피해자가 성희롱 사실을 알리고 문제를 삼는 과정에서 오히려 부정적 반응이나 여론, 불이익한 처우 또는 그로 인한 정신적 피해 등에 노출되는 이른바 '2차 피해'를 입을 수 있다는 점을 유념하여야 함. 피해자는 이러한 2차 피해에 대한 불안감이나 두려움으로 인하여 피해를 당한 후에도 가해자와 종전의 관계를 계속 유지하는 경우도 있고, 피해사실을 즉시 신고하지 못하다가 다른 피해자 등 제3자가 문제를 제기하거나 신고를 권유한 것을 계기로 비로소 신고를 하는 경우도 있으며, 피해사실을 신고한 후에도 수사기관이나 법원에서 그에 관한 진술에 소극적인 태도를 보이는 경우도 적지 않음. 이와 같은 성희롱 피해자가 처하여 있는 특별한 사정을 충분히 고려하지 않은 채 피해자 진술의 증명력을 가볍게 배척하는 것은 정의와 형평의 이념에 입각하여 논리와 경험의 법칙에 따른 증거판단이라고 볼 수 없음(대법원 2018.4.12. 선고 2017두74702 판결).

6) 직장 내 성희롱으로 인한 피해 발생

(1) 성적 굴욕감 또는 혐오감을 느끼게 하는 것

성적 굴욕감 또는 혐오감은 성적 언동으로 인하여 피해자가 느끼게 되는 불쾌한 감정을 말하는데, 피해자의 주관적 판단 외에 객관적으로 피해자와 같은 처지에 있는 일반적이고 평균적인 사람으로 하여금 성적 굴욕감이나 혐오감을 느끼게 하는 행위여야 한다.

25) '성인지 감수성'은 어떤 현실이 마치 객관적이고 중립적인 것처럼 보이지만, 실제로는 남성중심적인 사고방식과 사회문화적 구조로 인해 여성과 남성이 처한 상황과 조건, 기대되는 요구, 자원과 재발에 대한 접근 기회와 통제권한, 의사결정권한 등에 있어 차이가 존재하며 이로 인해 성별로 다른 결과와 영향을 초래하게 되는 상황에 대해 인식하는 능력을 말한다.

(2) 근로조건 및 고용에서 불이익을 주는 것

성적 요구에 불응한 것을 이유로 근로조건(임금, 근로시간, 휴게시간, 상여금 및 제수당, 휴일 및 휴가, 교육훈련, 복리후생 또는 안전, 인사평가 등) 및 고용(해고, 정직, 전직, 감봉, 휴직 등)에서 불이익을 주는 경우 직장 내 성희롱이 성립한다.

3. 직장 내 성희롱의 금지 및 예방

1) 직장 내 성희롱 금지 및 예방 교육

「남녀고용평등과 일 · 가정 양립 지원에 관한 법률」(약칭: 남녀고용평등법)

제12조【직장 내 성희롱의 금지】 사업주, 상급자 또는 근로자는 직장 내 성희롱을 하여서는 아니 된다.

제13조【직장 내 성희롱 예방 교육 등】 ① 사업주는 직장 내 성희롱을 예방하고 근로자가 안전한 근로환경에서 일할 수 있는 여건을 조성하기 위하여 직장 내 성희롱의 예방을 위한 교육(이하 "성희롱 예방교육"이라 한다)을 매년 실시하여야 한다.

② 사업주 및 근로자는 제1항에 따른 성희롱 예방 교육을 받아야 한다.

③ 사업주는 성희롱 예방 교육의 내용을 근로자가 자유롭게 열람할 수 있는 장소에 항상 게시하거나 갖추어 두어 근로자에게 널리 알려야 한다.

④ 사업주는 고용노동부령으로 정하는 기준에 따라 직장 내 성희롱 예방 및 금지를 위한 조치를 하여야 한다.

⑤ 제1항 및 제2항에 따른 성희롱 예방 교육의 내용 · 방법 및 횟수 등에 관하여 필요한 사항은 대통령령으로 정한다.

사업주,[26] 상급자 또는 근로자는 직장 내 성희롱을 하여서는 아니되며, 일정한 기준에 따라 직장 내 성희롱 예방 및 금지를 위한 조치(성희롱 예방지침 등)를 하여야 한다(사업주가 직장 내 성희롱을 하면 1천만원 이하 과태료). 사업주는 직장 내 성희롱 예방 교육을 연 1회 이상 실시하여야 하고, 교육의 내용을 근로자가 자유롭게 열람할 수 있는 장소에 항상 게시하거나 갖추어 두어 근로자에게 알려야 한다.

---

26) 〈사업주의 개념과 관련〉 남녀고용평등법에는 사업주에 대한 정의규정은 없으나, 산업안전보건법(제2조 제3호)에 따르면 "근로자를 사용하여 사업을 행하는 자"를 말하며, 근기법 등 노동관계법 전반적으로 사업주가 법인(法人)인 경우에는 법인 자체를 의미하는 것으로 보는 것이 일반적이다. 〈직장 내 성희롱의 주체로서 사업주 관련〉 남녀고용평등법상 직장 내 성희롱의 행위자는 "사업주, 상급자 또는 근로자"로 규정되어 있으며, 이때 사업주는 구체적 행위를 할 수 있는 개인사업주를 의미하고 법인은 해당되지 않으며 법인의 대표자는 동 규정상 '상급자'에 해당한다고 볼 수 있다(고용노동부 2001.3.6., 여성 68247-100).

「남녀고용평등법」 제13조와 같은 법 시행령 제4조에 따른 직장 내 성희롱 예방교육 방법은 직원연수, 조회, 회의 등 피교육자에게 교육내용을 효과적으로 전달할 수 있는 차원에서 사업장 사정에 따라 선택할 수 있을 것이므로 귀 사업장의 경우 사업장 내 안전교육 또는 다른 일반교육과 함께 병행하여 시행하는 것도 가능함. 최근 인터넷 등 통신교육기법이 개발되고 있어 통신교육(원격교육)을 이용해서 교육을 실시하는 것도 가능하나, 단위별 진도체크 확인 가능, 교육내용에 대한 테스트 등 확인 가능, 궁금증에 대한 질의응답 또는 토론기능구비 등 피교육자에게 교육내용이 제대로 전달되었는지 여부를 확인할 수 있는 기능이 구비되어 있어야 하며, 개인별 메일서비스나 게시판에 공지하는 등의 방법과 같이 피교육자에게 교육내용이 제대로 전달되었는지 여부를 확인할 수 없는 경우에는 동법상의 교육으로 인정할 수 없을 것임(고용노동부 2018.1.1. 여성교육팀-60).

2) 직장 내 성희롱 발생 시 조치사항

「남녀고용평등과 일 · 가정 양립 지원에 관한 법률」(약칭: 남녀고용평등법)

제14조【직장 내 성희롱 발생 시 조치】 ① 누구든지 직장 내 성희롱 발생 사실을 알게 된 경우 그 사실을 해당 사업주에게 신고할 수 있다.

② 사업주는 제1항에 따른 신고를 받거나 직장 내 성희롱 발생 사실을 알게 된 경우에는 지체없이 그 사실 확인을 위한 조사를 하여야 한다. 이 경우 사업주는 직장 내 성희롱과 관련하여 피해를 입은 근로자 또는 피해를 입었다고 주장하는 근로자(이하 "피해근로자 등"이라 한다)가 조사 과정에서 성적 수치심 등을 느끼지 아니하도록 하여야 한다.

③ 사업주는 제2항에 따른 조사기간 동안 피해근로자 등을 보호하기 위하여 필요한 경우 해당 피해근로자 등에 대하여 근무 장소의 변경, 유급휴가 명령 등 적절한 조치를 하여야 한다. 이 경우 사업주는 피해근로자 등의 의사에 반하는 조치를 하여서는 아니 된다.

④ 사업주는 제2항에 따른 조사결과 직장 내 성희롱 발생 사실이 확인된 때에는 피해근로자가 요청하면 근무장소의 변경, 배치전환, 유급휴가 명령 등 적절한 조치를 하여야 한다.

⑤ 사업주는 제2항에 따른 조사결과 직장 내 성희롱 발생 사실이 확인된 때에는 지체없이 직장 내 성희롱 행위를 한 사람에 대하여 징계, 근무 장소의 변경 등 필요한 조치를 하여야 한다. 이 경우 사업주는 징계 등의 조치를 하기 전에 그 조치에 대하여 직장 내 성희롱 피해를 입은 근로자의 의견을 들어야 한다.

⑥ 사업주는 성희롱 발생 사실을 신고한 근로자 및 피해근로자 등에게 다음 각 호의 어느 하나에 해당하는 불리한 처우를 하여서는 아니 된다.

1. 파면, 해임, 해고, 그 밖에 신분상실에 해당하는 불이익 조치
2. 징계, 정직, 감봉, 강등, 승진 제한 등 부당한 인사조치
3. 직무 미부여, 직무 재배치, 그 밖에 본인의 의사에 반하는 인사조치
4. 성과평가 또는 동료평가 등에서 차별이나 그에 따른 임금 또는 상여금 등의 차별 지급

5. 직업능력 개발 및 향상을 위한 교육훈련 기회의 제한
6. 집단 따돌림, 폭행 또는 폭언 등 정신적 · 신체적 손상을 가져오는 행위를 하거나 그 행위의 발생을 방치하는 행위
7. 그 밖에 신고를 한 근로자 및 피해근로자 등의 의사에 반하는 불리한 처우

⑦ 제2항에 따라 직장 내 성희롱 발생 사실을 조사한 사람, 조사 내용을 보고 받은 사람 또는 그 밖에 조사 과정에 참여한 사람은 해당 조사 과정에서 알게 된 비밀을 피해근로자 등의 의사에 반하여 다른 사람에게 누설하여서는 아니 된다. 다만, 조사와 관련된 내용을 사업주에게 보고하거나 관계 기관의 요청에 따라 필요한 정보를 제공하는 경우는 제외한다.

(1) 신고 및 사실조사

누구든지 직장 내 성희롱 발생 사실을 알게 된 경우 그 사실을 해당 사업주에게 신고할 수 있다. 사업주는 직장 내 성희롱 신고를 받거나 발생 사실을 알게 된 경우에는 지체없이 그 사실 확인을 위한 조사를 하여야 하고, 직장 내 성희롱과 관련하여 피해를 입은 근로자 또는 피해를 입었다고 주장하는 근로자가 조사 과정에서 성적 수치심 등을 느끼지 아니하도록 하여야 한다. 사업주는 직장 내 성희롱 조사기간 동안 피해근로자 등을 보호하기 위하여 필요한 경우 해당 피해근로자 등에 대하여 근무 장소의 변경, 유급휴가 명령 등 적절한 조치를 하여야 하되, 피해근로자 등의 의사에 반하는 조치를 하여서는 아니 된다.

(2) 유급휴가 등 적절한 조치

사업주는 조사결과 직장 내 성희롱 발생 사실이 확인된 때에는 피해근로자가 요청하면 근무 장소의 변경, 배치전환, 유급휴가 명령 등 적절한 조치를 하여야 하고, 직장 내 성희롱 행위를 한 사람에 대하여는 지체없이 징계, 근무 장소의 변경 등 필요한 조치를 하여야 한다. 이 경우 사업주는 징계 등의 조치를 하기 전에 그 조치에 대하여 직장 내 성희롱 피해를 입은 근로자의 의견을 들어야 한다.

- *〈법인의 대표이사가 직장 내 성희롱의 행위자일 경우〉에는 「남녀고용평등과 일 · 가정 양립 지원에 관한 법률」 제14조 제1항(현행 제5항)에 의거 법인은 지체없이 대표이사에 대하여 징계나 그밖에 이에 준하는 조치를 취하여야 하며, 이를 이행하지 않을 경우 같은 법 제39조 제2항에 의거 법인에 대하여 500만원(현행 1천만원) 이하의 과태료를 부과할 수 있음. 과태료 부과 전 반드시 시정지시 절차를 거쳐야 하는 것은 아니며, 피해자가 행위자의 처벌 등 법에 따른 처리를 요구한 경우로*

서 법인이 행위자에 대한 조치를 취하기에 합당한 기간이 지난 것으로 판단되면 즉시 과태료를 부과하여도 무방할 것임(고용노동부 2014.4.14., 여성고용정책과-1336).

- 현행 「남녀고용평등과 일 · 가정 양립 지원에 관한 법률」 제14조 제1항(현행 제5항)에서는 사업주에게 직장 내 성희롱 발생이 확인된 경우 지체 없이 행위자에 대하여 징계나 그 밖에 이에 준하는 조치를 하도록 규정하고 있고, 같은 법 시행규칙 제9조에서는 사업주가 직장 내 성희롱 행위자에 대한 징계나 그 밖에 이에 준하는 조치를 하는 경우에는 성희롱의 정도 및 지속성을 고려하도록 하고 있습니다. 상기 규정에 따르면 징계 수위에 대하여는 별도로 정하고 있지 아니하므로 시정완료 여부는 귀 청의 의견과 같이 사업주가 성희롱의 정도, 횟수 등을 고려하여 합리적인 범위에서 적정한 징계를 하였다면 취업규칙상 낮은 징계가 이루어졌다 하더라도 시정완료 되지 않았다고 볼 수는 없을 것임(고용노동부 2011.7.1. 여성고용정책과-1443).

(3) 불리한 처우의 금지

사업주는 성희롱 발생 사실을 신고한 근로자 및 피해근로자 등에게 해고, 징계 등의 불리한 처우를 할 수 없다(위반 시 3년 이하의 징역 또는 3천만원 이하의 벌금).

〈직장 내 성희롱에 대한 사업주의 의무 및 위반에 대한 제재〉

사용자 의무사항	제 재
사업주의 직장 내 성희롱 금지	1,000만원 이하 과태료
직장 내 성희롱 예방교육	500만원 이하 과태료
직장 내 성희롱 신고 접수 및 발생 사실 인지 시 지체없이 조사 실시	500만원 이하 과태료
조사기간 동안 피해근로자 등에 대해 필요한 경우 근무장소의 변경, 유급휴가 등 적절한 조치 실시	없음
직장 내 성희롱이 확인된 때 피해근로자 요청 시 근무장소의 변경, 유급휴가 등 적절한 조치 실시	500만원 이하 과태료
직장 내 성희롱이 확인된 때 지체없이 행위자에 대한 징계, 근무 장소 변경 등 필요한 조치 실시	
신고 또는 피해근로자에 대한 해고 등 불리한 처우 금지	3년 이하 징역 또는 3천만원 이하 벌금
조사 과정에서 알게 된 비밀 누설 금지	500만원 이하 과태료

4. 직장 내 성희롱에 대한 대응

1) 직장 내 성희롱 발생 시 대처

직장 내 성희롱을 당하면 단호하게 거부의 의사표현을 해야 한다. 최초의 직장 내 성희롱에 대해서 거부와 불쾌감의 의사표현을 하는 것은 더 심각한 수준의 직장 내 성희롱 발생을 예방할 수 있다. 직장 내 성희롱 당시 바로 거부의 의사표현을 하지 못했다고 하더라도 빠른 시일 내에 그 행위에 대한 자신의 의사를 표현하는 것이 바람직하다.

2) 문제해결방법 선택

직장 내 성희롱 관련 법제도, 직장 내의 규칙, 직장 내 성희롱인지 여부 등에 대해 전문적인 상담을 받아 보고 그 이후에 어떻게 해결할 것인가를 결정해야 한다. 결정을 위해 우선 원하는 해결의 모습(행위자의 사과와 재발방지 약속, 행위자 처벌, 행위자와 피해자의 분리, 손해배상 등)이 무엇인지 고민하고, 원하는 해결방법이 현실적으로 가능할지와 외부로부터 어떤 도움을 어떻게 받을 수 있는지도 함께 고려하여 방법을 선택해야 한다.[27)]

3) 증거수집

직장 내 성희롱 행위에 대한 직접 증거나 목격자가 있다면 증언(행위 당시를 녹화한 영상, 녹음파일, 행위자가 보낸 메시지 등)을 확보하고, 직접 증거나 목격자가 없는 경우 직장 내 성희롱 행위에 대해 피해자 본인이 타인에게 그 사실을 전달한 사실이 있다면 그것에 대한 증거나 증언(피해자 본인의 일기, 피해자가 지인에게 직장 내 성희롱 피해 사실을 말한 메시지, 거부의사를 기재한 이메일 등)을 확보한다.

4) 직장 내 해결절차 이용

직장 내에 성희롱 구제절차 또는 고충처리절차가 마련되어 있다면 해당 기구 또는 담당자에게 신고하고, 직장 내 성희롱 해결 관련 기구나 담당자가 없는 경우에는 인사부서에 신고한다(신고 시 행위자의 행위를 구체적으로 진술). 회사에 피해자 본인에 대한 보호조치 및 피해 구제를

---

27) 직장 내의 고충처리절차 등 직장 내 성희롱 문제해결 절차를 숙지하고, 직장 내의 사우회, 노동조합, 외부의 상담기관이나 법률지원단체 등을 찾아본 후 적절한 해결 방법을 선택할 수 있도록 한다.

위해 본인이 원하는 해결책을 요구하고, 해결절차가 진행되는 동안 피해자가 행위자와 함께 근무하기 어렵다면 근무 장소 변경, 유급휴가를 회사에 요구한다.

5) 행정 및 사법 기관을 통한 대응

직장 내 성희롱 문제의 궁극적인 해결은 피해자가 직장 내 성희롱 없는 원래의 근로조건으로 회복하는 것이기 때문에 직장 내 해결을 도모한 후 제대로 해결되지 않으면 외부 기관(고용노동부, 국가인권위원회, 수사기관 등)의 제도를 이용할 수 있다.

※ 반드시 직장 내 제도를 먼저 이용해야 하는 것은 아니고, 여러 가지 구제제도를 동시에 이용할 수도 있음.

5. 고객 등에 의한 성희롱 방지

「남녀고용평등과 일 · 가정 양립 지원에 관한 법률」(약칭: 남녀고용평등법)

제14조의2【고객 등에 의한 성희롱 방지】 ① 사업주는 고객 등 업무와 밀접한 관련이 있는 자가 업무수행 과정에서 성적인 언동 등을 통하여 근로자에게 성적 굴욕감 또는 혐오감 등을 느끼게 하여 해당 근로자가 그로 인한 고충 해소를 요청할 경우 근무 장소 변경, 배치전환, 유급휴가의 명령 등 적절한 조치를 하여야 한다.

② 사업주는 근로자가 제1항에 따른 피해를 주장하거나 고객 등으로부터의 성적 요구 등에 불응한 것을 이유로 해고나 그 밖의 불이익한 조치를 하여서는 아니 된다.

사업주는 고객 등 업무와 밀접한 관련이 있는 자가 업무수행 과정에서 성적인 언동 등을 통하여 근로자에게 성적 굴욕감 또는 혐오감 등을 느끼게 하여 해당 근로자가 그로 인한 고충 해소를 요청할 경우 근무 장소 변경, 배치전환, 유급휴가의 명령 등 적절한 조치를 하여야 한다(위반 시 300만원 이하 과태료). 사업주는 근로자가 피해를 주장하거나 고객 등으로부터의 성적 요구 등에 불응한 것을 이유로 해고나 그 밖의 불이익한 조치를 할 수 없다(위반 시 500만원 이하 과태료).

우리 법은 사업주의 고객에 의한 성희롱 피해근로자 보호 노력 의무와 피해근로자 불이익 금지의무를 규정하고 있을 뿐, 기업과 고객 사이에서 발생한 문제는 민사, 형사상 절차를 따라야 할 것임. 참고적으로 일반 기업체의 폭언 및 성희롱 고객 대처 방안을 살펴보면, 근로자의 고충접수 시 1단계 일반상담사 처리, 2단계 대응 전담팀이 경고 메시지 전달, 3단계 고소 · 고발 진행의 절차를 마련하

여 시행하고 있음을 알려드림. 아울러 국가인권위원회의 「진료과정 성희롱 예방안내서」와 서울특별시에서 다산콜센터 근로자 보호를 위해 제작한 「20가지 사례로 배우는 악성민원 대응비법」을 해당 기관에 요청하여 참고하시는 것도 좋을 것으로 생각됨(고용노동부 2014.9.26. 여성고용정책과-3348).

제12장

취약근로자 관리

제1절 여성근로자 및 연소근로자
제2절 기간제근로자 및 단시간근로자
제3절 파견근로자
제4절 장애인근로자 및 고령근로자
제5절 외국인근로자
제6절 일 · 가정 양립 근로자

제1절 여성근로자 및 연소근로자

1. 개 요

「대한민국 헌법」

제32조 ④ 여자의 근로는 특별한 보호를 받으며, 고용 · 임금 및 근로조건에 있어서 부당한 차별을 받지 아니한다.

⑤ 연소자의 근로는 특별한 보호를 받는다.

제36조 ② 국가는 모성의 보호를 위하여 노력하여야 한다.

「남녀고용평등과 일 · 가정 양립 지원에 관한 법률」(약칭: 남녀고용평등법)

제1조 【목적】 이 법은 「대한민국헌법」의 평등이념에 따라 고용에서 남녀의 평등한 기회와 대우를 보장하고 모성 보호와 여성 고용을 촉진하여 남녀고용평등을 실현함과 아울러 근로자의 일과 가정의 양립을 지원함으로써 모든 국민의 삶의 질 향상에 이바지하는 것을 목적으로 한다.

헌법은 여성과 연소근로자의 근로를 특별히 보호하면서 모성보호를 위하여 국가의 노력의무를 규정하고 있고, 근기법 제5장(여성과 소년)과 남녀고용평등법은 이를 구체화하고 있다. 근기법은 여성 및 연소근로자 보호에 관하여 모두 규정하고 있지만, 남녀고용평등법은 대부분이 여성근로자의 보호에 관하여만 규정하고 있다. 특히 근기법이 여성근로자의 신체적·생리적 특성의 보호에 중점을 두고 있는 반면에, 남녀고용평등법은 여성근로자와 남성근로자에 대한 평등대우 및 일·가정 양립 지원에 중점을 두고 있다.

※ 취약근로자는 일반근로자와 구별되는 특수성으로 인하여 특별보호의 대상이 되는 근로자로서 여성 및 연소근로자, 기간제근로자 및 단시간근로자, 파견근로자, 장애인 및 고령근로자, 외국인근로자 등이 있음.

2. 여성근로자 및 연소근로자 공통사항

1) 탄력적 근로시간제 금지

연소근로자 및 임신 중인 여성근로자에게는 탄력적 근로시간제를 적용할 수 없다(근기법 제51조 제3항 및 제51조의2 제6항).

2) 유해 · 위험 사업 사용금지

> **「근로기준법」**
> **제65조【사용금지】** ① 사용자는 임신 중이거나 산후 1년이 지나지 아니한 여성(이하 "임산부"라 한다)과 18세 미만자를 도덕상 또는 보건상 유해 · 위험한 사업에 사용하지 못한다.
> ② 사용자는 임산부가 아닌 18세 이상의 여성을 제1항에 따른 보건상 유해 · 위험한 사업 중 임신 또는 출산에 관한 기능에 유해 · 위험한 사업에 사용하지 못한다.
> ③ 제1항 및 제2항에 따른 금지 직종은 대통령령으로 정한다.

사용자는 임산부와 18세 미만인 근로자는 도덕상 또는 보건상 유해·위험한 사업에 사용할 수 없고, 임산부가 아닌 18세 이상의 여성을 임신 또는 출산에 관한 기능에 유해·위험한 사업에 사용할 수 없다(근기법 시행령 제40조 별표4).

〈임산부, 임산부가 아닌 18세 이상 여성 및 18세 미만자의 사용이 금지되는 직종〉

구 분	사용금지 직종
임신 중인 여성	1. 「원자력안전법」 제91조 제2항에 따른 방사선작업종사자 등의 피폭방사선량이 선량한도를 초과하는 원자력 및 방사선 관련 업무 2. 납, 수은, 크롬, 비소, 황린, 불소(불화수소산), 염소(산), 시안화수소(시안산), 2-브로모프로판, 아닐린, 수산화칼륨, 페놀, 에틸렌글리콜모노메틸에테르, 에틸렌글리콜모노에틸에테르, 에틸렌글리콜모노에틸에테르 아세테이트, 염화비닐, 벤젠 등 유해물질을 취급하는 업무 3. 사이토메갈로바이러스(Cytomegalovirus) · B형 간염 바이러스 등 병원체로 인하여 오염될 우려가 큰 업무. 다만, 의사 · 간호사 · 방사선기사 등의 면허증을 가진 사람 또는 해당 자격 취득을 위한 양성과정 중에 있는 사람의 경우는 제외한다. 4. 신체를 심하게 펴거나 굽히면서 해야 하는 업무 또는 신체를 지속적으로 쭈그려야 하거나 앞으로 구부린 채 해야 하는 업무 5. 연속작업에 있어서는 5킬로그램 이상, 단속(斷續)작업에 있어서는 10킬로그램 이상의 중량물을 취급하는 업무 6. 임신 중인 여성의 안전 및 보건과 밀접한 관련이 있는 업무로서 고용노동부령으로 정하는 업무 7. 그 밖에 고용노동부 장관이 「산업재해보상보험법」 제8조에 따른 산업재해보상보험및예방심의위원회(이하 "산업재해보상보험및예방심의위원회"라 한다. 이하 이 표에서 같다)의 심의를 거쳐 지정하여 고시하는 업무

구 분	사용금지 직종
산후 1년 미만 여성	1. 납, 비소를 취급하는 업무. 다만, 모유 수유를 하지 않는 여성으로서 본인이 취업 의사를 사업주에게 서면으로 제출한 여성의 경우는 제외한다. 2. 2-브로모프로판을 취급하거나 2-브로모프로판에 노출될 수 있는 업무 3. 그 밖에 고용노동부 장관이 산업재해보상보험및예방심의위원회의 심의를 거쳐 지정하여 고시하는 업무
18세 이상 여성	1. 2-브로모프로판을 취급하거나 2-브로모프로판에 노출될 수 있는 업무. 다만, 의학적으로 임신할 가능성이 전혀 없는 여성인 경우는 제외한다. 2. 그 밖에 고용노동부 장관이 산업재해보상보험및예방심의위원회의 심의를 거쳐 지정하여 고시하는 업무
18세 미만인 사람	1. 「건설기계관리법」, 「도로교통법」 등에서 18세 미만인 자에 대하여 운전 · 조종면허 취득을 제한하고 있는 직종 또는 업종의 운전 · 조종업무 2. 「청소년보호법」 등 다른 법률에서 18세 미만인 청소년의 고용이나 출입을 금지하고 있는 직종이나 업종 3. 교도소 또는 정신병원에서의 업무 4. 소각 또는 도살의 업무 5. 유류를 취급하는 업무(주유업무는 제외한다) 6. 2-브로모프로판을 취급하거나 2-브로모프로판에 노출될 수 있는 업무 7. 18세 미만인 자의 안전 및 보건과 밀접한 관련이 있는 업무로서 고용노동부령으로 정하는 업무 8. 그 밖에 고용노동부 장관이 산업재해보상보험및예방심의위원회의 심의를 거쳐 지정하여 고시하는 업무

3) 야간 및 휴일 근로제한

사용자는 18세 이상의 여성을 야간근로 및 휴일근로를 시키려면 해당 근로자의 동의를 받아야 한다. 사용자는 임산부와 18세 미만인 사람을 야간근로 및 휴일에 근로시키지 못한다. 다만, 18세 미만인 사람과 산후 1년 미만인 여성의 동의, 임신 중인 여성이 명시적으로 청구하고 고용노동부 장관의 인가를 받으면 야간근로 및 휴일근로가 가능하다(근기법 제70조 제1항).

〈임산부 및 18세 미만인 자의 야간 · 휴일근로 인가요건〉[1)]

제71조【임산부 및 18세 미만인 자의 야간 · 휴일근로인가 요건】 ①「근로기준법」 제70조 제2항에 따른 임산부 및 18세 미만인 자의 야간 · 휴일근로 인가대상은 「근로기준법」 제69조 및 제71조의 근로

1) 고용노동부 훈령 제517호, 「근로감독관 집무규정」(2024.07.01. 시행), 2024.06.26.

시간의 준수가 가능하다고 인정되고 다음 각호의 어느 하나에 해당하는 사유의 야간 또는 휴일근로에 한한다.
1. 교대제 실시로 인하여 야간근로가 불가피할 것
2. 운송 · 방송 등 일상생활에 필수적인 공익사업에 해당하여 야간 또는 휴일근로가 불가피할 것
3. 업종의 특성상 야간에 가동(영업)하지 아니하면 사업의 계속적인 영위가 곤란하여 야간근로가 불가피할 것
4. 일시적인 주문량 증가 등으로 야간 또는 휴일근로가 불가피할 것
5. 그 밖에 위 각호의 어느 하나에 준하는 사유가 발생할 것
② 제1항에도 불구하고 18세 미만자의 심야시간(24시~다음날 6시) 근로는 생계곤란 등으로 불가피하고 사업장 근무실태 및 업무강도를 연소근로자가 감내할 수 있다고 판단되는 경우에 한하여 인가할 수 있다.
③ 임산부 및 18세 미만인 자에 대한 야간 · 휴일근로인가는 「근로기준법 시행규칙」 별지 제12호서식에 인가종류, 근로자의 성명, 생년월일, 근무부서 및 업무, 인가기간, 근로시간(18세 미만자의 야간근로의 경우) 등을 표시한 "인가자 현황"을 첨부하여 발급하여야 한다. 다만, 임신근로자에 대한 야간 및 휴일근로 인가시 인가대상 임신근로자에게 야간 · 휴일근로의 명시적인 청구 여부, 모성보호 협의 및 임신근로자의 야간 · 휴일근로 필요성 등을 직접 확인해야 한다.

4) 갱내근로 금지

「근로기준법」

제72조【갱내근로의 금지】 사용자는 여성과 18세 미만인 사람을 갱내(坑內)에서 근로시키지 못한다. 다만, 보건 · 의료, 보도 · 취재 등 대통령령으로 정하는 업무를 수행하기 위하여 일시적으로 필요한 경우에는 그러하지 아니하다.

사용자는 여성과 18세 미만인 사람을 갱내[2]에서 근로시키지 못한다. 다만, 보건·의료, 보도·취재 등의 업무를 수행하기 위하여 일시적으로 필요한 경우에는 갱내근로가 가능하다(근기법 시행령 제42조).

〈여성과 18세 미만자의 갱내근로 허용업무〉

1. 보건, 의료 또는 복지 업무
2. 신문 · 출판 · 방송프로그램 제작 등을 위한 보도 · 취재업무
3. 학술연구를 위한 조사 업무

2)갱내는 터널 등의 지하공사현장이나 광산 등 지하에 있는 광물을 시추하거나 채굴하는 장소와 그곳에 출입하기 위해 지표와 연결되는 지하 통로를 의미한다.

4. 관리 · 감독 업무
5. 제1호부터 제4호까지의 규정의 업무와 관련된 분야에서 하는 실습 업무

3. 연소근로자의 특별사항

1) 선택적 근로시간제 금지

15세 이상 18세 미만의 근로자는 선택적 근로시간제를 적용할 수 없다(근기법 제52조 제1항 제1호).

2) 취업 최저연령과 취직인허증

「근로기준법」

제64조 【최저연령과 취직인허증】 ① 15세 미만인 사람(「초 · 중등교육법」에 따른 중학교에 재학 중인 18세 미만인 사람을 포함한다)은 근로자로 사용하지 못한다. 다만, 대통령령으로 정하는 기준에 따라 고용노동부 장관이 발급한 취직인허증(就職認許證)을 지닌 사람은 근로자로 사용할 수 있다.

「근로기준법 시행령」

제35조 【취직인허증의 발급 등】 ① 법 제64조에 따라 취직인허증을 받을 수 있는 자는 13세 이상 15세 미만인 자로 한다. 다만, 예술공연 참가를 위한 경우에는 13세 미만인 자도 취직인허증을 받을 수 있다.
② 제1항에 따른 취직인허증을 받으려는 자는 고용노동부령으로 정하는 바에 따라 고용노동부 장관에게 신청하여야 한다.
③ 제2항에 따른 신청은 학교장(의무교육 대상자와 재학 중인 자로 한정한다) 및 친권자 또는 후견인의 서명을 받아 사용자가 될 자와 연명(連名)으로 하여야 한다.
제36조 【취직인허증의 교부 및 비치】 ① 고용노동부 장관은 제35조 제2항에 따른 신청에 대하여 취직을 인허할 경우에는 고용노동부령으로 정하는 취직인허증에 직종을 지정하여 신청한 근로자와 사용자가 될 자에게 내주어야 한다.

「근로기준법 시행규칙」

제11조 【취직인허 신청 등】 ① 15세 미만인 자가 법 제64조와 영 제35조에 따라 취직인허증을 받으려면 별지 제9호서식의 15세 미만인 자의 취직인허증 교부 신청서를 관할 지방고용노동관서의 장에게 제출하여야 한다.
② 사용자 또는 15세 미만인 자는 영 제39조에 따라 취직인허증을 재교부받으려면 별지 제9호서식의 15세 미만인 자의 취직인허증 재교부 신청서에 취직인허증이 못쓰게 되거나 이를 잃어버리게 된 사유서를 첨부하여 관할 지방고용노동관서의 장에게 제출하여야 한다.

> ③ 관할 지방고용노동관서의 장은 제1항과 제2항에 따른 신청으로 취직을 인허할 경우에는 별지 제10호서식의 15세 미만인 자의 취직인허증을 내주어야 한다.

② 제1항의 취직인허증은 본인의 신청에 따라 의무교육에 지장이 없는 경우에는 직종(職種)을 지정하여서만 발행할 수 있다.
③ 고용노동부 장관은 거짓이나 그 밖의 부정한 방법으로 제1항 단서의 취직인허증을 발급받은 사람에게는 그 인허를 취소하여야 한다.

15세 미만인 사람(중학교에 재학 중인 18세 미만인 사람 포함)은 근로자로 사용하지 못한다.[3] 다만, 일정한 기준에 따라 고용노동부 장관이 발급한 취직인허증을 지닌 사람은 근로자로 사용할 수 있다.

〈15세 미만자의 취직인허〉[4]

제69조【15세 미만인 자의 취직인허】 ①「근로기준법」 제64조 제1항 및 같은법 시행령 제35조 제1항 본문에 따른 13세 이상 15세 미만인 자(「초 · 중등교육법」에 따른 중학교에 재학 중인 18세 미만인 자를 포함한다)의 취직인허증은 다음 각호의 기준을 모두 갖춘 경우에 직종을 지정하여 발급한다.
1. 도덕상 또는 보건상 유해 · 위험한 직종(「근로기준법시행령」 제40조의 별표4 중 18세 미만인 자의 사용금지직종)이 아닌 경미한 작업일 것
2. 당해 근로자의 생명 · 건강 또는 복지에 위험이 초래되거나 유해하다고 인정되는 업무가 아닐 것
3. 근로시간이 수업에 지장을 주지 않을 것
4. 친권자 또는 후견인의 동의와 학교장의 의견이 명기되었을 것
②「근로기준법시행령」 제35조 제1항 단서 규정에 따라 예술공연에 참가하는 13세 미만인 자에 대한 취직인허증의 발급에 관하여는 제1항을 준용한다.

3) 연소자 증명서

「근로기준법」

제66조【연소자 증명서】 사용자는 18세 미만인 사람에 대하여는 그 연령을 증명하는 가족관계기록사항에 관한 증명서와 친권자 또는 후견인의 동의서를 사업장에 갖추어 두어야 한다.

3) 근기법의 효력은 국적을 불문하고 우리나라 영토 내 모든 사업(장)에 미치므로 국내 사업장에 적법하게 취업하고(하려는) 있는 외국인 근로자에게도 근기법이 적용된다. 따라서 외국인이라도 만 15세 미만인 자가 취업을 하려면 취직인허증을 소지하여야 한다(고용노동부 2003.7.19., 장고 68240-504).
4) 고용노동부 훈령 제517호, 「근로감독관 집무규정」(2024.07.01. 시행), 2024.06.26.

「근로기준법 시행령」

제36조【취직인허증의 교부 및 비치】 ② 15세 미만인 자를 사용하는 사용자가 취직인허증을 갖추어 둔 경우에는 법 제66조에 따른 가족관계기록사항에 관한 증명서와 친권자나 후견인의 동의서를 갖추어 둔 것으로 본다.

사용자는 18세 미만인 사람에 대하여는 그 연령을 증명하는 가족관계기록사항에 관한 증명서와 친권자 또는 후견인[5]의 동의서를 사업장에 갖추어 두어야 한다.

근로기준법 제64조에 의하면 사용자는 18세미만인 자에 대하여 그 연령을 증명하는 호적증명서와 친권자 또는 후견인의 동의서를 사업장에 비치하여야 한다고 규정되어 있으나, 부모님의 인감증명이 필요하지는 않음(고용노동부 2002.5.14. 여원 68240-235).

4) 근로계약 대리 금지

「근로기준법」

제67조【근로계약】 ① 친권자나 후견인은 미성년자의 근로계약을 대리할 수 없다.
② 친권자, 후견인 또는 고용노동부 장관은 근로계약이 미성년자에게 불리하다고 인정하는 경우에는 이를 해지할 수 있다.
③ 사용자는 18세 미만인 사람과 근로계약을 체결하는 경우에는 제17조에 따른 근로조건을 서면(「전자문서 및 전자거래 기본법」 제2조 제1호에 따른 전자문서를 포함한다)으로 명시하여 교부하여야 한다.

친권자나 후견인은 미성년자의 근로계약을 대리할 수 없고, 친권자·후견인·고용노동부 장관은 근로계약이 미성년자에게 불리하다고 인정하는 경우에는 이를 해지할 수 있다.

〈미성년자에게 불리한 근로계약의 해지〉[6]

제70조【미성년자에게 불리한 근로계약의 해지】 감독관은 「근로기준법」 제67조 제2항에 따른 미성

5) '친권자'라 함은 부 · 모(양자의 경우에는 양부모를 포함)를 말하며(미성년자는 부모의 친권에 복종함), 친권은 부모가 혼인 중에 있는 때에는 부모가 공동으로 이를 행사하지만, 부모의 의견이 일치하지 아니하는 경우에는 당사자의 청구에 의하여 가정법원이 이를 정한다(민법 제909조 제1항, 제2항). 또한 미성년자에 대하여 친권자가 없거나 친권자가 법률행위의 대리권 및 재산관리권을 행사할 수 없는 때 또는 피성년후견이나 피한정후견의 선고가 있는 때에 그 미성년자 · 피성년후견인 · 피한정후견인을 보호하기 위하여 후견인을 두어야 한다(민법 제928~959조).

6) 고용노동부 훈령 제517호, 「근로감독관 집무규정」(2024.07.01. 시행), 2024.06.26.

> 년자의 근로계약이 다음 각 호의 어느 하나에 해당하는 경우에는 그 근로계약을 해지할 수 있다.
> 1. 「근로기준법시행령」 제40조의 별표4 중 18세 미만인 자의 사용금지 직종에 규정된 도덕상 또는 보건상 유해 · 위험한 직종에 사용하는 근로계약인 경우
> 2. 근로계약의 내용이 법령 또는 사회통념에 반한 경우
> 3. 근로계약기간 중 업무를 감당할 수 없는 심신의 장해가 발생하였거나 발생할 우려가 있는 경우
> 4. 친권자나 후견인의 동의없이 18세 미만인 자와 근로계약을 체결한 경우

5) 독자적 임금청구

> **「근로기준법」**
>
> **제68조【임금의 청구】** 미성년자는 독자적으로 임금을 청구할 수 있다.
>
> **「임금채권보장법」**
>
> **제11조의2【수급권의 보호】** ③ 미성년자인 근로자는 독자적으로 대지급금의 지급을 청구할 수 있다.

미성년자는 독자적으로 임금 및 임금채권보장법에 따른 대지급을 청구할 수 있다.[7]

6) 근로시간의 제한

15세 이상 18세 미만인 사람의 법정근로시간은 1일 7시간, 1주 35시간이다. 다만, 사용자와 합의에 따라 1일에 1시간, 1주에 5시간을 한도로 연장할 수 있다(근기법 제69조)

4. 여성근로자의 특별사항

1) 생리휴가

사용자는 여성근로자가 청구하면 월 1일의 무급 생리휴가를 주어야 한다(근기법 제73조). 생리휴가는 생리현상에 기인하여 부여하는 것이므로, 사용자는 생리사실이 없는 임신 중인 여성의 경우 취업규칙 등에 별도의 규정이 없다면 생리휴가를 줄 의무가 없다.[8]

2) 출산전후휴가 · 유사산휴가 및 임신기 근로시간 단축

사용자는 임신 중의 여성에게 출산 전과 출산 후를 통하여 90일(미숙아를 출산하는 경우에

7) 임금 또는 대지급의 청구와 별도로 미성년자는 독립하여 법률행위를 할 수 있는 경우를 제외하고는 법정대리인에 의해서만 소송행위를 할 수 있다(「민사소송법」 제55조 제1항).

8) 고용노동부, "생리휴가관련 주요 쟁점사항 검토", 2004.7.13., 여성고용과-1485.

는 100일, 한 번에 둘 이상 자녀를 임신한 경우에는 120일)의 출산전후휴가를 주어야 하고, 임신 중인 여성이 유산 또는 사산한 경우로서 그 근로자가 청구하면 유산 · 사산 휴가를 주어야 한다(인공 임신중절 수술의 경우는 제외). 사용자는 임신 후 12주 이내 또는 32주 이후(유산, 조산 등 위험이 있는 경우에는 임신 전 기간)에 있는 여성근로자가 1일 2시간의 근로시간 단축을 신청하는 경우 이를 허용하여야 한다(근기법 제74조).

3) 태아 검진시간의 부여

「근로기준법」

제74조의2【태아검진 시간의 허용 등】 ① 사용자는 임신한 여성근로자가 「모자보건법」 제10조에 따른 임산부 정기건강진단을 받는 데 필요한 시간을 청구하는 경우 이를 허용하여 주어야 한다.
② 사용자는 제1항에 따른 건강진단 시간을 이유로 그 근로자의 임금을 삭감하여서는 아니 된다.

「모자보건법」

제10조【임산부 · 영유아 · 미숙아등의 건강관리 등】 ① 특별자치시장 · 특별자치도지사 또는 시장 · 군수 · 구청장은 임산부 · 영유아 · 미숙아 등에 대하여 대통령령으로 정하는 바에 따라 정기적으로 건강진단 · 예방접종을 실시하거나 모자보건전문가(의사 · 한의사 · 조산사 · 간호사의 면허를 받은 사람 또는 간호조무사의 자격을 인정받은 사람으로서 모자보건사업에 종사하는 사람을 말한다)에게 그 가정을 방문하여 보건진료를 하게 하는 등 보건관리에 필요한 조치를 하여야 한다.

사용자는 임신한 여성근로자가 임신기간에 따라 일정한 주기(「모자보건법 시행규칙」제5조 제1항 별표1)로 임산부 정기건강진단을 받는데 필요한 시간을 청구하는 경우 이를 허용하여 주어야 하고, 해당시간은 유급으로 보장해야 한다. 이는 임신한 여성근로자가 규칙적으로 태아의 건강상태를 확인하여 건강한 아이를 낳을 수 있게하고, 저출산문제와 임신한 여성에게 생리휴가가 부여되지 않는 데 대한 형평의 문제를 극복하려는 취지의 제도이다.

〈임산부의 정기 건강진단 실시기준〉

임신기간	주 기
임신 28주까지	4주마다 1회
임신 29주~36주까지	2주마다 1회
임신 37주 이후	1주마다 1회

※ 특별자치시장·특별자치도지사 또는 시장·군수·구청장은 임산부가 「장애인복지법」에 따른 장애인인

경우, 만 35세 이상인 경우, 다태아를 임신한 경우 또는 의사가 고위험 임신으로 판단한 경우에는 임신 기간별 주기에 따른 건강진단 횟수를 넘어 건강진단을 실시할 수 있음.

4) 육아시간 부여

「근로기준법」

제75조【육아 시간】 생후 1년 미만의 유아(乳兒)를 가진 여성근로자가 청구하면 1일 2회 각각 30분 이상의 유급 수유 시간을 주어야 한다.

휴게시간과는 별도로 유급 수유시간을 부여하여 육아의 양육과 직장생활을 양립시키고자 하는 취지로, 생후 1년 미만의 유아(乳兒)를 가진 여성근로자(기혼·미혼을 불문)가 청구하면 1일 2회 각각 30분 이상의 유급 수유 시간을 주어야 한다.

육아시간은 생후 1년 미만의 유아를 가진 여성근로자들에 대하여 수유 등 유아를 돌보는데 필요한 시간을 확보해 주고자 하는데 취지가 있고, 현행 근로기준법 제73조(현행 제75조)는 '생후 1년 미만의 유아를 가진 여자근로자의 청구가 있는 경우에는 1일 2회 각각 30분 이상의 유급수유시간을 주어야 한다'고 규정하고 있으므로 사용자가 동법을 이행하는데 있어서는 여성근로자의 청구 1회에 대해 30분 이상의 육아시간을 부여하면 될 것임. 따라서 개별 사업장의 사정에 의해 노사 당사자 간 합의가 있다면 1일 1회 1시간의 육아시간을 부여하여도 무방한 것으로 사료됨(고용노동부 2000.8.5. 여원 68240-249).

5) 해고의 절대적 금지

「근로기준법」

제23조【해고 등의 제한】 ② 사용자는 …… 또는 산전(産前) · 산후(産後)의 여성이 이 법에 따라 휴업한 기간과 그 후 30일 동안은 해고하지 못한다.

사용자는 임신 중인 여성근로자가 출산전후휴가(유·사산휴가 포함)를 사용하여 휴업한 기간과 그 후 30일 동인은 해고하지 못한다.

6) 시간외근로의 제한

산후 1년 미만인 여성근로자는 단체협약이 있는 경우라도 1일에 2시간, 1주에 6시간, 1년에 150시간을 초과하는 시간외근로가 금지되며(근기법 제71조), 임신 중인 여성근로자는 시간외 근로가 금지된다(근기법 제74조).

7) 차별 금지

「대한민국 헌법」

제11조 ① 모든 국민은 법 앞에 평등하다. 누구든지 성별 · 종교 또는 사회적 신분에 의하여 정치적 · 경제적 · 사회적 · 문화적 생활의 모든 영역에 있어서 차별을 받지 아니한다.

「근로기준법」

제6조【균등한 처우】 사용자는 근로자에 대하여 남녀의 성(性)을 이유로 차별적 대우를 하지 못하고, 국적 · 신앙 또는 사회적 신분을 이유로 근로조건에 대한 차별적 처우를 하지 못한다.

「고용정책기본법」

제7조【취업기회의 균등한 보장】 ① 사업주는 근로자를 모집 · 채용할 때에 합리적인 이유 없이 성별, 신앙, 연령, 신체조건, 사회적 신분, 출신지역, 학력, 출신학교, 혼인 · 임신 또는 병력(病歷) 등(이하 "성별 등"이라 한다)을 이유로 차별을 하여서는 아니 되며, 균등한 취업기회를 보장하여야 한다.

「직업안정법」

제2조【균등처우】 누구든지 성별, 연령, 종교, 신체적 조건, 사회적 신분 또는 혼인 여부 등을 이유로 직업소개 또는 직업지도를 받거나 고용관계를 결정할 때 차별대우를 받지 아니한다.

「노동조합 및 노동관계 조정법」

제9조【차별대우의 금지】 노동조합의 조합원은 어떠한 경우에도 인종, 종교, 성별, 연령, 신체적 조건, 고용형태, 정당 또는 신분에 의하여 차별대우를 받지 아니한다.

「국가인권위원회법」

제2조【정의】 이 법에서 사용하는 용어의 뜻은 다음과 같다.

3 "평등권 침해의 차별행위"란 합리적인 이유 없이 성별, 종교, 장애, 나이, 사회적 신분, 출신 지역(출생지, 등록기준지, 성년이 되기 전의 주된 거주지 등을 말한다), 출신 국가, 출신 민족, 용모 등 신체조건, 기혼 · 미혼 · 별거 · 이혼 · 사별 · 재혼 · 사실혼 등 혼인 여부, 임신 또는 출산, 가족 형태 또는 가족 상황, 인종, 피부색, 사상 또는 정치적 의견, 형의 효력이 실효된 전과(前科), 성적(性的) 지향, 학력, 병력(病歷) 등을 이유로 한 다음 각 목의 어느 하나에 해당하는 행위를 말한다. 다만, 현존하는 차별을 없애기 위하여 특정한 사람(특정한 사람들의 집단을 포함한다. 이하 이 조에서 같다)을 잠정적으로 우대하는 행위와 이를 내용으로 하는 법령의 제정 · 개정 및 정책의 수립 · 집행은 평등권 침해의 차별행위(이하 "차별행위"라 한다)로 보지 아니한다.

「남녀고용평등과 일 · 가정 양립 지원에 관한 법률」(약칭: 남녀고용평등법)

제2조【정의】 이 법에서 사용하는 용어의 뜻은 다음과 같다.

1. "차별"이란 사업주가 근로자에게 성별, 혼인, 가족 안에서의 지위, 임신 또는 출산 등의 사유로 합리적인 이유 없이 채용 또는 근로의 조건을 다르게 하거나 그 밖의 불리한 조치를 하는 경우[사업주가 채용조건이나 근로조건은 동일하게 적용하더라도 그 조건을 충족할 수 있는 남성 또는 여성이 다른 한 성(性)에 비하여 현저히 적고 그에 따라 특정성에게 불리한 결과를 초래하며 그 조건이 정당한 것임을 증명할 수 없는 경우를 포함한다]를 말한다. 다만, 다음 각 목의 어느 하나에 해당하는 경우는 제외한다.
가. 직무의 성격에 비추어 특정성이 불가피하게 요구되는 경우
나. 여성근로자의 임신 · 출산 · 수유 등 모성보호를 위한 조치를 하는 경우
다. 그 밖에 이 법 또는 다른 법률에 따라 적극적 고용개선조치를 하는 경우

여성근로자는 헌법, 근기법, 국가인권위원회법, 남녀고용평등법 등에 따라 성별을 이유로 차별받지 않는다.

※ 남녀고용평등법 제2조는 성별, 혼인, 가족 안에서의 지위, 임신 또는 출산 등을 차별금지사유롤 규정하면서, 특히 모집과 채용(제7조), 임금(제8조), 임금외의 금품 등(제9조), 교육·배치 및 승진(제10조), 정년·퇴직 및 해고(제11조)에 있어서 여성을 이유로 한 차별을 금지하고 있음.

제2절 기간제근로자 및 단시간근로자

1. 개 요

1) 정규직과 비정규직

정규직과 비정규직이라는 용어는 법률상으로 그 개념 등을 규정하고 있지 않으나, 1997년 외환위기 이후 기업이 인건비 절감과 고용의 유연성을 확보하기 위해 기간제근로자, 시간제근로자 등 고용의 지속성이 보장되지 않는 근로자의 채용이 증가하면서 근로자의 고용형태를 나타내는 보편적 용어로 사용하게 되었다.[9] 실무상 정규직근로자는 근로계약의 기간을 정하지 않

9) 통계청이 실시하는 경제활동인구조사는 본조사(매월 실시) 및 부가조사(연 2회 실시)가 있다. 부가조사에서는 고용형태에 따라 ① 한시적근로자(고용의 지속성/근로계약기간을 정한 자 또는 정하지 않았으나 비자발적 사유로 계속근무를 기대할 수 없는 근로자), ② 시간제근로자(근로시간/근로시간이 통상의 근로자에 비해 짧은 파트타임 근로자), ③ 비전형근로자(근로제공 방식/파견근로자, 용역근로자, 특수형태근로종사자, 가정내근로자, 일일근로자를 포함)로 분류하고 있다(고용노동부, 「기간제법 · 파견법 업무매뉴얼」, 2010.12.).

고 정년까지 근로할 수 있거나, 법정근로시간을 소정근로시간으로 하며, 자신을 고용한 사용자의 지휘감독을 직접 받으며 근로할 수 있는 근로자이다. 반면에 비정규직 근로자는 정규직근로자의 근로계약기간, 소정근로시간, 지휘감독자 등이 정규직근로자와 비교하여 차이가 있는 근로자를 말한다.[10]

〈고용형태에 따른 비정규직 유형〉

구 분		유 형
직접 고용	기간제 근로	임시직, 일용직, 수당직, 기간직, 촉탁, 계절근로자, 인턴 등
	단시간 근로	시간제(part-time), 아르바이트 등
간접 고용	사용관계 성립	파견근로, 근로자 공급 등
	사용관계 불성립	도급, 용역, 위탁, 사내하청 등
노무제공자		자신이 아닌 다른 사람의 사업을 위하여 사업주로부터 직접 요청 받거나 또는 온라인 플랫폼을 통해 노무제공 요청을 받아 자신이 직접 노무를 제공하고 그 대가를 지급받는 사람(보험설계사, 건설기계조종사, 방문강사, 골프장 캐디, 택배기사 등)

※ 실무상 기간제근로자 및 단시간근로자, 파견근로자 등을 규율하는 법률을 통상 비정규직법이라고 함.

2) 기간제법의 적용

(1) 적용체계

「기간제 및 단시간근로자 보호 등에 관한 법률」(약칭: 기간제법)

제1조【목적】 이 법은 기간제근로자 및 단시간근로자에 대한 불합리한 차별을 시정하고 기간제근로자 및 단시간근로자의 근로조건 보호를 강화함으로써 노동시장의 건전한 발전에 이바지함을 목적으로 한다.

기간제근로자는 기간제법이 적용되고, 단시간근로자는 근기법 제2조(정의) 제1항 제9호와 제18조(단시간근로자의 근로조건) 및 기간제법이 적용된다. 또한 기간제법은 근기법의 특별법으

10) 고용노동부(고용차별개선과-1200, 2012.6.15.)는 정규직과 비정규직에 대한 법률적 근거 및 용어 정의와 관련하여, '정규직'은 일반적으로 정년까지 고용을 보장하며 전일제(full-time)로 근무하고 고용과 사용이 분리되지 않는 근로자를 말하며, '비정규직'은 국제적으로 통일된 기준은 없으며 우리나라의 경우 2002년 7월 노사정위원회에서 노사정 합의에 따라 ① 한시적근로자(근로계약기간을 정한 자 또는 정하지 않았으나 비자발적 사유로 계속근무를 기대할 수 없는 근로자), ② 시간제근로자(통상근로자보다 근로시간이 짧은 근로자), ③ 비전형근로자(파견 · 용역 · 특수형태근로종사자 · 가정 내 일일근로자) 3가지 유형으로 분류하고 있다.

로서 우선 적용되며, 기간제법에 규정되지 아니한 사항은 근기법이 적용된다.

(2) 적용범위

> **「기간제 및 단시간근로자 보호 등에 관한 법률」(약칭: 기간제법)**
> **제3조【적용범위】** ① 이 법은 상시 5인 이상의 근로자를 사용하는 모든 사업 또는 사업장에 적용한다. 다만, 동거의 친족만을 사용하는 사업 또는 사업장과 가사사용인에 대하여는 적용하지 아니한다.
> ② 상시 4인 이하의 근로자를 사용하는 사업 또는 사업장에 대하여는 대통령령이 정하는 바에 따라 이 법의 일부 규정을 적용할 수 있다.
> ③ 국가 및 지방자치단체의 기관에 대하여는 상시 사용하는 근로자의 수에 관계없이 이 법을 적용한다.

기간제법은 상시근로자 5인 이상의 모든 사업 또는 사업장에 적용한다(상시근로자 4인 이하 사업장은 일부 규정만 적용).[11] 다만, 동거의 친족만을 사용하는 사업 또는 사업장과 가사사용인에 대하여는 적용하지 아니한다. 국가 및 지방자치단체의 기관은 상시근로자의 수와 무관하게 기간제법을 적용한다.

2. 기간제근로자

1) 개 념

> **「기간제 및 단시간근로자 보호 등에 관한 법률」(약칭: 기간제법)**
> **제2조【정의】** 이 법에서 사용하는 용어의 정의는 다음과 같다.
> 1. "기간제근로자"라 함은 기간의 정함이 있는 근로계약(이하 "기간제 근로계약"이라 한다)을 체결한 근로자를 말한다.

기간제근로자란 임시직, 위촉직, 촉탁직, 기능직, 계약직 등 그 명칭에 관계없이 기간의 정함이 있는 근로계약(기간제 근로계약)을 체결한 근로자를 말한다.[12]

---

11) 상시근로자 4인 이하 사업장에 적용되는 기간제법 규정으로는 제1조【목적】, 제2조【정의】, 제5조【기간의 정함이 없는 근로자로의 전환】, 제7조【통상근로자로의 전환】, 제16조【불리한 처우의 금지】제4호, 제17조【근로조건의 서면명시】제1호 · 제2호【휴게에 한정】· 제3호 · 제4호【휴일에 한정】· 제5호, 제18조【감독기관에 대한 통지】, 제19조【권한의 위임】, 제20조【취업촉진을 위한 국가 등의 노력】 및 벌칙(제21조, 제23조, 제24조 제2항 제2호 및 제3항)이 있다(제3조 제2항).

12) 기간제근로자가 수차례에 걸쳐 근로계약이 갱신되어 기간을 정한 것이 단지 형식에 불과하게 되어 기간의 정함이 없는 근로자로 변경되었다면(몇 차례 반복될 때 기간의 정함이 없는 근로계약으로 전환되는지는 일률적으로 정하기 어렵고,

> *근로자와 사용자가 근로계약을 체결하면서 기간을 정한 근로계약서를 작성한 경우라 하더라도, 그 계약서의 내용과 근로계약이 이루어지게 된 동기 및 경위, 기간을 정한 목적과 당사자의 진정한 의사, 동종의 근로계약 체결방식에 관한 관행 그리고 근로자 보호법규 등을 종합적으로 고려하여 그 기간의 정함이 단지 형식에 불과하다는 사정이 인정되는 경우에는, 계약서의 문언에도 불구하고 기간의 정함이 없는 근로계약을 맺었다고 볼 것이나, 위와 같은 사정이 인정되지 않는 경우에는 처분문서이 근로계약서의 문언에 따라 근로자와 사용자 사이에는 기간의 정함이 있는 근로계약이 맺어진 것이라고 봄이 원칙임(대법원 2007.7.12. 선고 2005두2247 판결).*

2) 기간제근로자의 사용

> **「기간제 및 단시간근로자 보호 등에 관한 법률」(약칭: 기간제법)**
>
> **제4조【기간제근로자의 사용】** ① 사용자는 2년을 초과하지 아니하는 범위 안에서(기간제 근로계약의 반복갱신 등의 경우에는 그 계속 근로한 총기간이 2년을 초과하지 아니하는 범위 안에서) 기간제근로자를 사용할 수 있다. 다만, 다음 각호의 어느 하나에 해당하는 경우에는 2년을 초과하여 기간제근로자로 사용할 수 있다.
>
> 1. 사업의 완료 또는 특정한 업무의 완성에 필요한 기간을 정한 경우
> 2. 휴직 · 파견 등으로 결원이 발생하여 당해 근로자가 복귀할 때까지 그 업무를 대신할 필요가 있는 경우
> 3. 근로자가 학업, 직업훈련 등을 이수함에 따라 그 이수에 필요한 기간을 정한 경우
> 4. 「고령자고용촉진법」 제2조 제1호의 고령자와 근로계약을 체결하는 경우
> 5. 전문적 지식 · 기술의 활용이 필요한 경우와 정부의 복지정책 · 실업대책 등에 따라 일자리를 제공하는 경우로서 대통령령이 정하는 경우
> 6. 그 밖에 제1호 내지 제5호에 준하는 합리적인 사유가 있는 경우로서 대통령령이 정하는 경우
>
> ② 사용자가 제1항 단서의 사유가 없거나 소멸되었음에도 불구하고 2년을 초과하여 기간제근로자로 사용하는 경우에는 그 기간제근로자는 기간의 정함이 없는 근로계약을 체결한 근로자로 본다.

사용자는 근로계약의 반복갱신 등 계속 근로한 총기간이 2년을 초과하지 아니하는 범위 안에서 기간제근로자를 사용할 수 있다(기간제법 제4조 제1항 단서 및 기간제법 시행령 제4조에 해당하는 경우에는 2년을 초과할 수 있음).[13] 2년을 초과하여 기간제근로자로 사용하는 경우에는 기간의

계약이 수차례 반복됨에 따라 근로자가 갖게 되는 기대심리, 당해 사업장의 계약관행 등을 종합적으로 고려하여 판단), 사용자가 정당한 이유없이 계약갱신을 거부할 경우 부당해고에 해당되어 부당해고 구제신청 또는 근로자지위확인소송 등의 방법으로 권리구제를 받을 수 있다(고용노동부, 「기간제법 업무매뉴얼」, 2011.12.,3쪽.).

13) 1년 미만의 단기계약근로자에게도 근로계약 체결, 임금의 지급 및 계산, 근로시간, 휴게, 휴일 및 휴가, 취업규칙 등 근기법의 일반적 규정이 적용된다(고용노동부, 「1년 미만 단기계약근로자에 대한 근로기준법 등 적용지침」, 2004.8.30.,

정함이 없는 정규직근로자(무기계약)로 간주된다.

> - *기간제법 제4조 제1항 단서 제6호와 그 법률 시행령 제3조 제3항 제6호에서 정한 단시간근로자로 기간제 근로계약을 체결하였다가, 해당 근로관계가 종료된 이후에 새로이 제4조 제1항 단서에 해당되지 않는 일반 기간제 근로계약을 체결한 경우에는 단시간근로자로 근무한 기간은 위 제4조 제2항의 '2년'에 포함되지 않는다고 할 것임(대법원 2014.11.27. 선고 2013다2672 판결).*
> - *발주자(특정 기관 · 사업장 등)와 도급 · 위탁계약 등을 체결하여 하수종말처리 및 관리업무를 수행하고 있는 경우라면 이때 각각의 발주자와 맺은 위탁관리(위탁계약)기간은 기간제법 제4조 제1항 단서의 제1호에 따른 "특정한 업무의 완성에 필요한 기간을 정한 경우"로 볼 수도 있을 것으로 사료됨. 다만, 이와 같이 기간제한의 예외가 적용되는 사업 또는 업무에 종사하는 기간제근로자의 근로계약기간은 특별한 사유가 없는 한 당해 사업 또는 특정 업무가 지속되는 기간까지 당해 근로계약이 유지되는 것으로 보아야 할 것으로 사료됨(고용노동부 2007.5.14., 비정규직대책팀-1768).*

3) 기간제근로자의 우선고용

사용자는 기간의 정함이 없는 근로계약을 체결하고자 하는 경우에 당해 사업 또는 사업장의 동종 또는 유사한 업무에 종사하는 기간제근로자를 우선적으로 고용하도록 노력하여야 한다(기간제법 제5조).

※ 사용자는 상시적이고 지속적인 업무를 수행하는 기간제근로자를 기간의 정함이 없는 근로자로 전환하기 위하여 전환 대상업무, 전환 대상자 등을 선정하는 경우에 기간제근로자의 의견 등을 청취하고 합리적이고 공정한 기준, 방법 및 절차 등을 마련하고, 해당 사업(장)의 기간제근로자가 알수 있도록 공지함.[14)]

3. 단시간근로자

1) 개 념

> **「기간제 및 단시간근로자 보호 등에 관한 법률」(약칭: 기간제법)**
> **제2조【정의】** ① 이 법에서 사용하는 용어의 정의는 다음과 같다.
> 2. "단시간근로자"라 함은 「근로기준법」 제2조의 단시간근로자를 말한다.

근로기준과-4532).

14) 고용노동부, 「기간제근로자 고용안정 및 근로조건 보호 가이드라인」, 2020.11.

「근로기준법」

제2조 【정의】 ① 이 법에서 사용하는 용어의 뜻은 다음과 같다.

9. "단시간근로자"란 1주 동안의 소정근로시간이 그 사업장에서 같은 종류의 업무에 종사하는 통상 근로자의 1주 동안의 소정근로시간에 비하여 짧은 근로자를 말한다.

현행법상 근로시간을 기준으로 한 근로자의 유형은 통상근로자(full-time worker)와 단시간근로자(part-time worker)로 구분될 수 있다. 단시간근로자는 통상근로자의 상대적 개념으로 근로시간에 비례하여 보호되는 일반단시간근로자와 일정한 요건에 해당되어 법정근로조건의 보호가 제한되는 초단시간근로자로 구분할 수 있다.[15)]

〈근로시간에 따른 근로자 구분〉

구 분		내 용	비 고
통상근로자		1일 8시간, 1주 40시간으로 근무하는 근로자 (근기법 제50조 제1항 및 제2항)	가장 일반적인 근로형태
단시간 근로자	일반단시간 근로자	해당 사업장의 동종업무에 종사하는 통상근로자보다 1주간의 소정근로시간이 짧은 근로자 (근기법 제2조 제1항 제9호)	비교대상인 통상근로자가 반드시 존재해야 함
	초단시간 근로자	4주 동안을 평균하여 1주 동안의 소정근로시간이 15시간 미만인 근로자 (근기법 제18조 제3항)	유급주휴일, 연차유급휴가, 퇴직급여, 기간제근로자 사용기간 제한 미적용

(1) 일반단시간근로자

단시간근로자는 해당 사업장의 동종업무에 종사하는 통상근로자보다 1주간의 소정근로시간이 짧은 근로자를 말한다. 따라서 단시간근로자가 성립하기 위해서는 해당 사업장에 비교대상 근로자인 통상근로자가 반드시 존재해야 한다.

– *'동종 업무' 여부는 당해 업무의 수행방법, 작업의 조건, 업무의 난이도 등을 종합적으로 고려하여 판단해야 하며, 특히 업무의 이질성으로 인해 근로조건이 현저하게 구별되어 규정되는지 여부*

15) 단시간근로자의 근로조건은 근기법과 기간제법에서 각각 규율하고 있다. 즉 근기법은 단시간근로자의 개념을 규정하면서 근로시간비례원칙에 따라 근로조건을 결정하고, 근로조건의 기준을 정하면서, 초단시간근로자에 대해서는 법정근로조건의 일부를 적용하지 않도록 규정하고 있다. 기간제법은 단시간근로자에 대한 불합리한 차별을 금지 및 시정하도록 하고, 초과근로의 요건과 한도 등을 규정하고 있다.

가 중요함. 예를 들면, 제조업의 경우 생산직 · 사무직, 판매업의 경우 관리직 · 영업직, 운수업의 경우 관리직 · 운전직, 학교의 경우 교원과 행정직 등으로 동종업무를 구분해 볼 수 있을 것임. '통상근로자 여부'는 소정근로시간 뿐만 아니라 당해 사업장의 고용형태(계약기간), 임금체계 등을 종합적으로 고려해 볼 때 통상적으로 근로할 것이 예정되어 있는 정규직 근로자를 말하는 바, 취업규칙 등에 의해 채용 및 계약기간(정년 등) · 임금 · 호봉 · 승진 등 중요한 근로조건 대부분이 직접 규율되고 있는 근로자」로 볼 수 있을 것임. 동종 업무에 통상근로자가 없는 경우에는 그 업무에 종사하는 가장 일반적인 형태의 근로자를 잠정적으로 통상근로자로 볼 수 있을 것임(고용노동부 2002.3.26., 근기 68207-1248).

- 근로기준법 제21조(현행 제2조 제1항 제9호)는 '이 법에서 단시간근로자라 함은 1주간의 소정근로시간이 당해 사업장의 동종 업무에 종사하는 통상근로자의 1주간의 소정근로시간에 비하여 짧은 근로자를 말한다'고 규정하고 있는 바, 개정 근로기준법(법률 제6974호)이 적용되는 사업 또는 사업장에서 특정 근로자의 1주간의 소정근로시간이 39시간이라 하여 반드시 동법 동조의 단시간근로자인 것은 아니며, 당해 사업장의 '동종 업무'에 종사하는 '통상근로자'에 비하여 1주간의 소정근로시간이 짧은 자라야 할 것임(고용노동부 2004.7.23., 근로기준과-3789).

(2) 초단시간근로자

일반단시간근로자와 달리 초단시간근로자에 대해서는 별도의 정의규정을 두지 않고 개별 법령에서 일정한 보호를 위한 구별기준으로만 규정하고 있을 뿐이다.[16] 초단시간근로자에게는 근기법상 주휴일 및 연차유급휴가(제18조 제3항), 퇴직급여법상 퇴직급여(제4조 제1항 단서), 기간제법상 기간제근로자 사용기간(기간제법 시행령 제3조 제3항 제6호), 사회보험법상 고용·연금·건강보험 등의 규정이 적용되지 않는다. 다만, 고용보험은 월 60시간 또는 주 15시간 미만이더라도 3개월 이상 계속하여 근로를 제공하는 자 및 1개월 미만 동안 고용되는 일용근로자[17]에게는 적용된다(고용보험법 시행령 제3조 제1항 단서).

16) 초단시간근로자의 개념에 대하여 근기법(제18조 제3항)은 '4주 동안(4주 미만으로 근로하는 경우에는 그 기간)을 평균하여 1주 동안의 소정근로시간이 15시간 미만인 근로자', 퇴직급여법(제4조 제1항)은 '4주간을 평균하여 1주간의 소정근로시간이 15시간 미만인 근로자', 기간제법(시행령 제3조 제3항 제6호)은 '근기법 제18조 제3항에 따른 1주 동안의 소정근로시간이 뚜렷하게 짧은 단시간근로자', 고용보험법(시행령 제3조 제1항)은 '1개월간 소정근로시간이 60시간 미만인 자(1주간 소정근로시간이 15시간 미만인자 포함)', 국민연금법(시행령 제2조 제4호) 및 국민건강보험법(시행령 제9조 제1호)은 '1개월 동안의 소정근로시간이 60시간 미만인 단시간근로자'로 규정하고 있다.

17) 일용근로자의 개념에 대하여 근기법에는 규정이 없고, 고용보험법(제2조 제6호)에서 '1개월 미만 동안 고용되는 사람'으로 정의하여 고용보험법의 적용대상에 한정하여 규정하고 있을 뿐이다. 고용노동부 행정해석은 '일용직근로자를 근로계약을 1일 단위로 체결하는 근로자(1년 미만 단기계약근로자에 대한 근로기준법 등 적용지침, 2004.8.30., 근로기준과-4532)' 또는 '일용근로자라 함은 고용기간이 1일로서 그날의 근로종료에 따라 사용종속관계가 일단 종료되고 필요에 따라 하루하루를 기간으로 하여 사용하는 근로자(1983.5.12., 근기 1451-12200)'로 설명하고 있다.

〈일용근로자와 단시간근로자 비교〉[18]

구 분	일용근로자	단시간근로자
개 념	1일단위의 계약으로 채용되고, 당일 약정된 근로의 종료와 동시에 자동적으로 근로계약도 종료되어 근로관계가 계속 유지되지 않는 자(고용노동부 1994.8.25., 임금 68207-526).	1주 동안의 소정근로시간이 그 사업장에서 같은 종류의 업무에 종사하는 통상근로자의 1주 동안의 소정근로시간에 비하여 짧은 근로자(근기법 제2조 제1항 제9호).
근로계약기간	1일 단위로 체결 및 종료	일용직계약, 기간제 또는 무기계약
근로계약서 기재사항	1일 단위 근로일 결정으로 근로일 및 근로일별 근로시간 약정이 성립되지 않음	근로일 및 근로일별 근로시간 (기간제법 제17조 제6호)
소정근로일	1일 단위 근로 여부 결정으로 소정근로일 개념 불성립	1주간 소정근로시간을 정해야 하므로 1주간 소정근로일도 정해져야 함
결 근	결근 개념 불성립	결근 개념이 성립 (결근 시 급여 차감 및 징계 가능)
소정근로시간	1일 소정근로시간만 설정	1일 소정근로시간 및 1주 소정근로시간 설정
근로조건	1일 단위 근로조건 설정	통상근로자의 근로시간을 기준으로 산정한 비율에 따라 결정
4대보험 신고	일용직 근로내역 확인 신고	4대보험 성립 및 상실 신고
국민연금 및 건강보험 적용 제외사유	고용기간이 1개월 미만인 일용근로자	1개월간 소정근로시간이 60시간 미만인 단시간근로자

※ 일급(일당)근로자는 근로형태(근로시간, 근로계약기간 등)에 따른 근로자 유형이 아니라, 시급제·일급제·월급제 등 임금 산정기간에 따른 임금지급 형태를 의미함. 즉 일급(일당)은 임금의 산정기간에 따른 구분으로, 1일 단위의 임금을 결정하는 방법임.

2) 근기법 규정

「근로기준법」

제18조 【단시간근로자의 근로조건】 ① 단시간근로자의 근로조건은 그 사업장의 같은 종류의 업무에 종사하는 통상 근로자의 근로시간을 기준으로 산정한 비율에 따라 결정되어야 한다.
② 제1항에 따라 근로조건을 결정할 때에 기준이 되는 사항이나 그 밖에 필요한 사항은 대통령령

18) 일용근로자와 단시간근로자는 1주간 소정근로일을 정했는지에 따라 구분될 수 있다(장명현, 『통합임금관리』, ㈜중앙경제, 2020, 73쪽.)

으로 정한다.

■ 근로기준법 시행령 〔별표 2〕 〈개정 2021.10.14〉

단시간근로자의 근로조건 결정기준 등에 관한 사항(제9조 제1항 관련)

1. 근로계약의 체결
   가. 사용자는 단시간근로자를 고용할 경우에 임금, 근로시간, 그 밖의 근로조건을 명확히 적은 근로계약서를 작성하여 근로자에게 내주어야 한다.
   나. 단시간근로자의 근로계약서에는 「기간제 및 단시간근로자 보호 등에 관한 법률」 제17조 각 호의 근로조건이 명시되어야 한다.
2. 임금의 계산
   가. 단시간근로자의 임금산정 단위는 시간급을 원칙으로 하며, 시간급 임금을 일급 통상임금으로 산정할 경우에는 나목에 따른 1일 소정근로시간 수에 시간급 임금을 곱하여 산정한다.
   나. 단시간근로자의 1일 소정근로시간 수는 4주 동안의 소정근로시간을 그 기간의 통상근로자의 총 소정근로일 수로 나눈 시간 수로 한다.
3. 초과근로
   가. 사용자는 단시간근로자를 소정 근로일이 아닌 날에 근로시키거나 소정근로시간을 초과하여 근로시키고자 할 경우에는 근로계약서나 취업규칙 등에 그 내용 및 정도를 명시하여야 하며, 초과근로에 대하여 가산임금을 지급하기로 한 경우에는 그 지급률을 명시하여야 한다.
   나. 사용자는 근로자와 합의한 경우에만 초과근로를 시킬 수 있다.
   다. 단시간근로자의 초과근로의 제한, 가산임금의 지급에 관한 사항 등에 대해서는 기간제 및 단시간근로자 보호 등에 관한 법률」에서 정하는 바에 따른다.
4. 휴일 · 휴가의 적용
   가. 사용자는 단시간근로자에게 법 제55조에 따른 유급휴일을 주어야 한다.
   나. 사용자는 단시간근로자에게 법 제60조에 따른 연차유급휴가를 주어야 한다. 이 경우 유급휴가는 다음의 방식으로 계산한 시간단위로 하며, 1시간 미만은 1시간으로 본다.

$$\text{통상근로자의 연차휴가일수} \times \frac{\text{단시간근로자의 소정근로시간}}{\text{통상근로자의 소정근로시간}} \times 8\text{시간}$$

   다. 사용자는 여성인 단시간근로자에 대하여 법 제73조에 따른 생리휴가 및 법 제74조에 따른 산전후휴가를 주어야 한다.
   라. 가목 및 다목의 경우에 사용자가 지급하여야 하는 임금은 제2호 가목에 따른 일급 통상임금을 기준으로 한다.
   마. 나목의 경우에 사용자가 지급하여야 하는 임금은 시간급을 기준으로 한다.
5. 취업규칙의 작성 및 변경
   가. 사용자는 단시간근로자에게 적용되는 취업규칙을 통상근로자에게 적용되는 취업규칙과 별

도로 작성할 수 있다.

나. 가목에 따라 취업규칙을 작성하거나 변경하고자 할 경우에는 적용대상이 되는 단시간근로자 과반수의 의견을 들어야 한다. 다만, 취업규칙을 단시간근로자에게 불이익하게 변경하는 경우에는 그 동의를 받아야 한다.

다. 단시간근로자에게 적용될 별도의 취업규칙이 작성되지 아니한 경우에는 통상근로자에게 적용되는 취업규칙이 적용된다. 다만, 취업규칙에서 단시간근로자에 대한 적용을 배제하는 규정을 두거나 다르게 적용한다는 규정을 둔 경우에는 그에 따른다.

라. 가목 및 다목에 따라 단시간근로자에게 적용되는 취업규칙을 작성 또는 변경하는 경우에는 법 제18조 제1항의 취지에 어긋하는 내용이 포함되어서는 아니 된다.

③ 4주 동안(4주 미만으로 근로하는 경우에는 그 기간)을 평균하여 1주 동안의 소정근로시간이 15시간 미만인 근로자에 대하여는 제55조와 제60조를 적용하지 아니한다.

(1) 근로조건 결정 원칙

단시간근로자의 근로조건은 당해 사업장의 동종업무에 종사하는 통상근로자의 근로시간을 기준으로 하여 산정한 비율에 따라 결정되어야 한다(근로시간비례원칙).[19]

단시간근로자의 소정근로시간에 대해서는 노동관계법에서 별도로 정하고 있지 않은 바, 노사당사자 간 정한 단시간근로자의 소정근로시간이 같은 종류의 업무에 종사하는 통상근로자의 1주 동안의 소정근로시간에 비하여 짧은 경우이고, 그 짧은 정도는 따로 정하고 있지 아니함(고용노동부 2007.4.25., 비정규대책팀-1370).

(2) 임금의 계산

단시간근로자의 임금산정 단위는 '시간급'을 원칙으로 하며, 시간급 임금을 일급 통상임금으로 산정할 경우에는 1일 소정근로시간수에 시간급 임금을 곱하여 산정한다. '1일 소정근로시간수'는 4주간의 소정근로시간을 그 기간의 통상근로자의 총 소정근로일수로 나눈 시간수로 한다.

〈단시간근로자의 소정근로시간 산정〉

1일 소정근로시간수 = 4주간의 소정근로시간 ÷ 통상근로자의 총소정근로일수

ex) 1주 5일 및 1일 8시간씩 근무하는 사업장에서 1주에 5일 및 1일에 4시간씩 근무하는 단시간근로자의

19) 고용노동부, 「단시간근로자에 대한 근로기준법 적용지침」, 2004.8.30., 근로기준과-4532.

1일 소정근로시간은? ⇒ 단시간근로자의 4주 동안의 소정근로시간(80시간=1일 4시간×5일×4주)÷통상근로자의 총소정근로일수(20일=1주 5일×4주) = 4시간.

소정근로시간이 현저히 짧은 단시간근로자에 해당하는지의 여부는 그 산정사유가 발생한 날 이전 4주간(4주간 미만을 근로한 경우는 그 주간)을 평균하여 1주간의 소정근로시간이 15시간 미만인지의 여부에 따라 결정됨. 따라서 단시간근로자의 고용관계가 지속되는 한, 각 주별 근로시간이 어떻게 배분되는지와 관계없이 산정사유(주휴, 연차, 퇴직금 등)가 발생한 날을 기준으로 위 원칙에 따라 판단하면 됨(고용노동부 1997.4.24., 근기 68207-535).

(3) 휴일·휴가의 적용

사용자는 단시간근로자에게 유급주휴일, 생리휴가 및 산전후휴가를 주어야 하고, 임금은 일급통상임금을 기준으로 한다. 사용자는 단시간근로자에게 연차유급휴가를 주어야 하고, 연차유급휴가는 다음의 방식으로 계산한 시간단위로 하며(1시간 미만은 1시간으로 함), 임금은 시간급을 기준으로 한다.

〈단시간로자의 연차유급휴가 산정 방식〉

$$\text{통상근로자의 연차휴가일수} \times \frac{\text{단시간근로자의 소정근로시간}}{\text{통상근로자의 소정근로시간}} \times 8\text{시간}$$

ex) 1주 5일 및 1일 8시간씩 근무하는 사업장에서 1주에 5일, 1일에 4시간씩 근무하는 단시간근로자의 주휴일시간 및 연차유급휴가시간은? (1주간 소정근로일 개근 및 1년간 80% 이상 출근)

⇒ 주휴일시간 = 80시간(1일 5시간×5일×4주)÷20일(1주 5일×4주) = 4시간(1일 소정근로시간과 동일)

⇒ 연차유급휴가의 시간: 15일×[20시간(4시간×5일)÷40시간(8시간×5일)]×8시간 = 60시간

단시간 근로자의 '퇴직금과 관련'해서는 퇴직금 지급을 위한 계속근로연수에 1주 동안의 소정근로시간(4주간 평균)이 15시간 이상인 기간 전체가 포함되고, '연차유급휴가와 관련'해서는 계속근로연수 1년간 전체에 대해 1주 동안의 소정 근로 시간(4주간 평균)이 15시간 이상인 근로자에게 적용된다 할 것임(고용노동부 2008.10.9., 근로조건지도과-4378).

3) 기간제법 규정

「기간제 및 단시간근로자 보호 등에 관한 법률」(약칭: 기간제법)

제6조 【단시간근로자의 초과근로 제한】 ① 사용자는 단시간근로자에 대하여 「근로기준법」 제2조의

소정근로시간을 초과하여 근로하게 하는 경우에는 당해 근로자의 동의를 얻어야 한다. 이 경우 1주간에 12시간을 초과하여 근로하게 할 수 없다.
② 단시간근로자는 사용자가 제1항의 규정에 따른 동의를 얻지 아니하고 초과근로를 하게 하는 경우에는 이를 거부할 수 있다.
③ 사용자는 제1항에 따른 초과근로에 대하여 통상임금의 100분의 50 이상을 가산하여 지급하여야 한다.
제7조【통상근로자로의 전환 등】 ① 사용자는 통상근로자를 채용하고자 하는 경우에는 당해 사업 또는 사업장의 동종 또는 유사한 업무에 종사하는 단시간근로자를 우선적으로 고용하도록 노력하여야 한다.
② 사용자는 가사, 학업 그 밖의 이유로 근로자가 단시간근로를 신청하는 때에는 당해 근로자를 단시간근로자로 전환하도록 노력하여야 한다.

(1) 초과근로 제한

단시간근로자가 동의하면 1주간에 12시간을 한도로 통상임금의 100분의 50 이상을 가산하여 지급하고 소정근로시간을 초과하여 근로할 수 있다. 사용자는 부당한 초과근로 지시를 거부한 것을 이유로 해고 그 밖의 불리한 처우를 하지 못하며, 사용자가 단시간근로자 개인의 동의를 얻지 아니하고 초과근로를 하게 하는 경우 단시간근로자는 이를 거부할 수 있다.

(2) 통상근로자로의 전환노력

사용자는 통상근로자를 채용하고자 할 경우에는 당해 사업 또는 사업장의 동종 또는 유사한 업무에 종사하는 단시간근로자를 우선적으로 고용하도록 노력하여야 한다.사용자는 가사나 학업 그 밖의 이유로 근로자가 단시간근로를 신청하는 때에는 당해 근로자를 단시간근로자로 전환하도록 노력하여야 한다.

4. 기간제근로자 및 단시간근로자의 공통사항

1) 차별적 처우 금지 및 시정신청

(1) 차별적 처우의 금지

「기간제 및 단시간근로자 보호 등에 관한 법률」(약칭: 기간제법)
제2조【정의】 이 법에서 사용하는 용어의 정의는 다음과 같다.

3. "차별적 처우"라 함은 다음 각 목의 사항에 있어서 합리적인 이유 없이 불리하게 처우하는 것을 말한다.
가. 「근로기준법」 제2조 제1항 제5호에 따른 임금
나. 정기상여금, 명절상여금 등 정기적으로 지급되는 상여금
다. 경영성과에 따른 성과금
라. 그 밖에 근로조건 및 복리후생 등에 관한 사항

제8조【차별적 처우의 금지】 ① 사용자는 기간제근로자임을 이유로 당해 사업 또는 사업장에서 동종 또는 유사한 업무에 종사하는 기간의 정함이 없는 근로계약을 체결한 근로자에 비하여 차별적 처우를 하여서는 아니 된다.
② 사용자는 단시간근로자임을 이유로 당해 사업 또는 사업장의 동종 또는 유사한 업무에 종사하는 통상근로자에 비하여 차별적 처우를 하여서는 아니 된다.

사용자는 기간제근로자 또는 단시간근로자임을 이유로 무기계약근로자나 통상근로자에 비하여 차별적 처우를 하지 못한다. '차별적 처우'는 근기법에 따른 임금, 정기상여금, 경영성과금, 그 밖에 근로조건 및 복리후생 등에 관한 사항에 있어서 합리적인 이유 없이 불리하게 처우하는 것을 말한다. '불리하게 처우하는 것'은 사용자가 임금, 그 밖의 근로조건 등에서 기간제근로자 및 단시간근로자와 비교대상 근로자를 다르게 처우함으로써 발생하는 불이익 전반을 의미한다.[20]

※ 차별적 처우 금지는 상시근로자 5인 이상 사업(장)에만 적용됨. 다만, 동거친족만을 사용하는 사업장과 가사사용인에 대해서는 적용되지 않음(기간제법 제3조 제1항).

- *기간제근로자와 동종 또는 유사한 업무를 수행하는 정규직근로자가 없는 경우, 차별 여부의 판단 자체가 쉽지 않을 것임. 그러나 '동종 또는 유사업무'에 종사하는 정규직근로자는 하나의 부서 또는 직군이 아니라 당해 사업 또는 사업장 전체를 고려하여 판단해야 할 것이며, 향후 '유사업무'에 관한 노동위원회 및 법원의 판정이 축적됨에 따라 비교대상 정규직의 범위도 정립될 것으로 판단됨. 기간제근로자와 무기계약근로자의 임금지급과 관련, 세부 지급항목이 존재하는 경우에는 각 세부지급 항목별 비교를 하면 될 것이나 그렇지 않은 경우 범주화에 의한 비교방법이 있을 것임. 따라서 귀 질의의 경우 본봉과 수당을 묶어 범주화하거나 각 개별 수당을 묶어 범주화하여 차별 여부를 판단할 수 있을 것으로 보이며, 이 경우 범주화한 급여의 총액을 기준으로 정규직과 비정규직 간 "합리적인 이유없이 불리하게 처우하는 것"이 아니라면 차별시정 대상이 되지 않을 것으로 판단됨(고용노동부 2007.7.10., 비정규직대책팀-2786).*

20) 고용노동부, 「기간제 · 단시간 · 파견 근로자 차별 판단 매뉴얼」, 2012.7, 95쪽.

> *- 기간제법 제2조제3호는 '차별적 처우'라 함은 임금 그 밖의 근로조건 등에 있어서 합리적인 이유 없이 불리하게 처우하는 것을 말한다고 규정하고 있는바, 기간제근로자가 임금 그 밖의 근로조건 등에 있어서 불리하게 처우를 받고 있다고 하더라도 그 불리한 처우에 합리적인 이유가 있는 경우에는 차별적 처우에 해당하지 않는다고 할 것이고, '불리한 처우의 이유가 합리적인 이유에 해당하는지 여부'는 기간제근로자의 근속기간, 단기고용이라는 특성, 채용조건 · 기준 · 방법 · 절차, 업무의 범위 · 권한 · 책임, 노동시장의 수급상황 및 시장가치, 사용목적(수습 · 시용 · 직업훈련 · 인턴 등), 임금 및 근로조건의 결정요소(직무, 능력, 기능, 기술, 자격, 경력, 학력, 근속연수, 책임, 업적, 실적 등) 등을 고려하여 개별 사안별로 판단하여야 할 것임(서울고등법원 2010.11.11. 선고 2010누15577판결).*

〈기간제근로자 및 단시간근로자 차별금지 내용〉

구 분	관련 내용
기간제근로자 차별금지	◆ 사용자는 기간제근로자임을 이유로, 당해 사업 또는 사업장에서, 동종 또는 유사한 업무에 종사하는, 기간의 정함이 없는 근로계약을 체결한 근로자에 비하여, 차별적 처우를 하여서는 아니됨. ① 기간제근로자임을 이유로: 근로자의 기술·능력 등이 아닌 고용형태상의 차이를 이유로 한 차별처우를 불합리한 차별로 판단. ② 당해 사업 또는 사업장에서: 비교대상 정규직근로자는 당해 사업 또는 사업장 안의 근로자로 한정되며, 같은 산업·지역 차원의 동종·유사업무 종사 정규직근로자는 비교대상이 아님. ③ 동종 또는 유사한 업무에 종사하는: 비교대상 정규직의 범위를 동종업무뿐만 아니라 유사업무에 종사하는 자로 규정. ④ 기간의 정함이 없는 근로계약을 체결한 근로자에 비하여: 기간제근로자의 비교대상인 정규직근로자는 무기계약근로자임. ⑤ 차별적 처우를 하여서는 아니됨: 금지되는 '차별적 처우'는 임금, 정기적으로 지급되는 상여금, 경영성과에 따른 성과금, 그 밖에 근로조건 및 복리후생 등에 관한 사항에 있어서 합리적인 이유 없이 불리하게 처우하는 것임.
단시간근로자 차별금지	◆ 사용자는 ① 단시간근로자임을 이유로, ② 당해 사업 또는 사업장에서, ③ 동종 또는 유사한 업무에 종사하는, ④ 통상근로자에 비하여, ⑤ 차별적 처우를 하여서는 아니됨.

(2) 차별적 처우의 시정신청

「기간제 및 단시간근로자 보호 등에 관한 법률」(약칭: 기간제법)

제9조【차별적 처우의 시정신청】 ① 기간제근로자 또는 단시간근로자는 차별적 처우를 받은 경우 「노동위원회법」 제1조의 규정에 따른 노동위원회(이하 "노동위원회"라 한다)에 그 시정을 신청할 수 있다. 다만, 차별적 처우가 있은 날(계속되는 차별적 처우는 그 종료일)부터 6개월이 경과한 때에는 그러하지 아니하다.

② 기간제근로자 또는 단시간근로자가 제1항의 규정에 따른 시정신청을 하는 때에는 차별적 처우의 내용을 구체적으로 명시하여야 한다.

③ 제1항 및 제2항의 규정에 따른 시정신청의 절차 · 방법 등에 관하여 필요한 사항은 「노동위원회법」제2조 제1항의 규정에 따른 중앙노동위원회(이하 "중앙노동위원회"라 한다)가 따로 정한다.

④ 제8조 및 제1항 내지 제3항과 관련한 분쟁에 있어서 입증책임은 사용자가 부담한다.

기간제근로자 또는 단시간근로자가 차별적 처우를 받은 경우에는 노동위원회에 차별적 처우가 있은 날(계속되는 차별적 처우는 그 종료일)부터 6개월 이내에 그 시정을 신청할 수 있다. 차별시정 신청을 하는 때에는 차별적 처우의 내용을 구체적으로 명시하여야 하며, 차별시정과 관련한 분쟁에서 입증책임은 사용자가 부담한다.[21)]

기단법상 기간제 및 단시간근로자에 대한 차별판단을 위해서는 당해 사업(장)에서 동종 또는 유사한 업무에 종사하는 무기계약근로자 및 통상근로자가 존재해야 함. 비교대상 근로자가 존재하지 않는 경우에는 당해 근로자가 노동위원회에 차별시정을 신청하더라도 차별시정 신청에 대한 이유가 없다면 노동위원회는 기각할 것이며, 신청의 요건을 충족하지 못한 경우(흠결)에는 이를 각하하게 될 것으로 사료됨(고용노동부 2007.26, 비정규직대책팀-2411).

2) 불리한 처우 금지

「기간제 및 단시간근로자 보호 등에 관한 법률」(약칭: 기간제법)

제16조【불리한 처우의 금지】 사용자는 기간제근로자 또는 단시간근로자가 다음 각호의 어느 하나에 해당하는 행위를 한 것을 이유로 해고 그 밖의 불리한 처우를 하지 못한다.

1. 제6조 제2항의 규정에 따른 사용자의 부당한 초과근로 요구의 거부
2. 제9조의 규정에 따른 차별적 처우의 시정신청, 제10조의 규정에 따른 노동위원회에의 참석 및 진

---

21) 차별적 처우의 시정과 관련하여 「차별시정업무 매뉴얼」(중앙노동위원회, 2017.3.), 「차별시정 판정 · 판결 사례집」(고용노동부, 2017.12.), 「일학습병행 차별시정업무 매뉴얼」(중앙노동위원회, 2020.8.) 등을 참고할 수 있다.

> 술, 제14조의 규정에 따른 재심신청 또는 행정소송의 제기
> 3. 제15조 제2항의 규정에 따른 시정명령 불이행의 신고
> 4. 제18조의 규정에 따른 통고

사용자는 기간제근로자 및 단시간근로자가 사용자의 부당한 초과근로 요구의 거부, 차별적 처우의 시정신청, 노동위원회에의 참석 및 진술, 재심신청 또는 행정소송의 제기, 시정명령 불이행의 신고, 감독기관에 통고한 것을 이유로 해고 및 그 밖의 불리한처우를 하지 못한다(위반 시 2년 이하의 징역 또는 1천만원 이하의 벌금).

3) 근로조건의 서면명시

기간제근로자 및 단시간근로자는 근로계약을 체결할 때 근로계약기간, 근로시간 및 휴게, 임금의 구성항목·계산방법 및 지불방법, 휴가 및 휴일, 취업장소 및 종사업무, 근로일 및 근로일별 근로시간(단시간근로자만 해당) 서면으로 명시해야 한다(기간제법 제17조).[22]

4) 감독기관에 대한 통고 및 국가 등의 책무

> **「기간제 및 단시간근로자 보호 등에 관한 법률」(약칭: 기간제법)**
> **제18조【감독기관에 대한 통고】** 사업 또는 사업장에서 이 법 또는 이 법에 의한 명령을 위반한 사실이 있는 경우에는 근로자는 그 사실을 고용노동부 장관 또는 근로감독관에게 통고할 수 있다.
> **제20조【취업촉진을 위한 국가 등의 노력】** 국가 및 지방자치단체는 고용정보의 제공, 직업지도, 취업알선, 직업능력개발 등 기간제근로자 및 단시간근로자의 취업촉진을 위하여 필요한 조치를 우선적으로 취하도록 노력하여야 한다.

기간제근로자 및 단시간근로자는 근로감독관에게 기간제법 위반 사실 등을 통보할 수 있

22) 근기법 제17조에서는 근로조건의 서면명시의무(제1항) 및 교부의무(제2항)를 규정하면서, 이를 위반하면 500만원 이하의 벌금에 처한다(근기법 제114조). 그러나 기간제근로자 및 단시간근로자의 경우에는 기간제법 제17조에서 서면명시의무만 규정하고 있고(위반 시 500만원 이하 과태료), 교부의무는 직접 명시하고 있지 않다. 이러한 이유로 기간제근로자 및 단시간근로자에 대해 교부의무를 이행하지 않은 경우 형사처벌이 가능한지에 대하여, 근기법과 기간제법은 일반법과 특별법의 관계로서 법해석에 있어 처벌조항이 보충적으로 적용된다고 해석되므로, 기간제법 제17조에 교무의무가 명시되어 있지 않다고 하더라고 모법에 해당하는 근기법 제17조 제2항의 교무의무를 이행하지 않은 경우에 해당되어 과태료 처분 외에 근기법 위반에 대한 벌금도 부과될 수 있다(대법원 1996.4.12. 선고 96도158 판결; 대법원 1988.1.19. 선고 87도2265 판결; 대법원 1989.6.13. 선고 88도1983 판결).

다. 국가 및 지자체는 기간제근로자 및 단시간근로자의 취업촉진을 위하여 필요한 조치를 취하도록 노력해야 한다.

제3절 파견근로자

1. 개 요

1) 근로자 파견의 의의와 구조

「파견근로자 보호 등에 관한 법률」(약칭: 파견법)

제1조【목적】 이 법은 근로자파견사업의 적정한 운영을 도모하고 파견근로자의 근로조건 등에 관한 기준을 확립하여 파견근로자의 고용안정과 복지증진에 이바지하고 인력수급을 원활하게 함을 목적으로 한다.

제2조【정의】 이 법에서 사용하는 용어의 뜻은 다음과 같다.

1. "근로자 파견"이란 파견사업주가 근로자를 고용한 후 그 고용관계를 유지하면서 근로자파견계약의 내용에 따라 사용사업주의 지휘 · 명령을 받아 사용사업주를 위한 근로에 종사하게 하는 것을 말한다.
2. "근로자파견사업"이란 근로자 파견을 업(業)으로 하는 것을 말한다.
3. "파견사업주"란 근로자파견사업을 하는 자를 말한다.
4. "사용사업주"란 근로자파견계약에 따라 파견근로자를 사용하는 자를 말한다.
5. "파견근로자"란 파견사업주가 고용한 근로자로서 근로자 파견의 대상이 되는 사람을 말한다.
6. "근로자파견계약"이란 파견사업주와 사용사업주 간에 근로자 파견을 약정하는 계약을 말한다.

(1) 근로자 파견의 의의

파견법[23]에 따른 근로자 파견은 파견사업주가 근로자를 고용한 후 고용관계를 유지하면서 근로자파견계약의 내용에 따라 사용사업주의 지휘·명령을 받아 사용사업주를 위한 근로에 종사하는 것을 말한다.

---

23) 파견법은 1998년 2월 20일 제정되어 1998년 7월 1일부터 시행되고 있으며, 원칙적으로 상시근로자 1명 이상의 모든 사업(장)에 적용된다. 다만, 차별적 처우 금지 및 시정은 상시근로자 5인 이상 사업(장)에 적용된다.

파견법 제2조 제2호는 '근로자파견사업'이라 함은 "근로자 파견을 업으로 행하는 것"으로 정의하고 있고, 여기에서 '업으로 행하는 것'은 일정한 목적을 가지고 동종의 행위를 계속 반복적으로 수행하는 것을 말하므로, 1회의 행위라 할지라도 계속 반복의 의사를 가지고 행하면 인정될 것임(고용노동부 2010.10.8., 고용평등정책과-701).

(2) 근로자 파견의 구조

근로자 파견은 근로자파견사업을 행하는 자인 파견사업주, 파견근로자를 사용하는 사용사업주, 파견사업주가 고용한 근로자로서 근로자 파견의 대상이 되는 파견근로자로 구성된다. 이 경우 사용사업주는 계약의 유무·형식 등과 관계없이 실질적으로 파견근로자를 지휘·명령하여 종속적인 관계에서 사용하는 자를 말한다.

〈근로자 파견의 구조〉

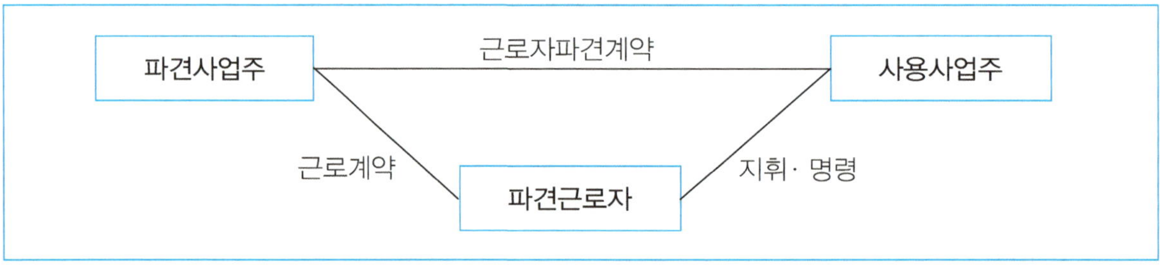

2) 근로자 파견과 유사형태

(1) 도 급

도급은 당사자 일방이 어느 일을 완성할 것을 약속하고, 상대방이 그 일의 결과에 대하여 보수를 지급할 것을 내용으로 하는 계약이다(민법 제664조). 근로자 파견과 도급을 구별하는 결정적인 기준은 지휘·명령권을 누가 행사하는가 하는 것이다.[24)]

〈도급의 구조〉

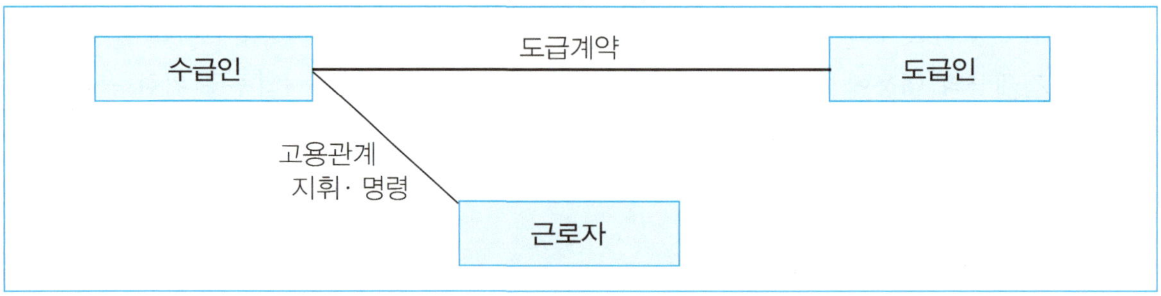

24) 고용노동부, 「파견 · 도급 구별 참고자료」(노동부 · 검찰지침, 법원판례 등), 2009.8, 5쪽.

※ 파견과 용역(도급)의 구별은 해당 업체의 명칭에 구애받는 것이 아니라, '근로자 파견의 판단기준에 관한 지침'[25]에 의거하여 소속 근로자들의 실질적인 근로형태에 따라 이루어져야 할 것임(고용노동부 2010.10.8., 고용평등정책과-701).

(2) 위임·용역

위임은 당사자의 일방이 상대방에 대해 사무처리를 위탁하고 상대방이 이를 승낙함으로써 성립하는 계약이다(민법 제680조). 용역은 거래의 대상이 상품이 아닌 서비스로서 용역업체에 일정한 업무(경비용역, 위생관리용역 등)를 맡겨 수행토록 하는 형태를 취한다.

(3) 직업소개

직업소개는 구인 또는 구직의 신청을 받아 구직자 또는 구인자를 탐색하거나 구직자를 모집하여 구인자와 구직자 간에 고용계약이 성립되도록 알선하는 것(직업안정법 제2조의2 제2호)으로, 직업소개자와 구직자 사이에 고용관계가 발생치 않아 파견근로와 구분된다.

(4) 전 출

전출은 원래 기업과 고용관계를 유지하면서 타기업에 근무한다는 점에서 근로자 파견과 유사하다. 그러나 전출은 기업의 인사관리 차원에서 원래 기업에서 근무하던 근로자를 다른 기업에 보내는 것이고, 근로자 파견은 업(業)으로 행하며 처음부터 다른 기업에 보낼 것을 전제로 채용하는 것이다.

〈전출의 구조〉

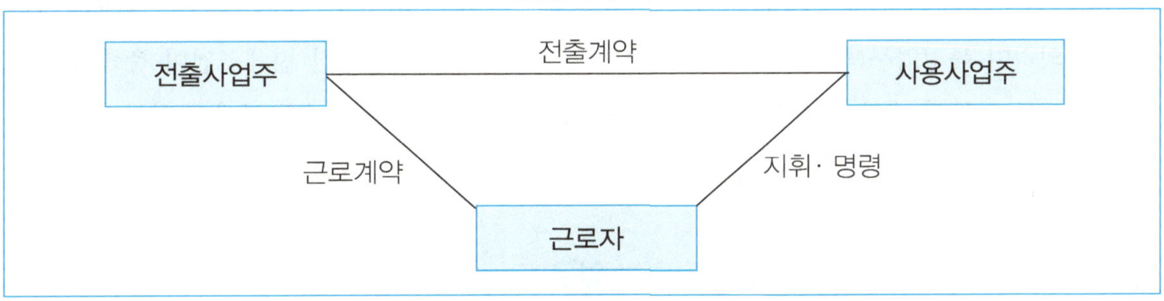

※ 외형상 근로자 파견과 유사한 이른바 '사외 파견(전출)'은 사업주가 고용조정 또는 기술지도·경력개발 등을 목적으로 자기가 고용한 근로자를 그 고용관계를 유지하면서 협력회사·계열회사 등에서 일정 기간을 근무하게 하는 것으로, 이는 사업으로 행하는 '근로자 파견'과는 달리 보아야 할 것임. 다만, 이러한 경우에도 자기가 고용한 근로자를 영리를 목적으로 계속 반복해서 파견하는 경우에는 '근로자 파견'

25) 고용노동부 · 법무부 · 검찰, 「근로자 파견의 판단기준에 관한 지침」, 2007.4.19.

에 해당될 수 있음(고용노동부 2008.11.17, 차별개선과-2172).

2. 근로자 파견 대상 업무

「파견근로자 보호 등에 관한 법률」(약칭: 파견법)

제5조【근로자 파견 대상 업무 등】 ① 근로자파견사업은 제조업의 직접생산공정업무를 제외하고 전문지식 · 기술 · 경험 또는 업무의 성질 등을 고려하여 적합하다고 판단되는 업무로서 대통령령으로 정하는 업무를 대상으로 한다.

② 제1항에도 불구하고 출산 · 질병 · 부상 등으로 결원이 생긴 경우 또는 일시적 · 간헐적으로 인력을 확보하여야 할 필요가 있는 경우에는 근로자파견사업을 할 수 있다.

③ 제1항 및 제2항에도 불구하고 다음 각호의 어느 하나에 해당하는 업무에 대하여는 근로자파견사업을 하여서는 아니 된다.

1. 건설공사현장에서 이루어지는 업무
2. 「항만운송사업법」 제3조 제1호, 「한국철도공사법」 제9조 제1항 제1호, 「농수산물 유통 및 가격안정에 관한 법률」 제40조, 「물류정책기본법」 제2조 제1항 제1호의 하역(荷役)업무로서 「직업안정법」 제33조에 따라 근로자공급사업 허가를 받은 지역의 업무
3. 「선원법」 제2조 제1호의 선원의 업무
4. 「산업안전보건법」 제58조에 따른 유해하거나 위험한 업무
5. 그 밖에 근로자 보호 등의 이유로 근로자파견사업의 대상으로는 적절하지 못하다고 인정하여 대통령령으로 정하는 업무

1) 체 계

파견법은 별도의 전제조건 없이 파견사업을 할 수 있는 대상업무에 관해서는 Positive List 방식에 의하여 특정업무(파견법 제5조 제1항)를 열거하는 한편, 일정한 전제조건이 충족되는 경우에는 모든 업무에 대하여 파견사업을 할 수 있도록 독특한 노동력 수급체계가 정착되어 있는 업무를 제외하는 Negative List 방식(파견법 제5조 제2항)을 취하고 있다.

2) 전문지식 · 기술 · 경험 등을 필요로 하는 업무

제조업의 직접생산공정업무를 제외하고 전문지식과 기술, 경험 또는 업무의 성질 등을 고려하여 적합하다고 판단되는 업무로서 다음에 해당하는 업무는 근로자 파견이 상시적으로 허용되는 업무이다(파견법 시행령 제2조 제1항 별표1).

〈근로자 파견 대상업무 - 상시허용업무〉

한국표준직업분류 (통계청고시 제2000-2호)	대 상 업 무	비 고
120	컴퓨터관련 전문가의 업무	
16	행정, 경영 및 재정 전문가의 업무	행정 전문가(161)의 업무는 제외
17131	특허 전문가의 업무	
181	기록 보관원, 사서 및 관련 전문가의 업무	사서(18120)의 업무는 제외
1822	번역가 및 통역가의 업무	
183	창작 및 공연예술가의 업무	
184	영화, 연극 및 방송관련 전문가의 업무	
220	컴퓨터관련 준전문가의 업무	
23219	기타 전기공학 기술공의 업무	
23221	통신 기술공의 업무	
234	제도 기술 종사자, 캐드 포함의 업무	
235	광학 및 전자장비 기술 종사자의 업무	보조업무에 한정(다만, 임상병리사(23531), 방사선사(23532), 기타 의료장비 기사(23539)의 업무는 제외)
252	정규교육이외 교육 준전문가의 업무	
253	기타 교육 준전문가의 업무	
28	예술, 연예 및 경기 준전문가의 업무	
291	관리 준전문가의 업무	
317	사무 지원 종사자의 업무	
318	도서, 우편 및 관련 사무 종사자의 업무	
3213	수금 및 관련 사무 종사자의 업무	
3222	전화교환 및 번호안내 사무 종사자의 업무	전화교환 및 번호안내 사무 종사자의 업무가 해당 사업의 핵심 업무인 경우는 제외.
323	고객 관련 사무 종사자의 업무	
411	개인보호 및 관련 종사자의 업무	
421	음식 조리 종사자의 업무	「관광진흥법」 제3조에 따른 관광 숙박업에서의 조리사 업무는 제외
432	여행안내 종사자의 업무	
51206	주유원의 업무	
51209	기타 소매업체 판매원의 업무	
521	전화통신 판매 종사자의 업무	
842	자동차 운전 종사자의 업무	
9112	건물 청소 종사자의 업무	
91221	수위 및 경비원의 업무	「경비업법」 제2조 제1호에 따른 경비업무는 제외
91225	주차장 관리원의 업무	
913	배달, 운반 및 검침 관련 종사자의 업무	

3) 결원 또는 일시적 사유에 의한 인력보충 업무

출산·질병·부상 등으로 결원이 생긴 경우 또는 일시적·간헐적으로 인력을 확보해야 할 필요가 있는 경우에는 일시적으로 근로자 파견을 할 수 있다. 일시적·간헐적 사유의 경우 법령상 구체적인 정의가 없으므로 개별사안에 따라 합리적으로 판단해야 하고, 통상적으로는 경기의 영향, 계절적 요인, 갑작스러운 주문의 증가 등으로 업무량이 폭증하여 인력을 적시에 확보하기 어려운 경우를 말한다.[26]

- "일시적 · 간헐적 사유"의 경우 법령에서 구체적인 사유, 인정 요건 등에 대하여 정하고 있는 바 없으므로 개별 사안에 따라 합리적으로 판단하여야 할 것으로 사료되며, 통상적으로 경기의 영향, 계절적 요인, 갑작스러운 주문의 증가 등으로 업무량이 급증하여 인력을 적시에 확보하기 어려운 경우를 말한다 할 것임. 이때 일시적 · 간헐적으로 인력을 확보할 필요가 있는지는 사업(장)의 특성, 여건 등이 서로 다르므로 "매출액 ○○% 증가" 등과 같이 단편적 기준만으로 인정 여부를 판단하기는 곤란하다고 사료됨. 또한, 귀 질의와 같이 매년 또는 연중 수시로 매출액의 증감이 반복적으로 발생함에 따라 인력을 추가적으로 확보하여야 할 사유가 수시로 발생하여 인력운영이 어느 정도 예측 가능한 경우라면 제조업의 직접 생산공정업무를 원칙적으로 파견대상 업무에서 제한하고 있는 입법 취지를 고려할 때 일시적 · 간헐적으로 인력을 확보할 필요가 있는 경우로 보기는 어렵다고 판단됨(고용노동부 2013.10.1., 고용차별개선과-1913).
- 의류 유통 · 판매업체에서 매장 고객수가 많아질 것으로 예상되는 휴일 또는 계절적 요인을 감안한 특정 기간(질의서상 연중 3회 각 6일, 6일, 32일)을 이벤트 및 세일기간으로 정하여 운영하는 경우에는 "일시적 · 간헐적으로 인력을 확보할 필요가 있는 경우"에 해당되어 파견법 제5조 제2항에 따라 파견근로자 사용이 가능할 것으로 사료됨. 다만, 이 경우에도 이벤트 및 세일기간을 연중 상시적으로 운영하는 경우에는 "일시적 · 간헐적으로 인력을 확보할 필요가 있는 경우"에 해당되지 않을 것임(고용노동부 2010.4.28., 고용평등정책과-657).
- 연차휴가, 교육 · 훈련, 장기출장, 노조 전임기간 등으로 업무공백이 발생하였다 하더라도 이는 사전에 충분히 예측이 가능하고 기존직원의 업무 대행이 가능한 통상적인 인력운용의 측면이 강하여 "출산 · 질병 · 부상 등으로 결원이 생긴 경우"나 "일시적 · 간헐적으로 인력을 확보할 필요가 있는 경우"에 해당된다고 보기 어려울 것임(고용노동부 2010.10.21., 고용평등정책과-835).

4) 절대금지 업무

절대금지 대상업무는 어떠한 사유로도 당해 업무에 관하여 파견사업주는 근로자파견사업을 할 수 없고, 사용사업주 역시 파견근로자를 사용할 수 없는 다음의 업무를 말한다(파견법 제5조

26) 고용노동부, 「업종별 근로자 파견 판단 매뉴얼」, 2012.7, 8쪽.

제3항 및 파견법 시행령 제2조 제2항).

〈근로자 파견 절대금지 업무〉

1. 건설공사 현장에서 이루어지는 업무(다만, 건설현장 근무 직원의 출·퇴근용 차량을 지원하는 운전업무나 비서·타 자원, 현장사무실에서 제도기술(캐드작업 등) 등과 같이 건설공사와 관련된 업무라 하더라도 건설현장에 투입되어 작업에 직접 종사하는 경우가 아니라면 근로자 파견 대상이 될 수 있음)
2. 하역(荷役)업무로서 근로자공급사업 허가를 받은 지역의 업무
3. 「선원법」 제2조 제1호의 선원의 업무
4. 「산업안전보건법」 제58조에 따른 유해하거나 위험한 업무
5. 분진작업을 하는 업무
6. 건강관리카드의 발급대상 업무
7. 의료인의 업무 및 간호조무사의 업무
8. 의료기사의 업무
9. 여객자동차운송사업에서의 운전업무
10. 화물자동차 운송사업에서의 운전업무

3. 파견기간 및 고용의무

1) 파견기간

「파견근로자 보호 등에 관한 법률」(약칭: 파견법)

제6조【파견기간】 ① 근로자 파견의 기간은 제5조 제2항에 해당하는 경우를 제외하고는 1년을 초과하여서는 아니 된다.

② 제1항에도 불구하고 파견사업주, 사용사업주, 파견근로자 간의 합의가 있는 경우에는 파견기간을 연장할 수 있다. 이 경우 1회를 연장할 때에는 그 연장기간은 1년을 초과하여서는 아니 되며, 연장된 기간을 포함한 총 파견기간은 2년을 초과하여서는 아니 된다.

③ 제2항 후단에도 불구하고 「고용상 연령차별금지 및 고령자고용촉진에 관한 법률」 제2조 제1호의 고령자인 파견근로자에 대하여는 2년을 초과하여 근로자파견기간을 연장할 수 있다.

④ 제5조 제2항에 따른 근로자 파견의 기간은 다음 각호의 구분에 따른다.

1. 출산 · 질병 · 부상 등 그 사유가 객관적으로 명백한 경우: 해당 사유의 해소에 필요한 기간
2. 일시적 · 간헐적으로 인력을 확보할 필요가 있는 경우: 3개월 이내의 기간. 다만, 해당 사유가 해소되지 아니하고 파견사업주, 사용사업주, 파견근로자 간의 합의가 있는 경우에는 3개월의 범위에서 한 차례만 그 기간을 연장할 수 있다.

(1) 상시 허용업무

파견기간은 1년을 초과하지 못하지만, 파견사업주·사용사업주·파견근로자 간의 합의가 있는 경우에는 1년의 범위에서 파견기간을 연장할 수 있다. 다만, 연장된 파견기간을 포함한 총 파견기간은 2년을 초과할 수 없다. 고령자(만 55세 이상)인 파견근로자에 대하여는 2년을 초과하여 근로자 파견기간을 연장할 수 있다. 따라서 고령자인 파견근로자의 경우 파견사업주·사용사업주·파견근로자 간의 합의로 연장횟수 및 파견기간에 제한없이 파견기간을 연장할 수 있다. 다만, 각 파견근로계약의 단위기간은 1년을 초과하지 못한다.[27)]

(2) 일시 허용업무

출산·질병·부상 등 그 사유가 객관적으로 명백한 경우에는 해당사유의 해소에 필요한 기간을 파견기간으로 한다. 일시적·간헐적으로 인력을 확보할 필요가 있는 경우에는 3개월 이내의 기간에서 근로자 파견을 할 수 있고, 해당사유가 해소되지 아니하고 파견사업주·사용사업주·파견근로자 간의 합의가 있는 경우에는 1회에 한하여 3개월 범위에서 그 기간을 연장할 수 있다.

> *근로자 파견의 기간은 출산 · 질병 · 부상 등으로 결원이 생긴 날부터 그 사유가 해소되는 날까지가 되어야 할 것이며, 이는 출산 · 질병 · 부상 등의 사유 발생 여부 및 그 사유가 해소되는 기간 등을 명확히 하여 법적 안정성을 도모하고 파견기간에 대한 임의적 해석 또는 이해관계에 따른 남용 등의 사례를 방지하기 위함임(고용노동부 2013.5.21., 고용차별개선과-956).*

〈근로자 파견 대상 업무별 파견기간〉

구 분	파견기간
상시 허용업무	1년 + 1년(파견사업주, 사용사업주, 파견근로자 간의 합의 필요) = 최대 2년 ※ 고령자(55세 이상)는 연장횟수 및 파견기간에 제한없이 연장가능(1회의 파견기간은 1년을 초과할 수 없음)
출산 · 질병 · 부상 등	해당 사유가 해소되는 필요한 기간
일시적 · 간헐적	3개월 + 3개월(파견사업주, 사용사업주, 파견근로자 간의 합의 필요) = 최대 6개월

2) 고용의무

「파견근로자 보호 등에 관한 법률」(약칭: 파견법)

제6조의2 【고용의무】 ① 사용사업주가 다음 각호의 어느 하나에 해당하는 경우에는 해당 파견근로

27) 고용노동부, 「파견법 매뉴얼」, 2011.12, 21쪽.

자를 직접 고용하여야 한다.
1. 제5조 제1항의 근로자 파견 대상업무에 해당하지 아니하는 업무에서 파견근로자를 사용하는 경우(제5조 제2항에 따라 근로자파견사업을 한 경우는 제외)
2. 제5조 제3항을 위반하여 파견근로자를 사용하는 경우
3. 제6조 제2항을 위반하여 2년을 초과하여 계속적으로 파견근로자를 사용하는 경우
4. 제6조 제4항을 위반하여 파견근로자를 사용하는 경우
5. 제7조 제3항을 위반하여 근로자 파견의 역무를 제공받은 경우
② 제1항은 해당 파견근로자가 명시적으로 반대의사를 표시하거나 대통령령으로 정하는 정당한 이유가 있는 경우에는 적용하지 아니한다.
③ 제1항에 따라 사용사업주가 파견근로자를 직접 고용하는 경우의 파견근로자의 근로조건은 다음 각호의 구분에 따른다.
1. 사용사업주의 근로자 중 해당 파견근로자와 같은 종류의 업무 또는 유사한 업무를 수행하는 근로자가 있는 경우: 해당 근로자에게 적용되는 취업규칙 등에서 정하는 근로조건에 따를 것
2. 사용사업주의 근로자 중 해당 파견근로자와 같은 종류의 업무 또는 유사한 업무를 수행하는 근로자가 없는 경우: 해당 파견근로자의 기존 근로조건의 수준보다 낮아져서는 아니 될 것
④ 사용사업주는 파견근로자를 사용하고 있는 업무에 근로자를 직접 고용하려는 경우에는 해당 파견근로자를 우선적으로 고용하도록 노력하여야 한다.

파견법을 위반하여 불법파견을 한 경우 사용사업주가 해당 파견근로자를 파견근로기간에 관계없이 즉시 직접 고용하여야 한다. 다만, 파견근로자가 명시적으로 반대의사를 표하거나 특정한 사유(사용사업주가 회생절차개시의 결정이 있는 경우·파산선고의 결정이 있는 경우·미지급 임금 등을 지급할 능력이 없다고 인정하는 경우, 천재 · 사변 그 밖의 부득이한 사유로 사업의 계속이 불가능한 경우)에는 사용사업주가 파견근로자를 직접고용하지 않아도 된다(파견법 시행령 제2조의2).

- *파견법의 직접고용의무 규정의 입법취지 및 목적에 비추어 볼 때, 특별한 사정이 없는 한 사용사업주는 직접고용의무 규정에 따라 근로계약을 체결할 때 기간을 정하지 않은 근로계약을 체결하여야 함이 원칙임. 다만, 파견법 제6조의2 제2항에서 파견근로자가 명시적으로 반대의사를 표시하는 경우에는 직접고용의무의 예외가 인정되는 점을 고려할 때 파견근로자가 사용사업주를 상대로 직접고용의무의 이행을 구할 수 있다는 점을 알면서도 기간제 근로계약을 희망하였다거나, 사용사업주의 근로자 중 해당 파견근로자와 같은 종류의 업무 또는 유사한 업무를 수행하는 근로자가 대부분 기간제 근로계약을 체결하고 근무하고 있어 파견근로자로서도 애초에 기간을 정하지 않은 근로계약 체결을 기대하기 어려웠던 경우 등과 같이 직접고용관계에 계약기간을 정한 것이 직접고용의무 규정의 입법취지 및 목적을 잠탈한다고 보기 어려운 특별한 사정이 존재하는 경우에는 사용*

사업주가 파견근로자와 기간제 근로계약을 체결할 수 있을 것임. 그리고 이러한 특별한 사정의 존재에 관하여는 사용사업주가 증명책임을 부담함. 따라서 직접고용의무를 부담하는 사용사업주가 파견근로자를 직접고용하면서 앞서 본 특별한 사정이 없음에도 기간제 근로계약을 체결하는 경우 이는 직접고용의무를 완전하게 이행한 것이라고 보기 어렵고, 이러한 근로계약 중 기간을 정한 부분은 파견근로자를 보호하기 위한 파견법의 강행규정을 위반한 것에 해당하여 무효가 될 수 있음(대법원 2022.1.27. 선고 2018다207847 판결).

- *파견근로자가 사용사업주의 근로자로 고용되는 것에 대한 명시적인 반대의사를 표시하는 경우에 사용사업주가 당해 파견근로자를 직접고용하지 않아도 된다는 의미일 뿐(직접고용의무 불이행에 따른 과태료가 면제됨) 동일한 파견근로자를 2년을 초과하여 계속 사용할 수 있다거나, 파견기간 위반(2년 초과사용)에 따른 처벌이 면제된다는 의미는 아님. 따라서 귀 사업장에서는 파견근로자를 2년을 초과하여 사용하였다면 해당 파견근로자를 직접 고용하여야 하나, 해당 파견근로자가 명시적인 반대의사를 표시하였다면 직접고용의무는 면제되나 당해 파견근로자를 계속하여 사용하는 것은 파견법 제6조(파견기간)의 규정에 위배되는 것으로 사료됨(고용노동부 2007.7.12., 비정규직대책팀-2828).*

4. 차별적 처우 금지 및 시정신청

「파견근로자 보호 등에 관한 법률」(약칭: 파견법)

제2조【정의】 이 법에서 사용하는 용어의 뜻은 다음과 같다.

7. "차별적 처우"란 다음 각 목의 사항에서 합리적인 이유 없이 불리하게 처우하는 것을 말한다.

가. 「근로기준법」 제2조 제1항 제5호의 임금

나. 정기상여금, 명절상여금 등 정기적으로 지급되는 상여금

다. 경영성과에 따른 성과금

라. 그 밖에 근로조건 및 복리후생 등에 관한 사항

제21조【차별적 처우의 금지 및 시정 등】 ① 파견사업주와 사용사업주는 파견근로자라는 이유로 사용사업주의 사업 내의 같은 종류의 업무 또는 유사한 업무를 수행하는 근로자에 비하여 파견근로자에게 차별적 처우를 하여서는 아니 된다.

② 파견근로자는 차별적 처우를 받은 경우 「노동위원회법」에 따른 노동위원회(이하 "노동위원회"라 한다)에 그 시정을 신청할 수 있다.

③ 제2항에 따른 시정신청, 그 밖의 시정절차 등에 관하여는 「기간제 및 단시간근로자 보호 등에 관한 법률」 제9조부터 제15조까지 및 제16조 제2호·제3호를 준용한다. 이 경우 "기간제근로자 또는 단시간근로자"는 "파견근로자"로, "사용자"는 "파견사업주 또는 사용사업주"로 본다.

④ 제1항부터 제3항까지의 규정은 사용사업주가 상시 4명 이하의 근로자를 사용하는 경우에는 적용하지 아니한다.

1) 차별적 처우의 금지

파견사업주와 사용사업주는 파견근로자라는 이유로 사용사업주의 사업 내의 같은 종류의 업무 또는 유사한 업무를 수행하는 근로자에 비하여 파견근로자에게 차별적 처우를 할 수 없다. '차별적 처우'라 함은 임금, 정기상여금, 경영성과금, 그 밖의 근로조건 및 복리후생 등에 관한 사항에 있어서 합리적 이유 없이 불리하게 처우하는 것을 말한다. 다만, 파견근로자의 차별금지 규정은 된다.' 불리하게 처우하는 것'은 사용자가 임금, 그 밖의 근로조건 등에서 파견근로자와 비교대상 근로자[28]를 다르게 처우함으로써 발생하는 불이익 전반을 의미한다.

※ 파견근로자에 대한 차별적 처우 금지는 파견사업주의 근로자 수에 상관없이, 사용사업주의 근로자가 상시 5인 이상인 경우에만 적용됨.

- 「파견법」 제21조 제1항에 따라 사용사업주의 사업 내에서 직접 고용되어 파견근로자와 동종 또는 유사한 업무를 수행하는 근로자를 해당 파견근로자의 비교대상 근로자라 할 수 있는데, '동종 또는 유사한 업무'란 직종 · 직무 및 작업내용이 동일성 · 유사성을 가진 것으로 업무의 내용 및 종류, 업무의 수행방법, 작업조건, 상호 대체 가능성 등을 종합적으로 고려하여 판단하게 됨. 구체적으로는 주된 업무 또는 중심적인 업무를 기준으로 하고, 근로계약 등의 내용보다는 근로자가 실제 수행하는 업무를 기준으로 하여야 할 것이며, 핵심 요소에서 본질적인 차이가 없다면 다른 요소에서 차이가 일부 있더라도 동종 · 유사성은 인정된다고 보아야 할 것임(고용노동부 2013.8.13., 고용차별개선과-1592).
- "그 밖의 근로조건"이라 함은 「근로기준법」, 단체협약 · 취업규칙 · 근로계약 등을 통해 정하여진 조건으로 사용자가 근로자에게 지급할 의무가 있거나 지켜야 될 사항을 의미하며, 근로시간, 휴일 · 휴가, 안전 · 보건, 재해보상, 복리후생, 기타 근로자의 대우에 관하여 정한 사항 등이 포함될 수 있음. '합리적 이유'가 있는지는 여러 사정을 종합 고려하여 판단하여야 할 것이나, 업무의 범위, 업무의 권한과 책임, 노동 생산성(객관적으로 명확히 입증 가능한 경우에 한함), 그 밖에 근로제공에 관련된 요소들(직무, 능력, 기능, 기술, 자격, 경력, 학력, 근속년수, 업적 · 실적, 업무환경 및 업무강도, 위험의 정도 등)이 다름에 기인할 것일 때에는 불리한 처우에 있어 '합리적 이유'가 있다고 볼 수 있을 것임. 이 때 '합리적 이유'의 유무를 판단함에 있어서는 파견근로자의 경우 파견근로의 특수성이 고려될 수 있다고 사료되며, 이에 사용자가 파견근로자를 비교대상근로자에 비하여 불리하게 처우하더라도 파견근로라는 고용형태의 특성에 기인한 것(예: 승진기회의 배제, 기숙사 배정, 사원 임대주택의 제공 등)일 때에는 합리적 이유가 있는 것으로 볼 수도 있을 것임(고용노동부 2013.8.13., 고용차별개선과-1592).

28) '비교대상 근로자'는 사용사업주의 사업 내에서 사용사업주에게 직접 고용된 근로자(무기계약 · 기간제 · 단시간근로자를 모두 포함)를 의미하며, 파견근로자는 사용사업주에게 직접 고용된 근로자가 아니므로 비교대상 근로자로 볼 수 없다. 차별적 처우의 판단을 위한 비교대상 근로자는 원칙적으로 사용자에 의한 차별적 처우가 있었던 시기에 존재하여야 하며, 차별적 처우가 있었던 당시에 비교대상 근로자가 존재하였으나 차별시정 신청 시 비교대상 근로자가 없더라

2) 차별적 처우의 시정신청

파견근로자가 차별적 처우를 받은 경우에는 노동위원회에 차별적 처우가 있은 날(계속되는 차별적 처우는 그 종료일)부터 6개월 이내에 그 시정을 신청할 수 있다. 차별시정 신청을 하는 때에는 차별적 처우의 내용을 구체적으로 명시하여야 하며, 차별시정과 관련한 분쟁에서 입증책임은 사용자가 부담한다.

※ 차별시정 신청권자는 파견근로자인데, 계약의 형식이 도급·위임이거나 파견법상 불법파견(파견대상업무 위반, 파견기간 위반, 무허가 파견)의 경우에도 그 실질이 근로자 파견에 해당한다면 차별시정신청을 할 수 있고, 파견근로자 인정 여부는 차별시정신청 당시가 아니라 차별적 처우가 있었던 시점을 기준으로 함.

3) 차별적 처우의 금지주체와 차별시정의 피신청인

(1) 차별적 처우의 금지주체

차별적 처우의 금지주체는 파견사업주와 사용사업주이며, 이들은 파견법 제34조(근로기준법의 적용에 관한 특례)에 따른 각각의 사용자책임 영역에 따라 차별적 처우의 금지주체이자 차별시정 신청사건의 피신청인이 된다. 다만, 법인인 파견사업주 또는 사용사업주의 경우, 실제 행위는 대표이사, 인사노무담당 임원 등에 이루어지나 이들에 의한 차별적 처우는 파견사업주 또는 사용사업주에게 귀속된다.

(2) 차별시정의 피신청인

차별시정의 피신청인은 차별적 처우를 행한 파견사업주 또는 사용사업주가 된다. 다만, 파견법 제34조는 근기법상 임금·연차유급휴가 등에 관한 사항은 파견사업주가, 근로시간·휴게·휴일 등은 사용사업주가 사용자책임을 지는 것으로 규정하고 있으므로, 각각의 사용자책임 영역에 따라 파견사업주와 사용사업주는 차별시정의 피신청인이 된다.[29]

〈파견사업주와 사용사업주의 책임 영역〉

파견사업주 책임영역	사용사업주 책임영역
- 해고 - 퇴직급여 - 임금	- 근로시간(탄력적·선택적 근로시간제 포함) - 연장근로의 제한 - 휴게 및 휴일

도 차별시정 신청이 가능하다.

29) 중앙노동위원회, 『차별시정업무 매뉴얼』, 2017.3, 47쪽.

- 휴업수당 - 연장·야간 및 휴일근로 - 연차유급휴가 - 재해보상	- 유급휴가의 대체 - 생리휴가

제4절 장애인근로자 및 고령근로자

1. 장애인근로자

1) 개 념

「장애인 고용촉진 및 직업재활법」(약칭: 장애인고용법)

제1조【목적】 이 법은 장애인이 그 능력에 맞는 직업생활을 통하여 인간다운 생활을 할 수 있도록 장애인의 고용촉진 및 직업재활을 꾀하는 것을 목적으로 한다.

제2조【정의】 이 법에서 사용하는 용어의 뜻은 다음과 같다.

1. "장애인"이란 신체 또는 정신상의 장애로 장기간에 걸쳐 직업생활에 상당한 제약을 받는 사람으로서 대통령령으로 정하는 기준에 해당하는 사람을 말한다.
2. "중증장애인"이란 장애인 중 근로 능력이 현저하게 상실된 사람으로서 대통령령으로 정하는 기준에 해당하는 사람을 말한다.

장애인고용법[30]에서는 장애인을 신체 또는 정신상의 장애로 장기간에 걸쳐 직업생활에 상당한 제약을 받는 자로서 일정한 기준(장애인고용법 시행령 제3조, 장애인의 기준)에 해당하는 자로, 중증장애인을 장애인 중 근로 능력이 현저하게 상실된 자로서 일정한 기준(장애인고용법 시행령 제4조, 중증장애인의 기준)에 해당하는 자로 규정하고 있다.

30) 모든 국민은 법 앞에 평등하고 모든 영역에서 차별을 받지 않는다는 헌법(제11조)의 이념에 따라 장애인의 고용촉진과 직업재활 및 직업안정을 도모하고자 1990년 1월 13일 「장애인고용촉진 등에 관한 법률」을 제정하였고, "근로능력과 의욕이 있는 모든 장애인에게 일자리를 제공할 수 있도록 하고 중증장애인의 특별지원을 위한 제도적 장치를 마련하며, 장애인 고용의무제 시행과정에서 나타난 문제점을 개선 · 보완하려는 것"을 이유로 2000년 1월 12일 「장애인 고용촉진 및 직업재활법」(약칭: 장애인고용법)으로 법률명을 변경하여 현재에 이르고 있다. 또한 장애인고용법으로는 장애인의 실질적 보호에 한계가 있어 2007년 4월 10일 「장애인 차별금지 및 권리구제 등에 관한 법률」(약칭: 장애인차별금지법)을 따로 제정하여 2008년 4월 11일부터 시행하고 있다.

2) 장애인고용법의 주요 내용

(1) 사업주의 책임

> **「장애인 고용촉진 및 직업재활법」(약칭: 장애인고용법)**
> **제5조【사업주의 책임】** ① 사업주는 장애인의 고용에 관한 정부의 시책에 협조하여야 하고, 장애인이 가진 능력을 정당하게 평가하여 고용의 기회를 제공함과 동시에 적정한 고용관리를 할 의무를 가진다.

사업주는 장애인의 고용에 관한 정부의 시책에 협조하여야 하고, 장애인이 가진 능력을 정당하게 평가하여 고용의 기회를 제공함과 동시에 적정한 고용관리를 할 의무가 있다.

(2) 고용상 차별금지 및 권리구제

① 고용상 차별금지

> **「장애인 고용촉진 및 직업재활법」(약칭: 장애인고용법)**
> **제5조【사업주의 책임】** ② 사업주는 근로자가 장애인이라는 이유로 채용 · 승진 · 전보 및 교육훈련 등 인사관리상의 차별대우를 하여서는 아니 된다.
>
> **「장애인 차별금지 및 권리구제 등에 관한 법률」(약칭: 장애인차별금지법)**
> **제10조【차별금지】** ① 사용자는 모집 · 채용, 임금 및 복리후생, 교육 · 배치 · 승진 · 전보, 정년 · 퇴직 · 해고에 있어 장애인을 차별하여서는 아니 된다.
> ②「노동조합 및 노동관계조정법」 제2조 제4호에 따른 노동조합은 장애인 근로자의 조합 가입을 거부하거나 조합원의 권리 및 활동에 차별을 두어서는 아니 된다.
> **제12조【의학적 검사의 금지】** ① 사용자는 채용 이전에 장애인 여부를 조사하기 위한 의학적 검사를 실시하여서는 아니 된다. 다만, 채용 이후에 직무의 본질상 요구되거나 직무배치 등을 위하여 필요한 경우에는 그러하지 아니하다.
> ② 제1항 단서에 따라 의학적 검사를 실시할 경우 그 비용은 원칙적으로 사용자가 부담한다. 사용자의 비용부담 방식 및 그 지원 등에 필요한 사항은 대통령령으로 정한다.
> ③ 사용자는 제1항 단서에 따라 취득한 장애인의 건강상태나 장애 또는 과거 장애경력 등에 관한 개인정보를 누설하여서는 아니 된다.

사용자는 근로자가 장애인이라는 이유로 모집·채용, 임금 및 복리후생, 교육·배치·승진, 전보 및 교육훈련, 정년·퇴직·해고 등 인사관리상의 차별대우를 할 수 없다. 사용자는 채용 이전에 장애인 여부를 조사하기 위한 의학적 검사를 할 수 없고, 장애인의 건강상태나 장애 또는 과거 장애경력 등에 관한 개인정보를 누설할 수 없다.

② 권리구제

「장애인 차별금지 및 권리구제 등에 관한 법률」(약칭: 장애인차별금지법)

제38조【진정】 이 법에서 금지하는 차별행위로 인하여 피해를 입은 사람(이하 "피해자"라 한다) 또는 그 사실을 알고 있는 사람이나 단체는 국가인권위원회(이하 "위원회"라 한다)에 그 내용을 진정할 수 있다.

제40조【장애인차별시정소위원회】 ① 위원회는 이 법에서 금지하는 차별행위에 대한 조사와 구제 업무를 전담하는 장애인차별시정소위원회(이하 "소위원회"라 한다)를 둔다.

② 소위원회의 구성 · 업무 및 운영 등에 관하여 필요한 사항은 위원회의 규칙으로 정한다.

제42조【권고의 통보】 위원회는 이 법이 금지하는 차별행위로 「국가인권위원회법」 제44조의 권고를 한 경우 그 내용을 법무부 장관에게 통보하여야 한다.

제43조【시정명령】 ① 법무부 장관은 이 법이 금지하는 차별행위로 「국가인권위원회법」 제44조의 권고를 받은 자가 정당한 사유 없이 권고를 이행하지 아니하고 다음 각호의 어느 하나에 해당하는 경우로서 그 피해의 정도가 심각하고 공익에 미치는 영향이 중대하다고 인정되는 경우 피해자의 신청에 의하여 또는 직권으로 시정명령을 할 수 있다.

1. 피해자가 다수인인 차별행위에 대한 권고 불이행
2. 반복적 차별행위에 대한 권고 불이행
3. 피해자에게 불이익을 주기 위한 고의적 불이행
4. 그 밖에 시정명령이 필요한 경우

② 법무부 장관은 제1항에 따른 시정명령으로서 이 법에서 금지되는 차별행위를 한 자(이하 "차별행위자"라 한다)에게 다음 각호의 조치를 명할 수 있다.

1. 차별행위의 중지
2. 피해의 원상회복
3. 차별행위의 재발방지를 위한 조치
4. 그 밖에 차별시정을 위하여 필요한 조치

③ 법무부 장관은 제1항 및 제2항에 따른 시정명령을 서면으로 하되, 그 이유를 구체적으로 명시하여 차별행위자와 피해자에게 각각 교부하여야 한다.

④ 법무부 장관이 차별시정에 필요한 조치를 명하는 기간, 절차, 방법 등에 필요한 사항은 대통령령으로 정한다.

장애를 사유로 피해를 입은 사람이나 그 사실을 알고 있는 사람이나 단체는 권리구제에 관하여 국가인권위원회에 진정을 제기할 수 있다. 장애인차별금지법에서 규정하는 것 외에는 「국가인권위원회법」에서 정하는 바에 따른다.

(3) 직장 내 장애인 인식개선 교육

「장애인 고용촉진 및 직업재활법」(약칭: 장애인고용법)

제5조의2【직장 내 장애인 인식개선 교육】 ① 사업주는 장애인에 대한 직장 내 편견을 제거함으로써 장애인 근로자의 안정적인 근무여건을 조성하고 장애인 근로자 채용이 확대될 수 있도록 장애인 인식개선 교육(이하 "장애인 인식개선 교육"이라 한다)을 실시하여야 한다.
② 사업주 및 근로자는 장애인 인식개선 교육을 받아야 한다.
③ 사업주는 직장 내 장애인 인식개선 교육 실시 관련 자료를 3년간 보관하여야 한다. 이 경우 교육 실시 관련 자료는 「전자문서 및 전자거래 기본법」 제2조 제1호에 따른 전자문서로 작성·보존할 수 있다.
④ 사업의 규모나 특성을 고려하여 대통령령으로 정하는 사업주가 자체적으로 장애인 인식개선 교육을 실시하는 경우에는 고용노동부령으로 정하는 강사의 자격기준을 갖춘 사람이 실시하여야 한다.
⑤ 고용노동부 장관은 장애인 인식개선 교육 실시 결과에 대한 점검을 할 수 있다.
⑥ 고용노동부 장관은 제5항에 따른 점검을 위하여 상시 50명 이상의 근로자를 고용하는 사업주에게 고용노동부령으로 정하는 바에 따라 장애인 인식개선 교육 실시 결과를 제출하도록 명할 수 있다.
⑦ 고용노동부 장관은 장애인 인식개선 교육이 원활하게 이루어지도록 교육교재 등을 개발하여 보급하여야 한다.
⑧ 장애인 인식개선 교육의 내용·방법 및 횟수 등은 대통령령으로 정한다.

「장애인 고용촉진 및 직업재활법 시행령」

제5조의2【직장 내 장애인 인식개선 교육】 ① 사업주는 법 제5조의2 제1항에 따라 직장 내 장애인 인식개선 교육을 연 1회, 1시간 이상 실시해야 한다.
② 제1항에 따른 교육에는 다음 각 호의 내용이 포함되어야 한다.
1. 장애에 대한 이해와 장애가 가지는 차이에 대한 존중
2. 직장 내 장애인의 인권, 장애인에 대한 차별금지 및 정당한 편의 제공
3. 장애인고용촉진 및 직업재활과 관련된 법과 제도
4. 그 밖에 직장 내 장애인 인식개선에 필요한 사항

③ 법 제5조의2 제4항에서 "대통령령으로 정하는 사업주"란 상시 고용하는 근로자 수가 300명 이상인 사업주를 말한다. 이 경우 상시 고용하는 근로자 수의 산정은 제24조 제2항 및 제3항에 따른다.
④ 사업주는 제1항에 따른 교육을 직원연수·조회·회의 등의 집합교육, 인터넷 등 정보통신망을 이용한 원격교육, 체험교육 등의 방법으로 실시할 수 있다. 이 경우 제3항에 해당하는 사업주는 제1항에 따른 교육을 원격교육 또는 체험교육의 방법으로 실시하려는 때에는 고용노동부 장관이 정하여 고시하는 기준을 준수해야 한다.
⑤ 사업주는 법 제5조의3 제3항에 따른 강사를 활용하여 제1항에 따른 교육을 실시할 수 있다.
⑥ 법 제28조에 따른 장애인 고용 의무가 없는 사업주는 제1항에도 불구하고 고용노동부 장관이 보급한 교육자료 등을 배포·게시하거나 전자우편을 보내는 등의 방법으로 장애인 인식개선 교육을 실시할 수 있다.

⑦ 제1항부터 제6항까지에서 규정한 사항 외에 직장 내 장애인 인식개선 교육에 필요한 사항은 고용노동부 장관이 정하여 고시한다.

사업주는 장애인에 대한 직장 내 편견을 제거함으로써 장애인근로자의 안정적인 근무여건을 조성하고 장애인근로자 채용이 확대될 수 있도록 장애인 인식개선 교육(연 1회, 1시간 이상)을 실시하여야 한다(위반 시 300만원 이하의 과태료).

(4) 장애인고용 의무제도

국가와 지방자치단체, 공공기관, 민간기업은 아래와 같이 일정 규모 이상의 장애인을 의무적으로 고용하여야 한다.

〈장애인 의무고용률〉

구 분	의무고용률	근 거
국가 및 지방자치단체	소속 공무원 정원의 1천분의 38 이상	장애인고용법 제27조 제1항
공공기관	상시 고용하고 있는 근로자 수의 1천분의 38 이상	장애인고용법 제28조의2
민간기업	상시 50명 이상의 근로자를 고용하는 사업장의 근로자 총수의 1천분의 31	장애인고용법 제28조 제1항 및 장애인고용법 시행령 제25조

※ 건설업에서 근로자 수를 확인하기 곤란한 경우에는 공사 실적액이 고용노동부 장관이 정하여 고시하는 금액(106억 8,000만원)[31] 이상인 사업주는 장애인 의무고용률에 따라야 함.

(5) 장애인 고용부담금

「장애인 고용촉진 및 직업재활법」(약칭: 장애인고용법)

제33조【사업주의 부담금 납부 등】 ① 의무고용률에 못 미치는 장애인을 고용하는 사업주(상시 100명 미만의 근로자를 고용하는 사업주는 제외한다)는 대통령령으로 정하는 바에 따라 매년 고용노동부 장관에게 부담금을 납부하여야 한다.

② 부담금은 사업주가 의무고용률에 따라 고용하여야 할 장애인 총수에서 매월 상시 고용하고 있는 장애인 수를 뺀 수에 제3항에 따른 부담기초액을 곱한 금액의 연간 합계액으로 한다.

31) 고용노동부 고시 제2024-101호, "건설업에서 근로자 수 확인이 곤란한 장애인 고용의무 사업주의 공사실적액", 2024.12.31(2025.1.1.시행, 매 3년마다 재검토).

③ 부담기초액은 장애인을 고용하는 경우에 매월 드는 다음 각 호의 비용의 평균액을 기초로 하여 고용정책심의회의 심의를 거쳐 「최저임금법」에 따라 월 단위로 환산한 최저임금액의 100분의 60 이상의 범위에서 고용노동부 장관이 정하여 고시하되, 장애인 고용률(매월 상시 고용하고 있는 근로자의 총수에 대한 고용하고 있는 장애인 총수의 비율)에 따라 부담기초액의 2분의 1 이내의 범위에서 가산할 수 있다. 다만, 장애인을 상시 1명 이상 고용하지 아니한 달이 있는 경우에는 그 달에 대한 사업주의 부담기초액은 「최저임금법」에 따라 월 단위로 환산한 최저임금액으로 한다.
1. 장애인을 고용하는 경우 필요한 시설 · 장비의 설치, 수리에 드는 비용
2. 장애인의 적정한 고용관리를 위한 조치에 필요한 비용
3. 그 밖에 장애인을 고용하기 위하여 특별히 드는 비용 등

장애인 의무고용률에 못 미치는 장애인을 고용하는 사업주(상시 50인 이상 100명 미만의 근로자를 고용하는 사업주는 제외)는 매년 고용노동부 장관이 고시[32]로 정하는 부담금을 납부하여야 한다.

2. 고령근로자

1) 개 념

「고용상 연령차별금지 및 고령자고용촉진에 관한 법률」(약칭: 고령자고용법)

제1조【목적】 이 법은 합리적인 이유 없이 연령을 이유로 하는 고용차별을 금지하고, 고령자(高齡者)가 그 능력에 맞는 직업을 가질 수 있도록 지원하고 촉진함으로써, 고령자의 고용안정과 국민경제의 발전에 이바지하는 것을 목적으로 한다.

제2조【정의】 이 법에서 사용하는 용어의 뜻은 다음과 같다.
1. "고령자"란 인구와 취업자의 구성 등을 고려하여 대통령령으로 정하는 연령 이상인 자를 말한다.
2. "준고령자"란 대통령령으로 정하는 연령 이상인 자로서 고령자가 아닌 자를 말한다.
5. "기준고용률"이란 사업장에서 상시 사용하는 근로자를 기준으로 하여 사업주가 고령자의 고용촉진을 위하여 고용하여야 할 고령자의 비율로서 고령자의 현황과 고용 실태 등을 고려하여 사업의 종류별로 대통령령으로 정하는 비율을 말한다.

32) 고용노동부 고시 제2024-99호, "장애인 고용부담금의 부담기초액"(2025.1.1.~2025.12.31. 적용). 2025년의 경우 장애인 의무고용률에 비하여 장애인을 한명도 고용하지 않은 경우에는 2,096,270원이다.

고용자고용법[33]은 연령을 이유고 차별을 금지하고, 고령자가 차지하는 비율이 증가[34]하는 것을 고려하여 고령자가 능력에 맞는 직업을 가질 수 있도록 지원 및 촉진하고 고령자의 고용안정을 목적으로 한다. 고용자고용법은 고령자를 55세 이상인 사람으로, 준고령자를 50세 이상 55세 미만인 사람으로 규정하고 있다.

2) 고령자고용법의 주요 내용

(1) 고용자 고용의무 및 고령자 고용현황 제출

「고용상 연령차별금지 및 고령자고용촉진에 관한 법률」(약칭: 고령자고용법)

제12조【사업주의 고령자 고용 노력의무】 대통령령으로 정하는 수 이상의 근로자를 사용하는 사업주는 기준고용률 이상의 고령자를 고용하도록 노력하여야 한다.

제13조【사업주의 고령자 고용현황의 제출 등】 ① 제12조에 따른 사업주는 고용노동부령으로 정하는 바에 따라 매년 고령자 고용현황을 고용노동부 장관에게 제출하여야 한다.

② 고용노동부 장관은 제12조에 따른 사업주로서 상시 고용하는 고령자의 비율이 기준고용률에 미달하는 사업주에 대하여 고령자의 고용촉진 및 안정을 위하여 필요한 조치의 시행을 권고할 수 있다.

③ 고용노동부 장관은 제2항의 권고에 따른 조치를 시행하는 사업주에게 상담, 자문, 그 밖에 필요한 협조와 지원을 할 수 있다.

상시근로자 300명 이상을 사용하는 사업주는 사업의 종류(고령자고용법 시행령 제3조)에 따른 기준고용률 이상의 고령자를 고용하도록 노력하여야 하고, 매년 고령자 고용현황을 고용노동부 장관에게 제출하여야 한다(위반 시 500만원 이하 과태료).

〈고령자 기준고용률〉

사업의 종류	기준고용률
제조업	그 사업장의 상시근로자 수의 100분의 2

33) '평균수명의 연장 등으로 인구구성에 있어 고령자가 차지하는 비율이 증가하고 있음에도 이들의 취업이 저조하며, 산업인력의 부족현상이 심각해지고 있는 점 등을 감안하여 고령자가 그 능력에 적합한 직업에 취업하는 것을 지원·촉진함으로써 고령자의 고용안정과 국민경제의 발전에 이바지하려는 것'을 제정 이유로 1991년 12월 31일 「고령자고용촉진법」을 제정(1992년 7월 1일 시행)하였고, 2008년 3월 21일 「고용상 연령차별금지 및 고령자고용촉진에 관한 법률」로 법률 명칭이 변경되어 현재에 이르고 있다.

34) UN은 65세 이상의 인구비율이 7% 이상이면 '고령화사회', 14% 이상이면 '고령사회', 20% 이상이면 '초고령사회'로 본다. 참고로 대한민국의 65세 이상 인구비율은 2000년도에는 7.2%였고, 2018년도에는 14.3%였고, 2026년에는 20.8%로 전망된다(통계청, 「장래인구추계」, 2005).

사업의 종류	기준고용률
운수업, 부동산 및 임대업	그 사업장의 상시근로자 수의 100분의 6
그 외 산업	그 사업장의 상시근로자 수의 100분의 3

(2) 정년의 보장

「고용상 연령차별금지 및 고령자고용촉진에 관한 법률」(약칭: 고령자고용법)

제19조【정년】 ① 사업주는 근로자의 정년을 60세 이상으로 정하여야 한다.
② 사업주가 제1항에도 불구하고 근로자의 정년을 60세 미만으로 정한 경우에는 정년을 60세로 정한 것으로 본다.

제19조의2【정년연장에 따른 임금체계 개편 등】 ① 제19조 제1항에 따라 정년을 연장하는 사업 또는 사업장의 사업주와 근로자의 과반수로 조직된 노동조합(근로자의 과반수로 조직된 노동조합이 없는 경우에는 근로자의 과반수를 대표하는 자를 말한다)은 그 사업 또는 사업장의 여건에 따라 임금체계 개편 등 필요한 조치를 하여야 한다.
② 고용노동부 장관은 제1항에 따라 필요한 조치를 한 사업 또는 사업장의 사업주나 근로자에게 대통령령으로 정하는 바에 따라 고용지원금 등 필요한 지원을 할 수 있다.
③ 고용노동부 장관은 정년을 60세 이상으로 연장하는 사업 또는 사업장의 사업주 또는 근로자에게 대통령령으로 정하는 바에 따라 임금체계 개편 등을 위한 컨설팅 등 필요한 지원을 할 수 있다.

사업주는 근로자의 정년을 60세 이상으로 정하여야 하며, 근로자의 정년을 60세 미만으로 정한 경우에는 정년을 60세 이상으로 정한 것으로 본다.

(3) 취업지원

정부는 고령자 고용촉진을 위해 고령자 적합직종(우선고용직종)을 선정하여 취업을 지원하고(고령자고용법 제15조~제17조), 직업능력개발훈련을 실시하고(고령자고용법 제6조), 고령자 고용정보센터를 운영하는 등 고령자취업을 지원할 의무가 있다.

(4) 고용상 연령차별금지 및 시정

「고용상 연령차별금지 및 고령자고용촉진에 관한 법률」(약칭: 고령자고용법)

제4조의4【모집 · 채용 등에서의 연령차별 금지】 ① 사업주는 다음 각호의 분야에서 합리적인 이유 없이 연령을 이유로 근로자 또는 근로자가 되려는 자를 차별하여서는 아니 된다.
1. 모집 · 채용
2. 임금, 임금 외의 금품 지급 및 복리후생

3. 교육 · 훈련
4. 배치 · 전보 · 승진
5. 퇴직 · 해고

② 제1항을 적용할 때 합리적인 이유 없이 연령 외의 기준을 적용하여 특정 연령집단에 특히 불리한 결과를 초래하는 경우에는 연령차별로 본다.

4조의5【차별금지의 예외】 다음 각호의 어느 하나에 해당하는 경우에는 제4조의4에 따른 연령차별로 보지 아니한다.

1. 직무의 성격에 비추어 특정 연령기준이 불가피하게 요구되는 경우
2. 근속기간의 차이를 고려하여 임금이나 임금 외의 금품과 복리후생에서 합리적인 차등을 두는 경우
3. 이 법이나 다른 법률에 따라 근로계약, 취업규칙, 단체협약 등에서 정년을 설정하는 경우
4. 이 법이나 다른 법률에 따라 특정 연령집단의 고용유지 · 촉진을 위한 지원조치를 하는 경우

제4조의9【해고나 그 밖의 불리한 처우의 금지】 사업주는 근로자가 이 법이 금지하는 연령차별행위에 대한 진정, 자료제출, 답변 · 증언, 소송, 신고 등을 하였다는 이유로 근로자에게 해고, 전보, 징계, 그 밖의 불리한 처우를 하여서는 아니 된다.

「국가인권위원회법」

제30조【위원회의 조사대상】 ① 다음 각호의 어느 하나에 해당하는 경우에 인권침해나 차별행위를 당한 사람(이하 "피해자"라 한다) 또는 그 사실을 알고 있는 사람이나 단체는 위원회에 그 내용을 진정할 수 있다.

1. 국가기관, 지방자치단체, 「초 · 중등교육법」 제2조, 「고등교육법」 제2조와 그 밖의 다른 법률에 따라 설치된 각급 학교, 「공직자윤리법」 제3조의2제1항에 따른 공직유관단체 또는 구금 · 보호시설의 업무 수행(국회의 입법 및 법원 · 헌법재판소의 재판은 제외한다)과 관련하여 「대한민국헌법」 제10조부터 제22조까지의 규정에서 보장된 인권을 침해당하거나 차별행위를 당한 경우
2. 법인, 단체 또는 사인(私人)으로부터 차별행위를 당한 경우

② 삭제 〈2005. 7. 29.〉

③ 위원회는 제1항의 진정이 없는 경우에도 인권침해나 차별행위가 있다고 믿을 만한 상당한 근거가 있고 그 내용이 중대하다고 인정할 때에는 직권으로 조사할 수 있다.

④ 제1항에 따른 진정의 절차와 방법에 관하여 필요한 사항은 위원회 규칙으로 정한다.

사업주는 모집·채용, 임금·임금 외의 금품지급 및 복리후생, 교육·훈련, 배치·전보·승진, 퇴직·해고 부분에서 합리적인 이유없이 연령을 이유로 근로자 또는 근로자가 되려는 자를 차별할 수 없다(위반 시 500만원 이하 벌금). 연령차별 금지의 위반으로 연령차별을 당한 피해자는 「국가인권위원회법」 제30조에 따라 국가인권위원회에 그 내용을 진정할 수 있고, 국가인권위원회는 진정을 조사한 결과 연령차별이 있다고 판단하여 구제조치 등을 권고할 경우 그 권고내용

을 고용노동부 장관에게 통보하여야 한다.

※ 고용노동부 장관은 국가인권위원회로부터 구제조치 등의 권고를 받은 사업주가 정당한 사유 없이 권고를 이행하지 아니하고 그 피해의 정도가 심각하다고 인정되면 피해자의 신청에 의하거나 직권으로 시정명령을 할 수 있음(고령자고용법 제4조의7 제1항).

제5절 외국인근로자

1. 외국인의 고용

1) 고용허가제

「출입국관리법」

제1조【목적】 이 법은 대한민국에 입국하거나 대한민국에서 출국하는 모든 국민 및 외국인의 출입국관리를 통한 안전한 국경관리, 대한민국에 체류하는 외국인의 체류관리와 사회통합 등에 관한 사항을 규정함을 목적으로 한다.

제18조【외국인 고용의 제한】 ① 외국인이 대한민국에서 취업하려면 대통령령으로 정하는 바에 따라 취업활동을 할 수 있는 체류자격을 받아야 한다.

② 제1항에 따른 체류자격을 가진 외국인은 지정된 근무처가 아닌 곳에서 근무하여서는 아니 된다.

③ 누구든지 제1항에 따른 체류자격을 가지지 아니한 사람을 고용하여서는 아니 된다.

④ 누구든지 제1항에 따른 체류자격을 가지지 아니한 사람의 고용을 알선하거나 권유하여서는 아니 된다.

⑤ 누구든지 제1항에 따른 체류자격을 가지지 아니한 사람의 고용을 알선할 목적으로 그를 자기 지배하에 두는 행위를 하여서는 아니 된다.

제19조【외국인을 고용한 자 등의 신고의무】 ① 제18조 제1항에 따라 취업활동을 할 수 있는 체류자격을 가지고 있는 외국인을 고용한 자는 다음 각호의 어느 하나에 해당하는 사유가 발생하면 그 사실을 안 날부터 15일 이내에 지방출입국 · 외국인관서의 장에게 신고하여야 한다.

1. 외국인을 해고하거나 외국인이 퇴직 또는 사망한 경우
2. 고용된 외국인의 소재를 알 수 없게 된 경우
3. 고용계약의 중요한 내용을 변경한 경우

② 제19조의2에 따라 외국인에게 산업기술을 연수시키는 업체의 장에 대하여는 제1항을 준용한다.

③ 「외국인근로자의 고용 등에 관한 법률」의 적용을 받는 외국인을 고용한 자가 제1항에 따른 신고를 한 경우 그 신고사실이 같은 법 제17조 제1항에 따른 신고사유에 해당하는 때에는 같은 항에 따

른 신고를 한 것으로 본다.

제19조의2【외국인의 기술연수활동】 ① 법무부 장관은 외국에 직접투자한 산업체, 외국에 기술 · 산업설비를 수출하는 산업체 등 지정된 산업체의 모집에 따라 국내에서 기술연수활동을 하는 외국인(이하 "기술연수생"이라 한다)의 적정한 연수활동을 지원하기 위하여 필요한 조치를 하여야 한다.
② 제1항에 따른 산업체의 지정, 기술연수생의 모집 · 입국 등에 필요한 사항은 대통령령으로 정한다.
③ 기술연수생의 연수장소 이탈 여부, 연수 목적 외의 활동 여부, 그 밖에 허가조건의 위반 여부 등에 관한 조사 및 출국조치 등 기술연수생의 관리에 필요한 사항은 법무부 장관이 따로 정한다.

「외국인근로자의 고용 등에 관한 법률」(약칭: 외국인고용법)

제1조【목적】 이 법은 외국인근로자를 체계적으로 도입 · 관리함으로써 원활한 인력수급 및 국민경제의 균형 있는 발전을 도모함을 목적으로 한다.

제3조【적용 범위 등】 ① 이 법은 외국인근로자 및 외국인근로자를 고용하고 있거나 고용하려는 사업 또는 사업장에 적용한다. 다만, 「선원법」의 적용을 받는 선박에 승무(乘務)하는 선원 중 대한민국 국적을 가지지 아니한 선원 및 그 선원을 고용하고 있거나 고용하려는 선박의 소유자에 대하여는 적용하지 아니한다.
② 외국인근로자의 입국 · 체류 및 출국 등에 관하여 이 법에서 규정하지 아니한 사항은 「출입국관리법」에서 정하는 바에 따른다.

제6조【내국인 구인 노력】 ① 외국인근로자를 고용하려는 자는 「직업안정법」 제2조의2 제1호에 따른 직업안정기관(이하 "직업안정기관"이라 한다)에 우선 내국인 구인 신청을 하여야 한다.

제8조【외국인근로자 고용허가】 ① 제6조 제1항에 따라 내국인 구인 신청을 한 사용자는 같은 조 제2항에 따른 직업소개를 받고도 인력을 채용하지 못한 경우에는 고용노동부령으로 정하는 바에 따라 직업안정기관의 장에게 외국인근로자 고용허가를 신청하여야 한다.

제12조【외국인근로자 고용의 특례】 ① 다음 각호의 어느 하나에 해당하는 사업 또는 사업장의 사용자는 제3항에 따른 특례고용가능확인을 받은 후 대통령령으로 정하는 사증을 발급받고 입국한 외국인으로서 국내에서 취업하려는 사람을 고용할 수 있다. 이 경우 근로계약의 체결에 관하여는 제9조를 준용한다.
1. 건설업으로서 정책위원회가 일용근로자 노동시장의 현황, 내국인근로자 고용기회의 침해 여부 및 사업장 규모 등을 고려하여 정하는 사업 또는 사업장
2. 서비스업, 제조업, 농업, 어업 또는 광업으로서 정책위원회가 산업별 특성을 고려하여 정하는 사업 또는 사업장

외국인이 대한민국에서 취업하기 위해서는 반드시 「출입국관리법」에 따라 취업할 수 있는 체류자격을 얻어야 한다. 외국인을 고용하는 방식에는 「출입국관리법」에 따른 전문기술 외국인 및 기타 외국인 고용, 「외국인근로자의 고용 등에 관한 법률」에 따른 고용허가제가 있다. 고용

허가제는 「출입국관리법」에 따라 국내에서 취업활동이 가능한 16개 체류자격[35] 중 일반 고용허가제(비전문취업, E-9) 또는 특례 고용허가제(방문취업, H-2)가 있다. 우리나라는 외국인근로자[36] 중에서 단순기능인력에 대해서는 일반 고용허가제를 기본으로 하면서 외국국적동포[37]에 대해서는 특례 고용허가제(노동허가제)를 적용하고 있다.[38]

〈일반 고용허가제(E-9) 허용 업종〉[39]

업 종	세부 내용
제조업	상시근로자 300인 미만(비수도권 소재 뿌리산업 중견기업은 300인 이상도 가능) 또는 자본금 80억 이하
건설업	모든 건설공사(발전소·제철소·석유화학 건설현장의 건설업체 중 건설면허가 산업환경설비인 경우는 제외)
서비스업	건설 폐기물 처리업(3823)/내륙 소재 냉장·냉동 창고업(52102)/재생용 재료 수집 및 판매업(46791)/서적·잡지 및 기타 인쇄물 출판업(581)/건축물 일반 청소업(74211)/음악 및 기타 오디오물 출판업(59201)/한식 음식점(5611) 및 외국식 음식점업(5612)/호텔업(55101), 휴양 콘도 운영업(55103), 기타 일반 및 생활 숙박시설 운영업(55109) 중 호스텔업/하역 및 적재 단순 종사자(92101)
어 업	연근해 어업(03112)/양식어업(0321)/천일염 생산 및 암염 채취업(07220)
농 · 축산업	작물 재배업(011)/축산업(012)/작물 재배 및 축산 관련 서비스업(014)
임 업	임업 종묘 생산업(02011)/육림업(02012)/벌목업(02020)/임업 관련 서비스업(02040)
광 업	금속 광업(06)/비금속광물 광업(07)

※ 특례 고용허가제(H-2)는 제조업 · 건설업 · 어업 · 농업 · 축산업의 경우에는 일반 고용허가제와 동일하고, 광업 및 서비스업은 제외 업종(금융업, 정보서비스업 등 25개)이 있음.

---

35) 출입국관리법 시행령 제23조, 별표 1 및 별표1의 2.

36) '외국인근로자'란 대한민국의 국적을 가지지 아니한 사람으로서 국내에 소재하고 있는 사업 또는 사업장에서 임금을 목적으로 근로를 제공하고 있거나 제공하려는 사람(「출입국관리법」 제18조 제1항에 따라 취업활동을 할 수 있는 체류자격을 받은 외국인 중 취업분야 또는 체류기간 등을 고려하여 정하는 사람은 제외)을 말한다(외국인고용법 제2조).

37) '외국국적동포'는 ① 출생에 의하여 대한민국의 국적을 보유했던 사람(대한민국 정부 수립 전에 국외로 이주한 동포를 포함)으로서 외국국적을 취득한 사람, ② 부모 또는 조부모가 대한민국 국적을 보유하였던 자로서 외국국적을 취득한 사람 중 어느 하나에 해당하는 사람이다(「재외동포의 출입국과 법적 지위에 관한 법률」 제2조 및 동법 시행령 제3조).

38) '고용허가제'는 내국인 근로자를 구하지 못한 중소기업이 정부로부터 고용허가서를 발급받아 합법적으로 비전문(E-9) 외국인근로자를 고용할 수 있도록 하는 제도로, 외국인근로자의 선발부터 도입, 알선까지의 전 과정을 국가 또는 공공기관이 담당하여 제도 운영의 공정성과 투명성을 담보한다는 것이 특징이다. '노동허가제'는 일정한 요건을 갖춘 외국인이 국내취업허가를 받아 자신이 원하는 사업장에서 일하는 제도로(H-2), 고용허가제에 비해 외국인근로자의 사업장 이동을 상대적으로 넓게 인정한다.

39) 고용노동부 · 한국산업인력공단, 『외국인 고용허가제 20주년 백서』, 2024.11, 28쪽. 괄호 안의 숫자는 표준직업분류상 구분이고, 세부 내용상 분류에는 예외가 있으며 정책에 따라 변경될 수 있다.

2) 노동법상 보호

> **「외국인근로자의 고용 등에 관한 법률」(약칭: 외국인고용법)**
>
> **제14조【건강보험】** 사용자 및 사용자에게 고용된 외국인근로자에게 「국민건강보험법」을 적용하는 경우 사용자는 같은 법 제3조에 따른 사용자로, 사용자에게 고용된 외국인근로자는 같은 법 제6조제1항에 따른 직장가입자로 본다.
>
> **제22조【차별 금지】** 사용자는 외국인근로자라는 이유로 부당하게 차별하여 처우하여서는 아니 된다.
>
> **「근로기준법」**
>
> **제6조【균등한 처우】** 사용자는 근로자에 대하여 남녀의 성(性)을 이유로 차별적 대우를 하지 못하고, 국적 · 신앙 또는 사회적 신분을 이유로 근로조건에 대한 차별적 처우를 하지 못한다.
>
> **「사회보장기본법」**
>
> **제8조【외국인에 대한 적용】** 국내에 거주하는 외국인에게 사회보장제도를 적용할 때에는 상호주의의 원칙에 따르되, 관계 법령에서 정하는 바에 따른다.

외국인근로자도 내국인과 마찬가지로 노동법상의 권리가 인정되며, 내국인과 외국인을 국적을 이유로 차별대우를 할 수 없다. 따라서 외국인근로자도 내국인과 마찬가지로 근기법, 산재보험법, 최저임금법 등 노동관계 법령이 적용되고, 사회보장제도는 상호주의원칙을 기본으로 하되 관계 개별법령에서 정하는 바에 따르고 있다.

> - *근로기준법의 효력은 국적을 불문하고 우리나라 영토 내의 모든 사업 또는 사업장에 전부 미치므로 국내 사업장에 적법하게 취업하고 있는 외국인 근로자에게도 근로기준법이 적용되며 근로기준법 적용시 상시근로자수를 판단함에 있어 외국인 근로자도 포함하여야 함(고용노동부 1994.7.7., 근기 68207-1090).*
> - *기간제법 제2조 제1항은 "기간제근로자라 함은 기간의 정함이 있는 근로계약을 체결한 근로자를 말한다"고 규정하고 있는 바, 기간을 정한 사유 · 기간의 장단 · 명칭 등에 관계없이 근로계약에 기간을 정하여 고용된 근로자를 말하므로 고용허가제로 입사한 외국인 근로자의 경우도 기간제근로자로 간주되어 기간제법이 적용된다고 볼 수 있음. 다만, 같은 법 시행령 제3조 제3항 제1호는 "다른 법령에서 기간제근로자의 사용기간을 법 제4조 제1항과 달리 정하거나 별도의 기간을 정하여 근로계약을 체결할 수 있도록 한 경우" 기간제근로자 사용기간 제한의 예외를 인정하고 있으며, 외국인근로자는 「외국인근로자의 고용 등에 관한 법률(이하 외국인고용법) 제18조의 규정에 의거 취업기간이 "입국한 날부터 3년"으로 제한되므로 기간제법에 의한 사용기간 제한의 예외로 인정된다 할 것임. 한편, 외국인 근로자에 대해서는 외국인고용법 제22조(차별금지)에 의하여 "외국인*

> *근로자라는 이유로 부당한 차별적 처우"가 금지됨은 물론, 기간제법 제8조(차별적 처우의 금지)의 규정에 따라 "당해 사업 또는 사업장에서 동종 또는 유사한 업무에 종사하는 기간의 정함이 없는 근로계약을 체결한 근로자에 비하여" 임금 그 밖의 근로조건 등에서 합리적인 이유가 없는 불리한 처우가 금지된다 할 것임(고용노동부 2007.7.2., 비정규직대책팀-2618).*

2. 외국인근로자 고용절차

1) 내국인 구인 노력 및 외국인근로자 고용허가 신청

외국인근로자를 고용하려는 자는 「직업안정법」에 따른 직업안정기관에 우선 내국인 구인신청을 하여야 하고(외국인고용법 제6조 제1항), 내국인 구인신청을 한 사용자는 직업소개를 받고도 인력을 채용하지 못한 경우에는 직업안정기관의 장에게 외국인근로자 고용허가를 신청하여야 한다.

※ 외국인근로자 고용절차[40]: ① 내국인 구인노력(사업주/워크넷)→② 고용허가서 신청(사업주/고용센터)→③ 고용허가서 발급(사업주/고용센터)→④ 근로계약 체결(사업주/외국인근로자)→⑤ 사증발급인정서 발급신청(사업주/출입국관리사무소)→⑥ 외국인근로자 입국 및 취업교육(한국산업인력공단/취업교육기관)

〈일반 고용허가제(E-9)와 특례 고용허가제(H-2)의 비교〉[41]

구 분		일반 고용허가제	특례 고용허가제
송출국		태국, 캄보디아, 네팔 등 17개국	중국 등 7개국
허용 업종		중소제조업, 농·축산업, 어업, 건설업, 임업, 광업, 일부 서비스업	중소제조업, 농·축산업, 어업, 건설업, 광업, 서비스업
도입규모		매년 업종별 쿼터 결정	총 체류 규모로 관리
체류기간	최초	3년(재고용 시 1년 10개월 연장)	
	재입국	출국 후 6개월(재입국 특례 시 1개월)	출국 후 1개월
취업절차		선발포인트제 통과→근로계약→비전문취업비자(E-9)로 입국→취업교육→사업장 배치 ※사업장 변경 제한 있음	방문취업비자(H-2)로 입국→취업교육→구직 등록→지방고용노동관서 알선 혹은 자유 구직→근로계약 ※사업장 변경 제한 없음

40) 고용노동부, 「외국인근로자 고용관리 가이드」, 2020.6, 7쪽.
41) 고용노동부 · 한국산업인력공단, 『외국인 고용허가제 20주년 백서』, 2024.11, 33쪽.

구 분	일반 고용허가제	특례 고용허가제
고용절차	내국인 구인 노력→지방고용노동관서에 고용허가신청→고용허가서 발급→근로 계약→입국 후 근무시작 ※근로 개시 신고 불필요	내국인 구인 노력→지방고용노동관서에 특례 고용 가능 확인서 발급→근로 계약→근무 시작 ※근로 개시 신고 필요
허용인원	사업장 규모별 외국인 근로자 고용 상한 설정	제조업, 농업, 축산업, 어업의 경우 일반 외국인 근로자 허용 인원 만큼 외국 국적 동포의 추가 고용이 가능하나, 건설업, 서비스업은 일반 외국인과 외국 국적 동포의 합이 허용 인원을 넘을 수 없음.

2) 외국인근로자 취업교육

외국인근로자는 입국한 후 15일 이내에 한국산업인력공단 등에서 국내 취업활동에 필요한 사항을 주지시키기 위하여 실시하는 교육을 받아야 한다(외국인고용법 제11조).

3) 귀국비용 보험 · 신탁

외국인근로자는 귀국 시 필요한 비용에 충당하기 위하여 보험 또는 신탁에 가입하여야 한다(외국인고용법 제15조).

3. 외국인근로자의 고용관리

1) 근로계약 체결 및 취업기한 제한

「외국인근로자의 고용 등에 관한 법률」(약칭: 외국인고용법)

제9조【근로계약】 ① 사용자가 제8조 제4항에 따라 선정한 외국인근로자를 고용하려면 고용노동부령으로 정하는 표준근로계약서를 사용하여 근로계약을 체결하여야 한다.

② 사용자는 제1항에 따른 근로계약을 체결하려는 경우 이를 한국산업인력공단에 대행하게 할 수 있다.

③ 제8조에 따라 고용허가를 받은 사용자와 외국인근로자는 제18조에 따른 기간 내에서 당사자 간의 합의에 따라 근로계약을 체결하거나 갱신할 수 있다.

④ 제18조의2에 따라 취업활동 기간이 연장되는 외국인근로자와 사용자는 연장된 취업활동 기간의 범위에서 근로계약을 체결할 수 있다.

⑤ 제1항에 따른 근로계약을 체결하는 절차 및 효력발생 시기 등에 관하여 필요한 사항은 대통령령

으로 정한다.
제18조【취업활동 기간의 제한】 외국인근로자는 입국한 날부터 3년의 범위에서 취업활동을 할 수 있다.
제18조의2【취업활동 기간 제한에 관한 특례】 ① 다음 각호의 외국인근로자는 제18조에도 불구하고 한 차례만 2년 미만의 범위에서 취업활동 기간을 연장받을 수 있다.
1. 제8조 제4항에 따른 고용허가를 받은 사용자에게 고용된 외국인근로자로서 제18조에 따른 취업활동 기간 3년이 만료되어 출국하기 전에 사용자가 고용노동부 장관에게 재고용 허가를 요청한 근로자
2. 제12조 제3항에 따른 특례고용가능확인을 받은 사용자에게 고용된 외국인근로자로서 제18조에 따른 취업활동 기간 3년이 만료되어 출국하기 전에 사용자가 고용노동부 장관에게 재고용 허가를 요청한 근로자
② 고용노동부 장관은 제1항 및 제18조에도 불구하고 감염병 확산, 천재지변 등의 사유로 외국인근로자의 입국과 출국이 어렵다고 인정되는 경우에는 정책위원회의 심의·의결을 거쳐 1년의 범위에서 취업활동 기간을 연장할 수 있다.

사용자가 선정한 외국인근로자를 고용하려면 표준근로계약서를 사용하여 3년의 범위에서 근로계약을 체결하거나 갱신할 수 있다. 이 경우 근로계약의 효력발생 시기는 외국인근로자가 입국한 날로 한다(외국인고용법 시행령 제17조 제1항).

※ 외국인근로자는 1회에 한하여 2년의 범위(현재 1년 10개월)에서 취업활동 기간을 연장받을 수 있음. 다만, 천재지병 등의 사유로 입·출국이 어려운 경우에는 1년의 범위에서 취업활동 기간을 연장할 수 있음.

2) 출국만기 보험 · 신탁

「외국인근로자의 고용 등에 관한 법률」(약칭: 외국인고용법)

제13조【출국만기보험·신탁】 ① 외국인근로자를 고용한 사업 또는 사업장의 사용자(이하 "사용자"라 한다)는 외국인근로자의 출국 등에 따른 퇴직금 지급을 위하여 외국인근로자를 피보험자 또는 수익자(이하 "피보험자 등"이라 한다)로 하는 보험 또는 신탁(이하 "출국만기보험 등"이라 한다)에 가입하여야 한다. 이 경우 보험료 또는 신탁금은 매월 납부하거나 위탁하여야 한다.
② 사용자가 출국만기보험등에 가입한 경우 「근로자퇴직급여 보장법」 제8조제1항에 따른 퇴직금제도를 설정한 것으로 본다.
③ 출국만기보험등의 가입대상 사용자, 가입방법 · 내용 · 관리 및 지급 등에 필요한 사항은 대통령령으로 정하되, 지급시기는 피보험자등이 출국한 때부터 14일(체류자격의 변경, 사망 등에 따라 신청하거나 출국일 이후에 신청하는 경우에는 신청일부터 14일) 이내로 한다.

④ 출국만기보험등의 지급사유 발생에 따라 피보험자등이 받을 금액(이하 "보험금 등"이라 한다)에 대한 청구권은 「상법」 제662조에도 불구하고 지급사유가 발생한 날부터 3년간 이를 행사하지 아니하면 소멸시효가 완성한다. 이 경우 출국만기보험등을 취급하는 금융기관은 소멸시효가 완성한 보험금등을 1개월 이내에 한국산업인력공단에 이전하여야 한다.

외국인근로자를 고용한 사용자는 외국인근로자의 출국 등에 따른 퇴직금 지급을 위하여 외국인근로자를 피보험자 또는 수익자로 하는 보험 또는 신탁(출국만기보험 등)에 가입하여야 한다(위반 시 500만원 이하 벌금). 사용자가 출국만기보험 등에 가입한 경우 퇴직급여법에 따른 퇴직금제도를 설정한 것으로 본다.

3) 보증보험 등의 가입

「외국인근로자의 고용 등에 관한 법률」(약칭: 외국인고용법)

제23조【보증보험 등의 가입】 ① 사업의 규모 및 산업별 특성 등을 고려하여 대통령령으로 정하는 사업 또는 사업장의 사용자는 임금체불에 대비하여 그가 고용하는 외국인근로자를 위한 보증보험에 가입하여야 한다.
② 산업별 특성 등을 고려하여 대통령령으로 정하는 사업 또는 사업장에서 취업하는 외국인근로자는 질병 · 사망 등에 대비한 상해보험에 가입하여야 한다.
③ 제1항 및 제2항에 따른 보증보험, 상해보험의 가입방법 · 내용 · 관리 및 지급 등에 필요한 사항은 대통령령으로 정한다.

「임금채권보장법」이 적용되지 않는 사업 또는 사업장, 상시 300명 미만의 근로자를 사용하는 사업 또는 사업장의 사용자는 임금체불에 대비하여 고용하는 외국인근로자를 위한 보증보험에 가입하여야 한다(위반 시 500만원 이하의 벌금). 외국인근로자를 고용한 사업 또는 사업장에서 취업하는 외국인근로자는 질병·사망 등에 대비한 상해보험에 가입하여야 한다.

4) 사업장 변경

「외국인근로자의 고용 등에 관한 법률」(약칭: 외국인고용법)

제25조【사업 또는 사업장 변경의 허용】 ① 외국인근로자(제12조 제1항에 따른 외국인근로자는 제외한다)는 다음 각호의 어느 하나에 해당하는 사유가 발생한 경우에는 고용노동부령으로 정하는 바에 따라 직업안정기관의 장에게 다른 사업 또는 사업장으로의 변경을 신청할 수 있다.

1. 사용자가 정당한 사유로 근로계약기간 중 근로계약을 해지하려고 하거나 근로계약이 만료된 후 갱신을 거절하려는 경우
2. 휴업, 폐업, 제19조 제1항에 따른 고용허가의 취소, 제20조 제1항에 따른 고용의 제한, 제22조의2를 위반한 기숙사의 제공, 사용자의 근로조건 위반 또는 부당한 처우 등 외국인근로자의 책임이 아닌 사유로 인하여 사회통념상 그 사업 또는 사업장에서 근로를 계속할 수 없게 되었다고 인정하여 고용노동부 장관이 고시한 경우
3. 그 밖에 대통령령으로 정하는 사유가 발생한 경우

외국인근로자는 일정한 사유가 발생하여 그 사업 또는 사업장에서 정상적인 근로관계를 지속하기 곤란할 때에는 직업안정기관의 장에게 다른 사업 또는 사업장으로의 변경을 신청할 수 있다(외국인근로자의 사업 또는 사업장 변경을 방해한 자는 1년 이하의 징역 또는 1천만원 이하의 벌금).

5) 귀국에 필요한 조치

「외국인근로자의 고용 등에 관한 법률」(약칭: 외국인고용법)
제16조【귀국에 필요한 조치】 사용자는 외국인근로자가 근로관계의 종료, 체류기간의 만료 등으로 귀국하는 경우에는 귀국하기 전에 임금 등 금품관계를 청산하는 등 필요한 조치를 하여야 한다.

사용자는 외국인근로자가 근로관계의 종료, 체류기간의 만료 등으로 귀국하는 경우에는 귀국하기 전에 임금 등 금품관계를 청산하는 등 필요한 조치를 하여야 한다(위반 시 1년 이하 징역 또는 1천만원 이하 벌금).

〈외국인근로자 전용보험 및 4대보험〉

외국인근로자 전용보험				
구 분	목 적	가입대상	가입시기	지급금액
출국만기 보험	퇴직금 재원 마련	사업주	근로계약 효력 발생로부터 15일 이내	1년 이상 근무하고 최초 납입일로부터 12개월 경과 시 원금의 100~102.4%
보증 보험	임금체불 방지	사업주	근로계약 효력 발생로부터 15일 이내	근로자 1인당 고용노동부 장관 고시 금액(400만원) 한도
귀국비용 보험	귀국경비	외국인근로자	근로계약 효력 발생로부터 3개월 이내	최초 납입일로부터 12개월 경과 시 원금의 100~107.6%

외국인근로자 전용보험				
구 분	목 적	가입대상	가입시기	지급금액
상해보험	업무상 재해 외의 사망 및 질병	외국인근로자	근로계약 효력 발생로부터 15일 이내	- 상해 사망 및 후유장해: 최대 3천만원 - 질병 사망 및 고도장해: 최대 1천5백만원

외국인근로자 4대 보험				
구 분	가입대상	혜 택	보험료율	보험료 부담
건강보험	사업장 및 외국인근로자	질병 발생 시 진단, 치료 및 재활	표준보수월액×7.09%	근로자 및 사업주 각각 50%
산재보험	사업장	업무상재해에 대한 모든 혜택	업종별 상이	사업주 전액
고용보험	사업장 및 외국인근로자	실업예방, 고용촉진, 재취업 지원	표준보수월액×요율	-고용안정: 사업주 전액(규모에 따라 0.25%~0.85% 차등) -실업급여: 사업주 및 근로자 각각 0.9%
국민연금	상호주의 적용	출국 시 반환	표준보수월액×9%	근로자 및 사업주 각각 50%

제6절 일·가정 양립 근로자

1. 육아휴직

1) 육아휴직 부여

「남녀고용평등과 일·가정 양립 지원에 관한 법률」(약칭: 남녀고용평등법)

제19조【육아휴직】 ① 사업주는 임신 중인 여성근로자가 모성을 보호하거나 근로자가 만 8세 이하 또는 초등학교 2학년 이하의 자녀(입양한 자녀를 포함한다. 이하 같다)를 양육하기 위하여 휴직(이하

"육아휴직"이라 한다)을 신청하는 경우에 이를 허용하여야 한다. 다만, 대통령령으로 정하는 경우에는 그러하지 아니하다.

「남녀고용평등과 일 · 가정 양립 지원에 관한 법률 시행령」

제10조【육아휴직의 적용 제외】 법 제19조 제1항 단서에서 "대통령령으로 정하는 경우"란 육아휴직을 시작하려는 날(이하 "휴직개시예정일"이라 한다)의 전날까지 해당 사업에서 계속 근로한 기간이 6개월 미만인 근로자가 신청한 경우를 말한다.

② 육아휴직의 기간은 1년 이내로 한다. 다만, 다음 각호의 어느 하나에 해당하는 근로자의 경우 6개월 이내에서 추가로 육아휴직을 사용할 수 있다.
1. 같은 자녀를 대상으로 부모가 모두 육아휴직을 각각 3개월 이상 사용한 경우의 부 또는 모
2. 「한부모가족지원법」 제4조 제1호의 부 또는 모
3. 고용노동부령으로 정하는 장애아동의 부 또는 모

⑤ 기간제근로자 또는 파견근로자의 육아휴직기간은 「기간제 및 단시간근로자 보호 등에 관한 법률」 제4조에 따른 사용기간 또는 「파견근로자 보호 등에 관한 법률」 제6조에 따른 근로자 파견기간에 산입하지 아니한다.

⑥ 육아휴직의 신청방법 및 절차 등에 관하여 필요한 사항은 대통령령으로 정한다.

제19조의4【육아휴직과 육아기 근로시간 단축의 사용형태】 ① 근로자는 육아휴직을 3회에 한정하여 나누어 사용할 수 있다. 이 경우 임신 중인 여성근로자가 모성보호를 위하여 육아휴직을 사용한 횟수는 육아휴직을 나누어 사용한 횟수에 포함하지 아니한다.

사업주는 임신 중인 여성근로자가 모성을 보호하거나, 근로자(남녀구분 없음)가 만 8세 이하 또는 초등학교 2학년 이하의 자녀(입양한 자녀 포함)를 양육하기 위하여 휴직을 신청하면 육아휴직을 부여하여야 하며[42], 계속 근로한 기간이 6개월 미만인 근로자가 신청한 경우에는 거부할 수 있다.

※ 사업주가 근로자의 육아휴직기간만큼 계약기간 또는 파견기간을 연장하더라도 무기계약 근로자로 전환 또는 직접 고용해야 하는 부담을 지지 않도록, 기간제근로자 및 파견근로저의 육아휴직기간은 기간제법상 상용기간 또는 파견법상 근로자 파견기간에 포함되지 않음.

---

42) 육아휴직 대상은 '육아휴직 개시일'을 기준으로 하므로, '만 8세 이하'는 만 9세가 되는 날(생일)의 전날까지를 의미하며, '초등학교 2학년 이하'는 초등학교 3학년이 되는 날(해당 학년 3월 1일)의 전날까지를 의미함. 따라서 만 8세 이하 또는 초등학교 2학년 이하 두 조건 중 하나만 충족하면 되므로, '만 8세인 초등학교 3학년' 또는 '만 9세인 초등학교 2학년' 모두 육아휴직 사용 대상이다(고용노동부, 『모성보호와 일 · 가정 양립 지원 업무편람』, 2023.2, 150쪽).

〈육아휴직제도의 주요 내용〉

구 분	내 용
대 상	임신 중인 여성근로자가 모성을 보호하거나, 만 8세 이하 또는 초등학교 2학년 이하의 자녀를 가진 근로자(부·모 불문) → 한 자녀에 대하여 부모가 각각 1년씩 사용 가능 ※ 육아휴직 개시예정일 전날까지 계속근로기간이 6개월 미만인 경우에는 제외
기 간	- 1년 이내(다만, 특정한 사유가 있으면 6개월 추가 가능) - 분할사용은 3회까지 가능(임신 중에 육아휴직을 사용한 횟수는 분할사용 횟수에 미포함)
신분보장	- 육아휴직을 이유로 불이익처우 금지 및 육아휴직기간 중 해고 금지 - 휴직 종료 후 휴직 전과 동일한 또는 동등한 수준의 임금을 지급하는 업무 복귀 - 육아휴직기간은 근속기간에 포함. 다만, 육아휴직기간은 평균임금 산정기간에서 제외
지원제도	- 근로자에게 육아휴직 급여 지원 - 사업주에게 육아휴직 부여 지원금 지원

※ 육아휴직기간 중에 만 8세 이하 또는 초등학교 2학년을 초과한다 하더라도 예정된 육아휴직기간을 모두 사용할 수 있음.

2) 육아휴직 관련 보호

「남녀고용평등과 일 · 가정 양립 지원에 관한 법률」(약칭: 남녀고용평등법)

제19조【육아휴직】 ③ 사업주는 육아휴직을 이유로 해고나 그 밖의 불리한 처우를 하여서는 아니 되며, 육아휴직기간에는 그 근로자를 해고하지 못한다. 다만, 사업을 계속할 수 없는 경우에는 그러하지 아니하다.

④ 사업주는 육아휴직을 마친 후에는 휴직 전과 같은 업무 또는 같은 수준의 임금을 지급하는 직무에 복귀시켜야 한다. 또한 제2항의 육아휴직기간은 근속기간에 포함한다.

사업주는 육아휴직을 이유로 불리한 처우[43]를 할 수 없고, 육아휴직기간에는 해당 근로자를 해고사유와 무관하게 해고하지 못한다(사업을 계속할 수 없는 경우는 해고 가능). 사업주는 육아휴직 종료 후에는 휴직 전과 같은 업무 또는 같은 수준의 임금을 지급하는 직무에 복귀시켜야 하고, 육아휴직기간을 승진·연차유급휴가 가산·퇴직금 산정 등의 기초가 되는 근속기간에 포함된다. 다만, 육아휴직기간은 평균임금 산정기간에서는 제외한다(근기법 시행령 제2조 제1항 제5호).

43) 육아휴직을 이유로 하여 금지되는 '불리한 처우'는 휴직, 정직, 배치전환, 전근, 출근정지, 승급정지, 감봉 등을 통해 근로자에게 경제, 정신, 생활상의 불이익을 주는 것을 말한다.

3) 육아휴직 급여

> **「고용보험법」**
>
> **제70조【육아휴직 급여】** ① 고용노동부 장관은 「남녀고용평등과 일 · 가정 양립 지원에 관한 법률」 제19조에 따른 육아휴직을 30일(「근로기준법」 제74조에 따른 출산전후휴가기간과 중복되는 기간은 제외한다) 이상 부여받은 피보험자 중 육아휴직을 시작한 날 이전에 제41조에 따른 피보험 단위기간이 합산하여 180일 이상인 피보험자에게 육아휴직 급여를 지급한다.
> ② 제1항에 따른 육아휴직 급여를 지급받으려는 사람은 육아휴직을 시작한 날 이후 1개월부터 육아휴직이 끝난 날 이후 12개월 이내에 신청하여야 한다. 다만, 해당 기간에 대통령령으로 정하는 사유로 육아휴직 급여를 신청할 수 없었던 사람은 그 사유가 끝난 후 30일 이내에 신청하여야 한다.
> ③ 피보험자가 제2항에 따라 육아휴직 급여 지급신청을 하는 경우 육아휴직기간 중에 이직하거나 고용노동부령으로 정하는 기준에 해당하는 취업을 한 사실이 있는 경우에는 해당 신청서에 그 사실을 기재하여야 한다.
> ④ 제1항에 따른 육아휴직 급여액은 대통령령으로 정한다.
> ⑤ 육아휴직 급여의 신청 및 지급에 관하여 필요한 사항은 고용노동부령으로 정한다.

육아휴직 급여는 특정한 요건을 모두 충족한 경우에 지급한다(고용보험법 제70조).[44] 육아휴직 급여는 육아휴직 시작일을 기준으로 6개월까지는 월 통상임금의 100%(상한액 있음)에 해당하는 금액으로 하고, 7개월째부터 종료일까지는 월 통상임금의 100분의 80(상한액 있음)에 해당하는 금액을 월별 지급액으로 한다(고용보험법 시행령 제95조).[45]

44) 육아휴직 급여의 지급요건은 〈① 육아휴직을 30일(출산전후휴가 기간과 중복되는 기간은 제외, 분할 사용한 일수를 합산하여 30일) 이상 부여받은 근로자일 것, ② 육아휴직을 시작한 날 이전에 피보험 단위기간이 합산하여 180일 이상일 것, ③ 육아휴직을 시작한 날 이후 1개월부터 끝난 날 이후 12개월 이내에 신청할 것(다만, 천재지변, 본인이나 배우자의 부상 · 질병, 본인이나 배우자의 직계존속 및 직계비속의 부상 · 질병, 병역법에 따른 의무복무, 범죄혐의로 인한 구속이나 형의 집행이 끝난 후 30일 이내 신청가능)〉이다.

45) 육아휴직 급여는 육아휴직 개시일 기준 통상임금으로 산정하는 것이 원칙이지만, 육아기 근로시간 단축과 연속하여 육아휴직을 사용하는 경우에는 예외적으로 통상임금은 '육아기 근로시간 단축 개시 전일'을 기준으로 산정한다(육아휴직 후 육아기 근로시간 단축을 연속하여 사용하는 경우에는 육아휴직 개시일 기준 통상임금으로 함). 육아휴직 급여 지급기간이 1개월 미만이면 월별 지급액을 해당 월에 휴직한 일수에 비례하여 계산한 금액을 지급한다(고용노동부, 『모성보호와 일 · 가정 양립 지원 업무편람』, 2023.2, 175쪽).

〈육아휴직 급여액〉[46]

<table>
<tr><th>육아휴직 기간</th><th>금 액</th><th>비 고</th></tr>
<tr><td>1개월~3개월</td><td rowspan="2">육아휴직 시작일을 기준으로 한 월 통상임금의 100%</td><td>상한액 250만원
(한부모 300만원)
하한액 70만원</td></tr>
<tr><td>4개월~6개월</td><td>상한액 200만원
하한액 70만원</td></tr>
<tr><td>7개월~종료일</td><td>육아휴직 시작일을 기준으로 한 월 통상임금의 80%</td><td>상한액 160만원
하한액 70만원</td></tr>
</table>

※ 출생 후 18개월 이내에 부모가 모두 육아휴직을 사용하는 경우의 기준은 별도로 있음(고용보험법 시행령 제95조의3).

〈육아휴직급여의 지급 요건〉

㉮ 육아휴직을 30일(출산전후휴가기간과 중복되는 기간은 제외, 분할 사용한 일수를 합산하여 30일) 이상 부여받은 근로자일 것
㉯ 육아휴직을 시작한 날 이전에 피보험 단위기간이 합산하여 180일 이상일 것
㉰ 육아휴직을 시작한 날 이후 1개월부터 끝난 날 이후 12개월 이내에 신청할 것(다만, 천재지변, 본인이나 배우자의 부상·질병, 본인이나 배우자의 직계존속 및 직계비속의 부상·질병, 병역법에 따른 의무복무, 범죄혐의로 인한 구속이나 형의 집행이 끝난 후 30일 이내 신청가능)

2. 육아기 근로시간 단축

「남녀고용평등과 일 · 가정 양립 지원에 관한 법률」(약칭: 남녀고용평등법)

제19조의2【육아기 근로시간 단축】 ① 사업주는 근로자가 만 12세 이하 또는 초등학교 6학년 이하의 자녀를 양육하기 위하여 근로시간의 단축(이하 "육아기 근로시간 단축"이라 한다)을 신청하는 경우에 이를 허용하여야 한다. 다만, 대체인력 채용이 불가능한 경우, 정상적인 사업 운영에 중대한 지장을 초래하는 경우 등 대통령령으로 정하는 경우에는 그러하지 아니하다.
② 제1항 단서에 따라 사업주가 육아기 근로시간 단축을 허용하지 아니하는 경우에는 해당 근로자에게 그 사유를 서면으로 통보하고 육아휴직을 사용하게 하거나 출근 및 퇴근 시간 조정 등 다른 조치를 통하여 지원할 수 있는지를 해당 근로자와 협의하여야 한다.
③ 사업주가 제1항에 따라 해당 근로자에게 육아기 근로시간 단축을 허용하는 경우 단축 후 근로시간은 주당 15시간 이상이어야 하고 35시간을 넘어서는 아니 된다.

46) 고용보험법 시행령 제95조. 육아휴직 급여액은 2026년 기준이며 정부 정책에 따라 변동될 수 있다.

④ 육아기 근로시간 단축의 기간은 1년 이내로 한다. 다만, 근로자가 제19조 제2항 본문에 따른 육아휴직기간 중 사용하지 아니한 기간이 있으면 그 기간의 두 배를 가산한 기간 이내로 한다.
⑤ 사업주는 육아기 근로시간 단축을 이유로 해당 근로자에게 해고나 그 밖의 불리한 처우를 하여서는 아니 된다.
⑥ 사업주는 근로자의 육아기 근로시간 단축기간이 끝난 후에 그 근로자를 육아기 근로시간 단축 전과 같은 업무 또는 같은 수준의 임금을 지급하는 직무에 복귀시켜야 한다.
⑦ 육아기 근로시간 단축의 신청방법 및 절차 등에 관하여 필요한 사항은 대통령령으로 정한다.
제19조의3【육아기 근로시간 단축 중 근로조건 등】 ① 사업주는 제19조의2에 따라 육아기 근로시간 단축을 하고 있는 근로자에 대하여 근로시간에 비례하여 적용하는 경우 외에는 육아기 근로시간 단축을 이유로 그 근로조건을 불리하게 하여서는 아니 된다.
② 제19조의2에 따라 육아기 근로시간 단축을 한 근로자의 근로조건(육아기 근로시간 단축 후 근로시간을 포함한다)은 사업주와 그 근로자 간에 서면으로 정한다.
③ 사업주는 제19조의2에 따라 육아기 근로시간 단축을 하고 있는 근로자에게 단축된 근로시간 외에 연장근로를 요구할 수 없다. 다만, 그 근로자가 명시적으로 청구하는 경우에는 사업주는 주 12시간 이내에서 연장근로를 시킬 수 있다.
④ 육아기 근로시간 단축을 한 근로자에 대하여 「근로기준법」 제2조 제6호에 따른 평균임금을 산정하는 경우에는 그 근로자의 육아기 근로시간 단축기간을 평균임금 산정기간에서 제외한다.
제19조의4【육아휴직과 육아기 근로시간 단축의 사용형태】 ② 근로자는 육아기 근로시간 단축을 나누어 사용할 수 있다. 이 경우 나누어 사용하는 1회의 기간은 1개월(근로계약기간의 만료로 1개월 이상 근로시간 단축을 사용할 수 없는 기간제근로자에 대해서는 남은 근로계약기간을 말한다) 이상이 되어야 한다.

1) 육아기 근로시간 단축의 부여

사업주는 근로자(남녀 무관)가 만 12세 이하 자녀 또는 초등학교 6학년 이하의 자녀를 양육하기 위하여 근로시간의 단축을 신청하면 이를 허용해야 한다(위반 시 500만원 이하 과태료). 다만, 일정한 사유(남녀고용평등법 시행령 제15조의2)[47]에 해당하면 근로시간 단축을 허용하지 않을 수 있고, 이 경우 해당 근로자에게 그 사유를 서면으로 통보하고 육아휴직을 사용하게 하거나 출근 및 퇴근시간 조정 등 다른 조치를 해당 근로자와 협의하여야 한다.

47) 육아기 근로시간 단축의 허용 예외 사유에는 〈① 단축개시예정일의 전날까지 해당 사업에서 계속 근로한 기간이 6개월 미만인 근로자가 신청한 경우, ② 사업주가 「직업안정법」 제2조의2 제1호에 따른 직업안정기관에 구인신청을 하고 14일 이상 대체인력을 채용하기 위하여 노력하였으나 대체인력을 채용하지 못한 경우(다만, 직업안정기관의 장의 직업소개에도 불구하고 정당한 이유 없이 2회 이상 채용을 거부한 경우는 제외), ③ 육아기 근로시간 단축을 신청한 근로자의 업무 성격상 근로시간을 분할하여 수행하기 곤란하거나 그 밖에 육아기 근로시간 단축이 정상적인 사업 운영에 중대한 지장을 초래하는 경우로서 사업주가 이를 증명하는 경우〉가 있다.

〈육아기 근로시간 단축의 주요 내용〉

구 분	내 용
대 상	만 12세 이하 또는 초등학교 6학년 이하의 자녀를 가진 근로자(부·모 불문) → 한 자녀에 대하여 부모가 각각 1년씩 사용 가능 ※ 단축개시예정일 전날까지 계속근로기간이 6개월 미만 등 예외사유 있음
기 간	1년 이내(다만, 육아휴직기간 중 사용하지 아니한 기간이 있으면 2배를 가산하여 최대 3년) → 분할 사용 가능(1회의 기간은 1개월 이상) ※ 단축 후 근로시간은 주당 15시간 이상이고 35시간을 넘을 수 없음
신분보장	- 단축을 이유로 한 해고, 기타 불이익처우 금지 - 종료 후 단축전과 동일 또는 동등한 수준의 임금을 지급하는 업무로의 복귀 - 근로시간 단축기간은 평균임금 산정기간에서 제외 - 불허시 사유를 서면으로 통보하고 다른 조치 협의 - 단축된 근로시간에 비례하여 적용하는 것을 제외하고 근로조건을 불리하게 할 수 없음 - 단축시간 등 근로조건을 서면으로 정함
연장근로	사업주는 단축된 근로시간 외에 연장근로를 요구할 수 없음(다만, 근로자가 명시적으로 청구하는 경우에는 주 12시간 이내의 연장근로 가능)
지원제도	근로자에게 육아기 근로시간 단축 급여 지급

2) 육아기 근로시간 단축 급여

「고용보험법」

제73조의2【육아기 근로시간 단축 급여】 ① 고용노동부 장관은 「남녀고용평등과 일·가정 양립 지원에 관한 법률」 제19조의2에 따른 육아기 근로시간 단축(이하 "육아기 근로시간 단축"이라 한다)을 30일(「근로기준법」 제74조에 따른 출산전후휴가기간과 중복되는 기간은 제외한다) 이상 실시한 피보험자 중 육아기 근로시간 단축을 시작한 날 이전에 제41조에 따른 피보험 단위기간이 합산하여 180일 이상인 피보험자에게 육아기 근로시간 단축 급여를 지급한다.
② 제1항에 따른 육아기 근로시간 단축 급여를 지급받으려는 사람은 육아기 근로시간 단축을 시작한 날 이후 1개월부터 끝난 날 이후 12개월 이내에 신청하여야 한다. 다만, 해당 기간에 대통령령으로 정하는 사유로 육아기 근로시간 단축 급여를 신청할 수 없었던 사람은 그 사유가 끝난 후 30일 이내에 신청하여야 한다.
③ 제1항에 따른 육아기 근로시간 단축 급여액은 대통령령으로 정한다.
④ 육아기 근로시간 단축 급여의 신청 및 지급에 필요한 사항은 고용노동부령으로 정한다.

육아기 근로시간 단축 급여는 특정한 요건을 모두 충족해야 지급한다(고용보험법 제73조의

2).[48] 육아기 근로시간 단축 급여액은 다음의 계산식에 따라 산정한다. 다만, 육아기 근로시간 단축 급여의 지급대상 기간이 1개월을 채우지 못하는 경우에는 다음의 계산식에 따라 산출된 금액을 그 달의 일수로 나누어 산출한 금액에 그 달에 육아기 근로시간 단축을 사용한 일수를 곱하여 산정한다(고용보험법 시행령 제104조의2 제2항).[49]

〈육아기 근로시간 단축 급여액 산정방법〉

구 분	금액 계산식			비 고
매주 최초 10시간 단축분	육아기 근로시간 단축 개시일 기준으로 월 통상임금에 해당하는 금액	×	10 (주당 단축 근로시간이 10시간 미만인 경우 실제 단축한 시간) / 단축 전 소정근로시간	상한액 250만원 하한액 50만원
나머지 근로시간 단축분	육아기 근로시간 단축 개시일 기준으로 월 통상임금의 100분의 80	×	단축 전 소정근로시간 – 단축 후 소정근로시간 - 10 / 단축 전 소정근로시간	상한액 160만원 하한액 50만원

※ 육아기 근로시간 단축 급여액은 2026년 기준으로 정부 정책에 따라 변경될 수 있음.

3. 가족돌봄휴직

「남녀고용평등과 일 · 가정 양립 지원에 관한 법률」(약칭: 남녀고용평등법)

제22조의2【근로자의 가족 돌봄 등을 위한 지원】 ① 사업주는 근로자가 조부모, 부모, 배우자, 배우자의 부모, 자녀 또는 손자녀(이하 "가족"이라 한다)의 질병, 사고, 노령으로 인하여 그 가족을 돌보기 위한 휴직(이하 "가족돌봄휴직"이라 한다)을 신청하는 경우 이를 허용하여야 한다. 다만, 대체인력 채용이 불가능한 경우, 정상적인 사업 운영에 중대한 지장을 초래하는 경우, 본인 외에도 조부모의 직계비속 또는 손자녀의 직계존속이 있는 경우 등 대통령령으로 정하는 경우에는 그러하지 아니하다.

---

48) 육아기 근로시간 단축 급여의 지급요건은 〈① 육아기 근로시간 단축을 30일(출산전후휴가기간과 중복되는 기간은 제외) 이상 사용한 근로자일 것, ② 육아기 근로시간 단축을 시작한 날 이전에 피보험 단위기간이 합산하여 180일 이상일 것, ③ 육아기 근로시간 단축을 시작한 날 이후 1개월부터 끝난 날 이후 12개월 이내에 신청할 것(다만, 천재지변, 본인이나 배우자의 부상 · 질병, 본인이나 배우자의 직계존속 및 직계비속의 부상 · 질병, 병역법에 따른 의무복무, 범죄혐의로 인한 구속이나 형의 집행이 끝난 후 30일 이내 신청가능)〉이다.

49) 육아기 근로시간 단축 급여는 육아기 근로시간 단축 개시일 기준 통상임금으로 산정하는 것이 원칙이지만, 육아휴직과 연속하여 육아기 근로시간 단축을 사용하는 경우에는 육아기 근로시간 단축 개시일 기준 통상임금이 현저히 급여 산정 시 불이익이 발생하므로 예외적으로 통상임금은'육아휴직 개시일'을 기준으로 산정한다(육아기 근로시간 단축 후 육아휴직을 연속하여 사용하는 경우에도 육아기 근로시간 단축 개시일 기준 통상임금으로 함)(고용노동부, 『모성보호와 일 · 가정 양립 지원 업무편람』, 2023.2, 225쪽).

③ 제1항 단서에 따라 사업주가 가족돌봄휴직을 허용하지 아니하는 경우에는 해당 근로자에게 그 사유를 서면으로 통보하고, 다음 각호의 어느 하나에 해당하는 조치를 하도록 노력하여야 한다.
1. 업무를 시작하고 마치는 시간 조정
2. 연장근로의 제한
3. 근로시간의 단축, 탄력적 운영 등 근로시간의 조정
4. 그 밖에 사업장 사정에 맞는 지원조치
④ 가족돌봄휴직 및 가족돌봄휴가의 사용기간과 분할횟수는 다음 각호에 따른다.
1. 가족돌봄휴직 기간은 연간 최장 90일로 하며, 이를 나누어 사용할 수 있을 것. 이 경우 나누어 사용하는 1회의 기간은 30일 이상이 되어야 한다.
⑥ 사업주는 가족돌봄휴직 또는 가족돌봄휴가를 이유로 해당 근로자를 해고하거나 근로조건을 악화시키는 등 불리한 처우를 하여서는 아니 된다.
⑦ 가족돌봄휴직 및 가족돌봄휴가 기간은 근속기간에 포함한다. 다만, 「근로기준법」 제2조 제1항 제6호에 따른 평균임금 산정기간에서는 제외한다
⑩ 가족돌봄휴직 및 가족돌봄휴가의 신청방법 및 절차 등에 관하여 필요한 사항은 대통령령으로 정한다.

사업주는 근로자가 가족(조부모, 부모, 배우자, 배우자의 부모, 자녀 또는 손자녀)의 질병, 사고, 노령으로 인하여 그 가족을 돌보기 위한 휴직을 신청하는 경우 무급으로 기족돌봄휴직을 허용하여야 한다(위반 시 500만원 이하 과태료). 다만, 일정한 사유(남녀고용평등법 시행령 제16조의3 제1항)[50]에 해당하면 가족돌봄휴직을 허용하지 않을 수 있고, 이 경우 사유를 서면으로 통보하고 그 밖의 조치(업무를 시작하고 마치는 시간 조정, 연장근로의 제한, 근로시간의 단축, 탄력적 운영 등 근로시간 조정, 그 밖에 사업장 사정에 맞는 지원조치)를 통하여 근로자를 지원하도록 노력해야 한다.

---

50) 가족돌봄휴직의 허용 예외 사유에는 〈① 휴직개시 예정일의 전날까지 해당 사업에서 계속 근로한 기간이 6개월 미만인 근로자가 신청한 경우, ② 부모, 배우자, 자녀 또는 배우자의 부모를 돌보기 위하여 가족돌봄휴직을 신청한 근로자 외에도 돌봄이 필요한 가족의 부모, 자녀, 배우자 등이 돌봄이 필요한 가족을 돌볼 수 있는 경우, ③ 조부모 또는 손자녀를 돌보기 위하여 가족돌봄휴직을 신청한 근로자 외에도 조부모의 직계비속 또는 손자녀의 직계존속이 있는 경우(다만, 조부모의 직계비속 또는 손자녀의 직계존속에게 질병, 노령, 장애 또는 미성년 등의 사유가 있어 신청한 근로자가 돌봐야 하는 경우는 제외), ④ 사업주가 직업안정기관에 구인신청을 하고 14일 이상 대체인력을 채용하기 위하여 노력하였으나 대체인력을 채용하지 못한 경우(다만, 직업안정기관의 장의 직업소개에도 불구하고 정당한 이유 없이 2회 이상 채용을 거부한 경우는 제외), ⑤ 근로자의 가족돌봄휴직으로 인하여 정상적인 사업 운영에 중대한 지장이 초래되는 경우로서 사업주가 이를 증명하는 경우〉가 있다.

〈가족돌봄휴직의 주요 내용〉

구 분	내 용
대 상	질병, 사고, 노령을 이유로 돌봄이 필요한 가족이 있는 근로자 ※ 시행령(제16조의3 제1항)에 정한 사유를 제외하고는 근로자의 신청을 거부할 수 없음.
기 간	연간 최대 90일(분할사용 가능→1회 사용시 최소 30일 이상 사용): 매년마다 반복하여 사용하는 것도 가능함 ※가족돌봄휴가 사용기간은 90일에 포함됨.
신분보장	- 가족돌봄휴직을 이유로 한 해고, 근로조건을 악화시키는 등 불리한처우 금지 - 가족돌봄휴직기간은 근속기간에 포함(다만, 평균임금 산정기간에서 제외)
지원제도	없음(무급휴직)

4. 가족돌봄 등을 위한 근로시간 단축

「남녀고용평등과 일 · 가정 양립 지원에 관한 법률」(약칭: 남녀고용평등법)

제22조의3【가족돌봄 등을 위한 근로시간 단축】 ① 사업주는 근로자가 다음 각호의 어느 하나에 해당하는 사유로 근로시간의 단축을 신청하는 경우에 이를 허용하여야 한다. 다만, 대체인력 채용이 불가능한 경우, 정상적인 사업 운영에 중대한 지장을 초래하는 경우 등 대통령령으로 정하는 경우에는 그러하지 아니하다.

1. 근로자가 가족의 질병, 사고, 노령으로 인하여 그 가족을 돌보기 위한 경우
2. 근로자 자신의 질병이나 사고로 인한 부상 등의 사유로 자신의 건강을 돌보기 위한 경우
3. 55세 이상의 근로자가 은퇴를 준비하기 위한 경우
4. 근로자의 학업을 위한 경우

② 제1항 단서에 따라 사업주가 근로시간 단축을 허용하지 아니하는 경우에는 해당 근로자에게 그 사유를 서면으로 통보하고 휴직을 사용하게 하거나 그 밖의 조치를 통하여 지원할 수 있는지를 해당 근로자와 협의하여야 한다.

③ 사업주가 제1항에 따라 해당 근로자에게 근로시간 단축을 허용하는 경우 단축 후 근로시간은 주당 15시간 이상이어야 하고 30시간을 넘어서는 아니 된다.

④ 근로시간 단축의 기간은 1년 이내로 한다. 다만, 제1항 제1호부터 제3호까지의 어느 하나에 해당하는 근로자는 합리적 이유가 있는 경우에 추가로 2년의 범위 안에서 근로시간 단축의 기간을 연장할 수 있다.

⑤ 사업주는 근로시간 단축을 이유로 해당 근로자에게 해고나 그 밖의 불리한 처우를 하여서는 아니 된다.

⑥ 사업주는 근로자의 근로시간 단축기간이 끝난 후에 그 근로자를 근로시간 단축 전과 같은 업무 또는 같은 수준의 임금을 지급하는 직무에 복귀시켜야 한다.

⑦ 근로시간 단축의 신청방법 및 절차 등에 필요한 사항은 대통령령으로 정한다.

제22조의4【가족돌봄 등을 위한 근로시간 단축 중 근로조건 등】 ① 사업주는 제22조의3에 따라 근로시간 단축을 하고 있는 근로자에게 근로시간에 비례하여 적용하는 경우 외에는 가족돌봄 등을 위한 근로시간 단축을 이유로 그 근로조건을 불리하게 하여서는 아니 된다.
② 제22조의3에 따라 근로시간 단축을 한 근로자의 근로조건(근로시간 단축 후 근로시간을 포함한다)은 사업주와 그 근로자 간에 서면으로 정한다.
③ 사업주는 제22조의3에 따라 근로시간 단축을 하고 있는 근로자에게 단축된 근로시간 외에 연장근로를 요구할 수 없다. 다만, 그 근로자가 명시적으로 청구하는 경우에는 사업주는 주 12시간 이내에서 연장근로를 시킬 수 있다.
④ 근로시간 단축을 한 근로자에 대하여 「근로기준법」 제2조 제6호에 따른 평균임금을 산정하는 경우에는 그 근로자의 근로시간 단축기간을 평균임금 산정기간에서 제외한다.

사업주는 근로자가 가족의 질병, 사고, 노령으로 인하여 그 가족을 돌보기 위한 경우, 근로자 자신의 질병이나 사고로 인한 부상 등의 사유로 자신의 건강을 돌보기 위한 경우, 55세 이상의 근로자가 은퇴를 준비하기 위한 경우, 근로자의 학업을 위한 경우에 근로시간의 단축을 신청하는 경우에 이를 무급으로 허용하여야 한다. 다만, 일정한 사유(남녀고용평등법 시행령 제16조의8)에 해당하면 허용하지 않을 수 있고, 이 경우 사유를 서면으로 통보하고 휴직을 사용하게 하거나 그 밖의 조치를 통하여 근로자를 지원할 수 있는지를 협의하여야 한다.

〈가족돌봄 등을 위한 근로시간 단축의 주요 내용〉

구 분	내 용
대 상	가족돌봄, 본인건강, 은퇴준비, 학업을 위하여 근로시간 단축이 필요한 근로자 ※시행령(제16조의8)에 정한 사유를 제외하고는 근로자의 신청을 거부할 수 없음.
단축기간	1년 이내(다만, 근로자의 학업을 위한 경우를 제외하고는 합리적 이유가 있는 경우에는 추가로 2년 연장 가능) → 총 단축기간 3년(학업사유는 1년) 이내에서 1회 연장 가능
단축시간	단축 후 근로시간은 주당 15시간 이상~30시간 이하
신분보장	- 해고나 그밖의 불리한처우 금지 - 연장근로금지(다만, 근로자의 명시적 청구가 있으면 주 12시간 연장 가능) - 평균임금 산정기간에서 제외 - 근로시간 단축 종료 후 동일업무 또는 동등 수준의 직무복귀
지원제도	없음(무급 근로시간 단축)

김 태 철

matiz1949@hanmail.net

2004년(제13회) 공인노무사 자격을 취득하고 2009년부터 노무법인 송민의 대표 공인노무사로 재직하면서 인사노무 자문, 강의, 노동사건, 컨설팅 등 다양한 분야에서 활동하고 있다.

저서: 한 권으로 끝내는 인사급여실무(2025)

〈이 력〉

단국대학교 행정법무대학원 졸업(법학 석사/노동법 전공)
(현)안산대학교 회계세무학과 겸임교수
(현)한국고용노동교육원 직장 내 괴롭힘 예방교육 전문강사
(현)경기도 마을노무사
(현)수원지방법원 안산지원 민사조정위원
(현)경기도 공익활동 지원센터 자문위원
(현)수원지방검찰청 안산지청 형사조정위원
(현)경기도 공동주택 관리지원 자문단 자문위원
(현)경기지방노동위원회 국선노무사
(현)산업인력공단 일 · 학습병행 전문 노무사
(현)경기도교육청 직업계고 현장실습 지원단
(현)시흥산업진흥원 소공인 컨설턴트
경기도청 무료법률상담실 노동법 상담위원
(사)한국장애인고용안정협회 노동상담센터 상담위원
시흥시 외국인 복지센터 노동상담 위원
여성가족부 워킹맘워킹대디 고충상담위원
근로복지공단 선진기업복지 컨설턴트
경기중소기업 종합지원센터 현장애로 컨설턴트
(사)한국청년회의소 법률상담 전문위원
노사발전재단 고용차별 예방교육 전문강사
넥서스 법학원 노동법 전임강사
(재)열린직업전문학교 인사노무 전임강사

실무에 바로 적용하는 **인사노무관리** (2026년)

2025년 2월 25일 초판 발행
2026년 2월 25일 초판 수정 발행

저 자 김 태 철
발행인 윤 동 구
발행처 **창 민 사**
주 소 서울시 마포구 창전로 46 4층 401호
등 록 1999. 10. 28/제10-1846호
전 화 3272-1243~4
팩 스 3272-1245
e-mail cmbooks@hanmail.net

정가 32,000원
ISBN 979-11-92272-29-0 93320